마
스
터
의

제
자

Apprentice to the Masters

마스터의 제자

세인트 저메인과 함께한 수행 이야기

피터 마운트 샤스타 지음

이상범, 김성희, 배민경 옮김

정신세계사

일러두기

- 이 책은 피터 마운트 샤스타의 자서전 시리즈인〈Adventures of a Western Mystic〉의 두 번째 책입니다.
- 단행본은 겹묶음표 《》, 작품 제목과 경전, 간행물, 기사 제목은 묶음표 〈〉로 표기했습니다.
- 원문의 god은 필요에 따라 '하나님'이라고 번역했습니다. 이는 특정 종교와 상관이 없으며, 대백색 형제단의 가르침인 '하나의 법칙'(Law of One)을 보다 잘 나타내기 위함입니다

마스터의 제자

ⓒ 피터 마운트 샤스타, 2010

피터 마운트 샤스타가 짓고 이상범, 김성희, 배민경이 옮긴 것을 정신세계사 김우종이 2022년 4월 19일 처음 펴내다. 이현율과 배민경이 다듬고, 변영옥이 꾸미고, 한서지업사에서 종이를, 영신사에서 인쇄와 제본을, 하지혜가 책의 관리를 맡다. 정신세계사의 등록일자는 1978년 4월 25일(제2021-000333호), 주소는 03965 서울시 마포구 성산로4길 6 2층, 전화는 02-733-3134, 팩스는 02-733-3144이다.

2024년 12월 4일 펴낸 책(초판 제4쇄)

ISBN 978-89-357-0455-2 03290

홈페이지 mindbook.co.kr | 인터넷 카페 cafe.naver.com/mindbooky | 유튜브 youtube.com/innerworld | 인스타그램 instagram.com/inner_world_publisher

차 례

1부   ♦   발자취를 따라서

2부   ♦   법칙대로 살기

이 책을 펄Pearl에게 바칩니다.

동양의 비전秘傳적 지혜는 1875년, 위대한 지혜의 대사大師들과 헬레나 페트로브나 블라바츠키Helena Petrovna Blavatsky 그리고 그녀가 세운 신지학회神智學會(Theosophical Society)에 의해 서양에 알려지기 시작했다. 그 당시 대부분의 대사들은 육체를 가지고 있었는데, 그중 몇몇 대사들은 티베트에 있었다. 이 대사들은 이제 더 높은 진동수로 상승하여 티베트어로는 쟈루jalus라고 불리는 무지개 몸(Rainbow Body)을 성취했다. 이는 영화 〈스타워즈〉에 나오는 오비완 케노비Obi-Wan Kenobi의 변신 같은 공상 과학 이야기가 아니라 실제로 목격되고 기록되어온 현상이다.

나의 스승 중 한 명인 유 톈 졘Yu Tian Jian은 1990년쯤에 자신의 스승 후이 링Hui Ling과 함께 중국의 산을 올랐다. 그때 유 대사는 스승의 손톱과 머리카락을 제외한 모든 육체가 사라지고 일곱 가지 색의 빛이 확 나타나는 장면을 보았다고 말했다. 하지만 인간은 우리가 죽음이라 부르는 변화 이후에도 에테르적 영역에서 상승할 수 있다. 충분히 에고를 정화하고 자신의 모든 카르마적 교훈들을 배웠다면 말이다.

내가 이런 대사들 몇몇과의 만남을 허락받을 수 있었던 것은 큰 영광이었다. 내가 만난 대사들 대부분은 블라바츠키 여사가 서양에 대사들의 가르침을 알리기 위한 목적으로 만났던 바로 그 대사들이었다. 이상범, 김성희, 배민경의 헌신적인 번역으로 이제 이 책이 한국 독자들에게 다가간다.

이 책은 블라바츠키 여사가 쓴 《비밀 교의》(The Secret Doctrine)처럼 이해하기 힘든 비전의 영적 이론에 대한 책이 아니다. 그보다는 그날그날 내가 실제로 생활 속에서 겪은 대사들과의 모험 이야기라고 할 수 있겠다. 자기완성(Mastery)을 이루기 위한 훈련 대부분은 교실이 아닌, 일상 생활 속에서 이루어진다. 내가 이 책에 묘사한 특이한 경험들은 모두 그러한 일상 속에서 겪은 것들이다.

이 모험은 샌프란시스코 근처의 뮤어Muir 숲에서 세인트 저메인Saint Germain을 만나면서 시작되었다. 그때 그는 내 눈앞에서 자신의 육신을 물질화시켜 나타났다. 그는 내게 물질계를 벗어날 수 있는 선택권을 주었지만 나는 보디사트바Bodhisattva(보살)로서 여기에 남기로 했다. 대사들은 내가 그들에게 봉사할 수 있을 수준까지 나의 의식을 고양시키고 정화시키기 위해 나를 여러 가지 시험과 고난에 빠뜨렸고, 이 책은 그 모험적인 이야기들로 구성되어 있다. 여기에는 영화 작업을 위해 할리우드로 보내진 이야기, 부동산 업계에서 일하게 된 이야기, 나와 분리되었던 내 쌍둥이 영혼을 만난 이야기 등이 있다.

이 책에는 여성 대사 펄에게서 받은 가르침*을 포함하여, 내가 자기완성의 길을 걸으며 겪었던 많은 경험들이 기록되어 있다. 펄은 세인트 저메인 재단의 설립자인 고드프리 레이 킹Godfre Ray King의 보조로 일하며 I AM의 지혜로운 스승이 되었다. 그리고 이로써 그녀

---

* 대사 펄에 대한 더 많은 이야기는 2021년에 아이엠 티칭스 출판사에서 한국어로 번역하여 출간한 나의 책 《나의 스승 레이디 마스터 펄》에 나와 있다.

는 인류를 이롭게 하기 위한 목적으로 일상 속에서 신적 현존을 불러오는 것에 대한 지식을 전할 수 있었다. 이 책이 한국 사람들을 위해 그와 같은 역할을 할 수 있기를 기원한다.

— 2022년, 피터 마운트 샤스타

역자의 말

　지금부터 독자 여러분이 읽게 될 피터 마운트 샤스타의 자서전은 20세기 초에 출판된 《초인생활》이나 《어느 요기의 자서전》이 인류 의식을 영적으로 한 단계 끌어올리는 역할을 했던 것과 마찬가지로, 진리와 존재의 궁극적 의미에 대한 영적 지식과 진정한 내적 변화를 이끌어낼 수 있는 중요한 에너지 코드를 담고 있습니다.

　수많은 종교, 명상법, 호흡법, 잘못된 영적 가르침들로 인해 많은 구도자들이 삶의 길에서 갈피를 잡지 못하고 있다는 것을 인류의 스승들은 잘 알고 계십니다. 왜냐하면 그 스승들께서도 지구에서의 반복된 삶들을 통해 성장했었고, 지금에 이르러서는 아직 지상에서의 환생을 필요로 하는 영혼들의 성장 과정을 가이드하는 선배의 역할을 하고 계시기 때문입니다.

　한국에는 진리를 깨닫고자 고군분투했던 진실한 구도자들의 흐름이 지난 수천 년 동안 이어져 내려온 내적 전통이 있습니다. 그러나 그 순수한 동기를 가진 구도자들이 항상 가장 높은 길을 찾지는 못했습니다. 많은 경우, 낮은 단계의 가르침으로 인도되어 귀중한 생애들을 낭비하거나, 어떤 경우에는 카르마를 더 쌓는 생애들을 살아가고는 했었습니다.

　이 책을 통해 독자 여러분은 동양과 서양을 이어주는 가장 높은 진리의 가르침에 대한 실상을 이해할 수 있게 되고, 인류의 내적 무지를 깨부수고 녹이는 높은 진리의 빛을 발견하게 될 것입니다.

이 책에 소개되는 진리의 가르침의 핵심은 의외로 간단합니다.

독자들은 이 책에 나오는 수많은 가르침과 거기에 얽힌 피터의 인생 역정을 통해 인류가 진실로 영적으로 성장할 수 있는 단 하나의 길이 자신과 남을 속이는 것을 멈추고, 자기 자신에 대한 정직하고도 깊은 성찰을 통해 영적 어른으로 성숙하는 것이라는 사실을 이해하게 됩니다.

이 과정은 한순간의 깨달음으로 이루어지는 것이 아니라 매 순간 자신이 창조하는 상념들 하나하나를 최선을 다해 성찰하고 통찰함으로써 성취됩니다.

인류는 구원이 필요한 원죄를 지닌 존재가 아닙니다. 삶의 궁극적 목적은 창조주 하나님의 자녀로서의 영혼의 성장과 성숙입니다. 카르마를 갚기 위한 목적으로 지상에 내려와 속죄의 길을 걸어야만 하는 영혼은 없습니다. 그리고 이 진실에 대한 깨달음이 인류를 내적 자유와 기쁨으로 이끌어주는 해탈로 가는 문을 열어줍니다.

물질적 신체 그리고 인간적 자아 (에고)와의 자기동일시는 지난 수천 년 동안 인류를 묶어둔 미망의 굴레이자 그 미망의 근본적 원인이었습니다. 피터가 지난 50년 동안 상승영단*의 여러 스승들을 통

---

* 지구상에서 인간 안에 내재한 신성을 완전히 깨닫고, 인류를 향한 봉사를 통해 큰 사랑과 자비의 마음 그리고 지혜와 힘 및 의지력을 특정한 단계까지 성숙시킨 영혼들은 카르마의 주님들의 심사를 통해 지구라는 창조주 학교를 졸업하게 된다. 이렇게 될 때, 그 영혼은 다시는 지구상으로 환생하지 않게 되고, 흔히 대백색 형제단 또는 상승영단으로 불리는 보디사트바들의 그룹에 속해서 더 높은 차원에서 지구 인류의 성장 과정을 감독하고 가이드하는 역할을 맡게 된다. 예수 그리스도, 세인트 저메인, 관세음보살, 석가모니 부처님, 공자, 노자, 팔라스 아테나, 파드마삼바바, 엘리야, 모세 등 동서양의 대부분 성인들과 높은 영적 성취를 이루신 스승들이 이러한 방식으로 상승하신 후, 상승영단에서 지구 인류를 위해 봉사하고 있다.

해 배워온 궁극의 진리의 핵심은 1973년 그가 자신 앞에 물질적으로 육화되어 나타난 세인트 저메인을 처음 만났을 때 들은, 1장에 나오는 이 한마디 말을 통해 요약될 수 있습니다.

"만약 그대가 그 침묵의 공간에 머물기로 결정했다면 그대는 나를 오랫동안 볼 수 없었을 것이다. 그대는 인류를 위해 봉사하기로 선택했고, 또 자신의 행복보다 다른 이들의 행복을 우선시하겠다고 선택했기에 우리는 앞으로 같이 일하게 될 것이다."

피터의 자서전에 나오는 영적 차원으로의 여행과 거기서 그가 받은 놀라운 경험과 가르침들을 통해 독자들은 자신이 구하고 있는 내적 자유와 해탈이 오로지 이기적 에고를 넘어서 인류에게 봉사하고자 할 때 성취될 수 있다는 진실에 도달하게 될 것입니다.

어떤 영혼도 한 번의 생애를 통해 궁극의 해탈을 성취할 수는 없습니다. 이것은 마치 초등학교에 들어간 어린아이가 얼마 안 되어 대학교 졸업장을 요구하는 것과 비슷합니다. 어린아이가 성장해서 자신의 동생들을 돌보는 법을 배우는 것처럼, 지구라는 학교를 졸업하는 데 필요한 영적 성숙도를 판단하는 기준은 위에서 세인트 저메인이 말한 것처럼 '인류를 위해 봉사하고자 하는 의도와 자비심'을 통해 판단됩니다.

궁극의 깨달음에 이르게 되면, '나'와 '다른 이'라는 일체의 미망과 환영이 우리 의식의 창조물이었음을 깨닫게 됩니다. 더 나아가 사랑과 자비의 빛 안에서 우리의 아홉 가지 다차원적 자아가 녹게 되면, 나와 이 세계가 '나'라는 의식 위에 펼쳐졌던 우주적 드라마였다는 것을 진실로 이해하게 됩니다. 그렇게 될 때, 깨달음과 구원, 해탈이라는 모든 한계 지어진 의식을 넘어서 우리는 더 높은 우주에서 우주적으로 확장된 영으로서 존재하게 됩니다.

이 책에 소개된 진리의 가르침과 스승들의 은총을 통해 모든 이들의 의식이 자아의식의 굴레에서 벗어나 높은 차원에서 깨어나기를 바라며, 역자의 말을 마칩니다.

— 역자 대표 이상범

대사 세인트 저메인 Saint Germain

이 모습은 그가 18세기 유럽의 궁정에서 자주 보이던 모습이다.

그는 내적 차원에서도 종종 이런 모습으로 나타난다.

그러나 때에 따라 다른 모습으로 나타날 때도 많다.

그는 인류가 I AM에 대한 앎을 통해

자기 권능의 새로운 시대로 전이해갈 수 있도록 돕고 있다.

저자의 사진에 대하여

    면지에 인쇄된 저자의 사진은 평범한 존재가 지혜의 보살이자 분별하는 지혜의 검을 휘두르는 보살인 문수보살로 탄트라적 변성을 이룸을 묘사한 것이다. 서양 전통에서는 이 검을 대천사 미카엘의 검으로 나타내기도 한다. 평범한 실재가 더 높은 의식으로 변화되는 이러한 변성은 주의집중의 힘을 통해 이루어진다. 이는 "가슴 속에 품고 있는 생각대로 되기"(잠언, 23:7) 때문이다. 이 사진은 디지털 작업을 통해 만들어졌다.

    "우주의 거울 원리를 완전히 깨달음으로써… 그리고 순전히 이 원리를 빼어난 현실 지각과 완전히 합치시킴으로써 인간의 존재는… 살아 있는 마법이 된다. 이것이 바로 인간이… 대사이자 전사가 되는 방법이다….

    이러한 인류의 지도자들, 그리고 지혜의 수호자들은 — 모든 지각 있는 존재들을 돕기 위한 — 진정성과 관대함의 두려움 없는 표현으로 특징지을 수 있다."

— 초감 트룽파Chögyam Trungpa,

《샴발라, 성스러운 전사의 길》(The Sacred Path of the Warrior)

발문

이 책은 〈서양 신비주의자의 모험〉(Adventures of a Western Mystic) 시리즈의 두 번째 책이다. 이 자서전에는 피터 마운트 샤스타Peter Mt. Shasta가 동서양의 대사들에게 훈련을 받은 이야기, 그리고 그가 영적으로 깨어나게 된 이야기가 고스란히 담겨 있다.

앞서 말한 시리즈의 첫 번째 책《구루를 찾아서》(Search for the Guru)는 60년대까지 수십 년 동안 이어져온, 뉴욕의 물질주의 문화에서의 그의 영적 깨어남을 묘사하고 있다.

첫 번째 책 속 이야기는 1971년, 그가 인도를 여행하던 중 절정을 맞는다. 그는 전 하버드 교수인 리처드 앨퍼트Richard Alpert(바바 람 다스Baba Ram Dass로 더 유명하다) 및 그의 구루 님 카롤리 바바Neem Karoli Baba와 만나게 된다. 또, 저자는 비록 외부세계에는 널리 알려지지 않았지만 초월적인 지혜와 비범한 힘을 지닌 다른 존재들, 그리고 아난다마이 마Anandamayi Ma(지복의 어머니) 및 사티야 사이 바바Sathya Sai Baba와 있었던 자신의 변성적 경험을 묘사하고 있다.

이러한 그의 경험들은 모두 그를 똑같은 깨달음으로 이끌어주었다. ― 그가 찾고 있던 구루는 그의 내면에 있었다. 뉴욕 우드스톡Woodstock 근처에 있는 자신의 농장으로 돌아간 그는 자신의 내적 현존이 자신을 서쪽으로 끌어당기고 있음을 느꼈다. 그는 몇 안 되는 소지품들을 자신의 낡은 닷지 밴에 싣고서 훨씬 더 놀라운 존재들과 만나게 된다.

그는 뉴멕시코주에서 타오스Taos 족 조지프 선호크Joseph Sunhawk와 만났고 콜로라도주 볼더Boulder에서는 이미 라마 파운데이션Lama Foundation에서 한 번 본 적이 있었던 티베트 라마 초감 트룽파 린포체를 만났다. 그리고 마침내, 캘리포니아주에서 그는 또 한 명의 티베트 라마, 착둔 린포체Chagdud Rinpoche를 만나게 된다. 그는 착둔 린포체를 통해 저절로 일어나는 깨달음인 족첸Dzogchen 가르침과 이미 사티야 사이 바바가 명상하도록 지시한 바 있었던, 자기 자신의 상위 자아 의식인 'I AM'의 본질적인 통합에 대해 깨닫게 된다.

《구루를 찾아서》는 육체를 떠나고 싶어하는 저자의 열망으로 끝이 난다. 이는 그가 서구 사회의 물질주의적 추구에 더 이상 아무런 끌림을 느낄 수 없었기 때문이다. 캘리포니아주 버클리Berkeley에서 차를 타고 금문교를 건너고 있을 때만 해도 그는 자신의 여정이 이제 막 시작되었다는 것을 알지 못하고 있었다. 또, 자신이 열망하는 것을 제공해줄, 세인트 저메인으로 알려져 있는 그 전설적인 상승 대사(Ascended master)를 곧 뮤어 숲에서 만나게 될 것이라고는 꿈에도 생각지 못하고 있었다.

1972년, 내가 람 다스와 함께 그의 구루인 님 카롤리 바바의 수련생으로 시간을 보내며 인도를 순례하다 미국으로 돌아온 후였다. 나는 캘리포니아 북부의 샤스타산에서 한 에테르 존재를 만났다. 그는 자신이 나와 과거에 함께한 것을 증명이라도 하려는 것처럼 내 미래를 잘 알고 있다고 주장했다. 비록 내가 인도에서 위대한 성자와 요기들을 많이 만나긴 했지만, 나는 인간사에 개입하는 '상위 존재들'의 출현은 믿지 않았다. 따라서 내 마음은 전설적인 대사(Master) ― 동양에서는 보디사트바(보리살타)라고 한다 ― 중 한 명과 함께했던 이 경험조차도 신뢰하지 않았다.

그러나 결국 그의 예언은 사실로 드러났다. 1년 후, 그는 다시 내 앞에 육화하여 내게 샤스타산으로 돌아가라고 일러주었다. 그곳에서 그는 자신의 전시안(all-seeing eye) 아래에서 제자가 될 것을 제안했는데, 나는 그 결정이 어떤 결과를 불러올지도 제대로 알지 못한 채 그것을 감사히 받아들였다. 그 후 나는 3년 동안 혹독한 시험과 수련을 거쳤다. 그런 다음, 그와 다른 대사들 밑에서 다시 수년간의 수행 기간을 거치게 되었다. 이 책은 내가 받았던 그 혹독한 수련과 모험들, 그리고 그로 인한 영적인 깨어남을 기록한 것이다.

이런 사건들 중 일부는 많은 시간이 흐른 후에야 기록되었기 때문에 본문에 나오는 사건들의 시간 순서가 조금 어긋났을 수도 있다. 하지만 그 진실성은 변하지 않았음을 알아주길 바란다. 또한, 등장하는 많은 인물들의 이름 대부분은 그들의 사생활을 보호하기 위해 가명을 사용하였다.

원하는 어떤 것이든 물질화할 수 있는 전지전능한 대사들과의 만남이 기적적으로 보일 수도 있겠지만, 이것은 1971년에서 1983년 사이에 물질적인 차원에서 일어났던 나의 실제 경험이다.

자신들의 근원을 온전히 의식하면서 에테르 영역에 거주하고 있는 이 위대한 대사들은 우리를 도와줄 수 있는 능력이 무한하다. 그들은 우리가 그 존재를 알지 못하고 있음에도 불구하고 이미 우리의 준비 정도와 능력에 따라 우리를 돕고 있다. 하지만 그들의 직접적인 도움을 불러오는 것은 다른 지각 있는 존재의 해방과 깨달음을 위해 끊임없이 봉사하려는 각자의 진심 어린 헌신이다.

이 글을 읽는 모든 사람들이 각자에게 내재한 스승을 찾도록 영감을 받고, 그리하여 그들 자신의 I AM 현존의 의식, 활동, 지배 속에서 영원히 고양되기를 바란다.

2013년의 피터 마운트 샤스타

1부

발자취를 따라서

나는 길을 잃었다. 샌프란시스코 북쪽에 위치한 뮤어 숲의 거대한 삼나무들 사이로 나 있는 등산로는 짙은 안개에 싸여 있었고, 나는 보행로에서 멀리 벗어나 있었다. 어느 방향으로 가야 할지 알 수 없었다. 이 거대한 숲 안에서 방향을 찾기 위해서는 더 높은 곳으로 올라가야만 했다. 나는 내 생각들을 들을 수 있을 것만 같은 그 고대의 나무들과 소통하면서 도대체 내가 왜 지구에 살고 있는지 말해줄 수 있는, 깨달은 영혼과의 만남을 간절히 간구하고 있었다.

나는 그런 이를 찾기 위해 인도로도 가봤지만, 결국 찾지 못했다. 어쩌면 만났을 수도 있다. 하지만 그는 내게 아무런 이야기도 해주지 않았다. 나는 그때까지 어떤 인격신도 발견하지 못했었고, 그런 존재가 다른 영역이나 차원에 존재한다고 하더라도 나를 알고 있을 것이라고는 생각하지 않았다.

때는 1973년, 나는 스물여덟 살이었다. 내 인생은 외적으로는 충만한 삶이었다. 나는 세상이 추구할 만한 가치가 있다고 말하는 물질적인 것들을 많이 얻었지만, 그 어떤 것도 내게 마음의 평화와 행복을 가져다주지 못했다.

사실 인생의 순간적인 기쁨들은 나를 더 공허하게 만들었다. 나는 인생의 의미를 찾기 위해 동양으로 구도의 여행을 떠났다. 거기서 확장된 의식을 경험하고 기적적인 일들을 많이 목격하긴 했지만, 인도의 성자들은 "제가 왜 여기 지구에 있는 거죠?"라는 근본적인 질문에 답해주지 않았다.

그때, 나는 더 이상 물질적 세계에서 살아가고 싶지 않았다. 나는 육체를 온전히 떠나 내가 명상 중에 잠깐 경험하곤 했던 평화와 조화의 그 높은 영적 세계로 올라가는 것에 대해 생각했었다. 하지만 천국에 도착한 다음, 자살을 한 대가로 다시 지상으로 되돌아가야 한다는 말을 듣고 싶지는 않았다.

나는 히말라야에서 강고트리 바바^{Gangotri Baba}*와 함께 살았었다. 그는 파라마한사 요가난다^{Paramahansa Yogananda}가 자신의 자서전에서 묘사했던, 지상에서 수백 년 동안 육체를 유지해온 하리아칸 바바^{Hariakhan Baba}의 제자였다. 강고트리 바바가 몇 년 동안 꿈속에서 자신을 찾아왔던 스승을 델리 시내의 한 거리에서 처음 만났을 때, 스승은 그의 한쪽 팔에 손을 얹은 후 그의 육체를 히말라야로 순간 이동시켜주었다.

그 당시 강고트리 바바는 의식적으로 육체를 떠나 그의 스승이

---

* R.D. 랭^{Laing}(1927-1989)은 영국의 혁신적인 정신과 의사로, 내가 인도에 도착하기 몇 달 전부터 3주 동안 강고트리 바바와 함께 살고 있었다. 그리고 나는 그로 인해 탄트라적 칼리^{Kali} 수련들을 시작하게 되었다. 랭의 《분열된 자아》(The Divided Self)를 참고하라.

있는 영적 세계로 가려 했다. 그리고 나도 이 물질적 세계를 떠나 그 같은 자유를 얻기를 간절히 바라고 있었다. 대부분의 인생을 적대적이고 익숙하지 않은 곳에 온 이방인의 기분으로 살아왔던 나는 '이곳을 떠나 내가 원래 있던 곳으로 돌아가게 해주세요' 하고 간절히 기도했었다.

비가 내리기 시작했다. 나는 산불에 타서 안쪽이 움푹 들어간 삼나무 하나를 발견했고, 자연이 만든 예배당처럼 보이는 그곳에 들어가 앉아 명상을 하기 시작했다. 나는 전에 배운 바 있었던 위빠사나Vipassana, 즉 눈을 뜨고 가볍게 눈앞의 땅에 집중하는 명상을 하면서 내 숨결들이 떠오르는 것을 지켜보았다.

나는 명상을 시작하면서 내 가슴의 오르내림, 즉 나의 들숨과 날숨을 고요히 지켜보았다. 이것은 싯다르타가 '깨어 있는 자'인 붓다가 되는 과정에서 사용한 고요한 만트라(Silent Mantra)이기도 했다. 이 조용한 리듬은 나를 '마음이 멈추는 공간'으로, 의식이 확장되면서 모든 한계가 녹아버리는 그곳으로 데려다주었다.

생각이 느려지면서 나, 내 것이라는 상념이 사라졌고, 나는 생각들 사이의 공간에 거하기 시작했다. 이 공간은 하나가 사라지고 다른 하나가 아직 시작되지 않은, 원초적 자각의 무無시간적 공간이었다.

그때, 마치 고요한 연못의 표면에 공기 방울이 하나 떠오르듯이 한 생각이 올라왔다. 인도 신지학회의 손님으로 머물고 있을 때 읽은 적 있었던 상승 대사들에 대한 생각이었다. 나는 특히 세인트 저메인 대사를 떠올렸다. 그는 150년 넘게 유럽의 일들에 관여했었고, 볼테르Voltaire는 그를 "모든 것을 알지만 절대 죽지는 않는 사람"이라고 묘사하기도 했다.

나는 고드프리 레이 킹이 쓴 《베일을 벗은 미스터리》(Unveiled Mysteries)라는 책에서 그에 대해 읽은 적이 있었다. 그렇지만 원체 의심이 많은 나는 그 당시 고드프리의 경험들이 너무 비현실적이라고 치부하면서 그 이야기들의 실재성을 믿지 않았었다.

나는 마음속으로 다음과 같이 호소했다. '세인트 저메인, 당신이 정말 실재하는 존재이며 내 기도를 듣고 있다면 제가 도대체 왜 지구에 존재하는 건지 말씀해주세요. 그렇지 않으면 저는 제 몸을 떠날 방법을 찾아볼 겁니다.'

나는 얼마간의 시간 동안 삼나무 안에 앉아 내 숨결을 주시하면서 빗방울이 전나무 잎사귀에 맺혀 떨어지는 것을 보았다. 그러던 어느 순간, 내 몸에 강력한 전류가 흐르는 것이 느껴졌다. 이 에너지가 더 강렬해지자 몸이 녹아내리는 느낌이 들면서 내 주위의 모든 것이 빛을 발하는 것처럼 보였다.

반쯤 떠진 내 눈앞에 갑자기 두 개의 발이 나타났고, 나는 내 앞에 누군가가 서 있다는 것을 알게 되었다. 그가 거기에 얼마나 오래 있었던 것인지 알 수 없었다. 누군가가 내 쪽으로 다가오는 기척이 전혀 없었기 때문이다. 차가운 비가 내려서 숲에는 아무도 없었다. 따라서 발소리 없이 내 앞까지 온다는 건 불가능했다. 그렇지만 여기, 바로 내 앞에는 청바지와 스웨이드 재킷, 그리고 테니스 운동화를 신은 한 남자가 서 있었다.

"피터, 두려워할 필요 없단다." 그 낯선 사람의 침착한 말투는 내게 편안한 느낌을 주었다. "네 기도는 응답을 받았어." 숲길을 걸으러 온 도보 여행자 같은 행색의 그 남자는 내 눈을 지그시 바라보았고, 나도 그의 얼굴을 쳐다보았다. 그의 머리와 스웨이드 재킷은 비가 오고 있었는데도 전혀 젖지 않은 상태였다. 나는 이 기이한 현상에 대해 말하려 했지만, 그가 다시 말하기 시작했다.

"나는 너의 청원에 응답하기 위해 온 신성의식(Godhead)의 일부란다. 청하고 원하면 답이 나타나는 것이 법칙임을 알렴. 모든 진실한 기도는 들리는 법이지. 너는 너무나도 정직하게, 또 오랫동안 기도해왔기에 이러한 응답이 더 이상 지체될 수 없었단다. 네 질문에 대한 답은 '예스'야. 원한다면 지구를 떠나도 좋아. 너는 충분한 정도로 카르마를 정화했고, 다시는 돌아올 필요가 없을 정도로 영적 진화를 이뤘단다. 그러니 만약 네가 원한다면 나는 네게 영원한 해방을 줄 수도 있어. 선택은 네 몫이야. 하지만 그 답을 듣기 전에, 먼저 네게 보여주고 싶은 것이 있단다."

이 사람은 겉으로는 평범해 보이지만 절대 평범한 이가 아닌 것 같았다. 그는 내가 충격에서 헤어 나오기도 전에 내 미간을 건드렸다. 그 순간, 나는 내 육체 밖으로 나와 있었다. 나는 에테르체 상태로 서서 나무 둥치 안에 앉아 있는 내 육체를 돌아보았다. 이 새로운 자유에 대한 기쁨을 표현할 새도 없이 그 낯선 이는 내게 팔을 둘렀고, 우리는 지구 위로 날아올랐다.

우리는 순식간에 빛나는 구름이 있는 상위세계에 도달했는데, 이 광휘로운 구름 안에는 빛의 구(球)들이 있었다. 그의 말에 따르면 그것들은 한때 지구상에 살았던, 지금은 물질세계로의 환생에서 영원히 해방된 영혼들의 상위 자아들, 즉 모나드^{Monad}*들이라고 했다.

---

* 모나드는 영혼이 자신의 에너지를 나누어 투사해 낮은 밀도에서의 경험을 통한 성장과정을 겪기 전 가지고 있던 상위 자아를 일컫는다. 모나드의 단계에서 영혼은 창조주 하나님의 자녀라는 빛으로서의 자기 정체성에 대해 완전히 깨어 있는 상태이므로 일체의 미망과 무지로부터 벗어난 의식상태에 존재한다. 영혼이 제7천天 혹은 7차원의 의식파동에 이를 때, 자신의 모나드와 완전히 합하게 된다. — 역주

"이 위대한 고요 속에서, 너는 영원한 지복에 머무를 수 있단다." 내 안내자는 마치 내가 이 천상의 영역에 이미 살고 있는 사람인 것처럼 말했다. "너는 이 위대한 침묵 안에서 아버지 하나님과 하나로 존재하게 될 거야. 그리고 수없는 영겁의 세월을 이렇게 쉬다가 또 다른 창조의 주기로 나아가게 될 거란다."

나는 영원의 구름 안에 거하는 이 축복받은 존재들이 부러웠다. 그리고 나도 마침내 집을 찾았다고 느꼈다. 하지만 그냥 여기에 있겠다고 말하려는 그 순간, 내 밑에서 셀 수 없이 많은 사람들이 고통 속에서 울부짖는 소리가 들려왔다.

"이 끔찍한 소리는 어디서 나는 건가요?" 나는 그에게 물었다.

"지구란다."

발밑의 푸른 행성에서 들려오는 비통한 울음소리와 도움을 청하는 소리를 듣고 있자니 가슴이 너무도 아파왔다.

"대사들은 항상 이러한 울부짖음과 도움을 청하는 간절한 기도들을 듣고 있지. 하나님과의 분리에서 오는 고통에 괴로워하는 것, 이것이 인류의 현 상태란다." 그는 이 새로운 계시가 내게 어떤 영향을 주고 있는지 지켜보고 있었다. "여기 머물러도 되고, 다시 지구로 돌아가도 돼. 선택은 네 몫이란다." 그가 말했다.

나는 너무나 크게 동요되어 더 이상 선택의 여지가 없다고 느꼈고, 나 자신의 해방(Liberation)은 좀 기다려도 괜찮다고 생각했다. 이런 심장이 갈리는 듯한 울부짖음을 듣고도 그들에게 등을 돌릴 수는 없었기에 지구로 돌아가야만 했다. 나는 순간적으로 다시 나무 둥치 안에서 명상하고 있는 몸속으로 돌아와 있었다. 이방인은 여전히 내 앞에 서 있었다.

"애야, 너는 옳은 선택을 했구나." 이 미스터리한 안내자는 마치 영원의 시간 동안 나를 알아왔던 사람처럼 따뜻한 목소리로 말했다. "만약 네가 그 침묵의 공간에 머물기로 결정했다면 너는 나를 오랫동안 볼 수 없었을 거야. 너는 인류를 위해 봉사하기로 선택했고, 또 너 자신의 행복보다 다른 이들의 행복을 우선시하겠다고 선택했지. 따라서 우리는 앞으로 같이 일하게 될 거란다. 그러나 이 봉사를 돕기 전에 너는 먼저 훈련을 받아야 해. 이 훈련은 샤스타산(Mt. Shasta)에서 받게 될 거야."

'샤스타산?' 나는 작년에 갔었던 북부 캘리포니아가 떠올랐다. 나는 그 산의 높은 곳에서 명상을 하던 중, 어떤 권능에 찬 목소리를 들은 적이 있었다. 그 목소리는 내게 하나의 사명이 있다고 말했지만 그 의미가 무엇인지는 알 수 없었다. 이 존재가 혹시 그때 그 목소리의 주인공이었을까?

그는 몇 걸음 뒤로 물러나서 눈을 반짝이며 말했다. "이제 내가 누구인지 알려줄 거란다." 그리고 잠시 미동도 없이 서 있더니 젊은 남자에서 하얀 로브를 입은 대사로 변신했다. 그의 짙은 눈동자에는 신적인 사랑과 지혜가 반짝이고 있었고, 그 눈빛은 사람을 꿰뚫는 듯이 강렬했다. 나는 그의 얼굴을 《베일을 벗은 미스터리》에서 본 적이 있었다. 그는 내가 방금 기도를 올렸던 바로 그 사람, 상승 대사 세인트 저메인이었다.

"샤스타산으로 돌아가렴." 그가 말했다. "거기서 훈련이 시작될 거야. 그곳에서 만나는 첫 번째 사람이 네가 그곳에 도착한 다음 무엇을 해야 할지 말해줄 거란다."

이 마지막 말과 함께 백색 로브를 입은 대사의 형체가 사라지기

시작했고, 마침내 내 시야에서 사라져버렸다. 나는 표현할 수 없을
정도의 환희에 휩싸였다.

심장이 뛰었다. 내가 어디에 있는 건지도 몰랐다. 나는 내 밴을 주차해놓은 곳으로 되돌아가는 길을 발견했고, 차에 타서는 거의 무의식적으로 운전을 했다. 내 인생이 매우 심오한 변화를 겪고 있다는 자각이 드는 동시에, 돌이킬 수 없는 결정을 내렸다는 생각이 들었다.

이로부터 몇 년 후, 나는 티베트 불교를 수행하는 이로서 모든 존재들을 위해 깨달음을 성취하겠다는 보디사트바의 서원(Bodhisattva Vow)을 했다. 그리고 바로 그때, 내가 몇 년 전 내렸던 선택의 중요성에 대해 더 깊은 깨달음을 얻게 되었다. 나 자신의 해방 혹은 해탈보다는 인류에게 봉사하겠다는 선택의 중요성에 대해서 말이다. 아이러니하게도 나는 행복이 항상 우리가 기대하는 곳에 있는 것이 아니라는 사실을, 그리고 궁극의 자유와 해탈도 오직 헌신을 통해 얻을 수 있다는 사실을 깨닫게 되었다.

시간의 흐름을 잊고 있었기 때문에 내가 어떻게 고속도로로 들어왔는지도 기억하지 못했다. 서너 시간의 운전 후, 나는 레드 블러프Red Bluff를 지나는 고속도로를 타고 있었다. 그리고 다시 얼마 후, 바로 앞에 만년 빙하가 있는 산봉우리와 울창한 삼림에 싸인 샤스타 산이 나타났다. 샤스타는 빛의 등대처럼 나를 인도했고, 그 장관은 숨이 멎을 정도였다.

내가 샤스타산을 향해 운전해 가는 동안, 산은 내 가슴을 충만케 하는 에너지를 발산하고 있었다. 나는 미국인 크리스타Christar가 처음으로 저 신비로운 산에 대해 알려주었을 때가 생각났다. 나는 그를 작년 인도 알라하바드Allahabad의 쿰브 멜라Kumbh Mela 축제에서 만나게 되었는데, 이 축제는 수백만 명의 구도자들이 모여 구루를 찾는 축제였다.

우리 둘은 람 다스, 그리고 그의 스승인 님 카롤리 바바와 함께 시간을 보냈다. 추종자들이 마하라지Maharaji(산스크리스트어로 위대한 통치자)라고 불렀던 님 카롤리 바바는 한 세기 전 의식적으로 육체를 떠났던 한 위대한 요기의 인도식 이름을 크리스타에게 지어주었다.

마하라지가 말한 대로 우리 모두는 크리스타가 그 요기의 환생이라고 믿었는데, 그는 서양으로 돌아온 후 존재의 근원인 그리스도 신성의식을 불러온다는 의미에서 크라이스트 스타Christ Star로 자신의 이름을 바꿨다.*

마하라지는 멜라 축제에 참여해서 물질세계의 갠지스강과 야무나Yamuna강, 그리고 비물질세계의 사라스바티Saraswati강이라는 세 가지 성스러운 강의 합류 지점에 있는 물을 마시는 행위는 엄청나게 축복받을 일이라고 우리에게 말했었다. 다만 그가 내게 말하지 않은 것은, 내가 이 오염된 물을 마신다면 아메바성 이질로 인해 거의 죽다 살아나리라는 것이었다. ― 강의 합류 지점인 알라하바드의 고대 이름은 아그라(Agra)이며 '희생의 장소'라는 뜻이다. 이 경험은 그 지명과 딱 맞는 것 같다.

나는 나 자신을 치료하기 위해 여러 가지 치료술을 배워야 했는데, 이 배움과 경험이 나중에는 다른 사람들을 치료해주는 직업으로 나를 인도해주었다. 이 신성한 독약을 마시는 희생적인 행위는 내가 인류의 고통에 대해 더 깊은 이해를 가질 수 있도록 해주었고, 모든 영적 수련의 정수인 자비심을 일깨워주었다. 또한, 이로 인해 치유가로서의 자질도 갖출 수 있었다.

크리스타는 내게 샤스타산이 대백색 형제단(Great White Brotherhood)의 활동 중심지라고 했다. 대백색 형제단은 깨달음을 성취한 존재들의 그룹인데, 백인 남성들을 떠올리게 하는 그 이름과는 다르게 여러 인종으로 구성되어 있으며 남성, 여성이 모두 포함되어 있다. 이들은 지구에서의 삶을 경험하면서 높은 파동의 영역으로 상승한 이들이며, 그 영역에서 인류가 자신의 신성이라는 목적지로 돌아가는 길을 가이드하면서 끊임없이 헌신하고 있다.

---

* 전설에 따르면 이 요기는 지상에서의 임무가 끝났다고 느꼈을 때, 한 시냇물 속에서 그의 몸을 의식적으로 떠났다고 한다. 인도의 거리에서 크리스타를 만난 지 몇 년이 지난 후, 나는 어느 뜨거운 어느 여름날에 샤스타산 근처의 높은 산에 있는 차가운 빙하 호수, 캐슬 호(Castle Lake)에 수영을 하러 갔었다. 그 당시 나는 단식을 하고 있었는데, 호수를 반쯤 건넜을 즈음에 갑자기 기운이 다 빠져버렸다. 나는 간신히 물 위에 떠서 근처에 있는 보트에 구조를 요청했다. 놀랍게도, 나를 구출해준 이는 크리스타였다.
그는 "당신이 지상에서 해야 할 일이 아직 끝나지 않은 것 같은데요"라고 말했고, 나는 "네, 그런 것 같네요. 나는 대사들과 겪은 내 경험을 책으로 써야 해요. I AM 현존의 실재를 전하는 작업이죠"라고 말했다. 나는 한 세기 전에 시냇물 속에서 자신의 육체를 떠난 존재이자 더 많은 일을 하기 위해 다시 환생한 존재인 크리스타와 앉아 있으면서 얼음장처럼 찬 호수 물속에서 내 몸을 잃을 뻔했던 것에 약간의 충격을 느끼고 있었다. 그러면서 인간으로 태어난 것에 대한 소중함과 세상 속에서 나에게 주어진 사명을 완수해야 할 필요성을 절실히 깨달을 수 있었다.

크리스타의 말에 고무된 나는 미국에 돌아가자마자 샤스타산으로 갔다. 그리고 샤스타산 중턱, 그러니까 눈이 덮인 산비탈 바로 아래에서 야영을 했다. 나는 대사와 직접 만나게 되거나 최소한 영적인 비전vision을 통한 가이드라도 받을 수 있지 않을까 하는 희망을 품고 거기서 단식과 명상을 하며 시간을 보냈다. 나는 빙하가 녹아 생긴 얼음물 웅덩이에 매일 벌거벗고 뛰어들어 수영을 한 다음, 햇볕 아래 앉아 호흡에 의식을 집중한 채 명상에 빠져들곤 했었다.

나의 의식은 이런 단식과 명상으로 인해 고양되어 있었다. 하지만 나는 크리스타가 말했던 이 전설적인 대사들 중 누구도 만나지 못했으며 내가 기대했던 그 어떤 비전도 보이지 않았다. 하늘에서 불타는 검이 나타나 우레같은 목소리로 내가 어디로 가야 하며 무엇을 해야 할지 알려주는 일 따위는 일어나지 않았다. 《베일을 벗은 미스터리》에서처럼 고드프리 레이 킹과 세인트 저메인이 샤스타산에서 극적으로 만나는 그런 일은 없었던 것이다.

나는 그 책을 읽으면서 세인트 저메인이라는 이름이 기독교 전통에서 말하는 성인(Saint)이라는 의미가 아닌, 인류를 고양시키고 가이드하는 이 위대한 영혼이 자신의 이름으로 알려지길 바랐던 이름이었음을 알게 되었다.

그가 처음 나타난 시기는 고대의 황금시대였는데, 이 시대의 사람들은 여전히 신적 근원을 기억하고 있었다. 세인트 저메인은 그 시대, 그 진보한 문명의 통치자였고 그의 제국은 아열대의 북아프리카 지역에 발달해 있었다. 하지만 그 문명의 사람들이 내면의 하나님과 점점 멀어지게 되면서, 세인트 저메인과 그의 가족들은 인류가

— 그들 스스로 선택한 — 에고의 경험을 통한 성장과 물질주의의 결과를 경험할 수 있도록 육체를 떠나 그들이 왔던 높은 차원으로 되돌아갔다.

그 이후의 시대들에서, 세인트 저메인은 그의 말에 귀 기울이는 소수의 사람들에게 지혜를 전하고 그들을 가이드하기 위해 반복해서 환생해왔다. 그는 그들이 빛으로 돌아가게 해주었으며 미래 생의 언젠가 피어날 지혜의 씨앗을 사람들의 가슴속에 심어주었다.

그의 환생 중 하나는 영국의 엘리자베스^{Elizabeth} 여왕과 레스터^{Leicester} 백작의 숨겨진 아들인 프랜시스 베이컨^{Francis Bacon} 경이었다. 그는 적법한 영국 왕위의 계승자였으며 윌리엄 셰익스피어^{William Shakespeare}의 희곡을 쓴 실제 작가이기도 했다. 제임스^{James} 1세 시대에, 베이컨은 킹 제임스 성경(King James Bible)의 저술 활동을 감독하며 그 활동에 영감을 불어넣어준 장본인이었다. 그의 놀라운 문학적 성취들, 그리고 방탕하고 부패했던 영국의 군주제를 바로잡으려 했던 그의 시도는 가혹한 모함과 가택 연금이라는 결과를 낳았다. 감금되어 아무것도 할 수 없게 된 그는 가짜 장례식을 치르고 유럽으로 사라져버렸다. 그리고 가명을 쓰면서 오컬트 지식을 배우고자 하는 다양한 그룹들을 가르치고 가이드했다고 한다.

인류를 향한 봉사의 연장으로, 세인트 저메인은 미국의 건국을 돕기도 했다. 그가 프랜시스 베이컨 경으로 살았을 때인 1626년에, 그는 영적인 법칙과 원리들에 기반을 둔 사회의 가능성을 기술한 책인《새로운 아틀란티스》(The New Atlantis)를 썼다. 이 책은 이후 미국의 탄생을 이끈 지도 원리가 되었다.

셰익스피어의 희곡 원고를 포함한 그의 비밀스러운 저작들은 버지니아주 윌리엄스버그^{Williamsburg}의 한 비밀스러운 지하실에 묻혀 있다가 발굴되었다고 한다. 프랜시스 베이컨을 연구하는 학자인 마리 바우어 홀^{Marie Bauer Hall}에 따르면, 아마도 이것들은 강력하고 어두운 세력 — 세인트 저메인은 미국이 이들의 영향력에서 자유롭기를 바랐다 — 의 대리인들에 의해 탈취되어 숨겨졌을 것이라고 한다.

인류의 진화와 성장을 위한 봉사를 고집하는 진정한 보디사트바로서, 세인트 저메인은 상승한 존재로 다시 나타났다. 그는 프랑스 혁명으로 이어지는 기간 동안 유럽의 궁정에서 특정 역할을 하기 위해 다양한 모습으로 이곳저곳에 나타났었다. 그는 많은 이들에게 '기적의 일꾼'으로 알려져 있는데, 이는 그가 인류의 과거와 미래를 통찰하고 내다보는 지혜를 가지고 있으며 동시에 여러 장소에 나타날 수 있는 능력이 있기 때문이었다. 이와 관련해서는 세인트 저메인이 같은 날 유럽의 여러 지역에 동시에 나타났음을 기록한 일기집도 있다.[*]

그는 부패하고 타락한 귀족들을 대상으로 그들보다 어려운 삶을 살아가는 민중들에 대한 책임감을 일깨우려 했고, 최선을 다해 그들을 구제하려 했다. 그는 대중의 폭정이 군주의 폭정을 대체한 길로틴^{guillotine} 대참수극이 있기 전에, 관료제가 시작되고 민권과 사회주의가 부흥하기 전에 이미 이런 일들을 했던 것이다.

오늘날 세인트 저메인은 개인의 영적 진화를 돕는 일뿐만 아니라, 경우에 따라 각기 다른 이름으로 불리며 예술, 과학, 그리고 정치 분야를 주도하는 역할을 계속해오고 있다. 그는 신성에 의해 부여된

---

[*] 이사벨 쿠퍼-오클리^{Isabel Cooper-Oakley}, 《세인트 저메인 백작》(The Comte de St. Germain)

인간의 운명인 자기완성(mastery)과 자유를 진지하게 성취하고자 하는 모든 이들을 계속해서 돕고 있다. 대백색 형제단의 상승 대사 위계**에 따르면 세인트 저메인은 제7광선의 대사이며 그의 숨겨진 자질은 자유이다. 따로 소개가 필요하지 않은 대사인 예수 역시 세인트 저메인과 함께 일하곤 한다.

나는 샤스타산 얼음물에 뛰어들기도 하고, 오랜 시간 명상도 했지만 이 위대한 대사의 현존을 만날 수도, 그의 에너지를 느낄 수도 없었다. 그의 관심을 끌기에는 내가 너무 하찮은 존재 같아 이만 포기하려던 그때, 마침내 내가 염원하던 그와의 접촉이 이루어졌다.

하늘이 점점 밝아오는 어느 이른 아침, 막 잠에서 깼을 때였다. 나는 등을 기대고 잤던 그 소나무 아래서 나뭇가지 사이로 하늘을 올려다보고 있었는데, 문득 누군가 내게 말하는 목소리가 들렸다. 주위를 둘러보았지만 내 주변에는 아무도 없었다. 하지만 내 귓가에는 이 친숙한 목소리가 계속 들렸는데, 그 목소리는 내가 과거에 어디에 갔었는지, 앞으로는 어디로 가야 할지 상세히 알고 있었다. 지금의 나는 이 목소리의 주인공이 다름 아닌 세인트 저메인 대사였다는 사실을 잘 알고 있다.

하지만 그때 그가 내게 말했던 것은 그다지 반가운 내용은 아니었다. 그는 샤스타산을 떠나 뉴욕 우드스톡 근처에 있는 내 농장을

** 위계(hierarchy)는 한 존재가 다른 존재보다 우월하다는 것을 의미하지 않는다. 신성의식은 우리 모두에 내재해 있기 때문이다. 그렇지만 창조에서는 각자의 본성과 진화에 따라 서로 다른 역할들을 맡는, 일종의 선천적인 체계 같은 것이 존재한다. 우리의 신체도 이것의 증거라고 할 수 있다. 신체는 다양한 종류의 세포들을 협력적인 계층구조로 분화시켜 생명력을 유지한다. 신경, 피부, 혈구 등은 모두 특정한 기능을 가지고 있다.

향해 동쪽으로 간 다음, 다시 인도로 돌아가라고 말했다. 쿰브 멜라 축제 때 오염된 물을 마시고 거의 죽을 뻔했던 바로 그곳으로 말이다. 그렇게 나는 아바타Avatar*인 사티야 사이 바바를 만나게 될 것이었고, 결국 내 새로운 집이 될 샤스타산으로 돌아오게 될 것이었다.

또, 그는 내게 이름을 바꾸라고 명령했다. 하지만 나는 이를 완강히 거부했다. 나는 동양에서 돌아온 많은 미국인들이 힌두식 이름을 쓰는 것을 봐왔는데, 그 이름은 구루들이 그들의 에고를 해체시킬 목적으로 내려준 것이었다. 그러나 그런 이름들은 종종 자신이 특별하다는 느낌을 더 강화시킬 뿐이었다. ― 불교도들은 이를 자기애(self-cherishing)라고 부른다. 나는 낡은 인격과 속성들을 새로운 이름이라는 카펫으로 덮어씌운다고 해서 그것들이 사라지지 않는다는 사실을 잘 알고 있었다. 이 때문에 나는 그가 내가 혐오하는 그런 행위를 하도록 요구했을 때 완강히 거부했던 것이다.

"너는 이 산의 이름을 네 성으로 바꾸게 될 거란다."

"네?" 나는 그 괴상한 아이디어를 믿을 수가 없어서 되물었다.

"네 성을 이 산 이름으로, 다시 말해 마운트 샤스타Mt. Shasta로 바꿔

---

* 아바타는 산스크리트어로 인간의 몸속으로 내려 온 온전한 하나님의 현현을 말한다. 우리 모두는 신성의 화신이기 때문에 어떤 의미에서는 전부 아바타들이라고 할 수도 있다. 하지만 신성의식에 깨어 있는 정도는 각자 다르다. 따라서 이 용어는 신성의식이 완전히 발현된 채로 태어나 모든 신성의 속성과 권능들을 증명해낼 수 있는 사람, 그리고 드물긴 하지만 인류의 진화상 특별한 임무를 위해 환생한 소수의 사람들만을 지칭한다.

고대에 있었던 완전한 아바타로는 라마Rama와 크리슈나Krishna가 있다. 라마크리슈나Ramakrishna와 암마치Ammachi(포옹하는 성자)처럼, 살아가면서 자신의 신성에 눈을 뜨는 사람들도 아바타라고 불리기도 한다. 내가 자간나트 푸리의 한 거리에서 만났던 아난다마이 마Anandamayi Ma는 추종자들에 의해 아바타라고 불렸지만, 그녀는 "사이 바바가 푸르나 아바타Purna Avatar(완전한 아바타)"라고 했다. 예수는 일찍이 자신이 아버지 하나님으로부터 '보내졌다'고 말했고, 이후에는 아버지와 하나라고 말했다. 이는 그가 자신의 신성에 대한 온전한 자각을 성취했음을 나타내는 것이다. 기술적 용어로서의 아바타는 아이콘 혹은 대리인을 의미하는 용어로 변질되어 천부적인 의식 혹은 신성의 의미가 전혀 들어 있지 않다.

야 한다고 말했다."

"지금 농담하시는 거죠?"

"아니, 농담이 아니야." 그가 답했다.

"이름에다 산을요?" 동양의 구루들 중에서도 산의 이름을 따서 이름을 지은 사람은 없었다.

"그래."

"안 할래요!" 나는 반항하듯 대꾸했다.

"아니, 그렇게 될 거야." 대사는 단호하게 말했다. "너의 새로운 이름은 피터 마운트 샤스타란다."

"싫어요! 이상한 이름을 가진 뉴에이저들 중 한 명이 되진 않을 거예요!"

"두고 보자." 그 목소리가 대답했다. 그것은 마치 자신의 아이가 결국 자신의 말을 들을 것을 알고 있는 부모처럼 내 신경을 묘하게 건드리는 목소리였다. 어느 순간, 그 목소리는 멈췄고 이 불가사의한 존재의 에너지는 공중으로 사라져버렸다.

나는 산등성이로 올라오는 태양을 바라보면서 다시 일어나 앉았다. 대사와의 접촉은 내가 기대하고 열망했던 것과는 전혀 다른, 최악의 불만족스러운 경험이었다. 나는 내 성을 산 이름으로 바꾸지 않을 거라고 결심했다. 그리고 그 목소리는 내 상상에서 나온 거라고, 단식이 내 뇌에 영향을 줬기 때문에 헛것을 들은 거라고 생각하며 그 영적 존재와의 접촉을 애써 부정했다.

지금 와서 돌아보면, 그것은 정말로 아이러니한 일이었다. 나는 대사의 가이드와 안내를 깊이 열망해왔지만 막상 그것이 주어졌을 때는 그것을 거부했다. 이렇게 보면 대사들이 직접적으로 나타나 우리에게 무엇을 해야 할지 알려주지 않는 것도 놀랄 만한 일은 아니다. 우리는 마치 어린아이들처럼 한편으로 어른이 되기를 원하지만, 우리의 어린애 같은 태도를 바꿔야 한다는 말을 들으면 화를 내면서 우리에게 필요한 수양을 거부하곤 한다.

북쪽으로 운전해 가고 있는 지금, 수많은 전설을 간직한 샤스타 산의 흰 정상부가 푸른 하늘을 배경으로 어렴풋이 드러나고 있었다. 나는 침낭, 폼 매트, 배낭, 요리용 스토브 등 내 유일한 재산들을 실은, 낡은 62년식 닷지 밴을 타고 달리는 중이었다.

나는 오래전부터 영적인 탐구자들이 모여들었던 이 산으로 다시금 나를 이끌었던 그 사건들을 하나하나 돌이켜보았다. 세인트 저메인과의 논쟁에도 불구하고 나는 그의 말대로 샤스타산으로, 그가 지어준 이름인 마운트 샤스타로 되돌아가고 있었다. 하지만 아직 누군가에게 이 주제넘어 보이는 이름을 말할 용기는 없었다.

나의 야영 장소였던 샤스타의 초원에서 그 목소리를 들은 후 일어난 사건들은 대사가 예언한 그대로였다. 나는 먼저 콜로라도의 테이블Table산에 모여 사는 레인보우 패밀리Rainbow Family를 만난 다음 뉴욕 북부의 내 농장으로 돌아왔다. 그리고 거기서부터 두 번째 인도 여행을 떠나게 되었는데, 이 역시 그의 말대로였다.

인도에 가서는 우리 시대의 아바타로 알려진 사티야 사이 바바의 아쉬람에 머무르면서 그에게 내가 살면서 해야 할 일이 무엇인지에 대한 가이드를 받을 수 있었다. 그는 내게 직접적인 대답을 해주지는 않았지만, 그 당시의 내가 이해하지 못한 답을 주긴 했었다. 나는 내 운명의 비밀을 간직하고 있는 듯한 이 눈 덮인 화산을 향해 달려가면서 그때 사이 바바가 내게 준 답의 의미를 곧 알 수 있을지 궁금해했다.

사이 바바가 고대의 라마와 크리슈나 같은, 모든 신성의 속성을 구현한 신의 완전한 화신으로 전 세계 수백만의 사람들에게 추앙받고 있긴 했지만 나는 그런 주장을 그다지 믿지 않는 성격이었으므로 첫 번째 인도 여행에서는 그를 찾아가지 않았다.

하지만 내가 첫 번째 인도 여행에서 돌아와 내 농장에서 지내는 동안, 한 친구가 내게 사이 바바의 사진을 보내주었다. 그 친구는 자신의 꿈에 바바가 나타나 내게 이 사진을 보내라는 말을 했다고 전했다. 나는 비판적이고 회의적인 마음을 가지고 있었다. 그러나 사진 속 그는 마치 그 속에서 살아 숨 쉬는 듯 보였고, 나에게 손을 흔들고 있었다. 한 번도 느껴본 적 없던 사랑이 거대한 파도처럼 내 가슴 속으로 밀려들어 왔고, 나는 울고 말았다. ― 이때의 울음은 어린애일 때 이후로는 울어본 적 없는 그런 유의 울음이었다.

이윽고 내 마음이 어느 정도 진정이 되었을 때, 나는 다시 한번 그 사진을 쳐다봤다. 그러자 놀랍게도 사이 바바가 사진 밖으로 걸어 나와 나를 안아주었다. 내 몸의 모든 세포는 신성한 사랑으로 충전되었고, 내 에너지의 진동수가 높아지면서 나는 신성의식의 지복상태에 빠져들었다. 그는 빛 속에 녹아 사라지기 전, 내게 장난스럽게 "나를 찾아 인도로 오게"라는 말을 남겼다.

나는 비위생적인 환경 때문에 병에 걸려 죽을 고생을 했던 그 인도로 돌아가야 한다는 것이 무서웠다. 하지만 이 신성한 초대를 받은 지 2주가 지났을 때, 나는 프라샨티 닐라얌Prashanti Nilayam(영원한 평화의 장소)이라는 바바의 아쉬람 대문을 걸어 들어가고 있었다.

사이 바바가 거주하는 사원의 메인 건물에 도착할 즈음, 그가 발코니 위에서 손을 흔드는 것이 보였다. '지금 나한테 손을 흔드는 건가?' 나는 주위를 둘러봤지만 내 뒤에는 아무도 없었다. '바바가 곧 만나자고 부르겠지?' 나는 람 다스가 처음으로 스승을 만났던 때만큼 감동적인 사이 바바와의 만남을 기대하고 있었다.

람 다스가 님 카롤리 바바를 처음 만났을 때, 님 카롤리 바바는 그가 방금 최근에 돌아가신 어머니에 대해 생각한 것을 언급하며 그가 살아온 삶의 모든 측면을 이해하고 있음을 드러냈다. 그리고 이 젊은 하버드 교수, 람 다스는 흐느껴 울면서 자신의 머리를 스승의 무릎에 기대었다.

하지만 사이 바바가 내게 보냈던 처음의 손 인사는 내가 아쉬람에 머물렀던 몇 달 동안 그가 내 눈앞에 나타났던 몇몇 짧은 순간 중 하나일 뿐이었다. 눈물로 가득한 만남은 없었다. 나는 아쉬람에 모인 수천 명의 사람들 중 한 사람일 뿐이었고, 그들 모두가 똑같이 그의 관심을 원했다.

그렇지만 나는 꿈속에서 여러 번 그를 만날 수 있었고, 그때마다 그는 뉴욕에서 내게 쏟아주었던 그 신성한 사랑을 다시금 쏟아주며 내 가슴을 열어주었다. 많은 사람들은 그가 나의 접견 요청을 거절하는 이유가, 나로 하여금 그의 외적 관심에 의존하지 않고 내 내면에서 그와 만나도록 해주기 위함이라고 말해주었다. 이런 말들에도 불구하고, 나는 내심 그의 관심을 끊임없이 의식하고 있었다. 이것은 그와의 만남이 꼭 이루어져야 한다는 내 의존적 마음의 성향을 인식하고 고치라는 내적인 신호였다.

나는 아쉬람에 머무는 동안 사이 바바가 수많은 기적들을 행하는 것을 직접 목격했다. 또, 다른 사람들로부터 그가 병자들을 낫게 했다는 얘기나 한 시간 동안 죽어 있던 남자를 다시 되살렸다는 얘기도 들었다. 그는 내 손에 신성한 감로수인 암리타amrit를 물질화시킨 적도 있었고, 내가 명상 중일 때 지복의 상태로 들어갈 수 있는 만트라를 알려주기도 했다. 나는 명상할 때마다 살아나는 것처럼 보이는 기적적인 그의 사진을 받았고, 그는 그 사진을 통해 내게 나타나 말을 했었다!

하지만 시간이 지나면서 그 사진은 그저 평범한 사진이 되어버렸으며, 만트라의 효과도 없어져버렸다. 시간은 흐르고 있었고 바바는 여전히 내가 어떻게 명상을 해야 하는지 말해주지 않고 있었다. 또, 가장 중요한 질문인 내 삶을 어떻게 해야 할지에 대해서 말해주지도 않았다.

영적으로 꾸준히 성장하고는 있었지만, 나는 스물여덟 살이 되어서도 어떤 방향으로 삶을 살아가야 할지 몰라 여전히 길을 잃은 느낌이었다. 나는 세상이 직업이라고 부를 만한 그런 일을 하고 있지 않았고, 영적인 깨달음을 얻는 것이 내 직업일지 모른다는 생각도 전혀 들지 않았다. 내 외적인 마음은 여전히 내면에 있는 부모님의 목소리를 놓지 못하고 있었다. 그 목소리는 내게 '친구들처럼 그럴 듯한 직장을 얻어. 사회에서 네 자리를 차지해'라고 말했다.

마침내 떠날 시간이 다가왔다. 비자는 곧 만료될 것이었고, 내가 예약한 비행기는 다음 날 출발할 예정이었다. 나는 구루가 추종자들 사이를 거니는 의례인 다르샨darshan 시간에 사이 바바에게 쪽지를 건네야겠다고 생각했다. 그는 자신의 추종자들과 하나하나 이야기를 다 나눌 수 없었기 때문에 가끔 사람들의 쪽지를 받아서 자신만의 방식으로 대답을 주었다. 그는 꿈속에서 대답을 주는 일이 잦았고, 어떨 때는 단순히 사람들이 열망하는 변화를 일으켜주는 식으로 대답을 주기도 했다.

내가 쪽지에 쓴 질문은 이거였다. "바바, 제발 제가 이 생애에서 무엇을 해야 하는지 알려주세요. 제가 어디로 가야 할까요? 제가 무엇에 대해 명상해야 할까요?" 바바는 내가 쪽지를 전해주려고 할 때마다 나를 무시했었다. 하지만 그날 바바는 기적적으로 내가 앉아 있는 방향으로 걸어와서 내 집게손가락 끝을 만지며 쪽지를 집어 들었다.

'그가 내 생각을 들었어!' 그는 그와 육체적인 접촉을 하고 싶어 하는 내 무언의 바람을 알아주었다. 나는 그가 떠나기 전에 우리 사이의 유대감에 대한 신호나 증거를 얻고 싶었다. 그가 내 옆 사람과 이야기하는 동안 나는 자발적으로 그의 발을 두 손으로 잡고 있었다. 나는 그가 나를 아주 잠시만이라도 만져주길 원했다. 그러자 그는 잠시 내 손가락 끝을 만져주었다. 그런 다음 그는 나만큼이나 어떤 특별한 것을 원하고 있는 수많은 추종자들의 행렬 사이를 계속 걸어 내려갔다.

내가 그 접촉의 지복 속에 빠져 있을 때, 뒤에서 누군가가 달려와 내 손에 작고 까만 책을 쥐여주었다. 펼쳐진 그 책의 페이지에는 눈에 띄게 밑줄이 쳐진 문장이 있었다. "'나는 하나님이다(I AM GOD)'를 명상하라. 그러면 너의 다른 모든 질문들은 스스로 답을 드러낼 것이다"라는 문장이었다. 나는 이 말이 낯선 이의 책을 통해 주어진 바바의 대답임을 알고 있었다. 하지만 내 마음은 '이렇게 간단할 수 있는 건가?' 하면서 여전히 갈피를 잡지 못하고 있었다. 어찌 되었든 나는 이것을 실행해보기로 했다.

나는 그 《내 안의 나》(The Impersonal Life)라는 책을 계속 읽어나가면서 이 익명의 저자가 궁극적인 구루는 자신 안에 내재한 구루라는 것을 거듭 강조하고 있음을 알게 되었다. 한 사람은 다른 사람의 반영이기 때문에, 자기 자신의 내면에 있는 구루를 발견하지 못한다면 인간의 모습을 한 외적인 구루 역시 그를 올바르게 가르칠 수 없다.

이 책에 따르면, "나는 스스로 존재하는 자다(I AM THAT I AM)*"라고 말함으로써 촉발되는 현존을 느끼는 것, 그리고 인간의 가슴 속에 내재한 하나님의 현존에 끊임없이 의지하고 거하는 것이 하나님을 깨닫는 방법이라고 한다. 가슴 속의 느낌 없이 이런 말들을 반복하는 행위는 사람을 나(me)와 내 것(mine)이라는 미망의 덫에 걸리게 하여 그를 에고의 포로로 만들어버린다. 이 '나(me)'는 제한된 에고, 자아중심적이고 일시적인 에고인 반면, '나(I)'는 불멸의 신적 자아, 영원한 I AM 현존을 말한다.

또, 이 책에서는 오직 마음과 감정들이 명상을 통해 고요해질 때, 우리의 가슴이 내재한 신성의 현존에 복종할 때에만 진실로 I AM 현존을 느낄 수 있다고 말하고 있다. 그리고 그렇게 되면 I AM 현존의 가이드가 사람의 마음속에서 깊은 느낌으로, 또는 단순히 상황에 맞는 상황에 맞는 자발적 행동으로 나타난다고 한다.

내 질문에 대한 사이 바바의 답으로 보이는 이 지혜를 가슴으로

---

* "I AM THAT I AM"은 "나는 원인 없이 존재하는 자다", "나는 창조 전부터 존재하는 자다", "나는 자존자다" 등으로 번역할 수 있다. 구도자가 이 말을 정말로 이해하기 위해서는 창조가 영원한 지금 안에서 매 순간 이루어지고 있다는 것을 깨달아야 한다. ─ 역주

받아들이자, 내 삶에 대한 해답을 말해줄 구루를 찾으려는 열망이 마침내 사라지기 시작했다. 나는 나 자신의 가슴 속에서 그 구루를 발견하게 될 것이라는 사실을 알았다. 인도를 떠나면서 나는 단순하고도 혁명적인 이 성장의 길을 걸어가기 시작했다.

그렇긴 해도, 오로지 내재하신 I AM 현존에만 모든 것을 의지하고 헌신하는 변화는 하룻밤 사이에 일어나지 않았다. 내 안에 내재하신 하나님의 현존에 언제나 그리고 어떤 일에나 복종하는 법을 배우고, 이를 통해 내면의 대사를 성장시키고 발달시키기 위해 명상하는 데만 몇 년의 시간이 걸렸다. 역설적이게도, 나는 내 안의 '참자아'와 더 강하게 연결되면 될수록 사이 바바와 가까워지는 느낌이 들었다. 그리고 나중에는 내가 곧 만나게 될 상승 대사들과도 더 가까워지는 것을 느낄 수 있었다.

미국으로 돌아온 나는 계속해서 내 가슴에 내재한 현존에 대해 명상하면서 그 현존이 나를 이끄는 대로 따랐다. 그 가이드는 나를 미국 전역을 가로질러 가야 하는 샌프란시스코로 이끌어 마침내 뮤어 숲에서 내 삶을 송두리째 바꿨던 세인트 저메인과의 그 만남을 이루어주었다. 그리고 지금, 세인트 저메인은 1년 전에 나의 새로운 집이 될 것이라고 말했던 그 샤스타산으로 다시 나를 돌려보냈다.

나는 밴을 타고 샤스타산으로 가까이 다가가면서 곰곰이 생각해 보았다. '이 산은 나와 불가해하게 연결된 것 같아. 나는 왜 다시 이 전설적인 산으로 이끌리고 있는 걸까?'

고속도로에서 나와 샤스타산의 조그마한 마을에 들어가면서, 나는 하나의 사이클이 완성되었다고 느꼈다. 그 전해 여름, 세인트 저메인은 내게 인도로 돌아가라고 말했다. 거기서 사이 바바는 내 가슴 안의 신성인 '나는 하나님이다'에 대해 명상하라고 내게 말해주었다. 그리고 나는 그 신적 실재에서 나온 가이드를 따라 이 산으로, 그리고 세인트 저메인에게로 돌아왔던 것이다.

아침 내내 운전을 한 나는 배가 고파서 아침 식사를 할 만한 식당을 찾고 있었다. 마을 중심가를 천천히 운전해 가다 보니 샤스타산이 대사들, 레무리아인들, 그리고 UFO와 같은 미스터리한 소문들로 유명한 곳이라는 사실이 떠올랐다. 그렇지만 그날 아침 산자락 아래에 위치한 이 조그마한 마을은 그저 평범해 보이기만 했다.

그곳은 그 시절 미국 북서부 지역에 있었던 여느 벌목 마을처럼 조용한, 손님을 끌고자 하는 'OPEN' 네온 간판들만 가득한 그런 마을이었다. 이런 간판들이 선전하는 것과는 반대로, 나는 이 마을 사람들이 그다지 열려 있는 사람들이 아니라는 것을 곧 알게 되었다.

나는 밴을 주차한 후, 마치 우주선에서 내린 외계인을 바라보듯이 나를 주시하는 많은 눈길들을 느끼면서 거리를 걸어갔다. 어깨까지 내려오는 내 머리와 말라^{mala}라고 불리는 기도 목걸이, 그리고 인도에서 입던 헐렁한 흰옷들은 목장과 벌목 현장에서 일하는 마을 사람들이 나를 히피로 여기기에 딱 좋은 옷차림이었다.

황량한 중심가의 중간쯤에 아침 식사를 할 수 있는 식당이 눈에 띄었다. 나는 주린 배를 부여잡고 식당으로 걸음을 재촉했다. 하지만 식당 문 앞에서 "우리 식당은 히피 손님들을 받지 않습니다"라는 플라스틱 간판을 보고는 순간 멈칫했다.

나는 '히피'라는 표현을 좋아하지 않았다. 이 표현을 쓰는 많은 이들이 머리를 기르고 헐렁한 옷을 입는 것만으로 자신이 의식의 도약을 이뤘다고 생각했기 때문이었다. 나는 10대 때 검은색 터틀넥 스웨터를 입고 뉴욕의 그리니치 빌리지^{Greenwich Village}에서 케루악^{Kerouac}이 쓴 《달마 행자들》(Dharma Bums)을 읽으면서 "한 손에서 나는 손뼉 소리는 어떤 소리인가?"와 같은 선불교의 공안에 대해 명상하곤 했다. 하지만 그때의 나는 열네 살이었고, 지금의 나는 비트족과 히피라는 꼬리표에서 나 자신을 분리하려고 애쓰고 있었다. 또, 나는 그 어떤 유의 범주에도 포함되고 싶지 않았다.

히피라는 말은 마치 '비트족 중에서도 비주류 문화를 추종하는 이들'의 약칭처럼 여겨졌지만, 나는 나중에서야 그 말이 '의식하는 이'를 뜻하는 아프리카 방언에서 유래되었다는 것을 알게 되었다. 만약 내가 그런 참의미를 알았더라면 히피로 불리며 살아가는 것도 팬찮았겠지만, 그 당시의 나는 내게 그런 꼬리표가 붙지 않길 원했다. 지금 나는 문 앞의 간판, 즉 히피를 금지하는 그 문안이 더 이상 내게 적용되지 않는다는 느낌이 들었다.

나는 식당의 문을 열고 들어갔다. 그러자 마치 영화 〈이지 라이더 Easy Rider〉에서 자유를 열망하는 두 명의 바이커가 식당에 들어가 남부의 레드넥Redneck*들과 대치했을 때처럼 손님으로 가득 찬 식당이 갑자기 조용해졌다. 나는 그들의 차가운 시선 때문에 출입구에 서서 그대로 얼어버렸다. 그때 내 머릿속에는 그 시절 시골을 여행하는 히피들이 가끔 당하는 상황들이 떠올랐다. '벌목꾼들이 나를 식당 밖으로 던져버린 다음 내 긴 머리를 강제로 잘라버리지 않을까?'

그렇지만 나는 너무 배가 고픈 탓에 그냥 식당에 들어가서 유일하게 남은 빈자리 하나에 자리를 잡았다. 내 자리는 체크 셔츠를 입고 벌목용 부츠를 신은 두 명의 사내들 사이에 있는 자리였다. 내가 그들 사이로 들어가 앉자 그들은 등을 돌렸고, 나는 그들의 신경이 곤두선 것을 느낄 수 있었다.

"주문하시겠어요, 손님?" 폭발하기 직전인 이곳의 적대감을 진정시키려는 듯, 종업원이 패드와 연필을 들고 와서 무엇을 주문할지 물어봤다. 나는 그녀에게 감사함을 느꼈다. 그녀가 주문을 받는 것을 본 사람들은 다시 먹고, 이야기하기 시작했다. '이들은 스스로 기독교인이라고 생각할 텐데, 그런 사람들이 이방인에게 최소한의 자비심과 관용을 보여주기가 그렇게 어려운 건가?' 나는 이렇게 생각했다.

버터와 메이플 시럽을 듬뿍 바른 메밀 팬케이크 더미들을 급하게

---

* 미국에서 남부 지역의 저학력, 저소득 백인 농민이나 우파들을 일컫는 멸칭이며 이들이 주로 햇볕에 목 둘레가 빨갛게 탄 외모를 하여 레드넥이라는 이름이 붙었다. ─ 역주

먹어 치우는 동안 뱃속 깊이 느껴졌던 두려움도 차차 사라지는 기분이 들었다. 아침 식사를 거의 끝마쳤을 때쯤, 갑자기 내 나이 또래의 한 남자가 푸른 눈을 반짝이며 내 쪽으로 다가왔다.

"안녕하세요. 저는 스티븐Stephen이라고 해요." 그가 손을 내밀며 명랑하게 말했다. "저는 이 거리 코너에 있는 건강식품 가게를 운영하는데, 식사 마치시면 한번 들르세요."

나는 속으로 '이 사람이 그 뮤어 숲의 대사가 말한, 다음에 무엇을 해야 할지 말해준다던 그 사람인가?' 하고 생각했다.

나는 계산을 마치자마자 스티븐의 가게로 갔다. 그는 비닐봉지에 해바라기 씨를 담느라 바빠 보였다. 내가 가게에 들어서자 그는 고개를 들어 나를 쳐다보더니 바로 내 눈을 보면서 이렇게 이야기했다.

"당신, 펄을 보기로 되어 있네요."

"정말요?" 나는 물었다. "펄이 누군데요?"

"그걸 아는 사람이죠…."

"그게 뭔데요?"

"당신이 알고 싶어하는 그걸 아는 사람이요…. 일단 그녀에게 전화해보세요. 그러면 알게 될 거예요."

나는 그의 전화를 빌려 그의 말대로 펄에게 전화를 걸었다. "지금 오세요." 수화기 너머로 어머니 같은 목소리가 따뜻하게 들려왔다. 몇 분 뒤, 나는 한 막다른 길 끝에 있는 집 앞에 차를 세웠다.

집 외관은 마치 헨젤과 그레텔의 동화에 나오는 진저브레드 집 같았고, 소나무 산울타리가 집을 완전히 둘러싸고 있었다. 산울타리 안쪽으로 들어가 장미 넝쿨이 우거진 격자 시렁을 지나자 마치 사원에 들어온 듯한 느낌이 들었다. 그렇게 쭉 판석이 깔린 길을 따라가자 문이 하나 나왔다. 나는 그 문 앞에 서서 철제 노커로 문을 두드렸다. 그러자 친절해 보이는 60대 여성이 문을 열었는데, 그녀의 담갈색 눈은 꽤 예리해 보였다. 그녀는 마치 부엉이처럼 나를 뚫어지게 쳐다보며 출입구에 서 있었다.

그녀는 내가 들어갈 수 있도록 옆으로 비켜서면서 말했다. "들어오세요. 기다리고 있었어요."

나는 아늑한 거실에 있는 의자에 앉으라는 권유를 받은 후 "기다리고 있었다는 게 무슨 말씀이신가요?" 하고 물었다.

"오늘 아침, 대사 세인트 저메인께서 제게 누군가를 보낼 테니 만나보라고 하셨어요." 그녀는 최소 수백 년 동안 인류의 일을 가이드해온 것으로 알려져 있는 그 대사가 나타나는 것이 일상적이라는 듯 무덤덤하게 이야기했다.

"그분이 그렇게 말씀하셨다고요?" 나는 침을 꿀꺽 삼키면서 말했다.

"자, 당신이 누구고, 또 여기에 어떻게 오게 되었는지 말해주세요." 그녀는 나를 편안하게 해주기 위해 의자를 끌어와 내 쪽으로 가까이 앉으면서, 내게도 더 가까이 와서 앉으라고 했다. 테이블에 있는 〈리더스 다이제스트 Reader's Digest〉 잡지, 그리고 벽에 걸려 있는 태피스트리 tapestry가 보였다. 태피스트리에는 숲을 방랑하는 사슴이 수놓아져 있었다.

인도에서 나는 보통은 옷을 거의 입지 않는, 몸에 가루를 칠한 구루들의 발치에 앉아 있었다. 그들은 얼굴에 재, 백단유 반죽 또는 붉은 물감을 칠하고 있었다. 지금의 나는 이런 인도에서의 경험을 모두 겪은 상태였다. 하지만 영적 가이드를 구하며 방랑하던 그 모든 경험 후에 나는 이제 북캘리포니아의 벌목 마을에 위치한 보통의 가정집으로, 그리고 그곳에 사는 이 평범해 보이는 가정주부에게로 인도되었다. 나는 일이 어떻게 이렇게 된 것인지 궁금했다.

나는 그녀에게 뮤어 숲에서의 경험에 대해, 갑자기 허공에서 나타나 나를 육체 밖으로 꺼낸 뒤 '위대한 침묵'의 경이로운 영역으로 데려다준 그 신비로운 이에 대해 얘기해주었다. 그리고 봉사를 위해 지구로 돌아오기로 결정한 이야기, 신비로운 그 남자가 백색 로브를 입은 존재로 변한 후 샤스타산으로 가라고 한 이야기도 해주었다.

영화 〈스타워즈〉의 요다같이 생긴 이 작은 할머니는 장난기 가득한 눈빛으로 물었다. "그게 누구인 것 같아요?"

나는 눈을 들어 벽에 걸린 세인트 저메인의 그림을 보고는 그쪽으로 고개를 끄덕였다. 불과 몇 시간 전에 있었던 이 전설적인 존재와의 만남에 대해서는 말을 꺼내기가 여전히 어려웠다.

"맞아요. 그분은 지금 우리 곁에 매우 가까이 계세요. 그리고 당신을 돕고 싶어하세요."

"그분이 뭐라고 말씀하시나요?" 나는 세인트 저메인이 여기에 와 있다는 것에, 그리고 그가 내게 관심을 가지고 있다는 것에 놀라면서 물었다. 그리고 생각했다. '내가 구도와 고뇌 속에서 헤매고 있을 때는 나타나지 않았던 그가 어째서 한참을 기다리다 지금에서야 나타나기로 했을까? 하나님께 기도했지만 아무런 응답을 듣지 못했던 그때, 그는 어디에 있었던 걸까?'

"나는 그분이 무슨 말을 하는지 말해줄 수 없어요. 나는 대사들의 말을 채널링하는 사람이 아니기 때문이죠." 펄이 이야기했다. "대사들은 아주 드문 경우를 제외하고는 그들의 제자들이 채널링하는 것을 허락하지 않습니다. 신적 존재들인 대사들은 그들이 원하는 바를 당신의 가슴에 직접 전달할 수 있기 때문이죠. 당신은 그들이 말하는 것을 당신의 귀나 마음으로 듣지 못할 수도 있어요. 당신의 마음이 그들이 전하고자 하는 메시지를 방해하거나 그에 대해 논리적인 논쟁을 하려 들 것임을 그들은 잘 알고 있으니까요. 대신에 대사들은 당신의 상위 자아에 정보들을 전달해서 당신이 필요할 때 직관적으로 그 정보들에 접근할 수 있도록 해주시는데, 당신은 이 정보들을 마치 자기 자신에게서 나온 정보처럼 느끼게 됩니다."

이 말을 들은 나는 작년에 세인트 저메인이 내 성을 마운트 샤스타로 바꾸라고 말하자 절대로 그럴 수 없다고 거절했던 기억이 떠올라 부끄러워졌다. 그는 내 마음에 직접 말을 전해주었지만, 그 당시 나는 세인트 저메인이 누구인지도 모르는 상태였으므로 그 말을 묵살해버렸다.

이제 펄은 어떻게 대사와 접촉할 수 있는지, 어떻게 내 의식장 안에서 그의 의식을 경험할 수 있는지를 설명하고 있었다. "내면으로 들어가 당신 존재의 중심에 집중하세요. 그의 가슴과 당신의 가슴이 하나인 것을 아세요. 그가 이미 당신 안에 있다는 것을 선언하면서 그에게 사랑을 보내세요. 그러면 그의 현존을 느낄 수 있을 겁니다. 그리고 이렇게 하면 그가 당신의 가슴을 통해 직접 당신과 함께 일할 수 있는 길이 열립니다."

나는 명상을 하기 위해 눈을 감았다. 그러자 펄이 말했다. "눈을 뜨세요! 명상하기 위해 눈을 감을 필요는 없습니다. 그저 당신 존재의 중심으로 의식을 집중하세요. 그리고 당신 자신에게 조용히 이야기하세요. '나는 세인트 저메인의 현존이다!' 당신 가슴에 있는 태양을 느끼세요. 그리고 그 태양 안에서 그의 현존을 느껴보세요. 당신은 자신이 그 대사라고 주장하는 것이 아니라, 대사의 의식이 당신의 의식과 하나임을 느끼는 것을 배우고 있는 겁니다.

대사들은 당신과 떨어져 있는 존재들이 아닙니다. 그들에게는 시간이나 공간이 존재하지 않아요. 당신이 있는 그곳에 언제나 그들이 함께 있습니다. 세인트 저메인과 하나가 되는 것이 가능한 이유는 제7광선의 에너지가 당신 안에 이미 있기 때문입니다. 세인트 저메인은 제7광선의 초한Chohan, 즉 일곱 번째 광선의 의식적 활동을 주관하는 대사(master)이자 디렉터입니다. 당신 안에 있는 그 에너지는 당신이 불러온, 당신 자신의 내면에 있는 무지개 스펙트럼이며 이는 대사들과 상응하는 당신 자신의 일부이기도 합니다.

햇빛이 일곱 색깔의 스펙트럼으로 이루어져 있는 것처럼, 당신도 창조의 일곱 광선으로 이루어진 존재입니다. 각각의 광선에는 그 광선의 초한을 맡은 상승 대사들이 있습니다. 지금 우리는 그중 제7광선의 초한인 세인트 저메인을 불러오고 있는 것입니다.

그는 지금 당신을 보고 있습니다. 만약 당신이 그의 도움을 원한다면, 그를 당신의 일상생활 속으로 불러오길 원한다면 그에게 청해야 합니다. 예수께 도움을 청하는 것처럼 말이죠. 세인트 저메인과 함께 일하고자 한다면 당신의 내면으로 들어가 가슴을 열기만 하면 됩니다. 이 두 대사는 함께 일하는 형제 같은 존재들이에요.

대사는 당신을 그들과 분리된 존재로 보지 않고 그 자신의 일부로 봅니다. 그러니 대사와 접촉하는 것, 그들을 불러오는 것을 주저할 필요가 없습니다. 당신이 '나는 여기 있고 거기에 있으며 모든 곳에 있다'고 말할 때 당신은 그의 의식, 즉 하나 안에 모두가 있고 모두 안에 하나가 있음을 아는 그 의식과 접촉하게 됩니다."

나는 펄이 말해준 대로 나 자신의 내면으로 들어가 반복해서 말했다.

나는 세인트 저메인의 현존이다.

처음에는 아무것도 느낄 수 없었다. 그저 민망한 정적만 흐를 뿐이었다. 그러나 몇 분 후, 가슴 안에서 행복의 샘물이 솟아오르기 시작했다. 집 안에는 보라색 빛이 가득 들어차 있었고, 나는 거기서 강력한 현존을 느낄 수 있었다.

이 변화를 즉각 알아챈 펄이 이야기했다. "바로 이것이 세인트 저메인 대사입니다. 지금 매우 만족스러워하고 계시네요. 그는 활기(verve) — 활력(vitality)과 용기(nerve)를 합친 단어로 '저질러보자!'(Let's get with it!)라는 의미가 있다 — 와 유머 감각을 동시에 겸비하고 있죠."

실제로 그가 웃고 있다는 느낌이 들긴 했지만 그와 동시에 이런 의문이 들었다. '대사들도 웃나? 내 생각에 대사들은 항상 심각할 것 같은데.'

"맞아요, 대사들도 웃어요." 펄이 내 생각을 읽고 단언했다. "육신의 귀로는 들리지 않을 수도 있지만요."

내가 이런 생각들을 내려놓자, 한 줄기의 에너지가 정수리를 통해 내 가슴의 중심으로 쏟아져 들어오기 시작했다. 그리고 곧 나의 몸이 빛으로 차오르기 시작했다. 나는 내면에서 이러한 선언이 반복해서 흘러나오는 것을 들었다. "나는 존재한다(I AM THAT I AM)…. 나는 존재한다…. 나는 존재한다." 그러면서 이 근원의 의식이 내 가슴속에 닻을 내렸다.

내가 그녀의 눈을 계속 바라보는 동안 집 안의 보라색 빛이 점점 더 강해지고 있었고, 그녀의 육체는 황금색 빛의 구로 녹아드는 것 같았다. 이 무시간의 자각 안에서 과거와 미래는 사라졌고, 오로지 지금만이 남았다. 나는 그 태양에서 나오는 빛을 쬐고 있었다.

그러다 이 빛이 서서히 사라지면서, 나는 다시 내 육체와 내 앞에 앉아 있는 펄을 인식하게 되었다. 이 내적 변화들이 인도 성자들의 발치에서가 아니라 산골 마을에 사는 이 할머니의 거실에서 일어났다는 것이 믿어지지 않았다. 그래서 벽에 걸려 있는 태피스트리와 책꽂이에 놓여 있는 장난스러운 목각 요정들을 새삼스레 보고 있었다.

그러자 펄은 마치 내 마음속을 들여다보고 있었던 것처럼, 방금 있었던 나의 내적 경험에 대해 설명해주었다. "비록 직접적으로 가르침을 듣지 못했다 하더라도, 당신은 방금 영적 인도와 격려 그리고 에너지적인 영양분을 받았습니다. 대사는 이를 당신의 상위 멘탈체에게 액체의 빛(liquid light) 형태로 주셨죠. 때가 되면 당신은 그가 준 정보들에 접근할 수 있을 겁니다. 만약 대사께서 더 직접적인 메시지를 주셨다면 당신의 마음은 이것에 지적으로 접근해 오히려 진정한 이해로부터 멀어졌을 겁니다. 그러한 직접적인 채널링은 자신의 내면보다 바깥의 권위를 찾게끔 만들어 당신을 더 유약하게 만들죠. 대사들은 당신이 자신의 내면으로 들어가길 바라고 계십니다. 그리고 이런 방식을 통해 당신은 대사들의 영원한 추종자가 아닌, 대사 그 자체가 될 것입니다."

나는 세인트 저메인이 내게 이름을 바꾸라고 말했을 때 그와 논쟁을 벌였던 일을 다시 한번 기억하고는 '대사들이 우리에게 무엇을 해야 하는지 직접적으로 말해주지 않는 것이 당연하구나' 하고 생각했다.

펄은 내가 자기완성의 길을 걷게 되면 어떤 삶을 살 수 있는지 설명하며 계속 말을 이어갔다. "아주 드문 경우를 제외하면 대사는 인간적 자아에게 직접 이야기하지 않습니다. 만약 대사가 인간적 자아에게 무언가를 말할 일이 있다 해도 그는 영매를 통한 채널링으로 그 말을 전하지 않을 것입니다. 그보다는 자신의 제자에게 직접 이야기하겠죠.

대사들은 전지전능하고 편재합니다. 따라서 그들은 다른 이를 통하지 않고도 당신이 깨어 있을 때나 꿈을 꾸고 있을 때 자신의 생각을 전달할 수 있습니다. 대사들은 말 그대로 신적인 존재들입니다. 이를 믿으세요. 그들은 당신이 지각할 수 있는 방식으로 당신과 소통할 수 있습니다.

하지만 한 가지 알아야 할 것이 있습니다. 대부분의 경우 대사들은 당신이 듣고 싶어하는 말을 해주시기보다는 당신에게 필요한 말을 해주십니다.

드문 경우지만, 대사들이 영적으로 높이 진화한 사람들을 통해 영적 담론들을 전해주실 때도 있습니다. 이 사람들은 오랜 세월 동안 준비되어온 이들인데, 저의 스승 고드프리 레이 킹도 그중 하나였습니다. 하지만 이럴 때도 대사들은 영적 법칙들을 알려주거나 각자의 신성에 대한 자각을 높여주는 영적 에너지를 전달할 뿐입니다. 대사들은 사람들을 두렵게 만드는 예언을 하지도, 더 많은 정보를 얻게끔 다시 자신들을 찾게 하지도 않으며 거창한 비밀 입문 과정을 운운하면서 사람들이 스스로를 남들보다 더 우월하다고 생각하게끔 만들지도 않습니다."

나는 펄이 《베일을 벗은 미스터리》의 저자인 고드프리 레이 킹을 알고 있으며 그와 함께했었다는 말을 듣고 깜짝 놀랐다. 나는 인도 신지학회에 방문했을 때 그 책을 처음 보았다. 처음에 나는 저자가 대사와 함께한 내적 경험을 생생하게 묘사해놓은 그 책을 그다지 믿지 않았지만 나중에는 그 책을 여러 번 반복해서 읽게 되었다. 책의 각 페이지에서 느껴지는 에너지가 대사들의 존재와 그들의 가르침에 대한 실증 그 자체였기 때문이다.

펄이 말을 이어갔다. "대사와의 진정한 접촉은 우리를 자신의 내적 근원으로 더 가까이 데려가 신적 권능에 연결해줍니다. 자신에게로 모든 관심을 돌리게 하는 사람, 이것은 극히 중요한 정보 또는 예언이라며 끝없이 정보를 쏟아놓는 사람, 최신의 메시지 — 대개는 형편없는 — 를 듣기 위해 계속해서 자신을 찾게 만드는 사람은 오직 거짓 선지자들뿐입니다."

또, 그녀는 채널링으로 대사의 말씀을 전한다면서 금전을 요구하는 이들에 대해 이렇게 말했다. "대사의 현존 안에 머무를 수 있을 만큼의 큰 은총을 받은 이는 결코 똑같은 특권에 대해 돈을 요구하지 않을 것입니다. 그 은총을 나누어주는 것이 그들만의 특권이라고 가정하더라도 말입니다. 이것이 어떤 이가 정말로 대사를 만났는지 아닌지를 판단할 수 있는 기준 중의 하나입니다. 자신이 은총으로 받은 것에 대해 금전을 요구하는 행위는 그들 자신을 그 은총과 멀어지게 하는 행위입니다. 영(spirit)에 값을 매긴다는 것은 곧 영의 부재를 나타낸다는 것을 아세요.

지금 나는 식비, 집세 또는 영적 가르침을 전하기 위한 대관 비용 등을 받는 것에 대해 얘기하는 것이 아닙니다. 하지만 어떤 이가 돈이 없어서 대사들과 그들의 가르침을 접할 수 없는 상황이 벌어지거나 사람들에게 돈을 내라고 압박하는 상황이 벌어진다면 당신은 거기서 시간을 낭비할 필요가 없습니다. 대사들은 그런 곳에 계시지 않으니까요.

많은 진지한 채널러들은 자신이 대사들의 목소리를 채널링한다고 생각합니다. 하지만 그들 중 대부분은 좋게 이야기해도 자기 마음의 목소리를 듣고 있을 뿐입니다. 나쁜 경우, 그들은 대사로 가장한 낮은 차원의 영적 존재들을 채널링하기도 합니다. 이 영적 존재들은 자신을 추종하는 이들의 에너지를 빨아먹으며 기생합니다. 이런 채널러들이 말하는 정보들은 때때로 정확하고 또 의식을 고양시키는 듯하지만 이것 역시 대부분 거짓일 수 있습니다. 이러한 정보들은 듣는 이들의 내면에 두려움, 잘못된 희망 혹은 기대를 심어주며 명백하게 해를 끼치기도 합니다.

지구의 낮은 차원에 있는 이 존재들은 식초가 아니라 꿀을 썼을 때 더 많은 파리를 잡을 수 있다는 것을 잘 알고 있습니다. 따라서 이들은 정확한 지식에 잘못된 정보를 끼워 넣고, 당신이 전생에 얼마나 대단한 인물이었는지, 가까운 미래에 얼마나 대단한 인물이 될지와 같은 에고를 띄워주는 말들을 합니다."

나는 그 당시에 이것이 그저 이론적인 지식이 아니라는 것을 깨닫지 못하고 있었다. 그러나 몇 년 후, 내가 영화산업에 종사하는 동안 나는 이러한 어둠의 존재들을 직접 대면하게 되었다. 그 존재는 한낱 무형의 존재가 아닌, 다른 세계에서 온 거짓 선지자로서 그의 추종자들을 오도하고 있었다. 이 책의 42장 '할리우드 전쟁'에 나오는 이 만남은 거의 내 목숨을 앗아갈 뻔했다.

펄이 말했다. "어떤 신호나 징조, 꿈, 타로카드, 위저 보드 Ouija board

와 같은 것을 통해 가이드를 받는 것이 흥미로울 수는 있지만, 이런 모든 것들은 욕망에 영향을 받는 인간 마음의 주관성 때문에 다양한 해석의 여지가 있습니다. 가장 높은 가이드는 지적인 생각에서 자유로운 무위적無爲的 행위(spontaneous action)를 통해 나타납니다. 이것은 당신 존재의 중심에서 어떤 정신적 해석도 없이 직관적으로 흘러나옵니다. 그냥 옳은 일을 행하게 되는 것이죠! 무언가가 필요할 때 당신은 무엇이 필요한지를 알게 됩니다. 그리고 어떤 매개자나 설명도 필요 없이 그저 당신의 상위 자아로부터 나온 행동을 자연스럽게 하게 됩니다."

필은 잠깐 멈췄다가 대사들이 어떤 방식으로 일하는지에 대해 계속 설명했다. "대사들은 보통 사람들이 인식하지 못하는 새에 그들을 가이드하고 이끄십니다. 그래서 사람들은 대사들의 가이드를 마치 자신의 직관처럼 인식하거나 그렇게 행위하고 싶은 자신의 자연스러운 욕망으로서 인식하게 됩니다. 이는 다른 이들의 채널링에서 정보를 얻는 것이 아닌, 자신의 상위 자아 혹은 자존자(I AM THAT I AM)와의 파장에 동조되는 법을 배울 때라야 비로소 당신이 대사가 될 수 있기 때문입니다. 대사들이 어떻게 대사가 되었다고 생각하나요? 그들은 자신의 상위 자아를 의식하고 그것과 연결됨으로써 대사가 될 수 있었으며 당신도 이와 같은 방식으로 대사가 될 수 있습니다. 이밖에 다른 길은 존재하지 않습니다.

이것이 하루아침에 되는 일은 아닙니다. 사람들은 책을 읽고, 세미나에 참석하고, 채널링을 하고는 자신이 대사라고 생각합니다. 그들은 자신의 세미나를 열어 돈을 벌고 싶어하죠. 아닙니다. 이 길은 하루아침에 이룰 수 있는 것이 아니에요. 낮은 자아를 극복하는 데는 많은 시간과 노력이 필요하며 자기완성의 길로 나아가기 위해서는 상위 자아와 대사들을 향한 엄격한 복종이 요구됩니다. 이러한 엄격한 복종이 가장 중요한 열쇠가 됩니다. 세인트 저메인은 고드프리 레이 킹에게 '만약 어떤 이가 완전한 복종을 할 수 있다면, 나는 그가 기차역의 구두닦이 소년이라 할지라도 3년 안에 그의 카르마를 완전히 정화하고 그를 해방시켜줄 수 있다'고 하셨습니다."

세인트 저메인의 말을 들은 나는 자세를 고쳐 앉았고, 이를 본 펄은 안다는 미소와 함께 나를 쳐다봤다. "그렇지만 한 가지 주의할 것이 있습니다. 이 길에 들어서게 되면 당신은 혹독한 시험을 받게 될 것이며 반드시 날카로운 면도날 위를 걷듯 조심해서 걸어야 합니다. 이 길을 걷다가 다시 돌아가려는 사람은 큰 어려움을 겪을 것입니다. 다시 돌아가는 길 같은 것은 없기 때문입니다. 한번 이 길에 들어섰다가 실패한다면 여러 생을 다시 거쳐야만 할 것입니다. 이는 당신이 진보해갈수록 당신의 모든 생각과 느낌이 증폭되고, 이와 동시에 부정적 카르마를 창조하는 당신의 부조화적인 면들까지도 같이 증폭되기 때문입니다. 이 길은 그저 가벼운 마음을 갖고서는 걸을 수 없는 그런 길입니다."

펄이 말을 마쳤다. 나는 미동도 없이 의자에 앉아 있었다. 이제 내가 왜 이곳까지 오게 되었는지를 이해할 수 있었다. 나는 바로 이 순간을 위해 전 세계를 돌아다녔던 것이었다. 나는 지금의 이것이 대사들의 제안임을 이해할 수 있었다.

나는 자기완성(self-mastery)이라는 이 위대한 일에 부름을 받았다. 이 씨앗은 내가 《내 안의 나》를 읽었을 때 내 내면에 심어졌었다. 그리고 지금 나는 그 책이 이끌었던 그 길에 들어서고 있었다. 이 책에서는 대사가 되는 일에 방해가 되는 외적인 대사들에 대해서는 잊어버리라고, 그 대신 대사들이 확실히 보여준 바로 그 메시지, I AM에 대해 명상하라고 쓰여 있었다. 다시 말해 신들을 숭배하는 것이 아닌, 신 자신이 되라는 것이다.

펄의 말들이 내 내면에서 너무나 깊게 공명했기 때문에 나는 바로 그 자리에서 어떤 희생이 뒤따르든 간에, 나 자신을 어떤 식으로 훈련해야 하든 간에 뮤어 숲에서 내 앞에 나타났던 그 숭고한 존재처럼 다른 사람들을 돕는 존재가 되겠다는 맹세를 했다. 그 당시에는 이 길이 얼마나 어려운 길이 될 것인지도 몰랐고, 이것이 대사들의 제자로서 겪어나갈 놀라운 모험의 시작이라는 것도 모르고 있었다.

나는 대사들과 I AM 현존이 지시하는 가이드에 따라 완전히 복종할 것을 엄숙하게 서약했다. 그리고 세인트 저메인의 현존을 느끼면서 그에게 나를 제자로 받아달라고, 인류를 향한 위대한 봉사에 참여하게 해달라고 요청했다. 나는 바로 그날 아침, 뮤어 숲에서 인류의 고통을 덜어주기 위해 지구로 돌아오겠다고 맹세했었고 지금은 그 봉사의 수단이 될 훈련을 받으라는 제안을 받고 있었다.

신성의 정수인 맑고 순수한 에너지가 집 안을 가득 채우고 있었고, 나는 세인트 저메인이 내 맹세를 들었다는 것을 알았다. 그렇지만 나는 배움이 얼마나 빨리 시작될 것인지, 다음 몇 년간 얼마나 혹독한 시험을 겪게 될지 전혀 모르고 있었다.

펄의 거실에 앉아 있던 그 순간에는 그저 수년 동안 찾아 헤매던 것 — 사실 무엇을 찾는지도 모르고 있었다 — 을 이제야 찾았다는 기쁨만을 느꼈다. 마침내 완전성으로 향하는 신성한 길을, 나를 훈련시켜줄 대사를 찾았던 것이다. 나는 내게 이 길을 알려주고, 또 그 길의 길잡이가 되어준 펄에게 깊은 감사를 느꼈다. 그 당시의 나는 몇 년 전에 펄에게 상승할 기회가 있었다는 것을 알지 못했다. 그녀는 오직 대사들이 보내오는 이들의 스승이 되어주기 위해 육체에 남아 있었던 것이다. 펄도 나처럼 인류의 고통을 덜어주고, 대사들이 보내오는 이들을 내적 신성으로 안내해주기 위해 지구에 남아 있겠다고 결정한 사람이었다.

펄은 내가 갖춰야 할 헌신의 수준이 어느 정도여야 하는지를 암시하는 한 가지 우화를 들려주며 우리의 만남을 마무리했다.

어느 외딴 산에서 한 구도자가 평생을 찾아 헤매던 스승을 찾았다.

"대사님, 드디어 제가 당신을 찾았군요." 그가 말했다. "저를 제자로 받아주시길, 제게 깨달음의 길을 가르쳐주시길 간청합니다."

"나를 따라오게." 대사가 근처 개울로 걸어가며 말하자 구도자는 그를 따라갔다. 개울 중류에 도착하자 대사는 구도자를 잡고 그의 머리를 물에 담가버렸다. 구도자는 꽤 오랜 시간 동안 물속에 머리가 처박혀 있었고, 마침내 대사는 숨을 헐떡이는 구도자를 물 밖으로 다시 끄집어냈다.

"자, 이제 말해보게." 대사가 말했다. "머리가 물속에 처박혀 있을 때 제일 간절히 바랐던 것이 무엇이었는가?"

"공기, 공기였습니다." 구도자는 숨을 쉴 수 있음에 감사해하며 헐떡거리는 목소리로 말했다.

"그렇다면 그냥 가시게나." 대사가 말했다. "물속에 머리가 처박혀 있을 때 공기를 원했던 만큼 내 가르침을 원할 때 다시 오게."

펄 도리스Pearl Dorris (1905~1990)

펄은 평소 내가 기대했던 그런 스승의 모습은 아니었다. 오히려 그와는 거리가 한참 멀었다. 나는 약 6개월 동안 인도를 헤매고 돌아다니면서 높은 영적 깨달음을 성취했다는 수행자나 고행자들과 어울렸었다. 그들은 대부분 드레드록dreadlocks 머리를 하고, 이마에는 상징이 그려져 있었으며, 육체의 마지막 상태를 상징하는 재로 온몸을 칠해 몸이 회색이었다. 하지만 그런 이들 중 어느 누구도 펄이 알려준 그 비밀을 내게 가르쳐주지 못했었다. 또, 나는 1세기 전 요가난다Yogananda의 구루가 불멸의 바바지Babaji를 만났던 장소인 알라하바드의 쿰브 멜라 축제에서 나와 같은 구도자들 수백만 명 사이를 헤매고 다니며 지구에서의 해방과 깨달음을 얻는 길을 알려줄 구루를 만나기 위해 애쓰기도 했었다.

그래서 나는 내 스승이 이런 나이 지긋한 가정주부일 거라고는 생각도 하지 못했었다. 그녀는 내가 자랐던 교외 마을처럼 평범한 마을에 살고 있는, 무릎 위에 뜨개질감을 얹어 놓고 있는 그런 평범한 여성이었다.

나는 이런 평범해 보이는 현실에 대한 실망감을 극복한 후에야 평범함과 비범함은 각자의 내적 자각의 깊이에 따른 상호의존적 환영이라는 사실을 깨닫게 되었다. 우리는 오직 평범함 속에서만 어떤 이의 비범함을 깨달을 수 있다. 펄은 내가 이를 깨달은 뒤에야 높은 지식과 영적인 힘을 가진 이로서의 그녀 자신을 내게 드러내기 시작했다.

그녀는 내가 태어나기 몇 년 전, 우리가 어떻게 내적 차원에서 만나게 되었는지를 설명해주었다. 우리는 와이오밍주 그랜드티톤 Grand Teton 내부, 로열 티톤 Royal Teton 이라고 알려져 있는 대사들의 은둔처에서 만났다. 그녀는 보다 높은 파동을 지닌 에너지체로 대사들의 이 위대한 모임에 가게 되었는데, 그곳에서는 미래에 육체를 입고 다시 태어날 많은 영혼들이 다음 생에 자신과 함께 일하고 관계를 맺게 될 이들을 소개받고 있었다. 그녀는 내가 어느 날 아침 그녀의 집 앞에 서 있는 것을 본 순간, 그 모임에서 만났던 나를 알아봤다고 말했다.

"이 집이나 집 주변 환경은 내가 선택한 게 아니에요." 펄은 이런 평범한 곳에서 깊은 가르침을 받는다는 사실이 당황스러울 만도 하다는 듯 거실을 둘러보며 말했다. "남편 제리를 위해서가 아니었다면, 나도 산에 올라가 당신 같은 젊은이들처럼 캠핑을 하며 명상 수행을 하고 있었을 거예요. 제리는 어떤 의미로든, 내가 너무 멀리 가지 못하게 막아요. 그는 대사들이 나에게 붙여준 보호자죠. 나는 떠나고 싶은 마음에 여러 번 집에서 나간 적이 있었는데, 그때마다 그가 나를 찾아와 다시 집으로 데려갔어요. 이제 나는 내가 속해 있는 곳이 바로 여기임을 이해해요. 만약 내가 산에서 방랑하며 자유로이 명상 수행을 하고 있거나 당신처럼 인도를 왔다 갔다 했다면, 누가 이런 일을 하기 위해 여기 남아 있겠어요?"

침묵이 흘렀다. 의자 가장자리에 앉아 있던 펄은 갑자기 생기를 띠었고, 양 갈래로 머리를 땋은 다섯 살짜리 아이의 모습으로 변한 것처럼 보였다.

"뭘 그렇게 보고 있나요?" 그녀가 물었다.

"아니, 당신 지금 다섯 살짜리 소녀로 변했어요!" 내가 더듬거리며 말했다.

"땋은 머리를 한 소녀 말이죠?"

"네."

"어린 시절 나는 종종 땋은 머리를 하곤 했답니다. 사람들이 저 보고 좀 진지해 보이지 않는다고 말할 때까지는요."

"하지만 어떻게 그렇게 변할 수 있죠?"

"그냥 그렇게 됩니다. 내가 다섯 살이라고 느끼면 내 모습도 다섯 살 아이가 되죠. 우리가 의식을 집중하는 것에 따라 우리의 존재도 바뀌게 됩니다. 때때로 사람들은 그날 내가 어떻게 느끼는가에 따라 나를 다른 형태로 본답니다." 마치 자신의 말을 증명하려는 듯, 그녀는 눈을 크게 뜨더니 자못 진지해졌다. 그러다 어느 순간 내 앞에는 크고 현명해 보이는 올빼미가 앉아 있었다.

"후후…." 그녀는 놀란 나를 보고 웃더니 갑자기 나이 든 여성의 모습으로 되돌아왔다.

내가 그녀를 알게 된 그때 이후, 그녀가 하얀 점프슈트를 입은 아름다운 우주인으로 변할 때도 가끔 있었다. 그것은 이전 생애에서의 그녀 모습이었는데, 그녀는 여전히 그 기억을 선명하게 간직하고 있었다.

그녀는 지금으로부터 대략 11,000년 전쯤, 자신이 샤스타산 북쪽 인근에 작은 정찰 비행선을 타고 이 행성에 도착했던 이야기를 해주었다. 그 당시 그녀는 수십만 년 전 자신이 살았했던 이 행성에 교사로서 다시 돌아오고 있었고, 그녀의 사명은 아직 어리고 미성숙한 단계에 있는 인류 의식의 진화를 계속 돕는 것이었다. 지구에 도착한 펄은 주어진 지시에 따라 샤스타산의 고지대에 위치한 한 터널로 향했고, 그곳의 내적 차원에 있는 기지를 지키고 있던 다른 우주인 동료들의 환영을 받았다. 전자의 파동을 지구권에 맞춰주는 터널을 통과하면서, 우주인으로서 지니고 있던 그녀의 높은 진동수는 앞으로 그녀가 가르칠 사람들의 눈에 보일 정도로 낮아졌다. 그녀는 산의 북쪽에 있는 작은 마을로 내려갔다. 그곳은 그녀가 오래전에 가르쳤던 영혼들이 환생한 지역이었으며 그녀는 그들과 함께 살면서 그들의 영적인 진화를 인도하게 되었다.

그녀는 그 이후의 생애들에서도 대부분 영적인 가르침을 펴는 스승으로 살았다고 한다. 하지만 그녀는 그중 한 생애에서 자신의 낮은 자아의 욕망에 굴복해버렸고, 그 일로 인해 자신에게 주어졌던 영적 사명의 높은 기준을 충족하지 못했었다고 말했다.

영적으로 추락한 그 생애에서의 펄은 지금의 샌프란시스코 근처에 있었던 아틀란티스 사원에서 젊은 여성들을 가르치는 교사였다. 그녀는 그 당시 영적 교사로서의 역할을 했을 뿐 아니라, 결혼 전의 젊은이들이 따라야 할 정숙, 순수, 순결한 삶의 본보기 역할을 하고 있었다. 그녀의 역할은 고대 로마 시대에 여신 베스타Vesta를 섬기던 베스타의 처녀들(vestal virgins)*의 그것과 비슷했다. 그녀와 같이 외계에서 온 이들은 고대의 어리고 미성숙한 인류 의식에 진보된 우주 문명의 가치와 기준, 그리고 좀더 빠른 영적 진화에 필요한 가르침들을 나누어주고자 했다.

펄은 그 생애에서 경비단원들 중 하나와 관계를 맺게 되면서 낮은 자아의 욕망에 굴복하게 되었는데, 그 당시 그녀는 그가 자신의 쌍둥이 광선(Twin Ray)이었음을 모르고 있었다. 다시 말해, 그는 그녀의 내적 불꽃(heart flame)의 남성적 측면이었다.

그들의 부적절한 관계가 사람들에게 알려지자 그녀의 학생들은 그녀에 대한 믿음은 물론, 그녀가 가르쳤던 진리에 대한 믿음도 잃어버렸다. 그리고 이로 인해 사회는 영적인 혼란에 빠져들었다. 이렇게 신성한 에너지의 초점이 혼란에 빠지자 그 지역과 사회를 완전히 파괴시키는 엄청난 지진들이 발생하게 된다.

그녀는 영적 사명에 반하는 이러한 인간적 불복종으로 인해 그 이후의 모든 생애들에서 그 실패에 대한 죄책감에 시달렸고, 그 영향은 현 생애까지 이어지고 있었다. 그녀는 사람들을 위한 봉사를 아무리 많이 하더라도 언제나 자신의 봉사가 부족하다는 느낌이 들어 괴로워했다. 그녀는 자신에게 맡겨진 사람들을 다시 실망시키지 않을까 두려워했고, 이러한 자기 의심을 극복하기 위해 그 오랜 시간 동안 자신과의 싸움을 이어왔다.

펄은 내게 뒤에 이어진 생애들에 대해서도 말해주었는데, 그중 몇

---

* 태양과 불의 여신인 베스타를 섬겼던 여사제들. 이들은 결혼과 출산이라는 사회적 의무에서 자유로울 수 있었으며 30년간의 정절을 서약했다. ― 역주

몇은 상당히 평범해 보이는 생애였다. 하지만 외적으로 낮아 보이는 신분과 지위 안에서도 그녀는 항상 가슴에 내재한 신적 불꽃과 연결되어 있었다. 그리고 그녀는 이 내적인 빛을 전해줌으로써 그녀 주위에 있는 이들의 성장과 영적 진화를 도울 수 있었다.

어느 생애에서의 그녀는 강력한 권력을 가진 왕의 궁궐에서 사는 하녀였다고 한다. 왕은 그녀와 친밀한 관계가 아니었지만, 그녀는 자신이 지닌 높은 파동의 의식을 조용히 그에게 전이해줌으로써 그의 영적 성장을 도울 수 있었다.

또 다른 생애들에서 그녀는 다시 자신의 쌍둥이 광선과 마주하게 된다. 그녀는 그와의 긴밀한 협력을 통해 일하도록 지시받는데, 이는 하나의 불꽃에서 나온 여성적 측면과 남성적 측면이 서로 가까워지면 영적 힘이 기하급수적으로 증가할 수 있기 때문이었다. 그러나 이러한 생애들 중 몇몇에서, 그들은 이미 한쪽 혹은 양쪽이 다 결혼한 상태였음에도 불구하고 또다시 쌍둥이 광선으로서의 영적 합일 뿐만 아니라 인간적 합일을 갈망했다. 결국 이러한 욕망은 혼란스러운 생애들을 초래하게 되었다.

펄은 이러한 예로 영국의 아서^{Arthur} 왕이 가장 신뢰했었던 기사인 랜슬롯^{Lancelot} 경과 귀네비어^{Guinevere} 여왕의 부적절한 관계로 인해 원탁의 기사단이 와해된 사건을 들어 보였다. 이 역사적 사건은 고대 영국에서 일어났던 내적 신성에 대한 집단적 각성과 깨달음의 상징이었던 성배 탐색의 갑작스러운 종말을 불러오게 되었고, 펄은 이것이 내적 신성에 대한 불복종과 배신이 얼마나 광범위하고 파괴적인 결과들을 초래하는지 보여주는 좋은 예라고 설명했다.

현생의 펄은 1905년 10월 20일, 콜로라도주 포트콜린스^{Fort Collins}에서 서쪽으로 30킬로미터 떨어진 라포트^{La Porte}에서 태어났다. 그녀는 그곳 로키산맥의 한 농장에서 행복한 어린 시절을 보냈고 그녀의 애완견인 퀴니^{Queenie}와 함께 주변의 산과 들을 맨발로 뛰어다니며 여름을 보냈다. 그러다 펄이 열네 살 되던 해에 어머니가 돌아가셨고, 펄은 사랑하는 퀴니를 남겨두고 그녀의 아버지와 함께 캘리포니아주 리버사이드^{Riverside}로 떠나게 되었다. 나중에 그녀는 비서 양성학교에 입학하기 위해 로스앤젤레스로 이사했다. 스무 살이 된 그녀는 첫사랑인 시드니^{Sidney}를 만났고 약 1년 후에 그와 결혼했다. 그들은 같은 관심사를 공유했고, 조화로운 관계 속에서 행복한 결혼생활을 했다. 하지만 펄의 영적인 깨어남과 그녀가 지닌, 대사들을 향한 봉사라는 소명 때문에 결국 둘은 헤어지게 된다.

그녀의 영적 소명은 어느 날 아침 하얀 비둘기가 그녀의 창문으로 날아와 그녀에게 "네가 만났으면 하는 사람이 있다"고 말하면서 시작되었다.

"어떻게 그런 일이 일어났는지는 묻지 마세요." 그녀가 말했다. "그 새는 진짜 새처럼 보였어요. 내 어깨 위에 앉아서 입술을 가볍게 쪼며 세상에서 가장 자연스러운 일인 것처럼 내게 말을 전했죠."

다음 날, 뒷좌석에 앉아 지인들과 차를 타고 가던 펄 앞에 그 비둘기가 다시 나타났다. 비둘기는 펄에게 "앞 좌석에 앉아 있는 낯선 여자가 당신이 만나야 할 사람"이라고 말했다. 그 순간, 그 여자는 뒤를 돌아보며 펄에게 줄 책이 있다고 했다. 그리고 그 여성이 펄에게 《베일을 벗은 미스터리》라는 책을 보여주자 그림 속의 세인트 저메인이 살아 나와 펄에게 윙크를 했다고 한다. 그녀는 잠재의식적으로 세인트 저메인을 즉시 알아보았고, 그에 대해 더 많이 알고 싶어했다.

　얼마 지나지 않아 그 여성은 펄을 강연회에 데리고 갔다. 펄은 그
곳에서 고드프리 레이 킹이 인간 안에 내재한 생명의 위대한 법칙
들과 상승 대사들에 대해 이야기하는 것을 듣게 되었고, 거기서 높
이 진화한 위대한 존재들에게서만 나올 수 있는, 의식을 고양시키는
밝은 빛을 느꼈다. 그 순간 펄은 드디어 자신이 찾아 헤매던 것을
발견했음을 느끼고 그 자리에서 상승 대사들의 학생이 되겠다는 맹
세를 했다.

　펄을 만난 고드프리는 그녀가 상승 대사들이 보내준 사람이라는
것을 알아차렸고, 대사들의 가르침을 널리 알리는 일에 그녀를 동참
시켰다. 그녀는 세인트 저메인에 의해 직접 샌프란시스코 본부의 수
장으로 임명되었는데, 세인트 저메인은 그녀의 임명장을 허공에서
물질화시킨 후 고드프리가 앉아 있는 책상 위로 떨어뜨렸다.

　펄은 수줍음이 많은 산골 소녀의 마음을 지닌 데다 큰 그룹의 사
람들은 고사하고 소수의 사람들조차 어떻게 이끌거나 대해야 하는지
몰랐다. 그녀는 이것이 자신의 도전 과제가 될 것임을 알게 되었다.
그리고 실제로 펄의 재임기간 동안 많은 이들이 그녀가 어떻게 그 자
리를 맡게 되었는지 이해하지 못한 채로 그녀를 적대시했다. 그렇지
만 펄은 그 기간 동안 나름대로 많은 특별한 경험들을 겪는다.

　그녀가 샌프란시스코 본부에서 일을 하던 어느 날, 한 낯선 남자
가 그녀의 사무실에 들어와 I AM의 가르침들에 대해 물어왔고 그
녀는 그에게 본부를 안내해주었다. 본부를 돌아보던 그들이 '스스
로 타오르는 신성의 불꽃'(Unfed Flame, 빛의 중심을 불러내는 데 사용하는 크
리스털 잔) 앞에 서 있을 때, 그는 그녀가 정말로 내적 신성의 불꽃을

믿고 있는지 물었다. 그녀가 "그렇다"고 말하자 그는 자신의 가슴을 가리키며 말했다.

"당신이 자신의 낮은 자아와 천성들을 극복하고 내면의 모든 에너지가 이곳에 모여 집중될 때, 당신의 의식 전체가 '스스로 타오르는 신성의 불꽃' 그 자체가 될 것입니다. 그리고 그런 다음에야 당신의 진짜 사명이 시작될 것입니다." 그가 떠나고 나서 펄은 그 낯선 사람이 다름 아닌 세인트 저메인이었다는 것을 깨달았다.

이외에도 펄은 세인트 저메인, 그리고 다른 대사들과 많은 만남을 가졌었다. 한번은 세인트 저메인이 샌프란시스코의 기어리Geary가에 경관의 모습으로 나타나 펄을 납치범들에게서 구해준 적도 있었다. 그리고 다른 한번은 그녀가 고드프리, 로터스Lotus(고드프리의 아내이자 쌍둥이 광선)와 함께 호텔 방에 있을 때 세인트 저메인이 잠긴 문을 곧바로 통과해 방 안으로 걸어들어와 테이블 주위로 둘러앉은 그들에게 말을 한 적도 있었다. 그날 세인트 저메인은 그들이 성취하기를 바라는 사명들에 대해 설명했고, 그들에게 절대 잊지 못할 영적인 광휘를 나누어주었다고 한다.

얼마 지나지 않아 펄은 시드니가 자신보다 훨씬 육체적이고 감각적인 삶에 집착하고 있다는 것을 깨닫기 시작했고, 보다 높은 에너지 센터들로 의식 에너지를 높여가야 한다는 세인트 저메인의 말을 따르기 위해서는 시드니와의 결혼생활을 끝내야 할 필요가 있다고 느꼈다.

펄은 자신과 시드니가 상호보완적인 관계였으며 그와의 관계를 통해 어떤 정서적 안정을 이룰 수 있었다고 말했다. 펄의 설명에 따르면 우리는 펄과 시드니의 관계처럼 상호보완적인 영혼과 관계를 맺도록 인도될 때도 있고, 쌍둥이 광선이나 완전히 상이한 성향을 지닌 영혼들과 관계를 맺도록 인도될 때도 있다고 한다. 우리가 어떤 관계로 인도될지는 우리가 계발해야 할 자질이 무엇이냐에 따라 달라진다.

펄은 시드니와의 이혼 후 얼마 지나지 않아 쌍둥이 광선인 밥^{Bob}과 이 생애에서 다시 만나게 되었다. 그때는 고드프리가 사망할 무렵인 1939년[*]경이었고, 대사들은 펄과 밥이 I AM의 가르침들을 펴기 위한 그들의 새로운 메신저로 활동하길 바라고 있었다. 로터스는 고드프리처럼 대사들과 직접 소통할 수 없었기 때문에 대사들은 처음에 고드프리와 로터스를 통해 일했던 것과 동일한 방식으로 펄과 밥을 통해 일할 수 있기를 바랐다.

그러나 이러한 새로운 가능성 안에는 여러 위험도 도사리고 있었다. 반으로 나뉘었던 불꽃이 다시 하나로 합쳐지면서 형성된 힘은 모든 잠재된 것들이 표면으로 나타나게끔 만드는데, 그러면서 정화되지 않은 부정적 감정 에너지들도 같이 나타날 수 있기 때문이었다. 세인트 저메인은 이런 감정들의 조화를 이루기 위해 펄의 손에 정육면체의 자수정을 물질화했다. 그는 펄에게 그것을 특별한 디자인에 따라 절반으로 자른 뒤 빛의 메신저인 그들의 사명을 상징하는 불꽃을 새겨 넣어 순금 반지에 세팅하라고 말했다.

대사들은 펄과 밥을 고드프리의 후계자로 만들려 했고, 이 계획의

---

[*] 고드프리 레이 킹은 1939년 12월 29일 물질적인 육체와의 연결을 완전히 끊었다. 그의 추도식이 열린 로스앤젤레스 빌트모어^{Biltmore} 호텔에서, 펄은 그의 에테르체가 천사들과 상승 대사들의 도움을 받아 상승하는 것을 목격했다. 그녀의 말에 따르면 다시 지구로 돌아가서 자신의 학생들에게 상위 차원의 지복에 대해 말해주고 싶어하는 고드프리의 열망이 너무나 커서 그가 다시 지구로 돌아가지 못하게 세인트 저메인이 제지해야 했다고 한다.

첫 단계는 세인트 저메인이 그들에게 구술한 내용을 책으로 만드는 일이었다. 이러한 작업은 로터스와 세인트 저메인 재단의 사람들에게 펄과 밥이 고드프리를 잇는 다음 메신저들임을 보여주는 일이었다. 하지만 로터스는 펄과 밥의 책을 읽지도 않고 부정했고, 자신만이 대사들의 유일한 메신저라 자처하며 그들의 책을 자신의 권위에 대한 인신공격으로 간주했다. 이렇게 조직의 재편성이 어려워지자, 세인트 저메인은 고드프리 사후에 펄과 밥에게 그 조직에서 나오라고 지시했다.

밥과 펄은 2차 세계대전 때 같은 군사기지에 배속되어 일했었고, 그곳에서 둘 사이의 영적인 연결을 유지했지만 결코 연인 사이는 아니었다. 그들은 세인트 저메인에 의해 각자의 길을 가도록 인도되었으며 밥은 전쟁이 끝난 후에 다른 여성과 결혼하도록 인도되었다. 처음에 펄은 슬픔에 잠겼지만 결국 그들이 각자 다른 진화의 길을 걷고 있고, 각자가 수행해야 할 특정 사명에 필요한 환경과 파트너들이 주어졌다는 사실을 이해하게 되었다.

전쟁이 끝난 후, 이전의 I AM 학생들은 대사들에 의해 캘리포니아주 산타로사Santa Rosa에 작은 그룹을 형성하게 되었다. 그 지역에서 그들의 임무를 수행하기 위함이었다. 그룹원 중 한 명인 제롬 도리스Jerome Dorris(제리)가 펄의 삶에 들어온 것도 바로 이때였다.

수년 전, 제리는 펄을 처음 만났을 때 펄과 자신이 손을 잡고 황금 계단을 올라가는 비전을 봤다. 하지만 펄은 그 당시 시드니와 결혼한 상태였기 때문에 제리는 미혼으로 살기로 맹세했고, 오로지 대사들의 가르침들에 전념하면서 자신이 본 비전을 비밀로 남겨두었다.

대사들이 펄을 통해 영적인 가르침을 전해주었던 한 목장에서의 그룹 미팅이 끝나고, 제리는 집으로 운전해 가고 있었다. 그런데 바로 그때, 대사 세인트 저메인이 그의 앞에 나타나 제리가 펄과 결혼하게 될 것이라고 말했다. 제리는 일말의 망설임도 없이 바로 유턴해서 그 목장으로 되돌아갔다. 펄은 다시 돌아온 제리를 보고 깜짝 놀라 왜 돌아왔는지를 물었다.

"우리 결혼하게 될 거래요." 여자보다는 말들과 이야기하는 게 더 익숙했던 농장 출신의 제리가 불쑥 말했다.

"누가 그런 말을 했는데요?" 갑작스럽고 충격적인 말에 열이 오른 펄이 싸울 것처럼 쏘아붙였다.

"대사 세인트 저메인이요."

"허, 터무니없군요. 나는 당신을 사랑하지 않아요. 사실 당신을 좋아하지도 않죠." 펄이 말했다.

"알아요." 그가 말했다. "나도 그렇게 느끼지만 그게 대사의 바람이에요. 나와 침실을 따로 써도 돼요. 짐 챙기세요. 여기서 기다리고 있을게요."

그의 말에 충격을 받은 펄은 집 위층으로 뛰어 올라가 침대에 앉아 있었다. 얼마간의 시간이 지나 약간 침착해진 그녀는 세인트 저메인의 현존을 느꼈고, 제리의 말이 사실임을 알게 되었다. 그들은 대사들을 향한 봉사를 함께하기로 운명 지어져 있었다.

그녀는 작은 가방에 짐을 쌌고, 소노마Sonoma에 있는 한 법원으로 가서 혼인신고를 했다. 그 후 그들은 그 지역에서 과일 농장을 운영했다. 나중에 펄은 I AM 활동 중 고드프리와 함께한, 그 급작스러운 영적 가속화 이후에 필요했던 그라운딩 과정이 바로 이런 경험들이었다고 말했다.

몇 년 후, 그들은 샤스타산으로 이주해 조그마한 목장을 사들였다. 펄이 말하길, 그곳은 그녀가 수천 년 전 우주선을 타고 착륙했던 장소였다고 한다. 얼마 후 그들은 목장을 팔아 샤스타산 시내에 집한 채를 마련했고, 시내의 모텔을 관리하는 직업을 얻었다. 거의 20년 동안 그들은 목장 일, 모텔 관리, 낡은 집들을 수리해 세를 놓는 일 등을 하며 단순한 삶을 살았다. 그러면서도 그들은 마을의 어느 누구에게도 대사들이나 I AM 활동 같은 것들에 대해 말한 적이 없었다.

대사들을 향한 펄의 봉사는 그녀의 예순일곱 번째 생일에 시작되었다. 한 친구가 펄을 위해 생일 파티를 열어줬는데, 파티 참석자 대부분은 펄과 같은 나이대의 사람들이었다. 하지만 그 친구는 거기에 두 명의 젊은 남자도 같이 초대했다. 그 남자들은 쥐 죽은 듯이 조용한 그 마을에서 유일하게 활력이 넘치는, 마치 빛의 요새와 같은 지역 건강식품 가게에서 일하는 이들이었다. 샤스타산을 둘러싼 무수한 전설을 들어온 이 두 남자는 펄의 강력한 영적인 에너지를 느낄 수 있었다. 그들은 파티가 끝난 후 펄의 집으로 따라가 그녀의 집 문을 두드렸다. 그때 제리는 모텔에서 일하고 있었다.

펄이 문을 열어주자 그들이 간청했다. "우리 생각에는 당신이 뭔가 알고 있는 것 같아요. 그리고 우리는 그게 뭔지 알고 싶어요." 그녀는 그들을 집안에 초대했고 조심스럽게 대사들에 대한 자신의 경험을 나누어주었다.

펄은 그걸로 끝이라고 생각하면서 잠을 청했지만, 다음 날 두 젊은이는 두 사람을 더 끌고 와 그녀의 아침잠을 깨웠다. 그들은 그녀에게 더 많은 것을 듣길 원했다. 그리고 이어지는 주말에는 샌프란시스코에서 온 젊은 사람들을 가득 태운 차가 그녀의 집 앞에 도착하기 시작했다. 그 젊은이들은 샤스타산의 친구들로부터 상승 대사들을 개인적으로 알고 있으며, 인간 안에 내재한 신성을 찾도록 가르치는 어느 놀라운 부인의 이야기를 듣고 거기까지 찾아온 것이었다.

그녀의 집에는 점점 더 많은 구도자들이 찾아왔는데, 그들 모두 펄에 대한 소문을 듣고 찾아온 사람들이었다. 그녀의 집 앞에는 사람들의 행렬이 매일 끝없이 이어졌다. 펄은 한 번도 돈을 요구한 적이 없었으나, 사람들은 종종 그녀가 그들에게 준 값진 선물에 대한 감사의 표시로 그녀에게 선물을 주곤 했다. 어떤 때는 한 사람만 찾아오기도 했고, 어떤 때는 50여 명의 사람들이 거실, 부엌, 뒷문으로 밀려들어 오기도 했다. 다른 마을에 사는 10여 명의 사람들이 아무 사전 약속 없이 그저 가슴에서 느껴지는 "펄을 만나러 가!"라는 내적 충동에 따라 몇 분 만에 펄의 집에 모이는 때도 있었다.

사람들이 모두 도착하여 잠잠해지면 펄은 그들이 왜 그곳에 모이게 됐는지 말해주었고, 그곳에 어떤 대사들이 자리해 있는지도 설명해주었다. 보통 그러한 모임의 목적은 임박한 지진을 잠재우기 위해 지구 내부에 영적인 에너지를 불러일으키거나 전 세계 분쟁지역에 영적인 에너지를 보내는 것이었다.

펄은 이러한 모임들에서 절대로 대사들을 채널링하지 않았다. 그것이 사람들을 더 유약하게 만든다는 것을 알고 있었기 때문이다. 또, 그녀는 그들의 질문에 대한 답은 그들 자신의 가슴을 관찰함으로써 얻어야만 한다는 사실을 잘 알고 있었다. 혹여 그 과정에서 실수를 하더라도 실수 역시 그들이 지혜를 배우는 과정의 일부이므로 오히려 그렇게 하는 것이 더 나았다. 이러한 모임에서 나타나는 영적인 에너지의 광휘는 너무나 강력했기 때문에 모임에 참여한 이들은 인간적 마음이 텅 빈 상태에서 대사들의 의식 에너지를 비언어적으로 직접 전달받곤 했다.

제대로 눈을 쳐다보기 전까지는 그저 평범한 노부인으로 보이는 이 여인은 "현자는 극히 값진 진주(Pearl)를 얻기 위해 자기의 소유를 다 팔아 그 진주를 산다"는 예수의 말에 나오는 그 '값진 진주', 즉 그리스도 의식의 현현 그 자체였다.

나는 하루 만에 세인트 저메인과 펄을 모두 만난 이 기이한 경험으로 인해, 그리고 그녀의 거실에서 대사의 제자가 되겠다고 한 그 돌이킬 수 없는 맹세로 인해 매우 혼란스러운 상태였다. 그리고 그렇게 오늘부로 내 인생이 영원히 변했다는 사실을 직감하면서 건강식품 가게로 돌아가는 중이었다. 보다 높은 앎으로 향하는 문을 애타게 찾아 헤매면서 전 세계를 돌아다녔지만 아무 소득을 얻지 못했던 나는, 그런 노력을 완전히 포기하고 고향으로 돌아온 뒤에야 비로소 그것을 찾을 수 있었다.

건강식품 가게에서 일하는 스티븐은 가슴에서 일어나는 충동에 자연스럽게 따름으로써 나를 펄에게 보내주었고, 나는 그런 그에게 진심으로 감사했다. 스티븐은 자신을 밖으로 드러내지 않은 채 대사들의 일을 수행하는 사람 중 한 명이었다. 그는 가끔 자신이 행하고 있는 봉사를 거의 인식하지 못한 상태로 그저 가슴의 충동에 따르기도 했다. 그는 절대 다른 이들을 비난하지 않았으며, 능력이 닿는 한 모든 사람을 돕고자 하는 선한 천성을 지닌 영혼이었다. 나는 그가 이런 훌륭한 영혼의 천성만으로 누군가의 하루를 변화시키는 광경을 종종 목격했었다.

스티븐은 내게 밤을 보낼 만한 장소를 찾아주겠다고 했다. 내가 인도에서 방랑 생활을 했음을 알아서인지, 그는 자신의 여자친구인 게일Gayle의 집에서 묵어도 괜찮을 것 같다고 했다. 게일은 샤스타산 북쪽으로 15킬로미터가량 떨어진 공장지대인 위드Weed에 살고 있었다. 금방이라도 무너질 듯한 게일의 거대한 집은 몇십 년 전에 노동자들을 위한 기숙사로 사용됐었다고 하는데, 지금은 1층에 있는 몇 개의 셋방을 제외하면 대부분 폐쇄된 상태였다.

게일은 나를 반갑게 맞이해주면서 따라오라고 했다. 그녀와 친구들이 살고 있는 방들이 죽 늘어서 있는 복도를 지나자 건물의 맨 끝 방이 나왔다. 그 문을 열자 옷장이 나왔는데, 그녀는 옷장 뒤쪽을 가리키며 말했다. "저곳이 당신 방이에요."

"이 옷장 안이 제 방이라고요?" 나는 약간 놀라면서 물었다.

"아니요! 이곳의 모든 것은 보기와는 다르답니다." 그녀가 웃으며 말했다. 그녀는 커튼을 젖히고 나를 그 안으로 밀어 넣어주었다. 옷장 뒤에는 또 다른 방이 있었다. 아이들이 옷장을 통해 다른 세계로 가는 영화 〈나니아 연대기〉의 그 옷장처럼 말이다. 그날은 나 역시 새로운 세계로 들어선 날이었고, 옷장의 뒤에 숨겨져 있던 이 통로는 내게 어떤 상징처럼 보였다.

사람들의 삶은 예상치 못할 때 급격하게 변할 수 있다. 숲에서의 산책이나 옷장 속 여행까지도 우리를 새로운 삶으로 이끌어줄 수 있는 것이다. 내 삶은 뮤어 숲을 걸으면서 변했고, 교외의 어느 가정주부를 방문하라는 낯선 이의 말로 인해 다시 한번 변했다. 이제 내 삶은 이전과는 전혀 다른 삶이 될 것이었다.

게일은 내가 짐을 정리할 수 있도록 자리를 비켜주었고, 나는 이내 잠이 들었다. 하지만 그리 오래 자지는 못했다. 나는 잠이 들자마자 개 짖는 소리가 나서 깼는데, 웬일인지 내 방이 은은한 빛으로 환히 밝혀져 있었다. 놀랍게도, 내게서 몇 발자국 떨어진 곳에 세인트 저메인의 에테르체가 서 있었다. 그것은 이 전날 세인트 저메인이 평범한 젊은이의 모습에서 백색 로브를 입은 상승 대사로 변했을 때의 바로 그 모습이었다. 청백색 빛에 둘러싸인 그는 천상의 광휘를 내뿜고 있었다. 그는 분명히 내게 뭔가를 말하고 있었지만 나는 그의 말을 한마디도 들을 수 없었고, 곧 다시 잠이 들어버렸다.

잠시 후, 나는 다른 두 대사들의 출현을 알리는 개 짖는 소리에 다시 잠에서 깼다. 그들은 호狐 모양으로 하늘에서 내려와 내 방으로 들어왔다. 나는 아무리 애를 써도 그들이 하는 말을 도저히 들을 수가 없었고, 그들의 말을 너무나 듣고 싶었다. 하지만 이내 나는 그들이 나의 상위 자아에게 말하고 있다는 사실을 알게 되었다. 필의 말대로, 대사들은 내 상위 자아에게 말을 하면서 내가 필요한 순간에 접근할 수 있도록 어떤 정보를 주고 있었다. 비록 그들의 메시지를 이해할 수는 없었지만, 그들의 현존은 내 높은 진동수의 신체들(subtle bodies)에 에너지를 전해주어 내 몸과 마음을 활기차게 해주었다. 그리고 이전에는 그저 신화적인 존재들이라고 간주했던 그들의 존재를 실재로서 느낄 수 있게 해주었다.

자정 무렵, 나는 다시 잠에서 깼다. '여기는 뉴욕의 그랜드 센트럴 역만큼이나 바쁘군! 오늘 밤 한숨이라도 잘 수는 있는 건가?' 그러나 이때 나를 방문한 사람은 다름 아닌 펄이었다. 그녀는 대사들처럼 백색 로브를 입고 있었는데, 그녀의 모습은 그 전날 내가 만났던 예순일곱 살 할머니의 모습이 아니라 아름다운 30대 여성의 모습이었다.

"그래요. 신비체(subtle form) 안에서는 자신의 모습을 선택할 수 있어요." 그녀는 자신을 빤히 바라보는 나를 보며 미소 지었다. "이제 나와 함께 가죠."

나는 무슨 일이 일어날지 알지 못한 채 육체를 남겨두고 신비체로 나섰다. 신비체는 모든 면에서 내 육체와 똑같이 실재적으로 느껴졌다. 그녀가 내 손을 잡자 무중력 상태로 만들어주는 듯한 어떤 힘이 나를 통과해 들어왔다. 우리는 그렇게 바닥에서 떠올라 마치 샤갈Chagall의 그림 속 천사들처럼 도시의 지붕 위로 솟구쳐 올라갔다. 우리가 대지 위로 날아오르자 개들이 짖었다. 밤하늘 위로 솟아오르는 그 순간의 나는 어떤 지상의 속박에도 매여 있지 않은 상태였다. 어릴 때부터 따라 하고 싶었던, 원하는 곳이면 어디든지 날아갈 수 있는 슈퍼맨의 자유를 느낄 수 있었다.

비행 속도가 점점 줄어들어 우리는 허공에 떠 있었다. 나는 "여기가 어디죠?" 하고 물었다.

"아래를 보세요." 펄이 대답했다.

우리의 발아래로 샤스타산의 눈부신 설백이 보였고, 산 위의 빛나는 빙하들이 보름달의 빛을 그대로 반사하고 있었다.

"이제 이곳이 당신의 집이에요. 나는 로열 티톤의 은둔처에서 우리가 서로 소개받았을 때부터 당신을 오랫동안 기다려 왔습니다. 당신을 본 순간 즉시 알아봤죠. 우리는 세인트 저메인 가족의 일부입니다. 우리는 지난 많은 생애들에서 함께 일을 해왔고, 이번 생에서도 같이 해내야 할 많은 일들이 있어요. 세인트 저메인은 내게 당신을 훈련시켜달라고 부탁하셨습니다. 당신이 상승 대사들과 대백색 형제단을 향한 봉사를 시작하기 전에 먼저 하나님의 신성한 법칙에 대해 많은 것들을 배워야 하기 때문입니다."

펄은 다시 내 손을 잡고 우리가 왔던 방향으로 날아가 나를 내 방으로 돌려보냈다. 마침내 나는 해가 떠오르고 호각이 울리면서 노동자들이 공장으로 호출되기 전까지 몇 시간 더 잘 수 있었다. 나는 똑같이 반복되는 일상의 지루함을 면할 수 있음에, 지혜를 추구하기 위해 원하는 장소를 자유롭게 다닐 수 있는 것에 감사함을 느꼈다.

다음 날 아침에 나는 차를 몰고 샤스타산의 시내로 돌아갔다가 가게 일에 정신이 팔린 스티븐을 보았다. 스티븐은 나 같은 영적 탐구자들과 대화하는 동시에 구매 전화를 받고, 대추야자를 조그만 백에 채워 넣고, 주스 바에서 주스를 만들었다. 나는 이 다양한 일들을 어떻게 동시에 해낼 수 있는지 놀라울 따름이었다. 어쩌면 스티븐은 그가 알고 있는 것보다 훨씬 뛰어난 대사(master)일지도 몰랐다. 진정한 통달(mastery)은 보통 외적 세계에서는 의식되지 않으니까 말이다.

스티븐의 가게로 이끌린 수천 명의 사람들은 대사들과 대사들이 은둔처로 이용하는 샤스타산에 대해 알고 싶어했다. 그들은 대사들이 어떻게 생겼는지, 어디서 그들을 찾을 수 있는지, 어떻게 하면 자신도 대사들의 은둔처에 들어갈 수 있을지를 궁금해했다. 유명한 오컬티스트인 헬레나 페트로브나 블라바츠키가 미국 여행 중에 샤스타산을 방문했다는 것이 알려지자, 대중들의 호기심은 두 배로 커졌었다. 게다가 샤스타산은 UFO 활동의 거대한 근거지이기도 했다. 사람들은 눈 덮인 산 정상 위에 자주 생기는, 팬케이크처럼 겹겹이 쌓인 이 렌즈구름(lenticular clouds) 안에 그들이 연상하는 외계의 우주선이 숨어 있을지 궁금해했다.

스티븐의 가게는 지역사회의 중심이자 세계 각지에서 온 사람들의 만남의 장소로 아주 훌륭한 곳이었다. 사람들이 많아지자 스티븐의 가게에는 도움이 필요해 보였고, 나는 그를 좀 도와주기로 했다. 그는 내게 음식 이외의 대가를 주기는 어렵다고 말했는데, 나는 약간의 생활비를 이미 가지고 있었기에 그의 제안을 받아들이기로 했다. 곧 나는 간이 식탁에서 당근 주스를 짜고, 스무디를 섞고, 샌드위치를 만들면서 무엇이 사람들을 샤스타산으로 이끄는지를 듣게 되었다.

세인트 저메인은 많은 사람들에게 나타났다. 어떤 사람들은 꿈속이나 명상 중에 가이드를 받았고, 어떤 사람들은 거부할 수 없는 느낌의 내적 충동에 이끌려 오기도 했다. 또, 어떤 사람들은 샤스타산 근처에서 차가 고장 나 필요한 부품을 전달받으려면 그곳에서 며칠씩 기다려야만 했다. 하지만 시간이 지날수록 그들은 그곳을 떠나고자 하는 마음을 잃어버렸다.

건강식품 가게에서 일하던 나는 그 시절에 펼쳐지기 시작하고 있던 새로운 모험의 연결지점에 있었다. 그때는 1973년이었고, 물병자리 의식 속에서의 실험정신은 자유와 자아의 본질에 대한 우드스톡Woodstock* 세대 히피족들의 영적 탐구로 인해 진화하고 있었다.

---

* 1969년에 열린 음악 페스티벌로 반전, 사랑, 평화를 외치는 히피들이 30만 명가량 모였었다. — 역주

샤스타산에 새로 도착하는 이들의 대부분은 헤이트-애시베리Haight-Ashbury**에 살았거나 구루를 찾아 인도를 여행했던 사람들이었다. 그들은 그 시절 유행했었던 약물 같은 것들을 통해 상위 차원의 의식을 얼핏 엿보기도 했다. 하지만 이제 그들은 높은 신성의식의 희열을 찾고 있었으며 그 깨어난 상태에서 영원히 살고 싶어했다.

람 다스나 초감 트룽파 린포체와 같은 교사들을 통해, 사람들은 의식이 어떤 특정한 조건이나 외부세계에 달려 있는 것이 아니라, 그 조건을 창조하는 자신의 내적 인식에 달려 있다는 것을 이해하기 시작했다. 또, 사람들은 우리가 인식하는 세계가 그 내적 인식의 산물이라는 것을 깨닫기 시작했다. 대부분의 사람들이 깨달은 바와 같이, 세상을 통달한다는 것은 약물로 가능한 것이 아니다. 약물은 그저 여러 층을 가진 환영의 세계로 사람의 의식을 몰아넣을 뿐이다.

우리는 우리 부모 세대들의 경쟁적이고 물질주의적인 세계관이 제대로 기능하지 않는 것을 봐왔었다. 베트남 전쟁이 맹위를 떨치자 우리 대부분은 워싱턴주에서 반전 시위를 하거나 다른 방식들로 저항했었다. 나는 베트남 전쟁의 정책 입안자이자 국방부 장관인 로버트 맥나마라Robert McNamara를 만난 적이 있었다. 그의 딸은 내 친구이기도 했다. 나는 그녀의 아버지가 우리 고등학교 동창들을 동남아 정글의 사지로 보내려는 의도를 숨기며 거짓으로 점철된 법안을 의회에 제출할 수 있다는 것에 충격을 받았다. 그로부터 몇 년이 지난 후에 그는 그 전쟁이 '실수'였다고 고백했다.

우리는 지구 어머니 위에서 살아가는 모든 사람들이 열린 마음으

로 진실한 관계를 맺을 수 있는, 그런 새로운 패러다임을 찾고 있었다. 우리는 사람들이 미국의 건국 이념인 자유와 조화 속에서 살 수 있는 그런 곳을 원했다. 이것이 우리가 추구했던 물병자리의 꿈이었다. 이 꿈은 인류의 완전성에 대한 높은 희망과 함께 순수하게 시작되었다.

하지만 이후에 이것은 위선적인 자기기만이나 심령계 채널링, 다단계 마케팅, 일확천금식의 다양한 사기 수법 등으로 전락해버렸다. 미국에 새롭게 정착한 티베트 라마승인 초감 트룽파 린포체 역시 영적 고전이라고 할 수 있는 자신의 저서 《마음공부에 관하여》(Cutting Through Spiritual Materialism)에서 이러한 영적 물질주의를 언급한 바 있다. 린포체가 말한 지상 낙원의 비전vision인 샴발라Shambhala는 뉴에이지 시대의 정수였지만, 얼마 지나지 않아 이 단어조차 또 다른 마케팅 도구가 되어버렸다.

나는 육신으로 나타난 세인트 저메인을 직접 만나기도 하고, 에테르체로 나타난 다른 상승 대사들의 현존을 경험한 적도 있었다. 하지만 내 외적인 마음은 자주 보기 힘든 이 존재들의 실재 자체를 여전히 의심하고 있었고, 이들의 실재에 관해서는 상반된 이론들이 많이 있다는 것도 잘 알고 있었다. 나는 이 존재들에 대한 소문에 대해 의문이 많았다. 스티븐의 가게에 들어온 손님들은 무심코 그들의 이름을 내뱉었고, 그 손님들이 인용하는 채널링의 정보들은 상반된 내용들뿐이었다.

어릴 때 나는 로켓 과학자가 되려는 생각으로 대학에 들어갔었다. 나는 과학적 천성을 타고났기에 내가 겪어보지 못한 것을 맹목적으로 믿을 수 없었다. 대사들이 자신들의 실재를 직접 목격하게끔, 그리고 그것을 증언하게끔 하는 데 쓸 인물로 나를 고른 이유에는 아마도 내가 직접 시험해보지 않은 것은 믿지 않는 나의 특성 탓도 있을 것이다.

나는 인도 신지학회(대사들의 존재와 가르침을 인류에게 알리는 것이 주된 목적이었던 오컬티스트들의 단체)를 방문했을 때 신지학회 회원들조차도 대사들의 존재를 회의적으로 생각하고 있다는 것을 알게 되었다. 어쩌면 그들의 스타 후계자인 크리슈나무르티Krishnamurti의 변심이 그 원인 중 하나였을 수도 있다.

크리슈나무르티는 대사들로부터 훈련을 받고, 어린 시절부터 차세대 세계 교사이자 인류를 이끌 메시아로 주목받았던 인물이다. 그는 자신이 존경하는 신지학자들이 맡긴 메시아 역할에 반기를 들면서 그들이 어린 시절부터 준비시켜왔던 그 메시아가 되기를 거부했다. 그는 신지학회 회원들에게 엄청난 충격을 안겨준 "대사들은 사실상 존재하지 않는다. 당신은 당신 자신만의 깨달음의 길을 찾아야 한다"는 선언을 함으로써 이러한 반란을 끝마쳤다.

크리슈나무르티는 모든 구루들의 가르침들을 무시하라고 주장했다. 또, 이전 시대의 위대한 선지자들이 발견했던 그 어떤 방법에도 의존하지 않은 상태에서 영적 추구를 해나가야 한다고도 말했다. 이러한 그의 주장은 그의 추종자들이 그 어떤 외적 가이드도 받을 수 없게 만들었다. 하지만 그는 인류가 종교적 도그마와 다른 사람들의 구원을 책임지는 어떤 권위적 인물을 향한 맹목적인 헌신에서 벗어나, 스스로 자기 자신을 구원할 책임을 질 수 있게 만들어준 훌륭한 촉매가 되어주었다. 이러한 그의 등장은 인류의 영적 진화의 전환점이 되었다.

그는 자신의 추종자들에게 스승이나 타인들을 관찰하기보다는 자기 자신을 관찰하고 성찰하라고 권했다. 그러나 애석하게도 수행자가 어떻게 자기관찰을 해야 하는지 가르쳐주지는 않았다.

많은 사람들은 크리슈나무르티가 대사들을 비난한 이유가 다음과 같다고 말한다. 대사들은 크리슈나무르티를 아라한 입문(Arhat initiation)에 들일지 논의 중이었고, 그 역시 그러한 사실을 알고 있었다. 여기서 아라한 입문이란 대사들이 잠시 제자에게 등을 돌리고, 제자가 배운 것을 그의 삶에 실제로 적용해보도록 압박해오는 시기이다. 이때 크리슈나무르티는 대사들이 자신을 떠나버리기 전에 자신이 먼저 대사들을 떠나버리는 반응을 보였다는 것이다.*

세인트 저메인을 만나 그의 제자가 될 것을 맹세한 나는 그가 나를 시험하고 있다는 것을 알고 있었다. 따라서 나도 스승으로서의 그의 권능이 어느 정도인지 알기 위해 그를 시험해보고 싶었다. 나는 그가 실제로 나를 얼마나 돌봐주고 신경 쓰고 있는지, 내가 그를 얼마만큼 믿을 수 있을지 알고 싶었다. 뜻밖에도, 나는 곧 이를 증명해주는 경험을 할 수 있었다. 하지만 그 경험은 내가 생각했던 것보

---

* 신지학회는 대사들로 인해 사실상 종교로 변질됐지만, 그 본래의 목적은 신성한 지혜를 연구하는 것이었다. 크리슈나무르티는 대사들에 대한 이러한 맹목적인 숭배로부터 전 세계 신지학자들을 해방시키는 큰 봉사를 행했다. 그가 "대사들은 존재하지 않는다"고 한 이유는 이와 같은 현실적인 목적을 이루기 위해서였다. 나중에 그는 "나는 대사들의 존재를 부정한 적이 없다. 하지만 사람들이 스스로를 계발하려면 대사들을 무시해야 할 필요가 있다고 느꼈다"고 말했다. 신지학자들은 크리슈나무르티가 대사들의 존재를 부정했다고 느꼈지만, 그것은 사실이 아니다. 그는 때때로 이런 말을 함으로써 사람들에게 충격을 주고자 했으며, 사람들이 자기 자신 안에서 진실을 찾기를 바랐다. 그는 깨달음의 길이 각자의 내면에 깔려 있으며, 그 길은 자기 자신의 의식을 관찰함으로써 찾을 수 있다고 말했다.
대사들이 블라바츠키 여사와 그녀의 동료들을 통해 자신들의 실재에 대한 확신을 심어준 다음, 크리슈나무르티를 통해 사람들이 자신들을 맹목적으로 숭배하지 못하게 했다는 사실은 매우 흥미롭다. 대사들이 일반 대중 앞에 나타나거나 그들의 권능을 보여주지 않는 이유 중 하나도 맹목적인 숭배를 막기 위함일 것이다. 그들은 맹목적인 추종자들이 아닌, 스스로 진리를 찾고자 하는 이를 원한다.

다 훨씬 더 고통스러운 방식으로 나를 찾아왔다.

어느 날 저녁, 나는 가게 문을 닫은 후에 새로 들어온 고춧가루를 작은 비닐봉지에 포장하는 작업을 하고 있었다. 포장을 다 한 다음에는 무게에 따라 가격을 매겨 판매대 위에 올려놓아야 했다. 내가 일을 하는 동안 카운터 위에 고춧가루가 조금 쏟아졌고, 나는 그걸 손가락으로 쓱 밀어버렸다. 얼마 후 나는 손가락에 매운 고춧가루가 묻어 있는 것을 깜박 잊고 눈을 비볐다. 그러자 마치 뜨거운 꼬챙이로 눈알을 깊숙이 찌르는 듯한 고통이 찾아왔다.

나는 눈이 먼 상태로 화장실에 달려가 찬물로 얼굴을 흠뻑 적셨다. 하지만 눈은 여전히 보이지 않았다. 찌르는 듯한 고통은 더 심해졌고, 나는 당황해서 얼굴에 물을 더 퍼부으며 생각했다. '이대로 장님이 되는 걸까?' 순간 펄의 말이 떠올랐다. "대사 세인트 저메인은 당신을 지켜보고 있습니다. 만약 그의 도움이 필요하다면 그에게 도움을 요청하세요." 그러나 나는 한 번 더 생각했다. '하지만 인류의 진화를 돕는 이 위대한 존재가 캘리포니아에 있는 한 건강식품 가게에서의 내 행동을 정말로 지켜보고 있을까? 그리고 설사 그렇다 한들 이런 사소한 일에 개입하려 할까?'

더 이상 잃을 게 없다고 생각한 나는 필사적으로 "세인트 저메인!" 하고 외쳤다. 그러자 외침이 채 끝나기도 전에 고통이 사라졌고, 눈물도 멈췄다. 눈을 깜박거리던 나는 다시 눈이 멀쩡해졌다는 것을 알게 되었다. 처음부터 그 사고가 일어나지 않은 느낌이었다.

나를 고춧가루로부터 구해준 세인트 저메인의 자비로운 도움의 손길은 그가 전지전능한 존재임을 증명해주었다. 또, 그가 내 안위를 신경 써주는 강력한 멘토이자 내게 실질적인 도움을 줄 수 있는 좋은 친구라는 것도 알 수 있었다. 그는 인류를 위해 수많은 장소에서 동시에 일하는 인물이었고, 나는 그런 그가 얼마나 바쁜지 잘 알고 있었다. 하지만 나는 어느 순간 그의 마음을 느끼기 시작했다. 그는 내가 그를 불러주길 원하고 있었고, 우리 사이의 믿음과 유대를 더 견고히 하길 바라고 있었다. 이는 제자로서 해야 할 내 수행의 일부이기도 했다.

나는 영적인 계시뿐 아니라 개인적인 보호, 매일매일의 가이드나 영감을 받기 위해 그에게 더 가까이 다가가기 시작했다. 내 인간적인 마음은 가끔 그가 얼마나 주의 깊게 내 기도를 듣고 있는지 궁금해하기도 했지만, 어찌 되었든 나는 내게 있었던 모든 일을 그에게 털어놓았다. 그리고 필요한 계시는 반드시 나타나게 된다는 믿음을 가지고 그에게 계속 도움과 가이드를 요청했다.

고춧가루 사고가 일어나고 며칠이 지났다. 가슴속에서 펄을 다시 만나보라는 끌림이 느껴졌지만 나는 이를 외면했다. 내 이성적인 마음은 이미 펄이 내 모든 질문에 대한 답을 주었기 때문에 더 이상 그녀의 시간을 빼앗을 필요가 없다고 생각했다. 이제는 그녀를 찾아오는 사람들이 너무나 많았다. 나는 어쩌면 아주 단순해 보일 수 있는 "당신의 I AM 현존이 곧 하나님이며 'I AM'이라는 선언을 통해 그 신성이 창조계에 현현하도록 할 수 있다"는 그녀의 메시지를 온전히 받아들이고, 또 이해하고 있었다. 따라서 나는 내가 왜 다시 그녀를 찾아가야 하는 건지 알 수 없었다.

하지만 그 당시의 나는 그녀의 현존을 느끼는 동안 내게 전해지는 에테르 차원의 높은 지혜와 빛들을 아직 충분히 인식하지 못하고 있었다. 그것은 그녀의 말 너머로 대사들이 내 상위 자아에 직접 전해주는 것들이었다. 결국, 그녀에게 전화를 걸고 싶다는 충동이 나를 가만 놓아두질 않았다. 나는 나 자신과 한 시간 동안이나 싸우고 나서야 가게 밖에 있는 공중전화로 그녀에게 전화를 걸었다.

"오세요." 펄이 말했다.

"언제요?"

"지금 당장요."

"지금요?"

"네, 당신을 기다리고 있었어요!"

내가 그녀의 집에 도착하자마자 그녀가 말했다. "뭐 때문에 늦었죠? 당신은 한 시간 전에 이곳에 와야 했어요. 당신은 대사를 기다리게 했습니다."

나는 그녀의 말에 움찔했다. '내가 대사를 실망시켰다니….' 나는 대사의 부름을 느꼈다. 하지만 내 외적인 마음은 그런 대사와의 소통을 방해했다. 대사와 일하기 위해서는 새로운 사고방식, 새로운 행동 방식을 배워야 했다. 그것은 가슴의 끌림에 '왜'라고 묻기보다는 논리적 과정 전체를 내려놓고 가슴과 직접 연결되어 무위적 행동으로 옮기는 방식이었다.

나는 나 자신에게 이렇게 말했다. '그냥 행동하자. 내 에고는 그 행동의 이유를 알 필요가 없어. 그리고 실은 에고는 그걸 이해할 능력도 없지.' 이성적인 마음은 가슴에서 나오는 가이드를 발견할 수 없다. 설령 당신이 모든 '사실들'을 알고 있다 해도 '진짜' 올바른 행동이 무엇인지는 이성으로 결정할 수 없다. 진실로 올바른 행위는 오직 자기 존재의 중심에서 느껴지는 내적 안내로부터만 나올 수 있는 것이다. 이 경우, 내 마음은 펄을 다시 만날 이유가 없다고 생각했다. 하지만 대사들은 나를 다시 그녀에게로 보냈다.

나는 대사들이 인간의 논리와 상식에 따라 일하지 않는다는 것을 빠르게 배우고 있었다. 그들은 더 큰 그림을 보고 있었다. 이러한 대사들의 가이드가 평범한 인간의 마음으로 전해질 때는 종종 "가슴에 있는 그것을 느끼고, 행동하라. 그리고 뒤돌아보지 말라"는 메시지로 느껴지기도 한다.

그러나 나는 그때까지 내 인생을 그런 방식으로 살아오지 않았다. 나는 안전한 선 안에 머무르라고, 항상 내가 무엇을 해야 하는지 먼저 이해하라고 배웠었다. 또, 무엇이 최선인지 논리적으로 결론을 내리고 이 결론대로 완벽하게 행동하라고 배웠었다. 하지만 내가 배웠던 것들과는 다르게, 진정 완벽한 행동이란 이런 논리적이고 지적인 판단을 배제한 무위적 행동이었다. '그런데 보통 사람의 제한된 정보와 시야로 무엇이 옳은지 어떻게 알 수 있는 거지?' 나는 궁금했다.

"항상 자신의 가슴에서 나오는 이끌림 또는 느낌을 따르세요." 펄이 말했다. "당신이 '왜' 그런 행동을 해야 하는지 머리로 이해하지 못한다고 해도 말이죠. 직접적인 가이드가 없을 때는 일반적인 상식을 따르면 되지만, 우리 존재의 중심에서 나오는 가이드가 당신을 인도할 때는 상식은 옆에 치워두고 잊어버리세요. 한 시간 전에 당신이 이곳에 와야 한다는 이끌림을 느꼈을 때, 당신은 그 가슴으로부터 나오는 느낌을 따랐어야 했습니다. 이걸 확인하기 위해 전화할 필요도 없었죠. 당신이 당신 존재의 중심에 집중하면 할수록 가이드에 대한 인식은 더욱 명확해지고 강해집니다. 그렇게 되면 당신은 존재 중심에서 나오는 자력을 느끼게 됩니다. 이것은 마치 철 가루가 자석의 자력을 느끼고, 그 자력의 법칙에 복종하게 되는 것과 같습니다."

펄의 말을 듣고 보니 이것이 어쩌면 티베트 불교도들이 '미친 지혜(crazy wisdom)*'라고 부르는, 인간적 이성을 넘어선 지극한 지혜와 일맥상통하는 것 같다는 생각이 들었다.**

"자." 펄이 뚫어질 듯한 시선으로 나를 쳐다보며 말했다. "이제 같이 명상을 해볼까요?"

"좋아요." 나는 바닥으로 미끄러지듯 앉아 다리를 꼬며 인도에서 배웠던 연꽃 자세로 앉았다.

"의자에 앉으세요." 그녀가 명령하듯 말했다. "다리를 쭉 펴서 바닥에 발을 붙이고, 손은 허벅지에 두세요. 이제, 당신의 의식을 내면으로 향하세요. 눈을 뜨세요! 몸과 마음을 이완하세요. 당신의 마음은 일하는 사무실과 같습니다. 서류 캐비닛을 닫고, 사무실 문을 잠그세요. 그리고 아래층에 있는 예배당으로 내려오세요." 그녀는 자신의 가슴을 가리키며 말했다. "당신의 의식을 당신 존재의 중심인 이곳으로 향하게 하세요. 이제 당신은 예배당 안에 있고, 여기서는 오직 당신과 하나님뿐입니다. 하지만 당신이 하고 싶은 말만 하면서 일방적인 대화는 하지 마세요. 조용히 하나님께서 당신에게 말씀하시는 것을 들어보세요."

내 가슴의 미세한 두근거림이 그녀의 설명에 대한 진실성을 확인해주었다. 가슴이 마치 "그래, 네 주의를 여기, 나에게 돌리렴. 네가 보호하려 하는 이 부드럽고 섬세한 지점에 집중하렴. 여기가 바로 내가 거하는 곳이란다"라고 말하는 듯했다. 펄과 나는 서로 눈을 맞

---

* 초감 트룽파 린포체에 따르면 미친 지혜는 의식의 순진무구한 상태로, 선입관이나 인습적인 것들로부터 자유로운 마음을 뜻한다. ─ 역주

** 트룽파 린포체는 히피 시대에 많은 사람들이 시도했던 것과는 반대로, 지혜가 먼저 온 다음 미치게 되는 것이지 그 반대가 아니라고 말함으로써 미친 지혜의 개념을 명확히 정의해주었다.

추고 있긴 했지만 서로의 모습에 집중하고 있지 않았다. 우리는 둘 다 각자의 의식을 내면으로 돌려 자신의 가슴 안에 있는 신적 현존에 집중하고 있었다. 나는 내 시야의 초점이 흐려지는 것을 느낄 수 있었다. 그리고 그 순간, 내 내적 시야가 열리면서 방 안을 가득 채우기 시작하는 황금빛 연무가 보였고 나는 그것에 녹아들었다. 의식이 내면으로 더 깊숙이 들어가면 갈수록, 이 내재한 빛은 태양처럼 더 밝게 빛나기 시작했다.

펄이 나와 함께 하고 있었던 이 명상은 내가 어릴 때 혼자 겪었던, 감히 누구에게도 말하지 못했던 그것과 똑같은 것이었다. 나는 무시간적 의식 속으로 세상이 녹아들어가는 이러한 경험을, 모든 것이 더없이 행복하게 용해되는 이러한 경험을 나만의 마법 같은 비밀로 간직하고 있었다. 혹시라도 선생님이나 같은 반 친구들이 내게 무슨 문제가 있다고 생각할 수도 있기 때문이었다. 이런 경험들은 적절하지 않은 때에 저절로 일어나기도 했다.

나는 어느 토요일 아침, 야구 경기 도중에 갑자기 이런 상태에 빠져들어 내가 누구이며 어디에 있는지 인식하지 못하는 무아의 상태로 들어간 적이 있었다. 야구공이 오른쪽으로 날아오는 경우는 거의 없었으므로 팀원들은 보통 나를 우익수 포지션에 세우곤 했다. 한번은 내가 이런 무시간적 무아의식에서 빠져나와 정신을 차려보니 상대 팀의 우익수가 내 옆에 서 있을 때도 있었다. 그는 "야, 너희 팀이 공격할 차례야" 하고 소리쳤다. 나는 우리 팀이 필드를 떠났다는 것을 인지하지 못했음을 깨닫고 당황스러웠다. 남자들은 원래 거칠게 굴기 마련이지만 나는 다른 이들과 경쟁하고자 하는 마음이 없었다. 나는 '이렇게 경쟁하는 대신, 이 에너지를 무언가 유용한 것을 창조하는 데 쓰면서 협동하면 안 되는 건가?' 하고 생각했다.

또 한번은 2학년 때, 탈의실에서 내 외투를 옷걸이에 걸고 있는데, 갑자기 기분 좋은 온기가 온몸에 퍼지면서 나 자신의 자아의식이 사라지고 있는 것을 느꼈다. 내가 누구이고 어디에 있는지 그리고 무엇을 하려 했는지에 대한 의식이 사라지면서 나는 자아의식이 없는 지복의 상태로 빠져들었다. 아마도 그 시간은 몇 초밖에 안 됐을 수도 있지만 에고를 넘어선, 희열에 찬 그 의식의 확장은 내 안의 생기를 되찾아주었고, 나를 생명으로 충만하게 만들어주었다. 그러나 그와 동시에 나는 움직임 없이 멈춘 채 가만히 있는 나를 이상하게 바라보는 사람들의 시선에 위축되기도 했다.

그리고 지금, 펄은 우리를 내면의 참자아로 데려가주는, 수용적이고 여성적인 내맡김의 상태로 나를 다시 이끌어주고 있었다. 이는 나를 치유하고, 안내하고, 가르치고, 내게 내적 힘을 길러주기 위해서였다. 그렇지만 나 자신의 일부는 이성의 보호 본능에 나를 가두어두는 그 논리적인 마음의 통제를 포기하고 놓아주기를 아직도 두려워하고 있었다. 그래서 나는 어렸을 때 그랬던 것처럼 다시금 그것을 놓아버리려고 했고, 고요한 앎의 내적 권능에 내 에고의 의지를 복종시키려고 노력했다.

"이제, '나는 살아 있는 빛이다'라고 마음속으로 선언하세요!" 펄이 말했다.

내가 그녀의 말대로 그것을 선언하자 누군가가 숨겨져 있던 램프 스위치를 켠 것처럼 방이 점점 밝아지기 시작했다. '나는 살아 있는 빛이다!' 나는 내 의식을 내재한 신적 현존에 집중한 채 이것을 반복해서 말했다. 그러자 반쯤 감긴 눈을 통해 방 안의 빛이 더욱더 강렬해지는 것을 볼 수 있었다. 마침내, 나는 가슴이 벅차오르는 바람에 집중을 깨버리고 외쳤다. "바로 이거야!"

"뭐가요?" 펄이 물었다. 그녀는 열광적인 내 반응에 재밌어하는 듯했다.

"이 빛 말이에요! 사람들은 '내면의 빛을 본 적이 있느냐'고 묻곤 하죠. 인도에 있는 내내 나는 이 구루, 저 구루를 다 찾아다녔지만, 그들 중 어느 누구도 내가 이 빛을 보도록 가르쳐주지 못했어요. 내가 여기 이 거실에 앉아 빛을 볼 때까지는 말이죠."

"예수께서 '이 세상에 들어오는 모든 사람들을 밝히는 빛'이라고 언급하신 내면의 빛이 바로 그것이죠." 펄이 설명했다. "이제 당신은 자신의 가슴 속으로 이 빛을 가져와 의식적으로 세상에 내보내는 법을 배워야 합니다. 당신의 건강이 좋지 않았던 이유는 당신이 명상 중에 몸 밖으로 나가려고만 했기 때문입니다. 당신은 자신의 육체 속으로 신성의 빛을 들여오는 법을 배워야 해요. 신성한 빛을 이 아래로 가져와 그 빛에 자신만의 독특한 속성들을 부여하고, 세상 속으로 그 빛을 내보내 선한 일을 해내는 것이야말로 진정한 자기 완성이라고 할 수 있습니다. 당신이 이곳에 보내진 이유도 바로 그것을 배워야 하기 때문입니다.

신성의 빛은 절대로 실패하지 않습니다! 이 빛에는 한계가 없다는 것을 아세요. 당신은 이 내재하신 신성의 빛을 당신의 의지대로 불러냄으로써 무엇이든지 창조할 수 있습니다. 그 힘은 창조물의 이미지를 심상화하는 마음의 남성적 힘과 거기에 독특한 속성을 부여하고 그것을 물질계에 현현시키는 가슴의 여성적 힘을 당신 존재 안에서 얼마나 잘 통합하는지에 따라 결정됩니다. 이 둘의 통합이 창조의 비밀입니다."

펄은 언뜻 단순해 보이지만 심오한 이 가르침을 계속 이어갔다. "이것이 대사들의 위대한 법칙입니다. 당신은 이 창조의 법칙을 배우기 위해 이곳으로 보내졌습니다. 당신이 '나는'(I AM)이라고 말할 때마다 당신은 근원의 빛, 즉 이 내재하신 빛을 창조계로 불러내게 됩니다. 그리고 이 말 뒤에 따라오는 말이 무엇이든지 간에 그것은 창조계에 현현됩니다. 이 I AM에 대한 당신의 깨달음이 커질수록, 그리고 당신 자신인 이 위대한 내면의 신적 현존을 더 많이 수용하고 그것에 복종하게 될수록 당신이 요청하는 것이 보다 빠르게 실현됩니다. 이것이 창조를 위해 하나님이 우리에게 주신 권능입니다. 성경에서 말하기를 '하나님께서 그와 꼭 닮은 모습으로 인간을 창조하셨다'고 했습니다. 우리는 하나님과 똑같이 닮은 형상과 속성을 가지도록 창조되었기 때문에 우리 역시 하나님과 똑같이 창조를 할 수 있습니다."

"깨어 있는 의식으로 창조해야 한다는 것을 잊지 마세요." 펄이 충고했다. "당신은 오직 세상에 이로움을 가져오는 것만 창조해야 합니다. 만약 내재하신 그 빛을 가지고 잘못된 창조를 한다면 당신이 불러온 그것은 당신이 처리해야 할 카르마로 되돌아오기 때문입니다. 그렇게 되면 당신은 그 창조의 결과물로 인해 고통받게 될 것입니다. 오늘날 우리가 여전히 이 지구에 남아 있는 이유도 바로 그 때문입니다.

아주 오래전, 우리는 그 빛으로 실험을 했었습니다. 그리고 지금 우리는 그때 그 행위들에 대한 인과를 정화하고 있습니다. 그 당시 우리는 어린아이와 같았고 우리가 무엇을 하고 있는지 알지 못했습니다. 이제 우리는 영적 어른들입니다. 그러므로 그 난장판 같은 어지러움들을 모두 정리하고 청소해야만 합니다. 그리고 다른 이들에게 그들의 창조적인 에너지를 선하게 사용하는 법을 가르쳐주어야 합니다.

에너지는 부메랑처럼 돌아온다는 것을 기억하세요. 에너지는 자력을 띠고 있으며 그 자체로 다른 비슷한 파동의 에너지를 끌어들여 그것을 당신에게 몇 배로 증폭시켜 돌려줍니다. 신중히 생각하고, 느껴본 후에 오로지 당신 자신이 경험하고자 하는 것만을 선택해서 창조하세요. 그것이 곧 당신이 받을 것이기 때문입니다. 우리는 주는 대로 받게 됩니다. 그리고 당신이 그것을 주는 방식 그대로 다시 받게 됩니다. 이것이 예수께서 창조를 위해 사용했던 법칙이자 모든 대사들의 창조 법칙입니다. 생각과 느낌, 말과 행위의 일관화된 집중은 엄청난 창조적 힘의 방출을 불러오게 됩니다."

나는 간단명료한 펄의 말에 매료되었다. 왜 이전에는 이런 얘기를 한 번도 들어보지 못했을까? 수년 동안 대학과 대학원에 다니면서 이런 내적인 빛, 즉 생명과 의식을 가능케 하는 힘, 그리고 창조의 위대한 법칙들에 대해 어떻게 한 번도 들어보지 못했을까? 나는 학교에서 삶의 의미나 세상을 진실로 살아가는 법에 대해 배운 적이 없었다. 내 젊은 시절의 그 모든 노력과 비용은 헛되이 쓰여졌으며, 그 모든 시간들을 학기말 시험과 리포트 쓰는 데 허비해버렸다는 느낌이 들었다.

나는 정교한 지적 유희를 하는 것 외에는 내가 배운 것이 없다는 사실을 깨달았다. 삶에서 진실로 유용한 어떤 것을 배운 것이 아니라, 그 모든 세월을 일종의 유치원 같은 곳에서 보낸 것이었다. 수

년 전 졸업장을 들고 대학교 졸업식이 열린 강당을 나와 거리를 건너던 나는 실제 삶에 거의 아무런 쓸모가 없는, 학계의 공허한 지적 추구에 내 삶을 수년 동안 허비했다는 사실을 깨닫고 갑자기 황량한 기분을 느낀 적이 있었다.

"평화를 원한다면 이렇게 선언하세요." 펄이 말을 이어갔다. "나는 평화다! 그러면 당신은 평화를 창조하게 되고, 평화 자체가 될 것입니다. 그리고 평화의 파동은 당신을 통해 세상 속으로 흘러나갑니다. 당신이 말을 하면 주의가 집중되고, 집중된 그 주의의 힘으로 인해 평화가 창조됩니다. 이렇게 당신이 창조할 수 있는 평화, 지구 어느 곳으로든 보낼 수 있는 그 평화에는 한계가 없습니다. 다시 말하지만, 이러한 말들은 창조주로서의 당신이 자신의 말에 부여한 독특한 속성과 심상화 그리고 생각, 느낌의 조합입니다. 심상화의 힘은 남성적 측면인 데 반해, 창조에 독특한 속성을 부여하는 힘은 여성적 측면입니다. 생각, 말, 느낌 혹은 행위들은 홀로 작동하지 않습니다. 이것들 모두가 통합된 힘이 바로 생각을 창조계로 현현시키는 힘이죠.

지혜를 원한다면 '나는 지혜다!'라고 선언하세요.* 풍요로움을 원한다면 '나는 풍요다!'라고 선언하세요. 사랑을 원한다면 '나는 사랑이다!'라고 선언하세요. 당신이 의식의 힘을 집중하고 느끼는 대상은 곧 당신 자신이 됩니다. 당신은 당신이 생각하고 느끼는 대로 존재하게 됩니다. 이것이 하나님께서 당신에게 주신 창조의 힘에 대한

---

* 이러한 선언은 내재한 신성의식의 빛과 하나된 상태이거나, 최소한 그것을 인식할 수 있는 의식상태에서 올바로 행할 수 있다. 신성의식의 본질은 사랑이므로, 이 말은 동시에 자비의 마음 안에서 행한다는 말과 동일한 의미다. ─ 역주

마스터리^{Mastery}인 것입니다. 물론, 당신은 밖에 나가 선언한 그대로 행동해야 합니다. 그러면 당신의 행위가 그 내적 작업과 합쳐지고, 그렇게 당신의 말이 창조계에 현현하게 되는 것입니다.

　어떤 이들은 이 위대한 법칙을 시도해보았지만 소용이 없었다고 말합니다. 나는 그런 이들에게 이렇게 묻겠습니다. 그것을 얼마나 꾸준히 시도했나요? 얼마나 오랫동안 흔들림 없이 그것에 집중했나요? 이 선언 이후 어떤 생각을 하고 또 느꼈나요? 당신이 창조하려고 했던 것에 반대되거나 그것을 취소하는 말을 하고, 생각하고, 느끼지는 않았나요? 만약 당신이 10초 동안 자신이 사랑임을 선언한 뒤 그날의 나머지 시간들을 사랑받지 못하고 있다는 오래된 습관적 의식 속에 머물러 있다면, 당신은 자신이 말한 긍정적인 선언을 취소하는 것 이상의 행위를 한 셈입니다. 신성한 내적 자아에서 나온 선언은 당신의 관심으로 계속 물을 주어야 하는 씨앗과 같습니다. 당신은 끊임없는 내적 성찰로써 이 씨앗 주변에 있는 의심의 잡초를 뽑아주어야 하죠. 나는 지금 성공적인 창조의 가능성에 대해 말하는 것이 아니라 항상 실패 없이 작동하는 신성한 법칙의 작용을 말하는 겁니다.

　어쩌면 당신은 결핍의 느낌을 창조한 낮은 자존감, 의심, 부정적인 말들과 함께 많은 생애들을 살았는지도 모릅니다. 아니면 두려움 속에서 많은 생애들을 살았을 수도 있습니다. 당신이 지금부터 5분 동안, 또는 5일이나 5주 동안 긍정적인 선언을 한다고 쳐봅시다. 단지 몇 분 동안의 그 햇빛만으로 모든 먹구름을 없애버릴 수 있을까요? 어쩌면 이 작업은 당신이 예상한 것보다 시간이 좀더 오래 걸릴 수도 있습니다. 하지만 언젠가는 이 작업을 시작해야 하고, 그러기에 가장 좋은 때는 바로 지금입니다. 사실, 바로 지금이 유일한 시간입니다.

신성의 빛은 당신이 그것을 보든 그렇지 않든 상관없이, 당신 삶의 매 순간을 새롭게 창조하면서 마치 태양처럼 항상 당신 내면에서 빛나고 있습니다. 당신이 그 내면의 신성한 태양 앞에서 품고 있는 이미지가 어떤 것이든 간에, 당신은 그것을 자신의 삶 속에서 창조하게 됩니다. 당신의 삶을 변화시키기 위해서는 당신의 마음을 바꿈으로써 그 이미지를 바꿔야 합니다. 당신은 살아가는 매 순간 당신 삶을 끊임없이 재창조하고 있습니다. 당신이 습관적인 사념에서 벗어날 수 있다면, 당신은 눈 깜짝할 사이에 무엇이든 성취할 수 있게 됩니다. 하나님은 무한하십니다. 당신 자신을 그 무한한 자아와 동일시하세요.

완성, 즉 마스터리는 고정된 사고와 습관적인 경향들로부터 자기 자신을 자유롭게 한 뒤 그 빛을 가지고 의식적으로 창조하는 법을 배우는 것입니다. 이 위대한 법칙에는 엄청난 책임이 따릅니다. 그 책임을 짊어질 준비가 됐나요? 대사들은 당신이 이 엄청난 책임을 질 수 있도록 삶의 모든 고통스러운 경험들을 통해 당신 자신을 정화하도록 당신을 가이드해왔습니다. 하지만 당신은 이제 선택을 해야만 하죠.

'부름받은 사람은 많으나, 선택받는 사람은 적다.' 성경에 나오는 구절입니다. 하지만 대사들은 이렇게 말씀하십니다. '부름받은 사람은 많으나, 선택받을 자격을 갖춘 사람은 적다.' 대사들에게 선택받을 수 있도록 하는 것은 결국 당신 자신입니다. 당신이 이곳에 있는 이유는 당신이 선택을 했기 때문이죠. 당신은 스스로 신성한 존재가 되기를 선택했습니다." 펄은 몸을 앞으로 숙여 내 손을 꼭 쥐며, 나를 꿰뚫어 보듯 내 눈을 지그시 바라보았다. 그녀의 눈빛에서 사랑과 지혜가 느껴졌다. 그녀는 의자에서 일어나며 이제 헤어질 시간임을 내비쳤다.

나는 문을 열고 나가면서 마치 새로운 세상 속으로 나가고 있는 듯한 기분을 느꼈다. 그 새로운 세상은 온통 빛으로 가득 차 있는, 내 바람에 즉시 반응하며 모든 생각이 즉시 실재가 되는 그런 곳이었다. 나는 모든 한계로부터 자유로워진 기분이었고, 다른 수단 없이 내 마음 하나만으로 세상을 바꿀 수 있는 마스터리가 내 안에 들어와 있는 것 같았다.

그 순간, 나는 어느새 육신과 I AM 현존 사이의 중재자인 상위 멘탈체의 의식으로 올라갔다. 대기 중으로 6미터가량 날아오른 나는 거리에 줄지어 서 있는 자동차들과 인근 주택의 지붕들을 바라볼 수 있었다. 이 상위 에너지체 안에서는 모든 상념이 즉각적으로 실체가 되었다. 내가 보라색 불꽃을 떠올리자 보라색 빛의 물결이 마을로 흘러들어 인근의 산 경사면을 타고 올라 대기를 가득 채웠다.

문득 세인트 저메인이 한 말이 기억났다. "어느 날 그대는 자신의 인간적인 창조의 문을 열어젖히고 하나님의 빛 안에서 봉사하는 자유로운 존재로, 즉 상승 대사로서의 몸으로 존재하게 될 것이다." 지금, 그의 예언은 실현되었고 나는 이 실재가 영원히 지속되기를 기도했다.

그날 밤 잠자리에 누운 나는 상위 차원의 에너지로 충전되어 잠을 잘 필요도 없었다. 낮은 자아로부터 자유로워진 나는 마침내 대사가 된다는 것이 무엇인지 이해하게 되었다. 그리고 곧 내가 샤스타산 내부의 은둔처에 있는, 낮은 윤회계로부터 해방된 존재들과 합류하게 될 것이라고 느꼈다.

하지만 아침에 잠에서 깨어났을 때, 나는 이전과 똑같이 육체적인 필요와 걱정을 가진 보통의 인간으로 돌아와 있었다. 다만, 이전과 완전히 똑같지는 않았다. 나는 일체의 한계로부터 자유로운 상승 대사의 차원을 한 번 일별했기 때문에, 이전에 나를 속박했던 인간적인 한계라는 최면적 환상에 완전히 굴복하게 되는 일은 다시는 없을 거란 걸 알고 있었다.

상승으로의 문이 열렸고, 나는 영원한 자유와 해방을 향한 첫발을 내디디고 있었다. 나는 매일의 명상을 통해 내 의식이 상승 대사들의 의식에 통합되리란 것을, 그리고 그렇게 하여 마스터리라는 영혼의 완성이 점점 더 가까워져 오리란 것을 이해하게 되었다.

8장 🔥 하나님과의 대면

　세인트 저메인에게 완전한 복종을 맹세한 이후, 나는 한밤중에 깨어날 때가 많았다. 그와 대백색 형제단에 속한 다른 대사들이 나를 찾아왔기 때문이었다. 처음에는 그들의 말을 알아들을 수 없었다. 하지만 내면의 빛에 대한 명상을 통해 나의 영적인 수련이 깊어짐에 따라 점차 그들이 하는 말들을 알아들을 수 있게 되었고, 종종 잠에서 깨어났을 때 그들 메시지의 핵심적인 부분들을 기억할 수 있게 되었다.

　한 번은 이틀 밤 연속으로 내가 알지 못하는 한 장엄한 존재에 의해 잠에서 깬 적이 있었다. 나는 그의 강렬한 광휘로 인해 그가 비범한 존재라는 것을 알 수 있었지만, 아직 이 새로운 대사를 명확히 알아볼 수 있을 정도로 충분히 깨어나지는 못했다. 이 존재는 낯설면서도 왠지 모르게 친숙한 목소리로 내 과거 생애들과 그 생애들이 어떻게 내 현생의 시험들을 창조하게 되었는지 설명해주었다.

나는 이 한밤중의 방문자를 보기로, 그리고 그의 이름을 알아내기로 결심했다. 그래서 세 번째 날에는 자기 전에 명상을 했고, 내 상위 자아에게 다음과 같은 기도를 하며 명상을 마쳤다. '친애하는 신적 자아시여, 위해로부터 나를 보호하시고 누가 나를 방문했는지 알려주세요. 나는 그의 이름을 정확히 알고 싶고 그 대사의 얼굴을 직접 보고 싶습니다.' 그런 다음 나는 불을 끄고 잠들었다.

그날 밤, 방 안이 밝아지면서 또다시 알 수 없는 존재의 위풍당당한 목소리가 들렸다. 나는 재빨리 잠에서 깨어 일어나 앉았다. 그러자 머리 위에 무지개색 동심원들로 둘러싸인, 태양보다도 밝은 빛이 보였다. 눈이 그 빛에 점차 적응하게 되자 나는 내 앞의 백색 로브를 입은 빛나는 존재를 볼 수 있었다. 그의 얼굴은 내가 똑바로 바라볼 수 없을 정도로 환하게 빛나고 있었다. 빛나는 두 눈으로 나를 꿰뚫어 보는 그의 힘은 너무나 강력해서, 나는 내가 이제껏 경험해본 것 이상의 거대한 존재의 현존 앞에 있다는 것을 차마 의심할 수도 없었다.

나는 용기를 내서 소리쳤다. "당신은 누구시죠?"

대답이 없었다. 이번에는 좀더 자신을 내어 소리쳐 물었다.

"하나님의 이름으로, 나는 당신이 누구인지 알고 싶습니다!"

그러자 내게 깊은 충격을 주는 답이 돌아왔다.

"나는 하나님이다! … 나는 너 자신의 하나님 현존이다. … 나는 너다!"

한낮의 태양보다 더 밝게 빛나는 그 신성의 빛이 방의 경계를 녹여버렸다. 벽과 천장은 진동수가 증가함에 따라 사라지는 듯했고, 내 몸의 모든 세포들은 내면의 불로 이글거렸다. 마치 불길에 휩싸이지 않으려는 것처럼, 내 몸은 땀으로 흠뻑 젖어버렸다. 나는 이 존재의 가슴과 내 가슴을 연결하는 은줄(silver cord)을 보았고, 그제야 내 위에 존재하는 현존이신 하나님과 내가 하나임을 진정으로 깨닫게 되었다. 의식이 점점 사라져가고 있었다. 나는 숨을 헐떡거리면서 침대에 쓰러졌다. 아침 햇살이 내 방 안을 비출 때가 되어서야 나는 잠에서 깨었다. 그러나 잠에서 깨었을 때도 여전히 내가 하나님이라는 인식은 충격적이었다.

나는 이제 물리적 육체 위에 존재하는 하나님 현존을 보여주는, 《베일을 벗은 미스터리》 작가의 '마법의 현존'(Magic Presence)에 대한 묘사를 전혀 의심하지 않게 되었다. 상위 자아와 하위 자아는 비유가 아니라 실재였다. 불교도들은 상위 자아를 다르마카야^{Dharmakaya}, 즉 법신불이라고 부른다. 이 상위 자아는 더 낮은 진동수에서 작용하는 몸인 상위 멘탈체에게 의식의 광선을 쏘아주는데, 불교도들은 이 상위 멘탈체를 삼보가카야^{Sambhogakaya}, 즉 보신불이라고 부른다. 그리고 이 의식의 광선은 마침내 인간적 자아에까지 닿게 되는데, 이것은 니르마나카야^{Nirmanakaya}, 즉 화신불이라고 불린다.

하지만 우리는 무지에 빠져 이 의식의 불꽃을 우리 자신의 것으로 여기고 있다. 그 불꽃을 그것의 근원인 신적 자아에게서 완전히 독립된 어떤 것으로 생각하면서 말이다! 나는 우리가 자기 자신을 독립적인 존재, 자급자족할 수 있는 분리된 실재라고 당연하게 여긴다는 사실이 놀라웠다. 사실 우리는 이 신적 불꽃의 빛 없이는 숨조차 쉴 수 없는데도 말이다. 이 신적 현존이 우리를 인식하지 못하고 지나치는 때는 한순간도 없다. 신적 현존의 안배 없이는 누군가와의 만남도, 그 어떤 일도 일어날 수 없으며 신적 현존 없이는 단돈 1달러 혹은 한 끼 식사조차도 우리에게 제공되지 않는다. 신성의식은 우리 안에 있는 나(I)를 느낄 때마다 일어나며, 우리가 '나는'(I AM) 이라고 말할 때마다 현상계로 불려오게 된다. 이 내재하신 신성의 불꽃은 가스 스토브의 점화용 불꽃과 같다. 그것은 보이지 않지만 항상 불타고 있으며, 외적 기구들에 불을 일으켜주기 때문이다.

이제야 나는 왜 펄이 내 질문에 항상 똑같은 대답만 했는지를 알 수 있었다. 그녀는 내 질문이 어떤 것이든 간에 "당신의 I AM 현존 과 그에 대해서 이야기해보세요"라고 대답했었다. 펄에게 있어 I AM 현존은 살아 있는 존재였다. 그것은 그녀의 가장 가까운 친구였고, 매일, 매 순간 그녀의 말에 응답해주는 절친한 친구였다. 펄은 하나 님이 어떻게 말씀하실지 상상하거나 어떤 상상 속의 존재를 채널링 하기보다는, 자신의 살아 있는 신적 자아와 대화했다.

펄의 거실에서는 대사들이 주최한 모임이 자주 열렸었는데, 그 중 한 모임 때 펄은 이렇게 말했다. "우리 안에 내재하신 하나님은 항상 우리에게 말씀을 하고 계십니다. 하지만 그 말씀을 듣는 사람 이 얼마나 될까요? 대부분의 사람들은 자신의 외적 마음이 조잘대 는 소리밖에 듣지 못합니다. 사람들이 하나님의 말씀과 그들 자신의 마음에서 오는 말을 분별하지 못하는 이유는 집중을 못하기 때문입 니다. 이런 장애는 유아기에 텔레비전에 노출되면서 시작되고, 전자 적 자극을 받을수록 더 악화됩니다. 이러한 혼란스러운 신호들은 우 리 뇌의 자연스러운 흐름을 방해하죠. 오늘날의 이 모든 전자기기로 인해 사람들의 마음은 이리저리 흩어지고 어디에도 집중할 수 없는 상태가 되었습니다. 이렇게 집중된 의식이 결핍됨으로써 마음은 무 작위적인 전자 자극에 세뇌당합니다.

'기회는 한 번만 문을 두드린다'는 속담이 있습니다. 하지만 대사들은 '기회는 계속해서 문을 두드린다'고 말씀하십니다. 하나님께서는 당신의 문을 두드려 부수려 하고 계십니다. 하지만 문을 두드리는 소리를 듣는 사람이 얼마나 있을까요? 그리고 그 소리를 들을 수 있는 자들 중 문을 여는 사람은 또 얼마나 될까요? 사람들 머릿속의 음악 소리는 대부분 너무나 시끄러운 수준입니다. 하나님은 우리 삶에 끊임없이 생기를 부여하시는 현존이십니다. 하지만 인생 중 단 1분이라도 멈춰서 이 에너지와 생명의 근원이 무엇인지 생각해보는 사람은 얼마나 있을까요? 이에 감사하는 사람은 또 얼마나 있을까요? 이 모든 축복을 보내주시는 존재와 홀로 이야기를 나누려는 이는 또 얼마나 될까요?

우리는 대출을 받은 채무자와 같습니다. 우리는 태어나면서 받은 그 대출금을 마치 전혀 갚지 않아도 되는 것처럼 써버리고 있습니다. 언젠가는 하나님께서 주신 그 에너지를 어떻게 써버렸는지 설명해야 한다는 것을 깨닫지 못한 채 말이죠! 그 에너지로 무엇을 했나요? 그것을 헛되이 써버렸나요? 아니면 길을 따라 전진하고 성장하는 데, 더 나아가 다른 이들을 이롭게 하는 데 썼나요? 우리가 이곳에 살았기에 지구가 더 나은 곳이 되었다고 말할 수 있나요? 창조주 하나님과 대면해서 '저는 당신께서 제게 주셨던 생명과 삶 속에서 선한 것들을 행했습니다'라고 말할 수 있나요? 더 나아가, 사실은 우리 자신이 바로 그 삶을 창조한 창조주라는 사실을 깨달을 수 있나요?

이러한 감사함을 모르는 마음과 자기인식의 부족으로 인해, 우리는 한 생에서 다음 생으로 반복해서 환생하는 것입니다. 이 육체

115

를 내려놓고 우리의 삶을 돌아보는 심판의 날에 우리는 자기 자신을 심판하게 됩니다. 당신은 자신의 인생을 어떻게 회고할까요? 그리고 그에 따른 카르마를 어떻게 판단하고 또 선고하게 될까요? 당신은 어디에서, 누구와 함께 그리고 어떤 환경에서 다시 환생하기를 선택하게 될까요?"

"우리가 현생에서 타고난 삶의 조건들은 결코 우연이 아닙니다." 펄이 강조하며 말했다. "이 시대의 위대한 아바타인 사이 바바는 우리 인생의 큰 그림과 상황들은 지나간 우리 행위들에 의해 이미 결정되어 있다고 말합니다. 우리가 그 상황들을 어떻게 다루고, 또 그 상황들과 어떤 관계를 맺는가가 바로 우리에게 주어진 자유의지입니다. 다시 말해 우리의 불행과 어려움을 타인의 탓으로 돌릴 것인지, 아니면 그것들을 오히려 영적 성장과 진화의 도약대로 삼을 것인지는 우리의 자유의지에 달렸습니다."

이제 나는 I AM 현존이 내 인생의 모든 조건과 사건들을 창조하는, 살아 있는 신성(Living God)이라는 사실을 이해하게 되었다. 그리고 내 인간적인 자아는 매 순간 생명과 자아 의식을 쏟아붓는 이 현존 속으로 덧없이 사라질 외형일 뿐이라는 것도 깨닫게 되었다. 나는 펄이 가르쳐왔던 창조 법칙의 중요성을 더 깊이 깨닫기 시작했다.

우리는 의식적인 창조를 할 수도 있고, 한계 지어진 습관적인 생각들이 우리의 삶에서 더 많은 한계를 창조하게끔 할 수도 있다. 나는 자신의 I AM 현존과 하나된 이 대사들과 나날이 더 친밀해지고 있었다. 이러한 유대감이 깊어짐에 따라 나는 그들의 가르침을 배우고 시험을 겪으며 더욱더 발전하게 되었다. 그리고 이 법칙들을 연습하고 적용하는 법도 배우게 되었다.

2 부

법칙대로 살기

펄과 함께한 나의 배움은 그녀에게 창조의 법칙들을 배우면서 더욱더 깊어졌다. 이 위대한 법칙이 끊임없는 자기관찰과 결합되었을 때 이것은 우리를 자기완성, 즉 마스터리로 이끌어준다. 나는 펄의 집에서 열리는 정기 모임에 참석했는데, 이 중 한 모임에서 그녀는 I AM의 의미와 그 힘에 대해 명확한 가르침을 주었다.

그녀의 가르침에 따르면 I AM이라는 이 두 단어는 사람이 무의식적인 생각과 말의 희생양이 아닌, 의식적인 창조주가 되게 해준다. 다시 말해 그의 의식이 향하는 것이 무엇이든, 그것을 창조계에 현현시키는 자가 되게 해준다. 성경의 창세기에서 이르기를 '이 말씀(Word)으로 모든 것이 이루어졌다'고 했는데 나는 이제 그 말, 더 정확히 말하면 I AM이라는 두 단어가 어떻게 우리의 상념을 현현시키는지를 이해하게 되었다.

펄의 거실에 앉아 있던 나는 그녀의 말을 몰입해서 듣고 있었다.

"내가 누구인지 이해하면 모든 것을 이해한 겁니다!" 그녀는 자신의 가슴을 가리키며 말하기 시작했다. "지금 저는 에고, 즉 작고 유한한 나(me)가 아니라 무한한 나(I)를 말하고 있는 것입니다. 당신(personality)이 하나님이라고 주장하는 게 아닙니다. 이것은 오히려 당신의 상위 자아로서 나타나기로 선택하신, 그 우주의 무한하신 하나님이 창조계에 나타나시도록 당신이 그분을 불러오는 것입니다. 당신이 이 전지전능한 마음을 에고의 의도대로 조종하려는 욕망을 내려놓는다면 당신은 삶의 매 순간 이 권능을 사용할 수 있게 됩니다. 당신은 심장 근처의 부드러운 지점, 그 열려 있는 지점을 통해 바로 지금, 그리고 항상 이 내재하신 하나님께 다가갈 수 있습니다.

그럼, 다시 물어보세요. '나'라고 말하는 것이 누구인가요? 내가 '당신은 누구입니까?'라고 물었을 때, 그것에 대답하는 것은 당신의 머리일까요, 아니면 가슴일까요? '나'에게 접근할 수 있는 그 지점은 어디일까요?"

나는 이에 대해 생각해 본 적이 없었다. 하지만 마음속으로 '나'를 반복하여 말하면서 가슴 속으로 깊이 빠져들어가자 그 단어가 일으키는 에너지와 의식을 느낄 수 있었다. 나는 내 존재의 중심 속으로 깊이 내려갔다.

나…
나…
나…

"보이세요?" 펄이 내 주의를 다시 일상적 현실로 되돌려놓으며 말했다. "그 '나'가 의식의 근원입니다. '나'에 대한 명상은 당신을 신적 의식의 중심으로 향하게 합니다. 그 '나'는 모든 것을 보고, 모든 것을 아는 우주적 전시안이기도 합니다. 그 눈을 통해 바라보면 당신 역시 모든 것을 보고, 모든 것을 알 수 있습니다.

당신 가슴 안에 있는 그 '나'는 제3의 눈으로 들어가는 출입구입니다. 이것은 우리가 가진 하나의 내적인 눈이며, 당신의 육체적인 두 눈은 이 눈이 외적으로 현현한 것입니다. 이 세 번째 눈에 대한 집중을 통해 과거와 미래를 볼 수 있는 위대한 예언자(seer) — 보는 자(See-er) — 가 될 수 있고, 모든 현실에 접근할 수 있는 무시간의 차원을 여행할 수도 있습니다.

그대의 눈이 하나가 되면, 그대의 온몸은 빛으로 가득 채워질 것이다. 성경에 있는 말입니다. 예수께서 언급하신 '하나의 눈'은 세상에 나온 모든 사람들을 밝게 비추는 빛, 즉 내재한 신적 태양의 빛과 같은 눈입니다. 그렇습니다. 당신 역시 하나님의 태양(Sun)이요, 하나님의 아들(Son)입니다. 예수께서는 이렇게 말씀하셨습니다. 너희의 율법서를 보면 하나님께서 '내가 너희를 신이라 불렀다' 하신 기록이 있지 않느냐?"

"그럼 I AM은 뭐죠?" 내가 펄에게 물었다. "왜 단순히 나(I)에 대해 명상하지 않는 건가요?"

"I AM은 그리스도, 즉 형상과 행동으로 나타나신 하나님을 의미하기 때문입니다." 펄이 대답했다. "당신은 영원히 나(I)에 대해 명상함으로써 위대한 고요 속에서 지복을 누리며 살 수도 있습니다. 하지만 당신이 '나는 하나님이다'라고 말하자마자 당신은 창조계로 나오게 되고, 의식 안에서 행위자가 됩니다. 당신은 창조를 시작합니다. I AM을 사용하면 당신이 집중하고 있는 대상을 당신 의식의 힘으로 창조계 속에 나타내게 됩니다. 그리고 이 의식의 집중, 즉 활동하는 신 의식은 늘 창조를 하고 있습니다.

당신은 속세에서 벗어나 동굴로 들어가 살 수도 있습니다. 인도의 많은 이들이 위대한 고요 속에 빠져 은둔 생활을 하듯이 말이죠. 하지만 그렇게 한다면 외적인 창조활동은 멈추고, 당신의 의식 안에서 인간 세상은 용해되어 사라집니다. 그리하여 당신은 자신만의 영적인 피난처 안에서 안전하겠지만, 당신 주위의 인류는 여전히 혼란과 혼돈 속에 빠져들어 있을 것입니다. 대사의 길은 은둔하는 데 있는 것이 아니라, 모든 위대한 보디사트바들이 그랬던 것처럼 다른 이들의 해방을 돕기 위해 이원적 세계 안에 있기를 선택하고, 인류와 함께 나아가는 데 있는 것입니다.

의식의 집중이 창조의 열쇠입니다. 당신은 당신이 관심을 집중하는 그것 그대로 존재하게 됩니다. 당신의 말은 당신의 의식이 어디에 집중되어야 하는지 가이드해주며, 그렇게 집중된 의식은 그것이 창조계 안에서 현현되도록 이끕니다. 당신이 생각하고, 느끼고, 보는 대로, 바로 그렇게 될 것입니다. 따라서 무엇을 요청하거나 말할 때는 신중해야 합니다. 당신의 말, 생각, 그리고 느낌 모두가 당신이 무엇을 창조하는지를 결정하기 때문입니다.

또 당신이 무엇을 창조하든 당신에게 그 책임이 있다는 것을 알아야 합니다. 당신이 창조하는 모든 것은 언젠가 당신에게 반드시 돌아가게 되어 있습니다. 그러면 당신은 자신이 창조한 그것을 어떤 식으로든 마주해야만 합니다. 이것이 바로 '심판의 날'인 것입니다. 우리가 이번 생에서뿐 아니라 지나간 모든 생애들에서 창조한 것들을 살펴볼 때는 우리 자신의 창조물들을 심판하고, 또 우리 자신을 심판하게 됩니다. 하나님이 주신 큰 선물인 자유의지를 어떻게 사용했는지 스스로 판결하는 것이죠.

'나는 내 신적 권능을 어떻게 사용했는가?', '나는 이 차원에 와서 배워야 할 교훈을 진실로 배웠는가?' 이것은 우리가 우리 자신에게 언젠가 물어봐야 할 질문이자 이 지구에서의 생이 끝난 모든 사람들이 스스로 물어봐야 할 질문입니다. '내가 배우기로 한 교훈을 정말로 배웠는가? 아니면 다시 육화해서 배워야 할 뭔가가 아직 남아 있는가?' 이러한 교훈은 오직 자유 속에서만 배울 수 있는 것이며, 자유의지 안에서의 연습을 통해서만 가능한 것입니다.

천사들은 자유의지를 가지고 있지 않습니다. 그들은 신성하신 창조주 하나님의 의지와 하나입니다. 하지만 하나님께서는 인간에게 선택할 수 있는 자유의지를 주셨고, 이 자유의지를 가지고 자유로이 실험할 수 있도록 허락하셨습니다. 우리 자신이 그 실험의 살아 있는 증거입니다. 오늘날의 당신, 그리고 당신의 일상에서 만나는 모든 것들은 당신이 억겁의 시간 동안 진행해온 그 실험의 산물입니다. 당신은 이 실험을 얼마나 더 지속하고 싶나요?

당신은 '그렇다면 내 자유는 어디에 있는 거죠?'라고 물을 수도 있습니다. 당신은 지난 생애에서 내린 선택들의 결과로 이 생애에서 자유를 제한받고 있고, 그래서 자유롭지 않다고 느낄지도 모릅니다. 엄마가 아이에게 5달러를 주며 빵을 사오라는 심부름을 시켰다고 쳐보죠. 아이는 가는 도중 빵이 아닌 사탕을 샀습니다. 빵집에 도착한 아이에게는 빵을 살 돈이 남아 있지 않았고, 그렇게 빈손으로 집에 돌아갑니다. 다음 날, 학교에 간 아이는 자신이 왜 샌드위치를 먹을 수 없는 건지 궁금해합니다. 왜 아이의 엄마는 아이에게 샌드위치를 만들어주지 않았을까요? 아이의 자유의지는 어디에 있는 걸까요? 아이는 스스로 창조한 그 카르마로 인해 고통받아야만 합니다. 이 카르마는 실수에 대한 벌이 아니라 그 자신이 지은 행동의 원인과 결과에서 기인한 것입니다.

왜 우리는 보석으로 장식된, 원하는 모든 것이 있는 궁전에 살지 못하고 있을까요? 그것은 이미 우리가 그러한 부를 낭비했기 때문이며 이제는 남은 것들로 살아가야만 하기 때문입니다. 이것은 인류 전체의 이야기입니다. 우리가 지금 겪고 있는 일들은 우리의 지난 선택들의 결과입니다. 인류는 자신이 가진 자유의지, 그러니까 이전에 무분별하게 써버리고 남은 그 자유의지로 어떤 것을 행할지 잘 선택해야 합니다. 하지만 인류는 언제든 일어나서 I AM 현존이신 아버지-어머니 하나님을 향해 갈 수 있습니다. 만약 인류가 필요한 교훈을 배웠으며, 자신의 현실을 넘어서고자 한다면 인식할 수 있는 모든 한계들을 전지전능한 힘으로 초월할 수 있습니다."

잠시 침묵이 흘렀다. 나는 그 어떤 것도 초월할 수 있을 것 같은 느낌이 들었다. 그리고 내가 내린 선택에 따라 내 인생이 완전히 달라질 수 있으며, I AM을 사용함으로써 우리 인생의 그 어떤 것도 바꿀 수 있음을 이해하게 되었다.

내 생각을 알아챈 듯, 펄이 말했다. "대사들은 당신을 지켜보고 있습니다. 그들은 당신의 모든 생각과 느낌을 관찰하고 있으며, 당신의 영적 성장을 위해 상위 차원에서 적절히 반응해주고 계십니다. 대사들은 당신이 창조의 위대한 법칙을 이해하도록, 그것을 일상에서 적용할 수 있도록 돕고 있습니다. 또한 그들은 당신 삶의 가장 높은 신성한 계획이 펼쳐지도록 도와주고 있습니다.

기억하세요. '나는(I AM)' 뒤에 어떤 말을 가져다 붙이든, 당신은 그것을 창조하게 됩니다. 다시 말해, 당신은 그것을 물질계의 영역으로 현현시킵니다. 이러한 창조가 즉시 일어나지 않는 것처럼 보일 수도 있습니다. 하지만 당신은 이러한 말들로 하여금 배후에서 현현의 과정이 일어나도록 만들었습니다. 이는 적절한 양분과 비료를 주면서 꾸준히 키워가야 하는 씨앗과 같습니다. 아기를 창조하는 데만도 9개월이 걸립니다. 그러니 당신이 원하는 것이 즉시 나타나지 않는다고 해서 좌절하지 마세요. 창조는 당신이 얼마나 명확하고 흔들림 없이 자신의 집중력을 유지할 수 있느냐, 그리고 지혜를 통해 당신의 선언과 반대로 작용하는 습관적인 생각, 느낌, 말들을 얼마나 잘 분별해내는가에 달려 있습니다.

나는 어떤 조건이나 상황을 창조하기를 원하는 선언을 하고 바로 다음 순간 '어차피 그 일은 일어나지 않을 거야'라고 말하는 이들을 수없이 봐왔습니다. 그 일은 당연히 일어나지 않습니다. 그들의 의심이 그 선언을 취소했으니 말입니다. 어떤 이들은 자신이 창조하려는 것을 모든 것에 회의적이고 부정적인 어떤 친구에게 말하고는 그 사람의 부정적인 반응에 도리어 자기 자신을 의심하기 시작합니다. 의심이라는 것은 강한 전염성이 있으며, 모든 긍정적인 의도를 무효화시키는 힘이 있습니다.

어떤 것을 창조계에 현현시키기 위해서는 창조에 들어가는 에너지가 그것을 되돌리려는 에너지보다 더 커야 합니다. 가령 당신이 어떤 이에게 좋은 내용이 담긴 편지를 쓰더라도 봉투에 우표를 붙여서 우체국에 가져가지 않는다면, 그리고 올바른 주소를 적지 않는다면 편지는 전달되지 않습니다. 그렇지 않나요? 이는 확언에 있어서도 마찬가지입니다. 당신은 우표에 소인을 찍음으로써, 확언을 끝까지 완성시킴으로써 당신의 창조가 현현하도록 해야 합니다."

"선언은 얼마나 자주 해야 하나요?" 내가 물었다. "그러니까, 제가 뭔가를 창조하려 할 때 선언을 얼마나 오랫동안 해야 하는 건가요?"

"우리는 매 순간 선언을 하는 중입니다." 펄이 답했다. "예수께서는 '끊임없이 기도하라'고 하셨습니다. 사실, 우리의 호흡 한 번 한 번이 기도와 같습니다. 들숨은 '나는'(I)이라고 말하는 것이고, 날숨은 '창조합니다'(AM)라고 말하는 것입니다. 그러니 우리는 호흡을 통해 끊임없이 I AM을 말하는 셈입니다. 하나님께서는 우리를 통해 호흡하고 계십니다. 그리고 우리는 이 호흡을 통해 다음과 같이 의식적인 창조를 행할 수 있습니다. '나는(I AM) 사랑이며, 신성하신 하나님의 사랑이 나를 통해 흐른다…. 나는 평화이며, 신성하신 하나님의 평화는 나를 통해 이 세상에 현현한다…. 나는 안내받고 있으며, 항상 옳은 길로 향한다…. 나는 치유하시는 하나님의 현존이며, 내가 어디에 있든 치유한다.'

우리는 들이쉬고 내쉬는 모든 호흡과 말하는 모든 단어로 매 순간 창조하고 있습니다. 신성하신 하나님의 창조적인 권능은 절대로 꺼놓을 수 없습니다. 우리는 우리의 생각과 느낌을 통해 매 순간 우리의 삶을 재창조하고 있습니다. 예수께서도 '세상은 그대들이 생각하고 느끼는 그대로 존재하게 될 것이다'라고 말씀하시며 이를 단언하셨습니다.

하지만 대부분의 사람들은 자신이 무엇을 창조했는지 알지 못하는 의식불명의 상태에 빠져 있습니다. 그들은 인생의 여러 상황에

치여 살면서 왜 자신의 인생을 통제하는 것이 이리도 힘든지 궁금해합니다. 외부세계에서 보고 듣는 것과 자신을 동일시하고, 집단의식에 따라 반응하는 그들은 단지 인류의 집단의식과 비슷한 세계만을 자신의 의식 안에 재창조해나갈 수 있을 뿐입니다. 그들은 현재 상황을 계속해서 반복, 강화하고 있습니다.

어느 순간, 삶의 고통이 너무나 커지면 그들은 깨어날 것이고 존재의 근원에 대해 질문하기 시작할 것입니다. '나는 왜 이런 것들을 경험해야만 하지? 나는 도대체 왜 고통을 받는 걸까? 어떻게 하면 내 삶이 변할 수 있을까?' 바로 이때가 그들의 성장이 시작되는 지점입니다. 그리고 그제야 그들은 자신의 창조물들에 대한 책임을 지기 시작합니다.

내가 매일 선언하는 내적인 만트라는 이것입니다. '나(내 안에 내재하신 신성)는 성스럽고, 순결하며, 완전하다.' 이것이 내가 하루 종일 들이쉬고 내쉬는 모든 숨결을 통해 말하고, 생각하고, 느끼는 바입니다. 이렇게 나는 창조적 의식의 집중을 통해 날마다 성스럽고, 순결하며, 완벽해집니다. 누군가가 곤경에 처했다는 말을 들었을 때 나는 이렇게 말합니다. '나는(I AM) 그 사람을 돕기 위해 나선다. ㅡ 나의 하나님 현존이 나서신다. 나는 행위하시는 하나님의 현현이다. 나는 자유롭고 신성한 사랑의 존재, 자유의지를 가진 채 신적 지배권을 행사하는 존재다. 나는 그 신적 지배권을 다른 이들을 돕는 데 행사하기로 선택했다.'"

그날 밤 모임이 끝나고 집으로 돌아가는 길에 몇 달 전 인도에서의 일이 떠올랐다. 그때 사이 바바는 내게 I AM에 대해 명상하라고 가이드해주었고, 그 이후로는 내 모든 의문들에 대한 답이 저절로 주어졌었다.

나는 왜 사이 바바가 어떻게 살아야 하는지 묻는 나의 질문에 답하지 않았는지를 그제야 이해할 수 있었다. 그는 내가 그의 신성에 의존하기보다는, 내 안에 내재한 신성을 발견하기를 원했던 것이다. 나 자신의 내적인 충동과 가이드를 따르는 그 훈련은 내가 I AM이라는 이 순수한 두 단어 이면의 실재를 명상하는 내내 나를 뮤어우드 숲과 세인트 저메인에게로, 그리고 결국에는 펄의 집으로 나를 인도했다.

모임 참가자 대부분은 일주일에 몇 번씩 샤스타산 비탈길을 걸어 내려왔다. 펄의 집 거실 바닥에 앉아 그녀의 가르침을 듣기 위해서였다. 나는 그런 우리와 함께해준 펄의 인내심에 감사함을 느끼며 그녀의 가르침을 가슴속 깊이 받아들였다. 나는 수련에 더욱 매진했고, 내 일상의 삶에 이 창조의 법칙들을 적용하기 시작했다. 그러나 항상 내가 예상한 결과가 나오지는 않았다.

위드에 있는 게일의 집에 계속 머물 수는 없었다. 샤스타산을 내 새집으로 받아들이기 위해서는 좀더 안정적으로 머물 곳이 필요했다. 나는 완벽한 장소를 현현시키기 위해 펄이 가르쳐준 창조의 법칙을 사용해보기로 결심했다.

의식의 집중에 관해 배웠던 대로, 나는 개울가의 오두막을 심상화하기 시작했다. 유기농 식재료를 재배할 수 있는 커다란 정원이 딸린 오두막이었다. 이 오두막은 외딴 산골짜기에 위치해 있어서 숲속을 걷거나 I AM을 명상할 수 있는 곳이었고, 개울에서 목욕도 할 수 있는 곳이었다. 거기에 더해, 나는 직업을 가지고 있지 않았기 때문에 집세가 저렴해야 했다.

나는 이미 그곳에 있는 나 자신을 명확히 볼 수 있을 정도로 그 오두막을 강력하게 심상화했다. 그리고 마음속으로 선언했다. '나는 즉시 나에게 이 오두막을 가져오는 신성한 하나님의 현현입니다.'

나는 하루에 세 번, 10분 동안 하던 일을 멈추고 조용한 장소에 앉아 그 비전에 대해 명상했다. 그리고 고요히 하나님의 현존을 불러왔다. 나는 내가 곧 이러한 오두막에서 만족스러운 삶을 살게 될 거라는 느낌을 하루 종일 유지하면서도 이런 내 수행에 대해서는 아무에게도 말하지 않았다.

이렇게 한 지 이틀이 지났을 때였다. 내가 일을 거들어주고 있던 스티븐의 건강식품 가게에 한 남자가 들어와서 나와 간단한 대화를 나눈 뒤 이렇게 물었다. "혹시, 살 곳이 필요하지 않아요? 저는 마을 남쪽 계곡에 있는 한 목장에서 지내고 있는데, 당신이 머물 만한 개울가 옆 오두막이 한 채 있어요. 월세는 내지 않아도 돼요. 그곳의 주인이 구도자라면 누구나 무료로 그곳을 쓸 수 있도록 해줬거든요. 그녀는 그 장소가 영적 공동체가 되기를 바라고 있어요."

1960년대와 70년대 미국에는 자신의 땅이 보다 고귀한 목적에 쓰이기를 원하는 사람들이 많았다. 따라서 그녀가 무료로 오두막을 내주는 일은 완벽하게 자연스러워 보였다. 나는 펄의 가르침대로 내가 원하는 것을 심상화해왔으며, 그것을 얻을 수 있음을 믿어 의심치 않고 있었다. 또, 마음속으로 확언을 하며 창조적 에너지를 방사하고 긍정적인 느낌을 지속해왔었다. 그리고 지금, 나는 그 법칙이 작용한다는 증거를 내 눈으로 직접 보고 있었다.

오두막은 국유림 지대를 통과해 깊숙이 숨겨진 계곡으로 이어지는 시골길 너머에 있었다. 시내에서 차로 한 시간가량 떨어진 곳이었다. 오두막은 내가 상상했던 대로 작고 아늑했다. 방충망 문이 달려 있는 차폐식 현관에는 흔들의자가 있었고, 오두막 아래로는 개울이 흐르고 있었다. 안쪽에는 요리와 난방을 위한 장작 난로가 있었으며, 오두막과 아주 가까운 거리에 작물을 심을 수 있는 정원이 있었다. 개울 상류 쪽 큰 집에 사는 부부가 손질해놓은 곳이었다. 이사 후 첫 번째 명상에서, 나는 내 비전을 현현시켜준 위대한 I AM에 감사를 드렸다.

그렇게 2주 정도는 모든 것이 잘 돌아갔다. 펄을 중심으로 형성되고 있는 마을의 수행 공동체로부터 고립된 느낌이 들긴 했지만 말이다. 명상하기에 이보다 더 적합한 장소는 없었다. 하지만 이상하게도 내 명상은 불만족스러웠고, 밤에 잠도 잘 자지 못했다.

그러던 어느 날, 펄과 제리가 예기치 않게 나를 찾아왔다. 나는 그녀가 이곳에 온 이유가 궁금했다. 그녀는 대사들에게 지시받은 경우를 제외하고는 절대 어딘가에 가지 않았기 때문이다. 그녀는 자신이 이곳에 온 이유를 에둘러 전하기 시작했다.

"최근에는 당신을 거의 보지 못했네요. 정말 여기서 행복하세요?"

"뭐, 그렇죠. 그렇게 생각하고 있어요." 내가 대답했다.

"당신이 있어야 할 곳이 여기라고 느끼세요? 이곳이 정말 대사들이 당신이 거주하기를 원했던 장소인가요?" 펄이 의미심장한 눈초리로 나를 쳐다보며 물었다.

"네, 이곳은 완벽해요. 내가 정확히 원했던 곳이죠. 여기보다 더 좋은 곳을 어떻게 찾아낼 수 있겠어요?"

"글쎄요, 조용히 내면으로 들어가 귀를 기울여보세요." 펄이 자신의 가슴을 가리키며 말했다. "뭔가 변할지도 모르죠. 이곳은 너무 외딴 곳이에요." 그녀가 내 은둔처를 둘러싼 넓은 계곡과 산을 둘러보며 말했다.

펄과 제리가 떠난 후, 나는 뭔가 이상하다고 생각했다. '이상하다.

펄이 왜 그런 말을 했을까? 나는 그녀의 가르침대로 창조의 법칙을 적용했고, 내가 원하는 것을 얻었는데 말이야. 지금 내가 여기 있으면 안 된다는 걸 암시하고 있는 건가?' 나는 그녀가 말한 대로 대사들이 원하는 것을 물어보고, 그들의 가이드를 받기 위해 귀를 기울이기로 했다.

다음 날 아침, 나는 질식할 것 같은 느낌에 잠에서 깼다. 오두막 안은 이상하게 더웠고 공기도 질식할 것처럼 희박했다. 오두막 밖으로 나가도 상황은 나아지지 않았다. 주변의 언덕들이 나를 둘러싸고 감금해서 붙잡고 있는 듯했다. 이 작은 계곡에서는 샤스타산을 볼수 없었고, 그 산의 신성한 에너지로부터 차단당한 느낌이 들었다. '여기서 벗어나야만 해.' 나는 밴에 몇 가지 짐들을 밀어 넣고 비포장도로를 타고 내려갔다. 계곡을 벗어나기 전까지 기분은 나아지지 않았고, 쭉 뻗은 고속도로 위로 샤스타산이 보일 때가 되어서야 비로소 기분이 나아졌다.

'거기가 내가 있어야 할 곳이 아니었다면 애초에 왜 그런 장소가 내게 주어진 거란 말이야?' 나는 약간 짜증이 난 채로 이 질문에 대한 답을 얻기 위해 펄의 집으로 곧장 향했다.

내가 그녀의 거실에 앉자, 건너편 의자에 있는 펄이 말했다. "당신의 질문에 대답하기 전에, 일단 당신의 머리를 좀 진정시켜야겠어요. 가득 찬 서류 캐비닛 문을 닫으세요. 사무실 문을 닫고 이곳으로 내려오세요." 그녀는 자신의 가슴을 가리키며 말했다. "계단을 내려와 예배당 안으로 들어오세요. 이제 당신과 하나님만이 있습니다. 하나님께 그것을 여쭤보세요, 그런 다음 침묵한 채 신성하신 하나님께서 당신에게 대답해주시는 말씀을 들어보세요."

나는 펄과 명상을 하지 않은 지난 열흘 동안 내 의식이 얼마나 머리에 집중되어 있었는지 깨닫지 못하고 있었다. 내 의식이 가슴 속으로 내려오면서 나는 안도의 한숨을 내쉬었다.

'이것이 네가 이 마을에 있어야 하는 이유다.' 나는 내 I AM 현존이 하는 말을 들었다. '너는 펄과 더 가까이 있어야 할 필요가 있다. 그래야 내가 너를 이곳으로 데려왔던 이유인 그 가르침을 받을 수 있기 때문이다.'

"맞아요." 나의 I AM 현존에 감응한 펄이 말했다. "당신은 이곳에 있어야 합니다. 대사들이 나를 통해 당신을 돕고 있기 때문이죠. 누가 당신을 이곳으로 데려왔었는지, 그것이 어떤 목적을 위한 것인지 잊었나요? 세인트 저메인의 제자가 되겠다는 그 헌신의 맹세를 잊은 건가요?

또, 당신은 그가 모으고 있는 대사 가족의 일원이자 이 마을에서 새로이 형성되고 있는 구도자들 공동체의 일원입니다. 당신에게 그들이 필요하듯이 그들 또한 당신이 필요합니다. 당신은 그들에게 줄 것이 있습니다. 대사들은 보다 직접적인 방식으로 함께 일하기 위해 한 그룹의 학생들을 여기 모으고 있습니다. 그리고 그 일은 당신이 이곳에 있어야만, 당신이 공동체의 일원으로 함께해야만 이루어질 수 있는 일입니다."

나를 이곳으로 보낸 대사를 실망시켰다니, 참담한 기분이었다. 나는 내가 그의 지시를 따르고 있다고 생각했다. 그의 가르침대로 내가 원하는 것을 현현시키면 그도 기뻐할 거라 생각했던 것이다.

'그 오두막이 적당한 장소가 아니었다면 세인트 저메인은 왜 내가 거기에 머물도록 그냥 내버려두었을까?' 나는 속으로 불평했다.

의식이 가슴에 더욱 집중되어 있긴 했지만, 여전히 혼란스러웠다.

"당신은 어디서 머물면 좋을지를 먼저 그에게 물어보았나요? 아니면 그냥 당신이 머물고 싶은 곳을 정해 그에게 알려주었나요?" 펄이 재미있어하는 표정으로 물었다.

내가 그 오두막에 끌렸던 이유를 기억해보려고 애쓰자, 그녀가 말했다. "나(I)와 나(me) 사이에는 차이가 있습니다. 나(I)는 상위 자아이자 신성의식으로서 대사들과 하나이며, 신성한 계획을 알고 있습니다. 반면 나(me)는 하위 자아이자 오직 자신의 욕구와 갈망에 따라 행동하는 에고입니다. 나(I)는 영속적이며 영원한 신적 자아이지만 나(me)는 에고적인 자아입니다. 하지만 대부분의 사람들이 이 낮은 자아로 삶을 살아갑니다. 이 에고적 자아에 의한 자아의식의 지배가 사라져야만 우리 안에 내재하신 신성이 일하실 수 있습니다.

우리가 깨달음을 성취하는 과정에서, 낮은 자아는 영원의 바다에 던져진 소금 결정처럼 녹아 사라지기 시작합니다. 하지만 우리의 상위 자아는 영원합니다. 그렇지 않았다면 창조계는 사라질 것입니다. 이 우주를 창조하는 동시에 허무는 그 창조주들은 바로 우리 자신입니다. 우주의 근원이 우리 의식 안에 있습니다. 만약 우리가 존재하기를 멈춘다면, 우주도 존재하기를 멈춥니다. 우리의 육신이 죽을 때는 오직 에고만이 죽습니다. 낮은 자아의 한계 지어진 환영들을 분해하는 일은 모든 시대들에서 가장 위대한 과업이자 알파와 오메가이며, 영적인 길의 시작과 끝입니다.

인류는 이 위대한 가르침을 물질주의를 위해 오용함으로써 여러 시대에 걸쳐 타락시켰습니다. 많은 빛의 학생들은 현현의 법칙을 배운 후, 자신이 지닌 힘에 유혹당했습니다. 만물이 나오는 근원을 잊어버린 채 오직 낮은 천성의 욕구를 충족시키기 위해서만 자신의 힘을 쓴 것입니다. 이러한 욕구들이 다른 이들을 이용하는 지경까지 이르게 되면 그것은 스타워즈에 나오는 '포스의 어두운 면', 즉 흑마법이 됩니다. 단순히 개인적인 환상을 이루기 위해 이 법칙들을 사용하는 것은 창조 에너지의 낭비일 뿐만 아니라, 영적 진화의 길에서도 학생들을 퇴보하게 만듭니다. 따라서 대사들은 이렇게 말씀하십니다. '가장 큰 저주는 우리가 너의 모든 욕망을 다 채우도록 내버려두는 것이다. 네가 원했던 모든 것을 다 얻고 나면 너는 우리에게 욕망으로부터의 해방을 간절히 구하게 될 것이기 때문이다!'

앞으로는 하나님이 원하시는 것, 대사들이 원하시는 것을 먼저 물어본 다음에 현현의 법칙을 사용하세요. 다시는 내가 당신을 위해 개입하는 일이 없게끔 말이죠."

"나를 위해 개입했다고요?" 내가 물었다.

"그래요. 어제 세인트 저메인 대사께서는 당신을 그곳에서 풀어주기 위해 나를 보내셨습니다. 그 계곡에는 당신이 인식하지 못했던 힘들이 있었고, 그 힘이 그곳에서 당신을 붙잡고 있었죠."

"어떤 종류의 힘이죠?" 그날 아침의 질식할 것 같았던 느낌을 회상하면서 내가 물었다.

"자연의 엘리멘탈, 즉 정령계의 힘들이 당신을 이용하고 있었습니다. 당신을 그 장소로 끌어들인 것도 그들이고요. 물론 이들에게 가장 큰 힘을 준 것은 어떤 책임으로부터도 자유로운 방종한 자유를 추구하는 당신의 욕구입니다. 그러한 욕구가 없었다면 다른 힘들은 아무런 영향력도 발휘할 수 없었을 것입니다. 나는 당신을 자유롭게 해주기 위해 푸른 불꽃의 검을 사용해야만 했습니다."

"푸른 불꽃의 검이라고요?" 내가 외쳤다. "그게 뭐죠?"

"그것은 미카엘 대천사의 검입니다. 사념체들을 잘라내고 인간적인 집착을 끊기 위해 사용하는 파란 광선검이죠. 손을 내미세요." 그녀가 지시했다. "이제, 미카엘 대천사께 그 검을 사용할 수 있게 해달라고 요청하세요. 손바닥에 그 검이 있는 것을 느껴보세요. 그 검은 파란 빛으로 만들어졌고, 고전압 전류처럼 윙윙거리는 소리를 냅니다. 검을 손에 쥐고 머리 위로 세 번 휘두르세요. 그러면 검이 당신의 자유를 제한하는 것들을 베어버릴 겁니다. 그런 다음 검이 미카엘 대천사께 돌아가도록 그것을 대기 중으로 놓아주세요. 그리고 검을 사용하게 해준 그분께 감사를 표하세요.

기억하세요. 그 검은 오직 해방을 가져오기 위해서만 사용해야 합니다. 검에는 엄청난 힘이 있기 때문에 아직 그 해방에 준비가 되지 않은 사람에게는 피해를 입힐 수도 있습니다."

나는 펄이 말한 대로 미카엘 대천사에게 검을 쓰게 해달라고 요청했다. 그러자 즉시 검의 에너지와 힘이 느껴졌다. 하지만 나는 의아했다.

"나를 해친다고요? 어떻게 빛이 나를 해칠 수 있나요?" 나는 펄에게 물었다.

"그 빛이 아직 당신이 대면할 준비가 되지 않은 어떤 것을 대면하게 만들기 때문입니다. 다시 말해, 당신 자신의 부정적인 창조물과 대면하게 만든다는 말입니다. 자신의 현실이 어느 정도까지 미망과 환영에 의해 유지되고 있는지 아는 사람은 거의 없습니다. 만약 누군가가 너무 급작스럽게 그 환영들을 분해하게 되면 그의 세계는 산산이 무너져버리게 됩니다. 이는 이제 막 걷기 시작하는 병자에게 너무 일찍 목발을 빼앗아버리는 것과 같습니다.

자기 내면의 가장 어두운 부분, 자기 자신의 악마를 단번에 직면할 준비가 되어 있는 사람들은 별로 없기 때문에 자신의 오라와 에너지장을 천천히 정화하는 편이 낫습니다. 이런 이유로 나는 항상 보라색 불꽃을 먼저 사용합니다. 내 주변이나 어떤 사람 혹은 상황 주위로 보라색 빛을 심상화하면 모든 부정적인 면을 조화로운 방식으로 태워버리고 녹여버릴 수 있습니다. 이런 보라색 불꽃과는 달리, 푸른 불꽃의 검은 그것들을 재빨리 베어버리면서 급작스럽고 예기치 않게 작용합니다."

"여전히 이해가 안 가네요. 푸른 불꽃의 검이 해를 준다니요? 그건 그냥 빛이잖아요." 나는 혼란스러워하면서 물었다.

"그냥 빛이라뇨?" 내 질문에 충격을 받은 펄이 대꾸했다. "빛은 그 자체로 지성을 지닌, 모든 창조물을 구성하는 의식적인 물질입니다. 당신의 생각들은 빛에 영향을 미치고, 빛은 소위 '물질'이란 것에 영향을 미칩니다. 사실 물질이란 빛이 특정 진동수를 띤 것일 뿐이에요. 당신의 생각들은 당신 주변의 모든 것들, 그리고 모든 창조물에게까지 영향을 미칩니다.

당신이 내보내는 상념이 긍정적이든 부정적이든, 그것은 제일 먼저 당신을 통과해갑니다. 그것은 밖으로 나가 다른 것들에게 영향을 주기 전에 당신의 감정, 당신 몸의 세포, 혈액, 뼈, 장기 그리고 당신의 모든 삶에 영향을 미칩니다. 당신은 확언한 대상, 심지어 생각한 대상까지도 당신 자신의 세계로 들여오게 됩니다. 그러므로 당신은 먼저 당신 자신의 세상에 똑같은 영향을 줄 준비가 되었을 때만 푸

137

른색 불꽃의 검을 사용해야 합니다.

당신은 그 행위가 어떤 일을 불러올지, 어떤 최종적인 결과를 가져올지 전혀 알지 못합니다. 왜냐하면 모든 부정적인 의식의 구조물들을 베어버리는 이 검이 어떤 경우에는 그 자신의 환영적 의식 세계를 구성하는 모든 물질적, 감정적, 그리고 정신적인 구조물들까지도 파괴할 수 있기 때문입니다. 만약 당신이 어떤 미망에 얽혀 있는 누군가를 해방시키고자 한다면 그가 앞으로 나아갈 준비가 되어 있는지, 새로운 자유를 받을 준비가 되어 있는지를 확실히 해야 합니다. 예수께서는 '내가 세상에 평화를 주러 온 줄로 생각하지 마라. 평화가 아니라 칼을 주러 왔다'고 말씀하셨습니다. 여기서의 칼이 바로 혼돈을 끊고 지혜와 자유를 가져오는 푸른 불꽃의 검입니다. 그러니 이것을 현명하게 사용하세요."

나는 나와 다른 사람들 사이에 분리가 없다는 사실을 이해하기 시작했다. 어떤 수준에서는 우리 모두가 하나이기 때문이다. 또한 나는 내 상념들을 더 자각해야 하고, 다른 이들의 부족함을 더욱더 관용의 눈으로 보아야 한다는 것을 알게 되었다.

"이러한 영적 도구를 책임과 처벌 없이 무분별하게 휘두를 수 있다고 생각하지는 마세요." 펄이 말을 이어갔다. "말했듯이, 당신이 내보내는 상념과 느낌은 먼저 당신 자신에게 영향을 미치고, 그다음으로 당신의 주변 세상에 영향을 미칩니다. 하지만 에너지는 자성의 성질을 지니고 있기 때문에 이것으로 끝이 아닙니다. 그것은 자연스럽게 유사한 에너지를 모으게 되고, 부메랑처럼 자신이 나왔던 곳으로 되돌아갑니다. 열 배나 증폭된 채로 말이죠. 내가 당신에게 받아들일 준비가 된 것만 밖으로 내보내라고 충고한 이유가 바로 이 때문입니다.*

　당신 의식의 마스터가 되세요. 어떤 사람들은 자신의 분노를 밖으로 표현하는 것이 좋다고 말하기도 합니다. 글쎄요. 그것이 정신과 치료세션에서는 사실일지도 모르죠. 그러나 당신이 일상생활 중 계속 화를 내고 돌아다닌다면, 당신은 결국 온 세상이 분노에 차 있다고 느끼게 될 것입니다. 당신이 그 분노를 붙들고 있으면 있을수록 화는 더욱더 치밀어 오를 겁니다. 당신이 의식을 집중하는 대상은 곧 당신 자신이 되기 때문입니다. 당신의 감정들은 분노가 당신이 아는 전부가 될 정도로 증폭되어 당신에게 되돌아갑니다. 보라색 불꽃을 사용해서 그것의 모든 원인, 결과, 기억, 기록을 녹이고 영원히 자유로워지는 편이 훨씬 낫습니다. 이 빛이 작용할 때, 처음에는 이런 부정적인 의식상태가 더 심해질 수도 있습니다. 그래도 놀라지 마세요. 빛이 작용하면 어둠 속에 있던 모든 것이 빛으로 나와 당신의 의식장(conscious awareness) 안에 나타나는데, 이는 그 미망이 사라지기 전에 당신이 그 창조의 행위로부터 배움을 얻어야 하기 때문입니다. 바로 여기서 명상이 필요한 것입니다. 당신이 명상에 들게 되면 이러한 현상을 관찰하게 됩니다. 그러면 당신은 그것들이 실제가 아님을 보고, 그것들로부터 당신 자신을 해방시키게 됩니다.

　지름길은 없습니다. 당신을 대신해서 완성을 성취해줄 수 있는 이는 아무도 없습니다. 그래서 이것이 자기완성(self-mastery)이라고 불리는 것입니다. 당신은 이것을 스스로 성취해야만 합니다. 자기완성만이 우리가 자유로워질 수 있는 유일한 길입니다."

---

* 이기적인 목적을 가지고 타인에게 자신의 의지를 강요하기 위해 이 법칙을 사용하는 이들은 흑마법을 연습하는 것이다. 그들은 그들 자신의 자유가 사라지는 결과로 고통받게 된다.

펄은 내가 그녀의 말을 충분히 숙고해볼 수 있도록 잠시 말을 멈췄다. 그런 다음 내게 윙크하며 말했다. "다음부터는 무언가 창조할 때 더 조심하도록 하세요. 돌아온 걸 환영합니다!"

나는 중요한 교훈을 얻었다. 내가 내적인 힘을 발견했고, 또 그것을 통해 창조하는 법을 배웠다는 것이 곧 그 창조 행위의 당위를 입증해주는 것은 아니었다. 나는 내가 쓰기에 딱인 그 오두막에 매료됐지만 나의 고차적인 목적에 부합하는 곳은 아니었기에 그곳을 놓아버려야만 했다. 이제 나는 창조적 현현을 불러오기 전에 내재하신 신성의 가이드를 요청함으로써 그 힘을 현명하게 쓰는 방법을 배워야 했다. 프랜시스 스콧 피츠제럴드F. Scott Fitzgerald의 말이 떠올랐다. "전리품이 승자를 갖는다."* 우리 자신이 창조한 것들이 우리를 구속하는 것이다. 사람이 창조력을 가지게 되면 자신의 상념들에 대해 보다 주의를 기울일 필요가 있다. 왜냐하면 그것들은 곧 창조계에 현현될 것이기 때문이다.

---

* 승자가 사람들이나 재산을 다스릴 권력을 얻는다는 뜻의 미국 속담 '승자가 전리품을 갖는다'를 반대로 바꿔서 전리품에 의해 승자의 마음과 의식이 구속되는 상황을 표현한 말로 보인다. — 역주

하지만 나는 처음으로 날갯짓을 시도하는 어린 새처럼 여전히 무언가 창조하기를 열망하고 있었고, 이내 펄의 경고를 잊어버렸다. 물론, 내가 가진 창조력을 쓰기 전에 내 안에 내재하신 상위 자아에게 그것을 물어봐야 한다는 것은 잘 알고 있었지만 또다시 이 마법을 사용해 내가 원하는 것을 창조할 기회를 찾고 있었던 것이다.

이 창조의 욕구는 내 상위 자아로부터 온 욕구일까 아니면 낮은 자아에서 나온 욕구일까? 이후로 내가 상위 자아에 대한 끊임없는 명상을 통해 진리와 허상, 내면의 신성에서 나온 지시와 망상을 확실히 분별할 수 있도록 인도하는 내적인 감각을 계발하는 데는 수년의 시간이 걸렸다. 그 분별하는 내적 불꽃이 계발되기 전까지는 낮은 자아의 정신적인 목소리들이 우리를 그릇된 길로 인도할 때가 많다. 채널러들이 자신의 낮은 자아의 목소리를 어떤 고차적 존재의 목소리라고 착각하는 것과 같이 말이다. 따라서 나는 다른 이들에게 유익한 것을 창조할 때만 나의 창조 욕구를 사용하기로 결심했다. 그렇게 하면 어떤 문제도 생기지 않을 것이라고 생각했기 때문이었다.

얼마 지나지 않아 나는 시내에서 생활하기에 좋은, 저렴한 집을 발견했다. 그리고 스티븐을 도와 그의 건강식품 가게에 있는 주스 바에서 계속 일했다. 그러던 어느 날, 스티븐은 내게 자신의 가게 옆에 자연식 식당을 열고 싶다고 털어놓았다. 시내에는 그런 곳이 없었기 때문에 잘될 것이 분명했다.

"내가 돈만 있다면 순식간에 가게를 열 텐데." 그는 아쉬운 듯 말했다.

스티븐은 내게 펄을 알려준 사람이었고, 그 또한 현현의 법칙을 알고 있었다. 그래서 나는 우리가 배웠던 심상화와 창조물에 속성을 부여하는 방법들을 이용해서 필요한 것들을 창조하자고 제안했다. 나는 다른 사람들에게 도움이 될 무언가를 현현할 기회가 생겨 신이 났고, 내재하신 신성의 권능을 불러오자고 그를 설득했다.

"내재하신 신성께 요청하고, 선언을 해보는 게 어때? 그러면 분명 우리에게 필요한 돈을 바로 현현시킬 수 있을 거야." 나는 그를 부추겼다.

"그렇지. 하지만 건물을 설계할 사람도 필요하고 건축 허가도 받아야 해. 괜찮은 목수도 찾아야 하고 말이야." 스티븐은 열정 없이 대답했다.

"난 우리가 괜찮은 인물들을 찾을 수 있을 거라고 확신해." 내가 그를 격려하며 말했다.

"음, 그러면 종업원도 필요할 거고 다른 직원들도 많이 필요할 텐데…."

"시도해본다고 잃을 것도 없잖아?" 내가 말했다. 나는 그가 망설이고 있다는 것을, 그리고 내키지 않는 그의 마음이 어쩌면 그 자신의 내적 가이드 때문일 수도 있음을 알지 못하고 있었다. 마음이 들뜬 나는 오로지 완성된 식당의 비전만을 보고 있었다. 식당이 생기면 건강을 신경 쓰는 사람들은 동네 스테이크 식당보다는 스티븐의 식당에 갈 것이고, 우리는 그들에게 큰 유익을 줄 수 있을 것이었다. 나는 우리가 엄청난 성공을 거둘 수 있다고 확신했다.

"그럼 해봐." 마침내 그가 항복하며 말했다. "네가 그렇게 하고 싶다면야, 네 마음대로 해."

이 당시 나는 다른 사람들의 말에 숨겨진 의미를 잘 파악하지 못했기 때문에 타인의 말을 곧이곧대로 듣는 편이었다. 사람들의 관계 속에서 이 문제를 고치는 데는 이후로도 수년의 시간이 걸렸다.

아무튼 나는 그의 말을 듣자마자 식당이 될 장소로 가서 명상을 했다. 새로 만들어질 식당을 명확하게 심상화하기 시작한 것이다. 요리 중인 음식 냄새를 맡고, 테이블마다 손님들이 앉아 있는 것을 볼 수 있을 정도였다. 나 자신의 신적 권능이 나를 통해 흐르기 시작했을 때, 나는 내적 선언을 시작했다. 신적 권능에 찬 단어 하나하나가 내 명령에 따르기 위해 에테르 속으로 공명하면서 퍼져나가고 있었다.

> 나는 명령하고 통치하는 하나님의 현존으로서, 이 지역에 식당을 여는 데 필요한 모든 것들이 지금 당장 온전히 현현되도록 합니다.

나는 이 선언으로 돈뿐만 아니라 식당의 현현에 필요한 건축가와 목수들, 종업원도 요청했다. 그런 다음에는 그 생각을 놓아버리고 다시 일터로 돌아갔다. 그 심상을 다시 떠올리기에는 일상이 너무 바빴기 때문이다. 그리고 그다음 날 역시 바빴다. 나는 손님들의 요구사항을 들어주고, 샌드위치를 만들고, 늦은 오후까지 당근 주스를 짜야 했다. 그런데 그때, 한 젊은 남자가 가게로 들어와 몇 분간 서성이더니 마치 가게에서 일하는 사람처럼 가게 이곳저곳을 점검하기 시작했다.

"좋은 장소 같네요." 그가 주스 바에 앉으며 말했다. "저는 어제 펄을 만났어요. 그리고 이런 분야를 좋아하죠. 이 마을 일에 저도 참여하고 싶은데, 혹시 이곳에 투자 거리가 있을까요? 사실, 얼마 전 돈을 좀 상속받았거든요. 그래서 이곳에 제가 참여할 수 있는 프로젝트가 있는지 찾고 있는 중이에요."

그의 말은 그다지 놀랍지도 않았다. 나는 우리가 창조하고 있는 그 레스토랑에 대해 재빨리 말을 꺼냈고, 그는 흥분해서 말했다. "정확히 제가 원하던 일이네요! 필요한 돈이 얼마죠?"

"음, 레스토랑을 여는 데만 25만 달러 정도가 들어갈 듯해요." 나는 그에게 불쑥 액수를 말해보았다. "아마도 이후에는 돈이 더 필요하겠죠."

"문제 없겠는데요. 내가 해결할 수 있어요. 내가 찾던 게 바로 이거였어요." 그런 다음 그는 자신의 전화번호가 적힌 종이 한 장을 건네주며 연락하라는 말을 남겼다. 나는 저녁에 가게를 닫으러 올 스티븐에게 "자연식 식당이 생기고 있어! 돈을 구했어!"라고 빨리 말하고 싶어서 안달이 나 있었다.

하지만 막상 스티븐에게 그날 오후에 들은 낯선 이의 제안에 대해 말했을 때, 그는 그것을 그다지 반기지 않는 듯 보였다. "글쎄, 우리는 아직 식당을 설계할 건축가를 구하지 못했어. 건축가를 구한 다음엔 도시계획 위원회의 설계 허가도 받아야 하고, 매니저와 종업원 등등 구해야 할 것도 많아…. 식당을 여는 데는 돈 외에도 많은 것들이 필요하지."

그의 말은 나를 의기소침하게 만들었다. 하지만 나는 마음을 굳게 먹고 그날 밤 집으로 돌아가 그가 필요하다고 말한 모든 것들을 구하는 내적 선언을 했다.

다음 날, 놀랍게도 식당을 여는 데 필요한 모든 사람들이 가게에 나타났다. 이들 모두가 우리에게 필요한 것들을 정확하게 알고 있었다. 한 달 전 건축학과를 졸업한 한 남자는 식당을 설계하는 일이 자신에게 좋은 실습이 될 것이고 이력에도 도움이 될 것 같다며 무료로 설계를 해주겠다고 말했다. 샌프란시스코에서 식당 매니저 일을 하다 이제 막 이 지역으로 이사를 온 한 여성은 우리 식당의 새 매니저 일이 마음에 쏙 든다고 말했다. 그리고 가게에 들어온 두 여성에게 내가 식당 종업원 일에 관심이 있는지 묻자 "멋져요. 좋을 것 같은데요! 언제부터 시작할까요?"라고 말했다. 마지막으로, 가게를 닫을 때쯤 한 남자가 가게 앞에 전동공구를 가득 실은 밴을 주차했다. 그는 가게로 들어와 보수가 좋은 일을 지금 막 끝낸 참이니 이제 우리 마을에 유익이 될 만한 일에 봉사할 수 있으면 좋겠다고 말했다. 자연식 식당 만들기 프로젝트는 이에 안성맞춤이었고, 그 역시 이 일에 빨리 착수하고 싶어했다.

하지만 스티븐은 이런 내 성공에 그다지 기뻐하지 않았다. 내가 그에게 그날 일어난 일들을 말해주자 그는 예상과 다르게 수심 가득한 얼굴로 말했다. "피터, 사실은 내가 식당을 열고 싶다고 말했을 때 네가 그걸 심각하게 받아들이지 않았으면 했어. 새로운 식당을 열고 운영하는 데는 너무 많은 시간이 필요해. 그리고 난 지금 이 가게를 운영하는 데만도 너무 바빠. 내가 가게에 있지 않을 때는 보통 농산물을 가져오기 위해 운전을 하거나 집에서 장부를 정리하느라 바쁘거든. 어쨌든 시도해줘서 고마워."

"뭐라고!" 내가 외쳤다. 나는 그가 자신의 꿈이 실현되고 있는데도 그것을 거절하는 이 상황을 믿을 수가 없었다. 거의 아무런 노력 없이도 식당을 열 기회가 찾아왔는데 말이다. "이걸 현현시키려고 내적 선언을 몇 시간을 했는데, 이제 와서 그걸 원치 않는다고?"

"미안해, 친구…. 여하튼 시도해줘서 고마워." 그는 문을 향해 걸어가면서 내 헛된 노력이 유감스럽다는 표시로 고개를 숙였다.

'시도? 이건 시도가 아니라 성공이었다고!' 나는 생각했다. 새 식당을 여는 데 필요한 모든 것들을 나는 단 이틀 만에 불러왔다. 하지만 이제 이 모든 것들은 쓸모없게 되어버렸다. 나는 스티븐의 꿈을 실제로 현현시켰지만, 그는 더 이상 그것을 원하지 않았다. 나는 그동안의 노력이 허망하게 느껴졌다. 이후에 깨달은 사실이지만, 스티븐은 식당을 운영하는 데 손이 얼마나 많이 가는지 잘 알고 있었다. 생각해보니 나는 식당을 창조하는 데는 열정적이었지만, 식당을 운영하는 고된 일상에는 사실 참여하고 싶지 않았다.

나는 스스로 창조한 이 식당을 도로 해체하기 위해 그다음 이틀을 소비했다. 레스토랑의 비전을 놓아주고, 내가 창조적 현현을 위해 설정한 에너지를 풀어주었으며, 자원한 모든 사람들에게는 레스토랑이 생기지 않을 것이라고 말해주었다. 사람들 역시 나 못지않게 실망한 기색이 역력했다. 나는 스티븐과 공유했다고 생각한 그 비전이 신성한 내적 가이드로부터 왔다고 생각했었다. 하지만 이제는 그것이 새로 얻은 능력을 뽐내길 원하는 마음이었음을, 또다시 내 에고로부터 온 마음이었음을 명확히 볼 수 있었다.

내가 스티븐의 꿈을 실현시키기 위해 어떤 노력을 했는지 들은 펄은 이렇게 말했다. "그래요. 배우기 쉽지 않은 교훈을 얻었네요. 언제가 남을 도와야 할 때인지, 언제가 침묵을 지켜야 할 때인지 배운 거예요. 대사들께서는 '우리에게 있어 가장 큰 도전은 그대들이 고통받는 것을 지켜보면서도 간섭하지 않고 내버려두는 것'이라고 말씀하십니다. 자유의지는 성스러운 것입니다. 대사들께서는 우리가 우리 행위의 결과물들을 경험하도록 놔두어야만 하며, 우리가 준비되기 전에 강제로 어떤 다른 상황 속으로 우리를 밀어 넣지 않으십니다. 그것만이 우리가 정말로 배우고 성장하는 유일한 길이기 때문입니다."

펄은 최근에 자신을 찾아와 피아노가 필요하다고 말한 한 여성에 대해 이야기해주었다.

"정말로 피아노가 필요하세요?" 펄이 물었다.

"네."

"정말로요? 내가 내적 선언을 하기에 앞서, 먼저 당신의 확답이 필요해요. 나는 일전에 누군가가 피아노를 얻도록 도와주었는데, 막상 피아노가 집에 도착하자 그것을 둘 장소가 없다고 하더군요. 피아노를 놓을 장소는 있나요?"

"음… 글쎄요. 일단 지금은 친구 집을 대신 봐주고 있는 중인데 언젠가는 내 집을 마련할 수 있을 것 같아요."

"내 생각대로군요." 펄이 말했다. "당신은 피아노를 원하지 않아요. 당신의 피아노를 구하는 데 내 시간을 낭비하지 않겠어요!" 펄은 수년에 걸쳐 다른 사람들의 순간적인 소망을 경솔하게 이뤄주면 안 된다는 사실을 배웠었다.

다시 한번, 나는 우리가 뭔가를 이룰 수 있다는 사실이 곧 그것의 '당위'를 뜻하지는 않는다는 것을 배웠다. 하지만 식당을 창조했던 나의 경험이 완전히 쓸모없는 것은 아니었다. 일단 우리에게 내재된 신적 권능에 집중하기만 하면 그 무엇이든 이룰 수 있다는 것을 배웠기 때문이다.

나는 돈 한 푼 들이지 않고도 산속에 있는 완벽한 오두막과 식당을 창조한 경험이 있었다. 하지만 이 두 가지 모두 신성한 내적 가이드로부터 영감을 받은 것이 아니었다. 그보다는 내가 새롭게 얻은 영적 자각으로 현실을 통제하려는, 나 자신의 물질적 욕구를 위해 영을 이용하고자 하는 내 에고의 욕망으로부터 나온 것이었다. 이 당시 나는 새로운 장난감을 받은 아이와 같았다. 더 높은 관점에서 보자면 내 창조물들은 애초에 창조되어야 할 운명이 아니었기에 결국에는 무한한 가능성을 지닌 빈 공간 속으로 돌아가 해체되었다. 이 빈 공간은 한 영혼을 많은 생애 동안 매달리게 할 수 있는 끝없는 매력과 유혹을 지니고 있다.

이런 일들을 겪게 되자 '내 삶을 위한 어떤 위대하고 높은 계획이 정말로 있는 걸까? 아니면 내 삶은 단순히 나 자신이 내린 선택들로 인한, 순수한 인과의 결과물일까?' 하는 생각도 들었다. 나는 지난번 인도여행 경비를 대준 삼촌과 숙모를 떠올렸다. '그분들이 아량을 베푼 것은 내가 그것을 의식적으로 불러왔기 때문인 걸까? 아니면 그분들은 그저 미지의 계획에 따라 그것의 의도대로 행동하신 걸까?' 나는 어떻게 내가 이곳 샤스타산에 왔는지를 숙고해보았다. '내가 세인트 저메인을 만나게 된 것은 순전히 나 자신의 노력 때문일까? 아무래도 아닌 것 같아.'

그렇다. 아니었다. 나는 이런 축복들 중 그 어느 것도 나 자신의 노력에 의한 것이 아님을 인정할 수밖에 없었다. 그것은 내 가슴을 따름으로써, 부름을 듣는 것으로써 ─ 이제는 그 부름이 I AM 현존에서 나온 것임을 알고 있었다 ─, 내가 이곳에 도착하게끔 대사들이 열어놓은 문을 통과함으로써 이루어진 것이었다. 나의 에고적이

149

고 의식적인 계획, 필요, 갈망들은 내가 여기에 도착하게 된 것과는 아무런 상관이 없는 것 같았다.

나는 이제 신성하신 하나님께서 주신 권능을 내 일시적인 욕망을 채우는 데 씀으로써 혼란을 창조하는 일이 더 없기를 바랐다. 그리고 내 배역이 이미 쓰여져 있는 것처럼 보이는 이 드라마 속에서 깨어 있는 배우, 하나님의 의지에 따르는 그런 배우가 되고 싶었다. 그러기 위해서는 가슴 중심에 있는 창조적 자력磁力, 즉 내 안에 있는 신적 불꽃의 현존에 대한 자각을 계발해야 했다. 그러면 실수 없이 그것의 지시를 정확히 따라갈 수 있을 것이기 때문이었다. 상위 자아의 불꽃에 내 개아적個我的 권한을 넘기고 그것에 계속 의식을 집중하던 나는 에고의 힘이 점점 줄어들고 있음을 알게 되었다.

"믿음이 충분하면 산도 움직일 수 있다"는 성경 구절이 떠올랐다. 하지만 그 말은 우리가 충분한 믿음을 가지고 있다면 산이 이미 있어야 할 장소에 있다는 것을 안다는 말이기도 했다. 그곳에 자연스럽게 존재하는 산을 왜 굳이 에너지를 써가며 움직이려고 하는가? 필요치 않은 일을 왜 굳이 에너지를 써가며 창조하는가?

나는 우리가 의식을 집중해야 할 대상이 그것보다 더 나은 것들이어야 한다고 결론을 내렸다. 다시 말해, 감정적인 기억들이나 무의식적 반응을 자아내는 기억들을 용해하는 일 혹은 자신이 뭔가를 알고 있다는 에고의 미망을 잘라내는 것에 집중하는 동시에 대사들이 계획한 봉사의 길을 따르는 일이 더 나았다.

성경에서는 우리가 '하늘을 나는 새들과 땅 위의 짐승들을 지배할 권리'를 가졌다고 말하고 있다. 하지만 이제 나는 권리에는 책임이 따른다는 것을 알게 되었다. 우리는 거대한 생명 망의 일부분이며 서로 연결되어 있다. 따라서 우리가 그 망의 일부분에게 행하는 모든 것은 다시 우리에게 돌아온다. 그것은 종종 예상치 못하게 돌아오며, 때로는 달갑지 않은 결과로 돌아오기도 한다.

나는 자기완성이 우리의 개인적인 욕망을 실현하는 데 있는 것이 아니라 신성한 의지에 따라 행동하는 법을 배우고, 또 그 안에서 의식적인 참여자가 되는 법을 배우는 데 있다는 것을 알게 되었다. 이렇게 우리 삶에 대한 큰 그림을 새롭게 자각한 나는 "무엇을 창조할지 신중하게 선택하세요!"라는 펄의 말에 주의를 더 기울이기로 했다.

12장 🔥 사랑, 섹스, 금욕 서약

명상에 잠겨 있던 어느 날 아침, 펄과 나는 문을 두드리는 소리를 들었다. 문을 열자 최근에 뉴저지주에서 이사 온 붉은 머리의 여성 글로리아 Gloria 가 거실로 불쑥 들어왔다. 그녀는 의자에 풀썩 주저앉더니 흐느껴 울면서 펄에게 말했다.

"내 남편에게 무슨 짓을 한 거죠?"

"무슨 말이죠?"

"여기서 무슨 일이 벌어지고 있는지 알아야겠어요. 당신이 무슨 짓을 했길래 내 남편이 그토록 거부할 수 없을 만큼 간절히 당신을 찾아다니는 거죠? 그이에게 원하는 게 뭐예요?"

"난 당신 남편에게 관심이 없어요." 펄이 대답했다. "나도 남편이 있어요."

"그런데 왜 그이가 매일 당신의 집에서 시간을 보내는 거죠? 나는 할 수 있는 모든 방식으로 그를 사랑하고 있지만 그이는 틈만 나면 집에서 나와 당신과 함께 있으려고 한다고요. 그이에게 뭘 하는 거죠, 당신?" 그 여성이 반문했다.

"아마도 그는 이것을 원할 거예요." 펄이 자신의 가슴을 가리키며 말했다.

"뭐라고요?" 글로리아가 눈을 크게 뜨며 대답했다.

"순수한 그리스도의 사랑 말이에요." 펄이 사랑의 광선을 그녀 가슴으로 보내며 대답했다.

"말도 안 돼요!" 그녀가 외쳤다. "당신은 내가 그걸 믿을 거라고 생각하세요? 그이는 예수를 믿지도 않고, 종교에 빠져 있지도 않아요. 당신이 그이에게 어떤 주문을 건 게 틀림없어요."

"말했다시피, 그가 이곳에서 느낀 것은 순수한 그리스도의 사랑입니다." 펄이 반복해서 말했다. "아무리 많은 로맨스나 섹스도 이것을 대신할 순 없습니다. 그리스도의 빛은 우리의 가슴 속에서 남성성과 여성성이 합쳐지는 에너지로, 어떤 외부 조건에도 의존하지 않는 천상의 결혼이라고 할 수 있습니다. 이 사랑은 그 어떤 외적인 관계보다도 우선시되는 독립적인 것이며, 일단 누군가가 이 사랑에 눈을 뜨게 되면 모든 인간적인 활동은 그의 우선순위에서 밀려나게 됩니다. 이것이 당신의 남편이 여기에 오는 이유입니다. 그는 이곳에서 자신 안에 내재한 그리스도의 빛을 더 양육시키는 빛을 느낀 겁니다."

글로리아의 눈은 마치 벽돌에 한 방 맞은 것처럼 더욱 커졌다. "뭐라고요!" 말문이 막힌 그녀가 외쳤다. 그녀는 펄이 전해주고 있는 사랑을 느끼기 시작하면서 차츰 분노를 가라앉혔고, 그녀에게 가까이 다가가 말했다. "당신은 어떻게 이런 걸 할 수 있죠? 나도 그 사랑을 배울 수 있나요?"

"당신의 의식을 내면으로 향하세요." 펄이 다시 자신의 가슴을 가리키며 말했다. "당신 안의 부드럽고 섬세한 지점을 느껴보세요. 그곳이 당신 존재의 중심이며 그 사랑은 항상 그곳에 있습니다. 오랜 세월에 걸쳐 당신이 그곳에 의식을 돌리길 기다리고, 기다리고, 또 기다렸던 신성 현존의 사랑을 느껴보세요. 당신이 언제까지 밖의 사람들, 장소와 조건들 그리고 사물들에게 에너지를 쏟으며 정신이 팔려 있을지 궁금해하며 당신이 복종하기만을 기다리고 있었던 그 신성 현존의 사랑을 느껴보세요. 그것이 그리스도의 사랑입니다. 그리고 이것이 바로 당신의 남편이 한 일입니다."

글로리아는 펄이 지펴준 가슴 속 불꽃을 느끼기 시작했고, 의자에 앉아 이완하며 눈을 감았다. 그녀의 호흡은 부드러워졌고, 얼굴은 마치 천사처럼 빛이 났다. 나는 놀라서 그녀를 쳐다봤다. 1분 만에 눈물로 가득 찬 그녀의 눈이 부드럽게 떠졌다.

"이제 왜 그가 당신과 함께 많은 시간을 보냈는지 이해가 돼요." 그녀가 한숨을 쉬며 말했다. "그리고 나도 이걸 원해요. 당신이 어떻게 했는지 알고 싶어요."

"아주 간단하죠." 펄이 약간 슬픈 목소리로 말했다. "하지만 이 진실을 원하는 사람은 거의 없습니다. 마음이 움직임을 멈춰 고요해질 수 있을 때까지, 자신이 곧 하나님(I AM God)이라는 것을 알 때까지 기꺼이 외적인 것들의 추구를 포기하는 이들이 거의 없다는 말입니다."

다음 날에도 글로리아의 분노 섞인 폭발이 여전히 생생하게 기억났다. 나는 관계, 사랑, 섹스에 대한 대사들의 가르침이 궁금했기 때문에 이런 강력한 욕구들이 영적인 길에 영향을 미치는지 펄에게 물어보았다. 그러자 펄이 전날 있었던 일을 언급하며 말했다. "질투는 독입니다. 질투는 자기 자신이 누구인지 모르고 자신의 행복의 원천을 느끼지 못하게 되어 그 원천이 다른 사람에게 있다고 생각하는 데서 옵니다.

내재하신 신적 현존에 대한 무지는 자신에게 결핍된 것을 관계를 통해 채울 수 있다고 생각하게끔 사람들을 오도합니다. 그래서 사람들은 내면에 있는, 모든 것이 완전한 그 상태를 찾으려 하지 않죠. 일단 사람이 내적 신성과의 합일에서 나오는 축복을 발견하게 되면 섹스나 외적인 로맨스는 더 이상 그의 관심을 끌지 못합니다. 모든 욕망을 영원히 잠재우는 로맨스는 자신의 I AM, 즉 신성 현존 안에서만 나타나기 때문입니다.

또, 자신의 배우자를 일종의 소유물로 느낀다면 그것은 그 관계를 파괴할 뿐만 아니라 상대방과 자신이 영적으로 진전하는 데 있어 장애가 됩니다. 진정한 사랑은 자유 안에서만 일어납니다. 여기서의 자유(freedom)는 순간적인 욕망을 따르는 방종(liberty)을 의미하는 것이 아니라 자신의 신적 근원에 따르고 복종함으로써 갖게 되는 자유로운 지배권을 말합니다. 그 신성을 향한 추구 속에서 파트너들이 서로를 돕고 지지해주는 것이 이상적인 인간관계입니다.

기혼자들은 내게 와서 '아, 내가 만약 싱글이라면 영적으로 큰 진보를 이룰 수 있을 텐데요'라고 말합니다. 반대로 싱글들은 내게 와서 '아, 파트너만 있다면 행복할 텐데요'라고 말합니다.

당신은 자신의 느낌을 외면할 수 없습니다. 당신은 자신의 욕망을 외면할 수 없습니다. 당신이 무엇을 하든 간에 그것들은 결국 밖으로 드러나게 될 것이며 당신의 사고, 말, 행위에 영향을 주게 될 것입니다. 당신은 동굴에 사는 요기가 될 수도 있습니다. 요기가 된 당신은 더 이상 자신의 망상이 보이지 않으니 그것들이 사라졌다고 생각할 수도 있습니다. 그러나 당신이 세상 속으로 다시 돌아오면 그것들은 당신을 재차 시험할 것입니다. 그러니 세상 속에 머무르면서 의식적인 자각의 빛과 함께 당신이 잘못 창조한 에너지와 마주하는 편이 낫습니다. 당신의 파트너는 당신이 무엇을 배워야 하는지 보여주는 당신의 거울이기 때문에 관계가 오히려 영적 성장의 지름길이 될 수 있는 것입니다.

어떤 때는 만나는 사람이 있을 수도 있고, 또 어떤 때는 홀로 있게 될 수도 있습니다. 양쪽 다 당신의 특정 성장단계에 적절한 것입니다. 하지만 만나는 사람이 있을 때나 없을 때나 당신은 당신의 느낌에 책임을 져야 합니다. 다른 누군가가 아니라 오직 당신만이 당신 자신의 생각, 감정, 행위에 책임이 있는 것입니다. 당신의 행복과 자유의 원천은 다른 누군가에게 있는 것이 아니라 당신 자신에게 있습니다. 당신은 홀로 이 세계 속에 들어와서 홀로 이 세계를 떠나게 됩니다. 당신은 길의 일부분만 다른 이와 함께 걸을 수 있습니다. 이 동행이 빛을 향하는 동행이 되도록, 서로가 자기완성을 이룰 수 있도록 돕는 동행이 되도록 하세요."

펄의 간결한 말은 나의 의문을 부분적으로만 풀어주었다. 나는 펄의 가르침을 찾아 마을로 찾아온 여성들, 내게 가이드를 구하는 여성들과 어떻게 개인적으로 관계를 맺어야 하는지 여전히 알 수 없었다. 나는 그들과 함께 많은 시간을 보내고 있었고, 자기완성을 이루겠다는 내 최근의 맹세를 지키면서 그들과의 관계를 어떻게 맺어야 하는지 알고 싶었다.

나는 인도를 여행했던 지난 2년 동안 남녀관계에 대해 깊이 생각해보지 못했었다. 인도에서는 전통적으로 가족 혹은 구루의 인도에 의해서만 남녀관계를 맺을 수 있었다. 그리고 그러한 관계는 오직 결혼과 아이들의 양육이라는 목적만을 지니고 있었다. 여성이 남성에게 유혹적이게 보일 수 있도록 부추기는 서양과는 달리, 인도의 여성들은 그들의 성을 노골적으로 드러내지 않았다. 억제되지 않은 동물적인 충동에 따르기보다는 오히려 어머니, 딸, 누이, 숙모와 같은 전통적인 역할을 다하도록 교육받은 그들이 내게는 신선하게 느껴졌었다. 나는 이러한 전통적인 시스템이 고마웠다. 이러한 시스템은 내 의식이 이성에 쏠리지 않게끔, 어떠한 의식의 방해도 없이 자유로울 수 있게끔 해주었기 때문이다.

그렇게 미국으로 돌아온 나는 문득 내 나이대 여성들 대부분이 로맨스와 자유로운 남녀관계를 원하고 있음을 깨달았다. 때는 1970년대, 우리 사회가 성적인 자유와 실험을 허용하던 시기였다. 하지만 나는 뉴욕에서 시인으로 지냈을 때부터 그러한 추세를 따르기를 꺼려왔고, 동물적인 본능보다는 높은 근원에서 나온 가이드에 따라 살고 싶었다.

남녀관계에 대한 이 내적 불확실성은 내가 캐시^{Cassie}를 만났을 때 정점을 찍었다. 캐시는 직설적이고 활기찬 젊은 여성으로, 펄을 자주 찾아왔었다. 우리는 같이 하이킹을 하고, 빙하 천에서 수영도 했다. 그렇게 우리는 펄과 마스터들의 가르침에 대해 이야기를 나누면서 좋은 친구 사이가 되었다.

하지만 나는 곧 그녀의 여성적인 아름다움에 눈을 뜨기 시작했고,

젊은 여성의 그 활력 있는 에너지가 나를 감싸는 것을 느낄 수 있었다. 내가 요기로 방랑하던 시절부터 오랫동안 잠들어 있던 내 성적 에너지는 다시금 깨어났고, 나는 이를 어떻게 다뤄야 할지 알 수 없었다.

'섹스에 대해 마스터들이 내게 원하시는 게 뭐지?'

어느 날 밤, 캐시와 나는 하루 종일 하이킹을 하고 위드에 있는 게일의 집에서 잠을 자게 되었다. 게일은 우리에게 옷장 뒤의 방을 내주었다. 내가 샤스타산에서의 첫날 밤을 보냈던, 펄이 내 에테르체를 산 위로 데려갔던 바로 그 방 말이다. 침낭을 각자 쓰긴 했지만 캐시와 나는 서로를 향해 점점 더 가까이 다가가고 있었다. 하지만 우리가 서로를 만지려고 할 때마다 빛이 번쩍거리면서 우리를 갈라놓았다.

밤새도록 계속된 이 싸움에 지친 나는 아침에 탈진 상태로 일어났다. 그리고 될 수 있는 한 빨리 그곳을 떠났다. 나는 혼란스러운 마음에 펄의 집에 가서 조언을 구하고 싶었다. 평소와 마찬가지로, 그녀의 거실에는 사람들이 있었다. 그래서 나는 뒤뜰을 돌아다니다가 정원의 돌 벤치 위에 앉아 깊은 생각에 빠졌다.

캐시는 육체적인 관계를 맺는 것을 꺼리는 내게 실망했고 나 역시 그 사실을 알고 있었다. 그리고 내가 그곳을 떠났을 때, 나는 그녀의 분노를 느낄 수 있었다. 하지만 나는 세인트 저메인이 나를 제자로 받아들였기 때문에 그를 실망시키지 않는 것이 더 중요하다고 느꼈다. 그의 허락 없이 되돌릴 수 없는 행동을 하고 싶지는 않았다. 나는 그에게 가이드를 구했다. '캐시와의 관계에서 제가 어떻게 하는 게 좋을까요? 다른 사람들처럼 그냥 흐름에 맡길까요?'

그렇게 그냥 벤치에 앉아 있던 나는 펄 때문에 깜짝 놀랐다. 그녀가 펼쳐진 책을 들고 부엌문으로 급히 나와 그것을 내 무릎 위에 올려놓은 것이다.

"이걸 읽어볼 필요가 있겠군요." 그녀는 다른 말 없이 뒤돌아서서 다시 사람들과의 대화를 이어가기 위해 집으로 돌아갔다.

그것은 《멜기세덱의 반차를 따라서: 공의와 평화의 제왕적 중재》 (After the Order of Melchizedek: The Kingly Mediation of Righteousness and Peace)* 라는 책이었다. 이 장엄한 제목의 책을 예전에도 한 번 본 기억이 났다. 낡은 닷지 밴을 타고 국토횡단을 하던 나는 그때 샌타페이Santa Fe의 어느 건강식품 가게 뒤쪽에 있었다. 내가 책장에서 그 책을 무심코 꺼냈을 때, 보라색 빛이 내 손을 감쌌다. 순간, 나는 인도 신지학회에서 접한 책인 《베일을 벗은 미스터리》가 떠올랐다. 그 책에서 보라색 불꽃의 정화 효과에 대해 읽은 적이 있었기 때문이다.

하지만 당시의 나는 그 단순한 진실을 받아들일 준비가 되어 있지 않았고, 강력한 것일수록 더 복잡하다고 믿고 있었다. 나는 최대한 돈을 아끼려고 했기 때문에 멜기세덱 책을 사지 않았다. 대신, 도서관에서 《베일을 벗은 미스터리》를 빌려 하룻밤 만에 다 읽어버렸다. 나는 그 책을 손에서 놓을 수가 없었다.

내가 세인트 저메인에게 그가 실재함을, 그리고 이 책의 내용이 진실임을 보여달라고 요청했을 때 내 방 안은 보라색 빛으로 가득 찼었다. 나는 그 현상을 그가 실재한다는, 책의 내용이 진실이라는 증거로 받아들였다. 나는 돌아가서 건강식품 가게에서 봤던 그 책을

---

* 여기서의 공의(Righteousness)는 기독교에서 주로 사용하는 단어로, 하나님과의 언약에 충실함을 뜻한다.
— 역주

사야겠다고 생각했지만, 결국 그렇게 하지 않았다.

그때 그 책이 지금 여기 있었다. 펄은 내가 샌타페이에서 마지막으로 보았던 그 책을 방금 내 무릎 위에 놓고 갔다. '근데 멜기세덱의 반차가 뭐지?' 이 미스터리한 책이 하필 이때 다시 나타난 것이 묘하게 느껴졌다. 이 책은 내 운명 속에서 어떤 역할을 해주고 있는 것 같았다. 이전에도 내가 가야 할 길을 찾는 데 중요한 역할을 해준 책이었기 때문이다.

나는 펄이 펼쳐놓고 간 페이지를 보고 깜짝 놀랐다. 내 질문에 대답이라도 하는 듯한 문장들이 써 있었기 때문이다. 책은 삶 속에 두 가지 존재 단계가 있다고 말하고 있었다. 첫 번째 단계는 생식(Generation)의 단계였다. 이는 결혼하고, 아이를 갖고, 인류의 번식을 통해 생명에 봉사하는 단계다. 두 번째 단계는 재생(Regeneration)의 단계로, 인류가 그들의 생명 에너지를 보존하여 그것을 그들 자신의 영적·육적 재생과 영적인 봉사에 사용하는 단계다.

여기서 후자가 멜기세덱의 반차(인류의 영적 진화단계 - 역주)였는데, 이를 위해서는 두 가지 조건을 충족해야 했다. 첫 번째 조건은 금욕이었다. 금욕은 생명 에너지를 보존하고 순환시켜 육체를 부활시킨다. 그리고 두 번째 조건은 인류의 의식을 고양시키는 사명을 향한 변함 없는 헌신이었다.

책은 성경의 요한계시록 22장을 인용하고 있었다.

"그 천사는 또 수정같이 빛나는 생명수의 강을 나에게 보여주었습니다. 그 강은 하나님과 어린 양의 옥좌로부터 나와 그 도성의 넓은 거리 한가운데를 흐르고 있었습니다. 강 양쪽에는 열두 가지 열매를 맺는 생명나무가 있어서 달마다 열매를 맺고 그 나뭇잎은 만국 백성을 치료하는 약이 됩니다. 이제 그 도성에는 저주받을 일이 하나도 없을 것입니다. 하나님과 어린 양의 옥좌가 그 도성 안에 있고 그분의 종들이 그분을 섬기며 그 얼굴을 뵈올 것입니다. 그리고 그들의 이마에는 하나님의 이름이 새겨져 있을 것입니다. 이제 그 도성에는 밤이 없어서 등불이나 햇빛이 필요 없습니다. 주 하나님께서 그들에게 빛을 주실 것이기 때문입니다. 그들은 영원 무궁토록 다스릴 것입니다."

책에서는 이 성경 구절을 다음과 같이 해석하고 있었다. 육체의 신경계를 뜻하는 생명의 나무는 매달 태양이 이동하는 황도 12궁도의 별자리에서 다달이 에너지를 받는다. 금욕을 통해 보존된 에너지로 인해 육체의 모든 기관(나라)들은 치유되고 충전된다. 이 보존된 에너지는 사람들이 I AM을 의식할 수 있게끔 한다. 제3의 눈은 깨달음을 얻은 이의 이마에서 빛나는 빛인데, 그는 에너지를 보존함으로써 따로 외적 노력을 하지 않더라도 진리를 직접적으로 인식할 수 있게 된다.

방금 내 손에 들어온 이 책은 이어서, 인간은 금욕을 통한 생명 에너지의 보존으로 예수처럼 육체를 부활시키고 상승할 수 있다고 말하고 있었다. 예수는 이 반차에 속한 인물이었고, 멜기세덱은 그 반차의 대사제였다. 멜기세덱은 지구상의 부모로부터 태어나지 않았고, 인류의 구원과 자유를 위한 길을 가르치기 위해 지구로 직접 온 존재였다. 그가 세운 공의의 반차는 예수의 시대를 거쳐 현 시대의 내적 차원들에서도 계속 이어지고 있다. 이 책은 또한 금욕과 인류를 향한 헌신이라는 두 가지 주요 수칙을 지킨 모든 이들 역시 마찬가지로 이 고대의 신성한 반차에 속한 자라고 말하고 있었다.

이 비밀스러운 교리에 따르면 나는 이미 멜기세덱 반차의 일원이었다. 나는 지난 2년 동안 금욕생활을 했고, 뮤어 숲에서 세인트 저메인을 만난 이후로 인류를 위한 봉사에 헌신해왔기 때문이다. 나는 멜기세덱의 반차에 봉사하겠다는, 그리고 그 계명을 지키겠다는 공식적인 서약을 했다. 마스터들의 신뢰를 얻으려면, 그리고 펄의 가르침을 계속 받을 만한 사람이 되려면 나는 이 서약을 철저히 지켜야만 했다. 인간적인 욕망과 대사들이라는 두 주인을 동시에 섬길 수는 없는 법이었다.

이제는 답을 알았다. 나에 대한 캐시의 커져만 가는 그 애정에 어떻게 대처해야 하는지 알게 된 것이다. 나는 우리가 친구로 계속 지낼 수 있기를 바랐다. 하지만 그 당시 내가 알지 못한 것이 하나 있었다. 내가 이 새로운 요건, 즉 금욕 서약을 지키는 동안 그것이 얼마나 혹독한 시험이 될지는 알지 못하고 있었던 것이다.

나는 얼마 지나지 않아, 내가 어떤 문제의 진실을 정말로 알고 싶다고 요청하면 곧 내게 답이 주어진다는 사실을 알게 되었다. 또, 진실을 알게 된 후에는 그것에 따라 행동해야 한다는 사실도 알게 되었다. 처음에는 교훈이 오고, 이후에는 시험이 온다. 일단 진실을 알게 되면 나는 더 이상 모른다고 변명할 수도 없었다.

첫 번째 시험은 그로부터 이틀 밤이 지난 후 찾아왔다. 캐시는 내가 육체적 관계를 자제한 것을 일시적으로 용서했다. 그리고 내게 산으로 캠핑을 가자고 했다. 그녀는 자신이 가장 좋아하는 장소로 나를 데려갔다. 나중에 알게 된 사실이지만, 그곳은 산 내부에 있는 대사들의 은둔처로 들어가는 에테르 입구 근처였다.

우리는 약간의 간격을 두고 각자의 침낭을 펼친 후 잠을 청했다.

캐시는 며칠 전의 밤과 마찬가지로 내게 가까이 다가왔고, 나는 우리를 갈라놓는 빛의 폭발에 놀라 깨어났다. 하지만 이번에는 밤새도록 고전하는 대신 내 침낭을 캐시와 조금 더 떨어진 곳으로 옮겨야 한다고 느꼈다. 그렇게 나는 남은 밤 동안 깊은 잠을 잤다. 날이 밝자 나는 캐시에게 내가 펄의 정원에 앉아 있을 때 일어났던 일들을 얘기하며 내가 금욕 서약을 했음을 알려주었다.

"터무니없는 소리예요! 우리가 이 기관을 사용하지 않아야 한다면 하나님께서 왜 그것을 창조하셨겠어요?" 그녀가 거의 반박할 수 없는 논리로 따져 물었다. 나는 생명 에너지를 낭비하는 대신 그것을 보존하는 법, 그리고 영적인 깨어남을 위해 그것을 사용하는 법을 배웠다고 그녀에게 설명했다. 하지만 그녀는 내 말을 비웃었다.

"나는 영뿐만 아니라 섹스에 쓰일 생명 에너지도 충분히 많이 가지고 있어요. 그리고 사실 나는 섹스도 영적이라고 생각해요."

그녀와 다퉈봤자 더 이상 좋을 것이 없겠다는 생각이 들었다. 그래서 나는 이것이 내가 선택한 길이며, 그 서약을 지킬 수 있도록 나를 존중해달라고 했다.

"또 한 사람의 좋은 남자가 세상을 저버렸군요." 그녀가 붉으락푸르락한 얼굴로 대꾸했다. 산을 내려오면서, 나는 우리가 함께했던 모험이 막을 내렸음을 느꼈다. 그 후 우리는 가끔씩 보는 친구로 남게 됐지만, 그녀가 결혼해 유부녀가 된 후에는 다시 친한 친구로 지낼 수 있게 되었다.

나중에 깨달은 사실이지만, 그 당시 내 수련 과정의 일부였던 금욕은 그저 영적 진화를 위한 많은 방법 중 한 가지였을 뿐이다. 따라서 이것이 모두에게 맞는 길은 아닐 것이다. 앞으로의 몇 년 동안 나는 영적 진화와 봉사를 위해 생명 에너지를 보존하는 다른 방법들을 배우게 될 것이었으며, 남녀관계를 맺으라는 지시도 받게 될 것이었다. 고대 도교 신자들과 탄트라 수련자들에 의해 개척된 엄격한 수련법만큼이나 힘든 길을 통해서 말이다.

하지만 당시의 나는 내가 펼의 정원에서 궁극의 가르침을 받았다고 느꼈다. 그래서 나는 이것이 완성을 향한 유일한 길이라는 나의 확신을 다른 이들에게 주장하고 다녔다. 그리고 이러한 나의 확신은 이후 여러 번 시험대에 오르게 될 것이었다.

13장 🔥 내 의지가 아닌 당신의 의지대로

다음 날도 평소와 다름없이 시작되었다. 한 가지 다른 점이 있었다면 내가 신성한 의식 에너지를 하루 종일 인식하게 되었다는 점이다. 이날 정오쯤, 그 에너지는 정점에 이르렀다. 이 경험은 내 신적 자아의 인식에 있어, 그리고 대사들과 함께하는 내 수행에 있어 하나의 전환점이 되었다.

인도에 있는 동안, 나는 내려놓음의 길을 걸었다. 삶을 환영(maya)으로 보고, 삶은 곧 하나님의 마음 안에 나타나는 꿈이며 나는 그것을 통제할 수 없다고 생각했던 것이다. 그래서 나는 어떤 특정한 꿈속 결과에 집착하는 마음으로부터 자유로워지기 위해 노력했다. 부처가 말했듯 모든 고통은 욕망으로부터 온다. 욕망이 없으면 고통도 없다. 따라서 나는 내 욕망을 내려놓기 위해 노력했다.

펄에게 가르침을 받은 이후, 나는 이 생각을 약간 다르게 볼 수 있었다. 나 자신이 꿈꾸는 자임을 깨달아 꿈에서 깨어날 수 있었던 것이다. 나는 I AM 현존, 즉 내 생명의 근원이자 내 존재가 창조계에 나타나도록 허락해주는 근원이었다. 내가 이 현존에 더 가까이 다가갈수록 나는 더 의식적이고 자유로운 존재가 될 수 있었고, 다른 사람들을 자유롭게 해줄 수도 있었다.

우리 존재의 근원에 대한 이러한 책임은 가볍게 받아들일 수 있는 것이 아니었다. 나는 그간 창조의 법칙에 대해 배워왔지만, 그와 동시에 그 우주적 힘을 순전히 이기적인 만족을 위해 사용한다면 그것이 우리의 길을 잃게 만들 수도 있다는 사실을 배웠다.

서양에는 에고가 원하는 것을 창조하는 방법에 대해 워크숍을 여는 많은 교사들이 있었지만, 무엇을 창조하는 것이 좋은지 분별하는 법을 가르치지는 않았다. 당신이 정말로 원하는 것은 무엇인가? 일시적으로 에고를 기쁘게 하는 것은 쉽게 싫증이 나지 않겠는가? 그리고 금방 그것을 놓아버리고 싶어지지 않겠는가? 실제로 나는 자신이 진정으로 원하는 것이 무엇인지 알고 있는 사람이 거의 없다는 사실을 알게 되었다. 자신이 정말로 원하는 것이 무엇인지 알지 못한다면, 어떻게 그것을 올바로 창조할 수 있을까?

어떻게 보면 창조하는 것은 쉬웠다. 그러나 무엇을 창조할지 결정하는 것은 훨씬 더 어려운 문제였다. 나는 두 가지 상반된 관점 사이에서 갈팡질팡하고 있었다. 하나는 우리 삶에서 일어나는 모든 일이 어차피 카르마적 원인과 결과에서 비롯된 것이기 때문에 집착하지 않을 수만 있다면 무슨 일이 일어나든 다 괜찮다는 관점이었다. 그리고 다른 한 관점은 보라색 불꽃을 통한 정화와 자기성찰을 통해 좀더 주도적으로 카르마를 정화하고, 내가 원하는 삶을 내 자유의지로 창조할 수 있는, 해방된 의식 상태를 성취하는 것이었다.

'하지만 무엇을 창조해야 좋을지 어떻게 알 수 있지? 내가 창조하고자 하는 것이 만약 부정적 카르마로 다시 되돌아오고, 결국에는 내가 이 새롭게 만들어진 카르마를 다시 처리하고 정화해야 할지 어떻게 알 수 있을까?'

스티븐네 주스 바 테이블에 앉아 이런저런 생각에 잠겨 있던 나는 갑자기 두 관점 모두 맞을 수도 있겠다는 생각이 들었다. 한 다이아몬드의 서로 다른 면면처럼 말이다. 나는 장님들의 우화가 생각났다. 각자 코끼리의 다른 부위들을 만져보는 방식으로는 코끼리 전체를 그릴 수 없다. 두 관점에 대한 나의 혼란은 한계 지어진 마음으로 이 모든 것들을 이해해보려는 무지에서 기인한 것이었다.

마스터리, 즉 자기완성은 수동적인 원리와 능동적인 원리가 함께 작용해야만 이뤄지는 것이었다. 그렇다! 진정한 복종은 카르마에서 나온 인과에 무력하게 복종하는 것이 아니었다. 진정한 복종은 매 순간 새롭게 내 생명을 창조하고 유지하는 근원이신, 나 자신의 I AM 현존에 대한 복종이었다. 나는 나 자신의 전지하신 마스터 현존을 향해 복종해야 했던 것이다.

분별하는 지혜의 검은 나의 내적 혼란을 정확히 두 동강 내버렸다. 나는 내재하신 신적 현존이 이 분별의 지혜를 확인해주는 것을 느끼면서 내적으로 선언했다.

내 의지가 아닌 당신의 의지대로 이루어지소서!

내가 가야 할 길은 매 순간 신적 현존을 따르는 법을 배우고, 이 높은 신적 마음에 복종함으로써 인간적인 무지와 실수를 넘어서는 법을 배우는 데 있었다. 이것은 너무나 간단명료한, 사실은 나도 이미 알고 있던 답이었다. 하지만 나는 이 순간의 내적 계시를 통해 이제야 그 답을 제대로 이해할 수 있었다. 왜 이전에는 이 분별의 지혜를 알지 못했을까? 사실 나는 아무것도 할 필요가 없었다. 해답은 무위의 의식에 있었다! 내가 해야 할 것이라곤 그저 주의 깊게 바라보고, 기다리는 것뿐이었다. 그러면 내가 따라야 할 길이 드러나게 된다.

나는 큰 짐을 내려놓은 것 같은 엄청난 안도감을 느끼면서 의자에 등을 기대고 깊게 호흡했다. 그러자 '내가 해야 할 것은 아무것도 없다'는 깨달음이 내 의식 속에서 더 깊이 나타났다. 나는 내 에고의 의지로는 이 테이블에서 한 발짝도 움직이지 않겠다고, 신적 자아께서 나를 움직이실 때까지 기다리겠다고 다짐했다. I AM 현존이 나의 모든 걸음, 모든 말, 모든 행동들을 인도하실 때까지 말이다.

소용돌이치는 구름이나 불기둥 속에서 하나님이 나타난다거나, 하늘에서 우레 같은 목소리가 나와 내가 어디로 가야 하고 무엇을 해야 할지 말해줄 것이라고는 기대하지 않았다. 하지만 고요히 앉아 가슴에 있는 신성의 빛에 집중한다면 내가 해야 할 일을 하게끔 내 안의 신적 현존이 이끌어주리라 믿고 있었다.

베케트^{Beckett}의 희곡 《고도를 기다리며》에 나오는 등장인물들처럼 나도 내적 가이드가 나타나기를 기다리고 있었다. 차이점이 있다면, 나는 그들과는 달리 이미 대사를 만났으며 대사와 하나인 내 I AM 현존의 실재를 느꼈다는 점이었다. 그러니 적어도 나는 내가 기다리고 있는 것이 실재한다는 것을 알고 있었다. '하지만 어떤 형태로 내적 가이드가 주어질까? 누군가를 통해서? 아니면 그냥 내적 느낌을 통해서?' 베케트의 등장인물들처럼, 나도 내적 가이드가 막상 주어 졌을 때 내가 그것을 알아차릴 수 있을지, 아니면 에고적 마음에 빠져 있는 동안 그 기회를 놓치게 될지 궁금했다.

그렇게 가만히 앉은 채로 몇 시간이 흘러갔다. 사람들이 오고 갔지만 아무 일도 일어나지 않았다. 대사가 나타나 무엇을 해야 할지 알려주는 그런 일은 일어나지 않았다. 내가 앉은 테이블로 다가와 구미가 당길 만한 제안을 하는 사람도 없었다. 내면의 신성에서 나오는 목소리를 듣거나 어떤 행동을 해야 할지 알려주는 내적인 충동을 느끼는 일도 없었다.

나는 그냥 거기 앉아 테이블 위의 얼룩을 응시하고 있었다. 그리고 로르샤흐 잉크반점 검사처럼, 내가 해야 할 일에 대한 어떤 단서나 의미를 그 얼룩에서라도 찾을 수 있길 바랐다. 하지만 얼룩은 그냥 얼룩일 뿐이었다. 사람들의 대화 소리가 들렸다. 사람들은 지역의 여러 일들에 대한 이야기를 나누고 있었지만 그중 어떤 얘기도 내게 영감을 주거나 내가 행위를 취하게끔 나를 자극하지 못했다. 나는 내재하신 신성께 내가 해야 할 일을 알려달라고 계속해서 소리 없는 기도를 올렸다.

> 나는 신성하신 하나님의 현현입니다. 나는 내재하신 신성의 명령과 지휘를 따릅니다. 내재하신 신성은 내가 어디로 가야 하고 무엇을 해야 할지를 보여주십니다. 그리고 나는 그것을 행합니다.

하지만 실망스럽게도, 여전히 아무 일도 일어나지 않았다. 그 상태에서 다시 몇 시간이 흘렀고, 내 인내심은 바닥을 보이며 점점 절망스러운 기분이 들기 시작했다. '하나님께서 나를 잊으신 걸까? 지진이나 재해 같은 심각한 사건들이나 큰 어려움에 처한 이들을 구하느라 너무 바쁘셔서 비교적 사소한 내 가이드 요청에는 답을 주기가 힘드신 건가?'

이런 생각에 빠져 있을 무렵, 마침내 내 흥미를 자극할 만한 사람들의 대화 소리가 우연히 들려왔다. 두 사람이 오리건주 애슐랜드 Ashland에서 열리는 르네상스 축제에 대해 얘기를 나누고 있었던 것이다. 그곳은 북쪽으로 한 시간 정도만 운전하면 도착할 수 있는 곳이었다. 나는 즉시 '바로 이거야!' 하고 알아차렸다. 나는 내 가슴에서 에너지가 고동치는 것을 느낄 수 있었고, 거의 자동적으로 자리에서 일어났다.

사실 나는 중세풍 옷을 입은 사람들을 구경하고, 엘리자베스 1세 시대의 노래를 듣는 르네상스 축제에는 그다지 관심이 없었다. 하지만 어떤 알 수 없는 에너지가 나를 충동질하고 있었고, 나는 이것이 내가 한참을 기다려온 그 가이드라는 것을 알고 있었다.

이제 내면의 신성에 복종하는 길과 무위적 행위의 길은 하나의 형태로 합쳐졌다. 이는 내가 아직 알지 못하는 곳으로 나를 인도하는 하나의 힘이자, 스스로가 그 자신을 드러내는 동안 한 번에 한 걸음씩 따라가야만 하는 그런 길이었다. 그리고 이 길은 어느 누구도 대신 걸어 줄 수 없는 나 자신만의 독특한 길이었다.

그날 이후로 나는 이 '내적 신성에 대한 신뢰'라는 길을 따르게 되면 다음 단계의 모든 문들이 가장 적당한 때에 열리게 된다는 것을 배우게 되었다. 만약 그렇지 않다면 그것은 잘못된 문인 것이다.

비록 이 길이 쉽지는 않았지만, 그때 이후로는 항상 내가 알맞은 때, 알맞은 장소에 있다는 느낌이 들었다.

나는 다음 단계가 무엇인지 모를 때면 그날 주스 바에서 그랬던 것처럼 마음의 파동을 낮추고 조용히 앉아서 내면의 인도를 기다렸다. 필은 내가 가장 배워야 할 덕목이 인내라고 자주 말하곤 했는데, 인내심은 오직 명상과 자기관찰을 통해서만 얻을 수 있었다.

오리건으로 가야겠다는 내적 충동을 따라 테이블에서 일어났을 때, 나는 하루 이상을 애슐랜드에서 지내게 될 것 같다는 느낌이 들어 낡아빠진 침낭과 요를 바꿔야겠다는 생각을 했다. 그리고 스티븐의 가게에서 나가려던 바로 그때, 한 여성이 가게로 들어왔다. 가게 입구에는 필요 없는 물건을 기부하는 박스가 놓여져 있었는데, 그 여성은 침낭과 얇은 접이식 요를 가져와 거기에 막 기부하려던 참이었다. 결국 그 물건들은 박스 안이 아니라 내 손에 들어왔다.

이렇듯 내 여행은 상서롭게 시작되었다. 마침 필요했던 물건 두 개가 내게 주어졌기 때문이다. 그것도 공짜로 말이다! 나는 문밖으로 걸어 나가며 고치에서 벗어나기 위해 고투하는 나비처럼 스스로 부과한 속박에서 벗어나고 있는 기분을 느꼈다. 내 통찰에서 힘을 얻은 나는 이 새로운 길이 나를 어디로 이끌지 궁금했다. 대사들에 의해 겪게 될 수많은 모험 중 첫 번째 모험, 그 낯선 모험이 이제 막 시작되었다는 것을 나는 알고 있었다.

약 한 시간 반 후, 애슐랜드에 도착한 나는 교차로에서 신호 대기 중이었다. 그런데 그때 제1광선의 초한 Chohan(산스크리스트어로 영적인 주님)인 엘 모리야 El Morya와 비슷한 모습의 한 사람이 흰옷에 터번을 둘러쓴 채 밴 앞의 건널목을 건넜다. 그는 열려 있는 차창 쪽으로 지체 없이 걸어왔다.

"솔직히 나도 내가 왜 이러는지 모르겠어요." 그가 말했다. "전에는 한 번도 이런 적이 없었는데, 아무튼 오늘 밤 묵을 곳이 필요하면 우리 집으로 오셔도 돼요." 그는 종이를 꺼내서 황급히 집 주소를 적었다. 그리고 그것을 내게 건네준 후, 길 건너편으로 가버렸다. 신호가 바뀌었고, 나는 마스터들이 이런 특이한 방식으로 도움을 줬다는 사실에 약간 충격을 받은 상태로 차를 몰았다. '누가 이런 걸 계획한 거지? 정말 알지도 못하는 사람 집에 머물러야 하는 건가?'

나는 번화가에서 좌회전하여 르네상스 축제가 열리고 있는 공원을 향해 갔다. 하지만 거기서 내 관심을 끄는 것은 아무것도 없었다. 나는 내면의 신성에서 오는 가이드를 느끼려고 애쓰며 "나는 내재한 신성에 의해 명령받고 인도된다"고 확언했다. 그런 뒤 밴으로 다시 돌아갔다.

다음으로 무엇을 해야 할지 확신하지 못하자 내 습관적인 생각과 의심들이 나를 엄습해왔다. 나는 그 흰옷을 입은 낯선 사람에 대한 생각을 마음속에서 떨쳐버릴 수가 없었다. '어떻게 해야 할까. 정말 거리에서 만난 모르는 사람 집에 가야 하는 걸까?' 뭔가 의심을 떨치기 어려웠지만, 마땅히 다른 아이디어가 있는 것도 아니었다.

날은 어두워지고 있었고, 묵을 곳이 필요했다. 돈도 얼마 없었다. 그래서 나는 대사들이 마련해준 것처럼 보이는 이 상황을 믿어보기로 했다. 인도에서 미국으로 돌아와 미 대륙을 횡단할 때가 생각났다. 그때 나는 여러 공동체(commune)에서 지냈었는데, 거기서는 매일 마법처럼 초대를 받았었다.

마을에 땅거미가 내려앉았고, 거리에는 가로등이 들어왔다. 나는 흰옷을 입은 그 남자가 적어준 주소로 차를 몰았다. 그와 그의 아내는 나를 따뜻하게 맞아주었고, 우리는 부엌에 앉아 뜨거운 레드 징거Red Zinger 차를 마셨다. 그러면서 우리는 우리 사이의 연결점이 무엇인지 찾아내보려 서로의 삶에 대한 이야기를 나누었다.

알고 보니 우리는 둘 다 샤스타산에 사는 한 친구를 알고 있었다. 그들과 대화를 나누면 나눌수록 우리 모두는 한 가족처럼 느껴졌다. 쌀밥과 야채볶음으로 저녁을 함께하면서, 나는 그들에게 펄에 대한 이야기를 해주었다. 그리고 후에 그녀를 찾아가게 된 그들은 거기서 그들의 삶을 영원히 뒤바꿀 경험을 하게 된다.

아마도 우리를 한자리에 모이게 한 것은 그들을 펄과 연결시켜주기 위한 목적인 듯했다. 이후로도 몇 년 동안 나는 종종 그들을 찾아갔다. 그리고 우리는 장작이 타오르는 난로 근처에 둘러앉아 I AM 이라는 이 위대한 법칙에 대한 우리의 깨달음을 토론하면서 긴 밤을 지새우곤 했다.

이날 밤, 나는 잠들기 전에 거실 소파에 누워 대사들과 나 자신의 I AM 현존에 의식을 집중했다. 그리고 이다음에는 무엇을 해야 할지 알려달라고 요청했다.

> 친애하는 I AM 현존과 위대한 상승 마스터들의 영단에 간구하오니, 오늘 밤 제게 오셔서 내일 제가 무엇을 해야 하고 어디로 가야 할지 알려주세요. 제가 내일 아침 깨어날 때 이 질문에 대한 답을 의심의 여지 없이 명확하게 알 수 있도록 인도해주세요!

그렇게 잠이 든 나는 몇 달 전에 샤스타산에서 만난 한 여성에 관한 꿈을 꾸었다. 꿈속의 그녀는 내 앞에 서서 오리건의 후드산^{Hood} 근처에 있는 자신의 집으로 나를 초대했다. 그녀는 자신이 현재 매우 혼란스러우며 답이 필요한 질문들이 많다고 했다. 나는 그녀의 성도 모르고 주소나 전화번호도 몰랐다. 하지만 후드산이 내가 정말로 가야 하는 곳이라면 그곳에 도착했을 때 대사들이 나를 그녀에게로 안내해줄 것이라는 믿음이 내 가슴에서 느껴지고 있었다.

나는 애슐랜드에 있는 이 새로운 가족에게 작별 인사를 하고 밴에 올라타 북쪽으로 향했다. 그렇게 황혼이 질 무렵이 되어서야 후드산 근처에 이르게 된 나는 속도를 늦추고 싶은 충동을 느꼈다. 나는 가슴의 신성한 빛에 동조하고, 가이드를 받기 위해 잠시 차를 세웠다. 그러자 '돌아가'라는 소리가 들렸다.

차를 돌려 다시 남쪽으로 향해 갔다. 그러자 기분이 나아졌다. 나는 이것이 올바른 방향으로 가고 있다는 신호임을 알았다. 다음 순간, '천천히 운전해'라는 소리가 들렸다. 그리고 도로를 조금 더 내려가자 '멈춰!' 하는 소리가 들렸다.

비포장도로가 간선도로에 합류되는 지점에 차량 한 대가 멈춰서서 차량 통행을 기다리고 있었다. 마치 기다리고 있었다는 듯이 앞 유리를 통해 밖을 내다보는 그 사람은 꿈에서 본 그 여성이었다. 눈이 마주치자마자 우리는 차에서 내렸다.

"당신을 보게 돼서 정말 기쁘네요." 그녀가 말했다. "우리를 보러 오라고 초대 편지를 쓰려 했는데 당신의 주소가 없었어요. 우리는 대사들에 대해 더 알고 싶어요. 우리는 펄 덕분에 대사들에 흥미를 갖게 되었고, 그녀의 책도 읽었지만 그 가르침들을 삶에 어떻게 적용해야 할지 모르겠더라고요. 나는 대사들께 도움을 요청하는 기도를 드렸기 때문에 그들이 당신을 보냈다는 걸 알고 있어요. 저희 집에 와주시면 정말 좋겠네요."

그날 밤, 나는 그녀와 그녀 가족들과 함께 몇 시간 동안 난롯가에 앉아 내가 대사들에 대해 배운 것을 이야기해주었다. 나는 펄에게서 배운, 영적 법칙을 일상에 적용하는 방법을 그들에게 알려주었고, 매 순간 우리 의식의 힘이 어떻게 쓰이고 있는지 관찰하고 성찰하는 것만이 자기완성의 핵심이라는 것도 말해주었다. 그들은 이 가르침이 얼마나 단순한 것인지, 또 얼마나 적용하기 쉬운 것인지 이전에는 결코 깨닫지 못했었다고 말했다.

다시 한번, 대사들은 길을 마련해주었고 각 단계마다 나를 가이드해주었다. 나는 스스로의 의심에 굴복하지 않았다는 것에, 그리고 대사들의 가이드를 성공적으로 따랐다는 것에 뿌듯함을 느꼈다. 사실 영이 나를 이끄는 곳으로 가는 것 외에는 별 계획도 없었지만, 나는 내가 계획할 수 있는 것보다 훨씬 더 큰, 내 삶을 위한 계획이 있다는 것을 깨닫게 되었다.

나의 자유는 내 의지를 주장하는 데 있는 것이 아니라, 상위 자아의 의지와 하나가 되는 데 있었다. 자유란 마음의 파동을 낮추고, 그저 나를 통해 상위 자아의 의지가 나타나도록 하는 데 있었던 것이다.

14장 🔥 법칙에 대한 순종

후드산에 있는 내 친구와 그 가족들을 뒤로하고, 나는 다시 샤스타산을 향해 남쪽으로 주간고속도로(Interstate Highway)를 달렸다. 계획에도 없던 이 여행이 순조롭게 진행되어 만족스러운 기분이었다. 모든 면에서, 그 계획은 순탄하게 이루어졌다. 내가 해야 할 유일한 일은 그저 멈춰서 내 가슴의 중심과 동조되는 것뿐이었다.

어떻게 해야 할지 확신이 서지 않을 때면 나는 잠시 차를 세웠다. 그리고 명확한 지시가 떠오를 때까지 명상하고, 또 기다렸다. ─ 이러한 지시는 가슴의 평온함과 함께 찾아오는데, 종종 생각이나 마음속 이미지로 떠오르곤 한다. 오리건을 지나 남쪽으로 차를 몰고 가는 동안, 이전에는 한 번도 느껴보지 못했던 마음의 평화가 느껴졌다. 나는 하나님의 손안에 있고, 나 스스로 계획을 세울 필요가 없었다.

'나를 내려놓고 하나님께서 내 삶을 지휘하시도록 할 때, 삶은 얼마나 쉬워지는가!' 하는 생각이 들었다. 하지만 이내 내 인간적 마음이 폭군처럼 난동을 피웠기 때문에 이 평온함은 그리 오래가지 못했다. 샤스타산의 보금자리로 돌아가길 고대하면서 고속도로를 달리고 있던 그때, 스프링필드Springfield 출구를 가리키는 녹색 이정표가 어렴풋이 보였다. "켄 키지Ken Kesey!"라는 말이 내 입에서 터져나왔다. 그는 60년대 인습타파적 문화의 우상과 같은 인물이었다.

키지는 《뻐꾸기 둥지 위로 날아간 새》의 저자이다. 또, 극단적으로 진리를 추구하며 방만한 자유와 약물 경험을 깨달음으로 착각하는 세대들의 흔적을 잘 보여주고 있는 톰 울프Tom Wolfe의 책 《광란의 LSD 음료 파티》(Electric Kool-Aid Acid Test)의 등장인물이기도 했다. 그는 현재 아내와 아이들과 함께 스프링필드의 낙농장에서 살고 있었으므로 나는 옛 나날들을 회상하며 그를 찾아가기로 결심했다.

나는 뇌를 화학실험 대상으로 취급했던 히피 시대의 약물 문화에 동조하지 않았었다. 그런 행위들의 결과로 마치 괴물처럼 변해버린 이들을 너무도 많이 봐왔기 때문이었다. 하지만 기성 사회와 시스템에 의문을 제기했던 개척자들 중 하나인 키지를 만나고 싶다는 마음은 여전했다. 그는 다른 사람들이 자신의 진리를 찾을 수 있도록 한계와 경계의 끝까지 나아가 그것을 탐구한 이였다. 진화라는 것은 보통 곧게 이루어지기보다는 양 극단 사이를 오가며 이루어진다.

나는 그 시대의 한 일원이었고, 이제는 그 혼란스러웠던 반란기의 끝을 보고 있었다. 나는 몇몇 공동체에서 잠시 살았었고, 뉴욕의 우드스톡 근처에 농장을 소유했었다. 그때 나의 농장은 유랑하는 많은 구도자들에게 피난처가 되어주었다. 나는 테네시주의 '더 팜The Farm' 공동체에 갔다가, 버클리에 있는 '원 월드 패밀리One World Family'와 함께 살기도 했고, 인도로 건너가 히말라야에서 람 다스, 님 카롤리 바바와 함께 마하라지 상가^{Sangha}의 일원으로 있기도 했다.

60년대에 우리는 깨어난 이들 모두가 한 가족이라고 느꼈기 때문에, 나는 나도 이러한 대가족의 일부에 속한다고 생각했었다. 여기에는 깨어난 인류의 일부로서, 보다 위대한 무언가에 소속되어 있다는 느낌이 있었다. 그리고 나는 순진하게도 키지에게 잠시 들름으로써 그 형제애의 느낌을 되찾을 수 있을 거라 생각했다. 확실히, 우리 시대의 개척자였던 그는 대사들과 함께한 내 경험을 알고 싶어할 것이었다.

나는 그가 나를 저녁 식사에 초대하여 함께 옛날 얘기들을 나누는 상상을 했다. 그 자리에서 나는 그에게 내 인도 여행 이야기와 최근에 있었던 세인트 저메인과의 만남에 대해 이야기할 것이었다. 그러면 그는 내가 그곳에서 하룻밤 잘 수 있도록 배려해줄 것이었다. 우리가 서로를 가족으로 생각했던 그 시절에 흔히 그랬듯이, 환영의 의미로 말이다.

이런 상상에 빠져 있는 동안, 나는 무심코 스프링필드 출구를 지나쳐버렸다. 돌아서 가면 다음 출구까지 16킬로미터 정도가 더 걸린다는 것을 깨달은 나는 곧바로 고속도로에서 유턴하기로 결심했다.[*]

그때 나는 출구를 놓친 것을 신호로 받아들여야 했다. 과거로의 이 여행을 추구할 필요가 없다는 그런 신호 말이다. 키지를 찾아가는 일은 확실히 내 현재의 길과는 맞지 않는 일이었다. 만약 내가 잠시 멈춰 가슴 중심에 동조될 시간을 가졌더라면 나는 이것이 그저 에고의 몽상일 뿐임을 알 수 있었을 것이다.

---

* 미국의 주간고속도로는 상행과 하행이 가로대 대신 초지로 구분되어 있는 경우가 많다. ─ 역주

키지를 찾아가는 일이 정말로 신성한 계획의 일부였다면, 나는 출구를 지나치기 전에 속도를 줄이라는 내면의 느낌을 느낄 수 있었을 것이다. 하지만 그때의 나는 내 충동, 특히 갑자기 떠오르는 충동의 근원을 구분할 수 있을 만큼 자기관찰을 잘하지 못했다.

나는 갓길에 정차를 한 뒤 양방향을 살펴보았다. 물론 내 마음 한 구석에서는 고속도로를 가로질러 유턴하는 것이 불법임을 잘 알고 있었다. 하지만 나는 대사들의 제자이기 때문에 내 신적 자유를 방해하는 몇몇 대수롭지 않은 법들쯤은 초월해도 된다는 유혹이 내 마음속에 들어왔다. 나는 내가 그런 일상적이고 소소한 것들에 주의를 기울일 단계를 넘어섰다고 느꼈다. 곧 알게 될 테지만, 이것은 위험한 발상이었다. 나는 "아무도 없는 숲속에서 나무가 쓰러진다면 그 나무는 쓰러진 것이 아니다"라는 오래된 철학적 논거를 사용해서 내 행동을 합리화했다. '내가 법을 어기는 걸 아무도 보지 못했다면, 나는 실제로 법을 어기지 않은 셈이야. 당연한 거 아니겠어?'

양방향으로 1킬로미터 이상 곧게 뻗어 있는 이 한적한 도로에는 아무도 없었다. 재차 확인해봐도 차는 한 대도 없었다. 그래서 나는 주저 없이 중앙 분리선을 가로질러 반대 차선으로 차를 몰았다. 바로 그때, 고속도로 순찰차의 현란한 사이렌 빛이 백미러에 번쩍거렸다. 경찰차가 내 뒤에서 달려오고 있었다.

'도대체 어디서 나타난 거지?' 내가 도로 양쪽을 확인했을 때는 분명 차가 한 대도 없었다. 그러니 이 경찰차는 하늘에서 뚝 떨어진 게 틀림없었다. '세인트 저메인!' 오직 대사만이 이런 식으로 갑자기 나타날 수 있었다. 나는 그 순간 펄의 말이 생각났다. 펄은 세인트 저메인이 자신에게 경찰관의 모습으로 나타난 적이 있었다고 말했었다. 하지만 그것은 항상 그녀를 지켜주기 위해서였지, 범칙금을 부과하기 위해서가 아니었다.

"면허증과 차 등록증을 보여주시죠." 차창을 내리자 그가 말했다.

'와, 이 사람이 진짜 경찰이 아니라면 세인트 저메인은 맡은 배역을 꽤 잘 연기하시는군!' 내가 생각했다.

"방금 얼마나 위험한 일을 한 건지 아셨으면 좋겠네요, 피터!"

'이 사람이 내 이름을 어떻게 알고 있지?' 나는 궁금했다. 그는 내 면허증을 보기도 전에 이미 내 이름을 알고 있었다. 내가 지금껏 만나왔던 경찰들과는 달리, 그는 친절과 자비 그리고 놀라운 위엄을 갖춘 오라를 뿜어내고 있었다. 그가 말할 때는 깊은 사랑이 나를 감싸는 게 느껴졌다. 그것은 자식을 훈육하는 아버지의 사랑과도 같았다.

"네, 위험한 짓이었어요." 나는 그의 총과 배지를 보면서 더듬거렸다. '세인트 저메인이 총을 가지고 다닌다고?' 책에서는 대사들은 결코 파괴적인 힘을 사용하지 않으며 사랑으로 모든 것을 이룰 수 있다고 했다.

그의 경찰 배지에는 '잭 스미스Jack Smith 경관'이라고 적혀 있었다. '대사가 이름이나 다른 무언가를 속일 수 있단 말이야? 그럴 리 없어.' 나는 결론을 내렸다. '대사들은 항상 진실만을 말하지.' 그가 세인트 저메인이든 아니든, 그가 준 과태료 고지서는 확실히 진짜였다. 나는 차량 서랍에 고지서를 쑤셔 넣고 다시 도로를 달렸다. 적어도 가려던 방향으로 가고는 있으니 그나마 다행이었다. 천천히 근처 스프링필드 출구로 나가자 쉽게 키지의 농장을 찾아낼 수 있었다.

하지만 막상 도착해보니 내 상상과는 다른 장면이 연출되고 있었다. 키지 가족은 공동체 생활을 하기는커녕 상업적인 낙농장을 운영하고 있었다. 아주 세련되어 보이는 키지 씨는 전화로 법률적인 문제에 대해 논의하고 있었다. 아마 그의 변호사와 통화하는 듯했다. 그는 사무실에서 전화를 하는 도중 나를 맞이했기 때문에 나는 밖에서 그를 기다렸다.

내가 헛간 앞에 서 있는 동안, 키지의 아들로 보이는 젊은 남자가 헛간 쪽으로 걸어오다 미심쩍은 눈길로 나를 쳐다보았다. '당신, 뭘 원하는 거야?' 내게 그의 생각이 거의 들리는 듯했다. '옛날 얘기를 들먹이면서 우리 아버지 시간을 뺏고 싶어하는 히피가 또 왔군!' 나를 향한 그의 시선이 모든 것을 말해주었고, 나는 내가 끔찍한 실수를 저질렀음을 깨달았다.

내가 변한 것처럼, 유쾌한 장난꾸러기 키지도 변해 있었다. 지금은 60년대가 아니었고, 나는 그의 바쁜 시간을 빼앗는 낯선 이에 불과했다. 나는 그의 가족들이 농장 일을 하는 동안 무시해야 하는 사람이었던 것이다. 내가 농장 주위를 서성거린다면 키지는 나를 저녁 식사에 초대할 게 분명했다. 하지만 그러는 대신, 나는 문틈에 머리를 내밀어 그에게 작별인사를 건넸다. 그는 여전히 흥분해서 왔다 갔다 하며 바쁘게 통화하고 있었다.

나는 그의 삶에 들어가 그를 방해한 것을 후회하지는 않았지만 우리가 항상 함께 어울리며 시간을 보냈었던, 60년대의 그 가족적인 느낌과 형제애를 잃은 것이 슬펐다. 이제 그것들은 사업, 돈, 그리고 변호사들에 관한 것들로 변한 것 같았다. 나는 슬픈 마음으로 밴을 타고 그곳을 빠져나왔다.

시골길을 운전하는 동안 문득 '시험에 실패했어!' 하는 생각이 머릿속에 스쳐 지나갔다. 대사들은 나를 위해 길을 열어주었고, 나는 그것을 완벽하게 따라야만 했다. 내 의식은 방황했으며 나는 내 에고적 마음이 이끄는 대로 놔두는 바람에 길을 잃고 말았다.

고속도로를 타고 남쪽으로 되돌아가면서 교통법을 어기게 된 상황을 다시 한번 생각해보았다. 확실히 나는 위험한 짓을 하고 있었다. 정말 위험했던 것은 사실 유턴이 아니라 내가 법보다 위에 있다는 생각이었다. 그것은 영적 우월감이었다. 그리고 이러한 우월감은 겸손할 필요가 있음을 알려주는 상황들을 불러왔다. 처음에는 고속도로 경찰관의 형태로, 그다음에는 키지의 농장 방문을 통해서 말이다.

며칠간의 운전에 지친 내 마음은 오랜 습관들에 빠져들었었다. 그리고 그런 나에게는 과거에 집착하거나 미래에 대한 상상에 잠기는 것보다 내 의식을 지금 '현재'에 두라는 신호가 필요했다.

하지만 여전히 궁금한 점은 남아 있었다. '잭 스미스 경관이 세인트 저메인이 아니었을까?' 확실히 하나님께서는 '숲속에 쓰러진 나무' 얘기와는 상관없이 모든 것을 보고 계셨고, 법을 위반한 것에 대한 즉각적인 심판을 불러오셨다.

샤스타로 돌아간 후, 나는 한 달 동안 벌금을 내야 할지 말아야 할지 망설였다. 내 생각대로 만약 고속도로 경찰관이 세인트 저메인이었다면, 과태료 고지서가 진짜일 리 없었다. 그러니 오리건주 사법제도 안에서 내가 벌금을 냈는지, 내지 않았는지 아무도 알 수 없을 것이었다. 하지만 그가 세인트 저메인이 아니고, 고지서도 진짜라면? 벌금 납부 기한의 마지막 날, 나는 요행을 바라지 않고 벌금을 납부했다. 내가 생각하기에 벌금도 이번 교훈의 일부였기 때문이다.

1년이 지난 후, 나는 그 사건의 진실을 알게 되었다. 내가 샌타페이에 있을 때였다. 나는 저녁 식사 후 친구들을 한가득 실은 차를 몰고 돌아가고 있었다. 그때, 한 친구가 내게 주변에 차가 한 대도 없는데 왜 매번 정지 신호를 지키는지 물어보았다.

"모든 차원에는 그 차원만의 법칙이 있지." 내가 대답했다. "우리가 더 높은 차원으로 상승하기 전에는, 우리가 속해 있는 차원의 규칙과 법들을 따라야 해."

그 순간, 세인트 저메인이 갑자기 내 마음속에 나타나 윙크를 하며 말했다. "정확하구나, 애야! 작년 오리건에서 네게 과태료를 부과한 경찰은 바로 나였단다. 너는 필요한 교훈을 배웠고, 이제 다음 단계의 훈련으로 나아갈 준비가 되었어."

15장 🔥 시험

나는 대사가 우리의 성장에 만족한다 할지라도 그에 대한 보상을 주지는 않는다는 것을 배웠다. 오히려 대사들은 우리를 시험에 빠뜨릴 때가 많은데, 특히 그것은 우리가 전혀 예상하지 못했던 영역에서의 시험일 때가 많다. 이전 시대에서는 가르침이 비밀리에 주어졌었다. 옛날 오컬트 책들에서도 찾아볼 수 있듯이, 제자들은 종종 고된 여정을 거쳐 외딴 산의 은둔처에 소집되기도 했다. 하지만 이제 가르침은 '꿈' 속에서 주어지기도 하고, 그날그날 마주치는 힘든 경험들 속에서 주어지기도 한다. 대사들은 우리의 약점 혹은 무지한 부분을 보고, 우리가 그것을 자각할 수 있게끔 돕는다. ─ 곧 나는 이를 고통스럽게 자각하게 될 것이었다. 대사들은 이를 위해 우리를 타인들과의 관계 속으로 밀어 넣을 때가 많다. 그것도 우리의 단점을 여실히 깨닫게 하는 사람들과의 관계 속으로 말이다.

어느 화창한 가을날, 한 젊은 여성이 마을에 나타났다. 그녀의 이름은 엘리자베스 Elizabeth로, 나보다 열 살이 어렸다. 엘리자베스는 짙은 색의 깊은 눈동자, 찰랑거리는 긴 머리를 하고 있었다. 그녀는 내게서 특이한 욕망을 불러일으켰다. 그것은 마치 이전에는 미처 알지 못했던 나 자신의 일부, 결코 떨어지고 싶지 않았던 나 자신의 일부를 보는 느낌이었다. 나는 이 매혹적인 천사에게 넋이 나가 벼랑 끝까지 그녀를 따라갔다. ― 하지만 거기서 뛰어내릴 용기까지는 없었기에 나는 이 사랑의 열병을 나 자신에게조차 비밀로 묻어두려 했다.

고등학생 때 세인트 저메인의 책들을 탐독했던 엘리자베스는 졸업 후 얼마 지나지 않아 자신의 폴크스바겐 차에 모든 짐을 챙겼다. 고드프리 레이 킹이 대사들과의 모험을 시작했던 장소인 샤스타산으로 가기 위해서였다.

어느 오후, 우리는 대사들의 가르침에 관해 대화를 나누며 차를 마시고 있었다. 그렇게 서로의 눈을 응시하던 우리는 명상 상태에 빠져들었고, 각자의 I AM 현존은 그 찬란한 빛으로 우리를 완전히 적셔주었다. 방 안의 에너지가 고양되었고, 방의 대기도 보라색 빛으로 바뀌었다. 엘리자베스의 얼굴은 아마 전생의 모습인 듯한 얼굴들로 변하고 있었다. 이 얼굴들 대부분은 나에게 익숙하게 느껴졌다. 우리가 하나로 존재했었던 그때로 시간을 거슬러가는 동안, 엘리자베스도 내 얼굴이 변하는 모습을 보고 있었다. 나는 '이게 내가 평생 기다려온 진정한 사랑이야. 틀림없어' 하는 느낌이 들었다.

그러자 바늘로 풍선을 터뜨리듯 몽상에서 깨어나 현실로 돌아오게 되었고, 비전은 사라졌다. 나는 내가 제자가 되기 위한 조건으로 멜기세덱의 반차에 금욕 서약을 했다는 사실이 떠올랐다. '어쩌면 우리는 펄과 제리처럼 순결 결혼을 한 후 형제자매로서 대사들과 함께 일할 운명일지도 몰라.' 나는 내가 택한 길과는 정반대의 길로 나를 잡아당기는 듯한 이 끌림을 이해해보려 애썼다. 앞으로 우리의 관계가 어떤 모습이 될지는 모르지만, 딱 한 가지만큼은 확실했다. 이제 막 되찾은 이 오래된 사랑과 다시 헤어지게 된다면 절대 견딜 수 없으리라는 사실 말이다.

일상적 의식을 되찾은 우리는 물리적 차원으로 돌아왔다. 차는 다 식어 있었다. 그녀는 차를 데워주겠다고 했지만, 나는 내가 여기에 있는 이유를 망각하게 만드는 그 에너지의 소용돌이 속으로 휩쓸리기 전에 빨리 자리를 떠야 한다고 느꼈다. 나는 다시 가슴 중심으로 돌아갈 필요가 있었다. 그리하여 근원 속에서 나 스스로를 더 단단히 세우고, 무엇을 해야 할지 혹은 아무 행동도 하지 말아야 할지 알아내야만 했다.

그녀의 오두막집을 나와 상쾌한 가을 공기를 마시며 걷고 있던 그때, 문득 불안한 느낌이 들었다. 갑자기 타오른 이 불길이 너무 강렬해서 내 최근의 맹세를 위협하는 기분이 들었기 때문이다.

엘리자베스와의 하나됨을 느낀 나는 우리가 쌍둥이 광선*이 아닐까 하는 생각이 들었다. 펄은 쌍둥이 광선, 즉 한 존재에서 분리되

---

* 쌍둥이 불꽃(Twin Flames)이라고도 하는 쌍둥이 광선(Twin Rays)은 동일한 신성 현존이 남성적, 여성적 측면으로 개체화된 것이다. 이들은 구형의 모양을 하고 있다. 남성은 신성 현존의 외적이고 정신적인 수단에 가깝고, 여성은 내적이고 가슴의 수단에 가깝다고 할 수 있다. 이들은 한 존재로서 기능할 수도 있고, 여성적인 측면이 외부로 투영되어 독립적인 존재로 기능할 수도 있다. 대부분의 광선들은 물질 속으로 하강할 때, 개별적인 진화의 여정을 걷기 위해 두 가지 측면으로 분리되었다. ― 그리하여 그들은 카르마를 쌓기 시작했다.
쌍둥이 광선이 배움을 마치면 다시 다른 반쪽과 결합하게 되는데, 재결합은 보통 상승 이후에 이루어진다. 건전지의 양극이 만날 때처럼, 지구 차원에서 양극과 음극이 합쳐지면 너무나 큰 에너지가 방출되기 때문이다. 또, 그들의 잠재적 성향이 정화되기 전에 합일이 이뤄지면 불화가 생기고, 혹여 조화를 이룬다고 해도 그 관계에만 너무나 몰두한 나머지 그 외의 다른 활동들에는 흥미를 잃게 되기 때문이기도 하다.

어 나온 남성적 측면과 여성적 측면에 대해 언급한 적이 있었다. 그녀는 개체성이라는 배움을 얻기 위해 아주 오래전에 이러한 분리가 있었으며, 이 둘은 배움이 끝났을 때 다시 합쳐질 운명이라고 말했었다. 나는 답을 알기 위해 기도했고, 대사들에게 한 맹세를 유념했다. 그리고 그러는 동안 내 운명이 여기에 달려 있음을 느끼면서 엘리자베스와 거리를 두었다.

나는 그녀에게 내가 왜 그녀와 거리를 두는 건지 설명하고 싶었다. 하지만 나조차도 내게 무슨 일이 일어나고 있는 건지 잘 몰랐기 때문에 관계를 악화시키지 않고서 이 내적 갈등을 분명히 표현하기란 불가능했다. 나는 대사들이 제자에게 절대적인 완전무결함을 요구한다는 사실을 알고 있었기에, 한편으로는 조심스러운 마음이 있었다. 하지만 다른 한편으로는 그녀의 현존 속에서 경험했던 그 하나됨의 원천 속에 다시 푹 잠겨 있고 싶다는 마음도 있었다. 그녀에게 별다른 해명을 하지 않은 채로 몇 주가 흘렀다. 나는 관계를 주저하는 나의 마음이 엘리자베스에게 상처가 되었다는 사실을 알게 되었다. 그녀는 마치 나를 자극하려는 것처럼 다른 남자들과 사귀기 시작했다. 그중 몇몇은 내 친구였는데, 그녀는 내 앞에서 이들과의

어느 경우에나, 누군가가 자신의 쌍둥이 광선과 밀접한 관계를 맺는 일이 생긴다면 그것은 대개 대사가 주도한 일이 아니다. 대사는 함께 이루어야 할 특별한 봉사가 주어지는 경우를 제외하면 쌍둥이 광선끼리 그러한 관계를 맺도록 추천하지 않는다. 아서 왕의 아내인 귀네비어와 랜슬롯 경의 로맨스는 이러한 끌림이 초래할 수 있는 대혼란의 완벽한 예시라고 할 수 있다. 어떤 이들은 비교적 현대의 커플인 존John과 요코 레논Yoko Lennon, 소니Sonny와 셰어Cher(미국의 혼성 음악 그룹 - 역주)가 쌍둥이 광선이라고 주장하기도 한다. 하지만 이것이 정확한지 아닌지는 장담할 수 없다.

소울메이트Soulmate들은 전생에서 자주 함께했던 영혼을 말하며, 이 생애에서 함께 어떤 배움을 완성하거나 봉사의 행위를 하게 된다. 소울메이트는 당신을 보살펴주는 지지자일 수도 있지만 당신의 성장을 촉발시키는, 당신을 힘들게 만드는 사람일 수도 있다. 혹은 쌍둥이 광선이 소울메이트일 때도 있다. 어쨌든, '다른 반쪽'을 적극적으로 찾는 일은 시간, 에너지, 주의력을 낭비하는 행동일 뿐이다. 개인적인 노력과는 관계없이, 함께 할 운명인 사람은 항상 가장 적절한 시기에 만나게 되고, 또 헤어지게 되기 때문이다.

관계를 과시했다. 나는 처음으로 질투라는 감정을 느끼기 시작했다. 또, 나는 대사들이 내게 요구했던, 순결함에 대한 변함없는 복종의 길을 그녀가 따르지 않는 것 같다고 생각하며 그녀를 재단했다.

엘리자베스와 멀어진 것에 슬픔을 느낀 나는 다시 명상에 몰두하며 펄과 함께 더 많은 시간을 보냈다. ─ 나의 이런 행동은 오히려 엘리자베스를 더욱 화나게 만들었고, 의도치 않게 그녀가 펄의 집에서 가르침 받기를 꺼리게끔 만들어버렸다. 엘리자베스는 최근에 들어온 학생이었음에도 불구하고, 이제 배움을 완전히 그만두었다. 나는 지역사회 모임이나 거리를 지나는 어색한 순간에만 그녀와 마주쳤다. 초월적인 사랑에도 불구하고, 우리는 각자의 길을 가야 했다. 그렇게 내 마음속의 열망은 표현되지 못한 채 남아 있었다.

펄은 내가 엘리자베스를 만나기 전에도 그녀와 나 사이의 연결을 인지하고 있었다. 지금 내가 직면한 도전에 대해서도 알고 있던 펄은 내가 결심을 유지할 수 있도록 도와주었다. 혹여 내게 관심이 있어 보이는 여성이 있으면 펄은 서슴없이 그 여성에게 다가가 내게서 멀어지라고 말했다. ─ 내가 바랐던 것보다도 훨씬 더 멀리 말이다. 하지만 나는 펄을 믿었다. 펄은 세인트 저메인이 나를 가르치도록 맡긴 유일한 사람이었고, 나는 그런 그녀의 헌신을 존경했다. 나는 이런 보호막이 나중에 짐이 될 것이라고는, 그 보호의 그늘 아래서 벗어나 자유로워져야 할 때가 올 것이라고는 꿈에도 모르고 있었다. ─ 일단 자신의 내면에서 스승을 찾게 된 학생은 결국 외적인 스승으로부터 자유로워져야만 한다.

그러던 어느 날 아침, 나는 충격을 받았다. 펄과 함께 앉아 깊은 명상에 잠겨 있는데, 펄이 문득 침묵을 깨면서 이런 말을 한 것이다.

"가까운 미래에 당신과 엘리자베스가 함께 어딘가로 가는 모습을 봤어요."

'엘리자베스와 내가 함께 있다니, 무슨 말을 하는 거지?' 나는 펄의 말을 믿기가 힘들었다. 내가 아무 말 하지 않아도 펄은 이미 내가 엘리자베스를 미친 듯 좋아한다는 것을 알고 있었다. ─ 그리고 엘리자베스가 더 이상 이곳으로 찾아오지 않는 이유는 내가 펄을 스승으로 모시며 그녀에게 헌신하기 때문이라는 것도 다 알고 있었다.

며칠 후, 펄이 내게 다시 말했다. "아직도 당신이 엘리자베스와 뭔가를 하는 것이 보여요. 그렇게 하고 싶은 어떤 욕구가 있지 않나요?"

'어떤 욕구라니?' 명상을 하거나 대사들의 가르침을 공부하고 있을 때가 아니면 내 마음속에는 언제나 엘리자베스가 있었다. 생각을 조절해보려고 노력해도 허사였다. 나는 펄의 말처럼, 정말로 엘리자베스와 내가 대사들이 머지않아 함께하도록 이끌 쌍둥이 광선인지 다시 궁금해지기 시작했다. '펄이 계속 엘리자베스를 언급하는 건 아마도 그런 이유가 아닐까?' 아니면 우리는 그저 소울메이트 관계일 수도 있었다. 그러면 전생에 함께했던 파트너인 우리가 이번 생에서도 함께할 수 있었다. 나는 우리의 내적 연결에 대한 진실을 알기 위해 기도했다.

그날 밤, 나의 기도는 놀라운 방식으로 응답받았다. 쌍둥이 광선의 진실을 드러내주는 초월적인 경험을 하게 된 것이다. 이 경험으로 인해 영혼의 이원적 속성에 대한 나의 이해가 영원히 바뀌어버렸다.

나는 내 이름을 부르는 목소리에 잠에서 깨어났다. 눈을 떠 위를 보니 내 위에 떠 있는 황금빛 구가 보였다. 잠에서 완전히 깨고 나자, 나는 그것이 엘리자베스임을, 그러니까 그녀의 빛나는 I AM 현존인 것을 깨달을 수 있었다.

'뭘 해야 하는 거지?'

'나를 안아주세요!' 바로 내적인 대답이 왔다.

'안아달라고? 빛을 어떻게 안아?'

이 딜레마에 대해 곰곰이 생각하는 동안, 나는 육체로부터 빠져나와 내 사랑을 향해 위로 올라갔다. 그리고 내 가슴이 열리면서 그녀를 감싸 안을 수 있었다. 지복과 공(emptiness)이 결합된 파동의 바다 속에서 우리의 가슴과 마음이 하나가 되었다. ─ 여기에 자신이나 다른 이에 대한 의식은 존재하지 않았고, 오로지 신성의 영원한 하나의 실재만이 존재했다.

나는 아침에 깨어날 때까지도 하나됨의 황홀경 속에 푹 잠겨 있었다. 그리고 방금 경험한 이 영적 결합이 보통의 인간적인 섹스를 초월하는 경험임을 깨달았다. 나는 이런 결합을 절대, 다시는 이원성 속에서 찾지 않게 될 것이었다. 이는 의식의 결합을 통해서만 얻을 수 있는 것이었기 때문이다. 나는 모든 이들이 자신 안에 내재된 양극성의 합일, 즉 천상에서 이루어진 결혼을 경험하게 되면 이 세상에 그 어떤 갈등이나 전쟁도 존재하지 않을 것을 알게 되었다. 그날 밤 내가 경험했던 지복은 내가 명상 중에 겪었던, 내 남성성과 여성성의 에너지가 합쳐졌을 때의 느낌과 비슷했다. 나는 이러한 합일을 허락한 대사들에게 가슴 깊이 감사드렸다. 이 경험은 우리 관계의 진실을 알고자 하는 나의 기도에 대한 응답으로, 대사들이 전할 수 있는 어떠한 형태의 답보다도 더 확실한 설명이 되었다.

지난 몇 주 동안 엘리자베스와 대화를 나누지 않았음에도 불구하고, 나는 충동적으로 전화기를 들어 그녀에게 전화를 걸고 있었다. 지난밤에 있었던 에테르 차원에서의 합일과 같은 친밀함을 계속 유지하고, 그것을 현실로 더 가까이 가져오고 싶은 마음에서였다. 물론 물질적인 차원에서는 그러한 깊은 합일의 경험이 일어날 수 없다는 걸 알고 있었다. 하지만 서로에게 더 가까운 친밀감을 느끼게 되면 최소한 연인 사이는 될 수 있지 않을까 하는 생각이 들었다.

실망스럽게도, 엘리자베스는 지난밤 내 영혼 깊숙이 영향을 미친 그 경험을 기억하지 못했을 뿐 아니라, 너무 이른 시간에 전화한 것에 대해 짜증까지 냈다.

"뭐라고요? 당신, 꿈꿨어요?" 피곤한 목소리로 그녀가 대답했다. 나는 나의 무관심에 대해 엘리자베스가 품고 있던 원망이 가벼운 흥미로 바뀌어 그녀를 잠에서 깨어나게 했음을 느낄 수 있었다.

"그래요. 당신은 꿈 안 꿨어요?"

"네, 꿈 같은 건 아예 없었어요." 지루해 보이는 듯한 그녀의 대답이 돌아왔다.

"아, 그렇군요." 나는 흥분한 마음을 가다듬고 말했다. 내가 무슨 말을 해도 엘리자베스는 내 경험이 꿈이라고 생각할 것이다. 이런 상황에서 우리의 합일에 대해 말하는 것은 실수를 저지르는 것이었다. 그래서 나는 대백색 형제단의 모토*에 따라 지혜롭게 침묵했다. 그 이유를 헤아릴 수는 없었지만, 대사들은 엘리자베스에게 쌍둥이 광선인 우리의 관계를 아직 알리고 싶지 않은 것 같았다. 그러나 나는 상황이 곧 바뀔 것을 확신했다.

---

* '알라, 과감히 시도하라, 행하라, 침묵하라'(To know, to dare, to do, and to be silent). — 역주

"전화는 왜 한 건가요?" 그녀가 하품을 하며 물었다. 나는 우리가 함께할 운명이라는 걸 다 털어놓고 싶은 충동이 들었지만 간신히 참았다. 그리고 불쑥 이렇게 내뱉었다.

"애슐랜드로 연극 보러 갈래요?"

나는 나 자신도 모르게 대사들이 연출한 이 연극에서 이미 내 역할을 연기하고 있었다.

16장 🔥 다시 나타난 세인트 저메인

전 세계의 관광객들이 오리건 셰익스피어 축제에 참여하기 위해 그림 같은 풍경의 애슐랜드로 몰려들었다. 애슐랜드는 샤스타산에서 북쪽으로 한 시간 거리였는데, 나도 이곳으로 연극을 보러 갈 참이었다.

"그럼요. 정말 가보고 싶어요." 엘리자베스가 대답했다. 아마 그녀는 왜 내가 몇 달 동안 침묵하다가 갑자기 데이트를 신청하는지 궁금했을 것이다.

'잠깐, 펄이 나와 엘리자베스가 함께 어디론가 가는 것을 봤다고 말하지 않았었나?'

다음 날 내가 펄에게 엘리자베스를 데리고 셰익스피어 축제에 연극을 보러 간다는 말을 하자, 내 예상과는 반대로 그녀는 얼굴을 찌푸리는 대신 "완벽해요!"라고 말했다.

"완벽하다고요?" 내가 되물었다. "뭐가요?"

"이건 대사의 계획이에요." 펄이 말했다. "나와 제리도 같은 연극표를 가지고 있어요. 거기서 봐요!"

'대사들이 우리의 합일을 축복하고 있다는 사실을 한 번 더 확인시켜주는군.' 나는 생각했다. 세인트 저메인과 셰익스피어와의 연관성도 내 머릿속에 다시금 떠올랐다. 1600년대 세인트 저메인의 환생 중 하나가 셰익스피어 희곡의 숨은 작가인 프랜시스 베이컨 경이라는 사실은 상승 대사의 학생들 사이에서 잘 알려져 있었다. 이후에 나는 그 희곡들의 진짜 작가를 둘러싼 비밀을 다루는 영화인 〈윌리엄 셰익스피어 음모〉(The William Shakespeare Conspiracy)의 시나리오를 쓰게 될 것이었다. '대사가 이 축제에 우리를 모이게 하다니, 정말 완벽해!' 나는 이렇게 결론지었다.

나는 집에서 이 특별한 밤을 위한 대사들의 계획이 무엇인지 알고자 명상에 잠겼다. 나는 엘리자베스가 우리 관계의 진정한 진실을 알게 되기를, 나와 같은 깨달음을 얻기를 바랐다. 그러면 우리는 대사가 되어가는 과정을 겪으며 함께 일할 수 있을 것이었다. 내 느낌에는 이것이 대사들이 우리에게 바라는 것이었다. '세인트 저메인이 내게 보여주었던 것을 엘리자베스에게도 보여줄까? 그가 우리에게 축복의 신호를 보내줄까?' 나는 곧 대사를 다시 보게 될 것 같다는, 그가 극장에 나타나 엘리자베스와 나를 위한 그의 계획을 직접 알려줄 것 같다는 느낌이 들었다. 그렇게 침묵 속에 앉아 있을 때, 내 생각을 확인시켜주려는 듯 갑자기 세인트 저메인의 에테르체가 내 앞에 나타났다. 그리고 특유의 활기 넘치는 어투로 내게 말했다. "나도 그곳에 갈 거란다."

수시로 내 멘토를 만나는 데는 이미 익숙해져 있었지만, 이번엔 그의 모습이 평소보다 더 생생했다. 나는 세인트 저메인에게 물어봤다. "어떤 모습으로 오실 건가요?"

"이번엔 육체를 입고 갈 거야." 그는 나의 강한 관심에 익살스러운 미소를 지으며 대답했다.

"제가 당신을 알아볼 수 있을까요?" 나는 내 운명을 손에 쥐고 있는 것처럼 보이는 이 불가해한 존재를 다시 만나길 열망하며 물었다.

"얘야, 그건 너에게 달려 있단다." 아버지의 사랑과 자비가 담긴 듯한 목소리가 울려 퍼졌다.

"저에게 달려 있다고요?"

"그렇지. 나를 알아보고 못 알아보고는 그때 너의 의식에 달려 있어."

"당신이 육체로 나타난다면 틀림없이 알아볼 거예요. 제가 계속 경계하고 있을 거니까요."

"두고 보자꾸나." 그가 대답했다. "물론 너도 알겠지만 나는 네가 평소 봐왔던, 가슴에 몰타 십자가가 달린 남색 망토 차림으로 연극을 보러 가진 않을 거란다. 나는 변장한 모습으로 거기 나타날 거야. 대사들은 절대 주목을 받을 만큼 눈에 띄지 않기 때문이지. 어쨌든, 나는 거기서 너와 만나게 될 거란다." 그가 웃으며 말했다. 그는 나타날 때도 그랬듯 갑자기 사라져버렸다. 나는 다가올 일에 대한 행복한 기대감 속에 남겨졌다.

고대하던 이 만남을 비밀로 지키기란 정말 쉽지 않았다. 나는 쉬이 만날 수 없는 대사와의 만남을 약속받았을 뿐만 아니라 사랑하는 엘리자베스와 마침내 데이트를 할 거라는 생각에 상당히 들떠 있었다. 우리가 관람할 연극이 훨씬 더 로맨틱한 〈로미오와 줄리엣〉

이 아닌, 〈겨울 이야기〉인 것이 좀 안타깝게 여겨질 뿐이었다. 나는 들뜬 기분을 가라앉히기 위해 상승 대사들의 신조를 되뇌었다. '알라, 과감히 시도하라, 행하라, 침묵하라.'

나는 펄을 포함한 그 누구에게도 이 비밀을 누설하지 않았다. 오늘 저녁, 특별한 봉사를 위해 인간의 몸을 하고 나타난 신적 존재인 상승 대사와의 만남이 있을 거라는 사실을 말이다.[*] 추측건대 그들은 단지 우리가 연극을 보러 간다고만 알고 있을 것이다. 아니, 어쩌면 펄은 대사들과 아주 친밀했기 때문에 세인트 저메인이 나타나리라는 사실을 알고 있었을지도 몰랐다. 하지만 펄은 어떤 사실을 밝히기 전에 항상 신중하라는 대사들의 말을 철저히 잘 지키는 사람이었다.

그날 저녁, 가장 좋은 옷으로 차려입은 엘리자베스와 나는 내 스투드베이커Studebaker 트럭을 타고 애슐랜드로 향했다. 이 트럭은 왁스로 광택을 내기는커녕, 깨끗이 세차하는 것 외에는 달리할 수 있는 게 없을 정도로 낡은 차였다. 차가 이렇긴 했지만, 나는 내가 가진 유일한 타이와 재킷으로 옷을 잘 차려입었다. 이렇게 정장을 차려입고 나니 대사와 만나고 엘리자베스와의 합일을 축복받겠다는 내 기대에 걸맞는, 충분히 기품 있는 사람이 된 기분이 들었다.

우리는 연극이 시작하기 한 시간 전에 축제 장소에 도착했다. 나는 빨리 세인트 저메인을 찾아낼 수 있길 바라면서도, 엘리자베스와

---

[*] 과거에는 사람들 앞에 모습을 드러낸 신적 존재들이 신으로 숭배되는 경우가 많았다. 이러한 이유로, 대사들은 평범한 사람의 모습으로 나타나고 있다. 이는 사람들이 눈앞의 현상에 사로잡히기보다는 각자에게 내재한 신성을 찾길 바라기 때문이다. 영적 수련법들은 매우 다양하기 때문에 어떤 수련법에 따르면 스승이나 가르침에 대한 존경의 표시로 절을 해야 할 때도 있다. 하지만 깨달은 존재들은 꾸며낸 겸손과 복종이 필요하지 않고, 그것을 원하지도 않는다. 그들은 오로지 진실한 경의심만을 원하는데, 이는 감사하는 마음과도 같다.

함께하는 이 소중한 시간을 단 한 순간도 낭비하고 싶지 않았다. 몇 달 전, 엘리자베스를 만난 후로 그토록 간절하게 바라온 데이트였기 때문이다. 우리는 셰익스피어 극장 근처의 아름다운 도시 공원을 산책했다. 나는 그녀와 손을 잡고 걸으면서 우리 가슴 속 불꽃들이 합일되는 지복을 느꼈다. 그와 동시에, 신성의 은총이 우리에게 내려진 것도 느낄 수 있었다.

이렇게 일상적인 세계를 넘어선 황홀경에 빠져 있는 나였지만, 대사와 만나기로 한 약속만큼은 절대 잊지 않았다. 나는 대사가 언제든 갑자기 나타나 우리에게 걸어올 수도 있다고, 그리고 그가 우리를 축복해줄 거라고 생각했다. 그래서 눈앞에 보이는 모든 사람을 세심히 관찰하며 걸어갔다. '세인트 저메인이 어떻게 나타나실까? 어떤 모습과 복장을 하고 계실까?'

얼마 지나지 않아 나는 그가 내게 아무런 단서도 주지 않는다면 그를 찾는 것이 내 생각보다 훨씬 힘든 일이 되리라는 것을 깨달았다. 나는 엘리자베스에게 내가 누군가와의 만남을 기대하고 있다는 기색을 전혀 내비치지 않았다. 나는 그녀가 지금 나의 곁에 있다는 것이 기뻤고, 오랫동안 지체되어온 우리의 로맨스에 다시 불이 붙었다는 것이 마냥 행복했다. 만약 대사와 만나기로 한 약속만 없었더라면 나는 우리가 주연 배우인 이 로맨스를 위해 연극 관람은 건너뛰고 그녀와 함께 계속 걷고 싶어했을 것이다.

이 산책은 우리가 앞으로 함께할 삶의 시발점처럼 느껴졌다. 나는 대사가 나타나서 내가 이미 알고 있다고 느낀 그것을 확인시켜주기만을 기다렸다. 그저 대사가 고개를 한 번 끄덕여주는 것만으로도 무언의 축복과 허락을 받을 수 있을 것만 같았다.

만약 이 연극의 감독이 우리의 드라마를 로맨스물로 쓰지 않았고, 또 우리에게 각자 다른 배역을 맡겼음을 미리 알았더라면 나는 그녀와 둘이서 영원히 그 장미 정원을 거닐고 싶어했을 것이다. 하지만 나는 이 달콤한 드라마에 빠져 계속 꿈을 꾸고 있었다.

연극의 시작을 알리는 마지막 종이 울리자 우리는 극장으로 들어가 자리에 앉았다. 우리보다 훨씬 아래쪽 앞줄에는 펄과 제리가 앉아 있었다. 하지만 나는 그들에게 인사를 하러 가지 않았다. 여전히 모습을 드러내지 않은 세인트 저메인을 찾아 사방을 살펴야 했기 때문이다.

나는 그를 절대로 놓치고 싶지 않았다. 대사는 내게 주의 깊게 살피지 않는다면 자신을 알아보지 못할 수도 있다는 힌트를 주었기 때문에 나는 엘리자베스에게 양해를 구하고 로비로 걸어나갔다. 그리고 입구에서 표를 받는 안내원 옆에 서서 생각했다. '세인트 저메인이 극장에 입장할 때 그를 알아볼 수 있을 거야. 이 문들을 통과하지 않고는 극장 안으로 들어올 방법이 없으니까 말이야. 그리고 세인트 저메인이 어떻게 변장을 하더라도 그의 높은 진동수와 고양된 에너지 때문에 그는 내게 들킬 수밖에 없어. 어쩌면 내게 윙크를 하거나 미소를 지어 보일 수도 있지.'

나는 모든 얼굴을 샅샅이 살피며 매의 눈으로 대사를 찾아보았다. 하지만 연극의 시작을 알리며 무대 조명이 어둑해질 때까지 그는 나타나지 않았다. 나는 연극을 놓치지 않기 위해서 잔뜩 실망한 채로 엘리자베스의 옆자리로 돌아왔다. 그녀를 향한 내 사랑도 중요했지만, 대사와의 만남을 놓치지 않는 것이 몇 배는 더 중요했다.

나는 연극에 집중할 수가 없었다. '뭐가 잘못된 거지? 그는 왜 나를 따돌렸을까?' 나는 도착하지 않는 데이트 상대를 기다리는 어린 소녀처럼 버림받은 듯한 기분을 느꼈다. 그리고 왜 내가 바람을 맞은 건지 궁금했다.

나는 의심과 실망 때문에 마음이 괴로웠지만 그래도 연극에 집중하려고 노력했다. 연극은 아내의 정절을 의심하는 왕이 결혼생활을 파괴하고, 자신의 젖먹이 딸이 다른 남자의 자식이라 의심하며 딸을 쫓아내는 내용이었다. 하지만 흥분을 느꼈던 셰익스피어의 다른 연극들과는 달리, 이 연극은 긴 독백 때문에 다소 지루한 느낌이 들었다.

'좌석에서 꼼짝 못하고 있긴 하지만, 내 마음은 자유롭게 우주를 돌아다닐 수 있어.' 어디든 갈 수 있고, 무엇이든 할 수 있다는 내 의식의 잠재된 힘을 자각하자 로비에서 뜨거운 커피 향을 맡았을 때만큼이나 효과적으로 의식을 각성시킬 수 있었다.

나는 보라색 불꽃을 심상화해 불러왔다. 보라색 불꽃을 불러오는 일은 극장이나 공공장소 등 어느 곳에서든 오래된 사념체*를 정화하기 위해 내가 자주 하던 일이었다. 그러자 놀랍게도 무대에 보라색 빛이 가득 차올랐다. '조명에서 나오는 빛인가?' 궁금한 마음에 위를 쳐다봤지만 무대를 비추고 있는 조명은 흰색과 빨간색이었다. 파란색이나 보라색 조명은 전혀 없었다.

이는 적어도 세인트 저메인이 에테르체로 이곳에 와 있으며, 정

---

* 자세한 내용은 애니 베전트Annie Besant와 C.W. 리드비터Leadbeater의 책 《사념체》(Thought Forms)를 참조하라. 모든 생각은 이미지뿐 아니라 진동을 만들어낸다. 이것들은 공간에 투영되며, 의식적으로 소멸시키거나 시간이 지나 자연스럽게 사라질 때까지 계속 남아 있게 된다. 생각이 창조하는 이러한 에너지와 형태들은 내면의 시야가 열린 사람들에게 보이며, 여러 종류의 고통, 불편, 질병, 적개심을 일으킨다. 많은 사람이 이러한 생각에 집중하기를 반복하면 이 상념체는 끊임없이 재생산되어 엄청난 힘을 가진, 살아 있는 실체를 창조하게 된다. 이것은 종종 지진과 같은 자연재해를 일으키고 전쟁을 뒷받침하는 힘이 되기도 한다. 하지만 이 실체는 대사들과 의식적인 빛의 일꾼들의 집중된 의식으로 용해될 수 있다.

화를 위한 나의 내적 선언(invocation)을 증폭시켜주고 있다는 것을 의미했다. 나는 배우들과 관객들이 이 에너지를 느낄 수 있을까 궁금했다. 하지만 아무래도 상관없었다. 이 보라색 빛이 극장과 마을 전체에 퍼지면서 모두를 정화하고 있음을 알았으니 말이다. 나는 이제 내가 이 연극의 적극적인 참여자가 되었음을 알게 되었다.

극장 안을 아무리 둘러보아도 대사와 닮은 사람은 보이지 않았다. '세인트 저메인이 이곳에 에테르체로만 와 있는 걸까? 분명 내게는 인간의 모습으로 나타날 거라 말씀하셨는데…. 내가 그를 놓쳤을 리 없어. 아마 그의 말대로 예리하게 주변을 살핀다면 곧 그를 보게 되겠지.'

이제 나는 대사의 의식이 이 극장에 집중되어 있으며, 그가 극장 안의 모든 이들을 그의 마음으로 끌어안고 있음을 알 수 있었다. 시간은 빠르게 흘러갔고, 곧 1막이 끝나면서 다시 조명이 밝혀졌다. 엘리자베스와 나는 펄과 제리에게 인사하기 위해 통로를 걸어 내려 갔다. 그들은 앞줄의 중앙 좌석에 앉아 있었고, 나는 등과 다리를 풀어주기 위해 무대 가장자리에 기대어 서 있었다.

나는 펄과 연극에 관한 이야기를 나누고 있었는데, 청바지와 어울리는 데님 재킷을 입은 한 젊은 남자가 통로를 걸어 내려와 우리 쪽으로 다가왔다. '이런, 저토록 격식 없는 차림이라니. 극장에 청바지를 입고 오는 게 웬 말인가! 적어도 나는 장소에 걸맞게 차려입고 왔는데 말이지.' 나는 스스로 뿌듯해했다. 극장에 갈 때는 격식 있는 차림을 해야 한다는, 어린 시절 어머니가 내게 심어준 생각을 잘 따른 것이 흐뭇했던 것이다. 나는 1년 내내 옷장 뒤편에 걸려 있던 넥타이와 재킷을 입은 것에 우쭐해하며, 격 없는 차림으로 극장을 돌아다니는 그 남자를 업신여기는 눈길로 바라보고 있었다. 펄은 학생이 아주 많기 때문에, 나는 우연히 펄을 만난 학생들이 그녀에게 다가와 반가움을 표현하는 경우를 자주 봐왔다. 하지만 학생들은 늘 펄에 대한 존경심을 가지고 있었고, 일반적 에티켓을 넘어서서 몸을 밀착시키며 개인적인 친밀감을 표현하는 일은 거의 없었다.

그런데 이 데님을 입고 있는 무례한 청년은 다른 학생들과는 다르게 펄의 옆자리에 털썩 주저앉았다. 그는 펄에게 몸을 기댄 채 옆의자의 등받이에 팔을 걸치고 그녀의 팔을 만지고 있었다. '무례하기 그지없군! 이 사람은 자신이 뭐라도 된다고 생각하는 건가?' 전통적인 예법을 굉장히 중요시하는 펄은 공공장소에서 자신에게 이런 식으로 친밀하게 구는 것을 남편에게조차 절대 허용하지 않았다. 하지만 펄은 싫은 내색도 없이 그가 기댈 수 있게 해주었고, 그를 밀어내지도 않았다. 나는 '이봐, 당신이 뭐라도 되는 줄 알아!' 하고 고함을 치고 싶었다. 나는 내 스승에게 친밀함을 보이는 이 낯선 사람에게 갑자기 질투가 나서 놀랐다. '이 부인이 누군지 알긴 하나? 그녀는 상승 대사들을 위해 일하는 스승이라고! 마치 네 애인인 것마냥 펄에게 함부로 기대면 안 된단 말이야! 잠깐, 만약 펄의 순수함이 거짓이고 혹시 이 사람이 진짜 펄의 애인은 아닐까?' 나는 의심과 질투로 이성을 잃어버린 내 마음에 깜짝 놀라고 말았다. 내가 수년 전에 극복했다고 여겼던 이 부정적인 감정들이 다시 표면으로 끓어오르고 있었다. 다행히도 나는 이 감정과 완전히 동일시되기보다는 한 발짝 물러난 채 그것들을 관찰할 수 있었다.

펄과 이 남자가 진짜 연인 사이라 할지라도, 펄이 공공장소에서 이 정도의 친밀함을 표현할 수 있게 허락한 경우는 본 적이 없었다.

화가 난 나는 '왜 펄이 팔을 빼지도 않고 가만히 있는 거지?' 하는 생각이 들었다. 나는 펄의 과업을 이어가기 위해 훈련받고 있는, 그녀의 중요한 학생이었다. 가끔 나도 감사함의 표시로 그녀를 껴안거나 볼에 키스를 하긴 했지만, 사람들이 있는 곳에서는 절대 그런 행동을 하지 않았다.

이러한 내 마음의 동요를 감지한 듯, 펄은 내 눈을 쳐다보며 말했다. "피터, 이 신사를 아시나요?"

"아니요, 모르는 것 같은데요." 나는 분노를 억누르며 대답했다. 사실 그 남자를 알고 싶지도 않았다. 펄은 그 사람을 신사라고 불렀지만, 신사라고 불리기에는 복장이나 태도가 영 아니었다. 그는 재단이 아주 잘 되어 있는 청바지에, 칼라에 흰색 러플이 달린 실크 셔츠를 자랑스럽게 입고 있었다. 더 자세히 살펴보니, 이 셔츠는 내가 본 그 어떤 옷보다도 더 품격이 있어 보였다. ─ 이런 셔츠는 프랑스 혁명 때부터 루브르 박물관에 걸려 있던 그림 속에서나 본 적이 있었다. 나는 부러운 마음에 이런 생각이 들었다. '나도 이런 셔츠 하나 있으면 좋겠다. 이 사람은 어디서 쇼핑을 할까? 카탈로그를 보는 걸까?' 나는 그 남자에게 물어보고 싶어 견딜 수가 없었지만 내가 그의 무례한 행동을 용인했다고 생각하게 만들 수는 없었다. 러플 실크 셔츠가 그 남자의 나머지 모습을 보완해주고 있긴 했지만 그가 내 스승을 향해 보인 모욕적인 행위를 용납할 수는 없었다.

"연극은 재밌게 보셨나요?" 무례한 불청객이 나를 뚫어지게 쳐다보며 물었다. 그는 입술에 엷은 미소를 띠고 있었다.

"네, 셰익스피어를 정말 좋아하거든요." 나는 건성으로 대답하며 '셰익스피어의 연극 대부분을 좋아하긴 하지만 오늘 연극이 〈로미오와 줄리엣〉이었으면 더 좋았을 거야. 그리고 무대와 좀더 가까운 좌석에 앉을 수 있었다면 더 좋았을지도 몰라' 하고 생각했다.

"2막 때는 두 분 다 앞줄에 앉아 보시는 게 어때요?" 그가 마치 내 마음을 읽은 듯이 물었다.

나는 "좋다"는 표시로 고개를 끄덕이는 엘리자베스를 힐끗 쳐다보며 "네, 물론이죠" 하고 그의 제안을 수락했다.

"음, 여기 두 좌석이 빌 거예요." 그 남자가 펄과 가까이 있는 두 좌석을 가리키며 장담하듯 말했다. "원하신다면 저기 앉으셔도 돼요."

'이렇게 거만할 수가!' 1막 때 사람이 앉아 있던 이 두 좌석이 휴식 시간 이후에 비어 있을 거라는 그의 말은 그저 추측일 뿐이었다. 나는 그 자리를 뺏고 싶지도 않았을뿐더러 막이 올라가는 동안 원래의 자리 주인들에게 비켜달라는 요청을 받고 싶지도 않았다. 나는 2막이 시작되기 전에 화장실을 다녀와야 했으므로 그 낯선 이방인은 완전히 무시한 채 펄, 제리, 엘리자베스에게만 양해를 구하고 통로를 따라 로비로 걸어갔다.

사람이 가득 들어찬 남자 화장실 문을 연 나는 충격을 받았다. 데님 옷을 입은 그 남자가 화장실 한가운데 서서 지퍼를 올리며 나가려고 하는 것이 아닌가. '이 사람은 조금 전까지만 해도 펄의 옆에 있었는데 어떻게 나보다 먼저 올라왔지?' 그는 문 쪽으로 걸어오다 나를 발견하고는 고갯짓으로 인사했다.

나는 어린 시절부터 남자 화장실에서 낯선 이들과 엮이지 않도록 교육받았기 때문에, 그의 눈을 피한 다음 조용히 그 옆을 지나쳤다. 화장실에는 사람이 많았기 때문에 차례를 기다려야 했다. 볼일을 보고 극장으로 돌아온 나는 엘리자베스가 중앙 통로 위쪽에 있는 원래의 우리 좌석에 앉아 있는 것을 보고 안도했다. 엘리자베스 역시 누군가로부터 자리를 비켜달라는 당황스러운 요청을 받고 싶지 않았던 것이다. 나는 그런 그녀에게 고마움을 느꼈다.

하지만 조명이 다시 어둑해졌을 때, 우리는 그 낯선 사람이 약속한 대로 펄 옆의 두 좌석이 비어 있는 것을 보았다. 엘리자베스와 나는 서로를 마주 보았다. 그리고 막이 오르기 직전에 통로 아래로 돌진해 앞줄 좌석에 미끄러지듯 앉았다. 놀랍게도 데님 재킷에 프랑스식 셔츠를 입은 그 남자는 좀 전까지 다른 사람이 앉아 있던 제리의 옆자리에 앉아 있었다.

배우들과 가까운 곳에 앉게 된 나는 마침내 그들의 열정적인 연기를 감상할 수 있었다. 나는 무대 위에서 벌어지는 드라마에 빠져들기 시작했고, 거의 연극의 한 부분이 되었다. 왕 레온테스Leontes가 수년 전 자신의 잔혹한 질투심 때문에 죽었다고 생각했던 사랑하는 아내 헤르미오네Hermione를 이제 막 되찾고, 자신이 내버린 후 죽었다고 생각했던 사랑하는 딸 페르디타Perdita를 되찾으려던 참이었다.

'셰익스피어가 이토록 현대적이라니!' 나는 경탄했다. '바로 내가 조금 전에 똑같은 분노, 의심, 질투를 느끼지 않았나? 수 세기 전 잃어버렸다가 재회한 나의 진실한 사랑인 엘리자베스가 나의 페르디타가 아닐까?' 내 마음은 셰익스피어 연극들의 실제 작가*였던 프랜시스 베이컨, 즉 세인트 저메인을 향한 감사로 가득했다. 무대에는 이전보다 훨씬 더 선명한 보라색 불꽃이 다시 차올랐다. 나는 다시

---

* 역사적 기록 속의 셰익스피어, 즉 'Shagspeare' 철자의 셰익스피어는 정육점 집의 아들로 문맹이었다. 그는 셰익스피어 연극이 공연된 곳인 런던 글로브 극장에서 마구간지기로 일했는데, 아마 가끔 부분적으로 연극에 참여했을 수도 있다. 희곡은커녕 자신의 이름조차 쓸 수 없어서 'X'로 서명한 그의 유언장에는 문학 작품이나 원고에 대한 언급이 전혀 없다.

한번 보라색 광선의 대사인 세인트 저메인의 에테르체적 현존을 받아들였다. 그러자 순식간에 깨달을 수 있었다. 우리 옆에 앉아 있는 저 남자, 내가 혹독한 평을 내렸던 그 데님 재킷을 입은 남자가 내가 그토록 찾고 있었던 바로 그 대사였던 것이다.

이것은 내가 평생 동안 기다려왔던 기회였다. 내 삶 속에 실재하는 그의 현존에 감사를 표하고, 엘리자베스와 나의 관계를 축복해달라고 요청하고, 커플이 된 우리가 다음으로 무엇을 해야 할지 알려달라고 요청할 기회 말이다. 하지만 내가 막 자리에서 일어나 대사의 곁으로 가려고 하자마자, 그는 일어나서 극장 밖으로 나가버렸다. 나는 대사를 쫓아가서 당신을 함부로 평가한 나를 용서해달라고 하고 싶었지만 이미 늦었다. 그는 사라져버렸다!

'그가 펄에게 친밀한 행동을 보인 것은 당연했어. 세인트 저메인은 나와 펄의 멘토고, 우리의 사적인 생각 하나하나를 잘 알고 있으니까. 우리 모두는 오랜 세월을 함께해왔고, 어느 생에서는 한 가족이었을지도 몰라. 하지만 지금 내 무례함과 성급함이 그를 떠나게 만들었어. 난 왜 그렇게 경솔하게 행동했을까? 내가 그의 진짜 정체를 노출시킬 위험을 감수하면서까지 그가 극장에 남아 있을 리 없잖아.'

그날 밤 고속도로를 타고 집으로 운전해오는 동안, 엘리자베스와 나는 침묵하며 각자의 생각 속에 잠겨 있었다. 내 트럭은 붕붕거리는 소리를 내며 아무도 없는 도로를 달리고 있었고, 전조등의 빛이 우리를 에워싼 고독한 어둠을 뚫고 있었다.

"있잖아요." 마침내 엘리자베스가 침묵을 깨고 알쏭달쏭한 표정으로 나를 바라보며 말했다. "아까 극장에서 만났던 그 사람, 세인트 저메인 같아요."

"그렇게 생각해요?" 나는 엘리자베스의 통찰력에 깜짝 놀라 말했다. 엘리자베스는 고등학교를 졸업한 지 고작 1년밖에 되지 않았고, 대사들이 요구하는 규율에 반항적인 사람이었다. 하지만 나는 그녀가 기대 이상으로 대사들을 자각하고 있으며 대사들의 가르침들에 대한 직관적인 지식을 가지고 있다는 사실을 알게 되었다.

그렇지만 운전하는 내내, 죄책감에서 벗어나기가 힘들었다. 세인트 저메인에게 질문을 쏟아붓고 싶다는 내 성급한 마음 때문에 그가 원래 우리에게 내려주려 했던 축복을 미처 주지 못하고 가야 했던 것이 아닌가 하는 생각이 들었기 때문이다. 나는 다시는 침묵하라는 명령을 거역하지 않기로 결심했고, 운전하는 동안 침묵을 지키며 내 생각을 혼자 간직하리라 생각했다.

그러나 대사는 내가 자기비판적 생각에 빠져 있는 것을 잠시도 허락하지 않았다. 내가 저런 생각을 한 지 얼마 지나지 않아, 모든 부조화를 녹여버리는 보라색 불꽃이 우리를 휘감았고 그의 활기 넘치는 유머 감각이 트럭을 가득 채웠다. 그의 유쾌함에 사로잡혀 우리는 둘 다 큰 웃음을 터뜨렸다.

나는 더 이상 아무 말도 할 필요가 없었다. 나뿐만 아니라 엘리자베스도 대사의 현존을 감지했기 때문이다. 세인트 저메인은 그녀가 자신의 존재를 알아챘음을 이렇듯 확인시켜주었고, 그녀 역시 그 사실을 알고 있었다. 나는 그녀가 이런 사실을 모두 알고 있으면서도 그것을 내적으로만 간직하면서 이렇게 침착할 수 있다는 사실에 감탄했다. 그녀는 별 의미 없는 대화는 원하지 않는 사람이었다.

비록 내가 원했던 방식은 아니었지만, 우리는 대사의 축복을 받았다. 그리고 대사는 우리가 관계를 어떻게 이끌어가야 하는지 끝내 알려주지 않았다. 우리는 차 안에서 침묵을 유지했고, 내 마음은 우리 관계가 계속 이어질 거라 꿈꾸며 다시 활발해졌다.

나는 다음 날 아침 일찍 집에서 나와 펄을 만나기 위해 언덕을 걸어 올라갔다. 마음속에 열의가 가득했던 나는 펄에게 어젯밤 일을 어디까지 언급해야 할지 고민했다. 세인트 저메인이 내 스승인 펄을 통해 나와 소통하는 일이 많긴 했지만, 어쩌면 이것은 내가 그의 비밀을 얼마나 잘 지킬 수 있을지, 아는 것을 함부로 발설할지 그렇지 않을지 평가하는 시험일 수도 있었다. 나는 대사들의 뜻을 넘겨짚지 않아야 한다는 것을 어려운 방식으로 깨우쳐 나가고 있었고, 그 뜻을 정확하게 알 수 없는 상황에서는 침묵하는 것이 최선이었다.

"그래서, 연극은 어땠어요?" 전날 밤의 그 청년에 대해서는 일절 언급하지 않은 채 펄이 물었다. '그 낯선 사람이 누구였는지를 과연 펄이 모를까? 어쩌면 이건 속임수일지도 몰라. 대사들이 펄을 이용해서 나를 시험하고 있는 거지! 아니, 어쩌면 그녀는 그냥 침묵을 지키라는 대사의 명령을 지키고 있는 걸 수도 있어.'

"아, 괜찮았어요." 나는 내가 어떤 말을 더 해도 되는 건지 확실히 알고 싶은 마음에 내적인 충동을 기다리고 있었다.

"당신과 엘리자베스가 앞자리로 옮겨와서 기뻤어요." 펄이 내 눈을 쳐다보며 말했다. "당신에게 좌석을 내준 그 남자, 정말 친절했죠."

펄은 어젯밤 그 남자의 정체를 내가 알고 있는지 확인하고 싶어 하는 눈치였다. 내가 물었다. "당신은 그 사람이 누군지 알고 있잖아요. 그렇죠?" 나는 물었다.

"아, 그럼요. 물론이죠."

"정말요? 언제부터 알고 있었나요?"

"그가 통로를 걸어 내려오는 것을 느낀 때부터요."

"그걸 느꼈다고요?"

"그러고 나서 내 옆에 앉았을 때가 결정적인 증거였죠."

"왜죠?"

"그가 한 말을 못 들었나요?"

"네, 뭐라고 말했나요?"

"나는(I AM) 여기 있다."

펄이 이 신성한 말을 내뱉자 보라색 불꽃이 거실을 환히 밝혔고, 그의 현존이 우리에게 전율을 일으켰다. 그는 다시 한번, 우리가 어젯밤 애슐랜드의 극장에서 자신과 함께 있었음을 확인시켜주었다. 나는 이 에너지가 잠잠해질 때까지 기다리면서, 펄이 엘리자베스와 나의 관계에 대한 가이드를 내려주기를 은근히 바라고 있었다. 그러나 펄은 그 주제에 대해서만큼은 침묵을 지켰다. 따라서 이제는 우리의 관계를 어떻게 해야 할지 나 혼자서 고민해야 했다.

나중에야 안 것이지만, 이것은 일종의 대사들의 관행이었다. 먼저, 대사들은 학생들을 어떤 관계나 상황 속으로 이끈다. 그리고 모든 것을 학생에게 온전히 맡김으로써 학생 스스로가 최선의 방향이 무엇인지 알게 한다. 그다음, 학생은 자신의 자유의지와 지혜를 활용해 스스로 그 관계 혹은 상황에서 벗어나게 된다. 이것은 삶의 경험을 정화의 불꽃 속에 집어넣음으로써 자기자신에 대한 지식과 통찰(self-knowledge) 그리고 지혜를 얻는 집중 훈련인 셈이었다.

삶 그 자체, 운명, 대사들의 개입 등 뭐라고 부르든 그것은 이내 이 상황을 이끌어나갔다. 엘리자베스가 병원에 입원하게 된 어머니와 함께 지내기 위해 마을 밖으로 떠나게 된 것이다. 엘리자베스가 다시 샤스타산으로 돌아왔을 때는 나 역시 어머니를 뵙기 위해 샤스타산을 떠나 여행 중이었다.

내가 엘리자베스를 다시 만난 때는 몇 달이 지난 후였다. 때는 추수감사절이었고, 주민들이 지역 공원의 오두막에서 저녁 모임을 가졌다. 엘리자베스는 내게 거리를 둔 채 다른 남자들과 열렬하게 이야기를 나누고 있었다. 그래서 나는 대사들이 우리를 함께하게 만들 계획이더라도, 지금은 그 시기가 아닌 것 같다는 생각을 했다.

나는 차츰 엘리자베스가 나보다 훨씬 어리다는 것을 실감하기 시작했다. 그녀는 태어나서 처음 혼자 힘으로 살아가고 있었고, 이제 막 자유를 만끽하고 있었다. 또, 그녀는 나나 다른 누구와도 결혼할 준비가 되어 있지 않았다.

나는 우리 사이에 다시 찾아온 냉랭한 기운에 마음이 무거워져, 그녀와 계속 거리를 두었다. 그리고 내면에 계신 하나님의 현존에 대해 그 어느 때보다도 더 열심히 명상했다. 하나님은 우리가 이미 하나였던, 그 모든 사랑의 원천이었고 나는 이 원천의 중심에서부터 나오는 축복을 그녀에게 조용히 보냈다.

펄을 계속 만나면서 나는 세인트 저메인의 사려 깊은 시선과 엄격한 가르침 아래, 백 퍼센트 이상의 복종을 요구받는 수련생으로 고된 시간을 보내게 되었다.

3 부

물질세계 속에서

1973년 여름, 샤스타산 기슭의 이 아주 작은 마을에 상승 대사들을 더 알고 싶어하는 사람들이 홍수처럼 밀려왔다. 펄의 현존 속에서 대사들의 에너지를 느낀 사람들의 이야기가 소문으로 퍼져, 그해 여름에만 수백 명의 사람들이 그녀의 가르침을 들으러 그녀의 집 앞으로 찾아온 것이다.*

펄은 지극히 단순한 가르침으로써 그들을 내면으로, 그들이 찾고 있던 진리의 원천 — 상위 자아와의 연결 — 으로 안내해주었다. 그녀는 신성의식의 강력한 자석과도 같아서, 내면에서 나오는 그 자성을 가슴이 열린 다른 이들이 경험할 수 있게 해주었다.

이 소식은 샌프란시스코까지 전해져, 헤이트-애시베리에서 히피

---

* 펄은 18년 동안 샤스타산에 있는 자신의 집(이후에는 이레카Yreka의 집)에서 나처럼 정기적으로 만났던 다른 사람들을 제외하고도 1만 2천 명은 족히 넘는 사람들을 만났다. 그녀는 자신이 하는 일을 홍보하거나 사람들에게 대가를 요구한 적이 한 번도 없었다.

족으로 살았던 많은 이들이 차를 타고 샤스타산의 마을로 몰려들게 되었다. 그들은 보통 도착하자마자 우리 마을의 영적 중심지라고 할 수 있는 건강식품 가게에 들렀다. 그러면 스티븐, 게일, 돈^{Don} 혹은 나처럼 가게에서 일하는 사람 중 하나가 그들을 펄의 집으로 안내하곤 했다.

이런 구도자들 대부분은 60년대에 힌두교, 초월명상, 불교 등의 영적인 길을 따랐고, 람 다스의 《지금 여기 있으라》(Be Here Now)[*]를 탐독한 사람들이었다. 이제 그들은 인도로 가거나, 약물을 하거나, 영적 공동체에 들어가지 않고도 깨달음을 얻을 방법을 알고 싶어했다. 자신의 영적 자각을 일상의 삶 속으로 가져오고자 했던 것이다.

그들 대부분은 어떤 높은 의식이나 유체이탈 상태를 경험한 적이 있었다. 하지만 그들은 여전히 내가 뮤어 숲에서 물었던 것과 똑같은 질문, 즉 '내 존재의 목적은 무엇인가?', '영적 가르침에서 말하듯 세속적인 행복을 추구하는 것이 환상이라면 나는 왜 여기 있는 것인가?'와 같은 의문을 품고, 그에 대한 답을 찾고자 했다.

그들은 이런 질문에 대한 답을 펄이 알고 있으며, 그녀가 우리 자신의 내적 가이드를 찾을 수 있게 가르쳐준다는 소문을 들었다. 따라서 그들은 자신의 길을 찾기 위해 외적인 구루에 의존할 필요도 없었고, 채널러들에게 오도될 위험도 감수하지 않을 수 있었다.

이러한 구도자들 중 대부분은 인도의 구루나 미국으로 건너온, 높은 의식을 성취한 티베트 라마에게 가르침을 받은 경험이 있었다. 하지만 이런 구루들 중에서 ─ 일상의 나침반 역할을 하는 ─ 내적 가이

---

[*] 30년 후, 에크하르트 톨레 또한 지금 현재 존재하기에 대해 쓴 책인 《지금 이 순간을 살아라》(The Power of Now)를 발간했다.

드 찾는 법을 알려주는 이는 거의 없었다. 반면, 펄은 이 나침반 찾는 법을 독특하고 대담하며, 지극히 단순한 방식으로 가르쳐주었다.

펄의 집으로 가는 길을 걸어 올라가다 보면, 이제 막 그녀와의 만남을 마친 이들이 방금 경험한 대사들의 에너지에 압도되어 그 옆집 잔디밭에 누워 있는 광경을 흔히 볼 수 있었다. 또, 자신의 마음을 완전히 뒤바꿔버린 그 경험을 이해해보려 애쓰면서 약에 취한 듯한 얼굴로 보도 연석에 앉아 있는 이들도 많았다. 그 후 그들은 자리에서 일어나 비틀비틀 내리막길을 내려간 후, 결국 스티븐의 가게로 다시 돌아가곤 했었다. 그들 대부분은 돈이 별로 없거나 자연과 가까이 지내고 싶어했기 때문에 별빛 아래에서 야영을 하거나 산에 티피teepee(원뿔형 천막 — 역주)를 세웠다.

많은 이들이 《그리스도 예수의 보병궁 복음서》(The Aquarian Gospel of Jesus the Christ)를 읽었었다. 이 책에서는 예수가 어떻게 상승할 수 있었는지를 설명한다. 인간적인 자아를 용해하고, 인간적인 자아를 구성하는 요소**들과 자기 자신을 동일시하는 마음을 용해하는 이 과정은 수행자가 자신의 상위 자아와 재통합될 수 있게 해준다. 이는 철두철미하게 기록된 현상으로서, 티베트에서는 이를 무지개 몸의 성취(티베트어로 쟈루)라고 부른다.

이미 이런 상태를 성취한 대사들의 전자기적 파동을 펄의 거실에서 경험한 사람들은 상승이란 것이 형이상학적인 개념이나 옛 시대의 신화가 아니라, 자신도 성취할 수 있는 어떤 실제적인 것임을 깨달았다. 펄이 이런 가르침을 주면 사람들은 내적 신성이 되살아난

** 불교는 우리가 자기 자신과 동일시하는 요소들을 오온五蘊, 즉 색色, 수受, 상想, 행行, 식識으로 분류한다.

215

것을 느꼈고, 즉시 상승 상태를 얻고자 했다.

그리고 나 역시 그 무한한 상태로 고양되기 위해 내적 신성을 되살리고 싶어하는 구도자들 중 하나였다. 그렇게 된다면 내가 상승한 존재로서 인류에게 더 큰 유익을 줄 수 있을 것이라고 생각했기 때문이다. 나는 샤스타산에서의 수련 기간이 언제쯤 끝날지 궁금해졌다. '상승은 지구의 한계와 속박으로부터 자유를 얻을 수 있는, 마지막 관문이 아닐까?'

나는 티베트 은둔처에 대한 이야기를 들은 적이 있었다. 그곳의 입문 지원자들은 절벽 한쪽 면을 깎아 만든 붙박이형 방에 들어간다. 그리고 나갈 수 없게 입구를 벽으로 막는다. 그곳에는 음식이 필요한 자들을 위한 음식 조달용 구멍만 뚫려 있다. 그들이 자신의 육체적인 밀도를 낮춰서 그 좁은 구멍으로 방을 나가면 라마는 벽을 철거하도록 했으며, 그들이 물리적 차원에서 사라졌음을 공표했다.

몇 해가 지난 후, 나는 자신의 스승이 상승하는 것을 목격한 한 중국인 승려를 만나게 되었다. 그는 스승이 여러 색깔의 빛의 물결 속에서 사라졌다고 말했다. 또, 스승이 서 있던 자리에 남은 것이라고는 그의 책들과 옷뿐이었다고 한다.

'내가 못할 게 뭐야? 나도 준비가 된 것 같은데?'

나는 상승을 위한 준비 과정으로 며칠간 단식을 하고 나서 에테르 사원*을 본 적이 있는 샤스타산의 어느 지점으로 올라갔다. 그리고 대사들이 I AM 의식을 강력히 불러내기 위한 목적으로 내려준

---

* 내가 본 에테르 사원들은 고대 그리스의 사원과 비슷했다. 대사들이 지구 곳곳에 세운 이런 사원들은 물리적 차원의 사원보다 진동수가 훨씬 높다. 그들이 이런 사원들을 세운 이유는, 그곳을 자신의 학생들이 잠들거나 유체이탈 상태에 있는 동안 가르침을 주는 학교로, 그리고 빛의 중심지로 쓰기 위함이었다.

선언을 반복해서, 내 존재의 중심에서부터 우러나오게끔 말하기 시작했다.

　　나는 빛 안에서 상승합니다!

　내가 이 선언을 할 때마다 분명 몸에서 에너지가 촉발되었지만, 실망스럽게도 나는 여전히 육체적인 모습으로 남아 있었다. 나는 포기하지 않고 산에 머물면서 단식을 계속했다. 일주일이 지난 후, 다시 시도해봐도 결과는 마찬가지였다. 당황한 나는 결국 포기하고 산에서 내려가 펄의 앞에 있는 의자에 지친 듯 주저앉았다.

　"안 되더라고요."

　"뭐가요?"

　"상승이요."

　상승을 위한 내 헛된 노력을 펄에게 설명하자 그녀의 얼굴에 희미한 미소가 번졌다. 그 당시에는 몰랐지만, 세인트 저메인은 그런 내 시도들을 재밌어하며 지켜보고 있었다. 나는 그가 항상 지켜보고 있다는 것을 그때쯤이면 알았어야 했다. 대사는 내 말을 들으며 웃었고, 그의 웃음소리를 들은 펄은 침착함을 유지하려 했지만 결국 웃음을 터뜨리고 말았다.

　"당신이 이곳에 있어야 할 이유가 있나 보죠." 펄이 조심스럽게 말했다. "그리고 당신은 아직 가야 할 때가 아닌 것 같은데요?"

　"정말요? 그렇게 생각하세요?"

　"아무래도 그렇죠." 그녀가 웃음을 참으면서 대답했다. "대사 세인트 저메인이 당신을 여기로 보내 배우게끔 한 것을 다 배웠다고 생각하나요? 다시 말해, 자신이 수련 과정을 모두 끝냈고 이곳에서 더 이상 봉사할 게 없다고 생각하나요?"

"네, 그렇다고 생각해요." 나는 자신 있게 말했다. "여기서 할 일이 달리 뭐가 있는지 모르겠어요. 내가 상승한 존재가 되면 대사들을 훨씬 더 잘 도울 수 있을 것 같은데요."

"산으로 다시 올라가 보는 건 어때요?" 그녀는 대사의 바람을 대신 전하고 있는 티를 전혀 내지 않고 말했다. "당신이 상승하기 전에 이 지상에서 해야 할 다른 일이 있는지를 대사들에게 물어보는 거죠."

"그거 좋은 생각이네요!" 나는 외쳤다. "오늘 밤에 다시 올라가야 겠어요."

그날 저녁, 밴에 캠핑 장비를 다시 실은 후에 차를 몰고 또 산을 올라갔다. 그리고 눈사태로 리프트 타워가 휩쓸려가버린, 폐쇄된 스키장 주차장에 밴을 주차했다. 나는 과거에 캠핑을 했던, 영적 기운이 강한 장소로 걸어 올라갔다. 그곳은 두 삼나무 사이의 평지로, 암벽 밑부분에 위치해 있었는데 펼은 거기에 산 내부로 들어가는 입구가 있다고 했다.

그곳에 매트와 침낭을 펼친 나는 오랜 시간 명상을 한 다음 산등성이 너머로 달이 떠오르는 것을 지켜봤다. 그리고 대사들에게 내가 봉사할 일이 있다면 그것을 보여주고, 그렇지 않다면 상승을 도와달라는 기도를 올린 후 누워서 잠이 들었다.

얼마 지나지 않아, 하얀 로브를 입은 대사가 근처에 나타나 내게 손짓을 했다. 나는 육체를 남겨두고 일어나 바위 절벽을 향해 갔는데, 절벽에 도착하자 바위가 녹아내리면서 산의 내부로 이어지는 밝은 빛의 터널이 드러났다.

지나가면서 본 터널 벽에는 해독할 순 없지만 왠지 친근해 보이는 어떤 신비한 상징들이 새겨져 있었다. 나는 저 앞에 문 하나가 있을 것이며, 그 문을 열면 상승 대사들의 대회의실이 나올 것 같다는 느낌이 들었다. 마치 이전에 이곳을 와본 것처럼 말이다.

내 예상은 정확했다. 우리는 문을 열고 거대한 방으로 들어갔다. 그곳에는 세 명의 익숙한 대사들이 하얀 로브를 입고, 금색 줄무늬가 있는 큰 오닉스 테이블에 둘러앉아 있었다. 대사들은 하나님의 권능과 사랑을 발산하고 있었고, 나는 그것에 엄청난 신뢰를 느끼는 동시에, 그저 그들의 현존 속에 있을 수 있다는 것만으로도 너무나 감사했다.

"그대가 요청했기에 우리가 응답한 것이네!" 대사들 중 한 명이 내게 말하기 시작했다. "놀라지 말게나. 지금까지 자네가 배워왔던 '요청하면 반드시 응답이 온다'는 법칙에 따른 것뿐이니 말일세. 아마 자네는 이곳의 모든 것이 익숙하게 느껴질 텐데, 그것은 자네가 이전에도 여기 자주 왔었기 때문이네. 우리는 이번만큼은 특별히 자네가 이곳에 왔었다는 기억을 지우지 않고 남겨두기로 했네. 세인트 저메인이 그렇게 요청했기 때문이지." 말을 마친 그는 우아한 손짓으로 내게 자리에 앉으라고 권했다.

내가 이 세 대사들의 눈을 차례차례 깊이 응시하는 동안, 침묵의 시간이 흘렀다. 그들은 나와 눈을 맞춰주며 내 내면에 자신의 에너지와 의식을 전해주었다. 그들 각각이 뿜어내는 사랑과 그들의 고귀한 자태가 얼마나 위엄 있었는지는 도저히 말로 표현할 수 없을 정도다. 그때, 그날 아침 펄이 제안한 질문이 내 마음속에 떠올랐다.

'제가 이 지상에서 해야 할 일이 아직 남아 있나요? 아니면 저는 상승할 준비가 다 되었나요?' 하지만 이상하게도 말이 한 마디도 나오지 않았다.

바로 내 맞은편에 앉은 대사가 미소를 지으며 나를 안심시켰다. 그는 내 질문을 들었고, 그에 대한 답을 해주었다. 그의 대답은 내 예상과는 너무도 달랐다. 그래서 나는 그가 논리적 이해가 불가능한, 하지만 갑작스러운 깨달음인 돈오頓悟에 이르게 하는 수수께끼 같은 불교 선종禪宗의 화두를 낸 것이 분명하다고 생각했다.

흔들림 없이 계속 내 눈을 응시하던 그 대사가 말했다. "우리는 자네가 부동산 업계(real estate)로 들어가길 바라네."

'아하, 내 진짜 집(real estate)으로 드디어 올라가라고 말씀하시는 거군.' 나는 그가 던진 화두를 이렇게나 빨리 깨쳤다는 것이 자랑스러웠다. 하지만 대사는 그런 내 해석을 인정하지 않았다.

화두를 깨친 것 같은 이 승리의 기쁨을 순간이나마 음미하는 사이, 갑자기 갈색 셔츠를 입은 한 남자가 방 안으로 안내를 받아 들어왔다. 내 옆 의자에 앉은 그는 모든 것을 자기 마음대로 하려 하는 세속적인 권력의 느낌을 내뿜고 있었다.

그는 형식적인 악수를 하려 내 손을 잡았지만 나와 눈을 마주치지는 못했다. 나는 그의 손을 잡는 순간, 이 사람을 경계해야 한다는 본능적인 반응이 일어났다. 그에게서 어떤 차가움이 느껴졌기 때문이다.

"자네는 이 사람과 함께 사업을 해야 하네." 내 오른쪽에 있는 대사가 남자를 향해 고갯짓하며 말을 이어갔다. "이자는 다음 단계의 훈련에서 자네의 선생이 될 것이야. 자네가 세속적인 지식을 배울 수 있도록 우리는 이자에게 자네를 맡기기로 결정했네. 그리고 자네가 배울 그 지식은 향후 자네가 우리를 위해 수행할 일에 도움이 될 걸세."

만일 내가 부정적인 감정을 느끼는 게 불가능할 정도로 높이 고양된 그들의 에너지 속에 잠겨 있지 않았다면, 나는 세속적 일로부터의 자유를 얻을 수 없다는 이 소식에 크게 실망했을 것이다. 첫 번째 대사가 내게 말한 것은 해석해야 할 화두가 아니라 그저 문자 그대로의 그 의미였다.

나는 상승을 허락받기는커녕 세상 속으로 내려가라는 말을 들었다. 그것도 물질적 세상 속으로 더 깊이 들어가라는 명령과 함께 말이다. 엎친 데 덮친 격으로, 나는 반감과 경계심이 느껴지는 인물과 함께 그 일을 해야 했다.

나는 순진하게도 '내 느낌이 틀렸을 거야. 대사들이 소개시켜준 사람이라면 분명 믿을 만한 사람일 테니까'라고 생각하며 그에 대한 반감을 제쳐두려 노력했다.

남자와 나는 터널을 통해 다시 밖으로 나왔다. 우리는 밴이 주차되어 있는 곳을 향해 길을 걸어 내려갔고, 나는 이내 그런 걱정을 잊어버렸다. 주차장에는 리무진 한 대가 대기하고 있었는데, 우리를 안내했던 대사들 중 한 명이 운전석에 앉아 차에 타라는 손짓을 했다.

"자네 차는 걱정하지 말게. 우리가 자네 차 주위에 보호막을 쳐두었네." 대사가 내 생각을 알아차린 듯 내게 말했다. 그는 친숙한 목소리로 말을 이었다. "그대가 돌아오기 전까지는 아무도 그 차에 손대지 못할 걸세. 침낭에 잠들어 있는 자네의 몸도 역시 우리의 보호를 받고 있네."

우리는 차를 타고 산을 내려가 남쪽으로 고속도로를 달렸다. 내 새 동료는 나와 함께 뒷좌석에 앉아 있었다. 그는 우리를 안내해준 이 위엄 있는 존재들에 대한 조금의 경외감도 없이 그저 자기 생각에만 몰두하고 있는 듯 보였다.

곧 우리는 고속도로를 벗어나 샤스타산에서 남쪽으로 15킬로미터 정도 떨어진 던스뮤어Dunsmuir에 들어섰다. 던스뮤어는 새크라멘토Sacramento 강이 흐르는 작은 철도 마을이다. 대사는 갈색 셔츠의 남자가 소유하고 있는 미니 마트minimart와 낡은 집들을 몇 채 가리켜 보여주었는데, 전부 다 낡아빠져서 수리가 절실해 보였다.

이런 내 반응을 의식한 듯, 남자는 창밖을 내다보며 자랑스럽게 말했다. "저 건물들은 수입이 짭짤해요. 인수하자마자 임대료를 인상할 수도 있고요."

'뭐야, 부동산 업계에 들어가는 게 끝이 아니라 임대인까지 돼야 한다고?'

운전 중인 대사는 백미러로 나를 쳐다보며 연민 어린 미소를 지었다. 확실히 그는 내가 부동산이라는 새로운 업계에 들어가 엄청난 괴로움을 겪게 되리란 것을 알고 있었다. 나는 지난 몇 년간 방랑 구도자로 살아왔고, 사람들과도 거리를 두고 지냈다. 그리고 그때그때 필요한 만큼의 돈 이상으로 돈을 더 벌겠다는 생각이나 사업을 하겠다는 생각은 눈곱만큼도 없었다.

우리는 북쪽으로 차를 몰아 고속도로로 돌아왔다. 갑자기 나는 이런 변화가 끔찍하게 느껴졌다. 곧 우리는 다시 산으로 돌아왔고, 리무진은 내 밴 옆에 멈춰 섰다.

"이제 자네는 질문에 대한 답을 얻었네." 앞좌석에 앉아 있던 대사가 말했다. "세상을 마스터하는 것은 오직 세상 속에서만 가능한 것이야. 인류를 돕기 위해서는 인류가 어떤 일을 겪으며 살아가는지를 진정으로 이해해야 하지. 따라서 자네는 다른 이들이 어떻게 살며 어떤 감정을 느끼는지 알아야 하고, 그들을 향한 자비심을 더 키워야 하네. 인류가 직면하는 모든 시험과 도전을 자네도 똑같이 직면해야만 하는 이유가 바로 이것이네. 기억하게, 자신의 가슴과 동조되어 그 신호를 따르면 모든 일이 잘 풀릴 것이네."

나는 리무진에서 내려 차 문을 닫은 후, 뒤를 돌아 대사를 쳐다보았다. 순간, 그가 왜 그렇게 친근하게 느껴졌는지를 알 수 있었다. 그는 상위체로 나타난 세인트 저메인이었다. 그가 뮤어 숲에서 사라지기 직전에 잠시 보여주었던 그 에테르체 말이다. 나는 프랑스 궁정의 귀족 모습을 한 그에게 익숙해져 있었는데, 그는 그런 모습을 주로 외적 세계에서 일할 때 사용하는 것 같았다.

그는 차를 몰며 내게 윙크를 했고, 곧 허공으로 사라져버렸다. 나는 주차장에 홀로 남겨져 서 있었다. 그다음으로 나는 아침이 왔다는 것을 알게 되었다. 태양이 눈부신 빛으로 나를 깨웠고, 나는 땅바닥에 미동도 없이 누워 있던 내 몸으로 다시 돌아왔다. 산 위쪽 빙하로부터 내려오는 찬 공기를 침낭이 막아주었기 때문에 침낭 속은 매우 따뜻했다. 나는 잠시 움직이지 않고 청명한 캘리포니아 하늘을 바라보면서 천천히 육체의 의식으로 돌아왔다.

의식이 완전히 돌아온 나는 내가 상승에 대한 답을 듣기 위해 이곳에 올라왔으며, 어젯밤 산 내부에 있는 상승 대사의 은둔처에 갔다는 것을 기억할 수 있었다. 하지만 대사들의 답은 내 마음에 전혀 들지 않았다.

'그냥 꿈일 수도 있지. 다 상징적인 게 아니었을까?' 나는 부동산 관련 일을 하는 것은 생각도 하고 싶지 않았다. 내 마음속의 나는 아직도 영(spirit)의 바다에 빠지고 싶어하는, 방랑하는 구도자였기 때문이다.

'나는 위대한 영적 중심지인 샤스타산에 있어. 그런데 대사들은 왜 영적인 길이 아닌, 사업이라는 물질주의적 세상으로 나를 밀어넣으려는 걸까?' 나는 지난밤 대사들을 만났던 기억을 햇살에 사라져버리는 산안개와 함께 떨쳐버렸다. 그것을 꿈이라고 생각하며 그냥 무시해버린 것이다.

내 삶의 방향을 급진적으로 바꾸려면, 그러니까 건물과 땅을 상품화하고 값을 흥정하는 세상 속으로 뛰어들려면 훨씬 더 강력한 확신이 필요했다. 마침내 침낭에서 나온 나는 내 마음속에 남아 있는 그 기억을 지워버리기 위해 옷을 벗고 차가운 물속으로 뛰어들었다. 그리고 햇빛에 몸을 말렸다. 정신이 완전히 차린 나는 주스 바에서 아침 근무를 시작하기 위해 다시 시내로 차를 몰았다.

일을 하는 동안 나는 손님들과 잡담을 나눴다. 이것은 일종의 도전이었다. 왜냐하면 내가 기본적으로 부끄럼이 많은 성격인데다, 내 매일의 주요 관심사가 명상하기 가장 좋은 시간과 장소를 찾는 것이었기 때문이었다. 어떻게 보면 지금의 내 삶은 우리 세대가 봤던 TV 시리즈 〈쿵푸〉에 나온, 한때 내 영웅이기도 했던 케인Kane의 삶과도 비슷했다.

어린 제자 케인은 소림사의 수도승으로, 특정 능력을 성취함으로써 그곳에서 떠날 준비가 되었음을 스승에게 증명해야 했다. 이 능력에는 극도로 얇은 종이 위를 걸으면서도 종이가 찢어지지 않게 하는 능력, 모습과 소리를 감추어 들키지 않는 능력이 포함되어 있었다. 그는 이런 능력들을 마스터해야만 사원을 떠날 수 있었고, 곧 그는 서양을 방랑하면서 다른 이들을 돕게 될 것이었다.

나 역시 케인처럼 수련생이었다. 나도 사원을 떠나기 위한 시험을 준비 중이었기 때문이다. 차이점이라고는 단지 내 사원이 스티븐의 주스 바라는 것뿐이었다. 내가 치러야 할 주요 시험은 아무리 터무니없는 요구를 하는 손님이 있더라도 화를 내지 않고 참을성을 가지는 것이었다.

그리고 이보다 더 상징적인 시험은 내 옷이 당근 주스로 흠뻑 젖지 않게끔 낡은 주스기를 잘 작동시키는 것이었다. 스티븐은 한 번 갈려져 나온 당근을 천 주머니에 담아 냉장고에 보관했다. 그리고 나는 이 주머니를 기계에 넣고 짜내면 되었는데, 이 주머니의 구멍 하나하나에서 예상치 못한 방향으로 즙이 마구 뿜어져 나왔다. 나는 주스 바 사원의 수련생으로서 이런 기술을 마스터해야 한다는 것을 잘 알고 있었고, 이런 시험들을 마쳤을 때만 주스 바를 떠날 수 있다고 생각했다.

하루는 한 여성이 가게로 들어왔다. 어쩌면 이 손님은 대사였는지도 모른다. 펄의 말에 따르면 대사들은 우리 모르게 우리를 찾아와서 특정한 방식으로 우리를 도와주거나 시험한다고 한다. 이 중년 여성을 상대하는 것은 일종의 시험이라고 할 수 있을 정도로 정말 힘든 일이었다.

그 여성은 내가 아보카도, 새싹, 토마토를 곁들인 무지개 샌드위치를 만드는 동안 매의 눈으로 나를 지켜봤다. 내가 아보카도를 으깨자, 그녀는 으깨지 말고 얇게 잘라달라고 말했다. 내가 마요네즈를 듬뿍 바르자, 그녀는 그것을 빵에서 긁어내라고 했다. 그런 다음 다시 마요네즈를 얇게 발라달라고 했다. 내가 맨 위에 새싹을 얹자, 그녀는 새싹 말고 상추를 얹어달라고 했다. 마침내 완성된 샌드위치를 반으로 자르자, 그녀는 샌드위치를 대각선으로 잘라달라고 했다.

캐주얼한 이런 가게에서 그 여성처럼 까다로운 사람은 별로 없었다. 그래서 나를 안쓰럽게 지켜보던 사람들은 내 화가 언제 폭발할지 궁금해하면서 카운터 주위에 서성이고 있었다. 하지만 나는 그녀가 대사일지도 모른다고 생각해 그녀를 대사로서 대하기로 결심했다. 그리고 이런 나의 결정은 이 경험에 관한 내 의식을 기적적으로 바꿔주었다.[*]

마침내 완성된 샌드위치를 접시에 담아 그녀 앞 카운터 위에 올려놓은 나는 안도의 미소를 지었고, 카운터에 있던 다른 사람들도 안도하는 눈치였다. 하지만 시험은 아직 끝나지 않았다.

"아, 샌드위치를 집에 싸 가야겠어요."

그녀는 마치 우리 가게에서 요구할 수 있는 모든 요구사항들을 일부러 생각해내는 것처럼 보였다. 비록 그녀의 목소리에는 적대감이 없었지만, 그녀는 내가 하는 모든 것을 다 마음에 들어하지 않았다. 나는 내 안에 내재하신 대사의 현존과 그녀를 동일한 대사로 받아들이면서, 기꺼이 그녀가 시킨 대로 샌드위치를 비닐 랩에 씌워 갈색 종이봉지 안에 담았다.

그녀는 내게 따뜻한 미소를 지어 보임으로써 내 서비스 정신에

---

[*] 우리가 의식을 바꾸면 세상 전체가 바뀐다. 이것이 아미타불 부처님 가르침의 정수다. 만약 우리가 자기 자신의 제한된 개념에서 벗어나고, 진정한 자신과 타인의 무한한 본성을 받아들일 수 있다면 우리는 이미 정토에 있는 것과 다름없다.

대한 감사를 전했다. 그것은 내가 샌드위치를 만드는 동안 의식적으로 유지했던 평온함에 대한 감사였다. 그녀는 카운터에 지폐 몇 장을 올려놓고 밖으로 나갔다. 돈을 세어보니 그녀가 남긴 팁은 샌드위치 가격과 똑같은 금액이었다. 나는 내가 시험을 통과했다는 것을 깨달았다. 이제 내 앞에는 단 하나의 시험만이 남아 있었다.

18장 🔥 의식적으로 꿈꾸기

    하루 일과가 끝날 즈음, 주황색 얼룩 없는 하얀 셔츠 차림으로 주스 바에서 나오는 것은 내게 영적인 상징과도 같았다. 이렇게 깨끗한 차림으로 퇴근하는 주스 바 마스터리를 성취하기 위해서, 나는 매 순간 깨어 있는 '생활 명상'을 연습해야만 했다. 혁명적인 초감 트룽파의 책 《생활 명상》(Meditation in Action)*은 내가 미국으로 돌아가기 바로 직전, 바라나시Varanasi 갠지스강의 선상 가옥 갑판에 누워 있을 때 내 손에 들어온 책이다.

---

* 이 책을 읽기 전에 나는 명상이 어떤 수동적인 경험이라고 생각했다. 다시 말해, 개별 의식이 지복의 비존재 속으로 녹아버리는 것이 명상이라고 생각했던 것이다. 하지만 나는 책을 읽으면서 처음으로 깨달음이 육신의 형태로도 나타날 수 있음을 알게 되었고, 지혜로운 방편들을 이용하여 의식적으로 행동하는 것이 바로 깨달음임을 알게 되었다. — 바로 이것이 마스터리의 정수였다.
트룽파 린포체의 다른 책들도 마찬가지로 우리가 현재 의식 속에서 완전히 깨어 있는 것이 얼마나 중요한지를 역설했다. — 트룽파 린포체의 가까이에 있는 수행자는 그 현재 의식을 명백하게 느낄 수 있었다. 우리가 어디로 가든, 우리 의식은 항상 바로 '여기'에 존재할 수 있다. 나는 그가 다음과 같이 말하는 것을 들은 적이 있다. "기독교도 깨달음으로 이어질 수 있다. 하지만 다음 단계에서 무엇을 해야 할지 가르쳐주는 영적인 길은 (불교를 제외하면) 많지 않다."

나는 진정한 대사는 어느 순간이라도 넋을 놓고 있지 않는다는 걸 깨달았다. 따라서 나는 매 순간 현재에 온전히 집중함으로써, 뿜어져 나오는 주스를 피하려면 어디에 서 있어야 할지 알아내려 노력했다. 그 결과 나는 몇 시간을 일한 후에도 얼룩 하나 없이 깨끗한 흰 셔츠를 입고 있을 수 있었다. 〈쿵푸〉의 소림 스님이 "아, 메뚜기(극중 케인의 별명 ― 역주)야. 이제 사원을 떠날 때가 왔구나" 하고 말하는 소리가 들리는 듯했다.

나는 이제 막 수련 단계 하나를 끝냈고, 곧 또다시 다른 영적 수련 단계로 들어가게 되리라는 것을 알고 있었다. 다음 단계는 내 예상보다 훨씬 더 빠르게 진행되었다. 내가 꿈속에서만 봤던, 실존하는 인물인지 의심했던 바로 그 남자가 내 다음 모험의 문을 열어주러 찾아온 것이다.

바쁜 하루가 끝나갈 즈음, 작업복을 입은 백발 머리 남자가 카운터에 앉아 주스를 주문했다. 왠지 모르게 불쾌한 남자였다. 대부분의 가게 손님들과는 달리, 그에게서 느껴지는 사기꾼 특유의 기만적인 에너지는 내 즉각적인 반감을 불러일으켰다. 그 당시 가게 손님 대부분은 파스텔 색 옷을 입고 있었기 때문에 그가 입은 진갈색 셔츠는 유난히 눈에 띄었다.

처음에는 그를 알아보지 못했다. 하지만 나는 곧 며칠 전의 내 경험이 꿈이 아니었다는 것에 큰 충격을 받았다. 그는 산 내부의 은둔처에서 대사들에게 소개받은 바로 그 사람이었다. 그는 나를 전혀 알아보지 못하는 눈치였고, 내게 깜짝 놀랄 만한 질문을 던졌다. "혹시 부동산에 관심 없으세요?"

"음, 관심 있는 편이에요." 내가 웅얼거리며 대답했다. 대사들이 명확한 방향을 가리켜주었음에도 나는 여전히 그럭저럭 지낼 만한 돈을 벌어 편안한 영적 구도의 삶을 사는 것에 여전히 집착하고 있었다. 그리고 동시에, 사업을 하는 것에 대한 두려움도 가지고 있었다. 나는 내 꿈이 현실이 되도록 순순히 따르고 싶지는 않았기 때문에 내 비전을 철저하게 시험해보기로 했다.

"그렇다면 나와 함께 가요." 그가 마지막 주스 한 모금을 마시며 말했다. 그는 문을 열었고, 나는 햇볕이 비추는 밖으로 걸어 나갔다. 그때 내 셔츠는 얼룩 하나 없이 깨끗했다. 나는 그날이 내가 주스 바에서 일할 마지막 날이 될 것임을, 내가 마침내 그 '사원'을 떠나게 될 것임을 직관적으로 알게 되었다.

사원 바깥세상에서 주어질 내 새로운 과제가 얼마나 힘들지는 거의 짐작하지 못하고 있던 나였다. 나는 내가 바라던 대로 세상에서 빠져나와 상승하는 대신, 세상 속으로 뛰어들고 있었다. 변호사들과 적대적인 당사자들이 연루된 사업적 관계는커녕, 인간관계 자체가 미숙했던 나였기에 이 일은 내게 있어 고통스러운 배움이 될 것이었다.

나는 외동으로 자랐고, 그런 나를 홀로 기르신 내 어머니도 역시 외동딸이셨다. 따라서 나는 주위 사람들의 이해관계나 감정적으로 민감한 상황을 어떻게 다루어야 하는지 알지 못했으며, 이러한 감정 에너지들이 나에게 집중된 상황을 어떻게 처리해나가야 하는지도 몰랐다.

어머니가 내게 알려주신, 사람들과 잘 지내는 방법은 이것뿐이었다. "예의를 갖추고, 사람들의 눈을 똑바로 쳐다보고, 항상 진실만을 말하라." 물론 그 자체로는 훌륭한 교훈이었지만 딱 거기까지였다.

펄은 이렇게 말하곤 했다. "우리는 신성한 인간이 되기 전에 먼저 인간이 되어야 합니다." 이 말은 갈등이 생기면서 나타난 나 자신의 감정, 두려움, 불안의 근원을 깊이 들여다봐야 한다는 뜻이다. 명상이나 선언을 아무리 많이 해봤자 그것이 다른 사람들과의 관계를 통해 배운 자기이해를 대체할 수는 없다.

"내 이름은 라츠예요." 남자가 손을 내밀며 말했다. "슬로보단 라츠^{Slobodan Ratz}요. 종종 라초프^{Ratzoff}라고도 불리지만 임대 사업을 할 때는 라츠라고 줄여서 써요. 딱 임대업자 이름으로 어울리지 않아요? 내가 가진 집들에는 쥐(Rats)가 없죠." 그는 자신이 한 농담에 자기가 웃으며 말했다.

지난번 꿈에서 대사와 함께 갔던 작은 마을, 던스뮤어로 차를 타고 가는 동안 라츠는 자신이 소유한 훌륭한 부동산에 대해 얘기했다. 그는 내가 그의 사업을 사들일 거라 기정사실화하며 임대 부동산의 관리에 대해, 그리고 자신이 제안하는 수익성 좋은 사업 기회에 대해 말했다. 그는 산 내부 은둔처에서 있었던 우리의 만남을 알지도 못했고, 대사들의 존재에 대해 회의적인 사람처럼 보였지만 우리가 논의했던 내용은 대사들이 알려준 계획과 완전히 부합하고 있었다.

나는 대사들의 존재를 믿지 않는 누군가가 어떻게 그들의 가이드를 받을 수 있는 건지, 그리고 어떻게 자신도 모르는 사이 대사들의 중개자가 될 수 있는 건지 그저 놀라울 뿐이었다. 이후에 나는 이러한 중개자들이 우리를 돕기 위한 목적 이외에 우리를 시험하기 위한 목적으로 보내질 때도 있다는 것을 알게 되었다.

라츠가 자기 소유의 집들을 보여주었을 때, 나는 그 집들이 '꿈'에서 본 낡아빠진 집들과 완전히 똑같다는 사실에 또다시 충격을 받았다. 임대인이 되는 것은 내가 세상에서 가장 원하지 않는 일이었다. '정말 그 꿈을 현실로 만들어야 한단 말이야?' 나는 불안했다.

대사들과 연결되지도, 나 자신의 I AM 현존에서 나오는 새로운 가이드가 느껴지지도 않았다. 하지만 '꿈'에서 본 대사들의 계획은 현실로 다가오는 듯했다. '나를 한계로 밀어붙이는 신적 가이드가 아니라, 항상 내가 듣기를 바라던 신적 가이드만 주어진다면 얼마나 좋을까?' 우리가 원하는 것을 항상 얻게 된다면 우리의 영적 성장은 멈추는 것 같다. 대사들이 사람들에게 무엇을 해야 하는지 더 자주 말하지 않는 이유는, 삶이 기대했던 방식으로 흘러가지 않으면 자기 자신이 아닌 대사들을 탓하는 사람이 대부분이기 때문이다.

걱정스럽기는 했지만, 나는 이 사람과 연루될 수밖에 없다고 느꼈다. 대사들이 삶의 어떤 측면 속으로 나를 입문시키기 위해 라츠를 보낸 것은 분명해 보였다. 하지만 그때 내가 미처 알지 못했던 것은 내가 그에게 이의를 제기할 수 있다는 것과, 필요하다면 그의 기만과 속임수에 맞서 적극적으로 나 자신을 방어할 수 있다는 것이었다.

비유적으로 말하자면 대사들은 나를 기차에 밀어 넣었고, 다음 역에 도착하려면 먼 길을 달려야 했던 것이다. 내가 나중에 깨달은 것은, 이것이 운명 지어진 내 길이긴 했지만 이 길을 어떻게 여행할 것인지는 내 자유의지에 달렸다는 것이다. ─ 경험을 어떻게 다룰 것인지는 내게 달린 문제다.

내 태도, 관점 그리고 감정적·영적 성장은 결국 자기 자신을 변화시키려는 분명한 의도를 가지고 자신의 마음과 행위를 얼마나 자세히 관찰할 수 있느냐에 달려 있었다. 나 자신을 변화시키면 우리의 의식에 나타나는 다른 모든 것을 바꿀 수 있다.

그 당시 내 재정 상황은 부유한 숙모와 삼촌이 주신 주식이 대부분이었다. 두 분은 내가 어릴 적, 미래에 내 대학교 등록금을 대주기 위해 그것들을 내게 주셨다. 하지만 내 교육비는 어머니가 스스로 충당하셨기 때문에 나는 여전히 이 주식 대부분을 증권거래 계좌에 가지고 있었다. 그 배당금은 금욕적인 방랑 생활을 하기에는 충분한 금액이었다.

하지만 라츠는 노련한 사기꾼만이 할 수 있는 설명을 덧붙이며 내 자산 규모를 캐내기 시작했다. "당신의 재정 상태가 적당한지 알아야겠어요. 그래야 서로 시간을 낭비하지 않을 테니까요."

나는 대사들을 믿었고, 그들이 도덕적인 사람을 소개시켜줬을 거라 확신했다. 그래서 라츠의 제안에 따랐고, 그가 요구하는 가격에 따라 건물들을 매입하기 시작했다. — 대사 밑에서 일하는 사람이 바가지를 씌울 거라고는, 그가 내 돈으로 사적인 이득을 취하려는 그런 비열한 동기를 가졌을 것이라고는 상상도 못 했다.

"이 부동산이 얼마의 가치인지 내가 알고 있는데, 왜 부동산 감정을 위해 따로 비용을 지불해야 하나요?" 그는 겉보기에 그럴듯한 논리로 말했다. 라츠에 따르면 부동산 중개소나 에스크로 회사들을 고용하는 것도 돈 낭비였다. 비록 제3자의 전문적인 조언을 건너뛴다는 것이 의심스럽긴 했지만, 이를 문제 삼는 것은 대사들에 대한 내 불신을 나타내는 것이라고 느껴졌다. '대사들이 내게 시킨 게 이런 거 아니었나? 그들이 내 선생이라고 말한 사람과 어떻게 논쟁할 수 있겠어?'

하지만, 다음 날 나는 펄에게 내 걱정을 털어놓았고 그녀는 부동산 업계에서 일했던 자신의 남편 제리와 이 문제를 상의해보라고 했다. 제리는 강한 사람이었다. 그는 대체로 침묵을 유지하는, 속을 잘 드러내지 않고 항상 뒤쪽에 남아 있는 사람이었다. 그는 펄이 집에서 사람들과 만나는 동안 시내에 있는 모텔 프런트에서 일을 했다. 그래서 사람들은 그가 펄처럼 영적으로 진화한 사람이라고는 생각하지 않았다.

평소 제리는 펄을 찾아온 여러 사람들과 함께 거실에 앉아 그녀의 말을 가만히 듣고 있었다. 그는 수없이 들어왔을 그녀의 가르침과 이야기를 매번 새롭다는 듯 경청하며 그것을 감사하게 여겼다. 또, 그는 펄이 거실에서 가르침을 전하는 동안 침실에 앉아 그녀를 위해 전화를 받고 약속을 잡아주기도 했다.

때때로 펄은 사람들에게 이렇게 말하곤 했었다. "나가서 잠시 제리와 이야기 좀 나누지 그래요?" 제리는 삐걱거리는 문에 기름칠하기, 구부러진 못 곧게 펴기, 통에 못을 분류해서 담기 같은 현실적인 일을 하고 있을 때가 많았다. 그럴 때면 그는 내게 반박할 수 없는 논리로 이렇게 말했다. "이런 것들은 언제든 필요할 수 있어요. 그러니까 각각이 어디에 있는지 미리 알아두는 게 좋죠."

누군가 먼저 말을 걸지 않는 이상 그가 말을 하는 경우는 거의 없었고, 말을 하더라도 최소한의 말만 했다. 그래서 사람들은 그가 숫기 없는 사람이라고 생각했다. 하지만 나는 그가 그런 사람이 아니란 걸 잘 알고 있었다. 제리는 내가 여행 중일 때 종종 내 꿈속에 나타나 나를 안내하고 도와주었기 때문이다. 그는 자신이 지닌 힘을 알고 있기 때문에 무언가를 말하거나 행할 필요가 거의 없었다. 그는 진정한 영적 전사였다.

수년이 지난 후 제리가 죽었을 때, 펄은 그가 상승했다고 말했는데 나에게는 그 소식이 그다지 놀랍지 않았다. 펄의 설명에 따르면, 우리가 꼭 현생의 이 몸을 가지고서 상승해야 하는 것은 아니다. 충분한 내적 작업을 이뤘다면, 그리고 모든 개인적 카르마를 청산했다면 굳이 물리적인 육체를 용해하지 않고도 다음 차원으로 도약할 수 있다.*

내가 제리에게 이 건물들을 사야 할지 물었을 때, 그는 이렇게 말했다. "나는 항상 감정 평가를 받았어요. 부동산 중개소에 지불하는 비용이 아깝다고 생각한 적도 없고요. 특히나 부동산 중개인이 내 이익을 신경 써주는 경우라면 더 그랬죠."

나는 그의 조언을 귀담아들었어야 했지만 오히려 그의 에고 없는, 너무나 사실적인 조언을 진지하게 받아들이지 않았다. 그리하여 나는 곧 후회하게 될, 중개인 없이 라츠와 직접 거래하겠다는 경솔한 결정을 내리게 되었다.

몇 달 후, 나는 낡아빠진 부동산에 너무 많은 돈을 지불했다며 펄

---

* 우리는 각기 다른 영적 용어를 호환해서 사용하곤 하는데, 이를 구분하여 쓸 필요도 있다. 학자들 사이에서 논쟁의 여지는 있겠지만 니르바나Nirvana, 모크샤Moksha, 묵티Mukti는 모두 망상과 고통을 일으키는 감정(번뇌)으로부터의 해방을 나타내는 산스크리트어다. 우리는 부처님처럼 물리적 육체를 계속 유지한 채로 해탈할 수 있다. 그리고 이런 상태가 바로 지반묵티jivanmukti다.

상승(Ascension)은 무지개 몸을 성취했다는 뜻의 티베트어 쟈루와 같은 뜻이다. 이는 구체 모양의 빛 몸이 무지개 색을 발하는 것을 뜻하는데, 이 색들은 상승한 사람이 성취한 의식의 특정 측면들을 나타낸다. 물론 물리적 육체를 용해하기 위해서는 어느 정도 깨달음이 필요하다. 하지만 구도자가 이미 카르마적 고통으로부터 해방되었으며 미망과의 자기동일시를 중단했다고 가정한다면, 상승은 죽어서 육체를 떠난 후 상위 차원에서도 이룰 수 있다.

지구 차원에는 높은 깨달음의 상태를 이룬 존재들이 많은데, 추종자들은 그런 이들을 대사라고 부르기도 한다. 하지만 그런 존재들조차 어떤 면에 있어서는 여전히 불완전하고 제한된 관점을 지니고 있을 수 있다. 다른 사람이 영적으로 얼마나 진보했는지 아는 것은 거의 불가능하다. 상승에 근접한 사람이라 하더라도 세상 속에 남아 있기 위해, 그리고 다른 존재들에게 유익이 되기 위해 특정 마야의 미망 속에 빠져 있는 평범한 인간의 모습을 하고 있을 수 있기 때문이다.

에게 불평을 늘어놓았다. 그러자 펄은 제리의 충고를 언급하면서 "그것이 당신에게 주어진 내적 가이드였어요"라고 말했다. 제리의 소박한 상식과는 달리 나를 부추기는 라츠의 말은 재치 있고 현란했다.

나는 맹목적으로 대사들이 나를 보호해줄 거라고 믿으며 일을 밀어붙였다. 왜냐하면 '나를 이 복잡한 상황 속으로 안내한 건 대사들이잖아?' 하고 생각했기 때문이다. 나는 때가 되면 대사들이 다시 나를 이 상황 속에서 꺼내줄 거라고 믿었다.

다음 날 아침 8시, 라츠가 우리 집 앞으로 찾아왔다. 그는 내게 아침 식사를 대접하겠다고 말하며 자신의 관대함을 과시했다. ─ 이 아침 식사가 그가 줬던 것 중 유일한 '공짜'였다. 식사가 끝난 후, 우리는 매입계약서를 작성했다. 나는 증권중개인이 내게 보내준 주식 매각금을 그에게 주기로 했다.

계약이 끝난 후, 복부 깊은 곳에서 느껴지는 불안감을 잠재우기 위해 '난 단지 대사들의 바람과 계획을 따르고 있을 뿐이야. 대사들이 내게 지시한 게 바로 이거잖아?' 하고 혼잣말을 했다. 나는 대사들에게 만약 이 계약을 하는 것이 적절하지 않다면 이 거래를 중단시켜달라고 요청했었다. 하지만 여전히 계약을 진행해야 한다는 충동이 느껴졌다. ─ 산 내부에서 시작된 꿈은 이제 현실이 되었다. 이후로 나는 의식적으로 꿈꾸는 법, 즉 내적 자각과 의식 집중의 힘으로 꿈에 영향을 미치는 법을 배우게 될 것이었다.

아직 대사들의 가르침을 잘 몰랐던 나는 궁극적으로 환영에 불과한 '꿈의 세계'를 의식적으로 바꿀 수 있는, 내재하신 신적 권능을 온전히 자각하지 못하고 있었다. 계약서에 서명한 바로 그 순간부터 나는 모든 것이 기정사실이며, 내가 이 일의 결과를 바꾸기 위해 할 수 있는 것은 아무것도 없다고 느꼈다. ― 마치 대사들이 상어가 가득한 바다에 나를 던져버린 기분이었다.

19장 🔥 임대업과 기적들

임대인으로서의 첫 번째 도전은 이제 내 소유가 된 미니 마트의 못된 세입자 네드^{Ned}를 상대하는 일이었다. 그 미니 마트는 주유소, 식료품 잡화점, 주류 판매점을 종합한 곳이었다. '몇 년 동안 술 한 방울 마시지 않았던 내가, 그리고 대사들의 제자인 내가 어떻게 주류 판매점을 소유하게 되었담?' 이런 상황은 확실히 역설적이었다. 몇 년이 지난 후, 나는 이런 인간적 생각들이 대사들에게는 전혀 문제가 되지 않으며 오직 대사들의 제자에게만 문제가 된다는 사실을 알게 되었다.

라츠는 내게 월 450달러인 미니 마트의 임대료를 지난 몇 년간 인상하지 않았으니 이제 충분히 임대료를 인상해도 된다고 말했었다. 나는 임차인과 대화를 나누기 위해 마트 안으로 들어갔다. 하지만 나를 쏘아보는 그에게 차마 내가 새 임대인이라고 말할 수가 없었다. 그래서 집으로 돌아가 임대료가 월 500달러로 인상되었다는 편지를 썼다. 하지만 그는 돈을 내지 않았다. 마침내, 임대료가 3개월이나 밀렸고 나는 변호사에게 연락을 했다.

"그 자식을 고소할 겁니다!" 변호사가 말했다. "제가 열흘 안에 임대료를 내라는 편지를 쓸게요. 그래도 돈을 내지 않으면 고소하면 됩니다. 걱정 마세요. 제가 당신의 돈을 꼭 찾아드리죠!" 열흘이 지났는데도 여전히 돈은 들어오지 않았고 변호사는 소송을 진행했다. 그는 세입자에게 소송 사실을 알리며 적절한 서류를 제출하도록 통지했고, 법정 출두 날짜도 알렸다.

"돈을 내지 않고는 못 배길 겁니다." 변호사는 나를 안심시켰다. "우리가 받아낼 수 있는 고정 자산을 그가 많이 가지고 있어요. 이뿐 아니라 당신은 그에게 소송비용과 손해배상도 청구할 수 있죠. 그를 쫓아내고 새로운 세입자를 구하면 돼요. 당신은 수월하게 월 600달러를 벌 수 있을 겁니다!" 하지만 변호사의 위협적인 행동도 그가 돈을 내게 하지는 못했다.

하루는 주유를 하려고 미니 마트에 들렀다. 나는 계속 대사들에게 임대료를 받을 수 있도록 도와달라고 요청했지만, 그들은 들은 척도 하지 않는 것 같았다. 나는 주유비를 내기 위해 카운터 가까이 가면서 드디어 가게 주인과 정면으로 맞설 용기를 냈다. 가게 주인은 내가 누군지 몰랐기 때문에 마음이 바뀌면 임대료 얘기를 꺼내지 않고 그냥 떠날 수도 있었다.

그의 찡그린 미간과 노려보는 듯한 눈빛을 보니 지난번에 비해 기분이 그다지 나아지지 않은 것 같았다. 나는 여전히 내 정체를 숨긴 채 그에게 주유비를 지불했다. 그는 내게 거스름돈을 건네주면서 내 눈을 쳐다보았다. 그의 표정에서 나에 대한 호기심이 느껴졌다.

순간, 내 마음속에는 그 역시 행복을 원하고 고통을 피하고 싶어하는 의식 있는 존재라는 사실이 떠올랐다.

"안녕하세요. 저는 새 임대인 피터예요." 나는 약간 망설이면서 이야기를 꺼냈다.

"이런, 진작 찾아오지 그랬어요." 그가 밝은 표정으로 손을 내밀며 말했다. "나는 네드라고 해요. 여기 오는 데 왜 그렇게 오래 걸렸나요? 나는 당신과 만나고 싶었을 뿐인데 말이죠. 사실 월 500달러를 내는 데는 전혀 문제가 없답니다. 이젠 임대료가 오를 때도 됐죠. 하지만 나는 변호사들을 상대하는 걸 별로 좋아하지 않아요. 만약 당신이 변호사를 고용하는 대신 내게 직접 왔다면 나는 임대료를 바로 냈을 거예요."

그는 뒷주머니에서 기름 묻은 수표장을 꺼낸 다음 밀린 요금을 포함한 1,500달러의 수표를 내게 건네주었다. 그는 자신이 당뇨병에 걸린데다, 일주일에 두 번씩 투석을 위해 레딩Redding으로 운전해 가야 한다고 털어놓았다. 그리고 이런 고통이 그를 자주 우울하게 만든다고 했다.

내가 막 떠나려던 차에 그는 "하지만 이런 내 문제들이 당신이 여기에 들르는 데 방해가 되진 않을 거예요"라고 힘주어 말했다. "자주 들르세요!" 나는 이 상황이 법정에 가지 않고도 해결되었다는 사실에 안도했다. 하지만 나는 그가 병으로 고통받고 있다는 것을 몰랐고, 그렇기에 고통으로 일그러진 그의 표정으로만 그를 판단했다는 사실이 좀 슬프기도 했다.

나는 그 후로도 몇 년 동안 그곳에 들러 주유를 하곤 했다. 그리고 네드의 음울한 분위기에 점점 적응한 나는 그와 친구가 될 수 있었다. 시간이 좀 걸리긴 했지만, 이로써 네드가 음울한 모습 이면에 뛰어난 유머 감각과 따뜻한 마음씨를 가지고 있다는 걸 알 수 있었다.

이후로 오랫동안 내게는 변호사를 쓸 일이 생기지 않았다. 나는 대부분의 사람들이 그저 괜찮게 대접받기를 바랄 뿐임을 알게 되었다. 만일 서로 대화가 가능하다면, 즉 인내심을 가지고 상대의 관점에서 얘기를 들어줄 수 있다면 의견 대립은 보다 쉽게 해결될 수 있었다.

내 의견만 설명하기보다는 상대방의 관점을 이해하며 그의 얘기를 들어주는 것. 이러한 참을성 있는 접근 방식은 내게 분노에서 비롯되는 반응보다 훨씬 좋은 결과를 안겨주었다. 기회만 있다면 모든 사람들은 두려움보다는 사랑과 이해를 경험하기를 택할 것이다.

하지만 소통을 위한 나의 노력이 항상 통하는 것은 아니었다. 내가 참을성 있고 명확하게 의사소통을 시도했음에도, 어떤 이들은 내 말에 전혀 동의하지 않았다. 그들은 내가 기꺼이 주고자 했던 것보다 더 많은 것을 원했다.

나는 어떨 때는 'no'라고 단호히 말해야 한다는 것을, 그리고 이러한 단호한 대답이야말로 그들이 정말 듣고 싶어했던 말 — 그들이 들어야 할 필요가 있는 말 — 이었음을 배웠다. 얼마 지나지 않아, 나는 'no'라고 말해야만 하는 상황 혹은 시험을 처음으로 맞이하게 됐다.

어느 날 펄의 학생이기도 한 내 친구가 이렇게 간청했다. "앤젤리나Angelina라고 하는 상냥한 히피 여성이 한 명 있는데, 어린 딸이랑 산타크루스Santa Cruz에서 여기로 올 예정이라 지낼 곳이 필요하대. 그 둘이 지낼 빈집을 좀 내어주면 안 될까?"

그녀가 도착할 때까지 집을 비워두면 집세 몇백 달러를 손해 보는 상황이었다. 하지만 나는 '영적인' 사람이 되고 싶었고, 어떻게 보면 그녀 역시 대사들의 제자였기에 올바른 일을 하고 싶었다. 그래서 나는 앤젤리나를 위해 큰길가의 작은 집을 따로 남겨두었다.

앤젤리나는 처음 만났을 땐 상냥한 젊은 여성처럼 보였다. 하지만 곧 그녀는 자신과 함께 샤스타로 이사 온 새 남자친구와 동거를 하기 시작했다. 내가 차를 타고 그 집 앞을 지날 때마다 집 앞에 주차된 차가 계속 늘어 있었다. 얼마 후에는 그녀의 남자친구의 친구와 그의 애인도 그 집에서 동거를 시작했다.

곧 그곳은 샤스타 지역의 마약 파티장이 되었고, 열린 창문에서 들려오는 록 음악은 밤낮으로 거리에 울려 퍼졌다. 거리에서 나를 마주친 이웃들과 경찰들은 내게 불만을 늘어놓았다. 그들은 종일 울려 퍼지는 소음과 하루 종일 집을 들락날락하는 그 추잡한 사람들을 어떻게 좀 해달라고 내게 애원했다.

하루는 앤젤리나와 얘기하기 위해 그녀의 집에 들렀다. 하지만 집에는 아무도 없었다. 문이 활짝 열려 있었기 때문에 나는 문 안쪽으로 머리를 내밀었다. 집 안에는 마치 뭔가 죽어 있는 것처럼 썩은 냄새가 진동했다.

재떨이에는 담배꽁초가 넘쳐흘렀고, 반쯤 피우다 만 대마초도 있었다. 더러운 옷가지, 피자 박스, 빈 맥주병이 바닥에 나뒹굴고 있었다. 하지만 정말로 내 관심을 끌었던 것은 고드프리 레이 킹이 쓴 책 《마법의 현존》(The Magic Presence)을 창문을 고정하는 데 썼다는 것이었다. 내가 신성하게 여기는 그 책은 눈에 젖어 뒤틀리고 비와 햇빛을 맞아 색이 바래 있었다. 나는 반납 기한을 한참 넘겨버린 그 책을 도서관에 반납하기 위해 가져가면서 앤젤리나에게 메모를 남겼다. 책은 내가 대신 반납할 것이며, 이 메모를 보면 내게 연락 달라는 내용이었다.

그녀는 내게 전화를 걸었다. 나는 경찰과 이웃으로부터 불만을 들었다는 것을 언급했고, 다른 사람들과 함께 그 집에 사는 것은 계약 위반이라고 알려주었다. 그러자 그녀는 "걱정 마세요. 제가 조심할 게요"라고 대답했다. 하지만 상황은 나아지지 않았고 사람들의 불평은 늘어만 갔다.

'물병자리 시대의 평화와 사랑은 도대체 어디 있단 말이야? 이 여성은 히피잖아. 근데 사랑과 빛은 어디에 있는 거지? 어떻게 하다가 내가 이 젊은 여성을 거칠게 대하는 악덕 집주인이 된 걸까? 그것도 내 친구들이 '사랑하는 자매'라고 부르는 여성에게 말이야.'

나는 내 요구사항을 그녀에게 전하고자 했으나, 우리의 의사소통은 실패했다. 마침내 좌절한 나는 변호사를 고용해서 그녀에게 퇴거 명령을 내렸다. 그러자 모든 게 아수라장으로 변했다. 샤스타산에 있던 앤젤리나의 친구들 중 다수는 펄의 학생이기도 했는데, 그들은 내게 전화를 걸어 지금 내가 부당한 일을 저지르고 있다는 말을 했다. 내가 갈 곳 없는, 생활지원금을 받고 사는 불쌍한 싱글 맘을 이용해먹고 있다는 것이었다.

그녀의 친구들은 우리 집 앞에서 피켓 시위를 했고, 거리의 사람들은 작은 목소리로 내 뒷담화를 했다. 우편함에 협박 편지가 있을 때도 있었다. 마을 사람들 대부분이 내 얼굴을 이미 알고 있는 탓에 나는 시내로 나가는 것이 두려워졌다.

이 모든 상황에도 불구하고, 그녀의 남자 친구들 혹은 그녀의 집에서 만취해 있던 대부분의 이들은 그녀를 돕기 위해 손 하나 까닥하지 않았다. 사실, 그들 모두는 사라져버렸다. 결국 나만 악한이 되어 있었다.

마을 경찰이 그녀를 집에서 강제 퇴거시키기 바로 전날, '산타크루스 출신의 상냥한 여인' 앤젤리나는 집을 난장판으로 남겨둔 채 스스로 이사를 갔다. 집을 깨끗이 청소해서 다시 세를 줄 수 있는 상태로 만들까지는 꼬박 며칠이 걸렸다.

많은 이들이 나를 사악한 집주인으로 생각했다는 것은 차치하더라도, 나는 내가 옳은 일을 한 게 맞는 건지 계속 고민하면서 스스로를 괴롭히고 있었다. 내재하신 신성에 대해 명상할 때면 내가 내면에서 나오는, 보다 높은 지시를 따랐다고 느껴졌다. 하지만 여전히 '누군가를 집에서 강제로 내보내는 것이 정말 대사들이 원하는 일인가?' 하는 질문은 남아 있었다.

1년 후, 나는 거리에서 우연히 앤젤리나를 만났고 그 질문에 대한 대답을 들을 수 있었다. 그녀는 환한 미소를 지으며 나를 따뜻하게 안아주었다. "당신이 내게 어떤 일을 해주었는지 절대 모를 거예요!" 그녀는 내게 사랑과 감사를 전하며 외쳤다. "당신이 그 집에서 나를 쫓아낸 일은 이제껏 내게 일어난 일 중 최고의 행운이었어요. 당신 덕분에 나는 나한테 빌붙어 사는 게으름뱅이 남자친구를 쫓아낼 수 있었고, 산림청에 취직해서 생활지원금으로 연명하는 신세를 면할 수 있었어요. 내 생애 처음으로 나는 금전적으로 독립했어요. 대마초도 끊었고요. 심지어 술도 안 마셔요. 인생을 통틀어서 이렇게 기분이 좋은 때는 없었어요. 그러니 당신에게도 고맙다고 말해야 겠어요. 정말 감사해요!"

나는 자존감과 자신감으로 충만해진 이 여성의 극적인 변화에 충격을 받았다. 그녀는 행복해 보였다. "딸은 잘 지내나요?" 내가 물었다.

"딸은 지금 아이 아빠와 함께 행복하게 살고 있어요. 나는 몇 주에 한 번씩 그 아이를 보곤 하는데, 이전보다 훨씬 좋은 관계를 유지하게 됐어요." 그녀가 대답했다.

내가 임대업을 하면서 가장 힘들었던 일 중 하나가 앤젤리나를 쫓아내는 일이었다. 비록 그 일 때문에 몇 달 동안 마을 사람들에게 미움을 받았다고 하더라도, 내적 가이드를 따르고 필요하다면 'no'라고 단호히 말함으로써 좋은 일을 했다는 사실을 알게 되자 큰 용기를 얻을 수 있었다.

하지만 밤낮없이 전화에 시달리고, 끊임없이 세입자와 대립하고, 고장 난 낡은 가전기기들을 고쳐야 하는 임대업자로서의 내 삶은 점점 견디기 힘들어졌다. 나는 집을 구하는 사람들로부터 끊임없이 전화를 받아야 했는데, 유일한 문제라면 그들에게는 항상 돈이 없다는 거였다. 곧 마을에는 내가 '봉'이라는 소문이 퍼졌다. 만일 누군가가 가난을 호소하거나 충분히 영적인 사람으로 보인다면 내가 그에게 보증금을 요구하거나 밀린 집세를 달라고 하지 않는다는 소문이었다.

실제로 나는 내가 어려운 이들을 돕고 있다고 생각하면서 불행한 삶을 살아온 사람들에게 가끔 무료로 집을 내주기도 했다. 하지만 사실은 처음부터 'no'라고 말하는 것이 대부분의 경우 훨씬 나았을 것이고, 서로 에너지 낭비도 하지 않았을 것이다.

결국, 그들은 자신의 삶에 대한 책임감을 배울 필요가 있었다. 그리고 나도 대사들과의 이 수련기간 동안 또 다른 의미에서의 책임감을 배우고 있던 셈이었다. 임대업자로서의 이 기간 동안 나는 기적을 행하는 방법을 배워야 했다. ― 이는 I AM에 대한 가르침(I AM teachings)을 일상에서 실천하고 내 신적 자아가 행위하시도록 요청할 기회였다.

나는 모든 상황에는 아직 실현되지 않은 무한한 가능성이 잠재되어 있음을, 그 가능성은 실현되기를 매 순간 기다리고 있음을 보았다. ― 하나님은 단순히 '영적인' 명상 속에만 남아 있는 수동적 의식이 아니라, 삶을 향상시키기 위해 불러올 수 있는 능동적인 원리이며, 이 능동적인 원리는 언제나 우리의 의식적 명령을 기다리고 있다.

어느 날 아침, 뜨거운 물이 나오지 않는다며 불평을 하는 세입자로부터 전화가 왔다. 나는 배관공을 불렀고, 그를 세입자의 집에서 만났다. 그는 싱크대에 있는 수도꼭지를 뜨거운 물 쪽으로 돌렸지만 찬물만 콸콸 쏟아져 나왔다. 배관공이 온수기를 점검해보더니 말했다. "회로가 다 타버렸네요. 모델이 오래돼서 새 부품을 구하기 힘들 겁니다. 새 보일러를 사는 게 낫겠어요."

그때 내 통장은 거의 바닥을 보이고 있었고, 내 책상에는 아직 지불하지 못한 청구서 더미들이 잔뜩 쌓여 있었다. 나는 진땀을 흘리기 시작했다. "타버렸을 리가 없어요." 내가 주장했다. "글쎄, 탔다니까 그래요!" 그가 전류측정기 바늘이 0에 머물러 있는 것을 보여주며 말했다.

나는 절박한 심정으로 측정기의 3차원적 논리를 받아들이길 거부했다. 그래서 보일러에 양손을 올리고 내 존재의 중심에서부터 소리 없는 요청을 했다.

전능하신 I AM 현존이시여, 나타나셔서 지금 바로 당신의
완벽한 권능으로 이 보일러를 고쳐주세요!

나는 나 자신을 대사로 심상화하면서 내 손에서 나온 빛의 광선
들이 고장 난 부품에 쏟아지는 상상을 했다.

"이제 뜨거운 물을 틀어보세요." 나는 배관공에게 자신 있게 말했
다. 옆에서 지켜보던 배관공과 세입자는 내가 미쳤다는 듯이 서로를
바라봤다. 하지만 미친 사람과 논쟁하느니 수도꼭지를 돌리는 게 쉽
다고 생각한 듯 그들은 물을 틀었다. 뜨거운 물이 싱크대로 쏟아지
자 그들은 말문이 막혔다.

배관공은 자신의 세계관을 완전히 무너뜨리는 이런 현상을 숙고
하며 잠시 아랫입술을 깨물었다. 그러다 그는 연장을 챙겨 말없이
걸어 나갔다. 계단을 내려가며 그는 이렇게 말했다. "출장 비용이 청
구될 겁니다."

이후 내가 펄에게 이 일에 대해 말해주자 그녀는 웃으며 말했다.
"내재하신 당신의 신적 현존에 의식을 돌리면 곧바로 한계 없는 응
답이 돌아옵니다. 그리고 이 사실을 잊지 마세요! 기적을 행하는 신
적 현존의 힘을 더 많이 받아들일수록 더 많은 것들을 이룰 수 있습
니다. 하지만 당신은 그것을 당신 자신의 의식으로 불러내야 합니
다. 오직 그럴 때만 이 기적들이 현실로 나타날 것입니다."

펄이 행한 기적은 한둘이 아니었다. 한 친구는 내게 이런 얘기를
해줬다. 어느 추운 날 아침, 펄과 제리의 트럭에 시동이 걸리지 않았
다. 그러자 펄은 자신의 손을 트럭 후드에 올리고 눈을 감은 뒤, 자
신의 신적 자아에게 무언의 요청을 했다. 그런 후 그녀는 제리에게

247

다시 시동을 걸어보라고 말했고, 제리가 키를 돌리자 즉시 엔진이 작동했다.

내 친구는 펄이 신적 권능으로 자동차 배터리를 충전하는 것을 보고 입을 떡 벌리고 있었다. "펄은 대단한 힘을 가지고 있죠." 제리는 거기 앉아 있던 내 친구에게 아무렇지도 않은 듯 태평스럽게 말했다. 하나님을 부를 수 있는데 왜 견인차를 부르겠는가?

펄과 오랜 시간 함께해온 제리는 지극히 일상적인 문제들을 해결하는 데에도 신성의식을 부르는 펄에게 익숙해져 있었다. 펄은 겉으로 보기에는 상냥한 목소리를 한, 연로한 여성처럼 보였다. 하지만 그녀는 자신이 마스터한 간단한 법칙을 적용함으로써 기적처럼 보이는 일들을 행할 수 있었다.

1년 후, 나는 로스엔젤레스에 있었고 그때 이 영적 법칙을 적용해볼 기회가 있었다. 나는 의사 레너드Leonard의 집에서 며칠 밤을 잤는데, 레너드는 펄을 만나러 샤스타산에 왔다가 나와 친해진 친구였다. 그는 펄이 행한 기적을 소문으로 들었고, 그 이야기들은 그에게 깊은 인상을 심어주었다.

내가 그와 함께 머무는 동안, 그는 시내로 나갈 때 쓰라며 내게 차를 빌려주었다. 하지만 차 시동을 켜봐도 엔진이 돌아가질 않았다. 그는 엔진의 이상 소음을 듣고 나를 도와주기 위해 밖으로 나왔다. 펄의 기적 이야기를 기억하고 있던 그가 내게 물었다. "전능하신 I AM 현존께 도움을 요청해봤나요?"

"아니요, 아직 그렇게 안 해봤네요." 원래는 내가 다른 이들에게 신적 자아를 상기시키는 사람이었기 때문에 나는 겸연쩍게 대답했다. 나는 곧바로 내 가슴 중심에 의식을 집중했다. 그리고 내 위에 계신 신적 현존이 모든 필요를 충족해주려 기다리고 있다는 것을 의식했다.

"전능하신 신적 현존이시여, 지금 나타나셔서 이 차의 시동을 켜주세요." 나는 무한한 권능에게 요청하며 자동차 키를 돌렸다. 그러자 엔진이 켜졌고, 나는 레너드를 향해 웃으며 그 법칙을 상기시켜주어 고맙다는 뜻을 전했다. 비록 그는 물리적인 육체를 고치는 의사였지만, 나는 그를 통해 근원과의 접촉이 궁극적인 치유임을 알 수 있었다.

나는 차로 거리를 달리면서 그가 언제든 사용할 수 있는 신적 자아의 무한한 도움을 상기시켜줘서 정말로 감사하다는 생각을 했다. 우리가 I AM 현존으로 향하기만 하면 우리의 모든 필요는 충족된다.

4 부

신뢰하기

던스뮤어의 낡은 집을 세놓기 위해 하루 종일 집 수리로 바빴던 어느 날 저녁이었다. 나는 다음 날 아침에 전기 기사와 약속을 잡았기 때문에 평상시 자는 시간보다 더 일찍 잠자리에 들어야겠다고 생각했다. 샤워를 하고 잘 준비를 마친 뒤, 잠들기 전 늘 해왔듯 명상을 하기 위해 앉았다. 그런데 그 순간, '치즈케이크를 먹으러 가'라는 내면의 목소리를 들었다.

샤스타 시내에는 맛집으로 소문난 채식 식당, '프렌즈 오브 더 마운틴Friends of the Mountain'이 있었다. 그 집의 특별 디저트인 치즈케이크는 정말 맛있었기 때문에 나는 줄곧 그 치즈케이크를 갈망하고 있었지만, 이런 생각을 떨쳐내려고 노력하는 중이었다.

나는 내가 들은 내면의 목소리가 이러한 갈망 때문에 생겨난 것이라고 생각하면서 그것을 무시했다. 그리고 더 깊은 내면으로 의식을 집중했다. 그러자 이번에는 '치즈케이크 한 조각을 먹어'라는 내면의 목소리가 더 크게 들려왔다.

그래서 나는 선언을 하기 시작했다. "나는 치즈케이크에 대한 욕구로부터 자유롭습니다. 친애하는 하나님, 제게서 온전치 못한 모든 욕구를 거둬주세요!"

하지만 욕구는 사라지지 않았고, 세인트 저메인의 목소리와 닮은 그 목소리는 더 집요하게 명령을 내리기 시작했다. '치즈케이크를 먹으라고 말했잖아. 당장 일어나서 옷을 입고 프렌즈 오브 더 마운틴으로 가. 다시 말하게 하지 말란 말이야!'

'좋아, 가보자고.' 나는 마지못해 수긍했다. 하지만 여전히 이것이 대사의 목소리가 아니라 대사를 사칭한 내 욕구의 목소리를 듣고 있는 것이 아닌지 두려웠다. 그래서 나는 그 목소리를 시험해보기로 했다.

나는 옷을 챙겨 입고 500미터가량 떨어져 있는 식당을 향해 차를 몰았다. 그리고 식당 앞에 주차를 한 뒤 바로 들어가지 않고 이렇게 선언했다. "나는 모든 잘못된 욕구들로부터 자유롭다." 내적 가이드가 아주 정확하지 않다면 식당 안으로 들어가지 않겠다고 결심한 것이다.

'뭘 해야 할지는 이미 다 알려준 것 같은데.' 대사의 목소리가 다시 말했다. 아니, 대사의 목소리를 사칭한 것일 수도 있었다. '하지만 그는 왜 내가 치즈케이크를 먹길 원하는 걸까? 그것도 이런 한밤중에 말이야.' 나는 치즈케이크를 먹고 싶다기보다 그 목소리를 피하고 싶은 마음에 차에서 내려 식당으로 들어갔다.

나는 자제력을 보이기 위해 차 외에는 아무것도 주문하지 않았다. 그리고 이 휑한 식당에서 무슨 일이 벌어지는 건지 유심히 보고 있었다. 시간은 늦었고, 식당은 문을 닫을 준비를 하고 있었기에 별다른 일은 일어나지 않았다. 그래서 나는 차를 홀짝이며 기다리고 있었다. 어떤 경우에는 단순히 이렇게 기다리는 것이 상황을 명확하게 만들어주기도 한다.

'이제 치즈케이크를 주문해.' 명령이 떨어졌다. 나는 자리에서 일어나 냉장 진열된 디저트들이 있는 카운터로 갔다. 동시에, 구석 테이블에 앉아 있던 한 남자도 일어나서 카운터 쪽으로 걸어왔다.

"여기는 뭐가 맛있나요?" 그가 프랑스 억양으로 물었다.

"당연히 치즈케이크죠."

"저, 제가 그걸 사드려도 될까요? 당신을 우리 가족들이 앉아 있는 테이블로 초대하고 싶어요." 그가 유럽 방식으로 인사하며 물었다.

나는 초대해줘서 기쁘다고 말하며 그의 아름다운 아내와 딸이 있는 테이블에 함께 앉았다. 우리 앞에는 그 유명한 치즈케이크가 한 조각씩 놓여 있었다. 우리는 그것을 먹기 시작했고, 남자는 자신의 가족이 마르세유 Marseille 출신이며 대사들의 파동을 느끼기 위해 매년 여름 샤스타산에 들른다고 말했다.

"우리는 당신이 여기 들어올 때부터 당신을 쭉 지켜봤어요." 그의 아내가 말했다. "그리고 당신이 대사 세인트 저메인의 가이드를 받고 있다고 확신했죠. 우리는 계속 당신 뒤에 서 있는 그 대사를 볼 수 있었어요. 그리고 우리는 당신을 우리 테이블로 초대해야겠다는 즉각적인 충동을 느낄 수 있었답니다. 세인트 저메인은 우리의 대사이기도 하니까요."*

---

* 이 사람들을 뒤에 나올 용어인 '상승 대사의 친구들'(Ascended Master Friends)이라고 부를 수도 있겠다.

그들은 내가 어떻게 그 대사를 알게 되었으며, 무엇이 나를 이 산으로 이끌었는지 알고 싶어했다. 곧 우리는 서로의 경험을 공유하면서 우리 모두가 세인트 저메인의 인도하에 있는 제자들임을 알게 되었다. 우리는 우리가 헤쳐나갔던 시험들, 그리고 대사가 우리에게 베풀어준 배려가 얼마나 유사했는지를 알고 놀라워했다. 이러한 대사의 배려 덕에 우리는 이번 생에 빠른 성장을 이룰 수 있었다.

물론, 대백색 형제단의 모토는 '알라, 과감히 시도하라, 행하라, 침묵하라'이지만 이런 때처럼 다른 이들과 자신의 경험을 공유하는 것이 허락되는 예외 상황도 있다. 이렇게 서로의 경험을 나누던 우리는 세인트 저메인의 현존과 의식을 고양시키는 그의 사랑의 파동을 느낄 수 있었다.

떠날 때가 됐을 무렵, 이 아름다운 가족은 프랑스로 나를 초대했다. "마르세유에 오셔서 원하는 만큼 머물다 가세요. 세인트 저메인의 친구는 우리의 친구나 마찬가지니까요."

식당 밖으로 나와 쌀쌀한 밤공기를 마시던 나는 세인트 저메인의 웃음소리를 들었다. "얘야, 치즈케이크가 맛있었길 바란다." 순간, 나는 그 식당에서의 광휘가 어떤 물질적인 것을 훨씬 초월할 정도로 너무나 아름다웠다는 것을 깨달았다. 디저트를 먹었는지는 기억도 안 났을뿐더러, 치즈케이크에 대한 모든 욕망이 영원히 사라져버렸기 때문에 그 이후로는 그것을 먹은 적이 한 번도 없다.

나는 우리 마음이 정화되기 전까지는 종종 하나님께서 욕구들을 이용해 우리 운명을 완수할 수 있도록 우리를 안내하신다는 것을 깨달았다. 하나님은 우리를 적시적소로 이끄셔서 우리에게 필요했던 상황 혹은 인연을 찾아주신다. 내가 완전히 순수해진다면 보다 직접적인 가이드를 인식할 수 있을 거란 사실을 나는 알고 있었다.

세인트 저메인의 사랑과 함께 그곳을 떠나면서 대사들이 했던 말이 떠올랐다. "인간이 소위 '사랑'이라 부르는 것은 대사들이 서로를 향해 느끼는 우정과는 비교도 할 수 없다." 나는 새로운 친구들에게 작별을 고하면서 상승 대사들의 우정을 희미하게나마 느낄 수 있었다.

펄과 함께 수련한 첫해에는 흔히 '작고 고요한 내면의 소리'라고
불리는 내적 가이드를 따르는 법에 대한 많은 가르침을 받았다. 나
는 이 내면의 소리가 말이라기보다는 느낌으로 오며, 이것을 언어로
전환시키는 것은 마음임을 알게 되었다. ― 이러한 전환의 정확도는
마음이 이전부터 프로그래밍 되어온 개념, 욕구, 반응으로부터 얼마
나 정화되어 있느냐에 달려 있다.

내면의 신적 현존은 언제나 기능하고 있으며, 가장 사소한 단계
에서조차 우리의 삶을 가이드해주고 있다. 하지만 이런 신적 현존을
온전히 감지할 수 있을 때는 오직 마음이 고요할 때, 애착과 혐오라
는 이원성에서 자유로워졌을 때밖에 없다.

내적 멈춤의 상태를 자각하지 못하면, 그리고 (대사들의 의지와 하나
인) 신적 자아의 높은 의지에 순종하고 그것을 받아들이지 못하면
자신의 두려움과 욕망 사이에서 흔들리는 낮은 마음, 즉 에고적 마

음에서 나오는 재잘거림만을 들을 수 있다.

나는 위빠사나를 통해 이 마음의 멈춤을 연습했다. 위빠사나는 고타마 싯다르타가 깨달음을 얻고 붓다, 즉 '깨어난 이'가 되기 위해 활용했던 방편이다. 믿을 수 없을 정도로 간단한 이 수행 방편은 순수하게 호흡이 들어오고 나가는 것을 관찰하는 것, 그리고 그때 일어나는 의식의 확장을 관조하는 것에 기반을 두고 있다.

많은 이들이 '지금의 힘'(power of now)에 대해 말을 한다. 하지만 의식을 영원한 현재에 멈추게 해주고 그 안에서 살아갈 수 있게 해주는 것은 바로 위빠사나다.

이 기본적인 내적 자각의 단계를 성취하고 난 후에야 나는《베일을 벗은 미스터리》에서 세인트 저메인이 언급한 명상*을 연습하기 시작했다. 이 명상법은 가슴에 있는 빛을 심상화하고, 자기 자신이 모든 지각 있는 존재들을 축복하는 태양이 될 때까지 그 빛을 온몸의 세포로 확장시키는 것이다. 명상을 마칠 때는 자신의 모든 활동 속에서 그 빛의 주권과 권능을 현현시키기 위한 내적 확언**을 반복한다. 그리고 감사의 말로 끝을 맺는다.

일상의 깨어 있는 마음과 이 깊은 명상의 상태가 실제로 하나임을 깨닫게 되면 가슴에서 나오는 내적 가이드를 실수 없이 좀더 온

---

* 이 책에서 세인트 저메인은 다음과 같이 말한다.
"자신의 상념과 감정을 통제하는 가장 기본적인 첫 번째 단계는 마음과 몸의 모든 외부적 활동을 고요히 해서 멈추는 것에서 시작됩니다. 자기 전 15분에서 30분, 아침에 일어나서 15분에서 30분 정도 내가 지금 드리는 수행을 하기 위해 노력하는 이에게는 놀라운 결과가 있게 될 것입니다.
방해받지 않는 조용한 곳에서 마음과 몸의 활동을 완전히 멈추어서 고요히 하십시오. 그리고 눈부시게 반짝이는 백광(Dazzling White Light)에 자신의 육체가 감싸이는 것을 느끼십시오. 처음 5분 동안은 이 백광에 싸인 몸에 의식을 집중하고, 그다음에는 당신의 외적 자아와 가슴 중앙의 황금빛 태양으로 시각화할 수 있는 내재하신 권능의 하나님 간의 연결을 인식하고 또 강하게 느껴보십시오.
다음으로는 이 연결에 대한 인정의 단계가 필요합니다.

전히 인식할 수 있다. 나는 세인트 저메인이 나를 계속해서 시험하고 있다는 것을 알고 있었다. 그는 내가 내적 가이드를 더 잘 따를 수 있도록, 가슴 속에서 느껴지는 상위 자아의 미묘한 충동과 낮은 에고적 마음의 큰 목소리를 분별할 수 있도록 하기 위해 나를 시험하고 있었다.

나는 그때 진정한 영적 전사로서의 덕성을 배우고 있었다. 이 덕성은 공격성이나 미리 짜놓은 계획에 따른 행동과는 아무 상관이 없었다. 그보다는 오히려 마음이 멈추는 공간 속에서 흔들림 없이 머무는 것, 그리고 바로 그 지점에서 자기기만이라는 적을 베기 위해 분별하는 지혜의 검을 휘두르는 것이 영적 전사로서의 덕성이었다.

이렇게 미망으로부터 자유로워진 수행자는 어떠한 망설임, 흔들림, 의구심도 없이 그저 내적 비전이 이끄는 곳으로 따라갈 용기를 내야 한다. 이러한 내적 가이드는 종종 내게 아무런 경고도 없이 갑

'나는 지금 기쁘게 내 안에 내재한 신성한 하나님, 즉 순수한 그리스도(pure Christ)를 완전히 받아들입니다.' 이 빛의 크나큰 광휘로움을 느껴보고, 최소한 다음의 10분 동안 그 광휘가 자신의 육체의 하나하나의 세포 안에서 더 강렬하게 타오르는 것을 느껴보세요.

그리고 다음과 같은 선언과 함께 명상을 마치십시오. '나는 내 안에 내재하신 이 빛의 아이(자녀)입니다.' '나는 내 안에 내재하신 이 빛을 사랑합니다.' '나는 내 안에 내재하신 이 빛에 봉사합니다.' '나는 내재하신 이 빛과 함께 살아갑니다.' '나는 보호되고, 밝아졌으며, 풍성하고 양육하는 빛에 잠겨 있습니다.' '나는 내 안에 내재하신 이 빛을 축복하고 감사합니다.'

항상 기억하십시오. '사람은 자신이 명상하는 대상 그대로 존재하게 됩니다.' 모든 만물이 빛에서 나왔기 때문에, 빛은 가장 최고의 완전함과 권능 그 자체입니다.

만약 당신이 이 수행을 신실하게 매일 행하고, 이 백광의 빛을 당신의 몸과 마음을 이루고 있는 모든 원자들 안에서 깊고 강하게 느낄 수 있다면, 당신은 이 안에 영원히 내재한, 놀라운 활동과 권능 그리고 완전함에 대한 차고 넘치는 증거들을 받게 될 것입니다. 당신이 아주 짧은 순간만이라도 이것을 경험한다면 당신은 더 이상 이에 대한 증거가 필요치 않게 될 것입니다. 왜냐하면 당신 자신이 그 증거가 될 것이기 때문입니다. 이 '빛'이 바로 하나님의 왕국입니다. 이 '빛'으로 들어가서 평안에 머무십시오. 아버지의 집으로 돌아가십시오." — 역주

**   확언은 산스크리트어 만트라와는 달리 완전한 의식으로 천천히 반복해야 효과가 있다. 빠르게 반복된 확언은 의식이나 근원과의 연결이 결여되어 정신적이고 심령적인 힘이 되어버린다. 반면 산스크리트어는 대단히 순수한 진동의 언어이기 때문에 정확히 발음하기만 하면 암송 속도와는 거의 상관없이 성스러운 형태를 창조해낸다.

작스레 다가왔다. 때로는 이 내적 가이드가 느낌을 동반한 어떤 미묘한 생각에서 시작될 때도 있었는데, 이런 생각은 마침내 명확한 비전이 형성될 정도로 강렬해졌다. 하지만 나는 어떤 비전을 따라갈 용기를 내고 거기에 에너지를 쏟기 전에 먼저 내 의식이 지닌 선입견, 두려움, 의심에서 벗어날 필요가 있었다.

어떤 경우에는 시간이 흐르면서 그 비전이 점차 희미해지다가 사라져버렸다. 나중에 깨달은 것이지만, 이는 그 비전이 내 낮은 에고적 자아에서 나온 비전이거나 다른 사람의 상념을 나 자신의 것이라 생각했기 때문이었다.

어느 일요일 아침, 나는 강한 내적 충동과 함께 잠에서 깼다. 이 내적 충동은 드라이브를 하고 싶다는 끈질긴 욕망의 형태로 나타났다. 사실 나는 요 며칠간 계속 북쪽으로 가고 싶다는 충동을 느끼고 있었기 때문에 잠에서 깼을 때 어제보다 더 강한 충동이 느껴졌어도 별로 놀랍진 않았다. 옷을 입고 차에 올라타자, 차가 스스로 북쪽을 향해 운전하는 기분이었다.

나는 마음을 비우는 방법의 일환으로, 차가 고유의 지성을 지녔다고 상상했다. 마치 물이 어디 있는지 본능적으로 알고 있는 말에게 방향권을 넘겨주는 카우보이처럼 말이다. 나는 그저 차가 어느 쪽으로 가고 싶어하는지 민감하게 알아차리기만 하면 됐다.

주 경계선을 넘어 오리건주로 들어가면서, 나는 애슐랜드에서 잠깐 쉬었다 갈 수 있기를 고대했다. 그 지역의 서점과 카페를 돌아다니고, 셰익스피어 극장 옆의 푸른 잔디 공원에서 휴식하는 것은 정말 행복한 일이었다. 하지만 놀랍게도 애슐랜드로 빠지는 첫 번째 고속도로 출구가 나왔을 때, 가속 페달에서 발이 떨어지질 않았다.

차가 마지막 출구를 지나치는 동안, 내 마음은 이렇게 저항했다. '이봐, 난 애슐랜드로 가고 싶단 말이야.' 하지만 나는 곧 내가 어떤 사명을 위해 상승 대사들이 다스리는 미지의 영역으로 보내지고 있음을 깨달았다. 이때까지만 해도 이 일요일 아침 드라이브가 대사들에 의한 2주간의 집중적인 훈련이 될 거라고는 전혀 예상하지 못하고 있었다. — 펄은 이를 '실증적 가르침'(objective teaching)이라고 불렀는데, 이러한 가르침은 일상의 경험을 통해서만 알 수 있는 진리를 깨닫게 해준다. 단순히 진리에 대해 듣는 것은 그 진리를 실증적이고 실재적인 현실로 경험하는 것만큼 효과적이지 못하다.

정오 무렵 센트럴포인트Central Point에 도착한 나는 샛길로 향하고 싶은 마음이 들었다. 그렇게 15분가량을 더 운전한 후에는 미리 싸온 샌드위치를 먹기 위해 차를 멈췄다. 나는 고속도로가 내려다보이는 높은 절벽에서 전경을 즐기며 점심을 먹었다. 그러면서 이곳의 지명을 숙고해보았다.

내 앞에 펼쳐지고 있는 이 실증적 가르침 속에서, 센트럴포인트라는 이름은 내게 무언가를 암시하고 있었다. 이 지명은 내가 존재의 목적을 더 깊이 깨닫기 위해 신적 불꽃이 거하는 내적 장소인 존재의 중심 지점(central point)을 향한 여정을 떠났음을 상징적으로 보여주었다.

내가 이를 깨달았을 때, 의식을 더욱 내면으로 향하게 만드는 어떤 영적 광휘가 나에게 몰려왔다. 그렇게 나는 자연스럽고도 깊은 명상 상태로, 시간이 멈춘 채 오직 존재와 자각만이 있는 곳으로 빠져들었다.

한 시간 후, 다시 이원성의 세계로 돌아온 나는 의식의 다른 차원에서 본 어떤 계획이 기억났다. — 그것은 샤스타산의 집으로 돌아가지 말고 계속 북쪽으로 가라는 계획이었는데, 이런 나의 여정은 몇 날 며칠 동안 계속 이어질 것이었다. 나는 대사들이 가이드하는 또 다른 모험이 펼쳐지고 있다는 사실에 신나긴 했지만 동시에 걱정도 되었다.

나는 영화 화면처럼 남아 있던, 내가 가야 할 경로에 대한 비전을 기억해내려 했지만 이내 그런 세부적인 장면들은 모두 희미해져버렸다. 다시 차를 몰아 고속도로로 진입했을 때, 내게 유일하게 남아 있던 것은 빙하로 뒤덮인 먼 북쪽의 산에 대한 기억과 나를 위한 신성한 계획이 존재한다는 확신뿐이었다.

나는 어느 쪽으로 차를 몰아야 할지 정하기 위해 내가 가장 좋아하는 선언을 사용했다. 운전하는 동안, 나는 소리 내어 이렇게 읊조렸다.

나는 하나님의 현존으로서 내가 가야 할 곳으로 운전하며,
내가 해야 할 일을 합니다.

나는 내 가슴을 내 앞에 환한 빛을 비춰주는 태양으로 심상화했다. 그 태양은 도로를 눈부신 빛줄기로 밝혀주고 있었다. 이러한 선언의 말들은 내 의식을 존재의 중심에 강력히 고정시켰으며, 나는 그 고양된 의식 속에서 시간이 얼마나 흘렀는지도 알지 못했다. 마음이 멈춘 상태에서, 나는 모든 것을 아우르는 신적 현존의 평온과 평화에 의해 인도되고 있었다.

늦은 밤 유진Eugene에 도착한 나는 우연히 펄가(Pearl Street)를 발견

했다. 실증적 가르침에 비추어 보자면, 이는 내가 내면의 값진 진주(pearl)를 찾기 위해 걷고 있는 내적인 길을 상징하고 있었다. 그래서 나는 펄 스트리트 호텔로 들어가 그날 밤을 보내게 되었다. 잠들기 전, 나는 내 의식을 가슴의 불꽃이 있는 내면으로 향한 다음 내 위에 있는 I AM 현존을 향해 다음과 같이 내적 선언을 했다.

> 나는 어디로 가야 할지, 무엇을 해야 할지 보여주고 밝혀주시는 신적 자아입니다. 이 신적 의식은 내가 잠에서 깨어났을 때 어디로 가야 할지 알게 해주시고, 내가 그 가이드를 흔들림 없이 따르도록 인도해주십니다.

그런 다음 나는 대사들에게 의식을 집중하면서 또 다른 내적 요청을 했다.

> 세인트 저메인과 모든 상승 대사들께 요청합니다. 제 삶과 제가 사는 세계를 온전히 지휘해주세요. 제가 지닌 불완전함을 없애주시고, 당신들의 신성한 계획을 이루는 데 방해가 되는 모든 것들을 제게서 없애주세요. I AM 현존의 의식, 활동, 권능 속으로 저를 영원히 고양시켜주세요. 제가 항상 천하무적의 보호 속에 있게 해주세요.

아침이 밝았다. 자는 동안 어떤 꿈을 꿨다거나 가이드를 받은 기억은 없었다. 하지만 어제 센트럴포인트에서 내면의 눈으로 보았던, 북쪽의 빙하 덮인 산으로 가야겠다는 충동은 계속 느껴졌다. 전날도 그러했듯, 나는 신적 자아가 신성한 계획을 완벽하게 알고 있으며 그 계획대로 나를 이끌 거라고 믿으면서 아무 계획 없이 운전을 시작했다.

포틀랜드Portland에 가까워졌을 무렵, 이런 생각이 들었다. '여기서 어디로 가야 하지?' 그래서 나는 다음과 같이 계속 선언했다.

내 의식은 내재하신 하나님에 의해 가이드되고 지휘됩니다.

나는 나의 신적 현존이 차를 운전하고 있다는 심상을 유지했다. 그러자 가슴에서 나를 가이드해주고, 내게 활력을 주는 에너지가 나와 팔과 손을 거쳐 핸들로 흘러들었다.

워싱턴주 스포캔Spokane이라고 써 있는 이정표를 본 나는 즉시 에너지가 솟구치는 것을 느꼈다. 그곳의 교통체증과 과속 트럭들 때문에 조금 정신이 없긴 했지만, 스포캔으로 빠지는 고속도로 출구가 나왔을 때 내 몸은 그 방향으로 이끌리고 있었다. 그래서 나는 내 차가 그다음 출구에서 나가 스포캔을 향해 동쪽으로 방향을 틀도록 내버려두었다.

동쪽으로 향하는 고속도로를 타게 되자 의식이 고양되는 것이 느껴졌다. 이 느낌은 내가 '에고적 마음으로 선택하지 않음'을 선택했다는 것을 확인시켜주었다. 비록 나는 내가 어디로 가는지도 모르고 있었지만, 올바른 방향으로 가고 있다는 것만은 확실했다.

몇 킬로미터 더 가자 교통체증도 덜해졌다. 나는 여태껏 계속 나와 함께하던 높은 에너지가 그때까지도 나와 함께 있음을 알 수 있었다. 이것은 내가 '높은 파동의 광선'을 타고 있으며 대사들이 미리 준비해둔 여정을 따르고 있다는 확실한 신호였다.

해가 질 무렵, 드디어 스포캔이 눈앞에 보이기 시작했다. 그 도시에서 밤을 보내는 것은 당연해 보였다. 딱히 직접적인 가이드가 느껴지진 않았지만, 나는 대부분의 경우 당연해 보이는 일을 하는 것이 곧 내적 가이드임을 알고 있었다.

큰길을 따라 내려가던 나는 오래됐지만 우아한 대븐포트The Daven-port 호텔에 도착했다. 아마 그 지역의 역사적인 건물 같았다. 나는 가슴 속에서 오늘 밤을 지낼 곳에 도착했다는 신호를 느낄 수 있었다.

체크인을 위해 호텔 데스크로 다가간 나는 널찍하고 우아한 로비를 보고 깜짝 놀랐다. 그곳의 인테리어는 내적 신비를 교육받은 건축 장인이 디자인한 것 같았다. 나는 금색 나뭇잎 장식이 더해진 기둥과 그 위의 아치형 천장을 보고 크게 감탄했다. 그곳은 기둥과 천장 디자인 덕분에 고대 신전의 분위기를 풍기고 있었다.

청동 조각상과 물이 졸졸 흐르는 분수들은 화려한 천이 덧대어진 고풍스러운 가구들을 더욱 빛나게 하고 있었다. 널찍하게 깔린 대리석 바닥에는 비싼 페르시안 러그가 깔려 있었고, 아주 옛날부터 쓰던 것으로 보이는 가스램프로부터 은은한 조명이 비춰졌다.

체크인을 도와준 직원은 품위가 넘쳤고, 호텔은 편안하면서도 우아한 분위기를 풍기고 있었다. 마치 상승 대사의 은둔처에 들어가는 것을 허락받듯, 나는 다시 한번 내가 올바른 장소를 찾았다는 것을 확인할 수 있었다.

화려하게 장식된 식당에서 훌륭한 저녁 만찬을 즐긴 후, 나는 방으로 돌아와 욕조에 따뜻한 물을 채웠다. 그리고 욕조의 물을 보라색 불꽃으로 충전하기 위해 마음속으로 이렇게 말했다.

나는 지휘하고 명령하는 하나님의 현존으로서, 나의 모든 불
완전함을 녹여버리고 나를 I AM 현존의 의식, 활동, 완전성
으로 영원히 고양시켜주는 보라색 불꽃으로 이 물을 충전합
니다.

그러자 놀랍게도, 욕조 양쪽으로 보라색 빛이 은은하게 빛나면서
곧 방 전체로 퍼져나갔다. 빛으로 가득 찬 욕조에 들어가보니, 마치
샴페인처럼 물에서 거품이 보글보글 올라오고 있었다.

이를 보니 고드프리 레이 킹이 세인트 저메인과 함께한 내적 차
원의 모험을 기록하여 출간한 자신의 책에서 아름답게 묘사한 상승
대사들의 은둔처가 떠올랐다. 그들의 은둔처는 후지산, 그랜드티톤,
카일라스Kailash산, 킬리만자로산, 포포카테페틀Popocatepetl산, 샤스타산
그리고 기타 많은 산들의 내부에 있는 경우가 많다.

나는 고드프리가 로열 티톤의 은둔처로 인도되어, 충전되고 정화
된 물로 목욕한 부분을 정말로 열중하여 읽었는데, 그는 목욕이 끝
난 후 로브로 옷을 갈아입고 내부 회의실로 안내를 받았다고 했다.
나는 내가 영적 진화에 있어서 중요한 전환점을 맞이했음을 감지할
수 있었다. 나는 이제 더 높아진 새로운 의식 단계로 대사들의 부름
을 받았으며 다시는 그 밑으로 내려갈 수 없었다.

목욕을 마친 후, 나는 재빨리 잘 준비를 마치고 침대에 앉았다. 그
리고 잠들기 전까지 나 자신의 I AM 하나님 현존에 대해 깊이 명상
했다. 내 외적인 육체가 잠들자마자 나는 에테르체로 깨어났고, 나
를 기다리고 있는 백색 로브의 대사를 보았다. 그는 자신이 나를 로
열 티톤에 있는 대사들의 은둔처로 데려가줄 사자使者라고 말했다.

그와 함께 은둔처에 도착한 나는 깜짝 놀랐다. 그곳에는《마법의 현존》에 나온 원자 가속기가 있었기 때문이다. 대사들의 도움을 받는다면, 왕좌같이 생긴 그 장치는 개인의 진동수를 상승 상태까지 올려줄 수 있었다. 세인트 저메인과 다른 두 대사들은 은둔처에 도착한 나를 맞이해주면서, 어떤 설명이나 준비도 없이 바로 순금제로 보이는 그 왕좌로 나를 안내했다.

내게는 다음과 같은 지시가 내려졌다. '모든 생각으로부터 자유로운 상태로 편히 쉬라. 그리고 당신 존재의 중심으로 의식을 돌리라.' 그 지시를 따른 나는 명상 중에 자주 연습했던 공(emptiness) 상태로 들어갔다. 황홀한 축복의 에너지가 내 몸을 지나가면서 모든 세포들을 생명의 빛으로 일깨웠다.

나는 내 뒤에 세인트 저메인이 서 있으며, 그의 양옆에는 백색 로브를 입고 있는 이름 모를 두 대사가 서 있다는 것을 알아차렸다. 인간적인 자아에 대한 나의 집착이 순식간에 녹아내리고 있었다.

'내재하신 신적 현존에 의식을 집중하라.' 또다시 내적인 지시가 주어졌다. 의식이 나 자신의 본질로 흡수될수록 이 전기적인 생명의 빛은 더욱더 강렬해졌고, 나는 내가 점점 가벼워지고 있는 것을 느꼈다.

'당신이 할 수 있는 선언 중 가장 강력한 선언을 하라.' 나는 한 치의 망설임도 없이 이전에는 한 번도 해본 적 없었던 선언을 했다. 이 선언은 바깥세상에서 듣기에는 자기본위적이고 신성 모독적으로 들릴 것이다. 하지만 내적으로 말해진 이 선언은 그리스도와 하나됨을 선언하는 것이었다.

내 의식을 신적 현존에 집중하자 나는 그 현존 자체로 변하기 시작했다. 나는 점점 가벼워져서 마침내는 왕좌에서 떠올랐다. 어린 시절부터 내 몸속에 저장되어 있던 잠재의식적 기억들과 부정적인 생각들은 마치 검은 얼룩처럼 이 상승하는 빛의 형태에서 떨어져 날아가고 있었고, 대사들이 집중해서 증가시키고 있는 빛에 의해 그림자처럼 사라져버렸다.

내 존재의 진동수가 더 높이 올라가고 이 놀라운 에너지의 흐름이 증가함에 따라, 한계 지어졌던 모든 것들이 녹아내렸다. 나는 내 상위 자아와 하나로 합쳐졌다. 오직 빛 의식의 자각만이, 그리고 다음과 같은 깨달음만이 남았다.

나는 하나님이다.

다음 날 아침, 잠에서 깬 나는 내가 여전히 물리적인 차원에 존재하고 있음을 깨닫고 충격에 빠졌다. 침대 위에는 몸이 그대로 있었고, 그 몸은 확실히 내 것이었다. '나는 원자 가속기 안에서 상승했고, 분명 내 몸은 빛에 녹아 사라졌었다고. 근데 이 몸은 대체 뭐야?'

하지만 여전히 내 몸은 존재하고 있었고, 내 의지에 따라 움직이고 있었다. 나는 통증이 느껴지는지 보려고 내 팔을 꼬집었다. 아팠다. 그러나 이 또한 꿈일 수 있었다. 그렇지 않은가? 나는 상승이라는 내 인생의 정점을 경험했다. 인생에서 가장 강력한 사건을 이제 막 경험했던 것이다. 그런데 지금 나는 어디에 있단 말인가? 놀랍게도, 비틀거리며 거울로 다가간 나는 충격을 받은 듯 멍한 내 얼굴을 볼 수 있었다.

'뭔가 착오가 있었던 게 아닐까? 내 몸은 그때 사라져야 했다고!'

나는 예상치 못했던 타이밍에 천국으로 들어갔지만, 내게 완전한 자유를 줬다고 여겼던 그 대사들에 의해 다시 한번 미망의 인간세계로 되돌려 보내졌다.

나는 상승을 했는데도 어떻게 여전히 육체를 가지고 있을 수 있는지[*] 생각해보다가 《마법의 현존》에 나오는, 원자 가속기에서 나와 비슷한 경험을 했던 대니얼 레이본Daniel Rayborne을 떠올렸다. 거의 상승의 지점에 이르렀던 그 역시 아직 인간 세상에서 완수해야 할 일이 있기 때문에 육체를 지니고 있어야 한다는 말을 들었다. '어쩌면 나도 아직 지상에서 완수해야 할 임무가 있는 것은 아닐까?'

아직도 몸을 갖고 있긴 하지만, 그렇다고 이전과 똑같은 느낌은 아니었다. 나는 침대에 앉아 이 새로운 현실에 적응하면서 내 이마 중앙에 있는 청백색 빛을 자각하기 시작했다. 의식을 그곳에 집중하자 내 내적 비전이 확장되었고, 마음속의 이 새로운 화면 위에는 숫자들이 뜨기 시작했다.

---

[*] 우리가 인간이라고 부르는 것은 사실 의식의 다양한 단계에서 작동하고 있는 몸 중 가장 낮은 몸에 불과하다. 각각의 몸들은 거기에 맞는 차원 혹은 주파수대에 존재하고 있으며 I AM 현존으로부터 내려오는, 생명을 주는 빛의 광선은 이 몸들 모두에게 생명력을 불어 넣어주고 있다. 이 빛은 육체의 흉선 근처에 있는 가슴 중심에서 끝나, 그곳에 고정된다.

상승 중에는 낮은 몸체가 다시 높은 몸체로 통합된다. 마치 펼쳐져 있던 접이식 망원경이 다시 접혀 들어가는 것처럼 말이다. 불교에서는 이런 몸체들을 다르마카야, 삼보가카야, 니르마나카야라고 부른다. 상승이 완료되기 전에 이 하위 몸체들 중 일부가 상위 몸체에 통합될 수도 있으며, 우리는 이 입문 과정을 '깨달음'이라고 일시적으로 인식하기도 한다.

또, 상승에 근접한 어떤 영혼들은 상위 몸체 중 일부가 완전히 지상에 하강하지 않기도 한다. 이는 그들 자신과 인류가 아직 준비되지 않은 상태에서, 그들이 상위 차원에 대해 너무 많은 것을 드러내거나 너무 큰 권능을 쓸 수 없도록 하기 위해서다. 그 예로, 블라바츠키 여사의 기이한 행동들이 있다. 그녀는 대사들과 그들의 가르침을 서양에 처음 소개한 위대한 오컬티스트로, 대사들은 그녀의 기행이 그녀의 상위 몸체 중 일부가 지상에 하강하지 않고 상위 차원에 있는 사원들에 남아 있었기 때문이라고 말했다.

어떤 이들은 부분적으로 상승 상태를 성취했을 수 있다. 하지만 그들은 여전히 인간세계와 상호작용하기 위한 수단으로 자신의 인간적 형체와 인격을 어느 정도 유지하고 있다. 해방된 존재들은 인간세계에서 대사의 모습으로는 수행할 수 없는 특정 역할을 수행하기 위해 마야의 모습, 즉 평범한 사람의 모습을 하고 있을 수 있다. 해탈의 상태에 있으면서 인간의 모습과 인격을 간직하고 있는 존재를 지반묵티라고 한다.

각각의 숫자에는 가장 작은 원자 구성 입자에서부터 우주에 이르기까지, 모든 차원에서 나타나는 의식의 몇 가지 측면들을 보여주는 높은 지식이 담겨 있었다. 이 모든 것은 '하나'의 여러 측면이었다. 나는 이런 지식들을 담고 있는 지혜가 마치 컴퓨터 파일처럼 내 마음으로 다운로드되고 있는 것을 넋을 잃은 채 보고 있었다.

창조의 기하학적 디자인이 내 눈앞에 펼쳐졌다. — 마치 내 전시안의 조리개를 통해 투사된 영화처럼 말이다. 그 디자인은 창조가 어떻게 하여 상상하기도 힘들 정도의 수학적 완벽성을 지니고 있는지를 보여주었다.

영화처럼 펼쳐지고 있는 이 우주의 비밀들은 내가 지금까지 상상했던 그 어떤 것보다도 더 놀라웠다. 나는 예술, 과학, 영성이 '하나'의 여러 표현임을 보았다. — 이 하나는 존재 기반에 깔려 있는 의식의 기하학적 무늬, 통일장이었다. 물질세계는 그저 기괴한 환상(chimera)에 불과했다. 물질세계는 우주적 지성의 신성한 음악에 의해 유지되고 있었고, 이것 없이는 창조도 멈추게 될 것이었다.

비전이 느려지기 시작하면서, 윌리엄 블레이크William Blake의 시 한 구절이 떠올랐다. "인식의 문이 깨끗해지면 모든 것이 있는 그대로, 무한한 것으로 보인다."** 나는 창조계 안에 나타나는 유한함 속에서 매 순간 이 무한성을 자각할 수 있음을, 신이 있지 않은 곳은 없다는 것을 깨달았다.

이제 내 마음속 스크린에는 아무것도 나타나지 않았다. 갑자기 배속 깊은 곳에서 배고픔이 느껴졌다. '육체적 필요를 들어줘야 한다는

** 윌리엄 블레이크, 《천국과 지옥의 결혼》(The Marriage of Heaven and Hell).

건 정말 이상한 일이야.' 나는 생각했다. 육체적 필요를 충족시키지 않아도 되는 상승의 에너지가 아직도 내게 선명하게 남아 있었다.

'어떤 꿈이 진짜일까? 상승한 꿈이 진짜일까 아니면 내가 물질적 몸으로 지구에 있다는 꿈이 진짜일까? 이 모든 꿈들은 언제쯤 사라질까?' 나는 이 수수께끼들을 곰곰이 생각하면서 옷을 입고 아래에 있는 식당으로 내려갔다. 그리고 신선한 오렌지 착즙 주스와 함께 거창한 아침 식사를 주문했다.

식사를 마친 나는 화려한 로비에 앉아 다시 그곳의 정교한 디자인을 감상했다. 다시 보니 그 디자인들은 전날 체크인할 때는 미처 알지 못했던 여러 의미들을 드러내고 있었는데, 내가 집중해서 보는 지점마다 모두 그랬다. 이제 내 '인식의 문'은 깨끗해졌기 때문에 나는 형상을 넘어, 모든 창조물 속에 내재되어 있는 패턴을 볼 수 있었다. ― 모든 것이 서로 어떻게 연결되어 있는지, 서로 어떻게 의존하고 있는지가 보였다.

로비 디자인의 패턴들은 ― 바닥의 정교한 디자인, 기둥의 조각품, 벽에 걸린 예술품들은 ― 의식의 패턴, 즉 내 마음의 측면들과 똑같았다.

모든 것들이 서로 연결되어 있다는 이 깨달음에 압도된 나는 이제 떠날 때가 됐다는 것을 알고 자리에서 일어났다. 나는 내 존재의 위대한 근원이자 존속자인 I AM 현존의 에너지를 느꼈다. 나를 휘감은 그 에너지는 내 몸의 모든 세포들을 강렬한 생명력으로 채워주었다.

숙박료를 내기 위해 프런트로 간 나는 깜짝 놀랄 수밖에 없었다. 하룻밤이 아니라 이틀 치 숙박비가 청구되었기 때문이다.

내가 실수가 아니냐고 묻자 직원이 단호하게 말했다. "아닙니다. 선생님은 이틀 전에 이곳에 도착하셨습니다. 여기, 벽에 걸려 있는 달력을 확인해보시죠."

"그럴 리가 없는데요." 나는 직원의 말에 충격을 받고 더듬거리며 대답했다.

"이건 선생님의 서명과 날짜가 기재되어 있는 객실 등록 서류고, 이건 오늘 날짜의 신문입니다. 확인해보세요." 그는 이상하다는 듯 나를 보며 대답했다. 아마도 그는 내가 술에 취해 방에서 기절하는 바람에 시간 감각을 잃은 게 아닌가 생각하는 것 같았다.

신문에 있는 날짜를 확인하자, 놀랍게도 그의 말은 사실이었다. 나는 이 호텔에서 하룻밤이 아닌 이틀 밤을 지낸 것이다. '내가 로열 티톤의 은둔처에 이틀이나 있었단 말인가?' 원자 가속기에서의 경험은 그리 길지 않았다. 하지만 상승 대사의 영역으로 들어간 후에는 내가 어디로 갔는지, 무슨 일이 일어났는지 아무것도 기억나지 않았다.

'룸 메이드가 방을 청소하려면 노크를 해야 했을 텐데, 왜 나는 노크 소리를 듣지 못했을까?' 하루라는 시간을 통째로 잃어버린 이 이상한 일에 대해 생각하면 생각할수록 이런 질문이 계속해서 꼬리를 물고 생겨났다. 만약 내가 이틀 동안 아무것도 먹지 않았다면, 최소한 내가 느꼈던 그 엄청난 배고픔은 설명이 됐다.

나는 대사들의 세계에서는 우리가 알고 있는 시간이 존재하지 않는다는 것을, 그리고 거기서는 어떤 일도 가능하다는 것을 알고 있었다. 그래서 더 이상 숙박비에 이의를 제기하지 않은 채 그가 말한 이틀 치 숙박료를 내고 나왔다.

다시 차를 탄 나는 동쪽으로 달렸다. 알 수 없는 것마저도 그저 받아들이니 극도의 행복감이 느껴졌다. 이것은 '상념의 멈춤', '계획 없음'이라는 텅 빈 지복 상태였다. 비록 내가 어디로 가고 있는지는 몰랐지만, 모든 것은 믿을 수 없을 정도로 완벽해 보였다. 나는 완전 무결한 존재의 지복으로 나를 채워주는 이 신적 현존을 믿었다.

'그래, 이것이 깨달음이구나!' 나는 새로운 차원의 자각은 그다음 단계의 서막에 불과하다는 것을 깨닫지 못한 채 이렇게 생각했다. 사실, 다음 단계의 자각을 이루게 되면 그것 역시 궁극의 깨달음처럼 보일 것이었다.

아무튼 그 당시 나는 확장된 의식, 그러니까 생각이나 판단 기준이 없는 의식의 지복을 느끼면서 목적지도 없이 뻥 뚫린 광활한 평야를 빠르게 달리고 있었다. 더없이 행복한 나에게는 아무런 할 일도 없었다. 오직 존재만이 있었다.

나는 이 장대한 실재를 맛보면서 내가 어떤 궁극의 수준에 도달했다고 느꼈다. 하지만 내 앞에 펼쳐진 지평선이 점점 더 넓게 펼쳐지는 것을 보자, 의식에는 어떤 경계도, 끝도 없다는 사실을 깨달을 수 있었다. 한 목적지에 이르면 저 멀리서 또 다른 목적지가 드러났다. 심지어 '깨달음'이라는 개념도 환상이다. 이름 붙이는 행위 그 자체가 의식의 무한성을 제한하는 것이기 때문이다.[*]

---

[*] 불교의 밀교를 처음으로 미국에 알린 사람이자 티베트 명상의 위대한 대가인 초감 트룽파 린포체는 깨달음에 대한 말을 부탁받았을 때 "나는 아무것도 모른다"고 답했다.

북쪽을 향해 차를 몰고 가는 동안, 원자 가속기의 경험으로 인해 고양된 이 새로운 단계의 의식이 내 육체 안에서 안정되고 그라운딩되기 시작했다. 나는 내가 여전히 인간의 육체와 마음을 가지고 있다는 것을 받아들였다. 이 차처럼, 내 몸은 아직 드러나지 않은 내 사명을 완수하기 위해 지혜롭게 사용해야 할 하나의 도구였다.

점차 나는 평상시의 의식 상태로 돌아가고 있었다. 내 의식 안에 나타나는 세계를 무한한 인식의 측면들로 보는 것이 아니라, 유한한 물질들로 보게 된 것이다. 더 이상 그 어떤 것도 높은 계시의 징표라든가 상징으로 보이지 않았다. 내 앞에 있는 사거리는 이제 내 삶

---

[*] 피터는 이 장에서 현재 지구의 인류가 겪고 있는 변화의 시기와 그 의미에 대해 세인트 저메인으로부터 깊은 가르침을 받게 됩니다. 그리고 그 과정에서 플레이아데스에서 온 우주인들과 만나게 됩니다. 어떤 분들은 이 내용에 잠깐 균형을 잃는 경험을 하게 될 수도 있겠지만, 깊은 호흡을 하면서 모든 존재가 진실로 창조주 하나님의 자녀인 영(spirit)이며 신성한 사랑 안에서 성장하고 있는 빛의 존재라는 사실을 다시금 자각하시길 바랍니다. 여러분의 의식이 지구인이라는 한계 지어진 정체성을 넘어 더 높은 파동의 차원으로 확장되도록 허용하세요. — 역자 이상범

의 전환점이 아니라 그저 좌회전을 할지 우회전을 할지, 아니면 직진을 할지 결정해야 하는 곳일 뿐이었다.

나는 내가 상대적 현실을 받아들이고, 그 상대적 현실을 내가 살아가야 할 집으로 만들어야 한다는 것을 이해하게 되었다. 그것이 이 물질적 세계의 유희 안에서 내게 주어진 사명을 효과적으로 수행하는 배우가 되는 방법이었다.

내면의 미묘한 에너지는 계속해서 내게 운전할 방향을 알려주었고, 나는 이러한 내적 가이드에 그 어느 때보다도 더 민감해져 있었다. 가끔은 내 의식 에너지의 수준이 떨어지면서 갑자기 피곤해지거나 방향 감각을 잃게 될 때도 있었다. 대개 이런 증상은 내가 틀린 방향으로 가고 있음을 나타내는 것이었다. 그럴 때 나는 의식 에너지가 내려간다고 느꼈던 곳으로 되돌아간 다음 다른 방향으로 향했다. 나는 한 줄기의 에너지가 내 척추를 따라 올라가는 것이 느껴질 때까지 계속 이렇게 운전을 해갔는데, 이런 느낌은 내가 옳은 방향으로 가고 있음을 확증해주었다.

문득 이런 생각이 들었다. '자신 안에 내재한 신성으로부터 자연스러운 가이드를 받는 법을 가르치는 영적 스승들이 왜 이렇게 적을까? 아마 그들도 그것을 모르기 때문 아닐까?'

나는 소위 스승이라 불리는 많은 이들이 채널링으로 새로운 정보를 끝없이 쏟아내면서 제자들이 자신에게 영구적으로 의존하도록 만드는 모습을 종종 봐왔다. 그러한 제자들은 영적 유아기 상태에 묶여 자기 스스로 결정을 내리거나 자기 자신의 행위에 책임을 지는 법을 절대 배우지 못한다.

모든 답은 내면에 있기 때문에, 나는 밖에서 해답을 찾는 이에게 완성(Mastery)이나 자유는 없다는 사실을 점점 더 분명하게 배우고 있었다. 이러한 답은 기꺼이 마음의 파동을 낮추고 에고적 자아를 복종시키는 이들만이 손쉽게 찾을 수 있다.

다른 이를 통해 채널링된 '옳은 일'을 하는 것보다는 자기 스스로의 결정으로 '실수'를 저지르는 편이 더 낫다. 우리는 실수를 하는 바로 그 과정 속에서 진실로 배움을 얻고 강해지며, 성장하기 때문이다. 하지만 채널링 내용에 복종하는 이는 지혜보다는 맹목적인 복종만을 배우게 된다.[*]

나는 펄에게 큰 감사를 느꼈다. 그녀는 내가 가슴 속 '내적 방향 탐지기'와 연결될 수 있게 해주었다. 이 탐지기는 언제든 사용할 수 있는, 배터리조차 필요 없는 범지구적 위치 파악 시스템이었다.

다소 황량한 지역을 지날 때, 나는 광대한 대지들이 서로에게 녹아들어가는 모습을 지켜보았다. 나를 확실하게 가이드해주는 이 내면의 에너지 광선을 따라가자 북부 아이다호Idaho를 지나 몬태나Montana까지 가게 되었다. 어느새 차는 캐나다 국경 쪽으로 향하고 있었다. 나는 이성적 사고의 분석적 경향이 없는 상태에서, 언제든 방향을 바꾸라거나 유턴해서 되돌아가라는 가이드를 받을 수 있음을 알고 있었다.

마침내 북부 몬태나의 지평선 저 끝에 반짝이는 산맥들이 보였다. 내가 센트럴포인트에서 명상할 때 마음의 눈으로 보았던 바로 그 산맥이었다. 나는 글레이셔Glacier 국립공원을 향해 달려가고 있었다. 공기는 맑고 깨끗했으며, 하얗고 삐죽삐죽한 산봉우리의 얼음 요새

---

[*] 〈바가바드 기타〉에서 크리슈나는 다른 사람의 다르마(법, 올바른 행위의 길)에 비해 자신의 다르마가 아무리 초라해 보이더라도 자신의 길을 잘 이행하는 편이 훨씬 낫다고 말한다.

가 군청색 하늘을 찌르고 있었다. 나는 생명력으로 넘쳐흐르는 듯한 그곳 공기를 깊이 들이마셨다.

그곳의 강렬한 아름다움에 넋을 잃은 나는 차를 버리고 햇빛에 반짝이는 눈 위를 달리고 싶었다. 그리고 절벽 위로 올라가 나를 기다리고 있는 창조주 하나님의 품속에 안기고 싶었다.

하지만 나는 이 강렬한 에너지를 낭비하지 않고 운전을 계속했다. 나는 대기 중의 프라나prana(산스크리트어로 생명력)를 들이마셨다. 그리고 내 마음의 힘으로 이 놀라운 에너지를 농축시켜 온몸의 세포를 고양시켜주는 만나manna로 만들었다. 이 순수하고도 신성한 에너지를 흡수하니 물질적 음식 없이도 살 수 있을 것만 같았다. 다시 한 번, 상승 상태의 완벽함에 가까워지는 느낌이 들었다.

하지만 내 차는 빙하들을 뒤로한 채, 너무도 빨리 산맥들을 지나쳐버렸다. 이제 차는 찬바람이 휘몰아치는 추운 캐나다의 평원으로 내려가고 있었다. 그렇게 계속 운전을 하는 동안, 내가 운전을 영겁처럼 느껴질 만큼 오래해왔으며 앞으로 목적지에 도착하지 못할 것 같다는 생각이 점점 커져가고 있었다. 마치 과거와 미래의 환영 사이에서 영원히 계속되는 현재인 바르도bardo(죽음 후 의식의 전이 상태를 나타내는 티베트어)를 여행하는 기분이었다.

이곳이 어디인지 기준 삼을 만한 것이 아무것도 없었다. 지금까지 지나온 마을 중에는 익숙한 이름도, 내게 특별한 의미를 주는 이름도 없었다. 나는 또 다른 산맥을 오르며 계속 차를 몰았는데, 이상하게 텅 비어 있는 다른 세상 속으로 들어가고 있는 느낌이 들었다. 나는 내가 길을 잘못 든 것이 아닐까 궁금했다.

불확실성의 바다에 표류하고 있는 지금, 신적 현존의 내적 에너지는 내 유일한 동반자이자 구명정이었다. 나는 내면의 옳다는 느낌을 신뢰하면서 만일 대사들이 내가 다른 방향으로 가길 원한다면 이 내면의 느낌에 변화가 오리라 생각했다.

마침내 날이 어두워지기 시작했고, 내가 이 바르도를 떠나고 있음을 상징하는 표지판이 보였다. 표지판에는 현실세계의 실재하는 장소이자 내가 알고 있는 지명인 밴프Banff라는 글씨가 적혀 있었다.

정신이 멍한 데다 진이 다 빠진 나는 모텔 앞에 차를 세웠다. 모텔 카운터 창문에 붙어 있는 분홍색 '빈방 있음' 표지판이 나를 반겼다. 나는 숙박료를 내고 열쇠를 받자마자 객실 안으로 비틀거리며 걸어갔다. 그리고 코트를 벗은 후 침대에 얼굴을 처박았다. 의식이 점점 흐릿해지고 있었다.

몇 분 후, 무언가 깨달은 나는 정신이 번쩍 들었다. '뭔가 잘못됐어… 여긴 잘못된 곳이야… 내가 머물 곳이 아니야!' 그곳에 누워 있으면 있을수록 불편함은 더해졌다. '날은 이미 어두워졌고 나는 너무 지쳤는걸. 나는 몇 킬로미터씩 눈 덮인 황야만 덩그러니 펼쳐져 있는 로키산맥 한가운데에 있어. 그런데 어떻게 다른 곳으로 가겠어?'

이런 두려움에도 불구하고, 나는 떠나야만 했다. 물론 내면의 목소리와 논쟁하려고도 해봤지만, 이미 나는 일어나야 마땅한 일에 이유 따위는 없다는 것을 잘 알고 있었다. 나는 이 불편한 감정이 사라질지도 모른다는 생각에 명상을 해보려고도 했다. 하지만 계속 움직여야 한다는 느낌을 흘려보낼 수가 없었다. 결국 나는 항복하고 일어서서 침대 커버를 바르게 폈다. 그리고 가방을 집어 들어 터벅터벅 모텔 카운터로 내려왔다.

나는 조금 전에 체크인을 도와준 프런트 데스크의 젊은 여성에게 내가 여기서 묵을 수 없는 이유를 설명하려고 애쓰면서 사과를 했다. "죄송하지만 오늘 밤은 여기에서 머물 수 없을 것 같아요."

"무슨 일 있으셨어요?" 그녀는 당황하며 물었다.

"아니요, 그냥 가야 할 것 같아서요." 나는 친절하고 정직하게 생긴 이 젊은 여성이 나를 이해할 수도 있다고 생각하며 이렇게 말했다. "뭔가 잘못을 저지르려고 할 때 당신에게 경고하는 양심의 소리 같은 거 있잖아요. 어떤 이들은 그걸 내면의 고요하고 작은 목소리라고 부르기도 하는데, 당신은 그걸 믿나요?"

"네, 저는 믿어요." 그녀는 잠시 생각에 잠겼다가 대답했다.

"음, 지금 그 목소리가 제가 여기 있으면 안 된다고, 계속 운전해서 가야 한다고 말하고 있어요. 단지 느낌일 뿐이긴 하지만, 지금은 그 목소리를 따라야만 한다고 느껴지네요. 여러 가지로 성가시게 해서 죄송해요. 방값을 대신해 뭔가 드릴 수 있으면 좋을 텐데요."

"괜찮아요. 이해해요." 그녀는 돈을 돌려주면서 따뜻하게 말했다.

나는 그녀의 친절과 이해심에 진심으로 고마웠다. 내가 길을 나서자 그녀가 외쳤다. "당신이 찾고 있는 것을 찾길 바라요!"

'저도 그랬으면 좋겠네요. 제가 찾고 있는 게 뭔지는 저도 모르지만요.'

나는 차로 돌아가 다시 적막한 도로를 달렸다. 그러면서 이런 생각을 했다. '왜 대사들이 나를 이 야생의 캐나다로 보냈을까? 배고프고, 춥고, 기름도 점점 떨어지고 있어. 오늘 밤을 어디서 보내야 할지는 짐작도 안 가고 말이야. 바로 요전에 나는 무한 의식을 깨닫고 그것과 통합되었어. 하지만 그 무한 의식인 내 상위 자아는 지금

어디 있냔 말이야.'

이원성의 세계에 다시 발을 들여놓은 나는 다시 한번 황야에서 길을 잃은 평범한 인간 같은 쓸쓸한 기분을 느꼈다. 여행 내내 느껴졌던 지속적인 에너지 흐름은 더 이상 느껴지지 않았다. 그렇지만 유턴해서 다시 돌아가야 한다는 느낌도 들지 않았기 때문에 나는 마지막으로 느꼈던 명확한 가이드를 집요하게 따르며 계속 나아갔다.

바람 말(Wind Horse)이라는 뜻의 티베트어 룽타lungta는 인간을 고양시키며 대담하게 만들어주는데, 나는 이 에너지를 일으키기 위해 내 내면, 그리고 내 위에 있는 무한한 에너지 근원에게 이렇게 요청했다.

> 친애하는 신적 자아여, 제 앞에 나타나주세요! 당신의 신성
> 한 에너지와 의식으로 저를 충만하게 하시고, 당신이 이끌고
> 자 하는 곳으로 저를 이끌어주세요.

그러자 얼마 지나지 않아 내 신적 자아가 한 줄기의 내적인 에너지 흐름으로 내게 답을 해주는 것을 느낄 수 있었다. 빙판길 위를 칠흑 같은 어둠 속에서 운전하면서도, 나는 내 의식을 고양시키고 유지시켜주는 이 에너지로 충만해 있었다. 눈 덮인 거대한 황야는 나를 침묵의 담요처럼 감싸고 있었고, 이상할 정도로 평온하고 보호받는 기분이 들었다.

나는 기름이 거의 떨어졌음을 알리는 계기판 바늘을 호기심을 가지고 지켜보았다. 그러면서 아무 두려움 없이 매년 겨울마다 허허벌판에 발이 묶여 차 안에서 얼어 죽은 사람들 중 하나가 내가 될 수

있지 않을까 하고 문득 생각해보았다.

적어도 사람들이 사는 곳으로 가려면 80킬로미터 정도를 더 가야 했고, 기온은 영하로 떨어진 상태였다. 그러니 여기서는 절대 기름이 떨어져서는 안 됐다. 하지만 나는 방금 막 활력에 찬 내적 선언을 했기에 운전을 계속하라고 가이드하는 에너지를 느낄 수 있었다.

이제 곧 차가 요란한 소리를 내며 멈출 거라고 확신하고 있던 바로 그때, '숙박&주유 ― 3킬로미터'라고 적힌 나무 표지판이 어둠 속에서 모습을 드러냈다. 표지판은 양쪽 높이 눈이 쌓여 있는 아래쪽의 좁은 비포장도로를 가리키고 있었다.

나는 앞에 아무것도 없을 것 같은 이 길을 따라가고 싶지 않았다. 저 멀리에는 사람이 살고 있음을 나타내는 어떤 흔적이나 불빛도 없었다. 지금 이 순간만큼은 실수를 저지를 만한 여유가 없었다. '여름에만 문을 여는 곳이면 어떻게 하지? 그렇다면 아마 사람들은 눈이 녹을 때까지 나를 찾아내지 못하겠지.'

하지만 나는 이 차를 운전하고 있는 이가 내 안에 계신 하나님임을 확신했다. 그래서 앞에 뭐가 있는지를 유심히 살펴보면서 천천히 어둠 속을 운전했다. 마침내, 나는 숲속의 거대한 공터를 발견했다. 그곳에는 꽁꽁 얼어붙은 호수가 있었다. 눈 덮인 산봉우리들에 삼면이 둘러싸인 이 호수의 표면은 달빛으로 반짝이고 있었다.

공터로 완전히 들어서자 웅장하고 호화로운 대저택의 밝은 불빛이 보였고, 나는 그제야 마음이 놓였다. 나는 이 대저택이 왠지 모르게 친숙해 보였기 때문에 아마 어릴 때 여행 책에서 본 적이 있을 거라고 생각했다. 이 아름다운 저택은 수십 개의 다색 깃발들에 둘러싸여 있었고, 왕족의 도착을 기다리고 있기라도 한 듯 스포트라이트 여러 개를 밝히고 있었다.

그곳은 유럽 귀족들이 현악 4중주를 감상하고, 우아한 무도회를 열고, 최근의 철학 흐름에 관해 토론하며 긴긴 겨울날을 지내던 오래된 프랑스 대저택처럼 보였다. 하지만 그곳에는 사람 한 명 보이지 않았다. 심지어 주차장에도 차가 한 대도 없었다.

'이게 진짜인가? 혹시 내가 다른 차원에 와 있는 걸까? 어쩌면 내몸은 아직 그 모텔 침대에서 자고 있고, 이건 그냥 꿈일 수도 있어.' 나는 아무도 없는 이런 허허벌판에서 우연히 이런 고급스러운 숙소를 발견했다는 사실을 믿을 수가 없었다.

주차 후 차에서 내린 나는 거대한 나무 문으로 걸어갔다. 성문처럼 생긴 그 나무 문에는 화려하게 세공된 철 걸쇠들이 달려 있었고, 나는 그 문을 열었다. 그러자 터널 같은 통로가 나왔고, 통로를 걸어가자 아주 큰 로비가 나왔다. 로비의 돌바닥에는 고급 페르시안 러그가 깔려 있었다.

나는 데스크로 다가가보았지만 아무도 없었다. 내가 당황하고 있던 차에, 마침 호텔 유니폼을 입은 젊은 남자가 데스크 뒤쪽에서 나타났다. 그는 살짝 고개를 숙여 인사하더니 이렇게 말했다. "루이스 호수 호텔(Chateau Lake Louise)에 오신 걸 환영합니다."

"루이스 호수요? 여기가 루이스 호수라고요?" 나는 믿을 수 없다는 듯 물었다. 내가 어렸을 때, 할머니와 이모는 이 유명한 곳을 휴가차 방문해서 내게 엽서를 보내신 적이 있었다. 그러니 친숙해 보이는 게 당연했다. 그리고 최근, 나는 루이스 호수가 상승 대사들의 은둔처이자 미카엘 대천사의 에너지가 내려오는 초점이라는 말을 들은 적이 있었다.

놀라운 점은 이뿐만이 아니었다. 겉으로 보기에는 그저 내가 우여 곡절 끝에 우연히 이곳에 온 것 같지만, 사실은 달랐다. 나는 대사들이 내적 가이드를 통해 나를 이곳으로 이끌고 있었음을 깨닫게 되었다.

"어떤 귀한 손님을 기다리고 있었던 것 같네요." 나는 말을 더듬었다. 이날 했던 장거리 운전 때문에 정신이 멍한 탓도 있었고, 내 목적지가 이렇게나 화려하다는 사실에 충격을 받은 탓도 있었다.

"전 오직 손님만을 기다리고 있었습니다." 그가 다시 고개를 숙이며 대답했다.

"제가 여기서 투숙할 수 있다는 뜻인가요?" 나는 중얼거리듯이 조심스레 물었다. 왜냐하면 아직까지 직원 외에 다른 사람은 전혀 보지 못했고, 어떤 중요한 인물이 오는 게 아니라면 이렇게나 화려한 깃발과 조명을 준비해뒀을 리가 없다고 생각했기 때문이다.

그는 내게 열쇠를 건네주며 이 객실이 호수가 내려다보이는 최고의 객실이라고 장담했다. 신용카드가 없던 나는 그에게 현금으로 지불해도 되겠냐고 물었다. 그러자 그는 웃으며 말했다. "걱정 마세요. 아침에 처리하면 됩니다. 자, 편히 쉬세요. 손님!"

그런 다음 그는 전기 패널로 걸어가 건물 외부 등을 모두 끄고 로비 샹들리에의 조명을 어둡게 조절했다. 정말로, 그는 그날 밤 호텔 문을 닫기 전에 내가 도착하기만을 기다리고 있던 것 같았다. 마치 세인트 저메인으로부터 무의식적인 가이드를 받은 듯이 말이다. 그는 거대한 문으로 걸어가 큰 잠금장치를 잠그고 복도를 따라 사라져버렸다. 여전히 다른 사람들은 보이지 않았다.

그가 사라진 후, 나는 부드러운 카펫이 깔린 복도를 따라 계단으

284

로 갔다. 한 층을 걸어 올라가니 바로 내 방을 찾을 수 있었다. 직원이 약속했던 대로 나는 그 호텔의 가장 좋은 방에서 묵게 되었다. 내 방에서는 달빛이 비치는 얼음 호수를 내려다볼 수 있었다. 정말로 아름다운 경치였다.

더 이상 배는 고프지 않았지만 갑자기 피곤이 몰려왔다. 그래서 나는 문을 잠그고 보조 잠금장치까지 잠근 다음, 옷도 벗지 않은 채 잠에 빠졌다. 그러나 15분도 채 지나지 않아, 혼자가 아닌 것 같다는 느낌이 들어 잠에서 깼다. 나는 항상 그래왔듯, 들어올 때 문을 확실히 잠갔다는 것을 기억하고 있었다. 하지만 지금 방 안에는 누군가가 나와 함께 있는 것 같았다.

고개를 들자, 은색 점프슈트를 입은 짧은 금발 머리의 남자가 보였다. 그는 침대에서 약간 떨어져 서서 나를 똑바로 쳐다보고 있었다. 순간적으로 깜짝 놀라기는 했지만, 그가 위협적으로 느껴지진 않았다.[*]

사실 나는 센트럴포인트에서 명상할 때 어떤 얼굴을 얼핏 비전으로 보았는데, 그때 본 얼굴이 바로 내 앞에 서 있는 그의 얼굴임을 곧 알아챌 수 있었다. 그는 비전 속에서 지금과 똑같은 은색 점프슈트를 입고 나타났었는데, 몸에 꼭 맞는 그 옷의 손목, 발목 소매는 신축성이 있어 보였다. 그때 그는 부드러운 푸른 빛으로 둘러싸여 있었다.

내가 잠에서 깨어난 것을 보고, 그가 내게 말을 걸었다. "놀라게 했다면 미안합니다. 나는 당신을 데리러 왔습니다."

---

[*] 대사들 그리고 다른 세계의 방문자들과 만나기 위해서는 반드시 두려움으로부터 자유로워야 한다. 그들은 보통 자신과의 만남으로 인해 충격을 받고 마음의 균형을 잃는 사람들에게는 나타나지 않기 때문이다.

"데리러 왔다고요? 나는 당신이 누군지도 몰라요. 내 방에는 어떻게 들어왔죠?"

"질문에 대답해줄 시간이 없어서 유감이군요. 그저 제가 당신을 해치지 않을 거라는 사실만 알아주십시오. 놀라운 일이 당신을 기다리고 있습니다. 나와 함께 가지 않겠습니까?" 이 낯선 이의 목소리에서는 어떤 감정이나 강요의 기색도 느껴지지 않았다.

그동안 모든 질문에 대한 답을 가슴에서 찾으라고 훈련받아온 나는 즉시 내 가슴 속 깊은 곳에 있는 신적 현존으로 의식을 집중했다. 그 결과, 이 낯선 자를 따라가지 않도록 경고하는 어떤 두려움이나 부정적 감정이 없다는 것을 확인할 수 있었다.

"나와 함께 가겠다면, 더 이상 지체하지 말고 서둘러 가야 합니다. 당신 친구들이 기다리고 있어요." 그가 말했다.

'친구들? 이 한밤중에 캐나다 숲에서 나를 기다리고 있는 친구가 있다고?' 이런 내 생각을 읽은 남자가 대답했다. "따라오세요. 그러면 곧 알게 될 겁니다."

내가 기다리고 있던 내적 확신의 에너지가 밀려오는 것이 느껴졌다. 나는 침대에서 일어나 그를 따라 호텔 문밖으로 나갔다. 눈을 헤치며 터벅터벅 걸어갈 때, 그가 뒤를 돌아보며 이렇게 말했다. "실망하지 않을 겁니다." 그의 뒤를 따라 걷던 나는 그의 주변으로 빛나는 청백색의 광휘를 보았다. 그것은 그가 순수하다는, 내가 그를 신뢰하는 것이 옳다는 신호였다.

우리는 호텔 주변의 나무들에서 벗어났고, 나는 얼어붙은 호수 위에 떠 있는 금속 비행접시를 보았다. 은색의 그것은 광이 났으며, 지름이 6미터 정도 되어 보였다. 우주선에 가까이 다가간 나는 그것이 부드러운 광휘를 내뿜는 것을 보았다. 우주선은 얼음 호수 위에 살짝 뜬 채로 멈춰 있었다. 다시 한번 나는 적대적인 외계인에게 납치당하는 건 아닐까 하는 불안감을 느끼면서, 내적으로 소리 없는 요청을 했다.

세인트 저메인! 나타나셔서 이 상황을 지휘해주세요. 제가 뭘 해야 하는지 보여주세요!

'두려워 말렴.' 나는 내적으로 그의 대답을 들었고, 나를 안심시켜주는 평온함을 느낄 수 있었다. 나는 내적 가이드에 따라 그 우주선에 다가가고 있으면서도 모든 감각들을 깨워 완전한 경계 태세를 유지하고 있었다. 이것이 함정이라는 약간의 낌새라도 보인다면 언제든 달아날 준비를 하고 있었던 것이다.

우주선의 금속 문과 연결된 경사로를 올라가자 '쉬익' 하는 소리와 함께 문이 미끄러지듯 열렸고, 나는 우주선 내부에서 나오는 빛에 둘러싸였다. 그 안에는 다름 아닌 나의 소중한 친구, 대사 세인트 저메인이 미소를 지으며 내 앞에 서 있었다. 그는 어깨에는 보라색 망토를, 가슴에는 눈에 익은 황금 몰타 십자가를 하고 있었다.

그를 보고 이렇게 반가워한 적도 없었지만, 그가 이렇게 장엄해 보인 적도 없었다. 그가 내뿜는 에너지는 이곳의 대기를 자기완성의 정수와 신적 권능으로 충만하게 하는 것 같았고, 우주선에 탑승한 다른 이들은 모두 그의 명령을 따르는 듯했다.

내가 처음의 충격에서 좀 벗어나자 그는 내게 돌아서며 이렇게 말했다. "너도 이 우주선의 승무원인 셈야제Semjasse를 알고 있을 것 같은데…. 그녀는 플레이아데스^{Pleiades}에서 온 우주 여행자이자 우리들의 친구지." 세인트 저메인은 그녀를 향해 우아하게 손짓했다. 그녀는 긴 금발 머리를 한 아름다운 우주 여행자로, 계기판을 모니터링하느라 바빠 보였다.

몇 년 전, 나는 수면 상태에서 높은 진동수의 몸으로 그녀와 여러 번 만난 적이 있었기에 그녀를 즉시 알아볼 수 있었다. 그 당시 그녀는 내게, 플레이아데스인은 외계인이라기보다는 지구상에 인류를 뿌리내리게 한 인간 종족의 조상이라고 말했다. 그리고 그들은 자신의 후손들이 현재 빠르게 다가오고 있는 어려운 시기, 즉 행성적 전환기를 잘 겪어나갈 수 있도록 돕기 위해 지구로 돌아오고 있다고 했다.[*]

그녀를 본 지 꽤 오래되었기 때문에 나는 다시 우리의 우정을 돈독하게 하고 싶었다. 하지만 그녀는 매우 바빴기 때문에 짧게 미소를 지으며 내게 인사만 했다.

"너도 알다시피, 놀라운 일이 너를 기다리고 있단다." 세인트 저메인이 말했다. "만일 네가 미리 정해져 있던 우리의 이 만남으로 너를 이끌어줄 신적 현존에 순응하지 않았다면 너는 이 기회를 놓칠 수도 있었어. 너는 이곳으로 오기 위해 많은 시련을 겪고 또 많은

---

* 셈야제와 그녀의 동료들, 그리고 플레이아데스인들의 메시지를 더 알아보고 싶다면 에두아르트 빌리 마이어^{Eduard Billy Meier}가 쓴 《플레이아데스에서 온 메시지》(Message from the Pleiades)를 참고하라. 빌리 마이어와 셈야제는 스위스에서 물리적으로 접촉하여 대화를 나눴고, 그는 이를 기록했다.
내 생각에, 첫 접촉 후 6개월 정도의 기록물들은 신뢰할 만한 것 같다. 왜냐하면 나는 담당 조사관인 웬델 스티븐스^{Wendelle Stevens}를 알고 있으며, 그와 함께 이 만남에 관해 상세히 논의해보았기 때문이다. 하지만 이후의 '접촉'은 물리적으로 일어나지 않았고 '채널링'되었다. 그리고 거기에는 많은 거짓과 잘못된 정보가 섞여 있었다. 따라서 나는 그가 더 이상 그녀와 직접 접촉할 수 없다고 믿게 되었다.
플레이아데스인의 우주선 사진을 보고 싶다면 웬델 스티븐스와 리 엘더스^{Lee Elders}가 쓴 《UFO: 플레이아데스와의 접촉》(UFO: Contact from the Pleiades, Vol.1)을 참고하라.

교훈을 배워야만 했단다. 거대한 산맥들을 지나, 위험천만한 상황에서 생전 처음 보는 도로를 운전하는 것도 그중 하나였지. 이런 경험들의 유일한 목적은 네가 자신 안에 내재한 빛을 더욱 밝히고, 인간적인 의식 속으로 너의 상위 자아를 불러낼 수 있도록 하기 위함이었어. 결국, 인류가 겪는 모든 경험의 목적은 그들 안에 내재한 빛을 더욱 밝혀서 그들이 자기 자신의 진정한 주인(Master)이 될 수 있도록 하는 거야. 그리고 너 또한 그렇게 하도록 운명 지어져 있단다."

그는 옆에 있는 인체공학적 디자인의 의자를 가리키며 말했다.

"자, 여기 앉으렴. 곧 출발할 거란다."

세인트 저메인은 고개를 끄덕이며 셈야제에게 출발 준비가 되었다는 것을 알렸다. 그러자 우리를 태운 우주선은 얼어붙은 호수 위로 아무런 흔들림 없이 쉽게 떠올랐다. 나는 우주선이 순식간에 밤하늘로 사라지기 전, 아주 잠깐이나마 우주선 창문으로 눈 덮인 산봉우리가 달빛을 반사하는 모습을 볼 수 있었다.

우리는 생각보다 훨씬 더 짧은 시간 안에 북극을 넘어, 지구 표면의 구멍을 통과해 아래로 내려갔다. 그 구멍은 극소수만이 알고 있는, 지구 내부로 들어갈 수 있는 거대한 입구였다.

"지구 내부에 있는, 발견되지 않은 이 낙원은 지상에 살고 있는 사람들과 그들의 미래 운명을 위한 큰 비밀을 품고 있단다." 세인트 저메인이 내게 텔레파시로 말해주었다. "아틀란티스가 막 가라앉기 전에 그랬던 것처럼, 언젠가 인간의 부조화가 지상에서 너무 커지게 되면 자기 자신의 부정성을 극복한 사람들은 낙원이라고 불리는 이곳, 지구 내부로 이송될 거야.

자신의 낮은 하위 자아를 섬길 것인지, 아니면 높은 상위 자아를 섬길 것인지 모든 이들이 선택해야만 하는 때가 그리 멀지 않았단다. 인류가 지금 내리고 있는 이 선택이 그때 그들이 어디로 가게 될 것인지를 결정하지.

사실, 인류는 삶의 매 순간 계속해서 이러한 선택을 내리고 있어. 하지만 결국에는 인류가 갈림길에 들어설 시기가 올 거야. 그때가 되면 습관적으로 부정성에 얽매여 있는 사람들은 자신의 행위에 대한 결과, 즉 너희들이 카르마라고 부르는 그것을 계속해서 경험하기 위해 지상에 남아 있게 된단다. 반면, 자신의 낮은 천성을 극복한 이들은 지구 내부로 이송되어 그들이 꿈꿀 수 있는 그 어떤 곳보다도 더 완벽한 세상에서 살게 될 거야."

나는 인류의 운명을 알려주는 메시지를 받은 것에 감사하면서, 눈앞에 펼쳐진 그 땅의 아름다움에 감탄했다. 하지만 그곳을 방문했다는 기억 이상으로 뭔가를 더 기억할 수 있도록 허락받지는 못했다.

나는 내가 어떻게 방으로 돌아왔는지 기억하지 못한 채 아침에 호텔 침대에서 눈을 떴다. 높은 진동수의 몸으로 여행을 떠난 후에는 으레 그랬듯, 딱 그때 필요한 만큼의 기억만 났다. 그러니까 이번에도 역시 지구 내부를 방문했다는 것 이상의 것을 기억하도록 허락받지는 못한 것이다. 그렇긴 해도, 나는 인류를 위한 커다란 변화의 시기가 다가오면 어떤 것이 요구될지 알고 있었다.

강렬했던 이번 여행은 이제 확실히 끝난 것 같았고, 집에 돌아가야 한다는 느낌이 들었다. 그 주 주말, 나는 다시 샤스타산으로 돌아왔다. 평소대로 며칠을 지내고 나니 다시 평범한 사람처럼 일상적인 의식에 더욱 뿌리를 내릴 수 있었다.

그러나 지난 한 주 동안의 놀라운 사건들, 즉 원자 가속기와 지구 내부로의 여행은 내 기억 속에 선명히 박혀 있었다. 특히 인류에게 다가올 커다란 행성적 변화에 대해 내게 주어졌던 계시는 더더욱 그랬다.

23장 🔥 무지개를 찾아서

나는 원자 가속기에서의 경험 때문에 한동안 물질적인 몸으로 살아가는 것에 어려움을 겪고 있었다. I AM 현존으로서의 의식과 인간적 자아로서의 의식을 모두 지닌 상태로 생활해야 했기 때문이다. 이러한 이유로, 나는 가끔 일상적 의식이 불안정해지는 것을 느끼기도 했다.

다른 차원에서 대사들과 교류하며 앉아 있다가 현실 의식을 차리고 깨어나면 엄청난 시간이 지나 있을 때도 있었다. 하지만 나는 차차 현재 의식에 안정적으로 적응할 수 있었다. 전화 받기, 식료품 사기, 요리하기, 설거지 하기, 요금 지불하기, 주유하기 같은 일상적인 일들을 다시 능숙하게 처리할 수 있게 된 것이다.

달라진 점이 있다면, 내가 하는 거의 모든 행위들을 관찰자 시점으로 보게 됐다는 점이다. 이 관찰자는 다차원 현실 안에서 동시에 활동하는, 독립적 자각 의식과 같았다. 모든 사람들은 어느 정도 이런 의식의 동시성 혹은 편재성을 가지고 있다. 이는 친구와 카페에서 이야기를 나누는 동시에 신문을 보고, 또 그와 동시에 밖에서 햇빛이 내리쬐고 있다는 것을 인식할 수 있는 능력이다. 하지만 원자가속기에서의 경험 이후로 내 의식적 능력은 이보다 더 크게 확장되었다.

이제 나는 내가 어떤 곳을 육체적으로 가야 할지, 아니면 내적으로만 그곳을 가야 할지 결정해야 했다. 내가 원하는 장소들을 가기에는 투사된 의식을 통해 가는 편이 훨씬 더 쉬웠기 때문이다. 병원에 있는 환자를 직접 찾아가야 할까? 아니면 그저 에테르체로 가서 에테르적으로 치유를 해줘야 할까? 그것도 아니면, 둘 다 해야 할까?

가만히 앉아 명상을 하면서 한계 없는 우주적 자아 속으로 녹아들라는, 그리하여 외부세계에서 들려오는 봉사와 도움의 요청을 무시한 채 상념과 에너지로 이루어진 내적 세계에서만 살라는 유혹이 나에게 찾아온 것이다.

나는 비록 창조계에서 일어나는 모든 현상들이 궁극적인 의미에서는 환영일지라도, 대사의 숙련된 지혜와 수단들로써 그런 환영과 미망의 차원에서 일하는 법을 배워야만 한다는 것을 알게 되었다. 나는 인류에게 봉사하기 위해 이 마야의 세상 속으로 들어오겠다고 맹세한 사람이 아니던가.

모든 것은 마야라고 변명하면서 세상으로부터 도망치는 것은 더 큰 마야일 뿐이다. 분별하는 자각의 검으로 마야의 유혹과 굴레들을 베어내기 전까지는 자신이 분리되어 있다고 착각하는 미망의 자아에서 벗어날 수 없기 때문이다. 이 자아는 숨기려 해도 어디서든 다시 나타난다.

나는 누군가가 분리된 의식에서 벗어났다 하더라도 그것이 인간 세상에서의 완성으로 이어지지는 않는다는 것을 이해하게 되었다. 이원성의 세상에서 창조주로서의 완전한 행위와 활동을 현현시키기 위해서는 일상의 삶이라는 환영 속에서 지혜로운 봉사의 수단들을 계발해야 하기 때문이다.[*]

나는 내 의식 안에 나타나는 모든 상념과 생각의 기원을 좀더 깊고 면밀하게 관찰하기 시작했다. '이 생각들은 내 인간적인 마음으로부터 온 것일까? 아니면 상위 자아나 어떤 대사로부터 온 것일까? 그것도 아니면 혹시 다른 누군가로부터 온 것일까?'

나는 깊고 심오한 자기 관찰과 성찰을 통해 상념들이 어떻게 내 의식 속에 들어와 현실로 나타나는지 지켜보기 시작했다. 때로는 다른 누군가의 간단한 상념이 ─ 당시에는 우리가 그것을 받아들이지 않았다고 해도 ─ 내 무의식 속에 숨어 있다가 나중에 내 상념 혹은 감정처럼 나타나기도 했다. 그것도 두려움이나 의심을 동반해서 말이다. 그리고 악의 없는 근원에서 나온 것 같은 이런 생각들은 나도 모르는 사이 내 삶에 큰 영향력을 행사하곤 했다.[**]

나는 내 경험의 모든 측면을 관찰하고 시험하는 법을 배웠다. 어떤 생각, 비전 또는 내적 충동의 근원이 명확하게 보이지 않는 경우에는 기다리면서 지켜본 후 내 마음의 스크린 위로 떠오르는 모든

---

[*] 벵골인 신비주의자 라마크리슈나(1836-1886)는 무한함(하나님)이 세속과 불가분의 관계임을 깨달은 사람을 비즈냐니Vijnani라 불렀다. 티베트 족첸과 비슷한 아티 요가Ati Yoga는 외적 현상과 내적 현상 사이에는 그 어떤 분리도 없다고 가르친다. 일단 자기 내면에 있는 중심(center)을 찾은 사람은 그 중심이 어디에나 있다는 것을 깨닫는다.

[**] 아스트랄계와 물질계에서 일어나는 사념체의 발생과 현실화에 대해 자세한 정보를 알고 싶다면 앨리스 A. 베일리Alice A. Bailey의 《백마법에 대한 논고》(A Treatise on White Magic)를 참고하라.

것을 관찰했다. 나는 외부에서 들어온 생각을 바라보고 관찰하는 이러한 능력이 상념체들의 부정적 영향에서 자유로워질 방법임을, 그리고 자기이해와 지혜를 얻을 수 있는 방법임을 깨달았다. 단순히 '긍정적'으로 살겠다며 세상에 등을 지고 자신의 '부정적인' 생각을 억누르는 행위는 그를 더 큰 자기기만으로 이끌 뿐이다.

진정한 대사가 되기 위해서는 분리되었다는 미망에서 해방된 일체성의 의식 안에 머무를 수 있어야 하며, 이러한 깨달음을 세상 속에서 펼칠 수 있는 방편들과 능숙한 수단들도 알고 있어야 한다. 그래야 다른 이들을 이러한 깨달음을 얻을 수 있는 길로 인도할 수 있기 때문이다. 기근이 왔을 때, 누군가가 씨앗 한 주머니와 쟁기를 가지고 있다 해도 그가 씨앗 심는 법을 알지 못한다면 모든 사람이 굶게 될 것이다. 누군가가 일체성의 깨달음에 머물 수 있다는 것이 곧 그가 진정한 대사라는 말은 아니다.

내가 수년간의 명상을 통해 알게 된 사실은, 가슴 속에 내재한 미묘한 불꽃의 느낌이 옳은 행위를 할 수 있는 결정적인 실마리를 제공한다는 것이다. — 이 느낌은 진리라고 착각할 수 있는 수많은 환영들 속에서 옳은 행위를 구분해준다. 가슴으로 확인되는 그 미묘한 내적 느낌을 따라 행동하면 모든 것들이 창조계 안에서 완벽하게 펼쳐진다.

나는 내 꿈을 더 자세히 관찰하면서 이 방법을 꿈에서도 적용하기 시작했다. 실제로 이런 경험들은 종종 단순한 꿈이 아닌 경우가 많았다. 비록 우리가 꿈을 잘 기억하지 못한다 할지라도, 우리는 잠을 자는 동안 물질적인 육체에서 높은 진동수의 몸으로 옮겨간다. 그리고 깨어 있는 삶과는 별개의 것처럼 보이는 삶 속에서 활동한다. 우리의 삶이 실제로 물질적인 차원에 현현하기 이전에 우리는 이런 정묘한 높은 차원에서의 삶을 먼저 살고 있는 것이다.

하지만 우리의 대사 자아(Master Self)가 높은 차원에서 우리를 어디로 데려갔었는지 물리적인 차원에서 의식적으로 깨닫게 되기까지는 며칠, 몇 주, 심지어 몇 년이 걸릴 수도 있다. 데자뷔 현상도 바로 이 때문에 일어난다. 우리는 가끔 현재의식 안에서 일어난 어떤 사건을 경험하면서 이미 이것을 겪은 적이 있다고 느끼곤 한다. — 왜냐하면 정말 그것을 더 높은 진동수의 몸으로, 혹은 '꿈'으로 이미 경험했기 때문이다. 그리고 그것을 그제야 알아차리면서 "이 장면 이전에 본 적이 있는데!" 하고 외치는 것이다. 시간 자체가 느려지면서 영원한 현재 속으로 녹아들면 결국 과거와 미래의 차이는 없어지고, 우리는 삶이 매 순간 현현하고 있는 꿈이라는 것을 경험하게 된다.

나는 어떤 꿈이 아직 일어나지 않은 미래의 사건에 대한 가이드인지, 아니면 그저 카르마적 욕망에 따른 내 낮은 에고적 마음에서 나온 꿈인지를 알아차리는 작업을 명상 중에 자주 했다. 다음 단계는 티베트 불교에서 꿈 요가(Dream Yoga)로 알려진 수련법으로, 두 세계 모두에서 의식적인 꿈을 꾸는 것이었다. 깨어 있는 상태와 잠자는 상태 모두 궁극적으로는 환상에 불과하고, 꿈들은 우리의 마음 작용에 그 뿌리를 둔 것이기 때문이다. — 그러니 유일하게 의미 있는 질문은 결국 "꿈이 될 것인가? 아니면 꿈꾸는 이가 될 것인가?"였다.

몇 주 동안 나는 계속해서 무지개 꿈을 꿨다. 그것도 하늘에 있는 무지개가 아니라 주택 진입로 간판에 그려져 있는 무지개를 말이다.

나는 꿈속에서 비포장된 긴 진입로를 걸어 올라가서 소수의 사람들이 공동체로 살고 있는 집에 들어갔다. 내가 꿈속에서 만난 이 사람들은 세인트 저메인과 그가 가르치는 생명의 법칙에 대해 알고 싶어했다. 나는 그들의 이름을 몰랐지만 매일 밤 꿈속에서 그들 중 한 사람과 이야기를 나누곤 했고, 마침내는 그들 모두와 친해졌다. 그러나 나는 이 영성 공동체가 어디에 있는지, 그곳이 이 3차원적 물질세계에 존재하긴 하는 것인지조차 알 수 없었다.

어느 봄날, 나는 가슴 속에서 느껴진 충동으로 인해 또다시 모험을 떠나게 되었다. 그렇게 집을 나선 지 몇 시간이 지났을 때쯤, 나는 워싱턴주를 거쳐 북쪽으로 운전 중이었다. 어디로 가야 하는지 몰랐던 나는 나를 인도하는 이 에너지가 어떤 높은 목적을 지니고 있다고 믿었고, 내 내적 현존이 나침반 역할을 하도록 허용했다. 그리고 운전을 하며 이렇게 확언했다.

> 나는 이 차를 운전해서 내가 가야 할 곳으로 가게끔, 내가 해
> 야 할 일을 하게끔 인도하시는 하나님의 현현입니다.

언덕을 넘어서자 저 멀리서 어렴풋이 레이니어Rainier산의 봉우리가 보였다. 그 광경을 본 나는 가슴이 기쁨으로 벅차올랐다. 어쩌면 이 느낌은 샤스타산과 연결된 이 산이 나를 위한 특별한 축복을 준비해뒀다는 신호일지도 몰랐다. 이렇게 내 갑작스러운 욕구는 산봉우리를 향해 있었지만 내 마음은 이내 의심으로 가득 찼다. 이런 이른 봄에는 보통 비포장도로가 눈에 가로막혀 있기 때문이었다. 또, 나는 눈 때문에 산간벽지에 발이 묶여 오도 가도 못 하게 되지는 않을

까 두려웠다.

'잘 포장된 도로에서 벗어나면 어떻게 될까? 어쩌면 눈이 녹을 때까지 아무도 날 찾지 못할 곳에 발이 묶일지도 몰라!' 일이 잘못될 수도 있다는 두려운 생각이 내 머릿속을 가득 채웠다. 그럼에도 불구하고 내 발은 계속 가속 페달을 밟고 싶어하는 것 같았다. 나는 다음 출구에서 고속도로를 빠져나와 고속도로 나들목 오른쪽에 있는 주유소에 들렀다. 그리고 주유를 하는 동안 "지도를 보는 것도 나쁘지 않겠지" 하고 혼잣말을 했다. 그다음 마음속으로 대사들에게 가이드를 부탁하는 기도를 올렸다.

지도를 살펴보는 것만으로는 내 의심을 누그러뜨릴 수 없었다. 단순한 데이터로는 내 안에 내재한, 살아 있는 가이드를 대신해 내 가슴을 충족시킬 수 없었던 것이다. 나는 내 의식을 내면으로 돌린 뒤 이렇게 요청했다. '세인트 저메인, 제가 어디로 가야 하는지 알려주세요.' 그리고 특정 방향에 대한 집착을 놓아버렸다. 나는 가슴을 열어둔 채로 가슴이 이끄는 대로 따르겠다고 결심했다.

출발 전, 화장실에 가려고 주유소로 들어가면서는 이런 생각을 했다. '위험을 감수하기보다는 조심해서 가는 게 좋겠어. 어떤 확실한 신호가 없다면 계속 직진만 하면서 가보자.'

주유비를 내고 나서 차로 돌아오는 중에 내 차 옆으로 흰 차 한 대가 멈춰 섰다. 차에서 내린 젊은 남자는 거기 서서 저 멀리 보이는 레이니어산을 응시하고 있었다.

내가 막 차에 타려고 할 때, 그가 먼저 말을 걸었다. "정말 아름답네요."

"그렇죠. 근데 저기로 가는 길이 뚫려 있는지 모르겠어요. 산에 가

보고 싶지만 외진 길에서 꼼짝 못 할 수도 있으니까요." 나는 이 낯선 사람에게 내 고민을 털어놓았다.

"아, 그건 걱정 마세요." 그가 자신 있게 대답했다. "제가 그곳을 방금 지나 왔는데, 도로가 전부 깨끗했어요. 아무 문제 없을 거예요. 아름다운 드라이브가 될 겁니다." 그는 내 눈을 응시하며 말을 끝마쳤다. 그런 다음 미소를 지으며 차를 타고 떠났다.

'이상한 일이네. 기름을 넣지도, 화장실에 들르지도 않다니. 그냥 차를 멈춘 다음에 내게 필요한 정보만 말해주고 떠났잖아. 혹시 그는 세인트 저메인이 아니었을까? 아니면 나를 가이드해주기 위해 대사가 보낸 사람이었을까? 뭐가 됐든, 나는 아까 대사께 도움을 요청했어. 그러니 이런 걸 고민할 필요도 없지. 그 사람이 누구였든 간에 이제 나는 도로가 깨끗하다는 걸 알게 됐고, 더 이상 내 마음은 가슴이 재촉하는 걸 따르지 않을 이유가 없어.'

내 의심은 산을 향해 나 있는 좁고 구불구불한 길을 따라 내려가면서 완전히 사라져버렸다. 모턴Morton 마을로 들어선 나는 직감적으로 좁은 길이 있는 왼쪽 방향으로 핸들을 돌렸다. 그렇게 1킬로미터도 채 가지 않았는데 차가 저절로 느려지기 시작했고, 내 발은 가속 페달에서 자동으로 들어 올려졌다. 그곳에는 집이 몇 채 없었지만, 나는 그곳을 지나면서 나도 모르게 한 집 한 집을 대단히 흥미롭게 살펴보고 있었다.

'내가 왜 이 집들을 쳐다보고 있는 거지? 난 이곳 사람들을 전혀 모르는데 말이야.' 나는 마치 꿈속에 있듯, 갑자기 내가 왜 이런 행동을 하고 있는 건지 궁금해졌다. 어떤 이유에선지 나는 '사유지, 접근 금지'라고 적힌 표지판을 무시하고 자갈이 깔린 긴 진입로를 따라 어떤 집을 향해 차를 몰았다. 진입로를 몇 미터쯤 지났을 때, 머리 위쪽에 표지판이 하나 보였다. 내가 꿈속에서 봤던, 바로 그 무지개 그림이 그려진 표지판이었다.

내적인 이끌림에 압도된 나는 대문으로 걸어가서 노크를 했다. 그러면서도 내 마음은 이렇게 막무가내로 모르는 집에 찾아가서 "당신 집의 진입로에 있는 무지개를 꿈속에서 계속 봐왔어요"라고 말할 수는 없다고 외치고 있었다.

나는 '흠, 하지만 집 앞에 저렇게 큰 무지개 그림을 붙여놓은 사람들이 방문객이 왔다고 놀랄 것 같진 않군' 하고 생각했다. 60년대에 히피들 덕분에 유명해진, 창세기의 한 구절이 떠올랐다. "내가 구름 사이에 무지개를 둘 터이니, 이것이 나와 땅 사이에 세워진 계약의 표가 될 것이다."

나는 누군가가 문을 열어주기를 기다리고 있으면서도 사실은 아무도 집에 없었으면 했다. 그리고 만약 누군가가 나타난다면 무슨 말을 해야 할지 궁리하고 있었다. 바로 그때, 문이 열리면서 젊고 아름다운 여성이 나타났다. 비즈 장식의 레게 머리를 한 그녀는 따뜻한 미소로 나를 반겨주었다. 열린 문 틈으로는 오트밀 쿠키를 굽는 냄새가 솔솔 새어나오고 있었다.

"안녕하세요. 들어오세요." 그녀는 마치 기다렸던 친구가 왔다는 듯이 내게 말했다. "지금 그래놀라를 만들고 있었는데, 와서 좀 도와주세요." 그녀는 나를 부엌으로 안내하며 말했다. 부엌에는 사람들이 따뜻하게 구운 귀리를 오븐에서 꺼내 쟁반에 담느라 분주하게 움직이고 있었다. 나는 그래놀라가 가득한 쟁반이 올려져 있는 긴 나무 테이블에 앉아 주걱을 건네받았다.

장발의 남자들, 꽃무늬 드레스에 염주를 한 여자들 그리고 신선한 그래놀라의 냄새가 한데 어우러지니 왠지 60년대로 돌아간 느낌이 들었다. ─ 우리 모두가 한 가족인 그 느낌 말이다.

"마셔보세요. 방금 우리 정원에서 딴 신선한 페퍼민트 차예요."

젊은 여성이 내게 머그잔을 건네주며 말했다.

내가 민트차를 홀짝이면서 향긋한 귀리 쟁반에 꿀을 넣고 젓고 있을 때, 나는 나 자신을 밖에서 지켜보고 있는 듯한 느낌이 들었다. 나는 '이건 꿈에서나 가능한 일이야' 하고 생각했다. 몇 분 전까지만 해도 나는 외딴길을 운전하고 있던 낯선 이에 불과했다. 하지만 지금 나는 따뜻하고 포근한 부엌에서 내가 모르는 사람들의 일원이 되어 있었다. 이들은 나를 아주 오랫동안 알아온 듯이 한 가족으로 받아들여주었다. 정말로 이상한 건 내 '진짜' 가족은 냉정하고 비판적인 반면, 후천적으로 형성된 이 가족은 훨씬 더 친근하고 진짜 가족 같았다는 사실이다.

테이블에 둘러앉아 사람들과 이야기를 나눈 나는 내가 우연히 이 영성 공동체에 들어왔음을 알게 되었다. 그들은 이 집 주변 땅에 몽골식 천막집인 유르트 yurt 여러 개를 쳐놓고 살았고, 이 마을의 건강식품 가게를 운영하고 있었다. 가게의 소유주인 노부인은 물병자리 시대의 이상을 믿는 사람이었는데, 그녀는 이들이 자신의 땅에서 살 수 있도록 해주었다고 한다. 하지만 그녀는 얼마 전 세상을 떠났고, 그녀의 부동산을 관리하는 변호사들은 이제 이 땅에서 나가라며 그들에게 압박을 주고 있는 상황이었다.

이들은 변호사들의 요구를 무시한 채 하루하루를 살면서 언제 추방될지 알지 못하는 상황에서도 그래놀라, 밀랍 비누, 양초, 퀼트 등을 만들어 마을에 파는 일을 계속해왔다고 한다. 상황이 어려움에도 불구하고 공동체 사람들은 행복해 보였고, 내게 위층의 침실을 내주면서 자고 가라고 말했다. 몇 시간 후, 나는 갓 구운 귀리를 집어먹으며 부엌을 돌아다니는 나머지 공동체 사람들과도 만나게 되었다. 그들의 해맑은 얼굴을 보고 있자니 각자에게 왠지 모르게 친숙한 느낌이 들었다.

그중에서도 재커라이어^{Zachariah}는 특히 사교적이었다. 그는 말총머리에 수염을 기른, 키가 큰 사내였다. 그는 집 뒤쪽 숲에 폭포가 있다며 그곳을 구경시켜주겠다고 말했다. 우리는 20분 정도를 걸어 폭포 앞에 도착했다. 레이니어산의 빙하에서 녹은 물이 콸콸 쏟아지고 있었다.

그는 무엇이 나를 이곳으로 이끌었는지 물었다. 그의 물음에 나는 내면의 가이드를 따르는 것에 대해 그리고 마음을 고요히 해서 가슴에 내재한 신성한 불꽃을 느끼는 것에 대해 이야기했다. 순간, 데자뷔가 느껴지면서 이미 꿈속에서 그와 이 대화를 나눈 적이 있다는 느낌이 들었다. 그러니까 말 그대로 이 상황은 이미 몇 주 전에 일어났던 것이다.

나는 그에게 이 장소를 이미 꿈에서 봤으며 우리가 지금 나누고 있는 대화조차도 꿈에 나왔었다고 말했다. 그러자 그가 말했다. "그래요, 나도 당신을 만난 순간 당신을 알아봤어요. 하지만 당신을 어디서 만났는지는 기억이 안 나더라고요."

늦은 저녁, 정원에서 키운 유기농 채소와 쌀로 저녁을 먹은 나는 한 유르트 안으로 들어가 이 레인보우 패밀리와 함께 화목 난로 주변에 앉아 있었다. 불빛이 희미해질 때쯤, 나는 세인트 저메인과 관련된 나의 경험을 이야기했다. 더 이상 살고 싶지 않았던 때에 그를 뮤어 숲에서 만났고, 지상에 남아 다른 이들을 돕겠다고 결정한 그 이야기를 말이다. 나는 자기완성의 과정에서 겪게 되는 시험과 도전들에 대해 말했으며 삶의 매 순간마다 에고적 마음의 생각을 들을 것인지 가슴을 따를 것인지를 선택해야만 한다는 것을 설명했다.

해가 지고 불빛은 더 희미해져 갔다. 랜턴을 켜기 위해 일어나는 사람은 아무도 없었다. 꺼져가는 난롯불의 깜빡이는 불빛만이 겨우 사람들의 형체를 비춰주고 있었고, 사람들은 몸을 데우기 위해 불 가까이 웅크리고 있었다.

세인트 저메인에 의해 내적으로 더욱 고양된 나는 명상과 확언을 통해 우리 자신의 마음과 세상을 변화시킬 수 있다고 이야기했다. 또, 우리가 도움을 요청하기만을 기다리고 있는 대사들은 언제나 우리를 돕고 있다고도 이야기했다. 그리고 그들의 응답이 말로 올 거라고 기대하는 것보다는 그들의 가이드를 우리 내면에서 발견해야만 한다고, 그들의 도움이 우리 삶에 미치는 영향을 관찰해야 한다고 설명했다.

내가 말을 하는 동안, 유르트 안은 부드러운 보라색 빛으로 가득 차 그곳의 가장 어두운 구석까지도 밝혀주고 있었다. 사람들은 내 이야기에 완전히 빠져들어 한 마디라도 놓치지 않기 위해 몸을 앞으로 기울이고 있었다. 그들은 불씨가 완전히 꺼질 때까지 내게 질문을 던지다가 마침내 잠자리에 들기 위해 각자의 유르트로 돌아가기 시작했다.

나 역시 잠을 자기 위해 그들이 마련해준 침실로 돌아갔다. 하지만 방 문을 닫는 순간, 마치 혼자 있는 게 아닌 듯한 불편한 기분이

들었다. 주위를 둘러보니 이 방은 침실 주인이었던 노부인이 죽던 날 그대로 남아 있는 것 같았다. 심지어 그녀의 머리빗과 남편의 사진도 탁상 위에 그대로 남아 있었다. 기분이 오싹해졌다.

아래층은 활기찬 젊음의 기운으로 가득 차 있는 반면, 이 위층 방에는 여전히 그 노부인의 에너지가 남아 있다는 사실이 기이하게 느껴졌다. 나는 마지못해 그녀의 오래된 침대 위로 올라갔다. 그녀가 죽은 후로 침대 시트를 교체하기는 했는지 의문이었다.

나는 죽은 노부인이 여전히 이곳에 있는 것 같다는 느낌을 애써 무시하면서 명상을 하려고 눈을 감았다. 하지만 그 즉시 끔찍한 존재가 느껴졌다. 다시 눈을 뜨자 침대 커버에서 소름끼치는 파동이 내게 밀려오는 것이 보였고, 눈에 보이지 않는 사람의 형체가 침대로 다가오고 있었다. 나는 큰 소리로 외쳤다.

내 안의 전능하신 하나님인 I AM 현존의 이름으로, 멈춰라!

"세인트 저메인, 지금 나타나셔서 이곳을 지휘해주세요!" 나는 그에게 간청했고, 나를 향해 다가오던 그 형체는 움직임을 멈추었다. 두려움으로 몸이 굳어버린 나는 내가 이 침대에서 자려고 해서 그녀가 화가 난 걸까, 그녀가 나를 해칠 만한 힘을 지니고 있는 건 아닐까 생각했다.

'나를 해칠 수 있는 것은 오직 나 자신의 두려움밖에 없지 않을까? 어쩌면 노부인은 단지 위로를 받고 싶은지도 몰라. 하지만 내가 그녀를 위로해주면 그녀가 다른 영혼들까지 더 데려올 수도 있잖아. 그러면 내가 잘 때 그들이 나를 덮칠 수도 있어.'

나는 어떤 행동을 취해야 할지 잠시 고민하다가 미카엘 대천사께 푸른 불꽃의 검을 달라고 요청한 뒤 엄청나게 강력한 이 무기를 받기 위해 오른손을 내밀었다. 펄은 내게 이 검의 사용법을 가르쳐주며 검이 지닌 강력한 힘에 대해 경고한 적이 있었다. 그녀는 신성한 사랑의 푸른 번개와 마찬가지로 이 검도 필요할 때만 불러내야 한다고 말했었다. 내 생각에 푸른 불꽃의 검을 사용하기에는 지금만한 때가 없었다.

검을 손에 쥐자 검의 강력한 전력 때문에 윙윙거리는 소리가 났다. 나는 이 검을 내 머리 위에서 원 모양으로 세 번 휘둘렀다. 한 번씩 검을 휘두를 때마다 푸른 빛으로 이루어진 이 검이 모든 방, 집 그리고 집 안 물건들을 비춘다고 심상화했다.

작업이 끝난 후, 나는 검을 다시 주인에게 돌려주기 위해 그것을 에테르 대기 중으로 돌려보냈다. 그런 다음 내 위에 있는, 태양처럼 생긴 구체에서 푸른 번개가 뻗어나와 이 집과 집 안 물건들 등 집 안 모든 곳을 내리친다고 심상화했다.

그리고 이렇게 선언했다.[*] "이 상황을 모든 상승 대사들께서 온전히 통솔해주세요. 노부인과 그녀의 집 그리고 그녀의 모든 소유물들을 정화하시고, 지금 당장 이곳에 완벽한 신성의 계획을 가져와주세요!"

비록 그 노부인을 볼 수는 없었지만, 침대 발판에서 그녀의 존재

---

[*] 우리의 모든 생각, 말, 행동은 우리 환경에 즉각적인 영향을 미친다. 선언(decree)은 말을 뱉음으로써 그것을 물질적 창조계로 가져오는 창조의 행위이며 반드시 내적 안내에 따라 사용해야만 한다. 또한 선언은 이타적인 목적으로만 사용되어야 한다. 확언(affirmation)은 좀더 미묘한 언사인데, 일반적으로 의식의 변화를 불러오는 데 사용한다. — 이는 결국 '외적' 현실에 영향을 미친다.
선언과 확언은 모두 필요한 곳으로 에너지를 보내기 위해 말을 사용한다. 둘 다 차분하게 그리고 완전한 자각을 가지고 말해야 한다. '뉴 에이저'들이 흔히 하는 것처럼 정신적 에너지로 그것들을 빠르게 반복하는 것은 종종 원하는 것과 반대되는 것을 불러온다. "태초에 말씀이 계시니라. 이 말씀은 하나님과 함께 계셨으니, 말씀은 곧 하나님이시니라." (요 1:1)

가 느껴졌다. 나는 그녀에게 말을 걸었다. "알든 모르든, 당신은 이미 죽었고 더 이상 이 세상 사람이 아니에요. 이 장소와 사람들에게서 떠나 당신의 성장을 위해 나아가세요. 빛을 따라가세요. 나는 대사들을 불렀고, 그들은 당신을 위해 나타났어요. 그들을 따라 빛 속으로 가면 당신이 더 이상 속해 있지 않은 이곳보다 훨씬 행복할 수 있을 거예요."

나는 예수, 세인트 저메인 그리고 미카엘 대천사가 그 여성의 가슴에 빛의 광선을 보내주며 그녀 주변에 떠 있는 것을 심상화했다. 그러자 나를 고양시키는 강력한 빛의 광휘가 방 안으로 들어오는 것이 느껴졌다. 몇 분이 지나자 그녀가 떠났다는 느낌이 들었고, 편안하게 자도 될 거라는 생각이 들었다. 나는 내가 자는 동안 나를 지켜줄 푸른 불꽃이 침대 주위로 불타고 있는 장면을 심상화했다. 그리고 베개에 머리를 대자마자 바로 잠에 빠져들었다.

다음 날 아침, 사람들은 내게 잠자리가 괜찮았는지 물어왔다. 나는 그들에게 대답했다. "음, 방 안에 있는 노부인의 에너지를 느끼긴 했죠." 그들은 알고 있다는 듯 고개를 끄덕였다. 나는 그제야 왜 아무도 그 집에서 잠을 자지 않는지 이해할 수 있었다.

나는 그들에게 굳이 그날 밤 있었던 모든 일을 얘기하지는 않았다. 푸른 번개*를 불러왔었다거나 에너지를 정화하고 노부인의 영혼을 떠나보내기 위해 푸른 불꽃의 검을 사용했다는 그런 얘기 말이다. 나는 다른 사람들이 이해하기 힘든 내적 힘에 대해서는 언급하지 않는 편이 더 낫다는 것을 잘 알고 있었다.

---

* 신성한 사랑의 푸른 번개라고 불리는 이 에너지는 푸른 불꽃의 검과 같은 정화의 효과를 가지고 있다.

나는 어제 사람들과 함께 만든 그래놀라 한 그릇을 부엌에 앉아 먹고 있었다. 그러자 어제 나와 함께 유르트에 있었던 재커라이어가 내 옆에서 아침을 먹으며 말했다.

"있잖아요." 그는 천천히, 신중하게 말을 꺼냈다. "어젯밤 당신이 그 유르트에서 이야기하는 동안, 당신은 사라졌었어요. 우리 모두는 당신이 앉아 있던 그 자리에 세인트 저메인이 보라색 망토를 두르고 가슴에 황금 몰타 십자가를 하고 있는 모습을 봤어요."

놀란 나는 먹다 말고 그를 빤히 쳐다보았다. 나 역시 어젯밤에 세인트 저메인의 에너지가 나를 통해 그들 모두에게 쏟아지는 것을 느꼈었다. 하지만 그들이 그를 봤으리라고는, 그것도 그가 나를 통해 직접 나타났으리라곤 생각지도 못했다.

"우리들에게 이야기를 들려주고, 질문에 답을 해줬던 이는 바로 세인트 저메인이었어요." 재커라이어가 말했다. "우리는 세인트 저메인에 대해 더 알고 싶어했었고, 변호사들 문제를 도와주셔서 우리가 계속 이 땅에 살 수 있게 해달라고 그분께 기도해왔어요. 노부인에게는 자식들이 있는데, 이 땅이 그들에게 넘어가면 우리는 이곳에서 계속 살 수 있어요. 이제 우리는 세인트 저메인이 우리 기도를 들으셨다는 걸 알아요." 부엌에 있던 사람들은 그의 말에 동의하는 듯 고개를 끄덕이며 서 있었다. "이곳까지 와주셔서 정말 감사해요. 그렇지 않았다면 저희는 세인트 저메인을 볼 수 없었을 거예요."

"맞아요." 다른 사람들도 맞장구를 쳤다. "고마워요, 친구! 정말 멋졌어요."

나는 무지개 간판 아래 살고 있는 이 패밀리와 작별 인사를 하고 밴에 올라탔다. 나는 그들의 기도가 세인트 저메인을 끌어당겼고,

세인트 저메인이 나를 보내 그들을 돕도록 만든 것 같다고 느꼈다. 나 역시 내가 받은 축복에 대해 깊은 감사를 느꼈다. 비록 이 당시에는 앞으로 어떤 일이 생길지 전혀 모르고 있었지만, 이번 만남은 앞으로 이 영성 공동체에 극적인 영향을 미치게 될 것이었다.

다시 무지개 간판 아래의 진입로를 따라 내려가면서, 나는 무지개가 신과 인간 사이의 약속의 징표라고 했던 창세기 구절이 다시 떠올랐다. 그 구절은 지금 틀림없는 사실이었다.

무지개는 많은 영적 단체의 상징으로 사용되어왔다. — 무지개는 창조의 일곱 광선, 일곱 차크라, 조화 속에서 사는 일곱 뿌리 인종 (root race)*을 나타낸다. 나는 1972년, 콜로라도의 테이블산에서 처음 참석했던 레인보우 패밀리 모임이 떠올랐다. 그 모임에 참여한 사람들 대부분은 자신의 생물학적인 가족보다 인류애로 뭉친 그 가족에 더 큰 소속감을 느꼈다. 그때는 물병자리 시대의 탄생을 축하하는 순수한 날들이었다.**

---

* 헬레나 블라바츠키, 《비밀 교의》.

** 물병자리 시대는 거의 2,160년 정도 되는데, 이는 26,000년 가까이 되는 전체 사이클의 12분의 1에 해당하는 기간이다. 여기서 전체 사이클의 기간은 지구의 세차운동으로 인해 변화되는 춘분점의 별자리에 따라 정해진 것이며 지구에서 별을 바라보았을 때의 기준으로 정해진 것이다. 물병자리 시대 이전은 물고기자리 시대였는데, 이 시대는 깊은 감정과 감수성, 종교적 헌신이 잘 발달된 것이 특징이다. 우드스톡 페스티벌, 헤이트-애시베리에서 일어난 '사랑의 여름'(Summer of Love, 1967년 여름에 10만 명의 젊은 히피들이 모인 사회 운동 — 역주), 약물 사용의 대중화 등 사람들이 물병자리 시대의 시작을 알리는 현상이었다고 손꼽는 것들은 실제로 목성과 해왕성이 지배하고 있는 물 사인sign인 물고기자리 시대의 종말을 상징하는 것이었다.

이와는 대조적으로, 물병자리는 토성과 천왕성이 지배하는 공기 사인이다. 즉, 감정의 시대가 아니라 세계의식(universal consciousness)과 즉각적인 소통의 시대다. 각 시대의 시작은 사회적 현상이나 발명으로 상징되는데, 내 생각에 물병자리 시대의 상징은 개인용 컴퓨터와 인터넷의 발명인 것 같다. 월드 와이드 웹World Wide Web은 1991년 8월 6일 인터넷을 통해 처음 사용되었다. 그러나 그것의 기원은 전 세계의 수많은 사람들이 즉각적으로 정보를 공유할 수 있는 프로디지Prodigy(1984)와 컴퓨서브CompuServe(1977) 같은 서비스들로 거슬러 올라간다. 이제 컴퓨터나 데이터 접속이 가능한 휴대폰을 가지고 있는 사람은 누구나 세미나와 영적인 가르침을 온라인으로 받을 수 있는 세상이 왔다.

나는 영이 나를 이끄는 대로 따라가며 하루 종일 북쪽으로 운전했다. 그러다 땅거미가 질 때쯤에는 시크교 구루 요기인 바잔^{Bhajan}의 추종자들이 있는 또 다른 아쉬람에 도착했다. 그곳에서 맛있는 저녁을 먹은 후 침낭 속에서 잠을 잤다. 다음 날 아침이 되자 북쪽으로 가라는 내적 가이드의 에너지는 사라져버렸고, 다시 남쪽으로 가야 한다는 충동이 느껴졌다. 그리고 그와 동시에 샤스타산으로 돌아가기 전 마지막으로 레인보우 패밀리와 함께 밤을 보내야겠다는 생각도 들었다.

하지만 그 집을 다시 찾는 데는 꽤 애를 써야 했다. 나는 내가 올바른 진입로로 들어왔다고 생각했지만 그곳에는 무지개 간판도, 집도 없었다. '혹시 그것도 꿈이었나? 내가 진짜처럼 보이는 그 사람들에 대한 꿈을 또 꾼 건가? 그래서 지금은 사라져버린 건가?'

나는 당혹스러워하며 집이 있었던 것 같은 그 장소에 주차를 하고 밖으로 걸어 나왔다. 나는 확실히 그 길을 걸은 적이 있었고, 저 멀리에는 그 모든 경험이 꿈이 아니었다는 것을 말해주는 유르트 하나가 보였다. 가까이 다가가 보니 우리가 난로 앞에 모여 이야기를 나누던 바로 그 유르트였다. 안을 보니 얼굴을 아는 공동체 사람 두 명이 있었다.

"어떻게 된 거예요?" 나는 유르트 안으로 머리를 들이밀고 더듬거리며 말했다. "집은 어디 있어요?"

"불이 났어요…. 한밤중에 집이 불타서 무너져버렸어요."

"하지만 건물 잔해들은 다 어딨고요?" 나는 다시 물었다. 내가 어제 잠을 잤던 그 이층 건물이 흔적도 없이 사라져버렸다는 사실을 믿을 수가 없었다.

"불도저로 지하층에 밀어 넣어버렸죠…. 위는 덮어버렸고요."

"와, 정말 충격이네요." 무슨 말을 해야 할지 감도 잡히지 않았다. 나는 푸른 불꽃의 검에 대한 펄의 경고를 다시 한번 떠올렸다. 그리고 반드시 정화되어야 할 부정적 힘이 이곳에 분명 있었으며, 바로 그것이 세인트 저메인이 나를 이곳으로 보낸 이유 중 하나였다고 결론지었다. 나는 스스로를 보호하기 위해 그런 행동을 했지만 그 결과는 내가 예상했던 것보다 훨씬 컸다.

"잘됐죠, 뭐." 나와 이야기를 나누던 남자가 말했다. "이제 집이 없어졌으니까 변호사들은 이곳을 쉽게 팔 수 없을 거예요. 그리고 보아하니 노부인의 자식들이 이 땅을 물려받으려는 것 같아요. 그들은 우리가 이곳에 살 수 있도록 해줄 거예요."

'대사들은 정말 미스터리한 방식들로 일을 처리하는군. 우리 의식을 이루고 있는 광선 중 하나를 불러일으켜서 나 자신을 지키려했던 행위가 지상에 묶여 있던 영혼을 자유롭게 해주고, 부정적인 에너지 초점을 해체시키며, 공동체의 존속을 도울 수 있을 거라고 누가 생각이나 했을까? 그것도 이 모든 문제가 한 번에 다 처리되다니 말이야.'

나는 정말로 이 장소에서 사람들을 만났었다는 것을 확인한 후 모든 것이 꿈이 아니었다는 사실에 안도했다. 그리고 다시 그들에게 작별 인사를 건네며 차에 올라탄 뒤 샤스타산을 향해 장거리 운전을 시작했다. 레이니어산을 향해 동쪽으로 운전하다 보니 젊은 남자를 만났던 주유소가 나왔다. 나는 다시 궁금해졌다. '그 남자, 혹시 세인트 저메인이었을까?' 그렇든 아니든 세인트 저메인은 분명히 나와 함께 있었다.

나는 세인트 저메인과 내 꿈속에 나타난, 무지개 아래서 ― 마지막에 깨달은 것이지만, 이는 곧 현실을 의미했다 ― 살아가는 사람들에게 봉사할 수 있었음에 큰 만족을 느꼈다. 나는 이 경험을 통해 우리가 얼마나 많은 차원들에서 동시에 존재하는지 보게 되었다. 그리고 보통은 잘 의식하지 못하지만, 우리가 그 차원들 모두에서 활동하고 있다는 것을 알게 되었다.

한 단계에서 우리는 꿈을 다른 현실이라고 부르기도 한다. ― 하지만 사실 꿈은 의식의 투사와 반영에 불과하다. 깨어 있을 때의 삶이 꿈속의 삶보다 더 실제적이라고 말할 수는 없다. 깨어 있는 삶과 꿈속 삶은 각자 다른 창조의 파동 속에서 그 현실을 현현시키고 있기 때문이다. 일단 우리가 그 모든 현실의 창조자라는 것을 깨닫고 나면 매 순간은 우리의 상념에 의해 창조될 수 있는 가변성을 띠게 된다.

그 후 몇 년 동안 나는 많은 시간을 명상에 썼고, 의식의 무한한 능력을 깨달으면서 이러한 자각을 깨어 있는 삶뿐 아니라 꿈속에도 적용했다. 나는 여행하면서 그리고 다른 이들과 관계를 맺으면서 가장 큰 시험과 도전들을 맞이하곤 했다. ― 왜냐하면 사람은 오직 행위 속에서만 이 깨달은 의식을 드러낼 수 있기 때문이다. 앞으로 많은 나라들을 여행하게 될 나는 이 기간 동안 일상적 삶을 통해 자기완성을 이룰 수 있도록 깨달은 의식을 일깨우는 명상을 해야 했다. 그리고 이로써 나는 더 큰 봉사를 행할 수 있을 것이었다.

24장 🔥 믿음을 배우다

하루하루 건물 보수와 임대 사업으로 정신없이 바빴지만 최소한 일요일만큼은 쉬려고 했다. 그리고 일요일 아침에 명상을 하면서 대사들에게 가장 높은 계획을 펼쳐달라고 요청하면 정말로 내 의식에 깨달음을 가져다주는 경험을 자주 할 수 있었다.

일요일은 다른 요일과는 에너지가 확연히 달랐다. 어렸을 때 나는 주중에 구름이 끼거나 비가 오다가도 일요일만 되면 날씨가 맑게 개는 것을 자주 목격했었고, 그런 현상을 일 걱정 없이 느긋하게 하루를 즐기는 수많은 사람들의 집단적 생각 때문이라고 여겼었다.

이제 나는 일곱 요일 각각이 독특한 에너지를 지니고 있음을 알게 되었다. 이는 우주를 다스리는 의식적인 지성이 요일마다 특정한 에너지를 방출하기 때문이다. 각각의 요일은 각기 다른 속성과 분위기를 지니고 있으며 우리가 선택하기만 한다면 그 속성, 분위기와 조화를 이룰 수도 있다. 고대 문명에서는 태양계의 다양한 행성 이름을 따서 각 요일의 에너지를 명명했다. 일요일(Sunday)은 태양(Sun)의 지배를 받는 날로, 태양의 내적 속성은 자기의식(self-conscious)의 자각이며 외적 속성은 광명(illumination)의 표출이다.*

유난히 밝았던 어느 일요일 아침, 나는 잠에서 깨며 북쪽으로 차를 타고 가서 오리건 보텍스Oregon Vortex에 가야겠다는 생각이 들었다. 메드퍼드Medford 북쪽에 있는 오리건 보텍스는 내가 익히 들었던 관광 명소로서 다양한 중력적·시각적 이상 현상을 보이는 작은 땅이었다. 펄과 제리도 이곳을 다녀왔기에 그곳이 궁금하긴 했지만, 나는 그냥 돈을 벌려는 수작일 거라고 생각하면서 그곳에 가는 것을 미뤘다. 하지만 아침 명상을 마치자 그곳에 가고 싶다는 충동은 더 강해졌다.

오리건 보텍스는 사람의 정상적인 지각 능력에 도전하는 매혹적인 장소였다. 그곳에서는 여러 가지 시각적 기현상이 나타났기에 사람들에게 어떤 지구물리학적 이상 현상을 겪고 있는 듯한 느낌을 주었다. 사람들의 키는 그곳의 특정 지점에 서면 커지기도, 작아지기도 했으며 공이 오르막으로 굴러가는 것처럼 보이기도 했다.

그곳에서 일어난 대부분의 현상들은 쉽게 설명될 수 있는 것이긴 했지만, 빗자루가 바닥에 아무 받침 없이도 서 있다거나 하는 몇몇 현상들은 여전히 미스터리로 남아 있었다. 나는 확실한 답을 넘으로써 얻는 정신적 안정감을 선호했기에 덜컥 믿기도, 그렇다고 부정하기도 힘든 그곳의 현상들을 내 머릿속의 '판단 보류' 서랍 속에 넣어두었다.

---

* 월요일은 달, 화요일은 화성, 수요일은 수성, 목요일은 목성, 금요일은 금성, 토요일은 토성, 일요일은 태양의 지배를 받는다.

오리건 보텍스 구경을 모두 마친 그날 저녁, 나는 고속도로 쪽으로 차를 꺾었고 집으로 돌아가기 위해 남쪽으로 달렸다. 그러자 잘못된 방향으로 가고 있다는 느낌이 들었다. '어쩌면 그 보텍스에 뭔가가 있을지도 몰라. 그 장소에 너무 오래 머물러서 방향 감각을 잃은 건 아닐까?' 나는 그 장소에서 특이한 기운은 느끼지 못했었다. 하지만 지금은 방향을 잘못 잡은 것 같았고, 힘이 쭉 빠지는 기분이 들었다.

몇 킬로미터를 더 달려 출구 쪽 갓길에 주차할 때까지는 차가 저절로 속도를 늦추는 듯한 느낌이었다. 나는 과거의 경험을 통해 어디로 가야 할지, 무엇을 해야 할지 확실한 느낌이 들지 않으면 그 느낌이 명확해질 때까지 그대로 있는 편이 낫다는 것을 배웠었다. 가만히 기다리면 방향은 언제나 명확해졌었다.

나는 눈을 감고 깊은 호흡을 몇 번 하면서 마음을 고요하게 했다. 그리고 내면의 침묵 속으로 의식을 돌리며 나의 상위 자아에게 도움을 요청했다. 평화로운 순간이 몇 번씩 찾아왔지만 여전히 아무런 대답을 듣지 못했다. 최소한 언어적으로는 그랬다.

나는 내 상위 자아에게 '집을 향해 남쪽으로 가야 하나요?'라고 물었고, 아무 느낌도 느끼지 못했다. 하지만 '북쪽으로 가야 하나요?'라고 묻자 희미한 흥분의 전율을 느낄 수 있었다. 나는 언제든 다시 방향을 틀 수 있으니 일단 북쪽으로 가면서 이 느낌을 지켜보자고 생각했다. 북쪽으로 향하는 진입 차선으로 들어가자 즉시 기분이 나아졌다. 방향을 튼 차는 미지의 목표를 향해 열심히 돌진하고 있었다.

내면의 가이드를 나침반으로 삼는 일은 내가 자주 연습했던 것이었다. 레스토랑이나 어떤 장소를 찾으려다 길을 잃었을 때, 나는 내 차에 탄 사람들과 "차에게 물어봐" 하고 농담할 때가 많았다. 그럴 때 나는 가슴에 동조된 다음 어린 시절 했던 핫 앤드 콜드 게임^{Hot and Cold Game}*을 활용해서 우리가 목적지에 도착할 때까지 '더 뜨거운' 느낌이 드는 방향으로 차를 몰곤 했었다. 그러면 지도를 볼 필요도 없었다.**

몇 년 후, 내가 경비행기를 가지게 되었을 때 나는 눈을 감고 상위 자아에게 비행을 부탁하곤 했다. 그런 다음 눈을 뜨고 어떤 쪽이든 옳다고 느끼는 방향으로 비행기를 조종하면 매번 어떤 특별한 경험이 기다리고 있는 공항에 정확하게 도착할 수 있었다.

이렇게 직감적으로 비행기를 조종하고 있던 어느 날, 나는 나도 모르게 샌프란시스코 북쪽에 있는 도시인 노바토^{Novato}의 활주로로 착륙하고 있었다. 그때 내 내면의 현존은 이렇게 말했다. '여기에 착륙해.' 나는 게이트까지 지상주행을 한 뒤 비행기를 세웠다. 순간, 나는 나를 기다리고 있는 한 사람을 보고 충격을 받았다. 그는 내가 작년에 펄의 집에서 만났던 사람이었다.

"이제야 공항까지 차를 몰아야겠다는 내 충동적 느낌이 이해가 되네요." 남자가 말했다. "당신을 만나려고 그랬나 봐요. 집으로 같이 가시죠." 그날 밤 그와 그의 아내는 저녁 식사를 준비한 뒤 몇 명

---

* 술래가 해야 하는 특정 행동을 미리 정해놓고 술래가 그 행동과 유사한 행동을 하면 '핫', 전혀 다른 행동을 하면 '콜드'라고 말해주며 특정 행동을 하도록 유도하는 게임. ― 역주

** GPS 장비의 광범위한 사용은 이런 자연스러운 능력을 약화시킬 수 있다. 우리가 의식의 타고난 능력을 활용하면 오늘날의 첨단 기술과 같은 기능을 수행할 수 있다. 텔레파시로 의사소통하는 능력, 어디로 가야 하며 무엇을 해야 할지 아는 능력 등은 모두 우리의 신적 자아와 동조됨으로써 얻을 수 있는 것이다. 내면에 계신 하나님의 현존을 통하면 전기 없이도 모든 것을 이룰 수 있다.

의 친구들을 초대했다. 그들 모두는 대사들의 가르침에 관심이 많았다. 우리가 식탁에 둘러앉자 방 안으로 아름다운 광휘가 쏟아져 들어왔고, 우리 모두 이를 느낄 수 있었다. 그들에게 I AM 현존에 대해 말하는 동안, 나는 내가 어떤 임무 때문에 이곳으로 보내졌다는 것을 깨달았다. 비록 그날 아침 비행기를 이륙했을 때는 어디로 갈지 전혀 모르고 있었지만 말이다.

상위 자아의 가이드에 대한 이런 흔들림 없는 복종이야말로 대사들이 봉사를 위해 훈련받겠다고 선택한 모든 이들에게 요구하는 전제 조건이었다. 이러한 가이드, 즉 심장 주변의 중심에 위치한 신적 불꽃의 고요한 움직임을 내가 느낄 수 있었던 것은 모두 수년간의 명상 덕분이었다. 그리고 마침내 이 미묘한 움직임에 대한 내 예민성은 폭풍우를 뚫고 비행할 때와 같은 극도의 긴장 상태에서도 어느 방향으로 가야 할지 느낄 수 있을 만큼 발달되었다.

일단 어떤 메시지가 내 상위 자아로부터 왔음을 알게 되면 거기에 복종하는 것은 그렇게 어려운 일이 아니었다. 하지만 이것이 항상 확실하게 분간되는 것은 아니었다. 그럴 때면 나는 분별력을 높이고 두려움과 의심을 잠재우기 위해 보라색 빛에 감싸여진 나 자신을 심상화했다. 그러면 이 보라색 빛은 심령적 개입이나 부조화를 해소하고, 내가 내적 현존을 더 확실하게 느끼게 해주었다. 또, 나는 확언 — 영어로 된 만트라 — 을 외기도 했다. 이러한 확언은 내가 성취하고자 하는 것, 내가 창조계 속으로 가져오고자 하는 것들에 계속해서 의식을 집중할 수 있도록 도와주었다.

그날 밤, 상식적으로는 남쪽으로 가야 했지만 나는 북쪽을 향해 운전했다. 그리고 나를 위한 계획이 어떤 것인지 전혀 알지 못하면서도 그것이 완벽하게 펼쳐질 것이라고 믿었다. 고속도로를 달리면서 나는 마음속으로 이렇게 외웠다.

> 나는 두려움과 의심으로부터 자유롭습니다. 나는 하나님의 지시와 지휘하에 있습니다. 나는 내가 가야 할 곳으로 가고 있으며 내가 해야 할 일을 하고 있습니다. 나는 행위하시는 하나님 그 자체이기 때문입니다.

빨간 선

나는 어디로 가고 있는지도 모르는 채 어둠 속을 달리고 있었다. 예전에 스티븐의 가게에서 "내 의지가 아닌 당신의 의지대로 이루어지게 하소서"라고 말한 날 이후로는 자주 겪는 경험이었다. 언제나 그렇듯 이런 경험들이 주는 교훈은 믿기, 그리고 가이드가 주어질 때까지 참을성 있게 기다리기였다.

밤 11시쯤, 차 연료가 다 떨어져가고 있었다. 나는 오리건주의 도시 유진에 도착했고 여기서 밤을 보내야겠다고 생각했다. 나는 적당한 장소를 물색하면서 확언을 계속했고, 마침내 펄가에 다다르게 되었다. 대사들과 함께한 이전의 모험에서 펄 스트리트 호텔에 머물렀던 일을 기억해낸 나는 그 호텔로 가야 한다는 충동을 느꼈다. 호텔 숙박료는 내가 가진 22달러가 조금 넘는 돈과 거의 딱 맞게 떨어졌다. '점점 흥미로워지고 있군. 돈 한 푼 없이 내가 여기서 어디로 갈 수 있을까?'

내 생각에 대답이라도 하듯, 점원은 옆 커피숍에서 아침 식사를 할 수 있는 쿠폰을 건네주었다. '그래도 아침은 챙겨주는구나.' 하지만 내 여행의 목적은 여전히 미스터리로 남아 있었다. 나는 잠자리에 들기 전 대사들에게 기도를 했다. "저를 이곳으로 오게 하신 이유가 있다는 걸 알고 있습니다. 그러니 그 이유가 무엇인지 제게 알려주세요. 제가 어디로 가야 할까요? 아, 맞다. 그리고 저는 돈이 필요합니다."

그날 밤 꿈에는 내 앞에 북아메리카의 지도가 놓여 있었다. 지도 위에는 빨간색 선이 유진에서 캐나다의 캘거리Calgary로 그어져 있었다. 내가 그 지도를 보고 있는 동안 어떤 목소리가 "빨간 선을 따라가라" 하고 말했다.

내게 내려진 지시는 상당히 명확했고, 이 꿈은 내가 어디로 가야 할지 알려주는 일종의 내적 GPS 역할을 해주었다. 두 지점을 연결한 빨간 선이 나타난 이런 꿈과 같은 내적 가이드는 주로 꿈을 통해 주어질 때가 많았다. 특히 여행 중에는 더 그랬다. 나는 이런 방식으로 컴퓨터 시스템을 이용하는 것보다 더 쉽게 질문에 대한 답을 얻을 수 있었다. ― 내적 능력에서부터 나온 것이 아닌 것은 기술적으로도 나타날 수 없다. 우리가 기꺼이 이 내적 능력을 계발하는 데 시간을 할애한다면 이를 충분히 활용할 수 있다.

그러나 돈 문제에 대한 답은 꿈속에서 주어지지 않았다. 나는 캐나다 여행이 아니라 딱 일요일 휴가를 보낼 만큼의 현금만 가지고 나왔다. 쿠폰을 내고 아침 식사를 한 뒤 커피숍에 앉아 청바지 주머니에서 잔돈을 모두 꺼내보았다. 총 1달러 80센트가 남아 있었다.

나는 근처에 있는 은행을 가보았는데, 우연히도 그 은행은 캘리포니아에 있는 내 은행과 연결된 거래처 은행이었다. 게다가 확인해보니 3개월 치 집세가 밀려 있던 세입자가 방금 내게 집세를 입금해주었다. 친절한 은행원은 새로 입금된 그 1천 달러를 신속하게 출금해주었고, 나는 칫솔과 여벌 옷, 작은 캔버스 여행 가방을 구입할 수 있었다. 몇 시간 만에 나는 다시 꿈속에 나타났던 빨간 선을 따라 북쪽으로 향하고 있었다.

'오직 꿈과 느낌만으로 여행을 떠나다니, 나 정말 미친 거 아냐?' 나는 스스로에게 물었다. '집으로 되돌아가야 할까? 아니야! 나는 가이드를 요청했어. 그러니까 내가 받은 가이드가 아무리 즉흥적으로 느껴지더라도 그걸 믿어야만 해.'

이틀 후 나는 캘거리에 도착해 팔리서 호텔^{Palliser Hotel}에 체크인을 했다. 이 유명한 호텔은 역사적인 장소로, 크리스털 샹들리에와 빨간 다마스크직으로 장식된 로비가 있었다. 숙박비가 비싸긴 했지만 나는 내적으로 아름다운 에너지를 느낄 수 있었다. 그리고 이런 느낌은 내가 머물러야 할 곳이 바로 이곳이라는 확신을 주었다.

나는 대사들이 종종 고급 호텔이나 역사적인 건축물, 심지어는 차분한 분위기와 조화로운 환경을 갖춘 은행에 에테르적 은둔처를 세운다는 것을 알게 되었다. ─ 이런 은둔처들은 영적 광휘를 그라운딩하는 중심지 역할을 하는 사원이며, 그곳 주변에 있는 대사들의 학생에게 유익을 준다. 내 느낌에 팔리서도 그런 사원 중 하나였다.*

신용카드가 없던 나는 현금으로 숙박비를 냈고, 호텔 명부에 서명을 했다. 그리고 방으로 가기 전에 몇 분간 이곳의 고급스러운 인테

---

* 대사들을 받아들이고 그들과 교류하기 위해서는 평정심을 유지하고 있어야 한다. 대사들은 이러한 내적 평화의 느낌을 촉진하기 위해 종종 공공건물 내에 초점을 만들어두어 조화의 느낌을 주고 행복감을 고양시킨다. 이로 인해 우리는 그들의 영적인 광휘와 가이드를 전달받을 수 있다. 내가 대사들의 광휘를 경험한 다른 호텔들은 뒤에 나올 마드리드의 리츠^{Ritz} 호텔, 카트만두의 샹그릴라^{Shangri-La} 호텔, 카이로의 메나 하우스^{Mena House}, 덴버의 오리지널 브라운 팰리스^{Original Brown Palace} 호텔, 뉴욕의 플라자^{Plaza} 호텔, 샌프란시스코의 페어몬트^{Fairmont} 호텔, 앞서 나왔던 로스앤젤레스의 빌트모어 호텔, 스포캔의 대븐포트 호텔이다.

리어를 감상하기로 했다. 로비를 둘러보니 속을 푹신하게 채워 넣은 큰 의자가 있었다. 나는 거기 앉아 호텔의 화려함에 푹 빠진 채 호화로운 분위기를 느끼고 있었다. 나는 언제쯤 다른 사람들처럼 신용카드를 가질 만큼 돈을 벌 수 있을까 생각했다.

임대인이라는 지금의 내 상황에서는 대부분의 수입이 집을 수리하는 데 들어가고 있었다. 물론, 가난한 사람들의 집세를 깎아주거나 가끔 무료로 내 건물에서 살 수 있게 해줬던 것이 내 적은 수입의 원인이기도 했다.

여행을 할 때마다 이렇게 호화로운 곳에서 지낼 수 있는 날이 오긴 할까 궁금해하던 차에 갑자기 세인트 저메인의 현존이 느껴졌다. 그는 분명 나를 지켜보고 있었다. 나는 의자에 바로 앉았고, 내 생각에 대한 그의 대답을 내적으로 들을 수 있었다. 그는 이렇게 대답했다.

"네가 원하는 부를 갖기 전에 너는 그 부를 오용하게끔 만드는 모든 유혹을 넘어서야만 해. 지난날 너의 약점은 아직 돈을 받을 준비가 되어 있지 않은 사람이나 부의 법칙을 어긴 사람에게 쉽게 돈을 준다는 점이었어. 하지만 그들은 돈이 없는 상황에서만 얻을 수 있는 교훈을 배울 필요가 있었지. 너는 네가 그런 경향을 극복했다고 생각하니?"

"네, 극복했어요." 나는 지금까지 내게 주어진 많은 돈을 남을 돕는다는 잘못된 생각으로 낭비해왔음을 순간적으로 깨닫고서 주저 없이 대답했다. 사실, 나는 하나님이 자신을 돌볼 거라는 그들의 방종한 환상을 지속할 수 있게 만들어줌으로써 그들을 더 나약하게 만들고 있었다. 그들은 자신이 할 수 있는 노력을 다하지 않았고, 다른 사람들의 행복을 신경 쓰지도 않았는데 말이다.

나는 스스로를 충분히 잘 돌볼 수 있었던 이런 사람들을 돌봐줌으로써 그들이 자기완성을 이룰 기회를 박탈해왔다. 그들은 세상과 관계를 맺고 스스로의 생계를 책임지면서 내적 성장과 자기완성을 이룰 수도 있었는데 말이다.

세인트 저메인은 내게 이렇게 물었다. "가난한 노숙자가 지금 이 호텔 로비에 들어와서 돈을 달라고 하면 그에게 돈을 주지 않을 수 있다는 말이니?"

"네, 그럴 수 있을 것 같아요."

"잘 알겠어." 그의 마지막 대답이 들렸고, 침묵이 흘렀다.

의자에 앉아 방금 세인트 저메인이 한 말을 곰곰이 생각하고 있을 때, 지저분한 누더기를 걸친 한 부랑자가 호텔로 들어와 곧장 내게로 걸어왔다.

"저기, 잔돈 좀 주실 수 있겠소?" 그는 내 눈을 바라보며 물었다.

"어, 안 되겠는데요." 나는 주머니에 손을 넣어 1달러를 꺼내고 싶은 충동이 자동적으로 일어나는 것을 관찰하며 불쑥 내뱉었다. 하지만 뒤이어 '1달러 준다고 해서 큰일이야 나겠어?' 하는 생각이 들었다.

"잔돈 아니면 남는 거 아무거라도 좀 줄 수 없겠소? 정말 아무거라도." 그는 애처롭게 애원했다. 순간, 나는 그의 아름다운 눈을 보고 그가 사실 부랑자라는 탈을 쓴, 상당히 깊이 있는 영혼임을 눈치챌 수 있었다.

나는 고개를 내저으며 낡아빠진 옷차림과는 전혀 어울리지 않는 그의 눈을 계속 응시했다.

"제발." 그는 내 얼굴에 더러운 손바닥을 들이밀며 간청했는데, 그의 손바닥은 흙먼지가 묻었음에도 부드럽고 우아해 보였다. 그의 외모와는 전혀 어울리지 않게 말이다. 나는 계속 고개를 저었다.

그러자 그는 내게서 돌아섰는데, 그의 얼굴에는 희미한 미소가 번지는 것 같았다. 이 이상한 거지는 들어왔던 길을 따라 바로 떠나버렸다. 로비에 있는 부유해 보이는 사람들 중 어느 누구에게도 접근하지 않은 채로 말이다. 나 말고는 아무도 쳐다보거나, 말을 걸지도 않고 밖으로 나가 사라진 것이다.

'이상한 일이네. 왜 다른 사람한테는 구걸하질 않지? 로비에는 나보다 훨씬 더 부유해 보이는 사람들도 있는데.' 내가 생각했다. 그러자 다시 마음속에 친애하는 대사의 목소리가 들려왔다.

"얘야, 축하한다. 너는 시험을 통과했어!" 나는 그 거지가 다름 아닌 세인트 저메인이었다는 사실을 깨달았다. 그가 나에게만 돈을 달라고 한 것은 나를 시험하기 위해서였던 것이다. "자, 이제 주머니 속 동전을 꺼내 거기 적힌 글을 읽어보렴." 세인트 저메인이 말을 이었다.

놀랍게도, 주머니에 손을 넣자 영국의 2펜스짜리 동전이 들어 있었다. 동전에는 세 개의 타조 깃털이 꽂힌 왕관 그림과 조명에 가까이 비춰 봐야만 읽을 수 있는 작은 글씨가 새겨져 있었다. 이히 딘^{Ich} ^{Dien}, 그러니까 독일어로 '나는 봉사한다'는 뜻이었다. 나는 세 개의 깃털로 상징된 것이 바로 삼중 불꽃(three-fold flame)임을 즉시 알아챌 수 있었다.* 삼중 불꽃은 베다^{Vedas}에서 세 가지 덕(guna)이라고 불리

---

* 백합 문장紋章은 세 개의 꽃잎을 양식화한 것으로, 고대부터 세계 각지에서 귀족의 상징으로 쓰였으며 특히 프랑스 왕실의 상징으로 쓰였다. 하지만 백합 문장은 삼중 불꽃의 상징이기도 하다.

는 것이었으며, 신성한 빛의 측면들인 다양한 에너지 모드들(modes of energy)이었다. 동전의 의미는 명확해 보였다. "왕관을 쓰려는 자는 빛에 봉사해야 한다."

나도 모르는 사이에 어떻게 영국 동전이 내 주머니 속으로 들어왔는지는 알 수 없었다. 하지만 세인트 저메인은 동전이 내 주머니에 들어 있다는 것을 알고 있었다. 어쩌면 그는 다른 이들에게 봉사하는 삶 속에서는 내가 필요로 하는 모든 부를 가질 수 있다는 사실을 가르치기 위해 일부러 내 주머니에 동전을 넣었을 수도 있다.

부는 낭비되어서는 안 되며, '공짜'에 대한 잘못된 관념이 생겨 더 약해지기만 할 사람들에게 어리석게 주어서도 안 되는 것이었다. 자신의 주권을 지배할 수 있는 열쇠는 우선 자신의 삶 안에서 스스로 성숙해지고 강해지는 데에 있다. 그리고 그런 후에라야 그는 다른 사람을 진실로 도울 수 있다.

나는 시험에 통과한 것을 감사하게 생각하며, 식당으로 들어가 근 며칠 동안 먹어보지 못했던 맛있는 식사를 즐기기로 했다. 저녁 식사가 오기를 기다리고 있을 때, 나는 내게 이 교훈을 가르쳐주기 위해 거지의 모습으로 변한 그 전지전능한 존재에게 감사를 표했다. 그러면서 일상 속에서 대사들을 만나면서도 그 사실을 까맣게 모르고 있는 사람들이 얼마나 많을까 하고 생각했다. — 바로 이것이 우리가 만난 모든 사람들을 대사로서 대우해야 하는 이유다.

어둠 속에서 헤매는 수많은 사람들 속에서 그가 나를 선택했다는 사실, 그리고 내가 그의 주목을 끌 만한 가치가 있었다는 사실은 정말로 영광스러웠다. 내가 이번 생뿐만 아니라 수많은 전생에서도 이 위대한 영혼을 알고 있었다는 사실은 나도 알고 있었다. 하지만 그럼에도 그가 이러한 기본적인 지혜를 내게 가르치기 위해 낮은 물질계로 자신의 육체를 현현시키는 수고를 감수했다는 것은 정말 감사한 일이었다.

나는 세인트 저메인이 이렇게 변장한 모습으로 나타나는 것을 즐기는 건 아닐까 궁금했다. — 나에게 그랬던 것처럼, 학생이 배워야 할 교훈에 따라 셀 수 없이 많은 모습들로 변장을 하면서 말이다. 내가 그의 눈에서 보았던 반짝거리는 눈빛은 그가 그런 일들을 좋아한다고 말해주는 듯했다. 그의 모든 행동에서 넘치는 사랑과 유머를 느낄 수 있었기 때문이다.

우아한 식당에서 호화로운 저녁 식사를 하면서 다음으로는 어딜 갈지 곰곰이 생각해봤다. '꿈에 나온 빨간 선을 따라 캘거리까지 왔으니, 이다음엔 어디로 가야 할까?' 나는 잠들기 전에 가이드를 요청하는 기도를 올렸고, 또다시 꿈을 꾸었다. 이 꿈에서는 다른 지도가 보였다. 빨간 선이 캐나다 동쪽으로 곡선을 그리며 대서양, 유럽, 지중해를 지나 이스라엘로 이어지는 세계지도였다.

나는 깜짝 놀라 잠에서 깼다. '대사들은 도대체 내게서 뭘 원하시는 걸까?' 며칠 동안 믿음 하나만 가지고 운전하는 일은 어찌어찌 해낼 수 있었다. 하지만 목적이 무엇인지도 모르고 아무 설명도, 돈도 없이 훌쩍 다른 대륙으로 여행을 가는 것은 도저히 엄두가 안 나는, 훨씬 큰 믿음의 도약이 필요한 일이었다.

며칠 전 송금 받은 돈은 이미 절반이나 써버린 상태였다. 하지만 확실히 내 에고의 욕망이 아닌 어떤 내면의 힘이 가진 것 없이 여행을 떠나라며 나를 밀어붙이고 있었다. 내가 도착한 캘거리^{Calgary}라는 지명은 예수가 십자가에 못 박혔던 언덕인 갈보리^{Calvary}의 변형이었다.

나는 내 에고가 이원성의 십자가에 못 박히고 있다고 느꼈다. 영과 물질이 서로 합쳐지는 지점에서 나타나는 그런 십자가 말이다. 나는 현상계에 나타난 모든 것이 하나임을 깨달은 이들, 이 물질세계의 미망에서 스스로를 부활시킨 이들에게만 지혜가 그 모습을 드러낸다는 사실을 더 깊이 이해할 수 있었다.

하지만 막상 그 순간에는 내가 현명하다고 느껴지지 않았다. 왜냐하면 몇 달 동안 몸이 아파서 거의 먹지도 못하고 지냈던 인도에서의 기억만 계속 떠올랐기 때문이다. 나는 대사들이 나를 위한 느리고 굴욕적인 십자가형을 준비하고 있다고 느꼈다. 먼 외국의 도시에서 돈이 바닥나는 그런 상황 말이다.

결국에는 대사들을 향한 나의 믿음이 그들에게 버림받지 않을까 하는 두려움을 이기긴 했지만, 또 다른 어려움이 나를 찾아왔다. 텔아비브Tel Aviv행 비행기 표를 사자 내게는 겨우 100달러밖에 남지 않았다. 그리고 집으로 다시 돌아오려면 최소 21일은 지나야 했다. 그러니 나는 달랑 100달러로 그 기간을 버텨야 했던 것이다.

게다가 나는 여권을 집에 두고 나왔다는 사실이 기억났다. '일요일 아침에 드라이브를 나가면서 여권을 가져가는 사람이 어딨어?' 더 최악인 것은, 미국 영사관에 내가 처한 곤경을 설명하자 그들은 내게 여권 기한이 만료되었다고 알려주었다.

나는 이런 상황을 '여행은 불가능하니 집으로 돌아가라'는 신호로 받아들여야 하나 생각하고 있었다. 그러나 정말 놀랍게도 영사관 직원들은 내게 하룻밤 사이 새 여권을 발급해주었다. 다음 날, 나는 충격에 빠진 채 이스라엘로 향하는 비행기에 올랐다.

나는 왕복 비행권을 할인가로 살 수 있었는데, 거기에 달린 유일한 조건은 출발한 날로부터 21일 동안 돌아올 수 없다는 것이었다. '100달러로 3주를 어떻게 버티지?' 열일곱 살 때 그랬던 것처럼 유럽을 하루 5달러로 여행할 수는 없는 일이었다. 나는 이제 30대였고, 국제 금융 엘리트들이 통화 가치가 급격하게 떨어지도록 만들었기 때문에 이제 기본적인 호텔 방을 하루 빌리는 데에만 100달러는 족히 필요할 것이었다.

엘 모리야 대사

이 그림을 그릴 당시 엘 모리야의 육체는 히말라야에 있었다.

하지만 그는 1884년 런던에서 화가 헤르만 슈미에첸Hermann Schmiechen에게

에테르체로 나타나 자신을 그리게 했다. — 이 내용은

《A. P. 시넷에게 보낸 마하트마 편지》(The Mahatma Letters to A. P. Sinnett)에도 나와 있다.

원본 그림은 현재 인도 애드야Adyar에 있는 신지학회가 소장하고 있는 것으로 추정되며,

유감스럽게도 대중들에게는 공개되지 않고 있다.

쿠투미 랄 싱Kuthumi Lal Singh 대사

그의 육체는 티베트 르카쩌Shigatse에 있었으나 1884년 런던에서
엘 모리야보다 먼저 헤르만 슈미에첸에게 에테르체로 나타나 자신을 그리게 했다.
《A. P. 시넷에게 보낸 마하트마 편지》에 기술된 바와 같이,
블라바츠키 여사와 다른 신지학자들이 참석해 있는 자리였다.
이 그림의 원본도 애드야의 신지학회가 소장하고 있는 것으로 추정된다.

일곱 광선의 대사들을 주관하는

로드 마하 초한 Lord Maha Chohan

신지학회의 설립자인 블라바츠키 여사(1831-1891)가 대사들과 함께 있는 사진.
왼쪽부터 신지학회의 영적 설립자인 쿠투미 랄 싱, 엘 모리야
그리고 상승 대사 세인트 저메인이다. (이 사진은 그림을 합성한 것이다.)

초대형 여객기를 타고 아홉 시간을 비행하는 동안, 나는 지루함을 달래기 위해 좌석에서 일어나 기내를 돌아다녔다. 그리고 이야기를 나누며 시간을 때울 누군가가 없을까 하는 생각으로 운동 삼아 이 통로 저 통로를 왔다 갔다 하고 있었다. 하지만 계속 기내를 돌아다녀봐도 내 관심을 끄는 사람은 아무도 없었다.

나는 시간이 더 빨리 가면 좋겠다는 생각이 들어 특정 승객들이 비행기에 탄 이유를 직감적으로 알아맞혀보기로 했다. 그러는 동안, 나는 기내에 누가 탑승했는지 파악할 수 있었다. 승객 대부분은 야물커^{yarmulke} 모자를 쓰고 어깨에 탈리스^{tallith} 숄을 걸친, 성지 순례를 하러 가는 랍비풍의 학생들이었다. 그 외의 다른 사람들은 휴가 중인 사업가나 은퇴자처럼 보였고, 눈에 띄는 사람은 아무도 없었다.

착륙 30분 전, 조종사가 텔아비브의 벤구리온^{Ben Gurion} 공항에 착륙하겠다는 안내방송을 했고 나는 이때가 화장실에 가기 적당한 때라고 생각했다. 오랜 비행으로 지친 나는 곧 다가올 충격적인 일에 대한 준비가 되지 않은 상태였다. 하지만 아무것도 기대하지 않았던 순간은 종종 놀라운 일을 경험하여 깨어나게 되는 순간이 되곤 한다. 어떤 사람들은 이를 '구루의 은총'이라 부르기도 하지만 만약 우리가 정화와 자기 수양을 통해 그것을 미리 준비하지 않았더라면 그러한 예상치 못한 깨달음은 일어날 수 없다.

나는 통로를 걸어가다 아까까지만 해도 보이지 않던 두 승객을 보게 되었다. 빼어난 외모를 지닌 그 두 명의 남성은 내가 통로를 계속 돌아다닐 때만 해도 분명 거기 없던 이들이었다. 그런 그들이 지금은 통로 끝 벽 바로 앞 좌석에 앉아 있었다.

한 사람은 짙은 색의 눈을 가졌으며 눈빛이 아주 예리했다. 그는 하얀 터번을 쓴 힌두교 신자로 보였는데, 아마 현실에서는 절대 그런 얼굴을 볼 수 없을 것이다. 아라비안나이트에 나오는 무굴제국의 왕자가 바로 여기 있었다. 이 위대한 대사 엘 모리야의 현존과 함께 있음을 알게 된 나는 발이 얼어붙고 말았다. 그의 얼굴에 엷은 미소가 번졌고, 그는 잠시 나를 깊이 응시했다.

그의 옆에 앉아 있던 우아한 동양인은 흰옷을 입고 있었고 적갈색의 긴 머리가 허리까지 내려왔다. 그는 자애로운 미소를 지으며 고개를 끄덕였다. 그제야 나는 그가 전설적인 대사인 쿠투미 랄 싱이라는 것을 알 수 있었다.

블라바츠키 여사가 신지학회를 설립하는 것을 도왔으며, 1800년대 서양의 비전秘傳 영성 발기인들로도 알려져 있는 그들은 상승한 지 꽤 오래된 이들이었다. 그들이 상승 이전에 행했던 인류에 대한 봉사와 그 업적은 반세기 전의 신지학회 문헌에 연대순으로 기록되어 있다.

'이들은 마음의 힘으로 어디든지 여행을 할 수 있을 텐데, 이 비행기에 타서 도대체 뭘 하고 있는 걸까?' 내 마음은 이 예기치 못한 일에 허둥대면서 바쁘게 돌아가고 있었다. 도무지 이 상황을 이해할 수가 없었다. 나는 왜 다른 승객들이 갑자기 나타난 이 놀라운 남성들과 그들의 경이로운 외모에 주목하지 않는지 궁금했다. 이 그리스도 같은 대사들이 이 세상 어느 거리 모퉁이에 나타난다면, 그들의 존재는 군중들을 끌어모으고 교통 마비를 일으켰을 것이다. 그들이 지금 내 발걸음을 멈추게 했듯이 말이다. 심장이 쿵쾅거리고 있었고, 마음은 오만가지 생각들로 바삐 돌아가면서 통제 불능 상태가 되었다. 부끄럽게도 그들은 그런 나의 모든 생각들을 다 알고 있었다.

'여기서 뭘 하고 계신 거죠? 히말라야의 은둔처나 고차원의 에테르 사원에서 학생들과 텔레파시로 소통하고 계셔야 하지 않나요? 아니면 휴가 중이신 건가요? 이스라엘에는 뭐하러 가시는 거예요? 당신들은 완전한 하나님의 의식에 푹 잠겨 계실 수도 있잖아요. 그런데 이 혼잡한 비행기에서 뭐 하시는 거죠?'

화장실 줄에 서 있던 나는 뒷사람에게 밀려 앞으로 가야만 했다. '좌석으로 돌아가는 길에 그들에게 말을 걸어야지. 그때쯤이면 마음은 차분히 가라앉을 거고 무슨 말을 해야 할지도 알게 될 거야.' 나는 이미 바보짓을 했다고 느꼈다. 멍하니 입만 벌린 채로 그들을 바라보면서 아무 말도 못 했기 때문이다.

나는 화장실 안에서 스스로 용기를 북돋웠고, 그들에게 말을 걸어보기로 결심했다. 그래서 머리를 빗고 구겨진 셔츠를 쭉쭉 편 다음,

재치 있는 말이 뭐가 있을까 고민해보았다. 하지만 여전히 내 마음은 멍한 상태였다.

인제 그만 나오라는 신호로 문을 노크하는 소리가 들렸고, 그 노크 소리는 대사들에게 말을 걸어보라며 나를 재촉하고 있었다. 아직 그들을 만날 준비가 덜 되어 있긴 했지만 나는 대담하게 행동하기로, 그리고 그들의 봉사에 나 자신을 바치기로 결심했다. 그러나 통로를 따라 걸어가자 대사들이 앉아 있던 두 자리는 비어 있었다. 내 꿈이 짓밟힌 것이다.

나는 그들을 찾기로 결심하고서 비행기 통로를 계속 왔다 갔다 했다. 스튜어디스는 이에 짜증이 난 듯 보였고, 착륙 준비를 해야 하니 내게 자리로 돌아가라고 말했다. 그들은 어떤 흔적도 남기지 않은 채 비행기에서 사라졌다. 나는 내가 생에 한 번 있을까 말까 한 기회를 놓쳤다는 사실에 엄청난 충격을 받았다.

내 자리는 엘 모리야와 쿠투미 대사가 앉았던 좌석 열에서 고작 몇 줄 앞쪽이었다. 따라서 나는 비행기가 착륙할 때 계속 고개를 뒤로 돌려 그들을 찾아보았다. 하지만 보이는 것이라곤 원래 그 좌석에 앉아 있던 평범한 두 명의 승객들뿐이었다. 대사들은 어디에도 보이지 않았다. 그들은 지중해 상공 12킬로미터에서 시속 800킬로미터 가까운 속도로 날고 있는 이 비행기에서 불가사의하게 사라졌다.

비행기가 착륙한 후, 나는 제일 먼저 비행기에서 내리려고 애를 썼다. 그리고 비행기에서 내리는 승객들을 날카로운 시선으로 내내 지켜봤다. 그러나 그 장엄한 두 인물과 닮은 사람은 아무도 없었다.

대합실에서의 만남

대사들은 내가 이스라엘로 가야 한다는 것까지는 분명히 보여주었지만, 그곳에 도착해서 무엇을 하라고는 알려주지 않았다. 나는 시시각각으로 내 내면의 가이드를 의지해야 한다는 사실을 깨달았다. 다시 말해, 계속 안정된 상태로 방향을 찾기 위해서는 내 가슴 속에 있는 내적 자이로스코프gyroscope*를 느껴야 했다.

나는 터무니없는 요금을 대며 시내까지 태워주겠다는 택시 운전사들을 떨쳐냈다. 대신 버스를 타고 도시 중심에 있는 작은 버스터미널 대합실로 갔다. 날이 저물고 있었다. 나는 장시간 비행으로 인해 지쳐 있는 데다 어디로 가야 할지도 몰랐다. 대합실은 텅 비어 있었다. 몇 번을 왔다 갔다 하다가 어느 방향으로 가야 할지만이라도 알아보려 다시 밖으로 나갔다. 하지만 텔아비브는 사람들로 붐비는 혼란스러운 곳이었고, 나는 길을 잃은 듯한 기분이었다.

나는 히브리어를 할 줄 몰랐기 때문에 값싼 호텔을 어디서 찾아야 할지 물어볼 수가 없었다. 그래서 대사들에게 도움을 요청했다.

> 사랑, 지혜, 그리고 I AM의 이름으로 나는 빛의 상승 영단께 내가 어디로 가야 할지, 무엇을 해야 할지 보여달라고 요청합니다. 나는 상승 대사들, 그리고 나보다 먼저 상승한 상승 대사 친구들**의 현존으로서 바로 지금 이곳에 완벽한 신성 계획을 가지고 옵니다.

---

* 항공기, 선박 등의 평형 상태를 측정하는 기구. ─ 역주

** 상승 대사의 친구들은 대사들과 함께 일하는 이들로서, 대사들이 도움을 주기 위해 보내는 이들이다. 사람들은 종종 대사들이나 그들 자신이 은밀히 행한 봉사에 대해 모르고 있다.

대합실로 돌아간 나는 충격을 받았다. 조금 전까지만 해도 텅 비어 있던 벤치에는 비행기에서 봤던 그리스도 같은 존재, 상승 대사 쿠투미 랄 싱이 앉아 있었다. 나는 그의 발 앞에 엎드려 나를 제자로 삼아 달라고 애원하고 싶은 욕망을 간신히 억눌렀다.

블라바츠키 여사도 이와 비슷한 시험을 받은 적이 있다. 그녀는 런던 거리에서 한 남성들의 무리를 보았는데, 무리 중에는 어렸을 때부터 꿈속에 나타나 그녀를 지도해주었던 대사가 있었다. 그녀는 그에게 달려가 인사하고 싶었지만 그러한 욕망을 가까스로 억누를 수 있었다. 대사는 이후에, 만약 그녀가 그를 안다는 어떤 기색을 보이거나 그를 추앙함으로써 그가 누구인지 무심코 드러냈었더라면 오랫동안 그녀를 찾지 않았을 것이라고 했다. 그러한 행위는 아직 고급 훈련을 받을 준비가 되지 않은 사람의 절제되지 않은 에고와 정서적 미숙함을 드러내는 것이었기 때문이다.

지금 나 역시 내 욕망을 추스르며 그의 앞에 서 있었다. 나는 용기를 내서 말했다. "당신, 기억나네요…. 비행기에 타고 있었죠." 그는 그저 웃으면서 약간 웃음기 있는 눈으로 나를 쳐다보았다. 주위를 둘러보니 대기실에는 우리 둘밖에 없었다. 나는 "옆자리에 앉아 있던 당신 친구는 어디로 가셨나요?" 하고 묻고 싶었다. 엘 모리야가 어디로 사라져버렸는지, 그리고 그가 곧 다시 나타날지 궁금했다.

나는 책에서 그토록 많이 읽어왔던 이 대사들 중 한 명을 만난다면 그들에게 끝없이 질문하게 될 거라고 늘 생각했었다. 하지만 지금은 머리가 하얘져서 아무 말도 떠오르지 않았다. 심지어 나는 이 여행에 대한 절박한 질문조차 하지 못했다. "제가 여기서 도대체 뭘 하는 거죠? 당신들은 왜 저를 이스라엘로 보내셨나요? 돈 없이 어떻게 살아남을 수 있나요?" 같은 질문들 말이다. 내가 그의 현존 안에서 원했던 것은, 단지 이 그리스도 같은 존재에게서 느껴지는 무조건적인 수용을 누리는 것뿐이었다. 다시는 그 사랑과 분리되고 싶지 않았다.

내가 가슴속으로 하는 말을 들은 대사는 이렇게 대답했다. '분리란 건 없다네. 자네는 우리를 자주 볼 수 없겠지만, 우리는 자네를 늘 지켜보고 있네. 우리 사랑은 늘 자네와 함께 있지. 자네가 가는 곳이면 어디든지 우리 또한 함께한다는 걸 잊지 말게.'

그로부터 흘러나오는 은총과 자비에 압도된 나는 이 만남을 연장할 방법을 간절히 바라고 있었다. '제발 가지 마세요. 다시는 비행기에서처럼 사라지지 말아주세요.' 나는 애원했다. 그리고 눈물을 흘리기 직전인 상태로 물었다. '어떻게 하면 당신에게 봉사할 수 있을까요?'

나는 이 위대한 존재들이 아무 생각 없이 인간의 모습을 하고서 평범한 세상에 발을 들이지는 않는다는 것을 알고 있었다. 그들은 감명을 주거나 개인적 열망을 충족시켜주기 위해서가 아닌, 확고한 목적을 위해서만 나타나는 이들이었다. 이제 '그 확고한 목적이 과연 뭘까? 그는 여기서 뭘 하고 있는 걸까?'가 내 질문이었다.

그의 앞에 서 있던 나는 내 가슴과 그의 가슴이 하나되는 것을 느낄 수 있었다. 나는 그에게 봉사하고 싶다는, 인류를 위한 그의 과업에 일원이 되고 싶다는 압도적인 열망으로 가득 차 있었다. 마침내 나는 내 열망을 그에게 말했다. "제가 당신을 위해 할 수 있는 게 있을까요?"

그리고 생각했다. '몇 년간 만나길 염원해왔던 이 대사에게 다름 아닌 이런 질문을 하고 있다니. 그리고 마침내 그가 나의 알현을 허락한 곳이 사원이나 산꼭대기가 아니라 바로 이곳, 이스라엘의 버스 터미널 대합실이라니. 정말 이상하군.'

"아니, 지금은 자네가 해줄 일이 없네. 하지만 고맙네." 그는 엄청난 애정을 담아 대답했다. "내가 자네에게 도와줄 건 없나?"

"어디로 가야 할지 모르겠어요."

"셰러턴 Sheraton 호텔로 가게."

"어떻게 호텔로 가야 하죠?"

"다음에 오는 첫 버스를 타게."

"다음에 오는 첫 버스요?" 나는 그가 그렇게 대수롭지 않게 대답을 할 수 있을 정도로 시내버스 운행 일정을 잘 알고 있다는 사실에 놀라워하며 되물었다.

"그렇네, 첫 번째 버스. 저기 도착했군." 버스가 거친 소리를 내며 멈춰서자 그가 말했다.

"저건가요?"

"그래, 어서 밖으로 나가 버스를 타는 게 좋을 거야. 이곳은 이스라엘이야. 버스가 사람들을 기다리지 않지."

내가 고개를 끄덕이자 그는 미소로 화답했다. 나는 일상적이고 평범한 주제라도 상관없으니 그저 그와 계속 대화를 하고 싶다는 마음이 들었다. 그의 현존 속에 남아 있을 수만 있다면 뭐든 하고 싶었다. 하지만 나는 대사의 말에 따라 행동해야 한다는 것을 알고 있었다. 그는 내게 이런 말을 남겼다. '자네는 사소한 일을 처리하게. 우리는 큰일을 처리하겠네.'

마지못해 가방을 집어 들고 밖으로 나와 버스에 탔다. 나는 대사가 떠나는 모습을 보고 싶어 뒤를 돌아봤지만 운전사가 말을 걸어왔다. 그는 어디로 가는지 물었고, 나는 "셰러턴 호텔이요" 하고 웅얼거렸다. 좌석에 몸을 던지듯 앉은 후에는 또 다른 힘겨운 시련으로 나를 시험하지 말아 달라고, 그 대신 밤을 보낼 숙소로 데려다달라고 기도했다. 버스는 덜컹거리며 달려갔고 나는 내가 그렇게 비싼 호텔의 방값을 어떻게 낼 수 있을지 궁금했다.

10분 후, 버스가 덜컹대며 멈춰 섰을 때 운전사가 "셰러턴 호텔이요" 하고 소리쳤다. 버스 문이 활짝 열렸고 그는 지중해가 내려다보이는 언덕 꼭대기에 있는 호텔을 가리켰다. 예상했던 대로 셰러턴은 화려한 곳이었다. 눈길을 끄는 문들을 지나 눈에 띄게 현대적인 로비로 들어서니 나는 이런 곳에서 머물 수 없을 거라는 느낌이 강하게 들었다.

그렇지만, 나는 용기를 내서 프런트로 걸어가 물었다.

"여기서 제일 싼 방이 얼마죠?"

"80입니다." 그런 하찮은 질문에 대답하는 것이 자신의 품위를 손상시키기라도 한다는 듯, 프런트 직원이 쳐다도 보지 않고 대답했다.

"80세켈ˢʰᵉᵏᵉˡ이요?"

"아니, 달러요." 그는 짜증이 나서 내게 쏘아붙였다. '80달러? 거의 내 전 재산이잖아!'

"그렇군요. 고마워요." 나는 실망해서 대답했다.

'왜 대사가 나를 이곳으로 보냈을까? 나는 이 호텔에 묵을 여건도 안 되는데 말이야.' 최악의 경우, 즉 외국의 한 도시에서 노숙자가 되는 것에 대한 내 두려움이 현실로 다가오고 있었다. 나는 다른 버스를 타고 정류소로 돌아가고 싶다는 생각을 했다. '쿠투미 대사께서 아직 그곳에 계실까? 그럴 것 같지는 않아. 만약 그가 그곳에 계시다면 나를 왜 셰러턴으로 보내신 건지 여쭤볼 수 있을 텐데. 이제 나는 어느 버스 터미널에나 있는, 동전을 구걸하는 그런 노숙자들 중 하나가 되는 걸까?'

나는 캔버스 여행 가방을 들고 호텔을 빠져나와 아랫길을 향해 꺾여 있는 넓은 차도를 따라 내려갔다. 길고 지친 여행 후 어디로 가야 할지, 어디서 잠을 자야 할지 전혀 알지 못한 채 힘든 발걸음을 옮기고 있었다. 차로를 반쯤 내려가다 위를 쳐다보니 길 건너편에 네온사인이 보였다. 내 눈으로 보고도 믿지 않았다. 간판에는 '마운트 샤스타 호텔'이라는 글씨가 빛나고 있었다.

가슴이 뛰었다. '쿠투미 대사께서는 결국 일이 어떻게 될지 정확히 알고 계셨어! 그는 셰러턴 호텔 건너편에 내 이름과 똑같은 호텔이 있다는 것을 알고 계셨던 거야. 하지만 그분에게는 내가 좀더 쉽게 찾을 수 있는 장소로 나를 가이드하는 것이 더 간단한 방법이셨던 거지.'

'그런데 저 네온사인, 정말로 마운트 샤스타라고 적혀 있는 건가?' 간판에 가까이 다가가자 네온 배관의 한 부분이 타버린 것이 보였다. 그래서 간판의 남은 부분만 멀리서 보면 '샤스타'처럼 보였다. 처음에는 보이지 않던 호텔의 히브리식 이름이 간판 밑에 쓰여 있었다. 여하튼 나는 낡고 전통적인 느낌의 이곳이 틀림없이 더 저렴할 것이라고 확신했다. 하지만 빈방이 남아 있는지가 문제였다.

호텔 안으로 들어간 나는 데스크 직원과 젊고 쾌활한 여성의 따뜻한 환영을 받았다. 여성은 직원의 여자친구 같았다. 그는 "당연히 방이 있죠"라고 말하며 "당신이 묵을 만한 방이 있어요. 정말 좋은 방인데 고작 12달러밖에 안 합니다요!" 하고 농담하듯 말했다. 나는 '셰러턴에서의 냉랭한 접대와는 완전히 다르군' 하고 생각했다. 그리고 나를 가이드해준 쿠투미 대사께 마음속으로 감사 인사를 드렸다.

직원은 내게 방 열쇠를 주었다. 그와 그의 여자친구는 지친 여행자를 진심으로 걱정하며 내가 편안하게 잠을 잘 자기를 바랐다.

그날 밤 나는 꿈에서 또 다른 지도를 보았다. 그것은 이스라엘 지도였다. 하지만 이번에는 빨간 선 대신 이스라엘 전국을 시계방향으로 돌아다니는 뱀을 보았다. 그리고 한 사람의 목소리가 뱀의 길을 따라가라고 말해주었다. 나중에 나는 이것이 이번 여정뿐 아니라 다른 것들에 적용될 수 있다는 것을 깨달았다. 뱀(쿤달리니 – 역주)은 생명력의 상징이자 그 생명력이 영적인 센터들에 흐를 수 있도록 의식적으로 통제할 수 있을 때 나타나는 지혜의 상징이기도 했다.

뱀의 길

아침 식사 후 여행을 시작하기 위해 마을 변두리로 가는 버스를 탔다. 때는 이스라엘 침략을 준비하는 시리아군과 이집트군으로부터 스스로를 지키기 위해 싸웠던, 제4차 중동전쟁이 끝난 지 얼마 되지 않은 때였다. 그래서 또 다른 전쟁이 일어나지 않을까 모두가 가슴을 졸이고 있었고, 아랍 테러리스트들이 저지른 빈번한 잔학행위 때문에 모두가 긴장 상태였던 상황이었다. 며칠 전, 팔레스타인은 북부 이스라엘이 내려다보이는 골란Golan 고원에서 학교 운동장 쪽으로 박격포를 발사해서 여러 명의 아이들을 죽였다. 그리고 나는

341

내가 바로 그 장소로 보내질 것이라고는 상상도 못 하고 있었다.

　나는 고국에서 히치하이크를 해본 적이 한 번도 없었다. 하지만 이곳은 사람들은 내가 엄지손가락을 들고 있으면 얼마 지나지 않아 나를 태워주려고 차를 세울 정도로 친절했다. 나는 지나가던 이스라엘인들의 차를 얻어탔는데, 그들과 함께 있자니 서로를 도와주며 평화롭게 살고 싶어하는 대가족이나 공동체에 속해 있는 느낌이 들었다. 그들이 들고 다니는 우지^{Uzi} 기관단총만 제외하면 정말 그랬다.

　그 차에서 내린 후에는 한 젊은이가 나를 작은 피아트^{Fiat} 자동차에 태워주었다. 그는 자신의 아내가 만든 빵과 지역 키부츠^{kibbutz}*에서 생산된 맛있는 치즈 한 조각을 내게 나누어 주었고, 댄^{Dan}에 있는 키부츠 근처에 나를 내려주었다. 그곳은 박격포가 학교 운동장에 떨어진 바로 그 지역이었다. 내 나이 또래의 검문소 경비원 몇 명은 내게 무기가 없는지 확인하기 위해 몸수색을 했고, 이곳을 통과하려면 여권을 보여줘야 한다고 했다.

　나는 이런 공격적인 분위기 속에서 열린 마음으로 환영을 받게 되어 깜짝 놀랐다. 아마도 많은 이스라엘 사람들이 미국에 친척을 두고 있고, 또 미국과 이스라엘의 운명이 얼마나 밀접하게 얽혀 있는지를 알고 있기 때문이었던 것 같다. 키부츠로 가는 길을 걸어 올라가자 다시 한번 사무실에서 여권을 확인받아야 했다. 거기서 내가 테러리스트인지 확인하기 위한 간단한 심문을 받았고, 다른 10여 명의 남자들과 함께 오두막에 있는 침상을 배정받았다. 마치 어릴 때 갔던 여름 캠프 같았다.

---

* 이스라엘의 집단 농업 공동체. 구성원들은 사유재산을 가지지 않고 토지는 국유로, 생산물 및 생활용품은 공동 소유로 한다. 가입과 탈퇴가 자유로우며 현재 약 230개의 키부츠가 존재한다. ― 역주

다음 날, 공동 식당에서 수제 베이글과 크림치즈로 아침 식사를 했다. 정원에서 따온 잘 익은 토마토와 오이도 있었다. 아침 식사 후에는 출근 신고를 했고, 자몽을 따러 과수원으로 보내졌다. 나는 인간들의 분쟁이 한창일 때, 그 감미로운 과일은 주위의 위험을 의식하지 못한 채 그저 완벽하게 자라났다는 것에 경이로움을 느꼈다. 일은 상당히 고됐다. 하지만 일용할 양식이 되기 위해 스스로의 몸을 바치는 그 따뜻한 황금색 자몽을 손가락으로 꼭 쥐는 느낌, 그리고 자몽을 고리버들 바구니에 조심스럽게 담을 때 나는 그 향기는 참 좋았다. 바구니를 자몽으로 연이어 채운 후에는 모두 저장용 통으로 옮겨 담았다. 키부츠에는 나처럼 세계 각국에서 온 사람들이 많았는데, 그들 역시 돈을 벌려고 일하는 것이 아니라 이 비전에 함께하기 위해 이곳으로 온 사람들이었다. 그런 이들을 먹여 살리는 것은 기분 좋은 일이었다.

　저녁 식사 후에는 일몰을 보기 위해 산책을 나갔다. 나는 키부츠 뒤쪽, 들판 경계에 있는 돌담에 앉아 반대편에 있는 키가 큰 풀밭 쪽으로 뛰어내리려고 다리를 올렸다. 그러자 멀리서 빵빵거리는 경적 소리를 울리며 기관총을 장착한 지프 한 대가 나를 향해 달려왔다. 지프 차에 탄 사람들은 내게 마구 소리를 지르며 팔을 흔들어대고 있었다.

　'왜 저렇게 야단법석을 떠는 거지? 내가 뭔가 잘못한 건 없겠지?' 그러나 그들이 나를 향해 격렬하게 팔을 흔들고 있었기 때문에 나는 담에서 내려와 그들을 기다렸다. 지프는 먼지 바람 속에서 끼익 소리를 내며 멈춰 섰다. 그리고 제복을 입은 억센 여성이 지프에서 뛰어내려 내게 고함을 쳤다.

"어디로 가나?"

"그냥 산책하려고요." 나는 순진하게 대답했다.

"아니, 그러면 안 돼!" 그녀가 소리쳤다. 그리고 마치 아이가 과자 항아리 속에 넣은 손을 잡아채듯 내 손을 잡고 내가 앉아 있던 벽으로 다시 나를 끌고 갔다.

"저기 아래를 봐!" 그녀가 늘어서 있는 벽을 가리키며 명령조로 말했다. "저기 탑이 보이나? 탑 위에 있는 경비병들은 이 반대편 들판에서 움직이는 건 뭐든 쏘라는 명령을 받았어. 내 말 믿어. 그들은 훌륭한 사격 실력을 갖췄어. 내가 말리지 않았다면 너는 지금쯤 죽었을 거야."

그녀는 동료들을 끌어모았고, 그들은 다시 차에 올라탔다.

"감사하다고 말할 필요도 없으니까, 성가시게 하지 말란 말이다." 그녀는 비꼬는 듯한 말투로 소리쳤다. 그것은 내가 이스라엘 사람들 사이에서 종종 느꼈던 거친 사랑의 표현이었다. 그들은 경비 임무를 계속하기 위해 다시 먼지투성이 도로를 따라 내려갔다.

아직도 이 죽음의 사자使者의 갑작스러운 출현에 대한 충격이 가시질 않아서 나는 뒤늦게 "고마워요!" 하고 소리쳤다. 하지만 그녀는 이미 내 외침을 들을 수 없는 먼 곳으로 사라져버렸다. 이제는 땅거미가 져버려서 키부츠를 돌아다니고 싶은 생각이 싹 사라졌다. 그래서 잠을 자기 위해 오두막집으로 돌아갔다.

내가 지내는 곳 근처에는 헤르몬Hermon산이 있었다. 헤르몬산은 그 지역에서 가장 높은 산이자 역사학자들이 예수의 변용이 일어난 산, 즉 변화산變化山이라고 추측하는 장소 중 하나였다. 그래서 나는 다음 날 아침 일찍 이 신성한 산에 올라가서 그리스도의 영적인 감로를 마실 수 있기를 바랐다.*

만약 이 기록이 사실이라면 예수는 이 산에서 빛에 휩싸였을 것이다. 그리고 아마 그것은 예수의 상위 자아의 하강이었을 것인데, 나 역시 펄의 신적 자아가 그녀에게 들어왔을 때 그것을 목격한 적이 있었다.

나는 내가 지닌 내적 민감성이 공간 속에 자기적으로 새겨진 아카식akashic(에테르적이라는 뜻의 산스크리트어) 레코드의 모든 기록을 느낄 수 있게 해준다는 것을 알고 있었다. 예수의 변용 중에는 모세Moses 와 엘리야Elijah 역시 나타났었기 때문에 나는 그때 그 장소가 상승대사의 높은 에너지로 충전됐을 것이라고 확신했다.**

1930년대, 고드프리 레이 킹은 샤스타산에서 데이비드 로이드David Lloyd*** 가 상승하는 것을 도왔고 그때 남겨진 생생한 영적 각인은 지금까지도 샤스타산을 방문하는 모든 사람들을 고양시키고 있다. 그리고 지금, 나는 이와 비슷한 에너지장을 경험할 수 있기를 간절히 바라고 있었다.

'어쩌면 나도 이 성지에서 변용될지 몰라…. 아니면 엘리야를 보게 되거나 예수께서 직접 방문하실 수도 있지 않을까?' 예수의 동료

---

* 미국 동부의 수많은 숙박 시설이 조지 워싱턴이 그곳에서 밤을 보냈었다고 주장하는 것과 마찬가지로, 모든 종교 종파에는 그들이 선호하는 장소가 있기 때문에 신약성서의 사건들이 일어난 진짜 장소를 찾는 것은 불가능하다. 그 지역에서 가장 높은 산이자 요르단, 시리아, 이스라엘과 인접한 산인 헤르몬산은 방랑하는 신비주의자가 명상할 장소나 스승과의 만남을 찾으러 왔을 만한 곳이다.

** 기원전 9세기의 예언자 엘리야는 유대교 〈탈무드〉와 이슬람교 〈쿠란〉에서 위대한 기적의 일꾼으로 나온다. 병자들을 치료하고 죽은 자를 살렸으며 천국으로 상승했기 때문이다. 노아Noah의 증조부인 에녹 Enoch 역시 위대한 예언자이자 상승한(혹은 UFO에 들어 올려진) 이였다.
"에녹은 하나님과 함께 살다가 사라졌다. 하나님께서 데려가신 것이다." – 창세기 5:24

*** 《베일을 벗은 미스터리》에 따르면 데이비드는 스무 살 때 세인트 저메인을 만나 '크리스털 컵'을 찾으라는 말을 듣는다. 그는 노인이 될 때까지 그것을 찾아 헤매는데, 마침내 샤스타산에서 고드프리가 그에게 크리스털 컵을 건넨다. 컵 안에 든 액체를 마신 데이비드는 즉시 상승했다. – 역주

인 쿠투미와 엘 모리야를 비행기에서 만난 이후에는 그 어떤 일도 다 가능해 보였다. 그러나 산으로 가는 길에 내가 봤던 땅들은 그다지 신성해 보이지 않았다. 내가 가는 길은 골란 고원을 지나는 길이었는데, 그곳은 불에 탄 탱크들이 바위들 사이로 여기저기 흩어져 있는 전쟁터였다. 구불구불한 길을 돌아 산을 반쯤 올라갔을 때, 누군가 "정지!" 하고 외쳤다.

돌무더기 뒤에서 갑자기 헬멧이 불쑥 나타났고, 기관총의 총열이 내 쪽으로 방향을 틀고 있었다.

또 한 번 "정지!"라고 외치는 소리가 들렸다. "머리 위로 손 올려!"

"쏘지 마세요!" 나는 두 손을 들면서 외쳤다. 모든 게 초현실적으로 변해버린 듯했다. 〈레마겐의 철교〉(The Bridge At Remagen) 같은 B급 전쟁영화 속 등장인물이 된 느낌이었다. 나는 어릴 때 그런 영화들을 자주 보았고, 내 잠재의식 속에는 그것들이 잊지 못할 만큼 깊이 아로새겨져 있었다.

이제 그 영화가 내 삶에 나타났으며 나는 피로 얼룩진 진짜 전쟁터에 있었다. 생사의 갈림길에 서 있는 상황이었지만 이상하게 초연했다. 마치 아직 죽을 때가 아니라는 것을 알고 있는 듯이 말이다. 나는 그가 실제로 총을 쏠 것이라고는 생각하지 않았다. 그리고 내가 봤던, 그리스도와의 만남에 대한 영화가 테러리스트와의 만남에 대한 그의 영화를 이기길 바랐다.

하지만 안전장치가 딸깍거리는 소리가 들렸고 총구는 나를 향해 있었다. 나는 그가 진지하다는 것을, 그리고 내가 여기서 죽을 수도 있다는 것을 깨달았다. 두려움에 얼어붙은 나는 총이 순조롭게 발사되도록 또 다른 군인이 탄띠를 손에 들고 있는 것을 보았다.

"쏘지 마세요!" 나는 어떻게 하면 반복된 훈련으로 능숙해진 그의 조건반사로부터 벗어날 수 있을까 고민하면서 다시 소리쳤다.

"손을 머리 위로 올리고 앞으로 나와." 그가 명령했다.

"어디 출신이야?"

헬멧 아래 감춰졌던 그의 얼굴을 보니 대략 내 나이대 같았다.

"미국인입니다." 나는 더듬거리며 말했다.

"팔레스타인 아니야?"

"아니에요. 미국인이에요."

"배낭에 폭탄 없지?"

"네."

"천천히 앞으로 나와. 손은 계속 머리 위에 둬."

"당신, 미국인이 확실해?"

"네."

"브루클린Brooklyn 알아?"

"네, 물론이죠." 나는 이 뜻밖의 질문에 약간 편안함을 느끼며 말했다.

"좋은 곳이지?"

"맞아요. 브루클린은 정말 좋은 곳이죠."

"우리 삼촌이 거기 사셔." 병사는 다시 한번 내 배낭을 보며 말했다.

"그 안에 폭탄이 없는 게 확실해?"

"없어요."

"테러리스트 아니지?"

"네."

"거짓말 아니지?"

"네."

"좋아, 팔은 내려놔도 돼. 근데 개미 한 마리 없는 이런 곳에서 뭘 하는 거야? 내 친구들 몇이 여기서 죽었어. 이곳은 돌아다니기에 위험한 곳이야."

나는 성경에 나온 성스러운 산을 가보고 싶었다고 설명했다. 내가 성경에 대해 말하자 그는 재미있어하는 듯한 표정을 지어 보이며 무전기를 들고 히브리어로 뭐라 소리치기 시작했다. 기관총에는 다시 안전장치가 채워졌고, 얼마 지나지 않아 지프 한 대가 내 옆에 멈춰 섰다.

"타." 젊은 군인이 명령했다. "저들에게 당신을 정상까지 태워달라고 부탁했어. 오늘은 날이 너무 더워. 그리고 긴 산책을 하기엔… 이곳은 산책할 장소도 아니야."

나는 다음에 브루클린에 가게 되면 그곳에 있는 그의 삼촌에게 인사를 하기로 약속했고, 그에게 작별 인사를 한 뒤 지프 차 뒷좌석에 올라탔다. 나는 두 명의 군인 옆에 앉았다. 그들은 벨트에 수류탄과 여분의 탄약 클립을 차고 있었는데 마치 걸어 다니는 무기고 같았다. 우리가 탄 차는 산을 빠르게 올라갔다.

길 끝에 이르자 스키 리프트가 있어 깜짝 놀랐다. 산 정상에 오르는 가장 빠른 방법은 리프트 타워의 선을 따라가는 것이었다. 그래서 나는 그 밑으로 하이킹을 하면서 바위를 돌아 조심조심 정상으로 향했다. 그곳에서 나는 스키 리프트 운행자가 겨울 동안 이용하는 작은 나무 판잣집을 발견했고, 명상을 하기 위해 그 안에 들어가 앉았다.

명상을 위해 막 가부좌를 틀었을 무렵, 저음의 우르릉거리는 소리가 들리며 땅이 흔들렸다. 탄트라 불교 수련에서는 모든 현상을 여신의 현현으로 보라고 말한다. 따라서 나도 그 현상을 무시하려고 했다. 그러나 우르릉거리는 소리가 점점 가까워지고 땅이 더 격렬하게 흔들리자, 나는 호기심을 참지 못하고 창문의 나무 덮개를 들어올렸다. 내 눈앞에 보이는 것은 노란 먼지 구름을 뿜어내며 내 쪽으로 달려오고 있는 탱크 10여 대였다. '저 사람들이 나를 봤나? 나를 공격할까? 내가 또 다른 전쟁의 시작에 휘말린 건가?'

이 탱크들이 어느 나라 탱크인지, 혹은 공격을 시작할 건지 알아볼 필요도 없이, 나는 문밖으로 달려나가 가시덤불을 뚫고 내리막길을 뛰어 내려갔다. 그러자 도로가 나왔다. 그곳에는 이스라엘군 트럭이 주차되어 있었는데, 우지 소총을 옆구리에 찬 한 여군이 그 트럭을 지키고 있었다. 트럭에는 시동이 켜져 있었고 막 내려가려는 듯 보였다. 그래서 나는 그녀에게 나를 좀 태워달라고 애원했지만, 그녀는 고개를 저었다.

"제발요." 내가 애원했다.

"안 돼… 물러서."

"탱크가 오고 있어요." 내가 애원했다.

"아마 훈련 중일 거야."

나는 그녀 앞에 서서 떠나기를 거부하며 버텼고, 마침내 그녀의 모성적 본능이 군사적 프로그래밍을 압도하게 되었다. 그녀는 총열을 흔들며 내게 차에 타라고 말했다.

트럭을 타고 산을 내려가면서, 나는 그녀의 얼굴이 한결 부드러워졌으며 그녀가 꽤 아름답다는 것을 알게 되었다. 나는 생명을 낳고 양육하려는 그녀의 타고난 욕구를 따르는 대신, 어쩔 수 없이 적에 맞서 살인을 해야만 하는 이런 상황이 슬프게 느껴졌다.

나는 예수가 경험한 것과 같은, 하나님과의 신령스러운 결합을 열망하고 있었다. 하지만 이곳에서는 오직 불신과 두려움만을 느낄 수 있었다. 사실, 이스라엘을 여행하는 동안 어디에서도 그리스도의 에너지가 느껴지지 않았다. 그리고 많은 학자들이 그러했듯, 나도 예수가 이곳에 머물렀다는 사실을 의심하기 시작했다.

어떤 사람들은 신약성서에 나오는 사건들 중 다수가 교회와 국가의 정치적 목적 때문에 조작되었다고 느꼈고, 이 사건들 중 많은 일들이 인도와 다른 아시아 지역에서 일어났을 수도 있다고 생각했다.[*] 예수가 죽은 지 오랜 후, 그를 전혀 알지 못하는 사람들이 쓴 수백 개의 흩어진 복음서들을 모아 만들어진 성경은 — 비록 영감을 받았다고는 하나 — 정확한 역사적 참고 자료로 사용될 수 없다. 기독교 시대 초기에 글을 쓴 역사학자들은 신약성서의 사건들에 대해 아무런 언급을 하지 않았다.[**]

인도에서는 예수가 당대의 가장 큰 대학인 나란다^{Nalanda}에 다녔었다고 알려져 있다. 신약성서에서는 이 '잃어버린 생애'에 대해 기록된 것이 없다. 사이 바바는 예수가 이싸^{Issa}라는 이름으로 동양의 광

---

[*] 레나 아인혼$^{Lena Einhorn}$의 《예수의 미스터리》(The Jesus Mystery) 175쪽에는 인도 초대 총리인 자와할랄 네루$^{Jawaharlal Nehru}$가 그의 딸 인디라 간디$^{Indira Gandhi}$에게 보낸 편지에서 한 말이 인용되어 있다. "중앙아시아 전역, 카슈미르^{Kashmir}와 라다크^{Ladakh}, 티베트 그리고 심지어 훨씬 더 북쪽에 있는 지역에도 예수 혹은 이사^{Isa}가 그곳을 여행했다는 강한 믿음이 있단다. 어떤 사람들은 그가 인도를 방문했다고 믿고 있지."

[**] 《예수의 미스터리》 24쪽에서는 존 E. 렘스버그$^{John E. Remsburg}$의 책 《예수》(The Christ)를 인용하고 있다. "앞에서 열거한 저자들의 저술들로는 도서관을 만들고도 남을 것이다. 그러나 이렇게나 많은 유대교와 이교도 문학 속에서 예수 그리스도에 대한 언급은 찾아볼 수 없다. 유대인 작가(요세푸스^{Josephus})의 저술에서 위조된 두 구절, 그리고 로마 작가들의 저술에서 분쟁이 있는 두 구절을 제외하면 말이다." 그는 첫 네 개의 복음서에서만 600개 이상의 모순을 지적한다. 진 D. 매틀록$^{Gene D. Matlock}$의 《예수와 모세, 아브라함과 헤브라이인의 고향 인도에 묻히다》(Jesus and Moses are Buried in India, Birthplace of Abraham and the Hebrews)도 참고하라.

활한 지역을 여행했고, 인도와 티베트에서 공부한 후에는 방랑하는 위대한 교사이자 치유가가 되었다고 말했다. 페르시아(이란)에서는 같은 이름을 가진 위대한 성자가 널리 여행했다는 기록이 있으며 어떤 지역에서는 그가 유즈 아사프^{Yuz Asaf}(부처나 요셉의 아들로 다양하게 번역됨)라는 이름으로 불렸다고 한다.***

그의 본명이 무엇이었든 간에, 그 당시 이 방랑 신비주의자는 위대한 예언자, 교사, 치유가로 여겨졌다. 그러나 콘스탄티누스 1세는 그를 신으로 선언했다. 이는 로마 제국 전역에서 숭배되는 다른 신들과 그를 동등한 위치에 놓음으로써 거대한 제국을 통일하려는 의도였다.

예수가 어디에 살았는지는, 그가 이싸나 유즈 아사프라고 불렸는지는 중요하지 않다. 현재의 그는 자신에게로 의식을 기울이는 사람들에게 응답하는 상승한 존재이기 때문이다. 이는 고통 속에 있는 아이가 부모를 뭐라고 부르든 간에, 가장 가까이 있는 부모가 아이에게 응답해주는 것과 같은 이치다.

내가 예수의 현존을 느꼈던 곳은 이곳 이스라엘이 아니라 인도였다.**** 이스라엘의 지배적인 에너지는 눈에는 눈, 이에는 이라는 낡은 법칙을 준수하며 살았던 구약성서 원로들의 것이었다. 그들이 갈망한 것은 그리스도로 대표되는 내재한 하나님의 현존과 '용서의 법칙'이었다. 그리고 내 가슴은 이렇게 말하고 있었다. '오직 이들이

*** 내가 라자 요가^{Raja Yoga}를 배웠던 요기이자 산스크리트어 학자인 라마무르티 미쉬라^{Ramamurti Mishra}(스와미 브라만다^{Swami Brahmananda})에 따르면 그리스도(Christ)는 그리스어 크리스토스(Khristos)에서 유래한 말이다. 그리고 크리스토스 역시, 산스크리트어 크리슈나^{Krishna}에서 유래되어 변형된 말이다. (Krsn na는 crush not, 다시 말해 부서질 수 없는 내면의 빛이다.)

내면에서 살아 있는 그리스도의 현존을 발견할 때에만 이스라엘에 평화가 깃들 것이다.'

나는 이제 요르단Jordan강을 따라 남쪽으로 내려가며 이스라엘을 둘러 다니는 뱀의 여정을 계속했다. 그러다 갈릴리Galilee 바다에 있는 유스호스텔에서 한 무리의 학생들을 만나게 됐는데, 그들은 내게 자신들의 관광버스에 타는 것이 어떻겠냐고 물었다.

그렇게 나는 고대 학자였던 가이드와 운전사 사이에 앉아서 그 지역 역사의 비밀을 알게 됐다. 또, 산스크리트어에서 기원한 히브리어 지명과 사람 이름이 얼마나 많은지도 알게 되었다. 인도 북서부를 황폐화시킨 대홍수 이후 유대인들이 인도에서 중동으로 이주했다는 증거도 바로 거기 있었다. 이는 내가 인도인과 유대인 사이에서 발견했던 상당한 유사점들을 설명해준다. 그들은 우리가 모르는 공통된 유산을 가지고 있었다.

'이 지역을 배회했던 예언자들이 누구였던가? 엘리야, 에녹, 예수다. 이들은 죽지 않고 하늘로 올라간 이들이 아닌가? 전차를 타고 올라갔다던 이 특별한 메신저들은 많은 사람들이 주장하는 것처럼 사실 UFO에 실려 올라간 게 아닐까? 성경에 자주 나오는 하늘 구름(Clouds of Heaven), 그러니까 이 예언자들이 사라질 때 하늘에 나타

**** 람 다스와 함께 자간나트 푸리에 있었을 때, 나는 그 지역의 유명한 사원을 걸어 다니며 여러 번 예수의 아카식 레코드를 보았다. 리바이Levi의 《그리스도 예수의 보병궁 복음서》에서도 예수가 자간나트 사원에서 브라만 사제들과 함께 공부했다고 기술되어 있다. 예수는 벵골만에서 불가촉천민 어부들에게 가르침을 주었고, 사제들은 그를 죽이기 위해 공모했다. 그리고 그는 이를 미리 경고받아 히말라야로 탈출했다. 자간나트 푸리에 머무르는 동안, 나는 한 서양인이 사원에 몰래 들어갔다가 사제들에게 살해당한 적이 있다는 이야기를 들었다. 브라만의 엄격한 법이 외부인의 출입을 금지하고 있었기 때문이었다. 따라서 나는 사원 바깥에서 명상하는 것으로 만족했고, 파라마한사 요가난다가 《어느 요기의 자서전》(Autobiography of a Yogi)에서 언급한 여성 성자, 아난다마이 마를 또 한 번 만나게 되는 축복을 받았다. 님 카롤리 바바는 늘 그랬듯이 우리를 따돌렸는데, 그때 그는 사원 안에 있었다. 그는 그곳에서 유명한 요기로서 환영을 받았다.

나는 그 구름은 영적 에너지가 높은 날에 샤스타산 꼭대기를 둘러싸는 미스터리한 UFO 구름과 똑같은 것 아닐까?'

나는 '성지(Holy Land)'에서 그리스도의 에너지를 느끼거나 성서 속 예언자들을 만나지 못해 실망감이 들었다. 그렇게 다시 텔아비브의 마운트 샤스타 호텔로 돌아간 나는 따뜻한 환대를 받았고, 직원은 내가 전에 썼던 방을 다시 내어주었다. 나는 그날 밤에도 여전히 예수와 그의 목회 활동에 대한 진실을 알고 싶었다. 그래서 명상을 하며 내 존재의 중심으로 깊이 들어가 조용히 확언했다.

나는 살아 있는 그리스도다.

그리고 나는 내 가슴 속의 살아 있는 빛, 즉 내 존재의 근원에 의식을 집중했다. 그렇게 내면의 그리스도를 계속 확언하자 빛이 강해지며 내 몸의 세포들이 빛으로 채워지는 것이 느껴졌다. 그리고 얼마 지나지 않아 내가 이 변변찮은 호텔 방뿐만 아니라 도시 전체를 밝게 비추는, 빛나는 존재가 되고 있음이 느껴졌다. 빛의 광선이 이스라엘 전역으로 뻗어 나가고 있었다.

나는 역사 속 예수가 누구인지, 그의 본명은 무엇이며 그가 어디에 살았든 간에 그런 것들은 모든 사람 안에 내재해 있는 그리스도의 실재에 비하면 보잘것없다는 것을 깨달았다. 이 그리스도의 실재는 완전한 의식적 권능 속에서의 출현을 기다리고 있었다. 어떠한 역사적인 논쟁도 이러한 진실을 발견하는 데 방해가 되어서는 안된다.

이스라엘 전역을 순회하는 내 여행은 이렇게 끝이 났다. 나는 다음으로 어딜 가야 할지 궁금했다. 캐나다로 돌아가는 내 비행기 표는 11일 후에나 쓸 수 있었고, 나는 방금 여행자 수표 거의 전부를 숙박비로 썼기 때문에 다소 곤란한 상황이었다. 하지만 이는 곧 대사들의 가이드로 해결될 것이었다.

잠자리에 들기 전, 나는 내가 나의 그리스도 자아 및 대사들과 하나임을 아는 상태로 그들에게 기도를 드렸다. 그리고 내일 아침에 일어났을 때 나를 가이드해주는 의식이 내 느낌 속에서 명확히 드러나게 해달라고 요청했다.

아침이 밝았다. 어떤 특별한 꿈을 꾸지도 않았는데 그리스로 가야 한다는 느낌과 함께 잠에서 깼다. 그것은 명확하고 뚜렷한 느낌이었고, 시간이 가면 갈수록 그 느낌이 강해지고 있었다.

나는 명상을 하면서 그리스로 가는 것이 대사들의 계획이 아니라면 이 느낌을 없애달라고 요청했다. 지금의 내 자금 상황에 비춰보면 지중해를 건너 그리스로 넘어간다는 생각이 이상해 보였기 때문이었다. 하지만 명상은 그 생각을 더 강하게 만들었을 뿐만 아니라 가능한 한 빨리 여행사 사무실을 찾으라고, 그리고 항공권을 교환하라고 나를 충동질했다.

놀랍게도 여행사 사무실은 내가 열흘 전에 이스라엘 여행을 시작했던 지점인 셰러턴 호텔 건너편에 있었다. 나는 여행사가 내 항공권을 교환해주는 것을 꺼릴지도 모른다는 예감이 들었다. 그래서 세인트 저메인에게 나보다 먼저 그곳에 가 있어달라고, 그리고 내게 필요한 도움을 달라고 요청했다. 나는 나 자신의 I AM 현존을 부르며 다음과 같이 그에게 요청했다.

나는 행위 속에서 지휘하시고 통치하시는 하나님의 현존으로, 이 모든 상황을 나보다 앞서서 완벽하게 지휘합니다.

항공사 사무실에서는 한 여성이 유대교 안식일을 위해 일찍 문을 닫고 퇴근할 준비를 하고 있었다. 내가 그 작은 사무실로 들어서자마자 내 뒤에 있던 한 젊은 남성이 걸어 들어와 접수처 데스크 앞 의자 하나를 먼저 차지해버렸다.

'뭐야, 뻔뻔하게! 여긴 내가 먼저 왔다고! 그냥 내 앞으로 새치기하면 된다고 생각하는 거야 뭐야?' 그는 분명히 그렇게 생각했던 것 같았다. 그가 의자를 직원 책상 가까이 밀어붙였을 때 나는 '이봐, 내가 먼저 왔어!'라고 말하듯 헛기침을 했다.

"실례합니다. 비행기 표를 바꾸고 싶은데요." 나는 큰 소리로 말하며 비행기 표를 데스크 위에 올려놓았다. 그러자 여성은 자기 앞에 밀고 들어와 앉아 있는 뻔뻔한 이 젊은 사람을 무시하고 내게로 시선을 돌렸다.

"그 표는 바꿔드릴 수 없어요!" 여자는 칼날같이 번쩍이는 눈으로 표를 잠깐 쳐다보곤 딱 잘라 말했다.

"아니에요. 바꿀 수 있어요." 젊은 사람이 내 편을 들어주며 말했다. 그는 직원 쪽으로 몸을 기울이며 이런 일을 잘 알고 있다는 듯 말했다. "Q 운임이네요. 가지고 있는 매뉴얼 154쪽 하단에 있는 각주를 읽어봐요. 보면 알겠죠."

문득 이 적극적인 낯선 이가 다름 아닌 내가 10분 전에 도움을 요청했던 세인트 저메인이 아닐까 하는 생각이 들었다. 그는 다시 한번 익명의 여행자로 변장하여 내 앞에 나타났다. 그는 내 요청대로 이 상황을 지휘하고 있었고, 나는 곁눈질로 그를 쳐다봤다. 그는 자신이 원한다면 얼마든지 슬랙스에 셔츠를 입은, 자신만만한 젊은이가 될 수도 있었다. 그의 목에 걸린 금색 다윗의 별 목걸이는 마치 "나는 유대인이야"라고 말하는 것 같았다.

내 감정은 차분했다. 하지만 내가 그를 쳐다보자 그는 나에게 윙크를 했고, 나는 그 상황이 너무 웃겨서 웃음을 꾹 참아야만 했다. 매뉴얼을 살펴보고 있는 그 직원이 내 웃음을 알아차리지 못하기를 바라면서 말이다. 나는 웃음을 자제하기 위해 혀를 깨물고 손바닥에 손톱자국이 날 정도로 주먹을 꽉 쥐었다.

'정말 당신이세요?' 나는 그가 내 생각을 듣는다는 것을 알고 있었으므로 마음속으로 물었다. '이상한 사람처럼 보이지 않으려면 어떻게 행동해야 하죠?'

'그냥 자연스럽게 행동하고… 내게 말을 걸어보렴.' 나는 그의 대답을 들었다.

나는 자연스럽게 행동하려 했지만, 큰 소리로 웃는 것을 참는 것만 해도 힘든 일이었다. 그러다 그의 제안에 따라 시공간 너머로 해탈한 존재에게 할 수 있는 말 중 가장 어리석어 보이는 질문을 하며 그에게 말을 걸었다. "이곳에 무슨 일로 오셨나요?"

"아, 휴가차 왔어요." 그는 태연하게 대답했다.

"그렇군요. 어디서 오셨는데요?"

"뉴욕이요."

"이스라엘에 자주 오세요?"

"가끔이요."

내가 말을 걸며 내 배역을 연기하기 시작했듯, 그도 그의 배역을 연기하고 있었다. 그러는 동안 나는 차분해졌고, 우리가 한낱 지구인인 척하는 신들이라는 것을 아는 상태로 이 이원성의 드라마를 즐기기 시작했다. 나는 대화를 하자는 그의 제안이 감사하게 느껴졌다.

"흠." 직원은 매뉴얼에서 눈을 떼고 세인트 저메인에게 말했다.

"당신 말이 맞네요. 비행기 표를 바꿀 수 있어요."

그리고 그녀가 나를 향해 말했다. "공항세는 12달러예요."

내가 마지막 남은 20달러짜리 여행자 수표를 건네자 그녀는 고소하다는 듯 데스크에서 일어나 내 얼굴에 대고 수표를 흔들었다. "우리는 여행자 수표를 받지 않아요. 현금이나 신용카드가 없다면 표를 바꿔드릴 수 없어요. 이미 시간도 늦었고 안식일이니까 저는 이제 문 닫고 집에 가야겠어요!"

"잠깐만요." 세인트 저메인이 끼어들었다. "옆에 있는 은행에서 수표를 현금으로 바꾸면 되죠."

"하지만 은행은 지금 문을 닫고 있어요." 직원이 말했다. 짜증이 난 그녀는 자신의 사무실 옆에 있는 작은 은행이 닫히고 있음을 보여주려 은행원 쪽을 향해 수표를 흔들었다.

"안식일이라서 다들 집에 가고 있어요. 나도 가야 해요."

"다시 문을 열 겁니다." 세인트 저메인이 말했다. "그러면 수표를 현금으로 바꿀 수 있겠죠."

"이봐요 젊은 친구, 당신이 누구고 어디서 왔는지는 모르겠지만 여기는 이스라엘이에요. 은행은 한번 문을 닫으면 다시 열지 않아요. 그리고 저 은행은 문을 닫았어요."

"두고 보자고요." 그가 그녀의 손에서 수표를 빼내면서 말했다. 문 밖으로 걸어 나가는 그의 뒤를 직원과 내가 따라나섰다. 그는 막 불을 끄고 문을 잠그며 퇴근하려는 은행원을 가로막고 섰다.

"이 신사분께 수표를 현금으로 바꿔 주시겠습니까?" 대사가 물었다.

"물론이죠." 주저 없는 은행원의 대답에 여행사 직원의 얼굴이 하얗게 질렸다. "환전해드릴 수 있어 기쁘네요." 그는 은행 문을 다시 열고 불을 켰다. 평소 같으면 여권 확인이 필요하지만, 그는 내 여권도 보지 않고 20달러짜리 지폐를 건네준 뒤 불을 끄고 은행 문을 다시 잠갔다. 그리고 "샤밧 샬롬^{Shabbat Shalom}"(평안한 안식일 되세요 - 역주) 하고 인사하며 로비를 향해 걸어갔다. 여직원은 얼굴이 창백해졌지만, 어쩐 이유에서인지 여전히 내게 새 비행기 표를 발급해주지 않기로 마음먹고 있었다. 20달러짜리 지폐와 비행기 표, 여권을 손에 든 직원은 다시 데스크에 앉아 서랍을 열었다.

그리고 의기양양하게 말했다. "아, 제가 잔돈이 하나도 없네요. 죄송해요. 이제 모두 집에 가셔야겠어요. 월요일에 다시 오세요."

하지만 세인트 저메인은 그녀의 말에도 단념하지 않고 승리를 확신하며 - 그는 모든 상황에서 확실한 승리를 관장하는 권한을 지니고 있었다 - 정중하고도 단호하게 말했다. "당신 책상 서랍 안에 있는 작은 현금 상자에 충분한 거스름돈이 있을 거예요."

그녀는 그가 자기 서랍의 내용물을 알고 있다는 사실에 경악하며 또다시 얼굴이 하얗게 질려버렸다. 그리고 마침내 체념하며 한숨을 쉬었다. 그녀는 새 비행기 표에 도장을 찍고 잔돈 8달러를 꺼내 여권과 함께 내게 건네주었다. 젊은 남자와 내가 사무실을 나서자 그녀는 데스크에 앉아 손으로 머리를 감싸 쥐었다. 대사 세인트 저메인의 지휘 아래, 그녀는 적수를 만난 것이었다.

대사와 나는 함께 호텔 로비로 걸어갔다. 나는 그와 더 긴 대화를 나누면서 온갖 질문을 하고 싶어 죽을 지경이었다. 하지만 그것은 그가 우리의 차원에 출현했을 때 지켜야 할 예의범절에 어긋나는 행위이며, 만일 그렇게 한다면 차후 그와 이런 식으로 만나기 힘들 것이었다.

나는 그가 누구인지 잘 알고 있는 상태에서 두 여행자가 이야기를 나누는 것처럼 행세하며 드라마 속에서의 내 배역을 계속 연기해야 한단 것을 알고 있었다. 나는 내적인 법칙을 위반하지 않는 선에서 그와의 대화를 최대한 이어나가고 싶었다. 그와 한순간만이라도 더 있고 싶은 마음에서였다. 어쩌면 충고 한마디나 인정의 말 한마디를 들을 수 있을지도 몰랐다.

그러나 그는 여행사 사무실에서 나를 도와준 것 이상으로 나의 인간적인 열망에 동조해주지는 않았고, 그저 여행자로서의 모습을 유지하고 있었다. 로비 중앙에 도착하자 그는 등을 돌려 나를 마주보았다. 나는 용기를 내서 물어봐도 괜찮을 것 같은 질문을 던졌다.

"이제 어디로 가시게요?"

"위로요." 그가 로비의 높은 천장 혹은 하늘을 가리키며 말했다. 얼굴에 띤 엷은 미소는 그가 의도한 이중적 의미를 확인시켜주고 있었다.

"위요?" 그가 중의적 표현을 사용한 것에 놀라 내가 되물었다. 나는 그가 조금 더 자세히 설명해주기를 바랐다.

"그래요. 위요." 그가 재밌다는 듯 대답했다. 그는 고개를 끄덕여 작별 인사를 함으로써 이 차원에서의 임무가 끝났음을 알렸다. 그리고 갑자기 돌아서서 엘리베이터 쪽으로 걸어갔다.

그의 고갯짓이 이제는 물러나라는 뜻이자, 더 이상 이 만남을 연장하려 하지 말라는 신호라는 것을 알고 있긴 했지만, 그를 뒤쫓고 싶은 내 충동은 너무나 강해서 겨우 억누를 수 있을 정도였다. 나는 엘리베이터에 그와 함께 타서 수많은 질문을 하고 싶었다. 가령, 지금 떠오르는 '이다음에는 무엇을 해야 하죠? 제 삶을 위한 더 큰 계획은 무엇인가요?' 같은 질문들 말이다.

나는 뮤어 숲에서 그랬던 것처럼, 그가 내 눈앞에서 비물질화되는 것을 보고 싶었다. 하지만 엘리베이터 문이 닫힐 때까지 가만히 서 있다 돌아서서 호텔을 떠났다.

도로를 따라 걸어가면서, 내가 대사의 도움에 대한 감사를 잊고 있었음을 깨달았다. 그러나 분명 그는 내 가슴이 감사로 가득했음을 알고 있었을 것이다. 아테네Athens로 가는 새 비행기 표를 주머니에 넣으면서, 나는 마음속으로 여행 내내 그와 다른 대사들이 베풀어주었던 그 모든 지원에 대한 감사함을 표했다. 펄 역시 "감사함이야말로 다른 무엇보다도 대사들의 도움을 받을 수 있는 문을 열어준다"는 말을 자주 했었다.

내 발걸음은 너무나 가벼워져서 땅을 밟는 감각조차 제대로 느끼지 못할 정도였다. 그렇게 호텔로 돌아가면서, 나는 세인트 저메인이 나의 요청에 응답하는, 그 대사다우면서도 유머러스한 방식에 웃음이 났다. 그리고 곧 다가올 아테네에서의 시련을 겪는 동안에는 이 만남의 즐거움을 기억해둘 필요가 있었다.

아테네에서의 빈털터리 생활

아테나(그리스의 황금시대에 지혜의 여신으로 알려진 대사)의 이름을 딴 도시, 아테네에서 아크로폴리스Acropolis를 전망할 수 있는 유스호스텔을 발견했다. 아크로폴리스는 신성한 언덕으로, 그곳에 가면 도시를 내려다볼 수 있었다. 그리고 이 언덕에는 파르테논Parthenon 신전이 있었는데, 아무래도 현 문명의 퇴보를 반영하는 오염된 도시 속에 자리 잡고 있어서인지 넓은 지역에 걸쳐 뿜어져 나오는 그 신전의 순수와 조화의 느낌이 더 두드러졌다.

대사들은 문명의 진보에 대한 척도가 그들 문명의 과학적인 업적이나 물질적 안락에 달린 것이 아니라 그 문명의 사람들이 신적 근원에 얼마나 가까이 접근해 있는지에 달린 것이라고 말한다. 우리의 현대 문명은 물질적인 것들을 얻고자 항상 몰두함으로써 그러한 접근성을 상실한 상태다.

창조의 수학을 이해하고 있던 고대 그리스인들은 모든 생명체가 만물에 나타난 비율(proportion), 즉 신성한 기하학의 표현이라는 것을 알고 있었다. 이 신성한 기하학이 예술과 건축에 의식적으로 구현되었을 때는 이러한 신성의 균형들이 자연스러운 생명의 질서를 강화하고 지지하지만, 무시되거나 왜곡되었을 때 생명은 부조화와 혼돈으로 타락하게 된다.

보편적 질서에서 나온 비율로 조화롭게 디자인된 건물들 사이에 사는 사람은 영적으로 고양되고 지지받는 느낌을 느낄 수밖에 없다. 아테네에서 시험을 겪는 동안 격한 감정에 휩싸일 때면 나는 아크로폴리스가 보이는 곳으로 가곤 했다. 그러면 내 두려움은 이내 그 건축물들의 장관 앞에서, 그것들의 신성한 균형 앞에서 날아가버

렸고, 나는 그 창조의 신성한 균형을 통해 조화 속으로 다시 들어갈 수 있었다.[*]

　집으로 돌아가기 전까지 남은 열흘 동안의 숙박비를 계산하자 나는 빈털터리가 되었다. 내가 가진 것은 여행 가방에 짤랑거리며 굴러다니는 잔돈 몇 푼이 전부였다. 나는 대사들이 왜 나를 아테네로 보냈는지 당최 알 수가 없었다. 하지만 그들의 목적이 무엇이든지 간에 나는 내가 있어야 할 장소에 있으며 내게 필요한 정확한 액수의 돈을 가지고 있다는 믿음을 잃지 않았다. 또, 나는 내 삶을 위한 계획이 있으며 모든 순간에 하나님 — 모든 창조물들의 실재이자 그 마음속에 모든 창조물들을 지속시켜줄 자양분을 가지고 있는 — 이 현현하고 있다고 굳게 믿었다.

　나는 내가 음식 살 돈이 없음을 아무에게도 말하면 안 된다는 것을 알고 있었다. 나는 세인트 저메인에게 제자가 되겠다고 말하며 내 인간적인 카르마를 청산해달라고 부탁한 적이 있었다. 그리고 그때 내가 그와 맺었던 그 약속의 고귀함은 구걸과는 전혀 어울리지 않았다.

　그는 내 상황을 잘 알고 있었고 언제든 그 상황을 바꿀 수도 있었다. 물질적인 조건은 그 모든 조건 중에서도 대사가 가장 쉽게 바꿀 수 있는 조건이다. 그리고 그보다 바꾸기 힘든 것은 우리의 감정적, 정신적 조건들인데, 대사들은 우리가 생을 거듭해가면서 이러한 조건들을 바꿀 수 있도록 돕고 있다.

[*] 인체뿐만 아니라 파르테논 신전(아테나 신전)도 황금비(Golden Section) — 중용(Golden Mean) — 의 사례를 많이 포함하고 있다. 황금비는 창조의 근원인 신성한 기하학의 일부분으로 자연의 모든 곳에서 나타나며, 그 근삿값이 약 1.618인 무리수인데 파이(φ)라고도 쓴다. 창조의 기본 구조를 구현하는 이런 비율은 직관적으로 아름답다고 느껴진다. 황금비의 파이는 원의 둘레와 지름의 비율인 파이(π)와 구별할 필요가 있다.

대사들은 단순히 돈뿐만 아니라 그 어떤 것도 눈 깜짝할 사이에 물질화할 수 있었지만 지금은 그렇게 하지 않으려는 것 같았다. 내가 궁핍을 경험할 수 있도록 말이다. 아니면 그것은 단순히 나의 신념을 시험해본 것이었을 수도 있다.

아무튼, 며칠 동안 아무것도 먹지 못하자 몸이 쇠약해지기 시작했다. '어쩌면 이제 지구를 떠날 때가 된 게 아닐까? 내가 상승할 때가 됐기 때문에 대사들이 나를 이곳으로 데려온 것일 수도 있어. 육신을 떠나기에 아크로폴리스 언덕보다 더 좋은 장소는 없지. 도시 위쪽으로 올라간 다음 파르테논 제단에 누워서 내 몸을 신들에게 바쳐야겠다. 그러면 나는 내 상위 자아와 합쳐지겠지.'

나는 에너지를 아끼기 위해 천천히 움직이면서 아크로폴리스로 올라갔다. 그러던 도중 푸릇푸릇한 꽃과 아름다운 나무들이 잘 손질되어 있는 거대한 공원을 지나게 됐다. 나는 울타리 주변을 돌며 오렌지 나무들이 심어진 곳을 염탐했다. 나무들은 탐스러운 열매를 한가득 맺고 있었고, 신선한 오렌지를 맛볼 생각을 하자 입에 침이 고였다. 나는 음식을 달라고 기도했던 것에 대한 응답으로 이곳까지 가이드를 받았다고 확신했다.

나는 낮은 울타리를 넘어 땅에 떨어진 그 향긋한 오렌지들을 최대한 많이 셔츠에 담았다. 그리고 행여나 누가 볼세라 깡충깡충 뛰어 다시 울타리를 넘었다. 그리고 벤치에 앉아 스위스 군용 칼로 첫 번째 오렌지를 잘랐다. 부드러운 오렌지 껍질을 벗기자 즙이 가득한 과육이 드러났다. 나는 대사들의 섭리에 대해 감사 기도를 올렸으나, 입 안 가득 쓴맛이 차오르자 감사의 마음이 쏙 들어갔다. 먹을 수 없는 관상용 오렌지였던 것이다. 나는 역겨워하며 과육을 뱉어버렸고 나머지 오렌지들을 다시 울타리 너머로 던져버렸다.

'내가 월담 금지 표지판을 무시해서였을까?' 나는 고속도로의 경찰관으로 나타난 세인트 저메인이 내게 교통 위반 딱지를 발부했을 때가 떠올랐다. 대사들은 학생들이 가능한 한 현재의 일반적인 법규를 지키기를 바랐다. 대사들이 이런 법규들과 명확하게 반대되는 행위를 지시하지 않는 한, 학생들은 더 높은 차원의 법칙을 마스터하기 전에 인간적인 차원의 법칙을 따라야만 한다.

배고픔에 맞서 싸우고 있자니 "현명한 사람은 먹을 것 없이 지내야만 할 때 단식을 할 것이다"라는 격언이 떠올랐다. 내가 인도에 있었을 때는 그곳 음식들이 너무 매워서 몇 주 동안 음식을 먹지 않은 적도 있었다. 그러니 열흘 정도 단식하는 건 확실히 큰 해가 되지는 않을 것이었다.

내 친구들 중에는 몸을 정화하려고 40일이나 단식한 친구들도 있었다. 그들이 말하길, 단식 초기쯤에 몸이 약해지는 현상은 몸이 독소를 배출하면서 생기는 것이며 단식을 좀더 하다 보면 상태가 좋아질 것이라고 했었다.

기분이 한결 나아진 나는 이제 일어나서 계속 걸어야겠다고 결심했다. 하지만 얼마 가지 못해 어지러움이 느껴졌다. 나는 몇 킬로미터나 더 걸어간 후에 아크로폴리스의 가파른 언덕을 오를 만한 힘이 없었다. 그래서 호스텔로 돌아가기로 했다. 나는 '관광 명소에서 극적인 사건을 벌이기보다는 그곳에서 자다가 죽는 게 나을지도 몰라' 하고 스스로를 합리화했다.

하지만 나는 죽지 않았다. 나는 침대에 앉아 명상과 기도를 하며 아테네에서의 나날들을 보냈다. 내가 가진 유일한 음식은 옆 침대를 쓰는 남자가 준 땅콩 한 줌뿐이었다. 그는 내가 얼마나 배가 고픈 상태인지 알지 못했고, 자신이 진수성찬을 베풀어줬다는 사실도 알지 못했다. 만약 내 곤란한 상황을 그에게 이야기했었다면 그는 적어도 구내식당의 수프 한 그릇을 살 돈을 주었거나, 집에 돌아가서 갚아도 된다며 돈을 빌려주었을 것이다.

하지만 나는 내가 침묵을 지켜야 한다는 것을 알았다. 대사들은 그 남자에게 영감을 불어넣음으로써 내게 땅콩 한 봉지가 아니라 식사를 대접하도록 할 수도 있었다. 아니면 직접 내 손이나 지갑에 돈을 넣어주면서 필요한 걸 살 수 있게 도와줄 수도 있었다. 이 영화 속에서 내가 맡은 역할은, 비록 내가 영화 대본을 가지고 있지도, 영화의 결말을 알지도 못하지만 그럼에도 영화감독을 신뢰하면서 최고의 성과를 보여주는 것이었다.

나는 대사들에게 물질화가 얼마나 쉬운 일인지를 알고 있었기 때문에* 매일 밤 잠들기 전에 내 지갑에 돈이 생기게 해달라고 그들에게 기도했다. 그렇게 아침마다 하룻밤 사이에 생겼을지 모를 돈을 찾아 지갑을 뒤져보았지만 지갑은 텅 비어 있었다. 심지어 지갑의

---

* 나는 물질화를 실제로 목격한 적이 꽤 있었다. 예를 들어 사이 바바는 내 얼굴에서 고작 몇 센티미터 떨어진 공중에서 물체들을 창조한 적이 있었고, 나는 그 물체들이 물질화되는 것을 직접 지켜볼 수 있었다. 한번은 내가 그와 100킬로미터 이상 떨어져 있었을 때 그가 나를 위해 암리타amrita(감로) 500밀리리터 정도를 물질화해준 적도 있었다. 보이지 않는 원천에서 나온 그 액체가 내 손에 들려 있는 빈 캔에 가득 차기까지는 몇 분 정도가 걸렸다. 그렇게 물질화된 암리타의 향기는 이루 말할 수 없을 정도로 달콤했으며 색은 약간 흐렸다. 새뮤얼 샌드웨이스Samuel Sandweiss의 《사이 바바: 성자와 정신과 의사》(SAI BABA: The Holy Man and the Psychiatrist)를 참고하면 좋겠다.

나는 티 하나 없는 큰 자수정이 세팅되어 있는 반지를 자주 끼곤 했는데, 그 반지 역시 세인트 저메인이 펠을 위해 물질화한 것이었다. 신지학 문헌에는 아뎁트adept(대사 - 역주)들의 물질화에 관한 묘사가 아주 많다. 《A. P. 시넷에게 보낸 마하트마 편지》는 대사들이 물질화한 편지들을 모아 만든 책으로서, 여러 신지학자들에게 조언과 가르침을 주고 있다. 이 이야기의 훌륭한 해설로 버지니아 핸슨Virginia Hanson이 쓴 《대사와 인간》(Masters and men)을 참고하면 좋겠다.

숨겨진 틈새까지 뒤져보았지만 거기에도 역시 아무것도 없었다.

그래도 나는 희망을 버리지 않았다. 예전에 한번은 내 낡은 밴에 기름이 다 떨어져서 대사들에게 도와달라고 기도한 적이 있었다. 그리고 엔진은 마을로 돌아갈 때까지 무려 10킬로미터나 더 작동했고 내가 주유 펌프 가까이 탄력 주행해갈 때 바로 꺼졌다. 그래서 나는 계속 기적을 기대하고 있었다. 아직 기적이 일어나지 않았다고 해서 다음 순간 혹은 다음 날 아침에도 기적이 없을 거라는 법은 없으니까 말이다.

나는 절대 희망의 끈을 놓지 않았고 대사들에 대한 믿음도 잃지 않았다. 그들이 하는 모든 일에는 그만한 이유가 있다는 것을 알고 있었기 때문이다. 나는 심지어 참새에게도 그를 이끌어주는 운명이 있다는 예수의 말을 떠올렸다. "참새 한 마리도 너희의 아버지께서 허락하지 않으시면 땅에 떨어지지 않는다."

확실히 이 여행 동안 육신으로서 마주쳤던 대사들, 즉 세인트 저메인, 쿠투미, 엘 모리야 모두 '아버지 하나님과 하나'다. 그들은 내가 어디에 있는지 알고 있으며 언제라도 나를 도울 수 있었다. 하지만 오직 그들만 알고 있는 어떤 이유로 인해 그들은 내가 지금의 이 결핍감을 경험하도록 의도한 것 같았다. '자기완성을 통해 얻게 될 영(Spirit)의 성찬 앞에서 약간의 배고픔이 무슨 대수란 말이야?'

내 마음속에 예수가 자주 떠올랐다. 특히 그가 겟세마네^{Gethsemane} 동산에서 곧 자신에게 닥칠 체포, 매질, 십자가형에 대한 비전을 보고서 "아버지, 할 수만 있으면 이 고난의 잔을 제게서 거두어주십시오. 그러나 제 뜻대로 마시고 아버지의 뜻대로 하십시오"라고 말하는 장면이 자주 떠올랐다. 나 역시 이 시련에서 벗어나고 싶은 비슷한 욕망을 느끼기 시작했다. 도대체 이 배고픔이 누구에게 유익이 되는 건지 알 수 없었기 때문이었다. 틀림없이 대사들은 내가 어느 정도로 헌신할 수 있는지 알고 있었다. 만약 그들이 내게 원하는 것이 단식이라면, 나는 끝까지 단식했을 것이다.

친구들의 말대로 단식은 시간이 흐를수록 쉬워졌다. 처음에 느껴졌던 현기증이 사라지고 위도 비어 있는 상태에 익숙해지자 내 존재가 가벼워진 것이 느껴졌다. 내게 있어 진정한 도전은 내가 저지른 어떤 잘못에 대한 벌을 받고 있다는 느낌을 초월하는 것이었다.

내가 생각했던 이 잘못이란, 지금은 기억할 수 없는 아주 오래된 과거 생애에서 창조한 카르마 같은 것들이었다. 마침내, 이러한 것들이 명확하게 이해되기 시작했다. '나는 피해자가 아니야. 나는 선택해서 이곳에 있는 거야. 대사들은 나를 사랑하고, 내가 충분히 강하다고 생각했기 때문에 이런 제한된 감정들을 마주하도록 한 거야. 자유와 자기완성의 새로운 단계로 나를 들어 올려주기 위해서 말이야.'

마법의 지갑

캘거리에서 출발한 지 21일째 되던 아테네에서의 마지막 날, 나는 비틀거리며 버스에 올라타서 애지중지 아끼던 동전 몇 닢을 요금통에 넣고 좌석에 편히 앉았다. 몇 시간 뒤 캐나다행 비행기를 타면 따뜻한 밥을 먹을 수 있다는 사실이 어느 정도 위안이 됐다.

비행기는 밤에 착륙했다. 내게 남아 있던 캐나다 화폐 35센트는 시내버스 요금으로 썼다. 내 계획은 노숙자들의 피난처인 버스 터미널 벤치에서 밤을 보내는 것이었다. 하지만 내면의 목소리가 불쑥 이렇게 명령했다. '팔리서 호텔로 가!'

'아니야. 그건 불가능해. 지난번 그곳에 머물렀을 때도 신용카드가 없어서 현금을 내야만 했잖아. 돈 없이 그곳에서 지낼 방법은 없어.' 하지만 내 내면에서는 계속해서 팔리서로 가라고 했다. 그래서 나는 버스 기사에게 정류장이 아닌, 우아한 오성급 호텔에 내려달라고 부탁했다.

나는 용기를 내어 호텔 로비로 들어갔다. 그리고 프런트 데스크를 향해 걸어가면서 이렇게 말했다.

> 세인트 저메인, 부디 저보다 먼저 저기에 가셔서 신성의 계
> 획에 따라 모든 것을 완벽하게 처리해주세요.

직원은 내게 신분증을 요구하지 않았다. 그 대신 그는 내게 숙박자 명부를 내밀면서 나를 환영해주었다. 나는 명부에 서명을 하는 동안 내가 지낼 완벽한 방을 심상화했다. 그리고 직원에게 욕조가 딸린 조용한 방이 있냐고 물었다. 여행 동안 피로가 많이 쌓였기 때문에 긴 시간 목욕을 하고 싶었기 때문이다.

그는 가까스로 내가 말한 방을 찾아낸 다음 "물론입니다, 선생님"이라고 대답하며 열쇠를 건네주었다. 나는 그가 돈을 내라고 말할 줄 알았으나 그는 그저 "더 필요한 것이 있으신가요?" 하고 물을 뿐이었다.

"아니요. 괜찮아요." 내가 말했다. 나는 그가 신분증을 달라거나 돈을 내라는 말을 하지 않아 깜짝 놀랐다. 여행 가방을 집어 들고 엘리베이터로 향하면서, 나는 그가 언제라도 나를 불러세워서 돈을 내야 한다고 말할 줄 알았다. 하지만 그는 나를 불러세우지 않았다.

나는 엘리베이터를 타고 곧장 내 방으로 가서 베개에 머리가 닿자마자 곯아떨어졌다.

나는 아침에 잠에서 깨자마자 옷을 입고 호텔 식당으로 내려갔다. 그곳에서는 식사비를 숙박비와 함께 계산할 수 있었기 때문에 풍성한 아침 식사를 주문했다. 영양 가득한 맛있는 식사를 한 후, 나는 계산서에 후한 팁을 더하고 방 번호로 서명을 했다. 그리고 돈을 내라고 나를 불러세우는 사람이 없길 바라면서 밖으로 걸어 나왔다.

나는 일단 거리로 나가 은행을 찾아보았다. 만약 내게 송금된 돈이 있다면 은행에서 그 돈을 출금할 수 있을 것이다. 나는 세입자 중 한 명이 월세를 입금했기를, 그래서 내 통장에 돈이 있기를 간절히 바랐다. 호텔 모퉁이를 돌아 처음 찾아간 은행은 내 주거래 은행과 협력사였다. 어쩌면 내 통장에는 월세가 입금되었을 수도 있었다. 그래서 나는 은행원에게 내 계좌에서 350달러를 송금해달라고 요청했다. 하지만 그는 돈이 송금되는 데 적어도 이틀은 걸릴 것이라고 말했다. 나는 그때쯤이면 호텔에서 쫓겨날 것이라고 확신했다. 돈이 송금되기도 전에 내가 돈을 내지 않고 체크인한 사실이 밝혀질 공산이 컸다.

나는 자금 송금에 관한 추가적인 소식을 기다리려 다시 호텔로 돌아갔다. 로비로 들어서자 만일 직원들이 자신들의 행정적 실수를 발견하면, 그래서 내가 들어갈 때 다가와서 돈을 내라고 말을 걸면 어쩌지 하는 불안감이 들었다. 나는 데스크 직원에게 "좋은 아침이에요" 하고 인사하며 고상하게 고개를 끄덕였다. 부유해 보이려는 노력이었다. 직원은 미소로 화답하며 "좋은 아침입니다, 선생님" 하고 인사했다. 그렇게 나는 아무 일 없이 그를 지나쳐 엘리베이터로 걸어갔다.

방으로 돌아온 나는 신성한 풍요를 명상하면서 이렇게 확언했다.

> 나는 행위하시는 하나님의 부(Wealth)로서 지금 바로 나타
> 납니다.

나는 세인트 저메인에게 내 재정적인 상황 전체를 완벽하게 지휘해달라고 요청했다. 그리고 나 자신을 초록색 오라로 둘러싸인 금색 — 이는 부를 끌어당기는 색의 조합이다 — 빛의 존재로 심상화했다. 명상을 끝낼 때는 내 주변으로 금화 비가 내려와 그것이 바닥에 무더기로 쌓이는 장면을 심상화했다. 상상 속에서, 나는 이 금화들을 한 움큼 집었다. 그리고 그중 한 닢을 아래에 있는 프런트 데스크로 가져갔다. 내가 금화로 숙박비를 내자 직원은 놀란 표정을 지었고, 나는 그것을 보며 즐거워했다.

이제 그 금화들은 모두 내 여행 가방에 들어 있었다. 나는 금화 심상화로 인해 느껴지는 이 풍요로운 느낌을 유지하며 맛있는 점심을 먹기 위해 아래층으로 내려갔다. 점심값 역시 숙박비에 포함되어 청구될 것이었다. 나는 금을 생각하면서 연필로 후한 팁을 써넣은 다음, 호텔 주위를 산책하러 나갔다.

산책이 끝나고 방으로 돌아오자 전화기에서 빨간 불이 깜박거리고 있었다. 나는 메시지가 와 있다는 것을 깨달았고, 두려운 마음이 들었다. '아마도 즉시 로비로 내려와서 돈을 내라는 얘기일 거야.' 나는 내가 신용카드는 물론, 땡전 한 푼도 없다고 고백했을 때 연출될 불쾌한 장면이 두려웠다. 호텔 밖으로 쫓겨날 게 분명했다. 그러

나 내가 회신 전화를 걸었을 때, 수화기 너머로 들리는 목소리는 상당히 발랄했다.

"선생님, 은행에서 저희 쪽으로 연락이 왔는데 선생님의 돈이 송금되었다고 합니다. 가능한 한 빨리 은행에 들르시라고 하네요." 세입자들이 제때에 집세를 낸 적은 이번이 처음이었다. 그 돈은 은행원의 말대로 이틀이 아니라 단 두 시간 만에 송금됐다.

"아, 고마워요." 나는 그 소식이 별 대수가 아니라는 듯이 태연하게 대답한 뒤 전화를 끊고 아래층으로 내려갔다. 나는 로비에서 다시 한번 데스크 직원에게 활짝 웃어 보였다. 이제 풍요에 대한 나의 표현은 가짜가 아닌 진짜였다. 나는 모퉁이를 돌아 은행으로 열심히 걸어갔다. 은행원은 내가 요청한 금액만큼의 어음을 건네주면서 어음을 현금화하려면 금전 출납계 창구로 가야 한다고 알려주었다. 그래서 나는 그곳으로 갔고, 창구 직원은 내 어음을 현금으로 바꿔주기 위해 캐나다 달러를 세고 있었다. 그때 내 지갑을 열어본 나는 너무 놀라서 얼어버렸다.

텅텅 비어 있던 내 지갑에 빳빳한 그리스 지폐가 들어 있었다. 100드라크마짜리였다. 내가 아테네에서 매일 아침 눈 뜨자마자 했던 일은 대사들이 내가 요청한 돈을 물질화해줬는지 확인하는 일이었다. 하지만 그런 일은 끝내 일어나지 않았었다. 그러나 뻔뻔스럽게도 더 이상 돈이 필요하지 않은 지금, 내가 그렇게도 요청했던 돈이 내 지갑에 들어 있었다.

"뭐가 잘못됐나요?" 내가 당황해하자 창구 직원이 물었다.

"아, 아니요." 나는 더듬거리며 말했다. "지갑에 100드라크마짜리 지폐가 있어서요. 어제 그리스에서 막 왔는데 그리스 돈이 있었는지 미처 몰랐네요."

그녀는 내게 지폐를 보여달라고 했다. 내가 그것을 건네주자 그녀는 지폐 앞면에 그려져 있는 아테네의 수호신, 아테나의 초상화를 보고 감탄했다. 아테나는 상승 대사 나다^{Nada}로도 알려져 있으며, 세인트 저메인의 쌍둥이 광선이다. 따라서 그 지폐는 사실상 그의 명함인 셈이었다. 확실히 그것은 그들 두 사람에게서 온 은총의 표시였고, 비록 그들이 나를 배고프게 내버려두긴 했어도 여전히 나를 주의 깊게 보고 있다는 확증이기도 했다.

창구 직원은 자신에게 그 지폐를 팔지 않겠느냐고 물었다. 그 돈은 몇 달러 가치밖에 안 되는 돈이었기 때문에 나는 그렇게 하자고 했고, 그녀는 자기 지갑에서 꺼낸 몇 장의 지폐를 더한 돈을 내게 건네주었다.

돌이켜보면 대사들이 물질화한 그 100드라크마짜리 지폐를 보관하는 것이 더 좋은 선택이었던 것 같다. 그랬다면 그 지폐는 대사들이 얼마나 쉽게 우리에게 필요한 모든 것들을 줄 수 있는지를 계속 상기시켜주었을 것이다. ― 만약 그것이 우리에게 진정으로 필요한 것이라면 말이다. 나는 아테네에서 진정으로 돈이 필요했던 것이 아니었다. 이제 나는 내가 그 시험의 자발적 참가자이자, 대사들이 감독하는 영화 속의 자발적인 배우였다는 것을 안다.

이 여정의 일정은 대사들에 의해 계획된 것이었고, 사소한 부분까지도 모두 그들의 계획이었다. 아뎁트가 되기 위한 교훈은 사전에 만들어진 모든 관념들에 대한 집착을 포기해야만 배울 수 있는 것이었다.

나는 새롭게 얻은 이 풍요로 호텔 숙박비와 주차비를 낸 후 맡겨둔 차를 되찾았다. 그리고 캘리포니아로 돌아가면서 내 경험을 되돌아보았고, 내가 이런 시험들을 받을 만한 자격이 된다는 것에 감사한 마음이 들었다. 내가 겪은 이런 시험들은 모두 대사가 되기 위한 수련 과정의 일부였다. 물론 이런 모험들이 쉽지만은 않았다. 하지만 그러한 모험들은 나의 카르마를 녹여내고 무지를 떨쳐 없애버리는 과정의 일부였고, 그런 과정을 거침으로써 나는 다른 사람들을 도울 수 있게 될 것이었다. 나는 이 시험이 끝나기를, 그리하여 어떤 형태로든 더 큰 봉사를 할 수 있기를 갈망했다.

여행을 마치고 집으로 돌아온 후의 어느 일요일 아침이었다. 누군 가 문을 두드리는 소리가 났다. 문을 연 나는 공식 문서처럼 보이는 어떤 종이를 받게 되었는데, 그것은 충격적이게도 고소장이었다.

나는 시내에 가지고 있던 복층아파트의 나무 계단을 수리하기 위해 그곳 세입자의 남자친구를 고용한 적이 있었다. 그때 나는 목재, 못, 볼트, 페인트 등 수리에 필요한 모든 재료들을 사서 눈에 보이는 곳에 두고 왔었다. 그리고 그가 곧 작업을 시작할 것이며 한 달 후 내가 집에 돌아왔을 때쯤에는 작업이 다 끝나 있을 거라고 생각했다. 그러나 일하기 싫어하는 게으름뱅이였던 그는 수리를 계속 미뤘고, 어느 날 여자친구를 만나러 가는 길에 자신이 이미 고쳤어야 할 그 계단에서 넘어져 손목을 삐게 되었다.

내가 부유하다고 여긴 그는 이 사고를 자신의 책임으로 받아들이기보다는 나를 고소해서 1년치 생활비를 보상으로 받아내야겠다고 생각했다. 그래서 그는 치료비를 합의하기보다는 법정에 서서 자신의 고통과 경제적 손해에 대한 보상금 2만 5천 달러를 받아야겠다고 고집했다. 그러나 그는 대사들이 나를 변호해주리라는 것을, 그리하여 하나님의 빛이 승리하리라는 것을 알지 못하고 있었다. 나는 재판을 준비하며 이렇게 선언했다,

나는 신성한 정의의 현현입니다! 친애하는 I AM 현존이시여 그리고 위대한 상승 영단의 마스터들이시여, 지금 오셔서 이번 소송을 위한 완벽하고 신성한 계획을 펼쳐주세요! 제가 언제나, 영원히 모든 면에서 무적의 보호를 받게 해주세요.

이날 재판은 예상대로 오전 중에 진행되었는데, 양측 모두 기본적인 사연을 밝혔다. 처음에는 배심원들이 그의 편을 드는 듯했다. 법에는 건물을 안전한 상태로 유지하고 관리하는 것이 건물소유자의 의무라고 명시되어 있었기 때문이다. 그리고 세입자의 남자친구를 고용해 계단을 고치게 했든 그렇지 않았든 상관없이 건물을 안전한 상태로 유지하지 못한 것은 내 책임이라는 게 배심원의 생각이었다. 계단을 고치기 위해 다른 누군가를 고용한 것은 전적으로 내 책임이었다.

나는 계속해서 대사들을 부르면서 재판장을 정의의 여신으로 심상화했다. 그리고 원고 측 변호사를 어떤 악한 존재로 보기보다는 이 상황을 나의 교육과 정화에 활용하고 있는 세인트 저메인으로 심상화했다. 나는 이러한 방식으로 처음에는 부정적인 경험으로 보았던 것을 결국 긍정적인 경험으로 바꿀 수 있었다. ─ 그리고 이로

써 내 무지를 지혜로 탈바꿈시킬수 있었다.

나는 내 변호사 또한 세인트 저메인으로 심상화했는데, 이제 그가 원고를 반대 심문하고 있었다. 그러자 원고가 여자친구에게 얹혀살고 있는 불법체류자였다는 사실이 밝혀졌다.

상황이 역전된 것은 오후가 되어서였다. 재판은 점심시간 동안 잠시 휴정했고 나는 이레카의 자연식품 카페인 네이처스 키친^{Nature's Kitchen}에서 혼자 점심을 해결했다. 내게 어떤 손실이라도 난다면 내 보험회사가 그것을 해결해주긴 하겠지만, 나는 기분이 조금 좋지 않았다. 원고 측 변호사가 내가 거짓말을 했다고 주장했기 때문이다. 그 변호사는 예전에 내가 같이 점심을 먹곤 했던, 업무차 알게 된 나의 지인이었다.

그는 배심원단에게 나를 빈민가의 탐욕스러운 악덕 건물주로 묘사했다. 세입자의 복지는 안중에도 없고, 다른 사람의 돈을 거둬들이는 데만 급급한 사람이라는 것이다. 나는 그가 나를 상대로 한 이 소송을 맡을 것이라고는, 그리고 나에 대해 거짓말을 할 것이라고는 상상도 못했다. ― 그 당시의 나는 그를 포함한 대부분의 변호사들에게 있어 법률이라는 것이 그저 이익을 위한 일종의 게임일 뿐이라는 것을 아직 이해하지 못하고 있었다. 선서를 하는 사람은 증인이지 변호사가 아니다. 그러니 변호사들은 상황을 마음껏 왜곡할 수 있고 교묘한 술수로 터무니없는 돈을 뜯어낼 수 있는 것이다.

법원 청사로 돌아오자 문이 잠겨 있었다. 하지만 근처에 있던 관리인이 그 소송의 당사자였던 나를 알아봤기 때문에 흔쾌히 문을 열고 나를 들여보내주었다. 그런 후 그는 사무실을 청소하기 위해 복도를 쭉 내려가 사라져버렸다. 나는 위층에 있는 법정이 아직 닫혀 있을 거라는 것을 알고 있었기 때문에 법원 로비에서 기다리면서 그곳 진열장에 전시되어 있는 금덩어리들을 살펴봤다. 얼마 지나지 않아, 문을 세게 두드리는 소리가 들렸다. 집행관이 배심원단과 함께 돌아온 것이다.

나는 문으로 걸어가서 그들을 위해 청사 문을 열어주었다. 그러자 배심원 중 한 명이 재미있다는 표정으로 나를 바라보았는데, 나는 그녀가 동료 배심원에게 속삭이는 말을 들었다. "이 상황이 우리에게 뭔가를 말하고 있는 것 같네요." 그들의 눈에는 내가 이 법원 청사와 금덩어리를 지키는 사람으로 보였던 것이다. — 이는 그들에게 보내진, 내 호의를 믿어도 좋다는 표시였다.

재판이 다시 진행되었고, 판결의 시간이 다가오고 있었다. 배심원단은 최종 결론을 내기 위해 자리를 떴다. 그들은 얼마 지나지 않아 돌아왔고, 다행히도 만장일치로 내게 법적 책임이 없다는 결론을 내렸다. — 즉, 보상 책임이 없다는 말이었다. 재판 결과에 따른 성과급만을 받기로 하고 소송을 진행했던 원고의 변호사는 이 소송에서 아무것도 얻지 못했다.

재판이 끝난 후에 나는 긴장도 풀 겸 유기농 아이스크림 소다를 마시기 위해 네이처스 키친으로 돌아갔다. 마침 옆 테이블에 있던 한 배심원의 딸은 나를 알아보고 이렇게 말했다. "엄마는 배심원들 모두가 당신을 믿었다고 했어요. 원고가 못된 사람인 건 분명한 사실이었죠. 배심원들은 원고가 여자친구에게 얹혀살았듯이 당신에게도 돈을 뜯어내려 한다고 판단했어요. 그리고 무엇보다, 배심원단은 하나님께서 당신과 함께하신다고 느꼈어요."

나는 샤스타산으로 돌아가면서 대사들과 나 자신의 신적 자아에

게 감사드렸다. 그들 덕에 이 도전을 성장과 자기완성의 경험으로
변화시킬 수 있었기 때문이었다.

28장 🔥 자유를 위한 세 가지 시험

나는 임대인으로서의 삶에 점점 지쳐가고 있었다. 임대 사업에 많은 시간을 쏟아부어야 했기 때문이다. 물이 새는 수도관이나 망가진 온수 보일러를 고칠 때 I AM 현존의 힘을 빌려 작은 기적을 일으킬 수 있다는 것이 즐겁기는 했지만, 이제는 이런 일들에서 자유로워지고 싶었다. 나는 대사들에게 더 큰 봉사를 할 수 있는 자유를 꿈꾸고 있었고, 임대 사업을 통한 이 수련 단계를 끝내려면 무엇이 더 필요한 건지 궁금했다.

어느 금요일 오후, 몇 달간 월세를 내지 않은 세입자를 찾아가기 위해 운전을 했다. 악당처럼 보이는 역할을 반드시 맡아야만 했던 나는 새크라멘토 강둑에 있는, 나무 그늘이 드리워진 길가에 차를 세웠다. 나는 할 만큼 했다. 당장 이번 주에 한 일만 봐도 그랬다. 나는 아이들을 겨우 먹여 살리고 있는 가난한 세입자들을 위해 월세를 받지 않았고, 약속대로 일을 하지 않은 마을 친구들을 해고했으

380

며, 물이 새는 파이프를 고치기 위해 집 밑으로 기어들어갔다. 나는 세인트 저메인에게 이렇게 애원했다. '대체 언제쯤 임대업에서 손을 뗄 수 있을까요?'

'필요한 교훈을 배웠을 때!' 나는 즉각적인 그의 대답을 들었다.

'그 교훈이 뭐죠?'

'첫째, 너는 'no'라고 말할 줄 알아야 해. 둘째, 아무리 작은 일이더라도 약속은 반드시 지켜야 해. 그리고 셋째, 너는 재정적으로든 다른 면에서든 스스로 책임을 질 수 있다는 걸 증명해야 해.'

'그렇군요. 알았어요.' 나는 지난 1년 반 동안 계속해서 이런 도전을 실패했던 것을 떠올리며 대답했다. 몇 달 전, 캘거리의 팔리서 호텔 로비에서 거지처럼 보이는 사람이 내게 돈을 달라고 했을 때 나는 'no'라고 말했다. 그래서 나는 내가 첫 번째 시험을 통과했다고 생각했었다. 하지만 모든 사람들에게 친절하게 대하려고 하는 내 낡은 습관은 다시 굳어졌고, 나는 결국 집세를 낼 수 없는 이들에게 가여운 마음이 들어 다시 그들에게 무료로 집을 내주었다.

'지금 저를 시험해보세요!' 나는 세인트 저메인에게 당차게 말했다. 이제 무엇을 해야 할지 확실히 알았으니 이 간단한 교훈들을 배웠다는 사실을 증명할 수 있다고 생각한 것이다. 임대인이라는 부담스러운 일에서 벗어나고자 했던 나의 욕망은 예전에 실패했던 과제들을 이번에는 반드시 성공시켜야겠다는 동기가 되었다.

시험은 곧바로 시작되었다. ― 이를 통해 내가 그저 내 마음의 소리를 들은 게 아니라 정말로 대사가 내 요청에 응답했다는 것을 알 수 있었다. 집에 도착했는데, 누군가가 나를 기다리고 있었다. 그는 셋방을 원했지만 월세를 낼 능력이 없었고, 보증금도 없는 사람이었다. 나는 이런 세입자들이 절대 자신의 문제를 해결하려 하지 않는다는 것을, 그리고 내가 이들에게 거주지를 제공해주는 행동은 그들에게 있어 결코 좋은 행동이 아님을 힘들게 배웠다. 나는 상대방이 스스로 책임질 수 있는 범위 내에서만 호의를 베풀어야 했다. 그래서 나쁜 감정 없이, 이번에는 'no'라고 단호히 말했다.

몇 년 후에 나는 트룽파 린포체가 쓴 〈빅 노Big No〉를 읽게 됐는데, 이 티베트 라마는 누구나 살면서 'no'라고 말해야 하는 때가 있다고 말했다. 그리고 이 'no'를 현재 상황을 전체적으로 바라보고 삶을 정확하게 파악할 수 있는 경계선으로 삼아야 한다고도 말했다.

단순하고도 진실한 내 대답에 충격을 받은 그는 더 이상 할 말이 없다는 것을 깨달은 듯했다. 그는 악의에 찬 행동을 하지도, 나와 논쟁을 하지도 않고 그냥 나가버렸다. 나는 'no'라는 대답과 함께 상황의 진실을 마주했고, 그로써 놀랄 만한 힘이 뿜어져 나오는 것을 느낄 수 있었다.

평소 같았으면 그와 그의 가족이 살 수 있는 곳을 찾아줘야 한다는 책임감을 느끼면서 그의 짐을 내 짐처럼 떠안았을 것이다. 하지만 이번에는 그러는 대신 그의 짐은 그의 것으로 남겨두었다. 그러자 후련한 기분이 들었다. 나는 그가 자신에게 맞는 적당한 집을 찾을 수 있기를 기도했다. ─ 그리고 이후에 그가 집을 구했다는 소식을 들었다. 나는 세인트 저메인의 세 가지 시험 목록 중 하나가 지워지는 것을 심상화하면서 마음이 편안해지는 것을 느꼈다.

다음 시험은 며칠 후에 찾아왔다. 나는 새 세입자에게 열쇠를 만들어주겠다고 약속했다. 그래서 열쇠공에게서 열쇠를 받은 후 집에 돌아오는 길에 그것을 갖다주려 했는데, 집에 올 때까지 그 약속을 까맣게 잊어버리고 말았다. 나는 피곤했고, 이 문제는 그냥 넘어갔다가 내일 해결해도 될 것 같았다. 하지만 나는 아무리 사소한 일이라도 약속을 지켜야 한다는 걸 유념하고 있었다. 그래서 다시 15킬로미터를 운전해 던스뮤어로 돌아갔고, 세입자의 우편함에 열쇠를 넣어두었다. 이렇게 함으로써 나는 두 번째 시험 목록이 지워지는 것을 심상화했다.

알고 보니 이 약속을 지키는 것은 생각보다 더 중요한 일이었다. 그날 새 세입자는 자신이 공장에서 야간 근무를 하는 동안 자신의 집에 있어도 좋다며 친구들을 초대했다. 그는 친구들에게 열쇠가 우편함에 있을 것이니 그걸로 문을 열고 들어가라고 말해두었다. 만약 내가 그 사소한 약속을 지키지 않았더라면, 그의 친구들은 집 앞에서 잘 곳도 없이 어찌할 바를 모르고 있었을 것이다. 나는 그때 사람들이 뭔가를 하겠다고 약속해놓고 잊어버리는 게 얼마나 짜증 나는 일이었는지가 기억났다. ― 약속을 무시당한 기분 말이다.

세인트 저메인의 마지막 시험은 첫 번째, 두 번째 시험보다 훨씬 어려웠다. 아뎁트가 될 자격이 있다는 것을 증명하는 것은 고사하고, 나는 스스로 재정적 책임을 진다는 것이 무슨 의미인지도 확실하게 알 수 없었다. 사실, 이 도전은 내가 교훈을 얻음과 동시에 시험을 통과할 수 있는 기회였다. 그리고 나는 에고적 마음이 상황을 통제하려는 상황에서도 내적인 가이드를 따라야 할 필요가 있다는 사실을 다시 한번 직면하게 됐다.

세금 정산을 해야 할 시기가 왔다. 생각해보니 이는 내가 책임감이 있고, 법을 잘 따르는 사람이라는 것을 증명할 좋은 기회인 것 같았다. 하지만 나는 서류 준비 지침에 인용된 규정들이 종종 실제

법규와 모순되는 것을 발견했고, 이 모순들이 너무나 혼란스러워서 어떤 서류를 준비해야 하는 건지 알 수가 없었다. '11,000페이지나 되는 세법을 이해하는 것은 고사하고, 이걸 누가 읽을 수나 있겠어?' 그래서 나는 회계사를 고용해 필요한 서류들을 준비해야겠다고 생각했다.

나는 내 변호사인 친구에게 세금 관련 서류를 준비해줄 사람을 추천해줄 수 있냐고 물어보았다. 그가 추천해주는 사람이라면 나를 좀더 살뜰히 챙겨주지 않을까 내심 생각했던 것이다.

"걱정하지 마." 내 유대인 친구가 말했다. 그는 샌프란시스코에 있는 자신의 회계사 친구가 곧 그쪽으로 가서 필요한 서류를 준비해줄 거라고 장담했다. 잘된 일이었다. 나는 내가 일을 잘 처리했다는 사실에 안심하며 세금에 대한 걱정을 머릿속에서 지워버렸다. 그러나 4월 15일(미국의 세금 납부 기일 – 역주)이 얼마 남지 않았는데도 회계사는 오지 않았다. 뱃속 깊은 곳에서 뭔가 잘못됐다는 느낌이 들면서 슬슬 긴장이 되기 시작했다. 하지만 내 친구는 계속 나를 안심시키며 말했다. "걱정할 필요 없어. 아직 시간은 충분해. 언제든 납부 기한 연장도 가능하고 말이야."

시간이 더 흐르고, 마침내 약속한 회계사가 도착했다. 나는 청구서, 영수증, 폐기된 수표들을 박스에 담아 차에 차곡차곡 실은 다음 회계사에게 모든 서류들을 넘겨주기 위해 던스뮤어로 출발했다. 하지만 기분이 나아지기는커녕 약속 시간이 가까워질수록 불안감은 더 심해졌다. 차를 운전하는 동안 마음속에서는 계속해서 '뭔가 잘못됐어!'라는 목소리가 들렸다.

하지만 나는 이렇게 생각했다. '그와 약속을 했잖아. 지금 되돌리기엔 너무 늦었어.' 나는 신적 자아에게 너무 늦은 일이란 없다는 것을 까맣게 잊고 있었다. 그는 아주 바쁜 전문 회계사였고, 나를 위해 일부러 시간을 내주었다. 그러니 한참 전에 잡아둔 이 약속을 지키지 않는다면, 나 자신과 친구 모두에게 불명예스러운 일이 될 게 뻔했다.

따라서 나는 마음속의 이 목소리를 그저 의심의 목소리라고 생각하며 묵살해버렸다. 그저 회계사가 모든 재무 관련 자료들을 모아서 가져오라고 한 것 때문에 스트레스를 받았나 보다 하고 넘어간 것이다. 나는 차를 돌리라고 말하는 내면의 목소리와 계속 나아가야 한다고 말하는 에고적 마음의 소리 가운데서 흔들리고 있었다. 그리고 마침내 타성에 젖은 나는 계속 앞으로 나아갔다.

'뭔가 잘못됐어'라는 목소리가 계속 들렸지만 나는 약속을 지키기로 결심하고 계속해서 내리막길을 내려갔다. 그리고 이렇게 생각했다. '내가 약속을 지킬지 또 시험해보는 거 아니겠어?' 나는 내 에고적 마음이 옳다고 여기는 일을 하는 데 너무 몰두하는 바람에 눈앞에 바로 보이는 명백한 사실을 보지 못했다. 만일 내가 내적 가이드를 따라 돌아섰더라면 나는 회계사에게 전화를 걸어 약속을 취소했을 것이다. ― 이것이 그 당시 할 수 있던, 가장 정직하면서도 확실한 선택이었다.

나는 내가 약속 장소에 나타나는 것이 그가 바라는 일이었다고 생각했다. 하지만 사실은 달랐다. 그는 일이 너무나 많았고, 단지 내 친구 때문에 마지못해 내 일을 봐주겠다고 말한 것뿐이었다. 그러니 약속을 취소하는 것이 오히려 그에게 호의를 베푸는 셈이었다. ― 내 에고적 마음이 말했던 것과는 정반대로 말이다! '왜 가슴이 말하는 걸 듣지 않았을까?' 나는 프로그래밍된 사고를 넘어서는 것에 대한 두려움이 있었고, 이 두려움이 나를 조종하도록 내버려두었다.

불안한 마음과 함께 던스뮤어에 도착했다. 이런 기분은 내가 잘못된 길을 가고 있다는 증거였다. 나는 회계사를 만나 그의 차 트렁크에 서류 상자들을 실어주었다. 그날 밤 그가 샌프란시스코 베이 에리어^{Bay Area}로 돌아가면 마감일인 4월 15일까지 눈코 뜰 새 없이 바쁠 게 뻔했다.

"연락할게요." 그가 내 눈을 피하는 게 불안했지만, 그는 나를 안심시키며 말했다. 어찌 됐든 이 일이 이제 내 손을 떠났다고 생각하니 기분이 나아지기 시작했다. 하지만 4월 15일이 코앞에 다가왔는데도 회계사는 감감무소식이었다. 그는 내 전화도 받지 않았다. 결국 나는 내 변호사 친구를 통해 납부기한이 연장되었다는 소식을 듣게 되었다.

"시간은 충분해." 그가 내게 장담했다.

하지만 회계사는 여전히 내 전화에 응답이 없었다. 몇 주 후, 나는 그가 카리브해로 휴가를 떠났다는 얘기를 듣고 엄청난 충격을 받았다. 그리고 8월, 서류 제출 기한을 며칠 앞둔 어느 날이었다. 회계사는 자신이 휴가를 마치고 돌아왔으며, 마침내 내 세금 신고를 준비하고 있다고 연락해왔다. 그러면서 그는 내가 건물을 사기 위해 팔았던 주식의 '양도 소득^(Capital gains)'이 얼마나 되는지 알고 싶어했다.

"양도 소득이요?" 나는 불안해하며 물었다. 양도 소득이라는 단어는 어린 시절 어머니가 세금을 낼 때마다 화를 냈던 단어였지만 그당시 나는 어머니가 왜 그 단어에 그렇게 화를 내는지 알 수 없었다. 어린 나는 언젠가 지구를 벗어날 수 있기를 바라면서 우주선을 설계하는 데만 관심이 있었지, 그런 단어에는 거의 관심을 기울이지 않았었다. 내가 조금 더 커서 집을 떠났을 때는 한 금융회사가 우리 가족의 재정을 관리해주었고, 나는 사업을 배우고 복잡한 세법을 익히는 대신 신을 찾아 전 세계를 돌아다녔다.

내가 지금 막 배운 양도 소득이라는 단어는 숙모와 삼촌이 1920년대에 매입해서 내게 선물로 주셨던 그 주식의 가치상승액을 말하는 것이었다. 그 주식의 가치는 지난 세월 동안 엄청나게 올랐고 여러 번 분할되었기에 어마어마한 세금을 내야 했다. 나는 이런 사실을 몰랐고, 당연히 세금 낼 돈도 따로 마련해두지 않았다. 회계사는 내가 국세청에 6만 달러를 내야 한다고 말했지만 그만한 돈을 내는 일은 불가능해 보였다. 얼마 지나지 않아, 나는 이레카의 지역 국세청으로부터 3일 안에 관련 서류를 제출하라는 경고장을 받았다. 거기에는 이렇게 써 있었다. "모든 세무 서류와 함께 납세 연장 신청서 네 부를 제출하십시오."

그 후 며칠 동안은 이해할 수 없는 복잡한 양식으로 된 서류들을 작성하느라 잠을 거의 자지 못했다. 나는 대사들에게 '이 상황을 완전히 지휘해주세요!' 하고 요청했다. 그리고 사흘 뒤, 나는 살아도 산 것 같지 않은 기분으로 국세청 직원의 책상 위에 75쪽짜리 서류 복사본 네 권을 내려놓았다. 그가 앉아 있는 쪽 콘크리트 벽에 걸린 시계 초침이 정확히 마감 시간인 정오를 가리키고 있을 때였다.

"수표는요?" 그가 나를 쳐다보며 말했다.

"수표요?" 나는 당황하며 물었다.

"네, 수표요. 세금 납부기한을 연장한다는 게 곧 세금을 안 내도 된다는 말은 아닌데요!"

"아…." 나는 침을 꿀꺽 삼키며 말했다. "그건 몰랐네요."

"당신 회계사가 그런 얘기 안 했어요? 대체 어떤 회계사를 쓴 거예요? 흠, 던스뮤어로 내려가서 당신 건물들에 빨간 딱지를 붙이면 참 재밌을 것 같다는 생각이 드네요. 건물들을 경매에 내놓은 다음 헐값으로 팔아넘기면 정말 좋겠죠?" 국세청 직원이 음흉한 눈빛으로 나를 쳐다보았다. 그는 얼굴이 하얗게 질린 채 삐질삐질 이마에 땀을 흘리는 내 모습을 보고서 자신이 원하는 효과를 얻었음을 확인했다. 이제 그는 살짝 봐주는 척을 했다.

"자, 2주 정도 드리면 돈을 내실 수 있겠죠?"

"네, 고마워요. 그렇게 해주시면 정말 감사할 거예요." 나는 이렇게 대답하면서도 그 짧은 시간 안에 어떻게 그 큰돈을 모을 수 있을지 막막했다. 내가 사무실에서 나가려고 문 쪽으로 걸어가자 그가 내 뒤에서 소리쳤다. "2주 후에는 내 책상 위에 6만 달러짜리 자기앞수표를 갖다 놓으세요. 안 그러면 어떻게 되는지 알죠?"

나는 집에 돌아가 뜨거운 물에 오랫동안 샤워를 했다. 그리고 며칠 만에 처음으로 잠을 푹 잤다. 몇 시간 뒤 잠에서 깨어난 나는 벽에 걸려 있는 세인트 저메인의 사진을 물끄러미 쳐다보았다.

"세인트 저메인." 나는 그가 마치 내 앞에 있는 것처럼 말을 걸었다. "당신은 저를 이 일에 끌어들이셨어요. 그리고 저는 당신께서 저를 구해주실 수 있다는 것을 알고 있어요. 네, 물론 회계사에 관한 일에서는 제가 당신의 가이드와 반대로 행동했었죠. 저는 제때 세금 신고를 끝낼 수 있는 지역 회계사를 고용해야 했어요. 그 결과가 아무리 난처할지라도, 다시는 당신의 가이드를 거스르지 않을게요. 하지만 국세청이 제 재산을 압류하는 게 정말 잘된 일인지는 모르겠어요. 그게 정말 당신이 원하는 일인가요? 제가 가진 모든 것이 당신에게서 나온다는 것을 알고 있으니, 제발 지금 저를 도와주세요."

나는 국세청과 벌이는 이 싸움이 어떻게 되든 집착하지 않기로 했다. 세인트 저메인이 내 말을 들었다는 것을 알고 있었기 때문이다. 그는 누군가가 자신의 이름을 부를 때 그의 말을 듣고, 적절한 방식으로 응답한다. 모든 것은 그의 손안에 있었다. 똑같은 기도를 반복하는 것은 의미 없는 일이었다. 만약 대사들이 내가 돈을 갖기를 원했다면 나는 돈을 갖게 될 것이었다. 그리고 그렇지 않다면 나는 돈을 갖지 못할 것이었다. 그만큼 간단한 것이다. 나는 어떤 종류의 직업이 다른 직업보다 더 낫다고 여기지 않았기 때문에 한때 내 친구들이 많이 일했던 고속도로 옆 제리네 식당(Jerry's Diner)에서 설거지를 할 각오까지 하고 있었다. 모든 일은 하나님께서 하시는 일이었다.

나는 점점 이 상황을 국세청과의 싸움이라기보다는 미망에서 벗어나기 위한 일종의 도전으로 보기 시작했다. 정부기관 혹은 그 어떤 권력 형태도 내가 힘을 부여해주지 않으면 아무 힘도 지닐 수 없었다. 이 상황은 삶이라는 영화 속에서 내가 연기하기로 동의했던 장면 중 하나였고, 나는 이 영화의 주인공으로서 장면이 앞으로 어떻게 전개될지 결정할 수 있는 힘을 가지고 있었다. 탈출구는 없었다. 계속 나아가는 것이 유일한 출구였다. 돌아가는 길도 없었다.

외부의 어떤 것이 내게 영향을 미칠 수 있을 거란 불안을 벗어나려면, 내가 외부의 적과 싸우고 있다는 환영을 베어버리고 모든 현상이 하나임을 받아들여야 했다. 여기서 국세청과 나는 둘 다 그 자각의 검에 속하는 요소들일 뿐이었다.

이것 역시 하나의 '실증적 가르침'임을 깨달은 나는 국세청 직원을 세인트 저메인의 현현으로 심상화했고, 이 영화 전체가 세인트 저메인의 작품임을 알게 되었다. — 이 영화는 내가 이원성의 한계를 넘어설 수 있도록 나를 가르치고 있었다. 나는 유일자인 하나님만이 행하시는 자(doer)이며, 내 삶과 우주 속의 유일한 의식적인 지성이라고 받아들였기에 모든 상황이 완벽하게 해결될 것임을 알았다.

사흘 후, 나는 책상에 앉아 있었는데 바깥에서 문을 두드리는 소리가 들렸다. 이 지역의 부동산 중개인 버드 휠러Bud Wheeler가 나를 찾아온 것이다. 내가 문을 열자 그는 평소처럼 눈을 반짝이며 내 사무실로 들어왔다. 그는 마치 내가 이 일에 동의하지 않을 리가 없다는 듯이, 자신이 가져온 수표에 집중했다. 그는 흥분을 겨우 가라앉히면서 "제가 당신 집을 팔았어요!" 하고 소리쳤다.

"제 집을 팔았다니요. 그게 무슨 소리죠? 저는 집을 부동산 시장에 내놓지도 않았는데요."

"글쎄, 어쨌든 팔았다니까요. 제가 개인 의원을 지을 장소를 찾고 있는 의사와 차를 타고 시내를 둘러보고 다녔는데, 그가 당신 집 앞에 있는 부지를 보고는 '바로 여기야'라고 말했어요." 그는 내 책상 위에 판매 계약서와 펜을 놓으며 내가 사인하기를 초조하게 기다리고 있었다. 계약서 맨 밑을 보니 판매 금액이 보였다. 대출금과 버드의 중개수수료를 갚고 나면 딱 6만 달러가 남는 돈이었다. — 내가 국세청에 내야 할 돈과 정확히 일치했다!

나는 도움을 요청하는 나의 부름에 세인트 저메인이 얼마나 빨리 응답해주었는지 깨닫고는 놀라워했다. 그 부동산은 뱅크 오브 아메리카Bank of America와 인접해 있기도 했고, 결국에는 큰돈을 벌게 해줄 부지였기 때문에 계속 가지고 있었다면 더 좋았겠지만 나는 계약서에 바로 서명을 했다. 지금 이렇게 팔고 나면 빚은 갚겠지만 잘 해야 본전이었다.

'이렇게 싼 가격에 이런 비즈니스 교육을 어디서 또 받을 수 있겠어?' 나는 이 상황의 긍정적인 면을 보면서 생각했다. 버드가 계약서를 들고 사무실을 나갈 때, 나는 대사에게 감사함을 느꼈다. 나는 그의 가이드를 따르지 않았고, 그는 그 결과로부터 나를 구해주었다.

마침내 내가 국세청 직원의 책상 위에 자기앞수표를 올려놓자, 그는 너무 놀라서 내게 악수를 청하고 등을 토닥여주었다. 나는 그의 사무실에서 나가며 처음으로 그가 근본적으로 선량하다고 느꼈다. '이런 독종에게도 인간적인 면이 있군.' 나는 그의 인생에 있었던 사건들 중 어느 것이 그를 그렇게 악랄하고 편협한 사람으로 만들었는지 궁금했다.

"다음에는 더 괜찮은 회계사를 고용하는 게 좋을 거예요!" 그는 내게 이별의 미소를 지으며 말했다. 나는 내가 진정으로 이 상황의 핵심을 꿰뚫어 보았다는 것을 알게 되었다. — 나는 국세청 직원을 내 구루로 여기고, 그런 관점을 유지함으로써 우리 인류가 재정적 얽매임이라는 환영에서 해방될 수 있는 기반을 창조해낸 셈이었다.

샤스타산으로 돌아가기 위해 남쪽으로 운전해가는 동안 나는 세인트 저메인의 현존을 느낄 수 있었다. 그는 내게 이렇게 말했다. "얘야, 세 번째 시험을 통과했구나! 축하한다! 이제 네가 바랐던 대로 재산을 처분하고 임대업에서 손을 떼도 좋아. 더 이상 물 새는 수도꼭지를 고치지 않아도 돼!"

나는 안도의 한숨을 크게 내쉬었다. 그리고 더 이상 임대업을 하지 않아도 된다고 허락해준 세인트 저메인에게 정말 감사했다. 나는 이제 지난 몇 년간 내가 세 들어 살았던 집의 주인들에게 자비심을 느낄 수 있었다. 그때는 그들의 행동을 이해할 수 없어서 화가 났지만, 이제는 그렇게 화를 낸 것이 후회됐다. 내가 그들의 입장이 되어보지 않았다면 아마 그들을 결코 이해할 수 없었을 것이다.

부동산 중개업자들은 건물을 모두 처분하려면 몇 년이 걸릴 것이라고 말했다. 내 건물들은 지하실 면적이 좁고, 대출도 나오지 않았기 때문이다. 그러나 감사하게도 세인트 저메인이 또다시 나를 도와주었고, 건물들은 두 달 만에 모두 팔렸다. 일부는 약속어음을 돌려받는 식으로 세입자들에게 팔아서 앞으로 몇 년 동안 꾸준히 돈을 받을 수 있도록 했고, 나머지 것들은 지역 투기꾼들에게 팔았다.

내 유대인 변호사 친구는 내가 겪은 시련을 이디시어로 이렇게 표현했다. "너는 똥통에 빠져도 장미향을 풍기면서 나오는구나!" 그는 내가 행운아라고 했지만 나는 이것이 단순히 운의 문제가 아니라는 것을 알고 있었다. 대사들이 없었다면 나는 아무것도 할 수 없었을 것이다.

내가 배운 이런 교훈들은 동굴 속에서 명상을 한다고 얻을 수 있는 것이 아니라 일상 속에서 고투해봐야만 배울 수 있는 것들이었다. 펄은 이런 교훈들을 '실증적 가르침'이라고 불렀다. 물론, 동굴 속에서 명상해야 하는 때도 있다. 하지만 세상을 마스터하는 일은 세상 속에서만 이루어진다. 우리는 다른 사람의 행위를 통해 우리가 아직 보지 못했거나 완전히 해결되지 못한 우리 자신의 미성숙한 측면들을 끊임없이 직면하게 되기 때문이다. 오직 이러한 문제들에 직면할 때에만 인간은 자기 자신을 진정으로 변화시켜 대사가 될 수 있다.

인간은 지구 차원을 초월하는 것을 넘어 이 지구를 변형시키는 것을 배울 필요가 있다. 현대 영성계에서의 가르침은 많은 경우 '영적 회피'(spiritual bypassing)로 이어진다. 다시 말해, 기본적인 정신적 안정성과 타인에 대한 자비심이 견고하게 다져지지 않은 이들은 에테르적 차원으로 도망가거나 조직화된 영적 신조를 수용함으로써 해결되지 않은 미숙한 감정적 문제들을 회피하려고 애쓴다.*

자기완성의 길을 걷는 이는 다른 사람을 정복하는 전사가 아닌, 자신의 미망을 정복하는 전사**가 되어야 한다. 임대주와 세입자, 사장과 직원, 남편과 아내, 부모와 자식 등 어떠한 관계 속에서도 언제나 적은 무지다. ─ 대사가 되는 길에서, 승리는 환영과 미망을 베어버리기 위해 분별하는 지혜의 검을 휘두르는 자, 모든 이의 가슴 속에 있는 기본적인 선함을 깨달은 자에게 돌아간다. 이것이 우리 삶의 핵심적인 교훈이다.

---

* '영적 회피'라는 용어의 기원 및 자세한 설명은 존 웰우드John Welwood의 《깨달음의 심리학》(Toward a Psychology of Awakening)에 나와 있다.

** 초감 트룽파, 《샴발라, 성스러운 전사의 길》.

29장 🔥 샌프란시스코에서의 순간 이동

대사들과 함께했던 다년간의 수련 생활 동안에는 어딘가로 불시에 보내지는 일이 허다했다. 그래서 아무 경고도 없이 어딘가로 떠나야 한다는 가이드가 주어지기도 했는데, 이런 가이드는 내가 이미 계획해둔 일정과 부딪힐 때가 많아서 어쩔 수 없이 약속을 깨는 일도 참 잦았다. 나는 이런 식으로 몇몇 친구들을 잃었다. 따라서 누군가가 나를 초대하거나 약속을 잡자고 하면 일이 틀어질 수도 있다는 생각에 그런 제안을 모두 거절하기도 했다.

한동안은 이렇게 아무것도 계획하지 않는 것을 훈련으로 여기며 지냈다. ─ 이는 매 순간 온전히 깨어 있겠다는 맹세를 실천하기 위한 훈련이기도 했다. 그리고 이렇게 함으로써 대사들과 신적 현존은 나를 언제든 봉사의 수단으로 사용할 수 있었다.

하지만 나는 내적 현존으로부터 온 것이라고 확신할 수 있는, 가슴에서 나오는 내적 충동에 더욱 민감해지게 되면서 다시 사람들의 초대를 받아들이기 시작했다. 비록 약속을 어기는 행동이 내 기본적인 천성에 어긋나는 일이기는 하지만, 나는 약속과 계획을 바꾸는 것도 충분히 괜찮은 것임을 배우게 되었다. 변화는 인간의 본질적인 부분이며, 거의 모든 사람들이 이를 받아들이고 있기 때문이다. — 우리는 모든 것이 변한다는 사실을 언젠가는 인정해야 할 필요가 있다.

이 시기쯤, 나는 샌프란시스코에서 열리는 먼 친척의 결혼식 초청장을 받은 후 참석 의사를 밝혀야 할지 고민하고 있었다. 나는 이 초대를 거절하기는 힘들 것 같다고 느꼈다. 그는 나와 똑같은 이름을 가지고 있었고, 우리는 10대 때 함께 유럽을 여행하며 많은 모험을 했었다. 그는 부드러운 말투에 관대하고 자비로운 마음을 가지고 있었다. 나는 그의 인생의 특별한 순간을 함께해주고 싶었다. 결혼식은 골든 게이트 파크Golden Gate Park 근처의 유대교 회당에서, 피로연은 놉 힐Nob Hill의 페어몬트 호텔에서 열릴 예정이었다.

이 결혼식에 참석하지 말라는 직접적인 가이드가 없는 한, 나는 위험을 감수하고서라도 참석 의사를 밝혀야겠다고 생각했다. 하지만 마음 한 켠에는 막판에 예상치 못한 가이드가 내려지면 어쩌나 하는 두려운 마음도 있었다. 나는 지난번에도 막판에 갑자기 나타난 내적 가이드로 인해 친척 모임에 빠진 적이 있었다. 친척들은 틀림없이 나를 믿을 수 없는 사람이라고 생각했을 것이다.

나는 결혼식 전날 밤 샌프란시스코로 차를 몰고 가서 그 먼 친척의 어머니인 메리언Marian의 집에 머물렀다. 내 외가 친척이었던 메리언은 항상 나를 믿어주었다. 심지어 우리 어머니조차 나를 실패자라고 여길 때에도 말이다. 내가 인도에서 돌아와 아프고 머물 곳이 필요했을 때 그녀는 나를 보살펴주었고, 나는 그런 그녀에게서 헌신적인 애정을 느꼈다.

홀어머니가 키운 외동아들이었던 나는 메리언이 나를 보살펴주었던 기간을 제외하고는 진정한 의미에서의 가족을 경험해본 적이 없었다. 하지만 나는 그녀의 모성적인 너그러움을 통해 가족의 의미를 이해할 수 있게 되었다. 이제 메리언은 자신의 마음에 드는, 분명히 아들의 훌륭한 아내가 되어줄 것 같은 그 예쁜 유대인 아가씨와 맏아들이 결혼한다는 사실에 기뻐서 흥겨워하고 있었다. 메리언이 보기에 그 아가씨는 다부지고 다정한 며느릿감이었다.

아침이 되자 나는 은색 세로 줄무늬가 있는 남색 양복을 입고 실크 넥타이를 맸다. 그리고 몇 년 전에 어머니가 사준, 한 번도 신지 않은 수제 이탈리아 구두도 신었다. 내 사촌 피터는 따로 준비한 차를 타고 유대교 회당으로 갔고, 나는 메리언의 에스코트로서 그녀를 차에 태워갔다. 목적지에 도착하니 주차할 곳이 마땅하지 않았다. 그래서 나는 그녀를 회당 앞에 내려준 다음 주차 후에 들어가겠다고 했다. 그녀는 맨 앞줄, 가족석에서 나를 기다리고 있을 것이었다.

주차할 곳을 찾아 주변을 계속 맴돌던 나는 마침내 빈 주차 공간을 찾아 차를 세웠다. 그리고 예배당을 향해 서둘러 달려갔다. 그러나 반쯤 갔을 때, 가슴속에서 불안함이 느껴지면서 속이 뒤틀리는 기분이 들었다. ─ 이는 내가 잘못된 길로 가고 있다는 느낌이었다. '결혼식에 가고 있다는 걸 알고 있는데 어떻게 잘못된 길로 갈 수 있단 말이야?'

일전에 메리언은 샌프란시스코에서 있을 추수감사절 만찬에 나를 초대했다. 그 자리에는 가족들뿐 아니라 그녀가 내게 소개해주고 싶어한 친구들도 몇 있었다. 하지만 그때 나는 도로 분기점에서 동쪽으로 방향을 틀라는 내적 가이드를 받았다. 이 임무로 인해 나는 국토를 횡단하여 뉴욕까지 갔었다. 나는 네바다주 위네뮤카^{Winnemucca}에서 그녀에게 만찬에 참석할 수 없을 것 같다고 전화를 걸었는데, 그녀의 목소리에는 실망의 기색이 역력했다.

이제 내 마음은 정신없이 바빠졌다. '두 번은 안 돼! 그녀는 나를 용서하지 못할 거야. 이 결혼식에는 꼭 가야 해. 나는 메리언의 에스코트고, 메리언은 지금 맨 앞줄에 앉아서 나를 기다리고 있어!'

나는 내적 가이드를 한 번 더 확인하기 위해 보도 한가운데 멈춰섰다. 그리고 호흡에 집중하며 마음을 고요하게 했다. 그 고요함 속에서, 나는 회당의 반대 방향으로 이끌리는 것을 느꼈다. 내가 이 이끌림에 맞서려고 하니 땀이 나고 속이 메슥거렸다. ― 마치 내가 여기에 복종하지 않으면 뭔가 끔찍한 일이라도 벌어질 것처럼 말이다. 하지만 나는 억지로라도 회당으로 가야 했다. 최소한 메리언에게 자동차 키를 돌려주고 내가 주차한 곳을 알려주지 않으면 그녀는 오도 가도 못하는 신세가 될 것이었다.

회당에 들어가자 화려한 드레스를 입은 채 아버지와 팔짱을 끼고 있는 아름다운 신부가 보였다. 그녀는 내가 오기만을 기다리고 있었다. 나는 너무나 난처한 이 상황에 어찌할 바를 모르며 그녀의 아버지에게 다가가 손에 자동차 열쇠를 쥐여주었다. 그의 짜증스러운 표정은 이렇게 말하는 듯했다. "이봐, 지금 당신 때문에 식을 못 올리고 있는 게 안 보여? 이건 내 딸의 결혼식이야. 망치지 말라고!"

"이걸 메리언에게 좀 전해주세요." 나는 다른 생각을 할 겨를도 없이 이렇게 말했다. "그녀에게 급한 일이 생겼다고 말해주세요. 차

문 잠그는 걸 잊은 것 같아 확인하러 돌아가봐야겠어요. 늦을지도 모르니 저 없이 시작하세요."

"늦는다고요? 결혼식을 지금 시작할 거라니까요!"

"계속 진행하세요. 피로연 때 다시 뵐게요." 나는 깜짝 놀란 신부의 아버지가 다른 말을 하기 전에, 그리고 메리언이 이리로 오라는 손짓을 하기 전에 재빨리 돌아서 걸어나왔다.

거리로 나오자 시원한 공기가 얼굴을 감쌌다. 왜인지는 알 수 없지만, 옳은 일을 했다는 것만큼은 확실했다. '하지만 뭐 때문이었을까? 어쩌면 정말 차 문을 안 잠갔을지도 몰라. 아니면 주차 금지 구역에 차를 댔나? 메리언이 내게 믿고 맡겨준 차가 견인되면 정말 창피할 거야.'

차로 돌아간 나는 차 문이 잘 잠겨 있으며 내가 차를 댄 곳이 주차가 가능한 장소인 것을 확인했다. '다시 회당으로 달려가면 제시간에 결혼식을 볼 수 있지 않을까?' 하지만 나는 인도 위에 얼어붙은 채로 서 있었고 사람들은 이런 내 곤경을 의식하지 못한 채 지나가고 있었다. '어디로 가야 할까?' 나는 누구에게라도 물어보고 싶었다. 하지만 나 자신의 신적 자아 외에는 물어볼 곳이 없었다. 나는 마음을 진정시키려고 애쓰며 내면으로 의식을 돌렸다.

> 친애하는 I AM 현존이여, 나타나세요! 내 의지가 아닌 당신의 의지대로 이루어지게 하세요. 나는 내가 가야 할 곳으로 가며, 내가 해야 할 일을 합니다.

그런 다음 나는 대사를 불렀다.

세인트 저메인, 제발 도와주세요. 이곳을 지휘하시고, 제가
가야 할 곳으로 저를 가이드해주세요.

인도를 걸어 내려오면서 나는 계속 다음과 같이 혼잣말을 했다.

나는 내가 가야 할 곳으로 가며 내가 해야 할 행동을 합니다.
나는 행위하시는 세인트 저메인의 현현입니다.

다시 길 모퉁이가 나왔다. 여기서 왼쪽으로 꺾으면 회당으로 갈
수 있었다. '회당으로 돌아가야 할까?' 그러자 불편한 불안감이 뱃
속에서 느껴졌다. 회당 안의 모든 사람들이 내가 어디 갔는지를 궁
금해하는 장면이 머릿속에 그려졌다. 아마 메리언은 이렇게 생각했
을 것이다. '피터가 또 일을 저질러버렸군. 내 믿음을 저버리고 사람
들 앞에서 나를 망신시켰어.'

나는 내가 에고적 마음의 두려움과 의심에 빠져버리기 전에 즉시
행동해야 한다는 것을 알고 있었다. 그래서 등을 돌려 회당에서 멀
리 떨어진 길을 따라 내려갔다. 그러자 기분이 나아졌다. 이는 내가
옳은 일을 하고 있으며, 그대로 이어서 하라는 신호였다. ― 이 길이
어디로 이어질지, 내가 무엇을 해야 할지 아무것도 알 수 없었지만
옳은 길로 가고 있다는 내적 확신은 내 기분을 한결 낫게 해주었다.

나는 내가 어떤 미지의 목적을 위한 임무, 나만이 수행할 수 있
는 임무를 수행 중이라는 느낌이 들었다. 그와 동시에 인간적 제약
으로부터의 자유가 느껴졌다. 이것은 마치 인간적인 상황들이 더 이
상 중요하지 않은 다른 차원으로 빨려들어가는 듯한 극도의 행복감

이었다. 지복의 물결이 나를 휩쓸고 갔다. 이것은 내가 어렸을 적 종종 빠지곤 했던, 한 번 빠지면 내 몸도 의식할 수 없는 무시간적 인식의 상태였다. 뭔가 낯선 일이 일어나고 있었다. 온화한 바람이 머리 위로 불어오고 있었다. 도로 위를 달리는 차 소리, 택시 경적 소리, 친구와 전화하는 목소리, 보도 위를 걷는 발소리조차 들리지 않았다. 세상이 사라져버렸다.

그리고 모든 것이 순식간에 제자리로 돌아왔다. 경적 소리가 들렸고, 나는 횡단보도 건너편의 어느 모퉁이에 서 있었다. 하지만 그곳은 내가 있던 곳이 아니었다. 나는 내가 어디에 와 있는 건지 알 수 없었다. ― 그곳 풍경은 완전히 낯설었다. 나는 혼란에 빠져 그 자리에 서 있었다. 그러면서 길 반대편 모퉁이에 있는 사람들의 얼굴을 살펴보았다. 그곳에는 몇 달 전 펄의 집에서 만난 적 있었던 낯익은 얼굴이 하나 있었다. 히피로 살다가 지금은 의사가 된 조지프^{Joseph}이었다. 그는 영적인 것에 줄곧 관심을 가지고 있었고, 대사들의 전설로 가득한 샤스타산에 매력을 느끼는 사람이었다.

"피터, 당신이군요. 하나님 감사합니다!" 그는 길을 건너 뛰어오며 나를 반겼다. "여기서 당신을 보게 되다니, 정말이지 믿을 수가 없어요! 방금 저는 세인트 저메인께 도움을 요청하고 있었어요." 그는 숨도 쉬지 않고 말을 쏟아냈다. "아내가 저를 떠났어요. 아파트로 돌아가서 자살하려던 참이었는데 세인트 저메인이 제 기도를 듣고 당신을 보내주셨나 봐요. 제발 저와 함께 있어주세요." 그는 눈물을 글썽이며 애원했다.

"물론이죠." 내가 대답했다. 나는 이제야 왜 변명할 새도 없이 결혼식장에서 떠나야겠다는 충동이 일어났는지 깨달을 수 있었다.

"그런데 여기가 어디죠?"

나는 이곳이 어딘지 알아내기 위해 주변의 건물들과 간판들을 둘러보았다. 방금까지 나는 분명 다른 곳에 있었기 때문이다. 모든 것이 달랐다. 무시간의 순간에 머물러 있는 동안 나는 다른 공간으로 순간 이동되었고, 완전히 다른 장소에 와 있었다.

"제가 사는 아파트에서 여덟 블록 정도 떨어진 곳이에요." 조지프가 말했다. 그는 세인트 저메인이 나를 유대교 회당 근처 보도에서 내가 있던 곳과 10분 거리인 어느 길 모퉁이로 순간 이동시켰다는 것을 모르고 있었다. 조지프가 아는 것은 자신이 세인트 저메인에게 도움을 청하자 잠시 후 내가 그의 앞에 서 있었다는 것뿐이었다.

걸어가는 동안 나는 조지프의 아내가 떠나게 된 이야기를 들었다. 나는 순간 이동에 대한 충격에서 헤어나오기 위해 노력하면서도 한편으로는 이런 일에 나를 써주신 세인트 저메인에게 깊은 감사의 마음이 들었다. '친척들이 어떻게 생각하는지에 상관없이, 결혼식에 참석하는 것보다는 한 사람의 생명을 구하는 것이 확실히 더 중요하지 않겠어?'

우리는 그의 아파트에 도착했고, 그는 녹차를 우려 컵에 따라주었다. 그는 아내가 떠난 후 느낀 자신의 혼란스러운 감정을 털어놓았다. 그는 자신의 고통을 끝낼 수 있는 유일한 해결책이 삶을 끝내는 것이라고 느꼈다. 나는 엘리자베스를 떠나보낼 때 그와 비슷한 감정을 느꼈기 때문에 그를 진정으로 이해할 수 있었다.

그래서 나는 그가 슬픔을 극복하고 자신의 내면에 있는 사랑을 발견할 수 있도록 도와주었다. ― 그의 아내는 단지 우리 자신의 내면에 있는 진정한 사랑의 반영에 불과했다. 나는 펄이 내게 해주었던 것과 같이, 그가 명상 중에 내면으로 들어가 그 사랑을 느낄 수 있도록 지도해주었다. 그러자 그는 긴장을 풀고 내재한 신성 현존의 사랑에 복종하기 시작했다.

나의 말들은 그를 내면으로 이끌었다. 조지프는 이제 침착해졌고, 자신이 자신을 피해자로 캐스팅한 슬픈 영화에 대해 생각하는 것을 그만두었다. 나는 그의 마음을 안정시키기 위해 그에게 위빠사나를 가르쳐주었다. 그는 호흡이 들어오고 나가는 것을 관찰함으로써 자신의 일상적인 마음 바깥에서 자신의 감정을 더 잘 관찰할 수 있을 것이었다. 그리고 이 호흡 속에서 그의 감정들은 모두 공 속으로 녹아버릴 것이었다. 나는 그에게 막히는 부분이 있거나 대화가 필요하면 언제든 전화해도 좋다고 말했다.

나는 조지프와 헤어지기 전에 세인트 저메인을 불러 그의 슬픔을 녹일 수 있도록 그와 그의 주변에 보라색 불꽃이 타오르게 해달라고 요청했다. 그러자 즉각적인 반응이 느껴졌다. 모든 것을 태워버리는 에너지가 우리에게 쏟아졌고, 방 안은 살아 있는 은총의 빛으로 가득 찼다. 아쉽게도 결혼식에는 참석하지 못했지만 나는 느낌에 복종했으며, 이 친구의 생명을 구했다. 설령 친척들이 나를 용서하는 데 수년이 걸린다 해도 이는 여전히 감사한 일이었다. 자기완성의 길은 이유를 묻는 데 있는 것이 아니라 내면의 가이드를 완벽히 따르는 데 있는 것이었다.

나는 임대업자로서의 부담에서 벗어나 다른 생계 수단을 찾기 시작했다. 부동산 매매로 받은 약속어음으로는 수입이 얼마 되지 않았다. 그럼에도 내가 근근이 살아나갈 수 있었던 이유는 의사인 내 친구가 다 허물어져가는 방 하나를 저렴한 가격으로 내주었기 때문이었다. 내 방은 의원으로 리모델링된 빅토리아풍 집의 위층이었다. 그 방은 너무 낡아서 다른 사람에게 임대해줄 수 없을 정도였고, 그도 그 사실을 알기에 싼값에 내준 것이었다.

나는 영성이 물질적인 것을 포기하는 데 달려 있다는, 인도에서 얻어온 그 생각을 더 이상 고수하지 않았다. 인간이 진정 포기해야 할 것은 물질 그 자체가 아니라 물질에 대한 집착이었다. 나는 어떻게 하면 수입을 늘릴 수 있을지 궁리하기 시작했다.

수년 동안 나는 경기 순환이 행성의 움직임과 상응한다는 것을 알아차리고 있었고, 이러한 사이클을 산출해냄으로써 꽤 정확하게 주식 시장의 변동을 예측할 수 있었다. 나는 이러한 앎이 나의 긍정적인 재정 흐름으로 이어지기를 바라며 이 예측 능력을 갈고닦아두었다.[*]

나는 어둑어둑한 불빛만이 켜져 있는 방에 앉아 생각했다. '충분한 자본을 가진 투자자만 있다면 옵션과 선물계약의 지렛대 효과를 이용해 엄청난 돈을 벌 수 있을 거야.'

내가 원하는 것을 현현시키는 능력을 오용하지 않아야 한다고 배웠던 나는, 이제 이런 궁금증이 생겼다. '내가 끌어당김의 능력을 오용하는지 보려고 대사들이 다시 나를 시험하시는 걸까? 아니면 드디어 내가 물질적 풍요를 누릴 수 있는 길을 열어주어 그들에게 더 큰 봉사를 할 수 있도록 하려는 걸까?' 나는 기도를 해보았지만 별다른 가이드를 받지 못했다. 따라서 내가 하려는 일을 계속하기로 하고서 계획을 실행에 옮기는 데 필요한 돈, 연줄, 자원을 끌어당기는 선언을 했다.

내 선언은 일주일도 안 돼서 결실을 보았다. 나는 버니[Bernie]라는 이름의 한 부유한 남성과 우연히 만나게 되었다. 그는 펄을 만나기 위해 아내와 함께 샤스타산을 찾아온 이였다. 내가 그를 맨 처음 만났던 것은 몇 달 전이었는데, 아주 잠깐이었다. 그때 그는 돈과 물질적인 것을 끌어모으는 것에 대해 끝도 없이 수다를 떨었기 때문에 나는 조금 짜증이 났다.

---

[*] 은퇴한 소령 데이비드 윌리엄스[David Williams]가 쓴 《돈의 점성학》(Financial Astrology)을 참고하라. 뉴욕의 전력 회사 콘솔리데이티드 에디슨 기업(Consolidated Edison Co.)의 엔지니어인 저자는 정전 문제가 행성의 움직임과 관련이 있음을 알아챘다. 그 후 그는 계절의 흐름과 경기 순환에 대해 공부했고, 결국 행성들이 맺는 관계를 보고 주식 시장을 예측할 수 있었다.
리처드 타르나스[Richard Tarnas]가 쓴 《우주와 정신》(Cosmos and Psyche)도 참고하라. 서양 정신문명의 발달 동안 일어났던 사건과 관계들이 행성의 운행과 상응해서 일어난다는 것을 이해할 수 있을 것이다.

그도 나처럼 뉴요커였다. 그는 미국 서쪽, 오리건주 애슐랜드 근처의 목축 과수원 구릉지에서 살고 있음에도 불구하고 여전히 뉴욕을 떠나지 못하고 있었다. 버니에게는 모든 것이 돈으로 보였고, 어떻게 하면 돈을 더 많이 벌 수 있을까 하는 것이 그의 유일한 관심사였다.

나는 그가 아내로부터 펄과 상승 대사들에 대한 이야기를 익히 들어왔음을 알고 있었다. 그래서 그에게 내가 세상의 사이클과 모든 것의 상호연관성에 대해 연구하고 있다고 말하면서 아무 관련 없어 보이는 경제 사이클과 천체 사이에도 깊은 관련이 있다는 것을 말해주었다. 또, 내가 어떻게 주식 시장의 변동을 예측할 수 있었는지를 말해주며 다른 경제적인 부분들도 충분한 점성학적 지식만 있다면 예측이 가능하다고 말해주었다. 나는 그가 이런 비의(秘儀)적인 이야기에 흥미를 보일 것이라고 확신했다.

"당신이 정말 그런 걸 예측할 수 있다는 말인가요?" 그가 앞으로 몸을 내밀고 내 눈을 쳐다보며 말했다.

"네, 할 수 있어요." 내가 대답했다. "나는 예전에도 월가에 금융예측 소식지를 발간한 적이 있었어요. 지금도 하려면 하죠. 모든 것은 수학적인 공식에 따라 흘러가게 되어 있어요. 정확도가 67퍼센트밖에 안 되긴 하지만 자산 관리를 잘 한다면 충분히 수익을 올릴 수 있죠."

"와, 67퍼센트도 대단한데요?" 그가 눈을 반짝이며 대답했다.

"당신이 점성학에 관심 있을 줄은 몰랐네요." 나는 놀라며 말했다.

"이봐요, 나는 돈에 관한 거라면 뭐든 관심이 있어요!"

"음, 사실 나는 지금 75퍼센트까지 정확도를 높이는 방법을 연구하고 있어요."

"피터, 나는 뉴욕 증권거래소 회원이고 전담 트레이더도 따로 있어요." 그는 몸을 앞으로 기울이며 말했다. "내가 당신에게 투자를 하는 건 어떻겠어요?"

"네, 그러면 좋죠." 내가 대답했다. 선언에 대한 확실한 응답으로 보이는 그의 제안에 어찔어찔한 느낌이 들었다. 내적 의식이 지닌 끌어당김의 측면을 불러일으킴으로써 내 금전운의 흐름이 갑자기 바뀌는 것처럼 보였다. 하지만 이것이 상위 자아의 계획과 일치하는 일인지는 알 수 없었다.

"우선은 소액으로, 그러니까 백만 달러 정도로 시작해서 추이를 지켜보고 싶네요. 더 큰 금액은 그 후에 논의해보자고요. 나는 보험회사 몇몇에 돈을 투자하고 있는데, 그 사람들은 항상 자신이 가진 돈으로 뭘 할 게 없나 찾고 있어요. 만약 당신이 이 일을 성공시킨다면 당신은 한량없이 돈을 벌 수 있을 거예요. 당신이 생각지도 못했던 정도의 부자가 될 거란 말이죠!"

"멋지네요!" 나는 흥분되는 마음을 가까스로 자제하며 말했다. "언제부터 시작할까요?"

"음, 가장 먼저 당신은 뉴욕으로 이사를 가야 해요. 내 트레이더에게 당신이 간다고 말해둘게요. 당신은 파트너인 그와 함께 월가의 증권거래소에서 일해야 할 거예요. 그리고 내 회계사와 세무사도 소개해줄게요. 변호사들을 만나 계약을 한 뒤에는 정말로 사업을 시작하는 거예요!"

우리의 대화는 노크 소리에 잠시 중단되었다. 펄을 만나고 돌아온 그의 아내가 돌아온 것이다. "배고파 죽겠어요." 그녀가 말했다.

"자, 점심 먹으러 갑시다." 버니가 자진해서 말했다.

우리는 시내의 고급 채식 식당인 벨리시모Bellissimo에서 또 다른 커플을 만나 맛있는 메뉴를 주문했다. 그러나 식사를 하면서 버니가 돈 이야기만을 늘어놓자 모두들 지루해했고, 나 역시 불안감을 느끼기 시작했다.

나는 빨리 식사를 끝내고 버니와 헤어졌으면 좋겠다고 생각하는 나 자신을 보며 그와 파트너로 일하는 게 슬슬 걱정되기 시작했다. '나는 정말 낙원 같은 이 샤스타산을 떠나 뉴욕으로 이사 가기를 원하는 걸까? 펄과 함께하는 일은 또 어떻게 하지?'

나는 펄의 가르침의 정수를 알고 있었고, 대사들은 내가 세상 어디에 있든 항상 나와 함께 할 것이었다. 하지만 트레이더들이 서로에게 목청껏 소리를 질러대는 뉴욕 증권거래소에서 일하는 것은 생각만 해도 꺼려지는 일이었다. 나는 내적 가이드를 위한 짧은 기도를 했고, 버니에 대한 내 반응이 바로 그 내적 가이드임을 알게 되었다.

식사가 끝나갈 무렵, 나는 그의 차로 같이 걸어가며 말했다. "버니, 후한 제안은 정말 감사하지만 제안을 수락하기는 힘들 것 같아요."

"뭐라고요?" 그가 놀라서 말했다.

"아직은 샤스타산에서 떠나고 싶다는 마음이 안 들거든요."

"음, 충분히 이해해요. 돈이 전부는 아니니까요." 그가 부드러운 어투로 대답했다.

나는 그의 말에 깜짝 놀랐다. 그날 아침부터 그가 내뱉은 모든 말의 주제는 돈이었기 때문이다.

"내가 뉴욕을 떠나 오리건으로 이사한 이유도 바로 그거예요." 그가 계속해서 말을 이어갔다. "확실히 이곳 샤스타산에는 돈으로 살수 없는 뭔가가 있어요."

'이런 물질주의자가 샤스타산의 신성을 감지했다니, 여긴 내 생각보다도 더 대단한 곳인지 몰라. 어쩌면 그는 나를 시험하기 위해 보내진 대사들의 학생일 수도 있지 않을까?' 어찌 됐든 그는 뉴욕으로 가고 싶지 않다는 나를 너그러이 이해해주었다. 나는 거의 영혼을 팔아먹을 뻔했다고 느꼈기에 그가 나를 쉽게 놓아준 것이 정말 다행이라고 생각했다. 하지만 침침한 불빛이 켜진 방으로 돌아가자 백만 달러가 넘는 그의 제안을 거절했다는 사실이 너무나 괴롭게 느껴졌다.

나는 예수의 말을 기억했다. "현자는 극히 값진 진주(Pearl)를 얻기 위해 자기의 소유를 다 팔아 그 진주를 산다." — 이 진주는 내가 엄청난 고통을 겪은 후 찾은, 내 내면에 있는 그리스도 의식이었다. 그 모든 세속적인 것들을 얻고자 이 진주를 내어줄 수는 없었다. 나는 그 어떤 일이 있어도 대사들이 내 영적 사명을 위한 충분한 돈을 주실 거란 걸 알고 있었다.

버니는 완벽하게 건강해 보였다. 하지만 1년 후, 그는 자택 수영장에 떠다니는 채로 발견되었다. 들기로는 뇌종양이 사망 원인이었다고 한다. 그렇게 많은 돈이 있던 버니도 돈으로 수명을 연장할 수는 없었다. 단 하루도 말이다. 때가 되면 가야 하는 법이다.

노력한다고 해서 모든 게 가시적인 결과로 나타나진 않는다. 비록 내 책 《"나는" 열린 문이다》("I AM" the open door)에 변화를 불러오는 확언의 방법을 정확한 지침과 함께 적어놓긴 했지만 결과가 확실히 드러나지 않는 경우도 종종 있다. 보통 이런 경우에 필요한 것은 우리 자신의 인식의 전환이다.

노력에 대한 결과를 '물질적인 차원에서 무엇이 창조되었는가'의 기준으로 따질 필요는 없다. 왜냐하면 우리가 실패로 여기는 것들이 종종 우리의 영적인 진보를 이끌어주기 때문이다. 반면, 우리가 원하는 외적인 '성공'을 창조하는 동안 우리는 영적으로 막다른 길에 이를 수도 있다. 상승 대사들의 차원에서 볼 때 성공과 실패의 상대적인 가치는 종종 뒤집어지기도 한다. 따라서 특정 결과에 대한 에고의 집착은 꿈과 꿈꾸는 자가 하나가 될 때까지 내재한 신성에 항복해야 한다.

동양에서는 오랫동안 에고의 항복, 집착 없음, 금욕에 대해 강조해온 반면, 서양에서는 개별화와 세상에 창조적으로 참여하는 것을 중요하게 여겨왔다. 이 둘 모두 조화롭게 발달시켜야 할, 자기완성의 측면들이다. 어느 쪽도 다른 한 쪽보다 더 실재적이지 않다. 부처가 〈반야심경〉에서 말했듯이 색은 공이요 공은 색이다.

나는 아침마다 펄을 자주 찾아갔었다. 그녀와 함께 명상을 하면
서 대사들에게 내적 가이드를 받기 위해서였다. 그러던 어느 날 아
침 펄은 몸을 앞으로 숙여 내 손을 꼭 잡았다. 그리고 내 눈을 똑바
로 바라보며 내게 말했다. "당신은 준비가 됐어요."

"무슨 준비요?"

"가르칠 준비요. 대사들이 뭐 때문에 이제껏 당신을 준비시켰다
고 생각하세요? 이제 당신이 이 위대한 법칙을 가르치기 시작할 때
예요."

"뭐라고요?" 나는 충격에 휩싸인 채 물었다. "나는 준비된 것 같지
가 않은데요."

"당신은 앞으로도 절대 스스로가 준비되었다고 생각하지 않을
거예요. 심지어 부처님이나 노자도 누군가를 가르치고 싶어하지

않았죠."*

1971년, 내가 인도에서 막 돌아왔을 때의 일이 생각났다. 나는 여전히 헐렁한 흰옷에 염주를 손에 쥐고 산스크리트어 만트라들을 외우면서 버클리의 히피 거리인 텔레그라프 Telegraph가를 따라 걸어가는 중이었다. 그때, 어떤 사람들이 내게 다가와 가르침을 달라고 애원했다. 나는 그들의 관심이 당혹스러웠다. 나는 그저 겨우 첫걸음을 떼었을 뿐이었고, 앞으로 어떻게 해야 하는지 전혀 알지 못했기 때문이었다.

나는 단지 은둔하면서 내 길을 추구하고 싶었다. 그리고 그 길을 가면 갈수록 이 길에는 끝이 없다는 것을 느꼈다. 내적 자각은 더 높은 차원으로 계속해서 확장하고 펼쳐지기에 어찌 보면 깨달음은 상대적인 것이었기 때문이었다.

하지만 인도에서 돌아온 이들 다수는 자신을 추종하는 자들을 반기며 학생들이 내적 자각에 이르지 못하게 하는 형식적 말들로 현혹했다. 이들 비이원론자들은 모든 질문에 "당신이 진짜 누구인지 알게 되면 당신은 그것을 문제로 보지 않을 것"이라는 똑같은 답변을 내놓으며 학생을 진 빠지게 만들고 있었다. 그들은 결코 진정한 자아를 찾을 수 있는 방법들을 가르쳐주지 않았다.

대신 그들은 자신의 추종자들이 언젠가는 성취할 수 있을 것만

---

* 부처가 깨달음을 얻은 후에 사람들을 가르치기를 주저했다는 이야기가 있다. 대부분의 사람들이 자신이 하는 말에 관심이 없거나 그것을 이해하지 못할 것이라고 느꼈기 때문이었다. 그러나 브라흐마 Brahma 신과 인드라 Indra 신이 그의 지혜를 다른 사람들에게 나누어달라고 간청하자 그는 자신의 생각을 뉘우쳤다. 노자 역시 산중에서 은둔하기 위해 자신이 살던 지역을 떠나려 했으나 문지기가 그를 말리며 그의 지혜를 남겨달라고 간청하여 〈도덕경〉이 만들어졌다는 비슷한 사연이 있다. 〈도덕경〉의 유명한 첫 문장은 "말로 표현할 수 있는 도(길)는 진정한 도가 아니다"이다.

같은 그 알 수 없는 깨달음을 동경하는 상태, 그 희망적인 상태에 머물도록 했다. 이러한 교사들 중 많은 이들은 스스로 깨달았다고 착각하는 자아도취적 망상에 빠져 있었다. 그들은 자신들이 추정하는 깨달음의 진보된 상태를 설명하며 자기 자신뿐 아니라 추종자들의 마음까지도 최면을 걸듯 사로잡았다.

그들은 자아에 대한 깨달음이 단지 첫 단계에 불과하다는 것을 알지 못했다. 그다음 단계는 지혜로운 방편들을 계발하여, 자신이 한 명의 대사로서 바로 그 마야 속으로 걸어 들어가 타인에게 봉사하는 것이었다. ─ 그들이 환상이라고 보는 그 타인들에게 말이다. 사람이 '자신이 누구인지'를 알고 있을 때도 세상의 문제들은 마법처럼 사라지지 않는다. 많은 경우, 이런 문제를 해결하기 위해서는 더 높은 지혜와 통찰력이 필요하다. 스스로를 속인 자칭 '깨달은 스승'들이 얼마나 많은지를 보면 이를 알 수 있다.

결국 진실로 깨달은 이라면 자신만의 이야기, 즉 자신만의 깨달음에 탐착하는 것을 넘어 인류를 향한 봉사에 바쁠 것이다. ─ 그 봉사는 기도일 수도, 자신의 열린 가슴을 통한 것일 수도 있다. 사이 바바와 암마치*는 그들의 깨달음과 지혜의 방편들을 활용하여 인류를 위해 봉사한, 깨달은 존재의 완벽한 본보기이다. 그들은 영적인 가르침을 주었을 뿐만 아니라 학교와 병원을 짓는 등의 일상적인 문제들을 해결하는 데 도움을 주고자 했다. 그들은 인류의 고통을 줄여주기 위해 자신이 가진 영적 권능의 범위 내에서 할 수 있는 모든

---

* 마타 암리타난다마이Mata Amritanandamayi는 암마Amma(엄마) 또는 암마치로도 불린다. 그녀는 수백만 명의 사람들을 무조건적인 사랑으로 포용하고 정화해주었기 때문에 '포용하는 성자'로도 알려져 있다. 자세한 내용은 www.amma.org를 참조하라.

것을 행했다.[**]

'길 없는 길'을 포함해 깨달음으로 이끄는 길은 무수히 많다고 할 수 있지만 깨달음 이후에 우리가 무엇을 해야 할지에 대한 가르침은 거의 없다. 확장된 우주적 자각으로 어떻게 창조적 권능을 일으키는지 알려주는 가르침은 거의 없다는 말이다. I AM에 대한 가르침의 목적과 핵심이 바로 여기에 있다.

대사들이 원자 가속기를 이용해 나를 부분적으로 상승 상태로 들어 올리긴 했지만 나는 그 상위의식과 나 자신의 일상의식을 통합하기 위해 피터라는 인간적 자아로 다시 돌아와야 했다. ─ 매일의 명상과 자기관찰, 성찰을 통한 이 과정은 아직도 진행 중이었다. 나는 여전히 내가 평범한 사람처럼 느껴졌다. 지복이나 깨달음보다는 그저 멍한 마음을 가진 그런 사람 말이다. '상위의식과 일상의식의 통합 과정이 완성되기 전에 내가 어떻게 남을 가르칠 수 있겠어?'

"당신은 내가 완성된 존재라고 생각하세요?" 내 생각을 읽은 펄이 물었다. "대사들이 그들의 메시지를 전하기에 적합한, 완성된 메신저(vehicle)가 어디선가 나타나기를 가만히 기다리고 있을 거라 생각하나요? 아니요, 당신은 준비가 됐어요. 당신은 이 위대한 법칙을 알고 있고 이제는 당신이 그것을 다른 이들과 나누어야 할 때예요."

"하지만 나는 은둔자일 뿐인데요." 내가 반론했다. "나는 그냥 혼자 명상하고 스스로를 탐구하면서, 내적 차원에서 다른 사람들에게 봉사하고 싶어요."

<hr>

[**] 비록 소승불교와 대승불교의 많은 방편들이 같긴 하지만, 모든 존재의 유익함을 위해 깨달음을 추구하는 것은 대승불교(큰 수레)에 집중되어 있는 반면, 자신을 위한 깨달음의 추구는 소승불교(작은 수레)에 더 집중되어 있다. 다른 이들에게 유익함을 주려는 의도와 모두의 해방을 위한 헌신이 소승과 대승의 길의 차이를 만든다.

"당신 같은 히피족들이 우리 집 문을 두드리기 전에는 나도 그렇게 느꼈을 거라고 생각하지 않으세요?" 그녀가 내 말에 대답했다. "나는 혼자만의 시간을 갖고 싶지 않을 거라고 생각하나요? 나는 밤새 내적인 일을 하다가 아침 7시부터 밤 11시까지 사람들을 만나요. 그 와중에 남편을 위해 두 끼의 밥을 짓고 장을 보고 빨래를 하고 집 청소를 하고 청구서 납부도 하죠. 퇴근 후 집에 돌아온 제리는 내가 사람들과 일하는 동안 뒷방에 들어가 전화를 받는 대신 편히 쉬면서 TV를 보고 싶어하지 않을 거 같아요? 다시 생각해보세요. 나는 그동안 사람들을 줄곧 가르쳐왔고, 이제 당신에게 도움을 청하고 있는 거예요."

그 순간 내가 얼마나 이기적이었는지를 깨달았다. 나는 펄에게 도움이 필요하다는 생각은 꿈에도 하지 못한 채 나 자신의 영적 성장에만 몰두해왔었다. 곧 나는 마음이 누그러졌다. "음, 좋아요. 하지만 어디서부터 시작해야 하는 거죠?"

"걱정 마세요." 펄이 말했다. "그냥 나한테 맡겨요. 당신은 곧 바빠질 거예요. 그것도 아주 많이요."

추측건대 대사들의 지시가 없었다면 펄은 내게 도움을 요청하지 않았을 것이다. 그러니 그녀의 요청은 곧 대사가 나에게 무언가 하라는 지시를 내린 것과 마찬가지였다. 펄은 곧 다른 일을 하러 가버렸고, 자신이 선보일 기적이 무엇인지에 대해 아무 말도 남기지 않았다. 하지만 나는 누군가 나타날 상황에 대비하여 집을 정돈하기 위해 돌아갔다. 그럴 일은 없을 거라고 생각하긴 했지만 말이다.

다음 날, 우리 집 문을 두드리는 소리가 났다. 문을 열자 한 무리의 사람들이 서 있었다. 그들은 나와 이야기를 나누고 싶어했다.

"펄이 당신을 만나보라고 했어요." 에스닉 스타일 원피스를 입은 한 젊은 여성이 상냥하게 말했다.

나는 뭘 해야 할지도 모른 채 그들을 집 안으로 안내했다. 그들은 총 여섯 명이었는데, 몇 명은 의자에 앉았고 나머지 사람들은 바닥에 앉았다. 그들은 마치 쇼가 시작되기를 기다리는 것처럼 조용히 나를 바라보고 있었다. 마치 기대에 찬 청중들 앞에 서 있는 연주자가 된 느낌이었다. 나는 '이제 어떡하지?' 하는 생각이 들었다.

'그냥 소소한 얘기부터 해보렴.' 텔아비브의 여행사에서 그랬던 것처럼, 내면에서 다시 한번 세인트 저메인의 목소리가 들려왔다.

"무엇이 여러분을 샤스타산으로 이끌었나요?" 내가 그들에게 물었다. 그들은 원 모양으로 돌아가면서 내 질문에 차례로 대답하기 시작했다. 그들이 말을 하는 동안 나는 내적으로 대사들을 불러들였고, 곧 확실한 대사들의 에너지가 방 안으로 들어오는 게 느껴졌다.

"느껴지나요?" 나는 마침내 대사들의 현존으로 주의를 돌리며 물었다. "만약 여러분의 의식을 내부로, 즉 존재의 중심으로 돌려 자기 자신에게 '나는 살아 있는 빛이다. 나는 신성의 태양이다'라고 고요하게 말한다면 여러분은 여러분의 가슴 속에 살아 있는 그 빛이 강렬해지는 것을 느끼게 될 겁니다. 그리고 그 빛에 집중하면 할수록 빛은 더욱 밝아질 것입니다."

그들은 내 말에 따라 각자 내면의 불꽃, 즉 근원을 인식하기 시작했다. 그리고 이들의 일상적 의식은 초월적 의식 속으로 녹아들었다.

"이제 '나는(I AM)'과 함께 말해진 모든 말은 당신의 삶 속에서 자라날 씨앗이 됩니다. 그 씨앗을 자신의 삶에서 더 많이 받아들일수록, 그리고 그 씨앗에 내적 집중이라는 물을 줄수록 그것은 더욱더 당신의 삶에 현실로 나타나게 될 것입니다." 내가 말을 하는 동안 방 안의 에너지는 더욱 강렬해졌다. 한 시간이 지난 후에 그들은 아무 말도 하지 않고 조용히 떠났다.

몇 달 후, 나는 우리 집에 왔던 사람 중 한 명과 이야기를 나눈 내 친구로부터 이야기를 전해 들었다. 그는 내 친구에게 다음과 같이 말했다. "나는 무신론자로 살아왔어요. 그러나 만약 내가 신을 느낀 때가 있었다면 그건 바로 피터의 거실에서였죠." 나는 그제야 내가 가르칠 게 있다고 했던 펄의 말이 옳았음을 느꼈다. 그러나 나는 여전히 '이런 식으로 가르치는 게 맞는 건가?' 하는 의문이 들었다.

그해 여름에는 대사들에 대해 듣고, 그들의 에너지를 느끼며, I AM 의 실재를 경험하고 싶어하는 사람들이 계속해서 나를 찾아왔다. 그리고 대사들이 자신들의 은총을 쏟아부음에 따라, 대부분의 사람들은 어떤 형태로든지 영적인 열림과 상위 자아에 대한 자각을 경험했다. 그럴 때는 나 역시 대사들의 에너지에 너무 고양돼서 하루가 끝날 때까지 아무것도 먹을 필요가 없었다. 마치 생의 마지막 몇 년 동안 물질적 영양분을 필요로 하지 않았던 펄처럼 말이다.

그러나 내 새로운 일은 내 삶에 예상치 못한 영향을 미쳤다. 여름이 끝날 무렵, 친구들 중 몇 명이 나와 멀어진 것이다. 한 친구는 내게 "언제부터 네가 구루가 됐어?" 하고 물었다. 그 친구들 역시 펄의 집에서 많은 시간을 보냈었다. 그리고 그들은 "왜 피터가 특별하지?", "왜 사람들은 나를 보러 오지 않지?" 하고 궁금해했다. 그들은 그것이 펄이 나에게 시킨 일이라는 것을 모르고 있었다. 또 그들은 그것이 나 자신의 에고적 만족을 위해서 하는 일이 아니라 펄의 요청에 따라 시작한 어려운 임무라는 것도 알지 못했다.

상황이 이럼에도 불구하고, 나는 샤스타 지역사회 내에서 할 수 있는 것이 점점 적어지면서 내 삶이 제한되고 있다는 기분이 들었다. 적어도 펄에게는 긴 하루 끝에 말을 걸 수 있는 남편이 있었다. 하지만 나는 집 앞 발코니에 앉아 혼자라고 느끼고 있었다. 내가 어디를 가든 사람들은 나를 쳐다봤고, 내가 무엇을 하는지 궁금해했다. 심지어 식당에서도 사람들은 내가 뭘 먹고 있는지 지켜보고 있었다. 그들은 내가 말하거나 행한 것들 중 혹시 모순되는 것이 없는지 면밀히 조사했다. 마치 "피터는 가르침대로 살지 않고 있다"고 말할 수 있도록 내가 실수하기를 기다리는 사람들 같았다. 비록 나를 찾아온 사람들이 실제로 어떤 도움을 받기는 했지만, 나는 영적 스승으로 알려진다는 것이 내게 갇혀 있는 느낌을 준다는 것을 깨달았다. 이는 우리에 갇힌 서커스 동물이 그간 훈련받았던 공연을 하기 위해 무대 위에 끌려가기를 기다리는 듯한 느낌이었다.

사람들은 규칙에 대한 복종이 곧 영적 진화의 징표라고 생각했는지, 내 영적 깨달음을 평가하기 위해 내 행동을 지켜보았다. 나는 끊임없이 나를 지켜보는 그들의 시선으로부터 자유로워지고 싶었다. 질투, 판단, 기대에서 자유로운 '지금'이라는 순간 속에 살고 싶었다. '이게 이기적인 건가? 내가 반항하고 있는 건가? 만약 대사들이 내가 계속 가르치기를 원하신다면 계속해야겠지.'

하지만 나는 이것이 대사들의 의지인지 펄의 의지인지 궁금해졌다. '펄은 내가 생각하는 만큼 절대적으로 옳은가?' 나는 처음으로 내 스승을 의심하기 시작했다. 그녀는 내가 얼마나 많은 사람들을 돕고 있는지, 또 내가 그녀의 짐을 얼마나 많이 덜어주고 있는지에 대해 칭찬을 아끼지 않았다. 그러나 나는 숨이 막히는 느낌이 들었고, 마을을 떠나 다시 나 자신으로 있을 수 있는 곳으로 가고 싶었다.

나는 느낌을 신뢰하는 것이 얼마나 중요한 것인지를 배우고 있었다. 설령 그 느낌이 나의 정신적 체계에 반하는 것이더라도 말이다. — 이 경우에는 펄이 내게 시킨 것이 그 정신적 체계였다. 그러던 어느 날, 나는 이 상황으로부터 탈출하고 싶은 욕망이 너무 강해진 나머지 모든 약속을 취소해버렸다. 나는 창문 블라인드를 내리고 재빨리 가방을 싸서 차 뒷좌석에 던져 넣은 다음 차를 타고 도로를 내달렸다.

자유를 음미하며 운전하는 동안, 나는 펄의 학생으로 지내는 시간이 끝나가고 있음을 깨달았다. 내 견습 기간은 끝나가고 있었다. 나는 다른 누군가의 지시보다 나 자신의 내적 가이드를 신뢰해야 한다는 것을 알고 있었다. 심지어 그것이 스승에게 불응해야 하는 궁극적인 시험이 되더라도 말이다.

나는 펄의 뒤를 이어 그녀의 일을 반복하게 되지는 않을 것이었다. 대사들은 내가 해야 할 다른 일을 준비해두었지만, 그것을 펄에게는 말하지 않았다. 나는 곧 그들의 대리인으로서 내적인 영역에서뿐만 아니라 외적 세상 속에서도 여행을 하게 될 것이었다.*

---

* 이 여행에서 나는 샤스타산에 살았던 내 오랜 친구인 점성학자 윌리엄 론스데일William Lonsdale(현 엘리아스Ellias)를 찾아갔다. 그가 내 차트를 보고 나서 말했다. "올여름에 네 수성에 어떤 일이 벌어져서 네가 집에 붙어 있을 방법이 없네." 많은 점성학자들이 부정적이고 결정론적인 해석에 너무 치중했기 때문에 나는 항상 점성학을 기피했었다. 하지만 나는 윌리엄을 통해 점성학이 자기 자신을 이해하도록 돕고, 자신만의 독특한 재능을 계발하도록 도와주며, 사람들이 더 큰 지혜 안에서 행동할 수 있도록 힘을 줄 수 있다는 사실을 알게 되었다. 일기예보를 보고 폭풍을 대비할 수 있듯, 우리도 점성학을 통해 우리에게 다가올 수 있는 일을 대비할 수 있다. 이후에 나는 점성학을 깊이 연구하게 되었고, 이것으로 많은 이들을 도울 수 있다는 사실을 알게 되었다.

5 부

직접 뛰어들기

예수는 다음과 같이 말했다. "내가 세상에 평화를 주러 온 줄로 생각하지 마라. 평화가 아니라 칼을 주러 왔다." 여기서의 칼은 흔히 진리를 상징하는 검으로 해석되곤 한다. 하지만 나는 이 검이 물리적 차원에서 대립으로서 나타날 수도 있다는 것을 알게 되었다. — 이 대립은 무지를 표면화시켜 불태워버리기 위한 고투라고도 할 수 있다.

그리고 나는 다음과 같은 의외의 사실들을 깨닫기 시작했다. 하나는 대사들이 이 세상에 평화를 가져오려 노력하긴 하지만 어떤 희생을 치러서라도, 즉 진리를 훼손하면서까지 외적인 평화를 세우려고 하지는 않는다는 것이었다. 그리고 다른 하나는, 우리를 더 큰 화합으로 이끄는 진실과 진리의 계시를 가져오기 위해서 그들이 종종 외적 갈등을 활용한다는 것이었다.

인간은 뉴스 매체의 왜곡과 교육에 의해 조건화되어 오류에 빠지기 쉬우므로, 우리가 정치적인 혼란 뒤에 가려진 진실을 알기란 거의 불가능하다는 것을 나는 자주 경험해왔다. 그렇지만 우리는 종종 어느 한쪽 편을 들도록 강요당하기도 한다. 이는 현 상황을 유지하기 위해 행동을 자제하는 것이 평화를 위한 어떤 해결책이나 그릇된 미망으로부터의 자유를 주지는 않기 때문이다.

과거 시대에서 비롯된 미묘한 카르마 찌꺼기에 묻혀 무의식적 수준에 묶여 있던 상황들은 어떤 식으로든 행위 안에서 표면화되어야만 해결된다. 그리고 카르마의 원인이 되었던, 숨겨져 있던 세력들은 이러한 행위 속에서 비로소 나타나게 된다.

나는 갈등에 얽혀 있는 여러 그룹의 사람들이 함께 모여 앉아 명상하면서 대사들의 도움을 요청하면 모든 갈등이 해결될 수 있을 거라는 환상을 가지고 있었다. 그러나 모든 사람이 진리 안에서 온전한 깨달음을 얻기 전에는 언제나 어떤 '가이드와 지혜'가 주어졌는지에 대해 각기 다르게 해석할 것이었다.

옳고 그름에 대한 인간적인 견해인 '관점'을 모든 사람이 내려놓을 수 있을 때까지, 대사들은 인간사에 어느 선까지만 개입할 수 있는 것이 현실이었다. 그래서 외적인 세계에서는 해결을 위한 대사들의 도움도 때로는 격렬한 방식으로 나타나곤 했다. 대사들은 일시적인 평화보다는 인류의 궁극적인 깨어남에 더 관심을 가지고 있다. 또한 그들은 지구 인류를 위한 가장 높은 신적 계획을 가져오기 위해 그러한 투쟁들에 편을 들어주며 내적, 외적 차원에서 도움을 주고 있다.[*]

그리고 지금 나는 세인트 저메인에 의해 이러한 편들 중 한쪽 편을 들고 있는 나 자신을 발견하고 충격을 받았다. 한때 예수의 가르침을 문자 그대로 따르려고 애썼던 나였으므로 이런 내 모습은 180

도 바뀐 모습이었다.

어떤 이가 내 것을 빼앗아 가는 것을 막으려다 얼굴을 맞을 때면 나는 내 입장을 견지하며 그에게 다른 쪽 뺨을 내주었다. 예수의 가르침대로 말이다. 지금 나는 예수가 내 손에 넘겨준 그 검을 쥐고 있었다. 그것은 문수보살의 분별하는 지혜의 검, 미카엘 대천사의 푸른 불꽃의 검과 똑같은 것이었다. 어떤 문제를 맞닥뜨린 갈등 상황이나 전쟁을 할 때 나타났던 그 검 말이다.

썩 내키지는 않았지만, 나는 전사로 거듭나고 있었다. 베다의 고전인 〈바가바드 기타〉(산스크리트어로 신의 노래)에서 크리슈나가 아르주나를 전투에 뛰어들도록 밀어붙였던 것처럼, 나도 세인트 저메인에 의해 전투에 참여하도록 밀어붙여지고 있었다.

고대 인도의 고전에서는 아르주나가 전쟁터로 향하다 그의 옛 친구, 교사, 친척들이 자신과 적군인 것을 알게 되어 곧 닥쳐올 전쟁에 겁을 내기 시작한다. 그 시대의 아바타인 주 크리슈나(Lord Krishna)는 아르주나가 싸우기를 꺼리는 것을 보고 마차 안에 있던 그의 옆에 나타나 전투에 참여해야 할 그의 신성한 의무에 대해 알려주었다. 우주의 주님인 크리슈나는 각 영혼이 이생에서 배워야 할 카르마적 교훈이 무엇인지를 알고 있으며, 이미 누가 죽고 살지를 결정

---

* 인간의 갈등에 대한 '신들' 및 대사들의 개입에 대한 언급은 수천 년 전으로 거슬러 올라간다. 고대 인도의 〈라마야나Ramayana〉는 아바타 라마Rama가 어떻게 다양한 악마적 존재들을 죽이고 라바나Ravana의 군대와 대적하는 전쟁에 참여했는지를 말해준다. 〈마하바라타Mahabharata〉에서는 후대의 신성의 화신인 크리슈나가 아르주나의 마부로 참여한 크룩셰트라Kurukshetra 전쟁을 언급하고 있다. 또 앨리스 A. 베일리Alice A. Bailey는 제2차 세계대전에서 대사들이 연합군을 지원했다는 사실을 드왈 쿨Djwhal Khul 대사가 자신에게 알려줬다고 말한 바 있다.
대사들이 이스라엘을 보호한다는 나의 언급 때문에 내가 이스라엘의 모든 활동을 지지한다고 생각하지 않았으면 좋겠다. 그렇지만 이스라엘은 유엔의 국제법에 의해 만들어졌으며 그 나라의 존재는 대사들의 계획의 일부분이라고 할 수 있다. 물론 전 세계 모든 사람들의 가슴 속에는 똑같은 하나님의 빛이 거하고 있다. 그들 국가나 정부가 불의를 저질렀든 그렇지 않은 상관없이 말이다.

해둔 상태였다. 따라서 아르주나가 그 전쟁에서 물러서게 되면 양쪽 모두 무지의 상태에 머물게 되고, 그들의 영적인 진화는 중단될 것이었다.

따라서 아르주나는 의무를 다하기 위해 집착 없이 행동하라는, 그리고 인간적인 자아가 아니라 행하는 자인 I AM이 곧 신임을 알라는 말을 듣게 된다. 인간적 욕망에 의해 행동하지 않는 것이 중요한 관건이다. 그것이 곧 해탈을 향한 길이기 때문이다. 감정에 따라 행위하면 카르마적 잔여물이 만들어진다. 모래 위에 선을 그으면 흔적이 남는 것처럼 말이다. 그리고 그 카르마적 잔여물 때문에 인간은 반복해서 이 세상에 태어나야만 하는데, 이는 삶을 살아가며 그것을 해결하기 위해서다. 깨달은 인간의 행동에는 집착이 없다. 마치 손가락을 물에서 빼내듯이 그의 행동은 흔적을 남기지 않는다. 그의 행동에는 카르마가 없으며, 오로지 자유만이 있다.

주 크리슈나와 같은 상승 대사들은 세상 속에서의 활동을 외면하지 않고, 폭력에 맞서는 것도 피하지 않는다. 그들은 삶과 분리된 추상적인 영성에는 관심이 없다. 그들은 투쟁의 세계에서 직접적인 참여와 개입으로만 얻을 수 있는 자기인식(self-knowledge)의 길로 인류를 인도하고 있기 때문이다.

크리슈나가 아르주나를 가이드했듯, 나는 세인트 저메인과 함께 내적인 경험을 하기 시작했다. 세인트 저메인은 내가 그의 특사로서 정치적, 군사적 대립 속으로 들어가도록 했다. 나는 이 특정한 상황들에 대한, 옳고 그름의 관점에 기반한 감정적 집착이 없었다. 그러나 나는 어느새 오로지 내면에서만 즉각적으로 느낄 수 있는 감독에게서 지시를 받고 있는 영화 속 배우가 되어 있었다.

나는 소위 박식한 사람들, 즉 자신이 모든 국제 정세의 정확한 결과를 알고 있다고 생각하는 이들의 '정치적으로 올바른' 의견과는 정반대로 행위하라는 지시를 받았다. 나는 "인간 지성의 오만과 무지를 절대 과소평가하지 말라"는 고드프리 레이 킹의 말을 펄이 얼마나 자주 말했었는지 여러 번 생각해보았다.

세계적인 대립 속에서의 내 첫 번째 의식적인 활동은 이스라엘이 욤 키푸르Yom Kippur, 즉 속죄일에 시리아와 이집트에게 동시다발적으로 공격을 받아 고군분투하고 있을 때 일어났다. 어느 날 밤, 육체가 잠들어 있는 동안 나는 갑자기 높은 진동수의 몸(subtle body)으로 이스라엘 군복을 입고 있었다. 나는 탱크 부대를 지휘하고 있었고, 밤을 틈타 적진으로 진격해서 적과 교전하라는 명령을 하달받았다. 하지만 앞으로 진격해갈수록 적의 함정에 빠져들고 있다는 느낌이 들기 시작했다. 그리고 나는 그 느낌이 상위 자아로부터 오는 경고라는 것을 깨달았다. 어둠 속이었음에도 불구하고, 나는 우리 오른쪽에 있는 모래 언덕의 산등성이가 황무지의 풍경과 잘 어우러져 있음을 보았다.

'저 모래 언덕 너머에는 뭐가 있지?'

나는 진격을 중지하라는 명령을 내렸고, 탱크가 멈춰 섰다. 내가 해치를 열어젖히자 바람이 내 얼굴로 모래를 불어댔다. 나는 먼지를 뱉어내며 야간 투시 망원경에 눈을 대고 있었지만, 아무것도 보이지 않았다. 이 모래 언덕은 다른 언덕들과 다를 바 없어 보였다. 나는 대사 세인트 저메인에게 내적 구조신호(SOS)를 보냈다. 내게 내려진 명령은 적의 수도로 진격하라는 것이었지만, 내 내면의 느낌은 저 산등성이를 향해 가라고 나를 부추기고 있었다. 어떻게 해야 할지 고심하고 있는 동안 지프차 한 대가 내 탱크 옆에 멈춰 섰다. 그리고 높은 계급의 장교가 나를 호명했다.

"병사, 무슨 문제라도 있나?" 부하들에게 즉각적인 존경과 경의를 끌어내는 목소리로 그가 물었다.

"충성!" 나는 이마에 손을 얹어 경례하며 소리쳤다. "저 산등성이 너머에 적군의 탱크들이 있을지 모른다는 생각이 듭니다."

내가 측면에서 포위당할 수 있다는 것을 그에게 설명하는 동안, 나는 내가 이 장교를 잘 모른다는 사실을 깨달았다. 비록 그가 친숙해 보이긴 했지만, 그를 어디서 봤는지 생각이 나지 않았다. 그의 가슴에 달려 있는 리본들은 어둠 속에서도 무지갯빛으로 빛났고, 그의 제복은 이제 막 사열을 마치고 온 듯 깨끗했다. ─ 전쟁터의 모래바람을 뚫으며 30킬로미터를 운전해 달려온 사람처럼 보이지가 않았다. '이 사람은 무장도 안 한 차를 타고 여기서 뭘 하는 거지?'

"자네가 지휘하는 거야. 자네 직감을 따르게." 그가 말했다. 그가 누구의 지휘하에 있는지, 그의 이름은 무엇인지 물어볼 겨를도 없이 그의 차 타이어가 모래 연기를 내뿜었고, 그는 어둠 속으로 차를 몰고 떠나버렸다.

'내 직감을 따라가라고? 이게 무슨 명령이야?' 나는 나중에 돌아가서 중앙사령부에 물어봐야겠다고 생각하며 이 일을 마음에 새겨 두었다.

어찌 되었건 내 망설임은 이제 사라져버렸고, 나는 오른쪽으로 꺾으라는 명령을 내렸다. 모래 언덕의 등성이를 타고 올라간 나는 다시 망원경을 들여다보았다. 내가 예상했던 대로 적군의 탱크 수십 대가 아래쪽 평지에 모여 있었다. 우리가 그들 밑을 지나갈 때 우리

대열 측면을 포위하려고 기다렸던 것이다. 그들은 발각되지 않기 위해 사막으로 멀리 물러서 있었으므로 우리는 그들의 사정거리 바깥에 있었다. 게다가 나는 그들이 이스라엘까지 깊숙이 진격해 들어왔기 때문에 그들이 더 이상 이집트 미사일의 보호막 아래에 있지 않다는 것을 깨달았다. 나는 새로 고안된 우리 대포의 사정거리 안에 그들이 위치해 있다는 사실을 깨닫고는 그들을 향해 대포를 발사하라는 명령을 내렸다.

하늘은 마치 거대한 플래시가 터지는 것처럼 밝아졌고, 정적을 깨부수는 듯한 폭발음이 귀를 먹을 만큼 크게 났다. 삽시간에 대부분의 적군 탱크들이 파괴되었고 나머지는 퇴각하고 있었다. 우리는 거의 피해를 입지 않았다. 전차에 탄 아르주나처럼 어디선가 나타난 그 불가사의한 장교 덕분에 나는 우리 부대를 구할 수 있었으며, 이스라엘인들을 바다로 밀어버리고 싶어하던 이들에게서 이스라엘인들을 지킬 수 있었다.

우리의 승리 후, 전쟁이 끝났다. 나는 지중해가 내려다보이는 몰타Malta섬의 한 카페에 앉아 있는 나 자신을 발견했다. 눈부신 태양 아래 물결의 푸르름이 내 감각들을 황홀하게 해주면서 내게 에너지와 감사의 마음을 가득 채워주었다. ─ 나는 여전히 살아 있었다!

레몬즙을 넣은 미네랄 탄산수 한 잔을 홀짝이면서 나는 신문에서 평화협정 체결에 관한 내용을 읽었다. 우리의 승리는 앞으로 몇 년 동안 그 지역에서의 전쟁을 중단시켜줄 것이었다. 우리가 적의 탱크들과 공군 대부분을 말살했기 때문이었다.

그러다가 나는 그날 밤 사막에 나타나 직감을 따르라고 말했던 장교의 정체에 대해 중앙사령부로부터 아무것도 듣지 못했다는 사실을 떠올렸다. 그의 생각을 머릿속에서 지울 수가 없었던 나는 조사를 거듭했지만, 끝내 조사를 중단하라는 말만 들었다. 그의 정체에 대한 답은 생각보다 더 직접적인 방식으로 나를 찾아왔다.

신문을 계속 읽어 내려가는 동안, 이상하게도 익숙한 느낌의 전류가 내 몸을 통해 흐르는 것이 느껴졌다. 고개를 들어보니 방금까지도 생각하고 있던 그 장교가 이전과 똑같이 가슴을 무지갯빛 리본으로 장식한 채 내 앞에 서 있었다. 나는 즉시 일어나 경례를 했다. 그는 내 경례를 돌려주고는 웃음을 터뜨리며 내게 손을 내밀었다. 그의 보라색 눈을 들여다보자 나는 그가 다름 아닌, 친애하는 대사 세인트 저메인이라는 것을 알게 되었다. 이스라엘 고위 장교로 나타났음에도 불구하고, 그의 명랑함은 나를 편안하게 해주었다.

"얘야, 승리를 축하한다." 그가 다정하게 말했다. "내가 너에게 지휘를 맡겼던 것은 네가 자기 자신의 상위 자아를 따르리라는 것을 믿고 있었기 때문이야. 너의 직관과 통솔력이 승리를 가져오는 데 도움이 되었고, 지금 마무리되고 있는 이 협상은 이 오랜 고난의 지역에 앞으로 다가올 몇 년 동안 상대적인 평화를 가져다줄 거란다."

그는 미소를 지었다. 내 마음을 꿰뚫어 보는 듯한 그의 눈은 내가 우리 둘 다 군복을 입고 있다는 사실에 놀란 것을 즐기는 듯했다. 나는 상승 대사와는 물론이거니와 어떤 영적인 것들과 군대를 결부시키는 데 익숙하지 않았기 때문이다. 세인트 저메인은 한 세기 전 유럽 궁정에서 유명했던 그 우아한 자태로 인사를 하며, 내 눈앞에서 텅 빈 공간 속으로 사라졌다.

33장 🔥 신과의 합일이 곧 힘이다

많은 사람들이 펄에게 "저는 아무런 힘이 없는 한 사람일 뿐인데 제가 세상을 이롭게 하기 위해 할 수 있는 일이 있을까요?" 하고 묻곤 했었다.

그러면 그녀는 미소를 지으면서 가슴을 가리켰다. 그리고 이렇게 말했다. "하나님과 하나되는 것이 곧 한 개인의 한계를 넘어 다수가 되는 것(majority)입니다! 하나님께서는 전지전능하십니다. 당신이 당신의 신적 근원과 연결되어 있다면 당신은 그 전지전능한 힘과 연결되어 있는 것입니다. 그 현존이 성취하지 못하는 것은 없습니다. 이를 시도해보고, 당신 스스로 찾아보세요!"

펄은 의식적으로 신적 권능을 깨우는 방법을 가르쳐주어 우리가 외적 자아와 세상에 변화를 가져올 수 있도록 해주었다. 우리는 미망에 둘러싸인 의식 상태에서 대개 오감으로 느끼는 제한된 정보와 지성에 의존하는데, 오감은 우리의 견해에 기반한 것에 불과하다.

이렇게 미혹된 상태에 빠진 우리는 국제정세에 대한 대사들의 계획을 이해할 수 없다. 펄은 대사들의 중재가 어떤 형태로 이루어져야 하는지에 대해 그 어떤 제한된 견해도 갖지 않은 채로 그들의 중재를 요청하는 것이 가장 바람직한 행동 방식이라고 말했다.

우리가 해야 할 유일한 행위는 대사가 직접 행위하시도록 요청하는 것, 그리고 도움이 필요한 장소나 상황들 위로 그들이 나타나 빛의 광선을 비춰주는 장면을 심상화하는 것이다. 우리의 진정한 의식은 대사들과 하나이기에 대사들은 그 심상에 집중하여 힘을 불어넣어줄 수 있다. 그리하여 그 심상에는 권능이 깃들게 된다.

나는 이를 직접 시도해볼 기회가 있었다. 텔레비전으로 뉴스를 보고 있던 어느 날 밤이었다. 나는 이스라엘과 이집트 사이의 적대감이 다시 고조되고 있음을 알게 되었고, 수동적인 관찰자가 되어 편히 앉아 있기보다는 대사 세인트 저메인에게 간절히 요청하기로 했다. 그래서 텔레비전 앞에 서서 이렇게 선언했다.

사랑, 지혜 그리고 I AM의 이름으로 나는 세인트 저메인께서 지금 당장 중동의 이 상황을 완전히 지휘하시도록 요청합니다!

나는 이 선언을 세 번 반복했다. 그리고 내가 한 선언대로 세인트 저메인의 빛나는 현존이 이스라엘, 레바논, 시리아, 요르단 그리고 이집트 위에서 그 나라들의 수도에 빛의 광선을 비춰주는 것을 심상화했다. 또, 일렁이는 거대한 보라색 빛의 파도가 이스라엘에서 그 주변 국가로 퍼져나가는 것을 심상화했다. 그런 다음 마음속에서 이 이미지를 지워버리고 잠을 자러 갔다.

다음 날 아침, 나는 시내에 가서 우편물을 챙기고 사소한 볼일들을 처리한 다음 집에 돌아왔다. 그리고 배가 고파서 뭔가를 먹기로 했다. 나는 부엌에 들어가 샌드위치를 만들다가 바깥세상 돌아가는 이야기를 들으려 라디오를 켰다. 놀랍게도, 라디오 속 리포터는 이렇게 말하고 있었다. "루마니아의 황태자 (The Prince of Romania)가 오늘 중동의 상황을 완전히 지휘하고 있다고 공식적으로 발표했습니다."

나는 내가 들은 것을 믿을 수가 없었다. '루마니아의 황태자'는 1800년대에 세인트 저메인이 사용했던 이름인 루마니아의 라코지 Rakoczy 백작을 가리키는 말이었다. 그것은 세인트 저메인이 특정 유럽 귀족 집단에서 활동하려는 목적으로 만들어낸 '페르소나'였다.

나는 이를 더 듣고 싶은 마음에 남은 점심을 먹는 동안에도 계속 라디오를 곁에 두고 매 시간마다 나오는 뉴스 방송에 채널을 고정해두었다. 하지만 더 이상 그와 관련된 얘기는 들을 수 없었다. 그리고 그날 밤, 여섯 시 뉴스 시간에 맞춰 집에 다시 돌아온 나는 루마니아 황태자와 중동에서의 그의 중재에 관해 더 많은 이야기를 들을 수 있을 거란 생각에 들떠 있었다. 하지만 그의 이름은 다시 언급되지 않았다.

'해설자가 실제로 루마니아의 황태자라는 단어를 말했을까? 아니면 세인트 저메인이 내 마음에 직접 그 단어를 전해준 것을 라디오에서 들었다고 착각한 것일까?' 어느 쪽이든 그는 자신이 내 요청에 응했다는 것을 보여주었다. 내 느낌에, 그는 내가 세상의 사건들에 더 관심을 기울이고, 내 의식이 이끌리는 대상에 내적 작업을 함으로써 대사들의 중재를 불러오기를 원하는 것 같았다.

얼마 되지 않아, 다시 한번 대사들에게 봉사할 일이 있었다. 그러나 이번에는 내적인 차원에서의 봉사가 아니라 내 육신을 가지고 국제정치 영역에서 봉사하는 일이었다. 임무에 투입되기 전에 늘 그랬듯이, 이번에도 나는 몇 주 전부터 내가 하게 될 여행을 예감하고 있었다. 내 생각은 유럽, 특히 스페인으로 쏠리고 있었고 시간이 흐르면서 스페인에 가고 싶다는 열망이 점점 강해졌다.

그러던 어느 날 밤, 나는 꿈속에서 유럽의 지도를 보게 되었다. 그 지도에는 런던이 강조되어 있었고, 런던에서 시작된 선이 파리, 취리히, 마드리드를 연결하는 삼각형 모양과 이어져 있었다. 나는 이 도시들이 다가올 여행에서 내가 방문해야 할 장소라는 것을 직감했다. 나는 젊은 시절에 유럽을 광범위하게 여행한 이후로는 더 이상 팔자 좋은 사람처럼 그곳을 여행하고 싶지 않았다. 그래서 유럽으로 여행을 가고 싶은 이 충동이 내적 가이드임을 확신했다. 나는 내가 어디로 가야 하며 왜 그곳으로 가야 하는지 알려달라고, 당신들의 계획을 보다 명확히 알려달라고 대사들께 요청했지만 돌아온 것은 침묵뿐이었다.

만약 내가 그들의 계획을 알게 된다 해도 내 마음은 의문을 품고 이야기를 꾸밀 것이 뻔했다. 그러니 평소대로 '내면의 직감'에 의존해야겠다는 생각이 들었다. 일단 이 모험에 나서게 되면 그들의 계획은 순간순간마다 알아서 펼쳐질 것이었다. 나는 내가 얼마나 개인적인 욕망과 선입견을 잘 떨쳐낼 수 있는지, 내가 얼마나 상위 자아와 잘 동조될 수 있는지, 그리고 상위 자아로부터 오는 충동을 얼마나 완벽하게 따를 수 있는지에 따라 이 모험의 성공이 좌우될 것임을 알고 있었다.

나는 이전에 임대업을 하며 재정적인 시험을 거쳤기 때문에 여행하기에는 충분한 돈을 가지고 있었다. 따라서 낯선 땅에 발 묶일 염려 없이 비행기 표를 살 수 있었다. 나는 샌프란시스코에서 런던으로 비행기를 타고 간 다음, 해협을 가로지르는 오리엔트 급행열차(Orient Express)를 타고 파리에 갈 생각이었다. 내가 마지막으로 유럽을 방문했던 때는 60년대로, 그때의 나는 다리 밑이나 예술가들의 다락방에서 잠을 자며 모험을 추구하던 시인이었다. 그리고 이제 나는 런던의 가장 좋은 호텔 중 하나인 클래런던Clarendon에 머물게 될 것이었다.

비행기가 착륙한 후, 택시를 타고 호텔로 가서 체크인을 했다. 나는 시내로 나가 오래전 들락거렸던 펍 몇 군데를 둘러볼 생각에 들떠 있었다. 내 오래된 시인과 음악가 친구들이 여전히 거기 머물러 있다면 만날 수 있지 않을까 하는 기대 때문이었다. 하지만 그런 내 바람과는 달리, 나는 호텔을 벗어날 수 없었다. 로비로 내려가 정문까지 걸어간 나는 마치 보이지 않는 벽에 가로막힌 느낌이 들어 발걸음을 멈췄다. 나는 방으로 돌아오며 보디사트바에게는 쉴 틈이 없다는 사실을 깨달았다.

뮤어 숲에서 육신을 빠져나와 인류가 겪는 고통을 본 이후로는 ─ 그리고 세인트 저메인과 함께 일하고자 지구로 돌아오기를 선택한 후부터는 ─ 내 시간은 나만을 위한 시간이 아니었다. 이제 나는 방 안에 앉아 내면에 집중했다. 그런 후 내가 이곳에 기분을 내러 온 것이 아니라 상승 대사들의 임무를 위해 온 것임을 나 자신에게 상기시켰다.

내면의 고요에 잠긴 나는 빛에 둘러싸여 있는 런던과 영국 제도들을 심상화했다. 그러자 평온함이 전해져왔고, 방 안의 벽들이 사라지는 듯했다. 나는 모든 지각 있는 존재들에게 수천 갈래의 빛의 광선을 흘려보내는 크리스털이 되었다. I AM 현존의 빛이 내 정수리에서 가슴으로 흘러들어와 심장을 통해 나가고 있었다. 모든 공간을 밝히는 태양처럼 말이다.

나는 그 빛을 증폭해달라고, 그리고 영국 사람들을 I AM God 현존의 의식, 활동, 권능 속으로 영원히 고양시켜달라고 대사들에게 요청했다. 그러자 내 내면의 시야가 열렸고, 대사들이 모든 이들에게 무수한 광선들을 내리비춰줌으로써 그 심상이 실현되는 것이 보였다.

다시 일상적 의식으로 돌아온 나는 호텔을 나가지 못했던 것이 바로 이 작업을 하기 위해서였음을 깨달았다. 그 빛을 깨우고 나르는 것이 내가 이곳에 있어야 할 이유였다. 나는 내가 개인적인 기분을 따르거나 오래된 열정을 다시 깨우는 대신, 내 신적 자아에 순종했다는 사실에 감사를 느꼈다.

다음 날 아침, 나는 택시를 타고 기차역에 가서 종종 국제적 음모를 다룬 영화나 소설에 나오는 그 유명한 오리엔트 급행열차에 몸을 실었다. 열차의 종착지는 이스탄불이었다. 나는 계속 대사들을 유념해두고 있었지만, 열차 내에서 주목할 만한 특징을 가진 사람은 보지 못했다. 그렇지만 나는 분명 대사들의 에테르적 현현을 느낄 수 있었다.

그렇게 열차가 어느 시골 지역에서 속도를 내고 있을 때, 나는 대사들이 내게 빛을 쏟아부어주는 것을 느낄 수 있었다. 그들은 내게 에너지를 집중시켜 사람들, 그리고 우리가 지나고 있던 그 시골 지역에 축복을 전하고 있었다. 그들은 다시 한번 나를 크리스털처럼 활용하고 있었다.

늦은 오후가 돼서야 파리에 도착했다. 나는 거기서 사촌과 지내게 되었는데, 사촌은 내가 혼자만의 밤을 지낼 수 있도록 자신의 다락방을 내어주었다. 런던에서와 마찬가지로 나는 내가 자주 갔었던 예술가들의 구역인 카르티에라탱(Latin Quarter)을 들르기보다는 그 밤 내내 명상을 했다. 도시 전체에 보라색 화염이 활활 타오르게 하고, 대사들에게 이 빛이 지닌 특수한 정화력이 지속되게 해달라고, 그리고 프랑스 사람들에게 무한한 축복을 내려달라고 요청하는 명상이었다. 나는 한 치의 의심도 없이, 단 한 사람의 기도라 할지라도 그가 자신의 I AM God 현존과 동조된다면 그것이 역사의 흐름을 바꿀 수 있다는 것을 알고 있었다.

카페에서 풍겨오는 커피 향과 신선하게 구워진 바게트 빵 냄새가 뒤섞여 거리를 가득 채우고 있었다. 이 매혹적인 향기는 오직 파리에서만 맡을 수 있는 것이었다. 그렇지만 나는 오감의 유혹에 더 이상 크게 집착하지 않았다. 심지어 카뮈^{Camus}, 헤밍웨이^{Hemingway}, 피카소^{Picasso}처럼 영향력이 큰 사상가들과 예술가들이 모여들었던 레 두 마고 ^{Les Deux Magots}* 카페의 정신적인 자극에도 마찬가지였다.

그곳은 내가 어릴 때 장폴 사르트르^{Jean-Paul Sartre}와 시몬 드 보부아르^{Simone de Beauvoir}가 에스프레소를 마시며 대화하는 것을 봤던 곳이기도 했다. 진리를 직접적으로 자각할 수 있는 내적 고요 없이 그저 지적인 사색만 있었던 그 카페를 생각하자 속담이 하나 떠올랐다. "맹인이 어두운 방 속에서 있지도 않은 검정고양이를 찾는다."

일말의 망설임도 없이 나는 다시 취리히로 가는 오리엔트 급행열차에 몸을 실었다. 그곳에 내 친구들이 있긴 했지만, 나는 또다시 명상으로 밤을 보내기 위해 도시 중앙에 위치한 반호프스트라세^{Bahnhofstrasse}의 한 호텔에 머물렀다. 만약 내가 친구들을 만난다면 그들은 나를 위한 파티를 열어줄 것이 분명했다. 그러면 대사들이 나를 여기로 보낸 이유인 그 임무도 방해를 받을 것이었다. 나는 다시 한번 "알라, 과감히 시도하라, 행하라, 침묵하라"는 대백색 형제단의 모토에 대해 생각했다.

나는 취리히에서 마드리드로 향하는 비행기에 올랐다. 비행기를 타고 가는 내내 리츠 호텔을 생각했다. 리츠 호텔은 마드리드의 중

---

* '마고^{Magots}'는 내가 어렸을 때 떠올렸던 '구더기(maggots)'라는 뜻이 아니다. 마고는 카페 안에 있는 두 명의 중국 상인 사기 동상 때문에 붙은 이름이다. (Les Deux Magots는 프랑스어로 '두 개의 도자기 인형'이라는 뜻이다. ─ 역주) 이 중국인들이 유교 현자라는 소문도 있다. 이 카페에서 오고 간 많은 지적인 대화들과 마찬가지로, 단어의 정의는 쓸모없는 논쟁의 시간 동안 논제가 되었으며, 이것이 서양 철학 대부분의 기초가 되었다.

심부에 위치해 있는 유럽의 그랜드 호텔 중 하나였다. 또, 그곳은 어니스트 헤밍웨이가 자주 들르던 장소이기도 했다. 1차 세계대전 이후 종군기자였던 그는 그곳에서 지내며 투우사 및 시인들과 어울려 다녔고, 아름다운 여인들을 유혹하기도 했다.

내 어머니와 의붓아버지는 유럽여행을 하는 동안 리츠 호텔에 머물고 싶어하셨다. 따라서 여행 1년 전부터 사전 예약을 하려 했지만 아무리 많은 돈이 있어도 예약은 불가능했다. 유럽의 귀족과 정치적인 엘리트들이 리츠에 머물렀기 때문에 그곳은 1년 내내 예약이 되어 있었다.

마드리드 공항에 도착한 나는 택시를 잡아 "리츠로 가주세요"라고 말하고 싶은 강렬한 열망에 휩싸였다. 하지만 어차피 그 호텔에는 방이 없을 테고, 숙박할 곳을 운에 맡기고 싶지는 않았다. 여행 동안 나를 가이드하고 지켜주는 대사들이 어떠한 것도 운에 맡기지 않는다는 사실을 잊고서 말이다. 따라서 나의 의심은 나를 호텔 예약 카운터로 이끌었다. 만약 내가 리츠 호텔의 방 하나를 잡을 수 있다고 해도 이성적으로 생각해보면 숙박비가 엄청나게 비쌀 것이 분명했다. 그래서 나는 굳이 위험을 무릅쓰지 않고 값싼 호텔을 예약했다.

호텔에 도착하자 뭔가가 잘못된 느낌이었다. 나는 내 행동이 현명한 것이었는지 의심하기 시작했다. 내게 주어진 방은 소음 때문에 시끄러웠다. 방을 바꿔달라고 요청한 나는 쓰레기통이 늘어선 뒷골목을 마주한, 어둡고 음침한 방으로 안내를 받았다. 다시 한번 이곳이 내가 있어야 할 곳도 아니고, 대사들이 내가 머물기를 원하던 곳도 아니라고 느껴졌다. 내 마음이 그들의 가이드를 방해하도록 놔두고 만 것이다. 나는 침대에 앉아 상충되는 생각과 느낌 때문에 혼란의 소용돌이가 되어버린 내 마음을 고요히 하려 애썼다. 나는 "리츠, 리츠, 리츠 호텔로 가"라는 소리를 계속해서 들었다.

창문을 열면 쓰레기 냄새가 진동을 하는 이 방에서 질식할 것만 같았던 나는 세인트 저메인을 불렀다. 그는 내 머릿속에서 계속 리츠 호텔로 가라고 외치고 있었지만, 나는 그 말들의 출처를 확신하지 못해 혼란스러워하고 있었다. '방을 바꿔달라고 한 것도 모자라 다시 프런트로 가서 이곳에 머물고 싶지 않다고 말해야 하다니. 이 얼마나 굴욕적인 일이람.' 이런 생각을 하고 있자니 진땀이 났다. 그렇지만 그것이 내가 꼭 해야 할 일이었다.

'왜 나는 첫 번째 장소에서 가이드를 따르지 않았을까? 만일 거기서 가이드를 따랐다면 이 같은 굴욕을 면할 수 있었을 텐데 말이야.' 나는 침대 가장자리에 앉아 호흡을 관찰함으로써 마침내 혼란스러운 내 마음을 진정시킬 수 있었다. 나는 이렇게 확언했다.

나는 세인트 저메인의 현존이다.

갑자기 방에서 나와 복도로 가야 한다는 느낌이 들었다. 아직 짐을 풀지 않은 여행 가방을 움켜쥐고 로비에 내려간 나는 부끄럼을 무릅쓰고 데스크의 직원에게 다가가 이곳을 떠나겠다고 말했다. 그는 경멸스럽다는 듯한 표정으로 환불은 불가하다고 말했다. 나는 어깨를 으쓱하며 불복종에 대한 손해를 받아들였다. 문을 열고 거리로 걸어가자 내 기분은 즉시 나아졌다. 나는 내가 어디로 가야 할지를 알고 있었다.

광장을 향해 내리막길을 걸어가자 신선한 공기가 내 폐를 가득 채웠다. 걸어가는 동안 나는 계속해서 대사들을 불렀고, 다음과 같이 확언했다.

나는 지휘하고 통치하는 상승 대사 세인트 저메인의 현존으로서 리츠에 먼저 도착하여 그곳에 완벽한 신성의 계획을 불러옵니다.

내 인간적인 마음은 어떻게 리츠 호텔에 빈방이 나올 수 있는지, 그리고 빈방이 있다 해도 내가 어떻게 그곳의 숙박비를 감당할 수 있을지 이해할 수 없었다. 그러나 나는 내가 이성을 넘어선 내적인 권능에 의해 그곳으로 이끌려가고 있음을 알고 있었다. 파세오 델 프라도Paseo del Prado 거리를 건너 아담하고 푸른 공원을 지나자, 인상 깊을 정도로 웅장한 리츠 호텔이 우뚝 서 있었다.

흰 계단을 올라가자 도어맨이 널찍한 로비로 통하는 문을 열어주며 환영 인사를 해주었다. 호텔 내부는 좋은 느낌이 들었고, 현악 4중주단이 모차르트의 아이네 클라이네 나흐트무지크Eine Kleine Nachtmusik를 연주하고 있었다. 그 음악은 내가 지난 시대에 아름다운 프랑스 대저택에서 귀족 숙녀들과 카드리유quadrille 춤을 추었던 기억을 떠올리게 해주었다. 나는 그때도 지금처럼 세인트 저메인의 사절로 일하고 있었다.

나는 꿈을 꾸듯 두꺼운 레드카펫을 부드럽게 걸어갔다. 내가 접수 데스크에 도착하자 데스크에 전화벨이 울렸고, 직원이 전화를 받았다. 잠시 후 전화를 끊은 그는 내게 어떤 도움이 필요한지를 성심성의껏 물어보았다. 나는 용기를 내어 남는 방이 있는지 물어보았다.

"방금 제가 받은 전화가 예약 취소 전화였습니다. 지금 이 방 하나만 남아 있네요. 선생님께서는 지금 막 이곳에 오셨으니 25달러만 내시면 그 방을 쓰실 수 있습니다."

나는 지금 막 빈방 하나가 생겼다는 사실뿐만 아니라, 고향에서 구할 수 있는 가장 저렴한 모텔 방 가격만 지불하면 된다는 사실에 충격을 받았다. 나는 그저 알겠다는 표시로 고개를 끄덕일 수밖에 없었다. 명부에 이름을 적은 후, 왕족들에게나 어울릴 법한 위층 방으로 안내를 받았다. 방 문고리는 금으로 도금되어 있었고, 크리스털 샹들리에가 침대 위에 걸려 있었다. 흰 대리석으로 인테리어된 욕실에는 거대한 욕조가 있었는데, 욕조 수도꼭지 역시 금으로 도금되어 있었다.

이 장엄한 숙소에 적응을 좀 하고 나서 로비로 내려가자, 도어맨이 라운지로 들어가는 문을 열어주었다. 라운지는 예술적으로 장식된 소파와 푹신푹신한 의자로 호화롭게 꾸며져 있었다. 또 다른 도어맨은 내게 식당으로 가는 문을 열어주었는데, 식당에서는 바이올린 연주자가 테이블 사이를 돌아다니며 세레나데를 연주하고 있었다.

지배인은 나를 테이블로 안내하며 의자를 빼주었고, 내가 의자에 앉자 의자를 밀어주었다. 나는 이내 웨이터들에게 둘러싸였다. 웨이터 한 사람은 크리스털 잔에 물을 따라왔고, 다른 사람은 내 무릎 위에 리넨 냅킨을 놓아주었으며, 다른 한 사람은 버터와 함께 은쟁반에 담긴 빵을 내주며 메뉴를 건네주었다. 나는 대사들에 의해 환영받고 있다는 느낌을 받았다. 그들은 먼젓번의 호텔로 가려고 한 나의 불복종을 용서한 것 같았다.

품격 있는 주요 메뉴들을 모두 훑어본 나는 웨이터가 왔을 때 수프와 샐러드만 달라고 말하는 것이 조금 부끄러웠다. 하지만 웨이터는 인사하며 "알겠습니다, 선생님. 셰프 특식 수프와 샐러드를 가져다 드리겠습니다"라고 말했다. 두 요리사는 차례로 내 테이블에 와서 인사를 한 다음, 음식이 입맛에 맞는지 물어보면서 원하는 요리가 있다면 언제든 말하라고 했다.

갓 구워진 따뜻한 빵에 버터를 바르던 나는 근처 테이블에서 바이올린 연주자가 아름다운 여인에게 세레나데를 연주해주고 있는 것을 보았다. 그녀는 품격 있던 이전 시대를 연상케 하는 우아한 붉은색 오프숄더 드레스를 입고 있었다. 나는 그녀를 향해 미소를 지었는데 그녀 역시 나에게 미소를 지어 보였다. 나는 웨이터에게 메모를 전해달라고 부탁해서 그녀에게 저녁을 같이 먹자고 요청할 생각이었다.

하지만 바늘에 찔린 비눗방울처럼, 그 생각은 일순간에 사라져버렸다. 내가 여기에 있는 이유는 로맨스 때문이 아니었다. 비록 내가 살고 있던 지역의 사람들, 그리고 나와 같은 길을 걷고 있는 사람들의 시선으로부터 자유로운 상태긴 했지만 모든 것을 보는 대사들의 전시안과 금욕에 대한 내 맹세로부터 벗어날 수는 없었다.

나는 동시에 두 대사를 섬길 수는 없다는 것을 알고 있었다. 한 대사는 고차원의 확장된 의식 속으로 내 에너지를 고양시켜주는 반면, 다른 대사는 오감의 영역 속으로 내 에너지를 끌어내린다. 진화의 이 시점에서, 나는 한 가지에만 집중할 필요가 있었다. 육체의 모든 센터center들을 통해 순환하는 유일의 신성 에너지는 생식과 의식적인 자기인식 둘 중 하나를 위해서만 쓸 수 있었다. 이 순간 자기

완성을 이루기 위해서는 보다 높은 센터들에 주의를 집중해야 한다는 느낌이 들었다.

나는 이것이 전혀 예상치 못한 순간에 다가온 또 다른 시험임을 깨닫고서 이 미스터리한 여인과의 로맨스에 대한 환상을 깨뜨려 버렸다. 그리고 다시 나 자신의 중심에 의식을 집중했다. 여기, 바로 나 자신의 몸과 마음속에서 남성과 여성이라는 양극성이 하나로 합쳐질 필요가 있었다. 연금술에서는 이를 '천상에서 맺어진 결혼'(Marriage Made in Heaven)이라 한다. 이러한 내적 결합은 물질적 차원에서 이룰 수 있는 모든 것을 초월한 지복을 나타낸다.

나는 강렬하게 타오르는 보라색 불꽃으로 의식 안에 떠오르는 모든 무작위적인 생각들과 순수한 의도에 미치지 못하는 모든 것들을 태워버리고 녹여버렸다. 내 느낌에, 대사들은 이번 임무에서 내게 순수한 의도를 요구하고 있는 것 같았다. 나는 방으로 돌아가 깊은 명상에 빠져들었다. 그날 밤, 나는 대사 세인트 저메인이 나오는 꿈을 꾸었다.

다음 날 아침, 잠에서 깬 나는 오늘이 내가 대사들을 위해 중요한 일을 수행하는 특별한 날이 될 것 같다는 예감이 들었다. 하지만 세인트 저메인이 꿈에서 무슨 말을 했는지는 기억이 나지 않았다. 나는 무엇을 해야 할지 모른 채로 옷을 입고 아침을 먹기 위해 호텔 식당으로 내려갔다. 요리사는 지난 며칠간 계속된 여행으로 허기를 느낀 나의 식욕을 예상하기라도 한 듯, 최고로 맛있는 오믈렛을 준비해주었다.

늦은 아침을 먹고 식당을 나선 나는 호텔 라운지에 들어섰는데, 그때 어떤 고요한 힘이 호텔로 스며들고 있다는 느낌이 들었다. 폭풍우가 오기 전에 전기적인 기운이 감도는 것과 같이, 어떤 일이 일어날 것만 같은 기류가 느껴진 것이다. 소파들은 라운지 뒤쪽으로 옮겨져 있었고, 라운지 중간에는 마치 왕좌처럼 빅토리아 시대풍의 윙백 의자 하나만 남겨져 있었다. 나는 무슨 일이 일어나는지 지켜보기 위해 그 의자에 앉았다. 정신을 바짝 차리고 있긴 했지만, 나는 내 눈앞에 펼쳐지는 광경에서 어떤 초현실성을 느끼기 시작했다.

선글라스를 쓰고 귀에 인이어 무전기를 끼고 있는 검은색 정장 차림의 남성들이 방으로 몰려 들어왔다. 확실히 그들은 일종의 첩보 기관 직원들처럼 보였다. 그들은 내가 앉아 있는 방 가운데의 의자를 제외한 모든 가구들을 전자장비로 샅샅이 검사했다. 나는 마치 내 앞에 유령이 나타나기라도 한 듯 이 광경에 매료된 채 계속 앉아 있었고, 그 장면 속에서 한 명의 배우가 되어가고 있었다. 곧 내 오른쪽에 있는 로비의 문이 활짝 열렸고, 유니폼을 입은 한 무리의 남자들이 빨간색 카펫을 펼치기 시작했다. 그들은 내 발을 지나쳐, 그랜드 라운지 입구인 왼쪽의 웅장한 문으로 카펫을 굴렸다.

호텔이 경호원들에 의해 텅 비워졌기 때문에 나는 침묵에 잠긴 채로 거기에 홀로 앉아 있었다. 그때, 나는 내가 아는 한 오직 상승 대사들에게서만 뿜어져 나오는 평온한 파동을 느꼈다. 처음에는 미약했던 그 파동이 점점 더 강해지고 있었다. 내 의식이 확장된 인식의 장(field)과 합쳐지는 것을 느낀 나는 내 존재의 중심에 있는 불꽃이 점점 거세지는 것도 느낄 수 있었다. 나는 이 빛이 도시, 나라, 더 나아가 유럽 전체로 퍼져나가 모든 이들이 자신의 근원을 자각하는 의식 속으로 고양되는 것을 심상화했다.

이 증가하는 파동으로 인해 내 내면의 시야가 열리면서, 내적인 차원에서 대백색 형제단이 주최한 회담이 진행되고 있는 것이 보였다. 회담에는 유럽의 정상들과 그들의 대리인들이 참석해 있었다. 이 자리는 유럽의 평화와 경제적 번영에 있어 매우 중요한 자리였으며, 회담은 유럽연합을 위한 계획을 수립하는 데 초점을 맞추고 있었다. 또 이 회담은 스페인에게 있어 중대한 시기에 열린 회담이기도 했다. 이 시기는 우익 독재자 프란시스코 프랑코Francisco Franco 장군이 죽기 직전일 때였고, 그 후에는 왕자 후안 카를로스Juan Carlos가 의회 민주주의를 회복시킬 것이었다.

이 내적 차원에서 열리는 회담의 수장은 다름 아닌 세인트 저메인이었다. 그는 2세기 전 유럽의 궁정에서 자주 입었던 남색 망토를 우아하게 걸치고 있었다. 금과 보석으로 장식된 몰타 십자가는 그의 가슴 위에서 반짝였고, 그의 허리춤에는 다이아몬드가 박힌 장엄한 의식용 검이 있었다. 다른 많은 대사들도 이 회담에 참여했는데, 특히 나는 유명 세계지도자들 다수도 그들의 상위 몸체 형태로 참석한 것을 보고 깜짝 놀랐다. 그들의 상위 몸체는 세간에는 대백색 형제단으로 알려진 빛의 연합(association of light)의 비밀 회원이었다.*

그들 중 다수는 자기 자신이 회원이라는 것을 모르고 있는데, 이런 앎은 그들의 일상에 필요치 않은 것이었다. 그 지도자들 중 몇 명은 내가 신문이나 텔레비전을 통해 알고 있었던 사람들이었다. 하지만 나는 이제 그들이 미디어를 통해 알 수 있는 모습을 훨씬 넘어선 영적 진보를 이룬 사람들임을 깨닫게 되었다.

---

* 대백색 형제단(Great White Brotherhood)은 부적절한 명칭이라고 할 수 있다. 대백색 형제단은 남성뿐 아니라 여성, 그리고 다양한 인종으로 구성되어 있기 때문이다. 대백색 형제단의 '백색(White)'은 백인종을 나타내는 말이 아닌, 그들이 입는 백색 로브 혹은 그들이 발산하는 흰 빛을 나타내는 말이다. 따라서 빛의 결사(Order of Light)가 더 적절한 용어일 수 있다.

갑자기 내 왼쪽에서 플래시 세례가 쏟아져 방을 밝혔고, 우레와 같은 박수 소리와 환호성이 이어졌다. 나는 깊은 명상에서 빠져나왔다. 순간, 문이 활짝 열렸고 라운지 안에 정치가, 기업 리더, 사진사, 기자들이 가득한 것이 보였다. 나는 내가 명상 중에 보았던 일들이 물리적인 영역인 저곳에서도 실제로 일어나고 있다는 것을 깨달았다. '세인트 저메인도 이곳에 계실까?'

그때, 군중 속에서 군복을 입은 두 남자가 비집고 나와 내 쪽으로 레드카펫을 따라 걸어오고 있었다. 나는 그가 스페인의 다음 왕이 될 후안 카를로스 왕자임을 즉시 알아차렸다. 그는 여러 개의 리본과 메달이 달린 띠를 어깨에서 엉덩이까지 두른 채 함박웃음을 짓고 있었다. 그의 짙은 눈동자는 반짝이고 있었고, 그 옆의 다른 군인은 그보다도 더 매력적이었다. 나는 아직 그를 알아보지 못하고 있었는데, 둘 다 내가 앉아 있는 의자를 향해 다가오고 있었다.

나는 다시 궁금해졌다. '내가 안 보이나? 이 세계적인 정치행사의 한가운데에 있는 나를 어떻게 아무도 눈치채지 못하는 거지?' 이 두 명의 걸출한 정치인들이 다가오자, 순간적으로 혼란스러웠다. '여기서 나가야 하나?' 하지만 어떤 힘이 나를 의자에 계속 붙잡아두고 있었다. 나는 그들이 다가올 때 그냥 자리에 앉아 이 장소에 속한 것처럼 행동하는 것이 자리에서 일어나 떠나는 것보다는 덜 어색할 거라 생각했다. 그래서 나는 내가 여기 있게 된 것이 신성한 계획의 일부라고 생각하며 자리에 계속 앉아 있었다. 그리고 내 앞을 지나가는 모든 이들에게 내적인 빛의 축복을 기원했다.

리본을 단 두 명의 군인이 내 앞을 막 지나가려 할 때, 후안 카를로스 옆을 걷고 있던 사람이 나를 흘깃 보고서 윙크를 했다. 순간,

나는 그가 중동전쟁 중에 갑자기 나타나 나를 도와주었으며 이후 몰타의 카페에서 만났던 바로 그 장교 — 내 친애하는 친구이자 멘토이며 상승 대사인 세인트 저메인 — 였음을 알아차렸다.

만약 내가 영적인 에너지 때문에 그 자리에 묶여 있지 않았더라면 나는 그에게 다가갔을 것이다. 그러나 나는 두 사람이 유럽의 관습대로 팔짱을 끼고 호텔 로비로 가는 문을 지나쳐갈 때까지 의자에 말없이 앉아 있었다.

그들이 지나간 뒤에는 외교관의 행렬이 있었는데, 외교관 중 몇 명은 아까의 명상 중에 본 사람이었다. 그리고 나머지 다른 이들은 내가 신문에서 본, 최근 만들어진 유럽연합의 리더들이었다. 그들은 모두 나를 지나쳐 레드카펫을 따라 걸어갔다. 그들은 내 존재를 의식하지 못하는 듯했다. 그들이 나에게 가까이 걸어왔을 때, 나는 내 가슴에서 그들의 가슴으로 빛이 흘러가는 것을 심상화했다. 그리고 그들 위에 있는 지혜의 위대한 대사들이 인류를 위한 그들의 일을 가이드하고 지휘하는 것을 심상화했다.

마지막 한 사람이 지나가고 라운지가 텅 비니 영적 파동도 사라졌다. 의자에서 풀려난 나는 일어나서 로비로 걸어 들어갔다. 그리고 호텔 문이 열려 있길래 정문 계단으로 걸어 나갔다. 계단 양쪽에는 수십 명의 헌병이 손에 총을 들고 꼿꼿이 서 있었고, 계단 아래쪽에는 후드에 스페인 국기를 단 검정색 리무진이 있었다. 리무진은 나를 보지 못했던 것이 분명한 그 검은색 복장의 첩보기관 요원들에 의해 둘러싸여 있었다. 세인트 저메인과 왕자는 리무진으로 안내를 받았고, 군인들 무리가 흩어지자 기동경찰대가 일정한 거리를 두고 리무진을 호위했다.

호텔 투숙객들의 입장이 허가되자 나도 다시 호텔로 들어갔다. 호텔은 평상시처럼 돌아가기 시작했다. 안으로 들어간 나는 세인트 저메인이 내적으로 "이곳에서의 임무는 끝났단다. 이제 떠나렴" 하고 말하는 것을 들었다.

나는 호텔 안내원에게 가서 비행기 예약을 해달라고 요청했지만 그는 "마드리드에서 출발하는 항공편이 이미 모두 예약되어 있습니다"라고 말했다.

나는 안내원의 말을 무시하고 내적인 가이드를 따라 방으로 돌아가 몇 가지 짐들을 챙겼다. 그 후 로비로 돌아와 체크아웃을 하고 도어맨에게 공항으로 가는 택시를 잡아달라고 요청했다.

나는 런던에 들렀다 미국으로 돌아갈 생각으로 공항 티켓팅 카운터에서 런던행 비행기를 알아봐달라고 했다. 하지만 직원은 호텔 안내원과 똑같은 말을 했다. "모든 비행편이 이미 예약되었습니다. 2주 동안은 항공편이 없네요."

나는 런던에 가는 것이 불가능했다면 세인트 저메인이 나보고 떠나라는 말을 했을 리가 없다는 것을 알고 있었다. 나는 리츠 호텔에서 즉시 뜻밖의 방을 얻었던 근래의 경험을 떠올리며 직원에게 자신 있게 말했다. "다음 비행기 편에 좌석이 날 겁니다. 저기 있는 의자에 앉아 있을 테니 자리가 나면 저를 찾아주세요."

그녀는 회의적인 표정으로 나를 바라보더니 어깨를 으쓱했다. "시간만 낭비하실 것 같지만, 원하신다면 기다리셔도 됩니다."

그리고 10분 뒤, 그녀가 팔을 흔들며 내게 달려왔다. "선생님, 선생님! 취소표가 있어요. 빨리요, 뛰셔야 해요." 그녀는 탑승권을 손에 쥐고 헐떡거리며 말했다. 그녀는 내 손에 탑승권을 들이밀었다.

"기적이에요. 어떻게 자리가 났는지 모르겠네요!"

내가 비행기에 도착했을 때는 이미 모든 승객들이 탑승해 있었다. 항공기 출입문을 확보해둔 스튜어디스와 조종사가 미소로 나를 반갑게 맞이해주었다. 또 다른 스튜어디스가 웃는 얼굴로 내게 다가와 좌석을 안내해주었다. "괜찮으시다면 좋겠는데, 손님 좌석은 일등석입니다. 더 즐거운 비행을 위해 제가 할 수 있는 일이 있다면 알려주십시오."

사흘 뒤, 나는 샤스타산으로 돌아왔다. 이때는 나와 펄의 만남이 뜸해지고 있던 시기였다. 하지만 나는 가끔 그녀를 찾아가 내 모험들을 그녀에게 이야기해주곤 했다. 그리고 지금, 나는 펄에게 나의 유럽여행 이야기를 해주고 있었다.

"군복을 차려입은 사람이 당신을 보면서 미소 짓지 않던가요?" 그녀는 많은 것을 알고 있다는 듯한 그 예리한 시선을 던지며 내게 물었다.

"맞아요. 그런 사람이 있었어요." 나는 리츠 호텔에서 목격했던 그 행렬을 말해주었다.

"그 남자가 누구인 것 같아요?"

"알아요. 세인트 저메인이었죠."

"사흘 전, 나는 우리 둘이서 대사 세인트 저메인이 주관하는 세계지도자들의 회담에 참석하는 비전을 봤어요. 이 회담은 유럽의 미래에 있어 상당히 중요한 것이었죠. 대사는 당신과 기쁜 마음으로 함께하셨어요. 이제 당신의 진짜 봉사가 시작된 셈이에요."

그런 다음 그녀는 짓궂은 미소를 지었다. "나는 당신이 유럽에서 대사를 두 번이나 봤다는 것도 알고 있어요."

"두 번이나요?"

"네, 짐작이 안 가세요?"

"모르겠어요. 저는 후안 카를로스 왕자와 있던 그 사람을 딱 한 번밖에 못 봤는데요."

"세인트 저메인은 그전에도 당신이 거쳐야 할 시험 중 하나로서 나타나셨어요. 지금까지의 시험보다 더 어려운 시험이었을 거예요."

"진짜요?" 나는 여전히 어리둥절해하며 말했다.

"당신은 세인트 저메인이 남자로만 나타난다고 생각하세요? 그는 자신이 원하는 모습대로 나타날 수 있어요. 심지어 여자로, 그것도 아름다운 여자로 나타날 수도 있죠."

그때 나는 깨달았다. "아, 그가 바로 식당에서 빨간 드레스를 입고 있던 여자였군요!"

나는 미 동해안을 여행하는 동안 어머니, 의붓아버지와 함께 지냈었는데, 이분들의 집은 뉴욕의 교외에 위치해 있었다. 보통 가족들을 만나는 것은 내게 괴로운 일이었다. 나는 항상 어머니가 내게 만족하지 못하셨다는 느낌을 받았다. 어머니는 내가 삶에서 '아무것도 이룬 게 없다'는 ─ 내 또래들의 사회적·경제적 위치를 갖지 못했다는 ─ 불만을 갖고 계셨다.

또, 어머니는 내가 어릴 때 내게 더 많은 것을 요구해야 했다며 자신을 탓하셨다. 어머니는 내 영적인 추구가 시간 낭비라고 생각하셨고, 그런 추구가 나를 출세하지 못하도록 막고 있다고 생각하셨다. 내 고교 동창생들은 이미 의사, 변호사, 심지어 우주비행사가 되었는데도 말이다. 어머니는 자신이 무엇을 잘못 가르쳤길래 내가 이렇게 됐는지 자주 궁금해하셨다. 어머니가 자신이 못다 하신 것을 나를 통해 이루려 했다는 것을 깨달을 때까지는 오랜 시간이 걸렸다. 어머니는 그 시절 자신의 부모님이 '여자들'이 할만한 일이 아니라며 막은 것들을 내가 하지 않아서 화가 나신 것이었다.

내가 절대 괜찮은 사람이 아니라는 느낌을 갖고 자라면서 나는 상당한 분노를 느꼈다. 나는 이 분노를 억압했고, 나중에는 이 분노가 만성피로 증후군으로 표출되었다. 나는 중년이 되어서야 비로소 이런 분노가 내면 깊이 파묻혀 있다는 것을 어느 날 문득 알게 되었다. 그리고 이 분노는 급속도로 수면 위로 떠올랐다.

그 당시 나는 어머니와 멀리 떨어져 살고 있긴 했지만, 나의 분노는 먼저 어머니에게로 표출되었고, 이후에는 내 고통을 줄여주거나 내 삶에 간섭해주지 않았던 대사들에게 표출되었다. 그러나 나의 고통을 목격하고 그것이 어디에서 온 것인지 이해하게 되었던 깊은 통찰이 일어난 순간, 나는 나 외에는 그 누구에게도 이런 상황에 대한 책임이 없다는 것을 깨달았다. 이런 상황의 원인을 만든 것은 나였다.

그것은 전생에서 행했던 이전의 행위들로 인해 만들어진 상황이었다. 이것을 깨닫자 즉시 대부분의 피로감이 사라졌다. 나는 용서를 배우고, 내 내면에서 용해시켜야 할 나의 특성들을 거울처럼 비춰보기 위해 어머니의 영혼을 이번 생의 내 어머니로 선택했음을 보았다. 너무나 많은 에너지가 나의 분노를 억누르는 데 묶여 있었고, 이것이 내 삶의 많은 시간 동안 앓아온 우울증(실제로는 자기분노)으로 나타났다. 나의 삶과 감정에 대한 책임을 짐으로써 이러한 에너지가 풀려나자 나는 무한한 에너지로 충만해졌다. 하지만 나 자신도 지니고 있었던 그 '통제하는 어머니의 모습'과 마주하기까지는 오랜 시간이 걸렸다.

동부로 돌아와 여행 중이던 어느 날, 나는 저녁 식사를 하다가 갑자기 뉴욕으로 가는 기차를 타고 싶다는 알 수 없는 충동이 느껴졌다. 하지만 그곳에서 하고 싶은 게 무엇인지는 생각나지 않았다. 저녁 식사가 끝날 무렵, 내 마음은 오직 그 도시에 가야 한다는 생각으로만 가득 차 있었다. 어쩌면 나는 할 호닉Hal Honig을 찾아가라는 부름을 받은 것일지도 몰랐다.

할 호닉은 내게 사이 바바를 소개해준 사람이자 작년에 펄을 만나기 위해 샤스타산으로 찾아왔던 사람이었다. 그는 그랜드 센트럴 역에서 걸어갈 수 있는 거리인 센트럴 파크 남쪽에 살고 있었다. 나는 샤스타산의 친구들과 그러했듯 미리 연락도 하지 않은 채 그를 찾아가는 것이 망설여졌다. 나는 이것이 정말로 대사들의 계획인지 아닌지를 몰랐기 때문에 기차를 타고 일단 뉴욕으로 간 다음, 여전히 그것이 옳다는 생각이 든다면 역에서 그에게 전화를 걸기로 했다.

내가 어머니께 무엇을 할 건지 말씀드리자 어머니는 "이 시간에 아무 계획도 없이 뉴욕에 간다니 제정신이 아니구나! 뭘 할지 생각해보고 계획을 짠 다음에 가는 게 좋지 않겠니? 할이 집에 있는지는 확인한 거니? 전화해서 이번 주에 약속을 잡고 만나는 게 나을 게다!"하고 소리치셨다. 그녀의 충고는 꽤 합리적이었다. 하지만 나는 즉시 떠나야 한다는 이해할 수 없는 충동을 느꼈고, 그냥 그곳으로 가야 한다는 것을 알고 있었다. 나는 무뚝뚝한 작별인사만을 남기고 1킬로미터 정도를 걸어서 역에 도착했다.

좌석에 앉아 쉬고 있던 나는 역에서 기차가 출발하자마자 신성한 에너지가 내 안으로 물밀듯 밀려들어 오는 것을 느꼈고, 내가 임무를 수행하고 있다는 것을 알게 되었다. 상승 대사들의 활동이 일어났고, 나는 내적인 작업을 시작했다. 나는 밝혀주고, 드러내주시는 현존께 어떤 일이 일어나고 있는지, 내가 무엇을 해야 하는지 알려달라고 요청했다. 그러자 어떤 위험이 감지되었고, 그것을 경계할 필요가 있다고 느껴졌다. 기차가 도시를 향해 질주하는 동안, 나는 가슴 속으로 확언했다.

나는 이곳에서 활동하는 신적 현존으로, 내가 하려는 일은
신성의 법칙에 따라 완벽하게 이루어진다.

뉴욕에 가까워질수록 나는 위험이 닥쳤음을 더욱 확신하게 되었다. 나는 세인트 저메인을 부르며 그가 뉴욕의 상공에서 빛의 광선들을 도시로 방사하는 모습을 심상화했다. 그런 다음 나는 내 상위 자아가 그와 함께 빛을 방사하는 것을 심상화하면서 다음과 같이 선언했다.

나는 신성 현존으로, 모든 것을 태워버리는 보라색 불꽃을
위와 안, 주변, 그리고 뉴욕시 전체에 타오르게 하여 완벽에
미치지 못하는 모든 것들을 녹여버리고 태워버린다.

나는 이런 말들이 전혀 무의미한 것이 아니며 실제로 '힘을 지닌 말'이라는 것을 알고 있었다. 이러한 말들은 의식의 힘을 통해 새로운 현실을 불러오는 말이었다. 만물은 모두 연결되어 있으므로, 내 생각은 다른 모든 생각에 영향을 미치게 된다. 이는 단순히 긍정적인 생각의 힘을 말하는 것이 아니다. 이것은 극동 지역에서 전

해 내려오던 고대 가르침들의 현대적인 형태인 것이다. 티베트 탕카 thangka(신들을 묘사한 태피스트리)에 그려져 있는 몹시 노한 존재나 깨달음을 얻은 보디사트바들을 심상화하는 대신, 나는 내게 더 친근하다고 느껴지는 대사들을 불렀다.[*]

기차는 맨해튼 Manhattan을 향해 속도를 내고 있었고, 나는 목적지인 그랜드 센트럴 역과 점점 가까워지고 있었다. 보라색 불꽃이 모든 부정적인 힘을 용해한다는 것을 알고 있던 나는 강렬한 보라색 빛을 발하는 거대한 구가 뉴욕을 감싸고 있는 것을 상상했다. 온 뉴욕이 자수정 구 속에 들어 있는 것 같은 이미지였다. 그리고 나는 마음속으로 대사 세인트 저메인을 부르며 다음과 같이 요청했다. '보라색 불꽃이 뉴욕 전역에 강렬히 불타오르도록 해주세요. 그리고 이 보라색 불꽃이 완전히 자존하도록 해주세요. 이 상황 전체를 완전히 지휘해주세요.'

내 요청에 대한 응답으로 나에게 쏟아지고 있던 에너지가 한층 더 강렬해졌다. 뉴욕에 가까워지자 내 내면의 시야가 열리기 시작했고, 나는 그랜드 센트럴 역 위의 하늘에 떠 있는 내 진실한 친구, 상승 대사 세인트 저메인의 빛나는 현존을 보았다. 그는 자신의 양쪽 손바닥에서 나오는 거대한 보라색 빛의 광선들을 역으로 쏟아부어주고 있었다. 자수정 색을 띤 그 광선들은 역 복도를 따라 늘어서 있는 사물함 중 하나에 집중되었다.

기차가 그랜드 센트럴 역에 진입했을 때 나는 다시 내 상위 자아에게 직접 행위해줄 것을 요청하며 다음과 같이 선언했다.

---

[*] 대부분의 라마들은 어떤 신을 불러오는지보다 마음속에 품고 있는 의도가 더 중요하다는 것을 알고 있다. 이 의도가 의식의 활동과 힘을 작동시킨다.

나는 나보다 앞서서 지휘하고 통치하는 신성 현존이며, 완벽한 평화와 화합, 그리고 상승 대사들의 신성한 계획을 모든 활동 속에서 지휘한다.

나는 상승 대사들과 나보다 먼저 상승한 상승 대사 친구들의 현존으로, 언제나 나를 지휘하고 지켜준다. 그리고 완벽하고 신성한 계획을 여기로 가져온다.

내가 기차에서 내리자 한 경관이 문 앞에 나타나 말했다. "역을 폐쇄할 예정이니 모두 저를 따라오세요." 그는 우리 모두를 역 정문으로 호위하면서 42번가로 나가도록 안내했다. 그리고 아무도 출입하지 못하도록 문 앞을 가로질러 바리케이드를 설치했다.

나는 건너편에 있는 커피숍을 안식처로 삼아 선언을 계속하면서 그랜드 센트럴 역과 맨해튼, 그리고 뉴욕의 다른 모든 자치구 전체에 강렬한 보라색 불꽃이 타오르는 것을 심상화했다.

30분 후, 창문 너머로 한 경관이 사람들이 다시 역에 들어갈 수 있도록 바리케이드를 철거하는 모습이 보였다. 나는 커피숍을 떠나 밖으로 나왔다. 익숙한 배기가스 냄새와 구운 베이글 냄새, 노점상에서 파는 밤 냄새가 짙게 풍기고 있었다. 나는 길모퉁이에 있는 공중전화로 걸어가는 도중에 기침을 했다. 뉴욕의 공기는 내가 언제나 들이마실 수 있었던 샤스타산의 그 순수한 공기와는 너무도 달랐다. 할에게 전화를 걸자 그가 전화를 받았다.

"음, 지금은 만날 수 있을 것 같지가 않네…. 내 친구들이 집에 와 있어. 이곳은 샤스타산이 아니라 뉴욕이야. 사람들이 '갑자기' 찾아오지는 않지." 할은 어머니가 내게 해준 충고를 떠올리게 하면서 훈계하듯 말했다. 저녁 일찍 그를 찾아가겠다는 생각은 그저 내가 집 밖으로 나와 기차를 타고 올바른 방향으로 가도록 가이드하는 형태에 불과했다. 흔히 있는 일이지만, 마음은 어떤 맥락을 만들어 내적인 가이드를 자신의 틀에 맞추려 한다. 그래야만 그 가이드를 자신이 인식할 수 있으며, 즉시 행동할 수 있기 때문이다. 나는 내가 즉시 뉴욕에 가야 한다는 것을 정확히 알고 있었다. 그러나 마음은 그것을 이해할 수 없었으므로 아무렇게나 그 이유를 덧붙였다. 오직 여정이 실제로 펼쳐졌을 때만 가이드의 다음 부분이 드러났다. 그 가이드는 목소리가 아닌 느낌으로 온다.

지금 나는 뉴욕에서 펄의 학생 중 하나였던 할을 만나겠다는 내 생각이 틀렸음을 알게 되었다. 따라서 시내로 가서 옛날에 시를 낭송하곤 했던 바들이 위치한 그리니치 마을^{Greenwich Village}의 옛 이웃들을 보거나, 내가 어렸을 때 나보다 몇 살 위인 밥 딜런이 소음을 뚫고 우디 거스리^{Woody Guthrie}의 노래를 시끄럽게 불러대던 걸 봤던 카페 'wha?'를 가면 어떨까 하는 생각이 들었다. 하지만 그것은 마치 전생처럼 여겨졌고[*], 시간이 점점 늦어지고 있었다. 나는 오늘 밤 내가 해야 할 일을 끝냈으며 단순히 추억을 위해 그 장소를 다시 찾는 것은 의미가 없다고 느껴졌다. 어쨌거나 그 추억들은 실재가 아니었다. 적어도 그것들은 내가 내 의식 안에서 실재로 만들고 싶은 딱 그만큼만 실재적인 것이었으며 나는 이미 새로운 세계의 문턱을 넘어선 상태였다.

나는 자동차들이 지나가며 흘린 기름으로 인해 검게 젖은 거리를 건너가고 있었다. 거리를 건너는 도중 나는 쉬익 소리를 내며 증기를 뿜어내는 맨홀 뚜껑을 보게 되었는데, 그것은 내가 알지 못하는 어떤 지하 화재 때문인 것 같았다. 나는 다시 한번 우주의 '거대한 중심지들(great hubs)' 중 하나인 '그랜드 센트럴' 터미널의 회전문을 밀었다. 그러자 어둠 속에서 흐릿하게 한 경찰관의 모습이 보였다. 그는 경찰봉을 빙빙 돌리며 나를 맞이했다.

"무슨 일이죠?" 내가 물었다.

"사물함 중 하나에 폭탄이 들어 있었어요. 폭발할 준비가 다 됐는데도 무슨 이유에서인지 터지지 않았죠. 아무도 다치지 않은 건 기적이에요."

그는 뒤로 물러나 가볍게 인사하며 나를 들여보내주었다. 내가 지나가는 동안 그는 계속 중얼거렸다. "이건 기적이야." 두 걸음을 채 떼기도 전에, 그가 세인트 저메인이라는 생각이 들었다. 나는 뒤를 돌아보았지만 그곳에는 아무도 없었다. 그가 밖으로 나간 것일까? 어찌 됐든 나는 세인트 저메인이 그날 저녁 그곳에 한 형태 또는 다른 형태로 나타났었음을 알게 되었다.

---

* 많은 이들이 전생에 집착하며, 자신이 얼마나 중요한 역사적 인물이었는지에 대해 집착한다. 이러한 집착은 영적 여정에 있어 가장 큰 함정 중 하나다. 전생에 연연하는 것은 높은 의식의 문에 들어가길 미루는 에고를 북돋아줄 뿐이다. 당신이 진정 누구였는지를 알아야 한다면 그것은 사람들의 에고를 키워 생계를 유지하는 영매에 의해서가 아닌, 내적으로 자연히 드러나게 될 것이다.
그리고 전생을 아는 것의 목적은 가르침을 위한 것이지, 자기가 중요한 사람이라는 느낌을 높이려는 것이 아니다. 사실 자기 자신의 모든 전생을 볼 수 있다면 그것은 끔찍한 경험이 될 것이다. 모든 전생이 유익한 것은 아니기 때문이다. 만약 전생을 모두 기억한다면 그는 여전히 전생의 카르마의 영향과 분투하느라 여기 없었을 가능성이 크다.
나는 한 해에만 세 명의 여자로부터 자신이 전생에 막달라 마리아였다는 말을 들은 적이 있다. 정신병동은 자신이 예수 혹은 다른 유명인사였다고 생각하는 사람들로 가득 차 있다. 람 다스 역시 정신병동에 입원해 있는 자신의 형제가 예수를 자처하고 있다는 말을 내게 한 적이 있다. 람 다스는 자신의 형제에게 "예수(the Christ)가 아니라 그리스도(a Christ)라고 해야 한다"는 말을 해주었다. 중요한 것은 그리스도 의식 또는 마리아 의식을 지금 당장 체현하는 것이다. 사실상 과거, 미래와는 상관없이 깨달음은 오직 지금, 즉 현재에만 일어난다.

나는 기차를 타고 집으로 돌아가면서 그날 밤 뉴욕의 참사를 막기 위한 그의 활동의 일부로서 부름을 받았다는 사실에 감사를 느꼈다. 또, 대사들은 요청을 받지 않는 한 인간이 창조한 상황들에는 거의 간섭할 수 없기 때문에 그들을 향한 나의 요청이 그들에게 필수적이라는 것을 확실히 알게 되었다. 그날 밤, 나는 대사들의 행동을 요청하는 사람으로서 보내진 것이었다. 내가 집을 떠난 지 세 시간도 채 되지 않아 다시 돌아오자 어머니는 나를 질책하셨다. "이런, 쓸데없는 여행을 했구나! 이제는 너도 잘 알겠지. 다음부터는 누굴 찾아가기 전에 미리 전화부터 하고 가렴."

나는 대백색 형제단의 모토인 "알라, 과감히 시도하라, 행하라, 침묵하라"를 떠올리며 그날 밤 사건의 내 은밀한 역할에 대해 아무 말도 하지 않았다. 나는 내가 어머니께 무슨 말을 한들, 어머니는 내가 이룬 일을 이해할 수 없다는 것을 잘 알고 있었다. 그러니 굳이 논쟁을 벌이거나 나쁜 감정을 만들어낼 필요도 없었다. 나는 위층으로 올라가 잠자리에 들었다.

다음 날 아침, 일찍 잠이 깬 나는 또다시 맨해튼으로 가고 싶다는 알 수 없는 충동을 느꼈다. 나는 전날 밤에 걸었던 길을 다시 따라 걸어가 마침내 기차에 올라탔다. 그리고 조금 뒤, 나는 그랜드 센트럴 터미널을 다시 걷고 있었다. 터미널은 늘 그렇듯 북적이는 사람들과 함께 정상적으로 운영되고 있었다.

나는 와이저의 형이상학 서점(Weiser's Metaphysical Bookshop)에 가기 위해 인파를 헤치고 나와 지하철을 탔다. 와이저의 형이상학 서점은 세계 최대의 오컬트 서점 중 하나로, 내가 60년대에 뉴욕에서 살앗을 때 마헨드라나드 굽타^{Mahendranath Gupta}가 쓴 라자 요가[*]의 고전인 《스리 라마크리슈나의 복음서》(The Gospel of Sri Ramakrishna)를 발견한 곳이기도 했다. 이 책은 내 영적 여정의 발단이 되었다.

이번 여행에서는 별다른 일이 일어나지 않았다. 그러나 놀랍게도 뉴욕의 공기는 샤스타산만큼 깨끗했고, 하늘은 구름 한 점 없이 푸르렀다. 사람들은 마치 처음 숨을 쉬는 것처럼 숨을 깊게 들이쉬었다. 한 남자가 건물에 기댄 채로 하늘을 바라보며 햇볕을 쬐고 있었다. 보통 모든 사람이 바삐 움직이는 그곳에서는 좀처럼 보기 드문 광경이었다. 내가 기억하는 한, 뉴욕 시민들은 처음으로 편안하고 행복해 보였다. 마치 하룻밤 사이에 도시가 부처님의 정토^{淨土}로 변한 것 같았다. 생각을 정화하면 들어갈 수 있는 천국인 그 정토 말이다.^{**}

"내 생에 가장 아름다운 날이야." 나는 어떤 남자가 말하는 것을 들었다. 햇살이 내리쬐는 길을 걸으며 나도 가슴이 충만하게 차오르는 것을 느꼈다. 나는 내가 어떤 방식으로든 이 도시의 변화에 일조했다는 것을 알고 있었다.

---

[*] 로열 요가^{royal yoga}라고도 불리는 라자 요가는 상위의식의 함양과 관련이 있는 반면, 하타 요가^{Hatha yoga}에서 가르치는 육체의 정화와 단련은 보통 초기 단계의 수련이라 할 수 있다.

^{**} 정토는 무한한 빛의 부처님인 아미타불이 다스리는 지복의 천국이다. 이곳은 모든 정신적 오염과 장애에서 자유로운 곳이자 부처님으로부터 직접 영적 가르침을 받는 곳이다. 인간은 자신에게 나타난 세상이 이미 정토라고 심상화함으로써 지금 바로 이러한 의식에 이를 수 있다. 당신이 걷고 있는 이 땅을 청금석으로 만들어진 것으로 보고, 나뭇잎을 무지개색 빛으로 만들어진 것으로 보고, 꽃을 정교한 보석으로 가득한 것으로 보고, 당신 자신을 무한한 빛의 주님의 현현으로 보고, 당신과 마주친 모든 이를 완전히 깨달은 부처님으로 보라. 당신이 의식을 집중하는 것은 곧 당신이 된다.

6부

열린 문을 통하여

36장 🔥 갈라서다

세인트 저메인이 뮤어 숲에 나타나 펄에게 가르침을 받을 수 있도록 나를 샤스타산으로 보낸 그날, 내가 그의 제자가 되었던 그날 이후로 나는 당연히 펄이 계속 내 선생님으로서 남아 있을 거라 믿었다. 펄과 나는 지난 몇 년간 사랑과 상호존중으로 함께 일을 해나갔다. 우리는 텔레파시로 소통하는 일이 잦았고, 우리 사이의 불화는 상상조차 할 수 없었다. 그녀는 세속적인 지위와는 상관없이 나를 있는 그대로 받아들여준 영적 어머니와 다름없었다. 나는 이런 관계를 맺어본 적이 단 한 번도 없었다.*

고대 인도 경전 〈베다〉에서는 구루와 제자만큼 친밀한 관계는 없

* 티베트인들은 서양으로 건너와서 자존감이 낮은 사람들을 보고 깜짝 놀랐다. 그것은 어린 시절에 사랑 어린 돌봄을 충분히 받은 경험이 부족했기 때문이었다. 다른 사람에게 줄 수 있는 가장 큰 선물이 그저 그들의 선천적인 선량함, 즉 진정한 그들 자신인 내면의 하나님을 봐주는 것인 이유가 바로 여기에 있다. 그리고 인간이 자기 자신에게 해줄 수 있는 가장 위대한 일은 자신의 내면에 있는, 똑같은 그 기본적인 선량함을 느끼고 숙고하는 것이다. 그것은 인간의 기본적인 천성이자 "나는 스스로 존재하는 자다"(I AM THAT I AM)의 표현이다.

다고 말하고 있다. 이는 구루가 하나님의 현현이자 제자 자신의 상위 자아의 이미지이기 때문이다. '구루'는 어둠에서 빛으로 인도하는 자를 뜻하는데, 펄은 내게 이러한 역할을 해주었다. 구루와 제자 사이에는 부모와 자식 관계보다도 더 깊은 헌신이 존재한다. 이는 이 약속이 반복된 모든 생애들을 초월하여 존재하며, 오직 제자가 하나님에 대한 온전한 깨달음을 이룰 때 끝이 나기 때문이다. 비록 내가 제자가 되기로 했던 구루는 세인트 저메인이었지만 그가 나를 훈련시키기 위해 지명했던 구루는 펄이었다.[*]

펄과 나는 우리가 세인트 저메인의 영적인 가족 구성원이라는 것을 알고 있었고, 우리는 여러 생애 동안 그의 일을 도우며 함께 일해왔었다. 수년 동안 나는 그녀의 임무를 이어가기 위해 그녀의 조수이자 후임이 되어 훈련을 받고 있었다. 따라서 나는 우리의 유대가 흔들릴 것이라고는, 그것도 가장 예상치 못한 원인으로 그렇게 되리라고는 생각지도 못했다.

이 모든 것은 펄의 친구이자 자칭 보호자인 써니Sunny라는 이름의 나이 든 여성이 펄의 다락방을 청소하던 중에 원고를 발견하면서부터 시작되었다. 그 원고는 고드프리 레이 킹이 상승한 후 대사들이 펄과 그녀의 쌍둥이 광선인 밥을 통해 소그룹의 I AM 학생들에게 들려주었던 담론들이 적혀 있는 오래된 원고였다. 그러나 그것은 책으로 출판된 적이 없었다.

---

[*] 궁극적인 구루는 자기 자신의 I AM 현존이며 다른 모든 구루들은 그것이 외현화된 것일 뿐이다. 궁극적인 수준에서 보자면 구루와 하나님은 하나이다. 하지만 그 근원과 접촉하여 직접적인 가이드를 받을 수 있을 때까지는 다양한 깨달음의 수준을 나타내는 다른 개인들이 소중한 안내자가 된다. 진정한 구루는 제자를 소유하고자 하는 욕구가 없으며, 제자가 더 큰 자아실현(self-realization)의 단계로 나아갈 준비가 되었을 때 제자를 멀리 보내버리거나 자신에게 환멸을 느끼게 만든다.

써니는 펄과 마찬가지로 과거 고드프리 레이 킹의 학생이었다. 그녀는 '써밋 라이트하우스the Summit Lighthouse'를 만든 마크 프로피트Mark Prophet와 엘리자베스 프로피트Elizabeth Prophet, '브리지 투 프리덤the Bridge to Freedom'을 만든 제럴딘 이노첸티Geraldine Innocenti와 일하기도 했었다. 이 단체들은 모두 고드프리의 상승 이후에 I AM 활동을 이어가려 노력했던 단체들이었다. 하지만 써니는 다른 사람들과 어울리는 것에 매우 서툴렀고, 다른 사람들에게 명령을 내리고 그들의 복종을 받는 데 익숙해져 있었다. 이는 많은 단체들의 몰락을 초래하는 자질이었다.**

"펄, 이 담론들을 꼭 책으로 내세요." 어느 날 써니는 선의가 담겨 있지만 공격적인 말투로 펄에게 명령했다. "이것들은 세상 밖으로 나가 사람들에게 도움이 되어야 한다고요."

펄은 원고를 어떻게 해야 할지에 대한 직접적인 가이드를 받지 못했기 때문에 써니의 의견을 따랐다. 펄은 원고의 편집을 도와줄 학생들의 그룹에 원고를 넘겨주었고 편집은 써니가 총괄하기로 했다. 그러나 써니의 차가운 성격 때문에 그룹의 많은 학생들은 이내 써니와 멀어지게 되었다. 써니는 펄에게 오늘날 젊은이들의 단점에 대해 심한 불평을 늘어놓았다.

이러한 곤경에 좌절한 펄은 어느 날 아침, 내가 그녀의 집 거실에 앉아 있을 때 일부 편집된 원고를 내 무릎에 올려놓으며 말했다. "이

** 존 웰우드의 《깨달음의 심리학》. 존 웰우드의 '영적 회피'라는 말은 구도자들 사이에 널리 알려져 있으며 위의 경우는 이러한 영적 회피의 또 다른 예시라고 할 수 있다. 많은 금욕주의자들은 세상과 단절된 채 살아가는데, 이러한 삶의 방식은 그들이 자신의 본성을 깊이 들여다보지 않기 위한 수단이자 여전히 거기 숨어 있는, 바뀌지 않으려는 무지를 그대로 유지하기 위한 수단이다. 이 무지는 독재적인 역할 뒤에 숨어 있는 것일 수 있다. ─ 궁극적으로, 이러한 독재적인 역할은 그가 이번 생 혹은 다음 생 안에서 반드시 다뤄야 할 문제다.

건 당신 거예요. 이런 말다툼은 이제 질려버렸어요. 이걸 출판하든지 태워버리든지 당신이 하고 싶은 대로 하세요. 지금부터 나는 신경을 끄겠어요. 원고에 관한 다른 어떠한 얘기도 듣고 싶지 않아요."

나는 대사들의 말씀을 출판하는 일을 맡게 되었음을 영광스럽게 생각하며 기꺼이 그 임무를 받아들였다. 크리스마스가 다가오고 있었고, 나는 뉴욕에 있는 우리 가족을 방문할 계획이었다. 따라서 나는 펄에게 동부로 가면 틀림없이 출판사를 찾을 수 있을 거라고 말했다. 그리고 출판 작업이 끝나 완성된 책이 그녀의 손에 쥐어질 때까지 그녀의 바람들을 존중할 것이며, 다시는 그녀를 귀찮게 하지 않겠다고 약속했다.

나는 휴일 동안 뉴욕으로 원고를 가지고 가서 최종 편집을 직접 끝마쳤다. 대사들을 포함하여 구두로 말을 전할 때 문법적으로 완전한 문장을 말하는 이는 아무도 없었기 때문에 편집 작업은 주로 어디에 구두점을 찍을지, 어떤 단어를 대문자로 써서 강조할지 결정하는 일이 대부분이었다. 처음 세인트 저메인 시리즈 책들을 읽을 당시 나는 글에 대문자를 지나치게 많이 사용한 것 같아 짜증이 났다. 하지만 지금 대사들은 대문자들이 에너지를 전달하는 '빛을 담는 용기'(Cups of Light)가 될 수 있다는 사실을 내게 보여주고 있었고, 나는 어떤 단어를 강조해야 하는지 알려달라고 기도했다.[*]

상서롭게도, 내가 발견한 출판사는 오래된 자수정 광산 위에 위치해 있었다. 뉴욕에 사는 할 호닉이 책의 출판 비용을 대주기로 했고,

---

[*] 영어에서 명사와 구두적 표현의 첫 철자를 대문자로 쓰는 양식은 18세기 중반쯤부터 낡은 것이 되어버렸다. (아마도 활자공들의 번거로움 때문일 것이다.) 하지만 여전히 일부 언어들, 예컨대 독일어에서는 명사의 첫 철자를 대문자로 쓰고 있다.

나는 기분 좋게 원고를 출판사에 넘겨주고 부모님과 함께 크리스마스를 보내기 위해 뉴욕에 있는 집으로 돌아갔다. 내게 맡겨진 임무를 훌륭하게 해냈다는 확신이 들었다. 그래서 펄에게 최종 원고 한 부를 보내며 임무를 완수했다는 말을 전했다. 또, 그녀에게 출판사명을 이야기해주면서 곧 첫 번째 사본을 받아볼 수 있을 거라고도 말했다.

그러나 내 성취감은 그리 오래가지 못했다. 며칠 후, 출판업자가 충격적인 소식을 내게 전해주었기 때문이다. 그는 써니가 자신에게 전화를 걸어 내가 펄의 책을 출판할 권한이 없으며, 내가 원고를 '몰래 빼돌렸고' 원고의 내용도 바꿨다는 말을 했다고 전해주었다. 그녀는 자신이 담당 편집자이므로 자신에게 모든 권한이 있으며, 그가 책을 인쇄한다면 그를 고소할 것이라고 말했다. 협박을 받은 그는 펄에게 출판 허가 서류를 받아오지 않는 이상 출간을 진행할 수 없다는 말을 남겼다.

엄청난 충격이었다. 나는 내 선생님에게 성스러운 원고를 전해 받았을 뿐인데 원고를 훔쳐 갔다는 혐의를 받고 있었다. 나는 몇 주 동안 편집에 몰두했고, 엄청난 사비를 들여가며 제대로 된 출판사를 찾아다녔다. 이 모든 것은 헛수고였다. 나는 샤스타의 친구로부터 다음의 이야기를 전해 들었다. 그것은 써니가 내가 펄의 원고를 가지고 있으며 그것을 자신의 승인 없이 출판하려 한다는 것을 알아낸 이후로 나를 '변절자'라고 부르며 나의 '불복종'에 대한 온갖 소문을 퍼트리고 다녔다는 이야기였다.

나는 '내 행동이 펄의 요청에 의한 것이었다는 사실을 펄이 써니에게 말해주면 이 모든 일이 해결되겠지' 하고 생각했다. 하지만 그러한 해명은 끝내 이루어지지 않았다. 펄은 써니에게 자신이 한 일을 말하지도 않았고, 일을 바로잡기 위해 출판사에 편지를 쓰지도 않았다. 나는 벼랑 끝으로 내몰렸다. 샤스타산에서의 내 평판이 나빠지고 있었다. 나는 언제쯤 이런 혼란이 해결되어 내가 샤스타산으로 다시 돌아갈 수 있을지, 그리고 언제쯤 펄과 함께 우리의 영적인 일을 재개할 수 있을지 궁금해졌다. 나는 자기 자신의 I AM 현존을 보고, 그것과 대화할 수 있으며, 매일 대사들과 교류하는 이 빛나는 존재가 여전히 그런 인간적인 결점을 지니고 있다는 사실을 믿을 수가 없었다.

이 사건 이후로 오랜 시간이 지나서야, 나는 내가 그녀의 결점이라고 생각했던 그 행동이 대사들의 지시였을지도 모른다는 사실을 깨닫게 되었다. 나는 대사들이 종종 이런 인간적인 상황들을 이용해 우리가 미처 알지 못했던 우리 자신의 약점들을 표면화시킨다는 것을 알게 되었고, 이로써 우리가 그것들을 인지하고 극복할 수 있다는 사실을 이해하게 되었다. 셰익스피어는 "세상 이치에 밝은 이들은 지혜와 경험이 있어 우회적인 방법으로 옆구리를 찔러 굽은 길을 통해 바른길을 알아낸다"*고 쓴 바 있다. 실제로 대사들은 우리가 올바른 방향과 더 높은 목적에 맞추어지도록 하기 위해 종종 실수나 사고처럼 보이는, 이런 우회적인 굽은 길을 활용하곤 한다.

나는 펄이 내게 단독 편집자가 되어달라고 부탁했으니 이 일에서는 빠져달라고 써니에게 말하지 않을 것이라고는 전혀 생각하지 못했다. 또, 펄이 우리 편집팀의 의사소통의 고리에서 써니를 완전히

---

* 윌리엄 셰익스피어, 《햄릿》제2막 1장.

배제시킬 거라는 말을 써니에게 하지 않을 거라는 생각도 전혀 하지 못했었다. 나는 높게 평가 받고 있는 영적 진보에도 불구하고, 영적 단체에 오래 몸담아온 어떤 학생들은 슬프게도 다른 이들과 협동하는 능력이 부족해 '프리마 돈나 prima donna'가 돼버리는 경향이 있다는 것을 알게 되었다.

나는 같은 길을 걷고 있는 친구들이 그룹으로서 함께 일하는 것이 이렇게나 힘들 수 있다는 사실이 의아했다. 펄에게 듣기로는 이런 내 질문을 고드프리의 학생들 중 한 명이 세인트 저메인에게 똑같이 물어본 적이 있었다고 했다. 학생은 이렇게 물었다. "우리는 왜 무언가 합의를 보는 데 이렇게 어려움을 겪고 있는 걸까요?" 그러자 대사는 유쾌한 대답을 내놓았다. "얘야, 너희들은 많고 우리 대사들은 극히 소수인 이유가 바로 그거란다."

시간이 흘러도 여전히 펄은 써니와 맞서지도, 내가 그녀의 요청에 따라 행동해왔다고 목소리를 높이지도 못했다. 그래서 나는 펄의 결점으로 보이는 것을 정신분석하기 시작했다. 어쩌면 펄은 자신에게 말도 없이 편집자를 바꿨다고 말하면 써니가 화를 낼까 두려워서 나를 희생양 삼아 도망친 것일 수도 있었다. 나는 그곳에 없었고, 따라서 스스로 해명할 수도 없으니까 말이다. 나는 그녀의 행동이 내적 가이드에 따른 것이었을 수도 있다는 것을 상상조차 할 수 없었다.

'설마 펄이 써니에게 진실을 말할 용기가 없어서 우리의 관계를 희생시키겠어? 분명 펄은 내가 집으로 돌아갈 때쯤이면 이 혼란을

말끔히 해결할 거야. 책*은 그녀의 손에 들어가게 될 거고, 나는 다시 그녀의 후임자가 되겠지.'

하지만 상황은 나아지지 않았다. 사실 나는 펄이 써니의 편을 들어주며 나에 관한 써니의 주장을 나머지 학생들에게 그대로 들려주고 있다는 말을 들었다. 실로 엄청난 충격이었다. 나는 가장 가까운 사람에게 배신을 당했고 누명까지 썼다. 나는 내게 다른 이들의 교사가 되라고 강요한 바로 그 사람에 의해 망가지고 있었다. 나는 그때 다른 사람들에 대해 들은 소문을 절대 믿지 않기로 결심했다. 모든 이야기에는 항상 다른 측면들이 많기 때문이었다. 나는 이 이야기에 대한 내 입장을 표명하기 위해 집에 있지 않았던 것을 후회했다.**

하지만 나는 프랜시스 베이컨 경으로서 마지막 생을 보냈었던 세인트 저메인과 내 상황이 얼마나 비슷한지를 깨닫고 어느 정도 위안을 느끼게 되었다. 그는 제임스 왕에게 변함없는 봉사와 충성심을 보여주었지만, 왕에게 배신을 당했다. 이후 유럽에서 전쟁과 혁명을 막기 위해 사건의 배후에서 일하던 상승 대사로서의 세인트 저메인은 왕의 대신들에게 반복해서 배신을 당했다. 왕의 대신들은 오늘날의 군수업자와 그 졸개들이 그러하듯 전쟁을 통한 이윤을 노리는 자들이었다.

그들은 그를 사기꾼이자 협잡꾼으로 묘사했으며, 비밀리에 그와

---

* 이 책은 결국 세 권의 시리즈 책 중 첫 번째 책인 《한 걸음씩 오르는 우리》(Step by Step We Climb)라는 제목으로 출판되었다. 시리즈의 처음 두 책은 대사들로부터 주어진 담론으로 이루어져 있으며, 마지막 책은 그녀 자신의 그리스도 자아가 지닌 고양된 의식으로부터 주어진 담론으로 이루어져 있다.

** 바로 이러한 자신의 '이야기'에 대한 동일시가 우리를 에고의 새장 속에 계속 가둬둔다. 우리는 자아에 대한 깨달음을 통해 결국 이러한 이야기를 놓아버리고 순수한 존재의 상태에서 무한의식을 경험하게 된다.

협업했던 왕들은 평화를 위한 그의 막후 협상에 대한 모든 것을 부인하도록 강요받았다. 물론 물리적 제한을 받지 않는 상승 대사였던 그를 붙잡아둘 수 있는 감옥은 없었고, 그는 그저 육체를 비물질화함으로써 간수들에게 대단한 치욕을 안겨주기도 했다.

나는 대사들이 나를 세인트 저메인의 전신이었던 프랜시스 베이컨 경과 비슷한 시련을 겪을 만한 가치가 있는 사람이라고 생각해주었음에 자부심을 느껴야 했지만, 그때는 그저 절망감만 느꼈다. 나는 세인트 저메인과 달리 내 평판을 신경 쓰고 있는 에고를 여전히 지니고 있었고, 그와 같이 내 몸을 비물질화할 수도 없어서 그저 인간적인 육체 속에 계속 머물러 있을 뿐이었다. 만약 내가 내 몸을 비물질화할 수 있었다면 나는 친구들이 모여 있는 자리에 내 몸을 물질화시켰을 것이었다. 그러면 그들에게 진실을 말해줄 수 있을 테니 말이다.

나는 내 평판이 떨어지고 있다는 이런 얘기들을 부모님께 말씀드리지 않았다. 어머니는 이미 샤스타산에서의 내 삶을 그다지 좋게 보고 있지 않으셨다. 어머니는 자신이 생각하시기에 사회에서 중요한, 의미 있는 직업을 내가 갖고 있지 않은 것을 못마땅하게 여기셨다. 어쩌면 어머니는 펄을 질투하셨을지도 모른다. 몇 년 전 펄을 처음 만난 어머니는 울음을 터뜨리셨다. 펄을 처음 만난 사람들이 으레 그렇듯, 그녀의 현존 안에서 무조건적 사랑으로 충만해졌기 때문이었다. 어쨌든 나는 이 일을 아무에게도 말하지 않은 채, 그저 조용히 내 상처를 치유하고자 했다.

엘리자베스의 방문

크리스마스 전주, 나는 나에 대한 소문에 대해 혼자 생각하면서 부모님과의 식사 자리에 침울하게 앉아 있었다. 전화벨이 울리자 어머니가 전화를 받았다. 전화를 건 사람은 작년에 내가 푹 빠져 있었던 엘리자베스였다. 나는 펼에 대한 존경과 금욕을 지키겠다는 대사들과의 약속 때문에 그녀와의 데이트를 피했었다.

엘리자베스는 나처럼 크리스마스를 부모님과 함께 보내려 부모님 댁에 갔다가 내게 전화를 걸었다고 했다. 그녀는 "그냥 당신과 당신 가족들이 행복한 크리스마스를 보내면 좋겠다는 말을 전하려고 전화했어요" 하고 말했다. 그러나 상황 파악을 하기도 전에 그녀와 나 사이에 뭔가가 있다고 느낀 어머니는 내게서 전화기를 빼앗아가셨다. 어머니는 엘리자베스에게 동부로 넘어와 우리 가족들과 같이 지내면서 새해를 맞이하자고 하시며 그녀를 집으로 초대하셨다.

비록 내 직업에 대해서는 불만이 많으셨던 어머니였지만, 나는 어머니가 내가 잘 살아가기를 바라고 계신다는 것을 알고 있었다. 어머니는 내가 괜찮은 여자와 사귀게 된다면 내가 더 행복해질 것이며, 세상에 더 잘 적응할 수 있도록 도움을 받을 수 있을 거라고 생

---

* 쾌락, 숭배, 명예, 이득을 향한 욕망과 고통, 비난, 치욕, 상실을 피하려는 욕망인 '여덟 가지 세속적인 다르마'를 추구하는 것으로는 영원한 행복을 절대 찾을 수 없다. 우리는 우리 자신의 영화와 동일시되어 자신을 기분 좋게 해주는 것은 추구하는 반면, 기분 나쁜 것은 피하려 한다. — 행복의 결정적인 요인은 상황 그 자체에 있는 것이 아니라 항상 우리 자신의 마음속에 있다는 것을 알지 못한 채로 말이다. — 사실 이런 상황들 속에서 행복을 결정하는 가장 중요한 요소는 우리가 우리 자신을 보는 관점이다. 어떤 이들은 자기 마음대로 되지 않는 어떤 것에 대한 자신의 실망감을 외부의 '사악한 힘' 때문이라고 투사하기도 한다. 그들은 자기 자신의 에고적 의지에 따라 삶을 바꾸려는 필사적인 시도로 확언을 한다. 하지만 그들은 어떤 특정한 상황에서 나올 수 있는 최상의 결과가 무엇일지 알지 못하며, 삶에서 느끼는 고통의 근원이 자기 자신에게 있다는 것도 알지 못한다. 페마 초드론Pema Chodron은 자신의 책 《모든 것이 산산이 무너질 때》(When Things Fall Apart)에서 좌절과 고통은 보통 통제의 환상을 너무 꽉 붙잡고 있는 것에서 기인한다고 말한다.

각하셨다. 이는 세상의 이원성 속에서 영원한 행복을 찾을 수 있다는 기존의 잘못된 인식에서 나온 생각이었다.[*]

엘리자베스가 나를 위한 '바로 그 사람'이라고 생각한 어머니는 펄이 그러했듯이 무의식적으로 자신의 역할을 해주셨다. 그것은 앞으로의 가르침과 시험을 위한 대사들의 계획에, 그리고 내 에고의 정화에 필요한 역할이었다.[**] 자신이 사랑하는 사람들이 궁극적인 행복을 얻을 수 있도록 그들의 삶 속에서 환상에 불과한 모든 것을 파괴해버리는 힌두 여신 칼리와 같이, 이 두 여인 모두 내 수련기간 동안 대사들의 도구가 되어주었다.

크리스마스 다음 날 도착한 엘리자베스는 언제나처럼 아름다웠다. 그녀는 나와 부모님을 위한 선물을 품 안 가득 들고 나타났고, 그녀의 짙은 눈은 사랑으로 반짝였다. 처음에는 모든 것이 잘 돌아갔고, 나는 내 사랑의 열병을 간신히 억누르고 있었다. 우리는 이전의 오해들과 그것에서 비롯된 상처에 대해서는 이야기하지 않았다. 그리고 오래지 않아 우리는 서로의 현존 속에 있을 때만 느낄 수 있는 그런 사랑을 느꼈고, 그것을 서로에게 표현하기 시작했다.

상황은 명확해 보였다. '마침내 대사들이 우리를 이어주셨군. 만

[**] 영적인 수련들에서는 '에고의 파괴'에 대한 필요성을 자주 언급하는데, 이는 더 정확하게 말하자면 '에고의 정화'라고 할 수 있다. 우리는 자기관찰을 통해 에고를 정화할 수 있는데, 에고를 정화하면 에고는 더 이상 우리를 지배하지 않으며 오히려 우리의 종이 된다. 이렇게 될 때 에고는 적이 아닌, 우리가 의식적으로 살 수 있도록 해주어 세상 속에서 기능을 다하게끔 하는 유용한 탈것이 된다. 자동차가 우리를 이곳에서 저곳으로 이동시켜주듯이 말이다.
우리는 에고가 문제를 일으키지 않고 우리에게 잘 봉사할 수 있도록 마치 차처럼 청소하고 정기적으로 보수해줄 필요가 있다. 좀더 구체적으로 들어가보면 에고는 차 앞 유리로 비유할 수 있다. 더러운 앞 유리는 운전 중에 온갖 종류의 오인과 실수를 일으키며, 사고까지도 일으킬 수 있다. 하지만 앞 유리가 깨끗하면 우리는 앞 유리를 보지 못하고, 그것이 있다는 사실조차 인지하기 힘들다. 상승할 시간 — 무지개 몸을 성취할 시간 — 이 되어 의식의 집합체가 녹아버렸을 때만이 비로소 진정으로 에고가 녹았다고 말할 수 있는 때다.

약 이게 대사들의 계획이 아니었다면 그녀가 이곳에 오도록 그들이 가만두었을까? 하지만 몇 년 전, 나는 펄의 정원에 앉아《멜기세덱의 반차》에 대고 금욕 맹세를 했는데…? 어쩌면 우리는 인간적인 즐거움만을 위해서가 아니라 펄과 제리처럼 인류에 봉사하기 위한 순결 결혼을 할 수도 있지 않을까?' 그러나 금욕적인 관계에 대한 생각은 내가 느꼈던 자석 같은 끌림에 의해 빠르게 희미해졌다.

그녀가 계속 나와 가까이 있었다면 유혹을 당했을 수 있었겠지만, 다행히도 어머니는 그녀에게 맨 아래층 방을 내어주었다. 나는 엘리자베스나 어머니에게 내가 누명을 썼다는 얘기를 하지 않았고, 엘리자베스와 아름다운 시간을 보내기 위해 모든 것을 옆으로 제쳐놓았다. 대기에 가득한 크리스마스 분위기를 즐기던 우리는 손을 잡고 눈 덮인 동네를 걸으며 이웃집 뜰에 쌓인 눈에서 빛이 반짝거리는 것을 보고 감탄했다. 우리는 서로의 눈을 보았고, 그렇게 서로의 가슴이 열렸다. 모든 것이 우리의 관계가 다시 이어졌음을 확인해주는 듯 보였다.

하지만 낮에 느낀 행복과는 대조적으로, 나는 밤 동안 끔찍한 꿈들을 꾸다가 땀에 흠뻑 젖은 채로 일어났다. 대부분이 거대한 쓰나미에 휩쓸려가는 꿈이었다. 꿈속의 나는 내 차를 바다 위 벼랑에 주차해두었는데, 문을 열 수가 없었다. 나는 열쇠를 잃어버렸다는 것을 깨달았다. 내 위로 우뚝 솟은 해일을 피하기 위해 필사적으로 차문을 열어보려 했지만 나는 곧 내가 휩쓸려갈 것임을 알고 있었다.

'이건 모든 관계 속에서 어느 정도 일어날 수 있는, 에고에 대한 파괴를 나타내는 꿈인 걸까? 하지만 내가 꿈에서 두려움을 느꼈다는 것은 일종의 경고야. 그렇지 않다면 왜 내가 이런 극심한 공포를 느끼겠어? 만약 엘리자베스로 나를 또 한 번 시험하는 것이라면? 만약 대사들이 내가 그들을 선택할지 그녀를 선택할지 보기 위해 그녀를 이용하는 거라면? 그렇지만 크리스마스잖아. 내 가슴이 이렇게나 열려 있는 지금, 그들이 나를 시험할 리가 없잖아? 대사들에 대한 봉사뿐 아니라 인간적인 사랑도 할 수 있어야 할 것 같은데.'

나는 절벽 끝에 위태롭게 서 있는 느낌이었고, 만약 내가 엘리자베스의 입술에 키스라도 한다면 그 절벽 끝에서 휩쓸려가버릴 것만 같아 두려웠다. 나는 올바른 선택을 하기 위한 명료함과 결단력을 기도했다. 나는 그날 밤 기도에 대한 응답처럼 보이는 한 구절을 《"I AM" 담론》("I AM" Discourses) 속에서 읽게 되었다. 책은 본질적으로 다음과 같이 말하고 있었다. "만일 누군가가 당신의 삶에 속하지 않을지도 모른다는 의심이 든다면 대사들에게 책임을 져달라고 요청하라. 그들이 그곳에 있을 운명이 아니라면 그 사람을 치워달라고 요청하라. 그런 다음 법칙이 작용하여 그가 떠나가면 그의 고통에 동정함으로써 그를 다시 끌어당기지 않도록 하라."

실마리를 얻은 나는 대사들에게 엘리자베스와 나 사이에 나타나달라고 요청하며 다음과 같이 확언했다.

우리가 함께 할 운명이 아니라면 그것을 명명백백히 해주시고, 우리가 함께할 운명이라면 모든 의심을 녹여주세요.

잠이 든 나는 꿈속에서 엘리자베스를 보았고, 우리가 함께하는 미래의 삶을 보았다. 나는 우리가 낳은 남자아이 하나와 여자아이 하나를 보았고, 그들의 이름을 들었다. 그러나 우리 사이의 불화 때문에 대사들은 더 이상 내 삶에 없었다. 직업에 대한 욕망은 엘리자베스를 다른 방향으로 향하게 했고, 그렇게 그녀는 나와 다른 길을 추구했다. 우리의 결혼생활은 이혼으로 끝났다. 우리가 함께하는 삶은 내가 기대했던 행복이 아닌, 고통으로 이어질 것이 분명해졌다.

그리고 최근에 꿨던 쓰나미 꿈이 나의 상위 자아로부터 온 경고였다는 사실도 분명해졌다. 나는 세인트 저메인이 에드워드 불워리턴Edward Bulwer-Lytton 경에게 텔레파시로 들려주었던 내용을 기반으로 한 소설 《마법사 자노니》(Zanoni)가 기억났다. 그것은 젊은 대사가 자신의 스승으로부터 받은 경고를 무시하고 제자와 사랑에 빠지면서 그의 모든 권능과 힘을 잃어버려 남들은 물론 자기 자신도 돕지 못하는 신세가 된 이야기였다. 그의 결혼은 그의 자기완성과 대사로서의 위치를 끝내버렸다.

다음 날 아침, 나는 엘리자베스에게 이 일을 설명하려고 했지만 내 어설픈 말은 그런 시도가 헛된 것임을 증명해주었다. 그녀는 내가 감지하는 대사들의 가이드가 그저 내 마음의 치유되지 않은 부분이 투사되어 생긴, 이성과 가까워지는 것에 대한 두려움이라고 주장했다. 또 혼자 있고 싶어하는 내 바람이 이기적이라고도 했다. 개인적인 행복에 대한 욕망과 대사들에 대한 봉사 사이의 갈등을 설명하려고 하면 할수록 나는 그녀를 불쾌하게 했다. 내가 한 말은 모두 잘못된 것처럼 보였다. 이내 그녀는 격분했고, 나는 그녀의 분노를 참아내기보다는 방을 나가버렸다. 나에 대한 분노가 가득한 말을 들으며 그녀와 같은 집에서 하루라도 더 같이 지내는 것은 상상도 할 수 없었다. 다시 방으로 잠깐 돌아온 나는 그녀에게 이 집을 떠나달라고 부탁했다.

"연휴에 날 여기로 초대한 사람은 당신이에요." 그녀가 쏘아붙였다. "우리 부모님은 날 여기 보내주려고 비행기 표에 많은 돈을 썼어요. 그런데 지금 혼자 있고 싶다고 나보고 떠나라고요?" 그녀는 미친 듯이 화를 내며 소리쳤다.

나는 눈물을 참으며 그녀가 한 말이 전부 사실이라는 것을 깨달았다. 비록 그것이 전체 이야기의 한 부분일지라도 말이다. 나는 더 이상 아무 말도 할 수 없었다. 내가 말을 할 수 있다 한들 나는 나의 이성적인 논리가 그녀의 격앙된 감정의 논리에 맞설 수 없음을 알고 있었다.

나는 잠자코 방을 나갔다. 곧 그녀가 항공사에 전화를 걸어 그날 오후 출발할 비행기로 예약을 변경하는 목소리가 들려왔다. 그녀를 공항으로 태워다주는 동안 눈물이 내 뺨을 타고 흘러내렸다. 나는 아무 말도 할 수 없었고, 우리는 침묵 속에서 차를 타고 갔다. 나는 마음을 바꿔 하루만이라도 더 머물러 달라고 그녀에게 매달리고 싶었지만 내가 읽었던 경고가 떠올랐다. "일단 그가 떠나기 시작하면 당신의 인생에 있어야 할 사람이 아닌 이에게 동정심을 가짐으로써 그를 다시 끌어들이지 않도록 하라." '아니야. 나는 선택을 했어. 이제 나는 그 선택의 결과를 받아들이고 살아야 해.'

"괜찮아요?" 그녀는 계속 내게 물었지만 그녀의 목소리에 담겨 있는 사랑은 나를 더 아프게 할 뿐이었다. '내가 이렇게 사랑하는 사람을 어떻게 떠나보낼 수가 있지?' 그날은 새해 첫날이었고, 여전히 전 세계 대부분의 사람들이 그리스도의 탄생과 새해의 시작을 축하하고 있었다. 반면 나는 내 일부가 죽어가는 느낌이었다. ― 사실 정말로 그런 중이었다.

공항에서 거의 아무런 말도 할 수 없었던 이별을 한 후 멍하니 집으로 차를 끌고 돌아왔다. 그리고 침대에 몸을 던진 후 사흘 내내 누워만 있었다.

'사람은 정말로 찢어진 가슴으로 인해 죽을 수도 있구나. 내가 겪고 있는 이 고통이 바로 세인트 저메인과 함께 지구 위에서 내려다보았던 바로 그 고통이었어.'

세인트 저메인은 내게 육체에서 해방시켜주겠다는 제안을 했지만, 나는 사람들을 돕기 위해 우주에 떠 있는 작고 푸른 이 별로 돌아왔다. 그리고 지금 그 도움이 필요한 사람은 바로 나였다. 에드워드 불워리턴의 소설《마법사 자노니》처럼, 나는 힘을 잃어버려 아무도 도울 수 없는 상태였다. '지구로 돌아온 게 무슨 소용이 있단 말이야? 세인트 저메인이 필요한 지금, 그는 어디에 있는 거냐고?'

살고 싶은 마음이 사라진 나는 충격으로 멍해졌다. 며칠 동안 아무것도 먹지 않았고 명상도 할 수 없었다. 내 마음은 엄청난 슬픔에 잠겨 있었다. '그 모든 영적인 성취는 다 어디로 가버린 거지? 나는 서른세 살이나 됐고, 어머니가 항상 믿어왔던 대로 실패자가 맞아. 나는 직업도 없고 돈도 없는 데다, 이제 내 인생의 하나뿐인 진정한 사랑을 파괴하기까지 했어. 그리고 내가 엄격하게 복종했던, 나를 대사들에게 헌신하게끔 가이드했던 내 스승은 나를 배신하고 친구들 사이에서의 내 명성을 실추시키고 있지. 도대체 대사들은 어디 있는 거야? 그들도 마찬가지로 나에게 등을 돌렸어. 나는 지금까지 인생을 낭비한 거야.'

그러나 바로 그 순간 내 인생의 가장 어두웠던 그 순간은 해가 뜨기 직전의 순간이었다. 그때 비록 나는 대사들을 인식하지 못했었지만, 그들은 나를 아주 많이 의식하고 있었다. 이 십자가형은 모든 인간적 집착을 뒤에 남겨놓고 내가 들어가게 될, 대사들이 곧 허락해줄 부활을 위한 출입문일 뿐이었다. 나는 곧 내가 꿈꿔왔던 것보다 훨씬 더 영광스럽게 직접 그들과 접촉하게 될 것이었다. 그리고 그것이 나의 봉사 능력을 새로운 수준으로 확장시켜줄 것이었다.

문지방의 거주자

그 사흘은 내 인생에서 가장 어두웠던 날들이었다. 나는 충격으로 멍해져 있었고, 자는 상태와 깨어 있는 상태가 뒤섞여 과거, 현재, 미래 사이의 경계가 녹아버렸다. 나는 전생들을 다시 체험하게 되었다. 상위 멘탈체 상태로 로열 티톤 은둔처에 있게 된 나는 어마어마하게 큰 스크린 앞에 앉아 있었다. 스크린에 보이는 것은 지금의 영화관에서 볼 수 있는 것보다도 더 실물같이 보였다. 나는 스크린을 통해 엄청난 도덕적 타락이 만연해 있었던 과거 시대의 지구를 보게 되었다. 사람들은 엄청난 힘을 지니고 있었지만 그 힘을 남용했을 때 올 결과를 아직 경험하지 못한 상태였다. 그들은 온갖 종류의 타락한 활동을 추구하며 자신들의 괴상한 욕망을 마음껏 채웠다.

그들은 서로에게뿐 아니라 지구를 돕기 위해 영겁의 시간 전에 우주를 여행해 도착한, 지구에서 성장 중이던 어린 영혼들에게도 엄청난 고통을 주게 되었다. 사람들은 노예가 되어 쾌락의 수단으로 전락하거나 사람들의 피에서 생명력을 흡수하는 악마적인 존재들에게 희생물로 바쳐졌다. 바로 이것이 오늘날까지도 일부 문화권에서 계속되고 있는, 동물을 제물로 바치는 의식의 기원이다.

이 마법사들은 놀라운 힘을 지니고 있었다. 이들은 자신이 지닌 힘으로 자신의 추종자들을 보호해주겠다는 조건을 걸며 자신들을 신처럼 숭배하라고 사람들에게 요구했고, 사람들의 삶을 점점 더 통제하기 시작했다. 사람들은 아직 진정한 하나님은 숭배를 원하지 않는다는 사실을 알지 못했고, 오직 인류가 자신의 내면에서 신적 현존을 찾기만을 바라신다는 진실을 배우지 못한 상태였다.

나는 긴 시간을 더 거슬러 올라가 신성한 영혼들이 처음 지구로 보내지고, 그들의 임무가 무엇인지 배우게 되었을 때로 돌아갔다. 신적 자아의 남성적 측면과 여성적 측면이 외적으로 발현된 존재인 이 쌍둥이 불꽃들은 창조계에 현현한 사랑의 화신들로 구현되도록 만들어졌다. 처음에는 계획대로 잘 흘러가는 듯했다. 하지만 신적 의지에 저항하거나 서로 외적으로 분리된 존재들로 있어본 적이 없었던 이 새로운 인류의 교사들은 인류의 느린 진화 속도에 조급해졌고, 계획을 바꾸기로 결정했다.

그 계획은 그들이 자신이 새로 발견한 욕망에 따라 움직이는 것이었다. 어떤 영혼들은 진화 중인 인류와 분리된 채, 그저 교사라는 역할에만 머물러 있기를 원치 않았다. 그들은 개인적인 욕망에서 동기를 얻었고, 인간과 교미함으로써 그들의 진화 속도를 더 가속화시킬 수 있다고 믿으며 인간들과 좀더 사적인 관계를 맺기로 결심했다. ─"하나님의 아들들이 사람의 딸들의 아름다움을 보고 자신들이 좋아하는 모든 여자를 아내로 삼는지라." (창세기 6:2)

이 생에서 내가 엘리자베스라는 사람으로 만난, 내 사랑하는 쌍둥이 불꽃은 내가 다른 여자들과 어울리기 위해 그녀에게 등을 돌리는 것을 공포에 질린 채로 지켜보고 있었다. 그때의 나는 한 번도 사랑의 부재나 사랑과의 분리를 경험한 적이 없었다. 나는 우리의 연결이 영원하므로 다른 사람을 사랑하는 것은 아무런 해가 되지 않는다며 나를 합리화했었다. 그녀는 나의 일부였기 때문에 나는 그녀의 존재를 당연하게 여겼고, 그녀가 항상 내 곁에 있을 거라는 이기적인 생각을 했었다. 나는 그 순간을 다시 경험하며 내가 그녀를 버리는 장면을 그녀의 눈으로 보았고, 내 가슴은 갈가리 찢어졌다.

나는 그녀가 오늘날 남자를 믿지 않는 것도, 다른 남자들과 어울리면서 나에게 고통을 주려고 하는 것도 모두 나 때문이었다는 것을 보게 되었다. 나는 현재의 카르마를 창조해냈고, 그것이 지금 우리가 함께하는 것을 막고 있었다. 우리는 언젠가 다시 하나가 될 운명이었지만 이 카르마가 진정한 우리였던 '하나'로 다시 결합되는 것을 막고 있었던 것이다. 나는 오랜 세월 동안 계속해서 다치게 될 상처를 창조해냈고, 이 상처 역시 언젠가는 반드시 치유되어야만 했다.

나는 그 시대의 종말을 보게 되었다. 인류 대부분을 몰살시킨 어마어마한 대재앙이 연속해서 일어나면서 땅은 바닷속으로 가라앉았다. 진리의 가르침에 입문한 이들은 평화롭고 조화로운 장소에서 문명의 진화를 계속하기 위해 지구 중심으로 들어갔다. 여전히 이원성에 사로잡혀 있는 이들은 땅 위에서의 계속되는 갈등과 분투를 겪게 되었다. 그들은 이로써 자신들에게 필요한 교훈을 배울 수 있는 상황으로 반복하여 환생해, 마침내는 자신들의 무지와 절제되지 않은 욕망의 결과를 그들 스스로 경험하고 고칠 수 있을 것이었다.

이렇게 뒤이어진 일련의 시대들에서 엘리자베스와 나는 여러 번의 환생을 거듭하며 서로 알고 지냈었는데, 나는 우리의 그런 모든 관계가 그녀의 무의식적인 불신으로 인해 파괴된 것을 보게 되었다.

우리의 만남에서 느꼈던 사랑에도 불구하고, 결국 매번 그녀는 나를 의심하기 시작했었다. 그녀는 다른 남자들과 시시덕거리며 내 앞에서 그 남자들과의 관계를 과시했다.

그녀는 자신의 영혼이 기억하는 크나큰 슬픔으로부터 자신을 보호하려 했을 뿐 아니라, 한때 내가 그녀에게 했던 짓을 똑같이 경험하게 해주려고 의도적으로 이렇게 하는 것 같았다. 어쩌면 그녀는 자신의 진가와 우리 합일의 신성함을 내가 깨달을 수 있도록 나를 가르쳐주고 있었는지도 모른다. 이렇게 함으로써 나는 미래의 어느 시대에서 우리의 신성한 유대, 즉 하나님의 가슴 속에 있는 신비로운 양극성인 '천상에서 맺어진 결혼'을 재개할 준비가 될 것이었다.

이러한 비전들을 본 후 다시 내 몸으로 돌아왔을 때, 나는 울면서 깨어났다. 나는 엘리자베스를 배신한 것이 어떤 신성한 것, 즉 나 자신의 내적인 한 부분을 배신한 것과 같다는 것을 알게 되었다. 이러한 배신은 내가 내 욕망에 굴복하고, 그 욕망을 따름으로써 생긴 결과였다. 양심의 가책을 느낀 나는 내가 이것을 만회할 수 있을까 하는 생각이 들었다. 머지않아 나는 내가 스스로 창조해낸 악마와 마주하게 될 운명이었다. 이 악마는 지구에서의 내 모든 부정적인 행위, 생각, 감정으로 이루어진 나 자신의 부정성에 의해 창조된 것이었으며, 가장 무시무시한 형태로 나에게 다가올 것이었다.

오컬트 그룹에서는 이 존재를 '문지방의 거주자*'라고 부른다. 티

---

* 에드워드 불워리턴의 《마법사 자노니》에 나오는 용어. 이 책은 세인트 저메인이 작가에게 텔레파시로 전해준 이야기를 소설의 형식으로 적은 책이다. 책에서는 문지방의 거주자를 먼저 제거하지 않고 영적 입문을 할 때 어떤 일이 생기는지 보여주고 있다. 엘리자베스 하이츠Elisabeth Haich의 책 《입문》(Initiation)을 참고하라.

베트 탕카에서는 이 괴물이 분노에 가득 찬 무서운 눈을 가진 존재로 묘사된다. 우리 자신이 창조해낸 이 악마는 자신에게 자양분을 대주는 자신의 창조자에게 돌아가는데, 우리는 이러한 자양분을 결국 모두 소멸시켜야만 한다. 이 존재는 하위 자아에게 유혹의 말을 속삭이며 이기적인 행동을 하라고 부추긴다. 이 존재는 감정적 자양분(Loosh)**으로 자신의 존재를 유지하며 이 감정적 에너지를 생산하고자 우리를 자극하는 것이다.

이것은 내가 어렸을 때 봤던 으스스한 그림자와 같은 것이었다. 어렸을 때, 집에 혼자 있던 나는 마치 내게서 무언가를 원하는 듯 숨어서 기다리고 있던 이 존재를 흘낏 본 적이 있었다. 이 악마는 꿈에도 나타난 적이 있는데, 직접 쳐다보기 힘들 정도로 너무나 무서웠다. 그 존재는 내 생명력을 빨아먹으려고 했고, 나는 쿵쾅거리는 심장 소리와 함께 극심한 공포를 느끼며 꿈에서 깨어났다.

이 존재는 화가 났거나 두려워하는 다른 사람들의 얼굴에서도 보였다. 그것은 뒤틀린 입과 노려보는 눈을 가진, 그들 자신의 악마적인 창조물이었다. 사람들을 순간적인 격정에 따라 행동하게 만드는 이러한 무의식적 힘은 종종 그들이 가장 사랑하는 이들에게 해를 입히기도 한다. 사람들이 분열된 인격을 가진 것처럼 보이게끔 하는 것이 바로 이러한 힘이었다. 사실 그들은 자기의식의 한 부분에 사

** 로버트 먼로Robert Monroe, 《몸 밖으로의 여행》(Journeys Out of the Body). '루쉬'는 '아스트랄 빛'의 현대적인 용어로서 인간의 정신적·감정적 방사물들로 가득 찬, 비물질적 차원에 스며드는 에너지다. 초반에 먼로는 '몸 밖의' 존재들과 접촉하고 있었기 때문에 그들이 높은 정보를 알고 있으리라고 생각했다. 그는 이 차원이 지상에 얽매인 영혼과 사념체로 가득 찬 기만적인 곳임을 알지 못했다. 그곳의 영혼들과 사념체들은 그들이 신봉하는 것을 진리라고 믿게끔 사람들을 기꺼이 속여 넘긴다. 하지만 먼로는 그들이 인간의 에너지를 흡수하며 살아간다는 것을 알게 되었다. 자신이 대사들이나 '안내자'들과 교감한다고 생각하는 심령가들은 사실 이런 존재들과 교감하는 경우가 대부분이다.

로잡혀 있는 것이다.

이 존재는 오직 빛의 의식적인 사용으로만 용해될 수 있다. 특히 모든 것을 태워버리는 보라색 불꽃과 푸른 불꽃의 검, 그리고 자기관찰을 통해서 말이다. 자기관찰은 감정적인 프로그래밍에 대한 집착을 용해시키고, 이 존재가 계속 살아갈 수 있게 해주는 감정적 먹이를 빼앗아버린다. 만약 이렇게 하지 않는다면 인간은 무의식 속에 계속 머물면서 고통으로서 나타나는 불 원소의 더딘 정화 활동을 인내해야만 한다. ― 이 느리고 고통스러운 정화의 길은 자신의 무지로부터 깨어날 때까지 대부분의 인류가 생애를 거듭하며 인내해야만 했던, 바로 그 정화의 길이다.

어느 날 밤, 경고도 없이 이 괴물이 나와 대결을 벌이기 위해 찾아왔다. 내 육체가 잠든 사이, 나는 방문 밖에서 들리는 끔찍한 울부짖음을 듣게 되었고, 그것을 살펴보고 싶은 충동이 들었다. 나는 거친 육체를 떠나 상위 몸체로 나서서 문을 열었다. 그곳 계단 꼭대기에는 나보다 머리 하나는 더 키가 큰 악마가 나를 내려다보고 있었다. 악마는 내가 어렸을 때 두 번의 끔찍한 일을 겪었던 바로 그 장소를 선택했다. 그곳은 내가 두려움에 가장 취약한 곳이기도 했다.

나는 다섯 살 때 그 계단에서 넘어진 적이 있었다. 비록 신체적으로 다친 곳은 없었지만, 어린 나는 그때 나도 언젠가 죽을 것이라는 사실을 깨달았다. 그리고 그 경험은 내가 죽음에 가까이 다가갔다고 느낀 첫 번째 경험이었다. 나는 계단 꼭대기에서 많은 시간을 보내곤 했다. 그곳에서 나는 잘 다듬어져 윤기가 나는 참나무 계단들을 내려다보며, 계단에서 넘어지는 순간 느꼈던 죽음의 감각을 숙고했었다.

　그러던 어느 날 나는 벽에 세워져 있는, 상감 세공된 마호가니 재질의 중국풍 찬장에 관심이 갔다. 그 찬장은 거의 천장에 닿을 만큼 컸다. 찬장 아래는 보통 자물쇠로 잠겨져 있었지만, 어쩐 이유에선지 그날은 열쇠가 자물쇠에 꽂혀 있었다. 고대의 열쇠같이 보이는 그것을 돌리고 문을 열자 낡은 나무 상자가 나왔다. 그 나무 상자 안에는 상아로 조각된, 지름이 몇 인치 정도 되는 오싹한 사람의 두개골이 숨겨져 있었다. 그것은 삼촌이 아주 오래전 동양을 여행하면서 가져왔다가 잊어버린 물건이었다. 나는 그 물건에 병적으로 매료되었다. 그것은 두개골 꼭대기를 감싸고 있는 뱀이 해골의 빈 눈구멍을 내려다보고 있는 모양이었다. 내 느낌에, 내가 찬장을 열고 거듭하여 명상하도록 만드는 이 오싹한 물건은 아직 내가 헤아리지 못한, 숨겨진 지혜를 품고 있는 것 같았다.

　나는 전생에 인도의 방랑하는 금욕주의자로 살았던 적이 있었다. 그때 나는 화장터의 불타는 시체들 사이에서 명상을 했다. 어떻게 보면 마치 그때의 생애처럼, 나는 이번 생에서도 똑같이 삶의 무상함에 대한 명상을 계속했던 것이다.

　악마는 으르렁거리며 붉은 빛으로 만들어진 검을 꺼내 들었다. 그 검은 〈스타워즈〉에 나오는 다스 베이더의 검과 비슷했다. 겁에 질린 나는 옆쪽으로 팔을 뻗어 푸른 빛을 발하는 비슷한 검을 꺼내 들었다. 전투에 임하는 동안 깨달은 사실은, 악마가 지닌 검보다도 그 악마의 에너지를 내가 더 두려워하고 있다는 것이었다. 나는 그가 내 생명력을 빼앗으려 한다는 것을 느낄 수 있었고, 그제야 이 존재가 어린 시절부터 내 꿈속에 무섭게 나타났던 존재임을 알아차렸다. 이 존재는 나를 아프게 하고 두렵게 했으며, 내 에너지를 먹고 사는 존재였다.

나는 공격을 기다리기보다는 무기를 휘두르며 그를 향해 앞으로 돌진했다. 하지만 에너지가 소진되고 있다는 느낌을 받았다. 이 존재를 이길 수 없을 것만 같았다. 내 공격은 교묘한 역습만 부추길 뿐, 모두 빗나가고 있었다. 내가 두려움에 굴복하고 힘을 잃은 만큼 상대는 그 에너지를 얻어 점점 강해지면서 흡족해하고 있었다.

그러다 나는 이 존재가 내게서 힘을 끌어다 쓰는, 나 자신의 창조물이라는 사실을 깨달았고 내가 살아남을 유일한 방법은 이 두려움을 극복하고 나 자신의 힘을 되찾는 방법뿐임을 알게 되었다. 이 통찰에 확신이 서자 악마의 얼굴에서는 우월감이 사라져버렸고, 나는 처음으로 녀석을 주의 깊게 지켜보았다.

나는 무기를 왼손으로 옮겨 잡으면서 녀석을 손가락으로 가리켰다. 그리고 내 안으로 밀려들어 오는 신성 현존을 느끼며 말했다.

I AM인 그리스도의 이름으로 내가 너에게 말하노니, 너는 아무 힘이 없다. 내가 너를 창조했다…. I AM이신 하나님의 힘으로 나는 이제 너를 해체한다!

그 존재는 마치 치명상을 입은 것처럼 콧바람을 내쉬더니 한 걸음 물러서서 내가 대담무쌍하게 퍼부은 방금의 공격을 피하기 위해 붉은 광선검을 마구 휘둘렀다. 두려움은 사라졌고, 나는 내 세상의 창조주로서 갖게 된 새로운 자각에 힘을 얻어 자신 있게 앞으로 나아갔다.

"너에게는 힘이 없다." 나는 전진하면서 계속 확언했다. 나는 내가 이 악마의 근원이자 이 악마의 존재를 지속해주는 힘이라는 것을 알고 있었다. 하지만 혹여 경계를 늦추거나 의심에 굴복하기라도 한다면 해를 입을 수 있다는 것 역시 잘 알고 있었다. ─ 사실, 많은 사람들이 설명할 수 없는 원인에 의해 미쳐버리거나 잠결에 예기치 않게 죽기도 한다.

나는 다시 전진하면서 그 존재가 내 몸집 크기만큼 작아져버린 것을 알아차렸고, ─ 그럼에도 여전히 무서웠다 ─ 지금 내가 죽음의 결투를 치르고 있음을 느꼈다. 대학 시절에 했던 펜싱은 지금 내게 큰 도움이 되고 있었다. 나는 코치가 했던 말을 기억해냈다. 코치는 "승리는 가장 강한 자가 얻는 것이 아닌, 자신을 가장 잘 관찰할 수 있는 자가 얻는 것이다"라고 가르쳤다. 그 내적인 자기관찰과 자각 속에서 상대방의 약점이 드러나기 때문이다.

이제 그 존재는 더 이상 나를 공격할 수 없는 것 같았고 그저 자신을 보호하기 위해 간신히 검을 높이 쳐들고 있을 뿐이었다. 빈틈을 본 나는 곧장 그에게 달려들어 검을 그의 가슴으로 꽂아 넣었다. 그는 공포에 질린 표정으로 바닥에 쓰러졌다. 그는 서서히 작아지며 흐릿해졌고, 나는 그 장면에 매료되어 그가 마침내 투명하게 변해 바닥이 보일 때까지 계속 그를 바라보고 있었다. 그리고 결국, 그의 형체는 기화되어 대기 중으로 흩어져버렸다.

나는 충격과 함께 깨어났고, 이 지독한 경험으로 인해 땀에 흠뻑 젖은 채로 온몸을 떨고 있었다. 지난 오랜 세월 동안 나를 괴롭혔던 공포가 사라지면서, 말로 다 표현할 수 없는 홀가분함과 안도감이 느껴졌다. 나는 문지방의 거주자를 죽였다. 우리가 진정 누구인지 알아내고 우리의 신성한 주권을 되찾지 못하도록 인간의 자각을 두려움과 의심의 감옥에 가둬두었던 그 문지방의 거주자를 말이다. 이 존재를 떨쳐내는 일은 곧 뒤따를, 대사들이 그들의 권한 속에서 내려줄 신성의 빛을 받기 전에 반드시 해야 할 일이었다.

37장 🔥 더 큰 봉사

나는 어렸을 때처럼 창문을 통해 오래된 단풍나무의 맨 가지와 싸늘한 1월 하늘을 내다보면서 위층 방 안을 서성거렸다. 나는 열흘 전에 떠나보냈던 엘리자베스를 아직도 마음속에서 떨쳐버릴 수 없었고, 내 가슴은 창문 밖 풍경처럼 황량하기만 했다. '대사들을 위해 사랑을 포기하기까지 했는데, 대사들은 도대체 어디에 있는 거야?' 나는 궁금했다.

그러자 갑자기 내 마음의 눈에 쿠투미 랄 싱 대사의 우아한 얼굴이 선명하게 보였다. 내가 이스라엘을 여행하면서 만났던, 부드럽고 인상적인 눈과 긴 적갈색의 머리칼을 가진 대사였다. 그의 말은 나를 깜짝 놀라게 했다. "우리는 자네를 우리가 생각해낼 수 있는 모든 시험들 속에 밀어 넣었다네. 그리고 이 마지막 시험은 가장 어려운 시험이었지. 자네는 그것들 모두를 통과했어. 축하한다네. 이제 자네의 더 큰 봉사가 시작되려 하고 있다네. 앉아서 명상하게나."

489

그런 다음 그는 사라져버렸다.

　나는 명상을 하기 위해 방 한구석에 있는, 대대로 내려오는 떡갈나무 안락의자로 걸어가며 생각했다. '더 큰 봉사가 뭐지?' 내 마음은 여전히 혼란스러운 상태였다. 엘리자베스가 떠난 이후부터 나는 생각을 고요히 하기 위해 가만히 앉아 호흡에 집중하려 했지만, 내면의 평화를 좀처럼 느낄 수 없었다. 엘리자베스가 떠나기 전에는 항상 효과가 있었던 수행이었는데 말이다. 나는 여전히 우리의 이별에 대한 가슴속 고통을 느끼고 있었다.

　그러다 문득 '왜 고통에는 집중하지 않는 거지?' 하는 생각이 들었고 "길 자체를 목적지로 삼으라"는 불교의 가르침이 떠올랐다.*　바로 이 순간, 당신에게 일어나고 있는 일에 집중하라. 우리가 바라보고 싶지 않은 것이 우리를 지배하므로 지금 일어나고 있는 일을 알아차리고, 그것을 온전한 자각으로 충만히 경험하라. 일단 바라보면 그것은 사라진다.

　'비록 빛에 집중할 수는 없지만 내 가슴속 아픔인 이 고통에는 집중할 수 있어.' 고통을 피하면서 내 마음을 지복으로 가득 채우려 애쓰는 대신, 내가 느끼고 있는 것으로 다시 의식을 돌렸다. 그러자 고통은 내 상충하는 감정들의 바다에 떠 있는 구명 뗏목이 되었고, 마음이 안정되었다.

　나는 여성들로부터 출산 중에 그 어떤 것에도 집중을 할 수 없어서 출산의 고통에만 집중했더니 오히려 그러한 집중이 살아남는 데 도움을 주었다는 얘기를 들은 적이 있었다. 이제 나는 고통에서 벗

---

*　초감 트룽파, 《길이 곧 목적지다》(The Path Is the Goal).

어나려 몸부림치는 대신, 내가 느끼고 있는 것에 온전히 집중했다. 그러자 고통이 밀려들어 와 나를 가득 채우면서 놀랄 만큼 진정되었다. 내 본질적인 천성에 대한 자각이 돌아오면서, 나는 차분하고 평온해졌다.[**]

내가 몇 주 만에 처음 경험한 그 평온한 순간을 감상하면서 앉아 있는 동안, 찬란한 황금빛 구체가 천장을 통과해 내려와 내 앞을 맴돌았다. 이 오팔 색의 구체는 의도를 갖고 고동치며 곧 어떤 중대한 일이 일어날 것을 예고하고 있었다. 나는 깜짝 놀랐고, 어떻게 해야 할지 모른 채로 그것을 그냥 응시하고 있었다. 그때, 위엄 있는 목소리가 들려왔다.

"쓰게!"

"뭘 쓰라는 건가요?"

"쓰게!" 그 목소리가 다시 한번 더욱 완강하게 말했다.

"하지만 저는 쓰고 싶은 게 아무것도 없는데요." 나는 불평했다.

"쓰라고 했네!"

나는 이제 막 되찾은 내면의 고요 속에 앉아서 명상을 하고 싶었지만, 고집을 피우는 것처럼 보이는 이 존재와 논쟁을 하고 싶지는 않았다. 따라서 뭘 해야 할지 모르겠더라도 최소한 책상으로 가서 글을 쓰려는 노력이라도 하는 것이 낫겠다고 생각했다.

[**] 출트림 앨리온Tsultrim Allione은 그녀의 훌륭한 저서 《내 안의 악마 길들이기》(Feeding Your Demons)에서 자신의 고통 혹은 악마와 직접 마주했을 때 일어나는 치유에 대해 말하고 있다. 책에서 그녀는 당신에게 원하는 것이 있는 누군가를 대하듯 고통에게 이야기하는 법을 알려준다. 고통을 이해하고 그것에 당신의 사랑을 주면 고통도 당신처럼 치유된다.

그녀는 세상의 많은 고통은 상당 부분 우리 자신의 악마를 남에게 투영함으로써 일어난다고 지적한다. 그녀는 책에서 우리가 종종 피하려고 하는 우리 자신의 일부분을 마주하고 진정시키는, 간단한 다섯 단계를 제시한다. 예수 역시 "원수들을 사랑하라"는 비슷한 가르침을 펼친 바 있다. 이를 실천하는 것이 말만큼 쉽진 않지만, 앨리온은 이를 실천할 수 있는 쉬운 방법을 알려주고 있다.

내가 책상으로 다가가자 빛의 구체도 나를 따라왔다. 내가 노란 필기 패드 옆에 놓여 있는 연필을 집어 들자마자 목소리가 말했다.

"여러분 존재의 중심에는 위대한 빛이 있습니다. 그리고 여러분이 바로 그 빛입니다."

"그다음에는요?" 내가 물었다.

"그 문장을 적게. 그 후에 내가 두 번째 문장을 불러주겠네."

내가 글을 쓰기 시작하자 빛의 구체가 확장되었고, 상상조차 할 수 없을 정도로 위엄 있는 한 인물이 나타났다. 그는 백색 로브를 입고 있었으며, 허리에 매달려 있는 사파이어 패널은 옷단 끝까지 이어져 있었다. 그는 펜과 함께 명상을 하면서 느꼈던 그 광휘를 방사하고 있었지만, 나는 그를 한 번도 본 적이 없었다. 그가 여러 다른 이름으로 불리는 인물이긴 해도, 나는 대백색 형제단의 중심인물인 '위대한 신성 지도자'(Great Divine Director)로서의 그의 직무를 익히 들어왔기 때문에 그가 누구인지 알아볼 수 있었다.

이렇게 그를 직접 보기 전까지의 나는 그의 엄청난 활동을 그저 소문으로만 들어왔었다. 내가 글을 쓰는 동안, 그는 내 위로 높이 솟아올라 내 신경망들을 그의 광휘로 불태우고 있었다. 나는 내 몸이 빛으로 녹아드는 듯한 느낌을 받았다.

"이 에너지를 견딜 수가 없어요." 나는 반항했다.

"자네는 할 수 있고, 해야만 해!" 그는 자신이 지닌 권한으로 나의 반항까지도 녹여버렸다.

내가 첫 문장을 받아 적자, 그는 약속한 대로 다음 문장과 그다음 문장을 말해주었다. 글씨를 휘갈겨 쓰더라도 다 받아 적기 힘들 정도의 속도였다. 글을 쓰는 동안 나는 내 자각이 높이 끌어올려지면서 I AM 현존 속으로 고양되는 느낌을 받았다. 인간적인 의식이 용해되고 있는 것이 느껴졌다. 신성 근원과 하나가 된 나는 주변 환경의 모든 것을 동시에 인식할 수 있게 되었다.

중력도 없었고, 위와 아래도 없었다. 내 의식은 집의 지붕 너머까지 확장되어 동시에 모든 방향을 볼 수 있는 구체의(spherical) 비전으로 인근 지역을 조망할 수 있었다. 불과 몇 분 전만 해도 흐렸던 하늘은 어느새 푸르게 변해 있었고, 그 위로 태양이 환히 빛나고 있었다. 다람쥐들은 집 옆의 단풍나무를 오르내리며 서로를 쫓고 있었고, 아이들은 자전거를 타고 거리를 내달리고 있었다. 저 멀리 아래에는 지붕의 슬레이트가 보였다. 나는 그 지붕 아래 책상에 앉아 있는 내 육체를 볼 수 있었다. 내 육체는 노란 필기 패드 위로 번개같이 빠르게 글을 휘갈겨 쓰고 있었다.

"이것이 여러분 존재의 '진실'입니다. 여러분은 '이 진리'를 알게 될 것이고 이 진리가 여러분을 '자유롭게' 해줄 것입니다. 이것이 '예수가 말한 진리', 즉 모든 사람들을 위한 진리이자 모든 사람들이 알 수 있는 진리입니다….."

"여러분 자신과 여러분이 순간순간 경험하는 모든 일들은 여러분이 자신의 의식을 집중한 것에서 나타난 결과물입니다…."

"여러분 존재의 중심에는 '신성 지도자'(Divine Director), 즉 '진정한 당신'의 '의식'이 있습니다. 만일 여러분의 주의를 이

의식으로 돌린다면 이 의식은 매 순간 여러분의 선택을 가이
드하고 지휘할 것입니다. 이 '의식'은 '당신의 내면에서 타오
르는 위대한 태양'입니다. 고맙습니다."[*]

볼 수 없는 곳도 없었고 이해할 수 없는 것도 없었다. 그때, 나는
아무 예고도 없이 위대한 신성 지도자의 초인적인 에너지로 충만해
진 내 육체로 되돌아오게 되었다. 그의 에너지는 내 신경망을 빠르게
흘러가면서 내 몸의 모든 세포를 번득이는 빛으로 채워주고 있었다.

　어떤 메시지를 얻으려는 채널링과는 달리, 즉 종종 자기 마음의
어떤 측면을 듣게 되거나 아스트랄계에 거주하는 낮은 차원의 존재
로부터 메시지를 받는 그런 채널링과는 달리 나는 이런 접촉을 불
러오지도 않았고, 메시지를 채널링하려고 시도하지도 않았다.[**] 이
접촉은 가시적인 형태로 하강한 대사 그 자신이 시작한 것이었다. 이
것은 정신적인 혹은 '심령적인' 과정이 아니었으며, 내 에테르체에서

* 《"나는" 열린 문이다》, 2쪽, 상승 마스터들 구술, 피터 마운트 샤스타 편집.

** 　대사가 메시지를 주기 위해 의식적으로 한 개인을 활용할 때 나타나는 진정한 전달과 '채널링'을 통한
전달 사이에는 엄청난 차이가 있다. 위대한 존재들은 단순히 그들로부터 메시지를 받기를 원하는 사람들
의 욕망을 충족시키는 일보다 훨씬 높은 일들을 하고 있다.
이러한 에고적 욕망은 '메시지'를 만들어내는데, 이것들은 대부분 채널링을 원하는 사람의 마음에서 나온
메시지 ― 여기에는 많은 타당한 정보가 포함될 수도 있다 ― 혹은 대사들로 가장한 아스트랄계의 존재들
로부터 나온 메시지다. 여기에서 위험한 점은 아스트랄계의 존재가 자신을 불러오는 사람에게서 에너지를
빨아들인다는 점뿐만 아니라, 개인이 자기 자신의 '내적 대사'를 찾지 못하고 다른 이들에게 영원히 의존
하게 된다는 점이다.
우리는 메시지를 통해 전해지는 에너지와 의식을 통해 메시지의 출처를 알아낼 수 있다. 대사가 현현해 있
을 때는 대사의 의식적인 에너지가 모든 곳에 스며들기 때문에 인간의 의식이 고양된다. 대개, 정보는 이
미 알려져 있고 가르침도 쉽게 구할 수 있다. 새로운 가르침이란 정말로 없기 때문이다.
메시지의 에너지가 낮거나 부정적일 때, 그리고 화자가 극적인 몸짓, 이상한 버릇 혹은 순전히 음량에 의
존하고 있다면 그것은 대사가 관여한 일이 아니다. "그때에 주께서 내게 이르시되, '대언자들이 내 이름으
로 거짓을 대언하는도다. 내가 그들을 보내지 아니하였고 그들에게 명령하거나 그들에게 말하지 아니하였
는데도 그들이 너희에게 거짓 환상 계시와 점술과 허무한 것과 자기 마음의 속이는 것을 대언하는도다.'"
(예레미야서 14:14)

육신의 세포에까지 작용한, 내 인생에서 가장 강력한 경험이었다.

　나는 그제야 내가 왜 내가 지닌 모든 인간적인 두려움과 의심의 창고인 '문지방의 거주자'를 먼저 죽여야만 했는지 이해할 수 있었다. 그것은 이 강력한 에너지가 내 오라 안에서 작용하는 모든 것을 증폭시켰기 때문이었다. 만약 그 정화 과정이 없었다면, 대사들은 내게 그렇게 가까이 다가올 수 없었을 것이다. 정화되지 않은 상태에서 대사들이 내게 가까이 다가왔다면 그들은 나의 부정적 상태를 증폭시켰을 것이고, 그러면 내가 그것을 소멸하는 것이 더 어려워질 것이 뻔했다.

　한 시간 후, 그 어느 때보다도 빨리 글을 썼기 때문에 슬슬 손가락이 아파지고 있었다. 그러자 내가 받아적고 있던 말들은 그 말들을 불러주기 시작했을 때처럼 순식간에 멈춰버렸다. 이 위엄 있는 방문자는 뒤로 물러났고, 압도적인 자비와 함께 내게 "고맙네"라는 말을 남겼다. 그런 다음 그는 빛의 구체 속으로 녹아들어 천장으로 되돌아갔다. 나는 다시 홀로 남겨졌다.

　'왜 고맙다는 말을 했을까? 그에게 고마워해야 할 사람은 바로 나인데.' 나는 그런 힘을 경험해본 적이 없었고, 그런 겸손함도 경험해본 적이 없었다. 내 생각에는 위대한 존재일수록 더욱 겸손한 것 같았다. 오로지 인간과 낮은 아스트랄계 존재들만이 자신의 중요성을 부풀린다.

　나는 약물로 인한 그 어떤 경험도 내가 느꼈던 그 황홀경을 능가할 수 없다고 생각했다. 내 몸의 모든 세포는 빛으로 가득 찼고, 황폐했던 내 가슴은 이제 초월적인 사랑을 발산하고 있었다. 그 순간부터 내가 인생에서 이루고 싶은 유일한 일은 바로 그런 존재, 살아 있는 하나님의 현현이 되는 것이었다. 어떤 인간관계도 다시는 나를 그 목표에서 멀어지게끔 유혹할 수 없었다.

다음 날, 세인트 저메인도 그의 빛의 몸으로 나타났다. 나는 그가 불러준 담론을 받아적었다. 그 후로 열흘 동안 나는 여러 상승 대사들의 방문을 받았고, 그들이 쏟아낸 담론을 받아적었다. 그들 가운데에는 예수, 마리아, 관세음보살, 힐라리온Hillarion(647쪽 참고 — 역주), 엘 세라피스 베이El Serapis Bey*, 그리고 상승 대사 학생들에게 잘 알려져 있는 다른 대사들이 그들 각자가 지닌 특유의 에너지와 지혜를 가지고 찾아왔다. 그들의 에너지는 서로 달랐지만 모두 기쁨의 감정을 동반하고 있었고, 내 가슴은 그들의 현존이 쏟아부어준 은총과 사랑으로 넘쳐흐르고 있었다. 극도로 큰 슬픔을 느꼈던 나의 인생은 이제 180도로 달라져 있었다.

나는 엘리자베스와의 인연을 포기하는 고통스러운 선택을 했을 때만 상승 대사들의 영역으로 들어가는 문이 열릴 수 있었음을 깨달았다. 예수님의 말씀을 이제야 알 것 같았다. "나는 더 풍성한 생명을 주러 왔다." 하나님에 대한 이 충만한 자각이 바로 그 풍성한 생명이었다. 인간관계의 변천과는 상관없는, 내가 존재할 수 있다고 상상했던 것보다 훨씬 더 큰 사랑으로 가는 문이 나에게 열려 있었다. 나는 그 문을 통과했음을 느꼈고, 지금 막 받아 적었던 예수님의

---

* 블라바츠키 여사는 네 번째 광선의 초한인 엘 세라피스 베이로부터 물질화된 편지를 많이 받았다. 엘 세라피스 베이는 엄격한 규율주의자로 알려졌지만 풍자적인 유머 감각의 소유자이기도 하다. 그가 학생들에게 가장 자주 하는 조언 중 하나는 다음과 같다. "'시도하라'. 만약 성공하지 못했다면 다시 시도하라···. 나의 마지막 조언은 '시도하라'는 것이다."
찰스 J. 라이언Charles J. Ryan이 쓴 《H.P. 블라바츠키와 신지학 운동》(H.P. Blavatsky and the Theosophical Movement)을 참고하라. 이 책 6장에서 블라바츠키 여사는 이렇게 말한다. "그 대사(세라피스 베이)는 당신의 내면에 있는 대사를 찾을 수 있게 이끌어주시는 구세주다."

말씀인 "나는 아무도 닫을 수 없는 열린 문이다"에서 이 가르침들의 제목을 따왔다. I AM 의식의 이해와 적용에 대한 설명을 담은 이 작은 책은 《"나는" 열린 문이다》라는 책으로 출간되었다.

나는 매일 찾아오는 대사들과 그들의 방문에 수반되는 고양된 행복감에 점차 익숙해지고 있었다. 책이 완성되면 더 이상 이런 일이 계속되지 않을 거란 사실을 깨닫지 못한 채로 말이다. 구술이 끝나자 그들의 방문도 멈췄다. 대사들의 현현과 접촉할 수 없게 된 나는 마치 의존하고 있던 어떤 신비의 묘약을 차단당한 느낌이 들었다. 이제 나는 그 어느 때보다도 더 깊은 내면으로 들어가야만 그들과 접촉할 수 있었다. '나와 대사들의 의식이 하나가 되는' 그 지점까지 들어가려면 나는 더욱더 깊은 명상을 할 수밖에 없었고, 이것이 매일매일의 내 도전 과제가 되었다.

나는 세인트 저메인이 담화의 구술을 끝내자 사라졌다고 생각했다. 강렬한 감동을 주는 그의 현존은 내게 엄청난 기쁨을 남겨주었고, 나는 그가 북돋아준 활기 때문에 가만히 앉아 있을 수가 없어 방안을 왔다 갔다 했다. 갑자기 방이 너무나 작게 느껴졌다. 내 마음은 감사로 가득 찼고, 나는 대사에게 내 감정을 표현할 수 있는 방법을 간절히 찾고 있었다.

그러다 나는 세인트 저메인 재단이 발간한 잡지인 〈"I AM"의 목소리〉(The Voice of the "I AM")에서 읽었던 한 이야기를 기억해냈다. 거기에는 세인트 저메인이 예수를 볼 때마다 고개를 숙여 인사한 이야기가 나와 있었다. 어느 날 예수는 "나의 훌륭한 형제여, 그대는 내가 할 수 있는 모든 것을 할 수 있으면서 왜 나에게 고개 숙여 인사를 하십니까?" 하고 말했다.

그러자 세인트 저메인이 대답했다. "나는 빛에 대한 경의로 당신에게 고개 숙여 인사합니다."

지금 나 역시도 그랬다. 나도 그 빛에 경의를 표하고 싶었다. 따라서 나는 세인트 저메인이 내 앞에 서 있다고 상상하고 허리를 숙여 다음과 같이 말했다. "세인트 저메인, 당신께 고개 숙여 인사드립니다."

그의 반응은 즉각적이었다. 내가 인사를 하자 갑자기 한 줄기의 보라색 빛이 방 안으로 쏘아져 들어왔고, 그 빛의 중심에는 세인트 저메인이 프랑스 궁정에서 입었던 제복을 그대로 입고 서 있었다. 그는 남색 망토와 보석으로 장식된 검을 차고 있었으며 가슴에 자기완성의 정수를 상징하는 황금 몰타 십자가를 하고 있었다. 그는 잘생긴 얼굴로 유쾌한 미소를 지으며 잠시 내 앞에 서 있었는데, 아마 놀란 나를 보고 즐거워하는 것 같았다. 그는 한쪽 발을 앞으로 딛고 팔을 부드럽게 펼쳐 유럽의 궁전에서나 볼 수 있을 법한 자세로 내게 인사하며 말했다. "나도 네게 인사를 올린다. 피터." 그의 말에는 숨 막힐 정도의 사랑과 겸손이 담겨 있었다.

몸을 바로 세운 그는 다시 미소를 지으며 내 중심을 꿰뚫어 보는 듯한 눈빛으로 나를 응시하다가 보라색 빛의 도관(tube)을 통해 천장 위로 올라가버렸다. 나는 엄청난 감동을 받은 채로 방 한가운데 서 있었다. 내가 느낀 기쁨은 너무도 커서 간신히 억누를 수 있을 정도였다. '그래, 그는 내가 모르는 사이에 내 모든 생각을 들으면서 언제나 나를 지켜보고 있었어. 내가 모르는 새에 그가 나와 함께 있었던 때가 얼마나 많았을까?'

이렇게 에테르체로 출현한 그의 모습을 보는 것은 평범한 인간의 육체로 출현한 그의 모습을 보는 것보다 훨씬 더 기분 좋은 경험이었다. 그가 물질적인 세상 속에 나타날 때는 사람들의 관심을 지나치게

끌 만한 행동을 삼가야 했기 때문이다. 그러나 그가 에테르적인 형체로 나타날 때면 그는 자신의 진정한 정수를 발산할 수 있었고, 그럴 때마다 나는 부분적으로 그의 영역 속으로 고양될 수 있었다.

일주일이 지난 후, 뉴욕을 떠나 다시 캘리포니아로 돌아갈 준비를 하고 있을 때였다. 처음에는 미약했으나 세인트 저메인의 고양된 에너지가 다시 한번 느껴졌다. 나는 평범한 물리적 형태로 나타난 그를 마주쳤던 상황들을 떠올렸다. 내가 마주친 그 낯선 이가 세인트 저메인이었다는 사실을 알아차린 것은 보통 시간이 좀 지난 후였고, 어떨 때는 몇 년이 지나서야 알아차렸던 때도 있었다. 지금, 대사의 에너지가 증가하고 있었고 나는 내적으로 그를 보기 시작했다. 그가 내게 내적으로 전해준 말은 깜짝 놀랄 만한 것이었다. 그는 나와 함께 캘리포니아로 돌아가는 비행기에 탑승하겠다고 말했다.

"어떤 모습으로 나타나실 건가요?" 내가 물었다.

나는 만약 인간의 형태로 나타날 생각이라면 셰익스피어 연극에서 그랬던 것처럼 내게 귀띔이라도 해달라는 말을 너무나 하고 싶었다. 하지만 그런 응석을 부리면서까지 그를 조르고 싶지는 않았다. 나는 대사들이 이런 이기적인 요청을 묵살한다는 것을 잘 알고 있었다. 그들은 학생들이 "제가 빛에 봉사하고 다른 이들을 도울 수 있는 가장 좋은 방법은 뭘까요?"라고 묻는 것을 더 좋아했다. 인류에게 봉사하고자 하는 이러한 열망을 가진 이들은 대사들을 자석처럼 끌어당긴다. 비록 스스로는 그것을 인식하지 못하고 있더라도 말이다. 대사들이 가시적인 형체로 출현하는 일은 종종 주의를 흩뜨리기 때문에 당면한 임무에 방해가 될 수 있다.

"더 물어보고 싶은 건 없니?" 세인트 저메인이 내 생각을 듣고는 불쑥 물었다.

"음, 저는 항상 당신을 대면하고 싶었어요. 당신의 눈을 마주 보면서 '이 사람이 바로 세인트 저메인이다' 하고 절대적으로 확신하면서 악수를 하고 싶었죠." 나는 대답했다.

"좋아."

"좋다고요?" 나는 경악하며 되물었다.

"네가 우리를 섬기면서 행했던 그 어려운 희생과 순종에 대한 감사의 뜻으로, 오랫동안 간직해왔던 너의 그 소원을 들어주고 싶구나. 하지만 나는 '신분을 숨긴 채' 여행할 거란다. 네가 생각하듯 남색 망토에 검을 차고 비행기에 오르진 않을 거란 말이지! 그러니 나를 알아볼 수 있게 이름을 하나 지어보렴."

나는 헤밍웨이가 자신의 단편 소설에서 자주 사용했던 자전적 인물의 이름이 떠올라서 "닉 애덤스 Nick Adams라는 이름을 사용하세요"라고 말했다.

"좋아, 닉 애덤스란 말이지." 그가 확인의 표시로 고개를 끄덕이며 말했다. 그는 "비행기에서 보자꾸나" 하고 이별을 고한 뒤 사라졌다. (지금 생각해보면 그때 닉 애덤스라는 이름을 쓰도록 영감을 불어넣어준 것이 대사였을지도 모른다는 생각이 든다. 대사는 미래의 내가 헤밍웨이처럼 이런 자전적 얘기를 글로 쓰게 될 거라는 사실을 미리 알고 있었을 수도 있으니까 말이다.)

나는 짐을 싸고 막바지 여행 준비를 하느라 바빠서 그와 만나기로 한 약속을 잊고 있었다. 대사들과 많은 경험을 했음에도 불구하고, 나는 마음 한편으로 내적인 차원에서 들었던 말이 실제로 외적 세상에서 일어날 거라는 것을 믿지 않았다. 공항에 미리 가 있으려고 급히 달려가 보니 내가 예약했던 비행기는 취소되어 있었다. 그리고 이상하게도 나는 다른 항공사의 다른 비행기에 탑승하게 되었다.

체크인 카운터 직원이 내게 흡연석과 비흡연석(그 시절에는 흡연이 허용되었다) 중 어디에 앉고 싶은지 물었다. 나는 "흡연석으로 주세요"라고 말하는 나 자신을 보고 깜짝 놀랐다. 나는 흡연자들과 함께 여섯 시간 동안 비행기에 갇혀서 퀴퀴한 냄새를 맡을 생각에 불안했지만, 내 요청을 번복할 수 없을 것만 같았다. 아무 말도 할 수 없던 나는 이후에 언제든지 자리를 바꿀 수 있다는 생각이 들었다.

일단 비행기에 탑승한 나는 좌석을 찾아 위쪽 짐칸에 가방을 넣기 시작했다. 그때, 갑자기 내 몸에 전기적 기류가 흐르는 것이 느껴졌다. 비행기 앞쪽을 쳐다보자 객실 문이 마지막 승객을 태운 뒤 막 닫히고 있었다. 마지막 승객이었던 짙은 색 정장 차림의 비즈니스맨은 스튜어디스에게 아슬아슬하게 비행기를 탔다고 잠시 농담을 했다. 그리고 돌아서서 통로를 따라 내 쪽으로 걸어왔다.

왠지 정감이 가는 그 사람은 내게 다가와 걸음을 멈추었다. 그는 내게 손을 내밀었고 나는 그가 나와 악수하고 싶어한다는 것을 깨달았다. '이상한 일이네. 보통 비행을 시작할 때는 승객들끼리 악수를 하지 않는데 말이야. 보통 서로 알게 된 후에 헤어질 때만 악수를 하지 않나?' 하지만 나는 불친절해 보이기 싫어서 손을 내밀었고, 그는 아주 신중하게 악수를 했다.

"안녕하세요, 피터." 그 비즈니스맨은 내 눈을 똑바로 바라보며 말했다. "내 이름은 닉 애덤스예요…. 내가 당신 옆자리 같네요."

'닉 애덤스?' 그제야 나는 내 소원을 들어주겠다는 세인트 저메인의 약속이 떠올랐고 이 생애 동안 계속 나를 돌봐주고 지켜봐왔던, 그리고 많은 과거 생애 동안 내가 봉사해왔던 바로 그 친애하는 대사와 함께 있음을 깨달았다. 지금 나의 손을 잡고 나와 눈을 마주보고 있는 이 비즈니스맨은 다름 아닌 세인트 저메인, 내가 봉사하고 섬기고 있는 그 편재하는 대사였다. 내 심장은 미친 듯 뛰었고, 나는 통로에서 정지 상태로 서 있었다.

"당신이 자리에 앉으면 나도 좀 앉을 수 있을 거 같네요." 그의 말이 나를 현재의 순간으로 돌아오게 했다.

나는 창가 쪽 자리에 거의 쓰러지다시피 들어가 앉았고, 닉 애덤스라는 이름으로 여행 중인 그 대사는 내 옆자리에 슬그머니 앉았다. 육신 안에서 살아 숨 쉬는 상승 대사 세인트 저메인이 정말로 내 옆에 앉아 있다는 것을 깨달은 나는 나 자신을 간신히 진정시킬 수 있었다. 그는 비행기 안에서 내가 알아볼 수 있는 모습으로 나타나서 나와 만나기로 약속했고, 내가 요청한 이름을 쓰고 있었다. 그는 자신이 한 약속을 정확히 지켰다.

'이제 어떻게 하지?' 나는 곁눈질로 그를 쳐다봤다. 여기, 얇은 회색 줄무늬의 남색 양복을 입은 평범해 보이는 남자가 있다. 그는 누가 봐도 출장 중인 기업 임원 혹은 세일즈맨처럼 보였다. 하지만 나는 그가 누구인지 알고 있었고, 이것이 일생일대의 기회임을 감지했다. 그는 앞으로 여섯 시간 동안 내 옆에 앉아 있을 것이기 때문이었다. 나는 실재의 궁극적인 본성에 대해 내가 늘 궁금해했었던 모든 것들을 그에게 물어보기로 다짐했다. 그리고 그보다 일상적인 수준의 질문으로는, 지금 겪고 있는 펄과의 불화를 어떻게 치유해야 할지 물어보고 싶었다. 하지만 언제나 내 가슴에 남아 있던 가장 중요한 질문은 "엘리자베스와 제가 이 생에서 함께할 수는 없나요?"였다.

내가 몸을 숙여서 "있잖아요, 나는 당신이 진짜 누구인지 잘 알고 있으니 얘기 좀 해요"라고 말하려던 순간 그는 담배에 불을 붙이고 도넛 모양 담배 연기를 앞으로 내뿜었다. 에어컨이 켜져 있었는데도 완벽한 원 모양이 계속 유지되고 있었다. 그러다 '흡연 금지' 불이 들어오자 그는 팔걸이 안에 있는 재떨이에 담뱃불을 껐다.

'내가 꿈을 꾸고 있는 건가? 대사는 절대 담배를 피우지 않을 텐데?' 나는 안전벨트를 맨 다음 눈을 감고 대사의 흡연에 대해 받아들이려 애썼다. 비행기가 활주로를 따라 속도를 내기 시작하자 엔진이 윙윙거렸고, 곧 빠르게 하늘로 날아올랐다. 나는 신분을 숨기고 여행할 것이라는 그의 말이 떠올랐다. '그래, 흡연은 출장 중인 비즈니스맨의 모습으로 위장하기 위한 요소였구나.'

순항 고도에 이른 후, 나는 다시 몸을 숙여 이야기를 나눌 수 있는지 물어보려다가 더 좋은 생각이 떠올랐다. '그의 역할에 동조하면서 교묘한 태도를 보이는 것이 더 나을 거야. 처음에는 천천히 이런저런 이야기를 하다가 얘기가 잘 풀리는 듯하면 내가 얘기하고 싶었던 주제로 슬그머니 옮겨가야지.' 나는 세인트 저메인이 나의 모든 생각을 알고 있으며, 우리의 대화는 물론 이 비행까지도 완전히 지휘하고 있다는 사실을 잊은 채 이런 생각을 했다. 만약 비행기 엔진이 멈춰버린다면 그는 의식의 힘으로 우리 둘을 순간 이동시켜 캘리포니아로 데려다 놓을 수도 있었다. 이전에 샌프란시스코에서 나를 순간 이동시킨 것처럼 말이다.

"휴가 여행 중이세요?" 그가 어색한 침묵을 깨고 물었다.

"네." 나는 고개를 끄덕였다. "어머니 댁에 다녀온 후 집으로 돌아가는 중이죠."

"아~" 그가 또 담뱃불을 붙이며 태평하게 말했다.

"당신은요?" 나는 그가 이끄는 이 대화를 따라가려고 시도하며 대답했다.

"당신도 여행 중이세요?"

"아니요. 나는 사업차요."

"무슨 사업을 하시는지 물어봐도 될까요?"

"부동산이요."

"부동산이요?" 나는 내가 들은 것이 부동산(realty)인지 현실(reality)인지를 확실히 하고 싶어 되물었다.

"네, 부동산에 관심 있어요?" 그가 내게 물었다. 나는 깜짝 놀랐다. 이제 막 임대 사업에서 벗어난 나는 부동산 중개인 자격증을 따볼까 생각 중이었기 때문이었다. 낡은 건물들을 고쳐 가난한 세입자들에게 임대해주는 일보다는 부동산을 파는 일이 훨씬 스트레스를 덜 받을 것이며 아마 수익성도 더 괜찮을 거라고 생각했기 때문이다.

내가 그의 질문에 어떻게 대답해야 좋을지 궁리하고 있을 때, 그는 통로로 음료 카트를 밀며 지나가던 스튜어디스에게 손짓을 해서 레드와인 한 잔을 주문했다. 그는 주머니에 손을 넣어 달러 지폐 몇 장을 꺼내면서 그녀에게 거스름돈은 가지라고 말했다. '와인? 대사가 술을 마신다고?' 내 마음은 다시 의심하기 시작했다. '돈은 어디서 난 거지? 돈을 물질화하는 게 합법적인 건가?' 모든 상승 대사들이 돈을 물질화하기 시작하면 어떤 일이 벌어질지 상상하자 내 논리적 마음이 다시 내달리기 시작했다. '갑작스러운 화폐 공급의 증가는 걷잡을 수 없는 인플레이션을 초래하지 않나?'

스튜어디스가 쟁반에 레드와인 잔을 내려놓자 내 마음은 믿음과 의심 사이를 왔다 갔다 했다. 남은 비행시간을 위해, 그리고 온전한 정신과 마음의 평화를 위해 나는 내 곁에 있는 이 남자를 그저 나와 이야기를 나누고 싶어하는 지루한 사업가로 대하기로 했다.

"그래요, 부동산." 그가 다시 말을 이었다. "먹고 사는 데 그렇게 나쁜 방법은 아니죠." 그런 다음 그는 자신이 겪은 부동산 업계에서의 경험을 계속 이야기하며 내가 중개업자가 될 수 있도록 격려했다.

나는 그에게서 세인트 저메인이 에테르적으로 출현했을 때 방사되는 영적인 광휘를 전혀 느끼지 못했다. 하지만 나는 진실로 이 사람이 비행기에 같이 타겠다고, 닉 애덤스라는 익명으로 여행하겠다고 내게 약속했던 바로 그 사람이라는 것을 다시 한번 깨닫기 시작했다. 그는 바로 여기에 있었다. '그는 나를 편안히 해주기 위해 변장을 했군. 이 변장 때문에 주변의 관심을 끌지 않을 수 있는 거야.' 차츰 나는 그의 부동산업자로서의 외적 인격을 받아들였고, 그가 물꼬를 튼 이 대화를 계속해나갔다.

곧 점심 식사가 제공되었고, 스튜어디스는 그에게 어떤 메뉴를 선택할지 물었다. 그의 말은 다시 한번 나에게 충격을 주었다. "스테이크 주시고 레드와인 한 잔 더요."

'담배, 와인, 고기라니. 무슨 대사가 이래?' 충격을 받은 나는 그가 스테이크를 게걸스럽게 먹어치우는 것을 지켜보고 있었는데, 그는 그것을 아주 맛있어하는 것 같았다. 물론 그는 곧 그의 몸과 함께 그가 섭취한 그 어떤 음식물도 모두 용해해버릴 것이었다. 그렇긴 해도, 나는 옳고 그름에 대한 나의 오랜 믿음과 어떤 행동이 영적인지 아닌지에 대한 판단을 포기해야 한다는 압박을 받고 있었다.

시간 가는 줄도 모르고 있던 나는 어느새 샌프란시스코에 도착해 있었다. 가슴속에 있던 어떤 질문도 하지 못한 채로 비행이 끝나버렸다는 것이 슬프게만 느껴졌다. 나는 비행기에서 내리면서 계속 대사를 주시했다. 그가 몇 년 전 뮤어 숲에서 그랬듯, 내 눈앞에서 사라지는 것을 보고 싶었기 때문이었다. 나는 그가 내 시야에서 벗어나지 않도록 그의 곁으로 바싹 다가갔다. 이런 행동이 그를 성가시게 하지는 않는 것 같았다. '차원 이동하는 걸 보고 싶다는 나의 이번 소원도 그가 들어주지 않을까?'

우리는 수하물 컨베이어 벨트가 있는 쪽으로 다가갔는데, 이내 컨베이어 벨트 중 하나가 수하물들을 쏟아내기 시작했다.

"저게 우리 수하물 컨베이어 벨트예요?" 그가 물었다. 그가 가리킨 쪽에서는 비행기 중 하나가 대기 중이던 사람들에게 수하물을 쏟아내고 있었다.

나는 그가 가리킨 쪽을 유심히 보았고, 그것이 우리보다 먼저 도착한 비행기의 수하물들이라는 것을 알게 됐다. 그리고 내가 다시 뒤를 돌아봤을 때는 그가 이미 사라진 후였다. '그가 나를 따돌렸구나. 내가 왜 한눈을 팔았을까! 나는 왜 그가 부동산 이야기로 말을 돌리도록 가만두었을까! 대사와 얘기할 이런 기회가 언제 또 있을까?'

나는 더 집요해야 했다고, 일생에 한 번뿐인 기회를 잘 활용하지 못했다고 스스로 자책했다.

하지만 곧 나는 그가 내게 이런 경험을 허락한 것은 오직 내가 그의 가이드를 따르고, 그가 부과한 규칙들을 존중할 줄 알았기 때문이라는 것을 깨달았다. 대사들은 차분한 감정과 안정된 마음을 가진 사람, 대사들의 가이드를 따르고 I AM 현존의 내적인 명령에 복종할 사람에게만 가까이 다가갈 수 있었다. 만약 그런 이가 아니라면 대사의 현존으로 더해진 에너지가 그가 가진 불균형을 훨씬 악화시킬 것이었다.

어쩌면 이 만남이 결국에는 손해가 아닐지도 모른다고 나는 생각
했다. 높은 차원에서 어떤 가르침이 내게 전해졌는지 누가 알겠는
가? 틀림없이 그는 내 자신감을 북돋아주었다. 그리고 그는 내가 곧
얼굴을 맞대고 만나야 할, 나를 헐뜯는 고향 사람들을 다룰 수 있도
록 준비시켜주었다.[*]

---

[*] 나는 많은 시간이 흐른 후에 세인트 저메인과의 이 사건을 돌아보았다. 그때는 극도로 민감해지거나 현
실 감각을 잃게 되는 것이 진보된 영성의 증표라고 사람들이 주장할 때였다. 그러나 여섯 시간 동안 담배
연기 자욱한 비행기 안에 앉아 일말의 불편한 기색도 없이 잡담을 나눌 수 있는 현실 감각을 지닌 존재이
자 무지개 몸을 성취한 존재가 여기 있었다. 높은 수준의 의식에 들어가면 때때로 초기에 인식의 혼란을
겪기도 하지만, 그 의식 속에서 자리를 잡아감에 따라 일상적 현실에서 기능할 수 있는 능력이 다시 돌아
오게 된다. 그 일상이 바로 자기완성의 바탕이기 때문이다.

세인트 저메인이 샌프란시스코 공항에서 사라진 이후 나는 북쪽으로 향하는 연결 항공편을 이용해 샤스타산에 돌아가려 했다. 하지만 샌프란시스코에서 밤을 보내고 싶다는 설명할 수 없는 충동이 느껴졌다. 나는 내 일상적인 마음이 인식하지 못하는 사이, 대사가 비행 중에 신비 차원(subtle levels)에서 전해준 가이드가 있었는지 궁금해졌다.

나는 사촌에게 전화를 걸었다. 사촌은 내가 예고도 없이 찾아가는 것을 달갑게 여기진 않았지만, 내가 불쑥불쑥 찾아가는 것에 익숙해져 있었다. 그녀는 내가 트윈 픽스Twin Peaks에 있는 자기 집에서 하룻밤을 보낼 수 있도록 환영해주었다. 그녀는 대사들을 믿는 사람이 아니었지만 어떤 불가사의한 영향력 — 그녀는 '우연의 일치'라고 부를 — 을 통해 내가 대사들에 대해 듣기도 훨씬 전부터 자신의 집을 세인트 저메인 거리(Saint Germain Avenue)가 내려다보이는 곳에 지었다.

나는 금문교에서 베이 브리지^{Bay Bridge}까지 샌프란시스코 만 지역 전체가 보이는 그녀의 집 발코니에 서 있곤 했었다. 그때마다 나는 아래에 있는 '세인트 저메인 거리' 표지판을 내려다보며 놀라워했다. 그것은 그녀가 자연과학의 논리에 기초하지 않은 것은 절대로 믿지 않는 사람임에도 불구하고 대사들이 그녀의 삶 속에 함께하고 있다는 것을 내게 알려주는 것이었다.

그녀는 나를 보고 기뻐했고, 잠시 나와 가족들 얘기를 나눈 후에 2층에 있는 손님 방으로 나를 안내했다. 그런 다음 그녀는 외출할 일이 있으면 자신의 차를 언제든지 사용하라고 말하면서 내 손에 차 열쇠를 쥐여주었다. 나는 그녀의 넓은 마음에 감사해하며 집으로 가는 다음 비행기를 타기 위해 아침 일찍 출발할 계획이고, 아마 밤에는 아무 데도 가지 않을 것이라고 그녀에게 말했다.

하지만 그녀는 몇 년 동안 보지 못했던 먼 사촌 아리엘라^{Ariella}가 시내에 있다는 말을 해주었다. 나는 달리 할 일이 없었기 때문에 아리엘라에게 전화를 했다. 아리엘라는 만나자는 나의 말에 신이 났고, 나는 내가 거기까지 차를 몰고 갈 테니 같이 저녁을 먹으러 나가자고 제안했다.

나는 집을 나와 차를 탄 뒤, 한 손에 움켜쥔 종잇조각에 적어둔 설명에 따라 구불구불한 세인트 저메인 거리를 지나 가파른 샌프란시스코 언덕을 조심스럽게 내려가고 있었다. 그러나 트윈 픽스의 맨 아래쪽에 이르자 종이에 적힌 대로 왼쪽으로 가는 대신 오른쪽으로 가야 한다는 충동이 느껴졌다. '아, 안 돼. 또 다른 임무를 맡게 되었다니. 분명 내 사촌들은 화를 낼 거고 나를 완전 이상한 사람이라고

생각할 거야….'

이때는 휴대전화가 나오기 전이었고, 러시아워였는데다가 주차할 공간도 마땅치 않았다. 전화할 곳을 찾는 것은 불가능했다. 다행히 나는 그 도시를 잘 몰랐기 때문에 일찍 출발한 상태였다. 나는 내가 어디로 이끌리든 간에 저녁 식사 자리에 도착할 충분한 시간만 남아 있게 해달라고 기도했다.

나는 내가 어디로 이끌려가는 것인지도 모른 채 노면 전차와 버스를 피해 이곳저곳을 돌며 도시의 혼잡한 거리들을 헤쳐나가고 있었다. 하지만 가슴 속에서 미묘한 가이드를 느끼는 한, 나는 모든 것이 계획대로 펼쳐질 것이며 대사들이 의도했던 목적지에 도착하게 될 것임을 알고 있었다.

나는 내가 미션가 (Mission Street)에 있다는 것을 알아차렸다. 나는 정말로 임무 (mission)를 수행하고 있다고 느꼈기 때문에 '딱 들어맞네' 하고 생각하긴 했지만 '그래서 어떻게 하라는 거지?' 하는 생각도 들었다.[*] 모퉁이를 돌자마자, 눈에 띄는 간판 하나가 보였다. 간판에는 아름다운 글씨체로 '굿 카르마 카페Good Karma Café'라고 쓰여 있었다. 가슴이 흥분되는 것을 보니 목적지를 찾았다는 것을 알 수 있었다. 그리고 마치 그것을 확인이라도 해주는 듯, 차 한 대가 주차하기 편리한 공간에서 빠져나오고 있었다. 나는 그곳에 주차를 하고 안으로 들어갔다.

70년대 샌프란시스코 히피들이 즐겨 찾는 특이한 장소 중 하나였던 그 카페에는 제퍼슨 에어플레인Jefferson Airplane의 노래 〈Somebody

---

[*] GPS를 갖춘 휴대전화를 가지고 있다 하더라도 어디로 가야 할지 알기 위해서는 여전히 가슴 속을 들여다볼 필요가 있다.

to Love〉가 흘러나오고 있었다. 나는 사람들로 꽉 차서 앉을 자리가 없는 그 가게 안에 그냥 서 있었다. '내가 여기서 뭘 하는 거지?' 나는 사촌을 만나러 가는 길이었다. '내가 가이드를 잘못 받은 게 분명해.' 나는 화장실에 들른 후 그곳을 떠나기로 했다. 화장실 쪽으로 걸어가던 나는 아직 아리엘라의 집에 제시간에 도착할 수 있음을 확인했다. 의식을 물질적인 현실로 불러오는 말의 힘을 인지하면서, 나는 마음속으로 내 상위 자아를 호출했다.

나는 지휘하고 통솔하는 현존으로서 이곳에 완벽하고 신성한 계획을 가져오고 있습니다. 나는 활동하시는 하나님의 현존 이기 때문입니다.

화장실에서 나왔을 때, 나의 주의는 곧장 어떤 테이블로 쏠렸다. 그곳에 다가가보니 검은 테이블 위에 《베일을 벗은 미스터리》가 올려져 있었다. 테이블에는 젊은 남자가 혼자 앉아서 골똘히 그 책을 쳐다보고 있었다. 그는 마치 표지를 열어보지도 않고 그 책이 지닌 신비들을 풀기 위해 애쓰는 것 같았다. 혼자 있는 누군가를 방해하는 것은 내 천성에 어긋나는 일이긴 했지만, 주변에 남는 의자라곤 그가 앉은 테이블 쪽의 의자밖에 없었다. 나는 그에게 다가가 앉아도 될지 물어봐야겠다고 생각했다.

"좋은 책이네요." 나는 그가 앉은 테이블 쪽으로 다가가 말했다.

"이 책을 알고 계세요?"

"음, 그래요. 알고 있죠." 나는 대답했다.

"앉으시죠." 그가 남는 의자 쪽으로 손짓하며 말했고, 나는 그제야 내가 그를 만나기 위해 보내졌다는 사실을 이해하게 되었다.

"이 책에 대해 어떤 걸 알고 계세요?" 자신을 제임스^{James}라고 소개한 그 청년이 물었다. "오늘은 제 스물한 번째 생일이에요. 샌타페이에 있는 I AM 성소 책임자인 이모께서 방금 선물로 이 책을 보내주셨죠. 이 책이 사실인지 아닌지 잘 모르겠어요."

"그 책은 지난 몇 년 동안 내 삶의 중심이 되어왔어요." 내가 말했다. 나는 그에게 세인트 저메인과 함께했던 나의 모험들을 이야기하기 시작했고 가장 최근의 일은 불과 몇 시간 전 비행기 안에서였다고 말해주었다. 그는 내가 이야기를 하는 동안 눈을 크게 뜨고 앉아 있었다.

나는 대사들과의 만남에 관한 이야기 중 하나를 말해주었고 이야기를 끝마쳤을 때 그는 이렇게 소리쳤다. "내가 들어본 것 중에 가장 놀라운 이야기네요. 더 놀라운 일은 내가 아까 혼잣말로 '세인트 저메인, 당신이 정말 실재하고 이 책이 사실이라면 지금 당장 제게 사람을 보내셔서 책에 관해 말해주세요'라고 말하자 당신이 이곳에 들어와서 내게 말을 걸었다는 거예요. 이건 내 생애 처음으로 응답을 받은 기도예요."

나는 나를 기다리고 있을 아리엘라가 걱정되어 양해를 구한 뒤 카페 전화를 사용했다. 그녀는 친구가 집으로 놀러와서 함께 음식을 만들었다고 했고, 자신은 친구와 있기 때문에 나중에 다시 약속을 잡아도 괜찮다고 말했다. 나는 내가 어렸을 때 익숙했던 거절, 비난, 분노의 바다에 빠지지 않고도 예측하지 못하는 삶의 변화들을 이해해줄 수 있는 사람들이 있다는 사실에 감사했다.

다시 테이블로 돌아간 나는 제임스와 30분 정도 더 대화를 나누면서 우리 각자의 내면에 개별화된 신적 현존에 대해 이야기했다. 그리고 그 신적 현존이 우리 삶의 모든 측면 안에서 활동하시도록 불러내는 것이 얼마나 쉬운 것인지를 설명했다. 세인트 저메인은 확실히 나를 메신저로 활용하여 그에게 생일 메시지를 전달했고, 그는 그 메시지에 감사해하며 자리에 앉아 있었다. 마침내 우리 만남의 에너지가 희미해졌고, 나는 그에게 작별인사를 했다.

나는 우리 가슴의 내적 충동을 따라갈 때 삶이 얼마나 완벽하게 펼쳐지는지를 다시 반추해보며 시원한 샌프란시스코의 밤 속으로 걸어 나갔다. 첫 시작은 어떻게 보일지 모르나, 그것이 우리 안에 내재하신 신적 현존을 향해 봉사하려는 의도를 지녔다면 우리가 행하는 모든 활동의 결실은 달콤하다.

샤스타산으로 돌아온 나는 대사들이 내게 받아쓰게 했던 담론에 대한 소문이 돌고 있음을 알게 되었다. 나는 이제 펄의 원고를 가지고 종적을 감추었다는 이전의 혐의에 더해, 펄의 말을 표절해서 내 것처럼 쓰고 다니는 사람이 되어 있었다. 내 친구들은 곤경에 빠졌다. 나는 지난 몇 년간 그들의 믿음직한 친구였지만 펄은 그들을 대사들, 그리고 그들 자신의 내적 빛과 연결해준 스승이었다. '그들은 누구를 믿어야 할까?'

내가 이런 진퇴양난의 상황이 영적인 길을 가고 있는 많은 학생들이 마주하는 상황이라는 것을 알게 되기까지는 수년이 걸렸다. 또, 이런 상황은 결국 모든 집단과 단체에서 발생하는 상황이기도 했다. 이것은 필연적인 불화였다. 그리고 이는 의존성에서 벗어나 자신의 삶에서 그 가르침을 적용하기 위해 나아가야 할 때를 모든 이들에게 보여주는 일이었다. 사람은 다른 사람에게 영원히 의지하기보다는 스스로 인격, 지혜, 자기완성의 힘을 얻을 수 있어야 한다.*

이 험담과 비난의 말벌집 같은 환경에서 벗어날 필요가 있다고 느낀 나는 마을을 떠나 빅서Big Sur에서 막 올라온, 펄의 학생이 아닌 친구들의 집으로 이사를 들어갔다. 이 친구들은 친절하게도 위드 뒷거리에 있는 그들의 집에서 방 한 칸을 내주었다. 이 마을은 내가 뮤어 숲에서 세인트 저메인을 만난 뒤 첫날 밤을 보냈던 곳이었다. 이 친구들 역시 어떤 집단에 속해 있으면서 고생한 적이 있었다. 그들의 안목과 주체적인 지성은 내게 신선한 변화였다. 그들은 내가 집단적인 의식에서 벗어나 다시 한번 자유로운 개인이 되는 데 필요한 도움을 주었다.

나는 펄의 소식을 간간이 전해 듣고 있었다. 펄은 나를 크리슈나무르티처럼 영적인 길에서 이탈하여 대사들을 버린 사람의 예로 들었다고 했다. 하지만 나는 이런 이야기를 그저 내 가슴에만 간직하고 아무 말도 하지 않고 있었다. 아이러니였다. 펄은 고드프리 레이킹의 아내인 로터스가 펄에게 했던 것과 정확히 똑같은 행동을 하고 있었다. 세인트 저메인이 펄과 펄의 쌍둥이 불꽃인 밥에게 받아쓰게 했던 책을 보여주었을 때 로터스가 했던 그 행동 말이다. 로터스는 그 책을 읽는 것조차 거절했고, 자기 이외의 다른 사람에게 대사가 올 수 있다는 것도 인정하지 않았다. 이로 인해 펄과 밥은 세인트 저메인 재단을 탈퇴하게 되었다.

'지금 펄은 자신이 당했던 일을 내게 똑같이 되풀이하고 있구나.'

---

* 크리슈나무르티는 자신이 여태껏 준비해왔던 메시아의 역할을 버리면서 그를 지지하던 신지학회뿐 아니라 그의 스승이자 멘토였던 애니 베산트에게서 이와 비슷하게 벗어났다.

나는 그녀가 이 치유되지 않은 상처를 내게 똑같이 투영하고 있다는 사실이 놀랍기만 했다. 나는 그녀 자신이 오랫동안 피해왔던 악마의 투영이 되어 있었다.*

나는 내 영적 선생님과의 신성한 관계가 왜 이렇게 엉망진창이 된 건지 혼란스러웠다. 그래서 내가 이 상황을 진정으로 이해할 수 있게 해달라고 기도했다. 그러던 어느 날, 나는 샤스타산의 골든 바우 서점(The Golden Bough Bookstore)으로 걸어 들어가면서 이렇게 확언했다.

> 나는 밝혀주고 드러내주는 현존으로서, 여기서 내게 필요한 것이 무엇인지 보여줍니다.
> 나는 내가 알아야 할 것이 무엇인지 보여주는 완벽한 책을 찾을 수 있도록 내면으로부터 가이드와 지휘를 받고 있습니다.

이렇게 가슴을 따르자 짙은 파란색의 무지 표지로 디자인된 시리즈 책들 쪽으로 이끌려갔다. 오컬트 작가 앨리스 A. 베일리가 쓴 책들이었다. 내가 손가락으로 그 책들을 쭉 따라가자 특정한 책에서 손가락이 멈췄다. 책을 획획 넘겨보자 정확히 내게 필요했던 메시지가 보였다. 그 말을 옮기자면 다음과 같다.

"…모든 학생들은 언젠가는 교사에게 버림받아야만 하며 모든 교사들은 언젠가 자신의 제자에게 배신감을 느껴야만 한다. 그래야만 교사/학생이라는 패러다임의 한계들을 초월해 진화할 수 있다. 배

---

* 출트럼 앨리온,《내 안의 악마 길들이기》.

신처럼 보이는 이러한 일은 인간의 관점에서 볼 것이 아니라 영적 진화의 길에서 겪는 입문으로 봐야 한다."

나는 펄을 비난하는 것을 멈추고 우리의 불화를 영적인 길에서의 필연적인 단계로 받아들여야 한다는 것을 깨달았다. 이제 나는 내 교사가 항상 내 어깨너머로 나를 보고 있다는 느낌 없이 더 큰 행동의 자유를 갖게 될 것이었다. 내게는 나의 새 책을 더 넓게 유통시킬 수 있는 시간이 있었고, 내 책은 즉시 인기작이 되었다. 내 책을 둘러싼 논란은 아이러니하게도 훌륭한 광고 수단이 되어주었다. 모두가 내 책을 원했고, 전국 각지의 서점에서 주문이 밀려왔다. 책을 읽고 삶이 바뀐 사람들로부터 온 편지도 받았다. 많은 사람들이 이 책의 페이지들에서 방출되는 대사들의 광휘를 느낄 수 있었다고 했다. 여러 그룹에서도 편지가 쇄도했다. 자신들의 그룹에 와서 이야기를 좀 해달라는 내용이었다.

타히라Tahira라는 한 여자는 내게 이런 얘기도 해주었다. 그녀는 우편물 속에 있는 책을 발견하고는 그것을 빠르게 훑으며 읽었다. 그리고 세인트 저메인에게 그가 정말 실재하는지, 책의 내용이 진실인지 알려달라고 요청한 다음 책을 테이블 위에 놓아둔 채로 은행에 갔다. 한 시간 후 집에 돌아왔을 때, 책이 사라지고 없었다. 그녀 혼자 사는 집이었는데도 말이다. 그리고 몇 달이 지나 그녀는 새 아파트로 이사했는데, 갑자기 그 책이 그녀 바로 앞 공중에서 떨어졌다고 한다. 그녀가 요청했던 그 증거가 나타난 것이다.

40장 🔥 남색 볼보

결국, 세인트 저메인이 부동산 중개인의 모습으로 비행기 안에 나타났을 때 했던 제안에 따라 나는 부동산 자격증을 취득하고 지역 중개업자로 일하게 되었다. 그 일은 내가 상상했던 대로 쉽게 부유해지는 일이 아니었다. 사람들은 계속 전화를 했고, 가끔은 내가 자고 있을 시간에 살 생각도 없으면서 그저 호기심 때문에 전화를 걸었다. 나는 사람들을 태우고 교외를 운전하는 데 주말 시간을 썼는데, 몇몇 사람들은 드라이브하면서 즐거운 하루를 보내려고 이를 이용하기도 했다. 그리고 내 책을 읽었던 사람들은 상승 대사들과의 내 경험담을 듣고 싶어 부동산 사무실로 들어왔고, 내 동료들은 이를 아주 성가셔했다.

부동산 사무실에서 일한 지 1년이 지났지만, 나는 여전히 많은 돈을 벌지 못했다. 나는 왜 세인트 저메인이 나를 부동산 업계로 이끌었는지 알고 싶었다. '그냥 삶의 경험을 해보라는 이유였을까? 다른

사람들이 겪었던 시험과 도전을 이해하면 내가 다른 사람들을 더 잘 도울 수도 있겠지.'

차츰 나는 먹고살 수 있는 다른 방법들을 찾기 시작했다. 내가 부동산에서 부자가 되지 못할 바에는 차라리 내가 즐거워하는 일을 하는 편이 나을지도 몰랐다. 세상이 부동산 중개인을 한 명 더 필요로 하는 것 같지는 않았다. 내가 지구에 있는 이유는 여기 남아 다른 사람들을 돕기 위해서였다. 따라서 나는 사람들에게 유익을 줄 수 있는 직업을 찾기 시작했고, 다른 사람들을 돕는 것이 곧 나 자신을 돌보는 일이라고 믿었다.

나는 자연치유에 대한 애정을 가지고 있었고, 인도에서 돌아온 이후에는 뉴욕 북부에 있는 내 농장에서 약초에 대한 지식을 쌓은 적이 있었다. 또 뉴욕의 의사와 동종요법을 공부한 적도 있었다. 동종요법의 신비로운 치유력은 내게 엄청난 도움이 되었다. 나는 육체적인 수준에서부터 영적인 수준에 이르기까지 너무나 많은 수준들에서 작용하는 이 놀라운 치유 방법에 대해 지속적인 연구를 해왔다.

내 고객 중 한 명은 내가 앨버커키^{Albuquerque}에서 열린 인도 출신의 저명한 의사가 진행하는 동종요법 워크숍에 참석할 수 있도록 돈을 내주었다. 하지만 집으로 돌아오는 길에 가지고 다닌 지 몇 달밖에 되지 않은 내 중고 자동차, 램블러 스테이션 왜건^{Rambler station wagon}의 실린더 피스톤이 고장 났다. 앨버커키로 향하는 길에서도 이미 엔진에서 이상한 소리가 났지만 돌아오는 길에는 대략 80킬로미터마다 1리터씩 엔진오일을 태워 먹기 시작했다.

나는 집에 도착할 때까지만 차가 버텨주길 기도하면서 샤스타산 남쪽에서 30킬로미터 떨어져 있는 협곡의 오르막길을 달리고 있었다. 그때, 후드에서 엄청난 양의 연기가 터져 나오며 엔진이 멈춰버렸다. 나는 탄력주행으로 차를 갓길에 세우고 세인트 저메인에게 구조요청을 했다. 그리고 밖으로 나와 후드를 열고 엄지손가락을 세운 채 서 있었다. 지나가던 첫 번째 차가 멈추었기 때문에 기도가 통하기를 기다릴 필요도 없었다. 앞좌석에 올라탄 나는 운전석에 여성이 앉아 있는 것을 보고 깜짝 놀랐다.

"보통 여성분들은 도로에 발이 묶인 남자들을 태워주지 않던데요." 나는 그녀에게 고마워하며 말했다.

"네, 저도 평소에는 이렇게 안 해요. 하지만 당신에게는 평화로운 에너지가 느껴져서 차에 태워줘도 괜찮겠다는 생각이 들었죠."

'세인트 저메인이 변장하고 나타난 걸까? 아니면 그저 이 친절한 사람의 상위 자아가 내 기도에 응한 걸까?' 나는 내적 가이드에 대한 그녀의 예민함과 자비심에 고마움을 느끼며 그녀를 바라보았다. 눈앞에 보이는 이 여성이 실제로 그녀 자신인 건지 아니면 변장을 한 대사인 건지 알고 싶었다. 하지만 그녀가 진짜 누구인지와는 상관없이 그녀는 여전히 하나님의 현현이었다. 나는 불교의 가장 높은 가르침 중 하나, 즉 정토에 관한 가르침을 되새겼다. 그것은 바로 모든 사람을 신성한 존재로, 만물을 무지개색 빛으로 구성된 것으로, 모든 장소를 천국으로, 그리고 모든 사건을 구루의 은총이 나타난 것으로 보는 것이었다.

이 천사 같은 존재는 나를 가장 가까운 도시인 던스뮤어에 내려주었고, 나는 견인차를 불렀다. 그들은 차의 소유권을 넘겨주면 차를 처분해주겠다고 했다. 그들이 말하길, 차를 해체해서 나오는 쓸만한 부품들의 가치가 견인 비용과 똑같을 것이라고 했다. 나는 펄의 학생인 예술가 친구로부터 500달러에 그 차를 샀었다. 그가 차를 정기적으로 관리할 만한 돈이 없다는 것을 알면서도 그렇게 하는 것이 세인트 저메인의 바람이라고 느꼈기 때문이었다. '그가 왜 이런 고물차를 사라고 가이드했을까? 그때그때 들어오는 작품 의뢰로 간신히 살아가는 그 친구를 돕기 위해서였을까? 교통수단에 대한 나의 필요는 부차적인 걸까?'

대사들은 종종 현재 우리의 이해 범위와 시야를 넘어서는 이유들을 가지고 있다. 일단 우리가 그들의 가이드를 요청하면 그들이 아무리 특이한 것을 요구하더라도 그저 따를 수밖에 없다. 나는 그 가이드를 따랐다고 생각했고, 결국 그런 내 행동은 차가 고장 나서 도로에 발이 묶여버리는 상황으로 이어졌다. '내가 착각한 걸까? 아니면 이 곤란한 상황에 뭔가 더 높은 목적이 있는 건가?'

어쨌든 나는 이제 새 차가 필요했다. 이 사건 이면에 대사가 계획한 어떤 목적이 있었는지 알기 위해 오래 기다릴 필요도 없었다. 대사의 이러한 계획은 곧 실제로 그가 내가 필요한 것이 무엇인지 모든 차원에서 알고 있다는 내 믿음을 더더욱 견고히 해줄 것이었다.

나는 앨버커키에 가느라 저축되어 있던 얼마 안 되는 돈조차 다 써버렸다. 그래서 치유가 필요한 사람들에게 어떻게 왕진을 할지 막막했다. 이전에는 사람들의 집까지 걸어 다녔었다. 하지만 그때는 내가 마을에 살 때였고, 지금 나는 마을에서 좀 떨어진 산자락의 오두막집에 살고 있었다. 나는 세인트 저메인에게 기도했다. '제가 치유 작업을 계속하기를 당신이 바라신다면 저는 차가 필요할 겁니다. 제가 그 램블러를 사길 바라셨을 때는 나름의 이유가 있으셨을 거라 확신합니다. 하지만 이번에는 좀 좋은 차를 주시면 좋겠네요. 며

칠 이내로 주신다면 더 감사하겠습니다.'

나는 이 기도에 대해 아무에게도 말하지 않았고, 중고차를 찾아보려고 신문을 보지도 않았다. 마음에 드는 차를 찾았다고 해도 내 통장은 이미 텅텅 비어 있었기 때문이다. 어차피 내가 할 수 있는 일이 없었으므로 나는 아무런 외적 노력도 하지 않았다. 단지 내 기도가 완벽한 신성의 법칙으로 응답받을 것이라고 믿고 있을 뿐이었다.

이틀 후, 낯선 사람이 우리 집 앞 진입로에 차를 세웠다. 나는 누가 왔는지 보러 나갔고, 그는 자신을 데이비드David라고 소개했다.

"당신이 피터 마운트 샤스타 씨인가요?"

"네, 무슨 일이죠?"

"저와 제 아내가 당신에게 줄 선물이 있어요. 이야기하자면 깁니다만, 저랑 같이 가서서 가져가시면 좋겠네요."

"선물이요?" 나는 그 남자를 한 번도 본 적이 없었기 때문에 약간 당황해서 물었다.

"네." 그가 대답했다.

"내게 선물을 주고 싶은데 가지고 오지 못했단 말인가요?" 나는 의심하며 물었다.

"네, 시내에 있는 저희 집으로 같이 가서 가져가셔야 해요."

'이상한 일이군.' 나는 수상쩍게 생각했다. 이전에 내게 숨겨진 목적이 있는 '선물'을 주었던 몇몇 친구들이 나중에 그것을 돌려달라고 한 적이 있었다. 사람들은 종종 뭔가가 '무료'라면서 나를 어떤 계획에 참여시키려고 했는데, 나는 그것이 사기이거나 거기에 숨겨진 의도가 있었다는 것을 나중에서야 알게 되었다. 그래서 낯선 사람으로부터 이런 제의를 들은 나는 그를 경계했다.

하지만 어떤 경고의 에너지도 느껴지지 않았다. 그래서 나는 '에라 모르겠다. 일단 같이 차를 타고 가서 무슨 일이 일어나는지 지켜봐야겠어'라고 생각했고 데이비드의 차에 올라탔다.

"저의 동기가 의심스러울 거예요." 차를 몰고 길을 내려가는 동안 데이비드가 직감적으로 말했다. "당신은 이 동네에서 유명한 사람이고, 돈을 벌려는 의도에서 여러 가지 계략에 당신을 끌어들이려는 사람들이 많았을 거예요."

'당신 말이 맞아요.' 나는 속으로 생각했다.

"그래도 그런 생각들은 잠시 접어두고 당신 마음을 재프로그래밍하면 좋겠어요. 당신이 풍요를 받을 수 있도록 말이죠. 내가 아무런 동기나 애착 없이, 보답에 대한 기대도 없이 당신에게 무언가를 주려 한다는 것을 알려주고 싶어요. 그러니 받아줄 수 있겠죠?"

"네, 그럴게요." 그의 목소리에 들어있는 진정성을 느끼면서 내가 말했다.

우리는 데이비드의 커다란 집에 도착했고, 그는 자신의 아름다운 아내 테아^{Thea}를 내게 소개해주었다. 그러고는 거실 저편을 향해 손짓하며 말했다. "저기 있어요."

그가 가리키는 쪽을 보니 커피 테이블만 한 크기의 크리스털이 보였다. "와, 고마워요." 나는 예의상 대답했다. 나는 자기 자신에 내재하신 신적 현존보다도 크리스털을 영적 힘의 근원으로 여기며 그 것을 숭배하는 사람들만큼 크리스털을 좋아하지는 않았다. 그러나 나는 이만한 크기의 크리스털이 비싼 가격이라는 것을 알고 있었고 가격이 얼마 정도 될지 궁금했다. '다른 사람한테 받은 선물을 함부로 팔아도 될까? 이걸 팔면 틀림없이 필요한 돈이 나오긴 할 텐데

말이야.'

"아니, 저 크리스털 말고요." 데이비드가 말했다. "당신의 선물은 크리스털 위에 있어요!"

가까이 다가가 보니 그 커다랗고 반투명한 크리스털 위에 낡은 종이 한 장이 올려져 있었다. 불빛이 어렴풋하게 비친 탓에 종이에 뭐라고 쓰여 있는지 겨우 알아볼 수 있었다. 무릎을 꿇고 자세히 읽어보니 그것은 공문서였다. 그리고 마침내 나는 어렴풋한 불빛 속에서 다음과 같은 글을 읽을 수 있었다. '캘리포니아주 차량 등록증'.

"차량 등록이라니요?" 나는 더듬으며 말했다.

"당신에게 우리가 몰던 볼보 차를 주려고요." 데이비드가 말했다. "내가 테아와 결혼하기 전에 몰던 차예요. 나는 새 차가 있고, 아내도 자기 차를 가지고 있어서 이 차가 필요하지 않아요. 차를 싹 정비해서 신문에 광고를 냈는데 전화가 한 통도 안 오더라고요. 그래서 우리는 이 차가 특정한 누군가를 위한 차일 거라고 판단했고, 대사들에게 어떻게 해야 할지 알려달라고 기도했어요. 그리고 어젯밤, 우리는 따뜻한 월풀 욕조 안에 앉아 산 뒤로 해가 넘어가는 것을 보고 있었는데 세인트 저메인께서 나타나셨죠. 그분은 '이 차를 피터 마운트 샤스타에게 주게'라고 말씀하신 후 사라지셨어요. 우리 둘 다 당신의 책 《"나는" 열린 문이다》를 읽었고, 당신이 다른 사람들을 돕고 있다는 것을 알고 있었어요. 그래서 당신을 돕고 싶었지만 당신이 차가 필요한지는 미처 몰랐네요."

"그래요. 사실 세인트 저메인께 차를 달라고 기도하고 있었어요."

"자, 이제 이 볼보는 당신 거예요." 그는 펜을 꺼내 명의 이전 서류에 서명을 했다. "밖으로 나가죠. 차를 보여줄게요."

진입로에는 확실히 관리가 잘 되어 있는 남색 볼보 한 대가 새 타이어를 빛내며 주차되어 있었다. 나는 말문이 막혔다. 내 기도는 응답을 받았다. 이 차는 내가 세인트 저메인에게 기대했던 것보다 더 놀라운 것이었다.

나는 대사뿐 아니라 세인트 저메인의 이 관대한 친구들에게도 감사하는 마음으로 선물을 받아들였다. 그들은 어떠한 집착이나 의문도 없이 너무나 친절하게 그의 가이드를 따라주었다.

대사들의 가르침에 따르면, 감사는 모든 스승들의 축복이 흘러나오는 열린 문이다. 심지어 역경에 대한 감사조차도 그렇다. 역경에 대한 감사는 우리의 가장 훌륭한 스승 중 하나다. 램블러가 고장 나지 않았더라면 나는 이렇게 더 좋은 차를 선물 받지 못했을 것이고, 대사의 전지전능함과 자비, 관용에 대한 이런 압도적인 증거도 받지 못했을 것이다. 볼보의 문을 열 때마다, 그리고 핸들을 쥐고 이 차의 견고함을 느낄 때마다 감사의 물결이 나를 통해 흘렀다. 나는 대사들이 나의 필요를 훨씬 이전부터 알고 있었다는 것을, 그리고 그들이 내 삶의 모든 측면들을 이용해 가르침을 준다는 것을 다시 한번 마음에 새겼다.

41장 🔥 노다지

나는 여러 해 동안 치유를 연습했다. 약초와 동종요법을 치유를 불러오는 성체처럼 사용하여 어떤 수준에서의 치유이든 필요한 치유가 일어나도록 하는 게 내 일이었다. 모든 현상들은 상호의존적이기 때문에 하늘이 어떻게 삶과 건강의 거울이 되어주는지, 스트레스의 근원이 어디에 있으며 그것을 어떻게 완화할 수 있을지를 보여주기 위해 점성학도 활용했다. 생명의 모든 단계들은 자아라는 의식의 측면들이기 때문에 종종 고객에게 어떤 통찰을 제공해주는 것만으로도 치유를 촉진하기에 충분했고, 다른 때에는 약초 요법 혹은 터치도 효과적이었다.

하지만 모든 치유는 궁극적으로 하나님에게서 나오기 때문에 나는 고객이 내 사무실에 도착하기 전부터 내가 치유의 도구가 되기를 내적으로 기도하곤 했다. 그리고 그들이 떠난 후에도 다시 같은 기도를 했다. 나는 밤중에 잠에서 깨어나 필요한 곳에 치유를 보내기 위한 심상화, 확언, 만트라를 자주 이어가곤 했다.

문제는 이 일을 하면서 생계를 꾸리는 것이었다. 나뿐만 아니라 치유를 추구하는 사람들 모두 돈과 관련된 복잡한 감정적 문제들이 치유의 길을 가로막는 것을 원치 않았다. 치유의 법칙 중 하나는 치유에 대한 감사를 느끼고, 치유가를 하나님의 은총이 흐르게 하는 매개체로서 존중해야 한다는 것이다. 하지만 그 존중이 어떤 형태인지는 중요하지 않았다. 그래서 나는 직접적으로 비용을 정해서 청구하기보다는 대부분 자발적인 기부를 받았다. 하지만 깊은 치유가 자주 일어났음에도 불구하고 나는 사람들이 제공하는 것만으로는 겨우 먹고살 수 있을 뿐이라는 것을 깨닫게 되었다.

사람들은 하나님의 매개자들이 물질적인 차원에 살고 있으며 그들이 살아남기 위해서는 돈이 필요하다는 사실을 잊어버린 채, 돈이 필요하지 않으신 하나님에 의해 직접 치유되었다고 느끼고 싶어 했다. 어떤 사람들에게는 우리가 지구에 살고 있다는 것, 치유가가 물질적 세계에서 생계를 유지할 권리가 있다는 것을 받아들이는 것 자체가 난관이 되었는데, 그들은 치유가 일어나기 전에 이 부분을 먼저 이해할 필요가 있었다.

나는 영적인 것이 세상과의 단절, 즉 육체를 부정하고 음식을 부정하며 그 외의 자신이 갈망하는 육체적인 안락함을 부정하는 것이라고 오인함으로써 병마에 시달리는 사람들을 많이 봤다. 그러나 이보다 더 건강을 악화시키는 것은 사람들의 삶에 전염병처럼 작용하는, 다른 사람들에 대한 비난과 시기심 그리고 비판이었다.

살아남기 위해서 다시 직업을 바꿔야 하는 걸까? 이스라엘행 비행기에서 봤던, 터번을 쓴 대사 엘 모리야는 이렇게 말한 적이 있다고 한다. "대사(Master)가 되는 가장 좋은 방법은 모든 것을 마스터하는 것이다." 물론, 나는 이 말이 우리가 마스터해야 할 것은 세상이 아닌 우리 자신이라고 말하는 것임을 잘 알고 있었다. 하지만 이 말은 대사들의 가이드에 따른 나의 잦은 직업적 변화가 잘못되지 않았다는 믿음을 공고히 해주기도 했다. 우리가 우리 자신을 마스터하면 그 어떤 것도 장애가 되지 않는다.

펄과 사이가 틀어진 지금, 나는 더 이상 펄이 새로 온 사람들을 위해 대사와 자신이 함께했던 경험들 — 내가 이미 수차례 들었던 — 에 대해 말하는 것을 들으며 그녀의 집에서 긴 시간을 보낼 필요가 없었다. 또, 그녀가 자주 부탁했던 대로 그들에게 이 길의 기본을 가르치는 데 시간을 쓸 필요도 없었다. 나는 이제 이 자유로운 시간 동안 명상을 하며 내적 세계에 몰입할 수 있었고, 대사들과 교감할 수 있었다. 내가 대사들과의 일체성을 더욱 강하게 인식하게 되자 내 의식에서 물질적인 세상의 한계들이 떨어져 나가기 시작했다. 나는 대사들이 인류의 유익을 위해 특정 에너지를 어떻게 행사하는지 보기 시작했고, 점차 그들의 임무에 더욱 관여하게 되었다.

나는 육체와 I AM 현존 사이에서 작용하는 내 상위 멘탈체*로 여행을 하면서 상승 대사의 은둔처에 더 자주 방문할 수 있었다. 이러한 영역에서 나는 대사들이 얼마나 많은 일상 생활들을 지휘해주고, 또 거기에 개입하는지를 보게 되었다. 그리고 대중들의 의식에 영향

---

* I AM 현존, 상위 멘탈체, 인간적 자아에 해당하는 다양한 몸체들은 산스크리트 단어 다르마카야, 삼보가카야, 니르마나카야와 같다고 볼 수 있다. 티베트 탕카에서는 아미타불 부처님이 맨 위에 있고, 가운데에는 관세음보살, 그 아래에는 구루 린포체(파드마삼바바 – 역주)나 물질적 차원에 화현한 존재들이 위치해 있다. 세 가지 카야kaya(몸)를 통해 표현되는 이것들은 모두 부처의식(일체의 미망에서 깨어난 의식 – 역주)의 본성을 나타내고 있다.

을 미치는 개인들은 종종 자신도 의식하지 못하는 상태로 대사들의 은둔처에서 훈련을 받고 있었다.

나는 이런 것들을 보고 깜짝 놀랄 수밖에 없었다. 대사들은 정치가, 자본가, 예술가, 과학자, 연예인 같은 전 분야의 영향력 있는 인물들과 세계지도자들이 잠들었을 때 가르침을 받을 수 있는 내적 장소로 그들을 보냈다. 그리고 낮 동안 가르침을 받아야 할 때는 그들의 상위 몸체 중 하나를 그리로 보내기도 했다. 이후에 그들은 그 방문을 그저 꿈으로만 기억하거나 그들이 받은 가이드에 기초한 '직관'에 따라 행동하기도 했다. 그들은 모든 외부 현상이 내적인 차원에서 먼저 일어난다는 것을 깨닫지 못한 채, 어떤 사건들이 어떻게 그렇게 의도된 것처럼 딱 맞아떨어지는지 놀라워하곤 했다. 그리고 그런 일들은 데자뷔로서 경험되었는데, 이는 그것들이 내적 차원에서 이미 일어난 일들이었기 때문이었다.

이러한 내적 차원으로의 방문 중, 한번은 영화 프로젝트가 개발되고 있던 캘리포니아 버뱅크Burbank 근처의 산 내부에 있는 상승 대사의 은둔처로 이끌려 간 적이 있었다. 이 은둔처는 모든 편의시설을 갖춘 고급 호텔과 비슷했다. 하지만 창의적인 프로젝트를 개발하고, 그것들이 결실을 맺을 수 있도록 집중하게 해주는 실용적인 단순함도 갖추고 있었다.

담당 대사는 내게 대본 작가를 소개해주었는데, 그는 자신이 대사에게 영감을 받아 시나리오를 썼다는 사실을 깨닫지 못했다. 원기를 북돋아주는 음료수가 제공되는 동안, 자본을 투자할 투자자뿐만 아니라 제작자, 감독, 주연 배우가 모두 소개되었고 그들이 이 프로젝트에서 어떤 역할을 하게 될지 알 수 있었다.

이 회의는 나중에 에이전트 회사 및 메이저 영화사와의 미팅이라는 사건으로 외적 세계에 반영될 사전 회의로서, 지금은 내적인 차원에서 일어나고 있었다. 내적 차원에서는 각 인물들 간 에고끼리의 충돌과 탐욕을 피할 수 있었는데, 이 에고들은 앞으로 대사들의 감독 없이 이 엄청난 규모의 영화를 함께 제작해나가야 했다. 영화가 만들어지기 위해서는 수백 명의 개인이 함께 모여 영화 제작이라는 공동의 목표를 향해 하나되어 일해야 하므로, 대사들이 돕는다 하더라도 피할 수 없는 창조적 갈등이 여전히 존재할 수밖에 없었다.

제작 중인 그 영화는 공상과학영화로 개봉될 예정이었지만 그것은 사실 우리 정부와 다른 세계에서 온 존재들 사이에 일어났던 실제 접촉에 기초한 것이었다. 정부는 이 사건을 은폐했고, 대사들은 이제 그 진실이 대중에게 알려지기를 원했다. 비록 오락물 영화로 개봉되긴 했지만 이 영화는 우리를 은밀히 도와주고 있는 우리 선조들의 귀환을 인류에게 준비시키기 위한 의도로 만들어졌다. 우리의 선조들은 실재하는 자신들의 존재를 알릴 그 순간을 기다리고 있는데, 이러한 사건은 아마 가까운 미래, 즉 지구 생명체들의 전환에 있어 결정적인 순간에 실제로 일어날 공산이 크다.

놀랍게도 이 회의에는 플레이아데스의 아름다운 여성, 셈야제도 참석했다. 나는 샤스타산에 도착했을 때 처음으로 그녀를 만났었고 이후에 루이스 호수에서도 만난 적이 있었다. 그녀는 세인트 저메인의 요청으로 내게 지구에 대한 플레이아데스인의 사명을 알려주었고, 이러한 사명과 관련해 내가 그들과 어떤 방식으로 같이 일하게 될지를 가르쳐주었었다. 하지만 이런 만남들의 상세한 기억에 접근하는 것은 그 지식이 필요한 미래의 시기가 오기 전까지는 허용되지 않았다. 어쨌거나, 이제 그녀는 세련된 정장 바지를 입고 할리우드의 유명인사들과 어울리고 있었다.

나와 동행했던 대사와 나는 마치 다른 사람들에게는 보이지 않는 사람인 것 같았다. 어쩌면 그들이 그 프로젝트에 너무 집중하는 바람에 우리에게 주의를 기울이지 않았을지도 모른다. 나는 이 모임을 관찰하면서 그 영화의 중요성을 강하게 느꼈다. 이 미래의 영화 프로젝트는 인류에게 더 높은 세계와 그들 자신의 신성한 기원에 대한 지식을 일깨워줄 수 있는 프로젝트였다. 나는 여기에서 내가 도울 수 있는 게 있다면 얼마든지 돕고 싶다는 마음이 들었다.

그때 나는 내가 얼마나 빨리, 그리고 얼마나 특이한 방식으로 영화 사업에 관여하게 될지 알지 못했다. 그리고 인류가 이러한 지식을 얻는 것에 반대하는 악한 세력과 마주치는 것이 얼마나 위험한 일이 될지도 알지 못했다.

뺨에 부드러운 산들바람이 불어왔다. 나는 내가 남태평양의 열대 섬에 있다는 것을 깨달았다. 한 동양인 여성이 나를 보고 웃고 있었다. 그녀의 눈 속에는 미래의 나에 대한 친밀감이 엿보였다. 잠에서 깨어난 나는 이 여성을 꿈속에서 며칠 밤 연속으로 보았다는 것을 깨달았다. 이 비전을 곰곰이 생각하는 동안, 엘리자베스에 대한 기억과 금욕 서약은 점점 희미해지고 있었다. '그 미인은 나와 함께할 운명일까? 아니면 이것도 또 다른 시험일까? 그녀에 대한 꿈을 이렇게 자주 꾸는 건 내가 그녀를 곧 만날 거라는 뜻 아닐까?'

이 여성에 대한 꿈을 되새기는 동안 제이슨^{Jason}에게서 전화가 왔다. 그는 내 책《"나는" 열린 문이다》를 통해 나와 서로 알고 지내온,

하와이에 사는 친구였다. 제이슨은 젊은 시절 부동산으로 많은 돈을 벌었고, 더 좋은 삶을 살기 위해 아내 데첸Dechen과 함께 빅아일랜드Big Island로 은퇴했다.

어느 날, 서핑하기 좋은 최고의 파도를 해변에서 기다리는 동안 제이슨은 《마법의 현존》을 읽기 시작했다. 고드프리 레이 킹이 세인트 저메인과 함께 이룬 업적들을 이야기하고 있는 책이었다. 제이슨은 영을 추구하고 타인을 돕는 데 자신의 시간을 쓰지 않는다면 자신이 젊었을 때 은퇴할 수 있을 정도로 숙달되어 있던 이 물질세계가 하나의 영적인 막다른 길이 될 것이라고 믿게 되었다. 티베트인들은 "윤회계와 열반의 상태(환상과 실재)는 하나다. 다른 하나가 없으면 하나를 이해할 수 없다"고 말하는데, 그 역시 이러한 사실을 이내 깨닫게 되었다.

그는 해변에 앉아 대사들이 어떻게 고드프리와 그의 동료들의 금 채굴 사업이 번창하도록 도왔는지를 읽으면서 영과 물질세계의 추구가 반드시 대립되는 것은 아니며 두 가지를 동시에 수행할 수도 있다는 사실을 이해하게 되었다. 고드프리가 금을 찾는 것을 대사들이 도와주었다면, 제이슨이 장인어른 소유의 방치되어 있는 금광을 개발하는 데도 그들이 도움을 줄 수 있는 일이었다. 그리고 이렇게 얻은 부는 이를 받을 자격이 있는 많은 영혼들에게 돌아가 그들이 자신의 영적 사명을 이루게 해줄 것이었다.

신성한 영감을 받은 제이슨은 인도주의적 동기로 이 잠재적 부의 개발에 투자하기로 결심했다. 자기 자신은 죽을 때까지 쓸 수 있을 만큼 충분한 돈을 벌었기 때문에 더 많은 돈이 필요하지는 않았다. 하지만 그는 자비로운 존재로서 자신이 믿고 있는 이 프로젝트를 밀고 나가 자신이 사랑하는 사람들에게 도움을 주고 싶어했다. 그는 이러한 금 개발을 촉진하기 위해 합작회사를 설립하여 그가 도와주고 싶은 사람들에게 금광에서 창출될 수익금에 대한 지분들을 팔았다. 사람들은 대사들에게 헌신하는 그의 이 프로젝트를 알게 되었고, 수백 명의 사람들이 주식을 삼으로써 그의 비전을 공유했다. 많은 사람들이 보상을 전혀 바라지 않고 이 프로젝트에서 그를 돕겠다고 자원했다.

지금, 그는 내 책을 읽고 나서 하와이에서 전화를 걸어 내게 수익금 지분을 주고 싶다고 말하고 있었다. 나는 지분 비용에 들어갈 5천 달러가 없었음에도 그가 예측하는 막대한 자금이 곧 우리 은행 계좌에 쏟아지면 어떻게 그 돈을 쓸 것인지 미리 생각하면서 내가 그 프로젝트에 포함되었다는 사실에 감사함을 느꼈다. 그와 통화하는 동안 나는 그의 흥분에 동조되었고, 곧 그의 프로젝트를 돕기 위해 하와이로 갈 계획을 세우게 되었다. 비록 자원해서 내 시간을 쓰는 것이긴 하지만, 나는 최소한 생활비 정도는 충당되기를 바랐다. '아마도 그는 내가 지낼 수 있는, 해변이 내려다보이는 방갈로^{bungalow}를 가지고 있지 않을까? 그 열대지방의 낙원에서는 많은 돈이 필요하지 않을 것이고, 어쨌든 몇 달 안에 나는 부자가 되겠지.'

"고마워요(Mahalo)"[*]라는 태평한 말과 함께 제이슨은 흔쾌히 내게 섬으로 오라고 했다. 모든 준비가 다 되어 있었다. 나는 일주일 후에 비행기로 출발할 예정이었다. 우리는 토요일 아침에 브런치를 먹으면서 앞으로 펼쳐질 이 모험에서 내가 어떤 역할을 할지 의논하게

---

[*] 하와이어로 "감사합니다"라는 말로 쓰이며 '신의 숨결이 그대 안에 있기를'이라는 뜻이다.

될 것이었다. 나는 이것이 어떤 모험이 될지 꿈에도 생각지 못하고 있었다. 하와이로 가는 것은 물리적 차원의 광산이 아닌, 완전히 다른 종류의 금을 향해 가는 여정의 첫걸음일 뿐이었다. 이러한 여정을 걷기 위해서는 용기가 필요하며, 대사들의 훈련을 받음으로써 정제될 필요가 있다.

힐로Hilo에 착륙한 후에 나는 택시를 타고 하와이에서의 첫날밤을 보낼 모텔로 갔다. 내 방으로 걸어가면서 나는 야자수 사이로 밀려드는 파도를 보았고 그것이 해안가에 부딪히면서 내는 우레 같은 소리를 들었다. 때는 이른 아침이었고, 제이슨과는 다음 날 아침에 만나기로 했기 때문에 나는 여행하고 쉬면서 온종일을 보내야 했다. 나는 수영을 하려고 수영복으로 갈아입었는데, 아래층 프런트에서는 이 섬의 해안에는 바위가 많아 수영하기에 좋지 않다는 말을 해 주었다. 나는 더위를 식히고 싶어 수영장으로 향했다.

수영장 문을 열자 사람은 거의 보이지 않았고, 맞은편 끝의 긴 의자에 누워 있는 여자 한 명만 보였다. 문이 닫히는 소리가 들리자 그녀는 깜짝 놀라 일어나 앉았다. 길고 검은 머리카락이 그녀의 어깨에 걸쳐져 있었다. 그녀는 나를 쳐다보았고, 나는 그녀가 동양인이라는 것을 알게 되었다. 그녀의 눈은 최근 내 꿈에서 나타났었던 그 여자와 닮아 있었다. '정말 그 여자일까? 그래서 내가 여기 오게 된 걸까?'

나는 아무 생각 없이 수영장에 뛰어들어 반대편 끝으로 헤엄쳐 간 뒤 물에서 나와 그녀 바로 옆에 걸터앉았다. 나는 그녀를 똑바로 보기 위해 몸을 돌렸고, 그녀는 내 꿈속에서 봤던 것과 똑같은 눈빛으로 친근한 미소를 지으며 나를 돌아보았다. 나는 그녀에게서 눈을 뗄 수 없었다. 그녀는 내 솔직함을 환영하는 듯 보였고 내 시선에 응해주었다. '그녀도 나를 알아보는 건가?'

이 여성은 실제로 내가 꿈속에서 봤던 사람이었고, 이제는 살아서 내 앞에 앉아 있었다. 우리가 미소를 지으며 거기 앉아 있는 동안 우리의 심장도 일제히 뛰고 있는 것 같았다. 나는 마땅히 할 말이 떠오르지 않았고 잠시 내 마음은 멍해졌다. 나는 그녀의 길고 검은 머리카락에 얼굴을 묻고 그녀에게서 풍기는 듯한 플루메리아 ^{plumeria} 꽃향기를 들이마시고 싶었지만 말문이 막혀버렸다. 그러다 갑자기 경고의 아픔이 내 주의를 내면으로 돌려놓았다. '지금 이 상황은 어디를 향해 가고 있는 거지? 이것이 내가 진정으로 원하는 건가? 이것이 우리의 최고선 그리고 대사의 신성한 계획을 위한 것일까?'

나는 세인트 저메인을 불렀다. 하지만 그의 대답을 듣기도 전에 엘리자베스와 헤어질 때 내 가슴이 느꼈던 것과 똑같은 후회의 고통이 이것이 수행자로서의 길을 한 번 더 시험하기 위한 일이라는 것을 가리키고 있었다. 나는 그녀를 갈망하고 있었다. 이는 모든 여성적 우아함의 체현처럼 보이는 이 여성이 나의 내적 의식 안에 부족한 모든 것의 반영이었기 때문이었다. 그렇지만 나의 이런 습관적 관성에 따른다면, 그리고 일시적 만족을 추구하면서 그 갈망을 채우려 한다면 나는 대사들의 은총에서 떨어져 나와 내가 어느 방향으로 가야 하는지에 대한 일생의 목표를 잃게 될 것이라는 사실을 알고 있었다.

나는 결정을 내렸고, 아무 말도 남기지 않은 채 자리에서 일어났다. 그리고 다시 수영장으로 뛰어들어가 들어왔던 맞은편으로 헤엄쳐 갔다. 나는 뒤도 돌아보지 않고 수건을 집어 들고는 다시 내 방으로 가는 계단을 올라갔다.

'내가 방금 꿈속의 그 여성에게 등을 돌린 건가? 대사들이 나를 여기로 데려와서 그녀와 만나게 한 것은 그 여자가 나와 함께할 운명의 상대라서가 아닐까? 아래층으로 서둘러 내려가야 하나?' 커튼을 밀어젖히고 수영장을 내려다봤지만 그녀는 사라지고 없었다. 수영장 전체가 완전히 비어 있었다. 나는 그녀가 실재하는 여자인지도 의문스러웠다. 나는 예전에 세인트 저메인이 마드리드의 리츠 호텔에서 여자로 나타나 나를 어떻게 시험했었는지를 떠올렸다.

내가 방금 만났던 이 여성이 정말로 내 인생에 있어야 한다면 대사들은 어떻게 해서든지 그녀를 데려올 것이고, 나는 그녀를 다시 만나게 될 것이다. 운명 지어진 어떤 것은 피할 수 없는 법이다. 나는 다시 한번 상위 자아와 하위 자아 사이에서 갈팡질팡했다. 하위 자아의 욕망에 빠진다면 오감에 속박될 것이고, 내 의식이 향하는 곳을 엄격히 단련하고 상위 자아를 따른다면 해방으로 향하게 될 것이었다. 때로는 어떤 자아가 상위 자아이고 어떤 자아가 하위 자아인지 명확하지 않았다. 관계 또한 자기완성의 일부이기 때문이다. 하지만 이 경우, 나는 내가 올바른 결정을 내렸다는 것을 알고 있었다.

나는 나의 도착을 알리고, 다음 날 있을 우리의 만남을 확실히 하려고 제이슨에게 전화를 걸었다. 그러나 실망스럽게도 그의 아내는 방금 그가 로스앤젤레스로 떠났다고 말했다. 유럽의 투자자가 비행기를 타고 오고 있었고, 제이슨은 그를 만나기 위해 즉시 떠나야만 했다.

"그가 돌아올 때까지 한 일주일 정도만 더 머물러줄 수 있나요?" 데첸은 내가 상상했던 바닷가 집이나 내가 지낼 수 있는 다른 장소에 대해서는 언급하지 않은 채 물었다. 나는 더 이상 모텔에 머물 만한 돈이 없었기 때문에 이곳 하와이의 문이 갑자기 닫혔다는 것을 느꼈다.

"아니요. 그렇게 오래 기다릴 수는 없어요. 로스앤젤레스에 가서 그곳에서 그를 만나야겠어요." 일단 그와 내가 직접 만나게 되면 모든 것이 제자리로 돌아갈 것 같은 느낌이었다.

시간과 돈을 낭비한 것 같았다. 나는 금광 프로젝트에 착수하면 모든 비용이 충당될 것이라고 기대하면서 비행기 표와 모텔 비용에 내가 가진 거의 모든 돈을 써버렸다. 실망한 나는 아침에 출발하는 로스앤젤레스행 비행기 좌석을 예약하기 위해 전화기를 들었다. '대사들이 그저 멜기세덱의 반차에 대한 내 맹세를 시험해보려고 나를 힐로에 오게 한 걸까?' 다음 날 아침, 비행기가 활주로에서 벗어나 하늘 높이 올라가자 나는 힐로라는 지명 속에 그 답이 있음을 깨달았다. 힐로Hilo는 하이-로우hi-low, 즉 높은 길과 낮은 길 두 가지를 의미했다. 두 가지 길 중 하나를 선택해야 했던 나는 결국 높은 길을 선택했다.

나는 내 안의 상반되는 힘들 사이에서 겪었던 이 시험이 세상에 스며들어 있는 외적 세력들 사이의 투쟁 한가운데로 나를 데려갈 모험의 시작에 불과하다는 것을 깨닫지 못했다. 이때까지도 나는 악을 실재하는 세력으로 여기지 않았고, 단지 그것을 선의 부재나 빛이 부재한 어둠이라고만 생각하고 있었다. 이제 나는 오컬트 소설에나 나오는 존재라고 여겼던, 인류를 지배하고자 하는 악의 세력인 어둠의 형제단과 직접 대면하게 될 것이었다.

42장 🔥 할리우드 전쟁

나는 로스앤젤레스에 있는 동안 친구와 함께 지냈다. 친구는 내가 제이슨과 만날 수 있을 때까지 며칠 밤을 재워주겠다고 했다. 하지만 제이슨은 금 프로젝트에 참여하려는 다른 투자자들과 엮이게 되었고 우리의 만남은 다시 연기될 수밖에 없었다. 제이슨과의 만남이 며칠 더 지체되고, 친구의 환대를 너무 오래 받고 있다는 느낌이 든 나는 궁금해졌다. '제이슨을 만나는 일 외에 내가 로스앤젤레스에 있는 다른 이유가 있을까?' 나는 명상 중에 하나님께 요청했다.

> 친애하는 I AM 현존이시여, 상승 대사들의 위대한 주님이시여, 나타나세요! 이곳을 완전히 지휘하시고 제가 무엇을 해야 할지 명확하게 보여주세요!

나는 에고가 녹아버리고 자아가 우주적 근원과 합쳐지는 내적 자

538

각의 바다에 잠겼다. 이 상태에서 나는 두려움, 의심, 의혹 등에서 자유로워졌고 의식의 기준점이 없는 의식*으로 다시 태어났다. 하나의 빛나는 존재, 순수한 존재로 재탄생한 것이다. 이렇게 근원과 하나되어 활기를 되찾은 후, 나는 다시 이원성의 세계로 돌아와 내 내적 자각의 웅덩이 속에서 하나의 물거품처럼 떠오르는 어떤 상념을 관찰하고 있었다. 그 상념의 거품 속에는 몇 년 동안 보지 못했던, 샤스타산에서 알고 지냈던 친구 레베카Rebecca의 이름이 적혀 있었다. 그녀에게 전화를 걸어야 한다는 생각이 들었다. 나는 그녀의 소식을 들은 적이 있었다.

풍문에 따르면, 그녀는 더 이상 산에 텐트를 치고 캠핑을 하는 히피가 아닌 영화계의 '헤드헌터'이자 거래상이 되었으며 남자친구 토마스 레이크Thomas Lake 그리고 열두 살짜리 아들 아서Arthur와 함께 로스앤젤레스 산 페르난도밸리San Fernando Valley의 그레나다힐즈Grenada Hills 에서 살고 있었다. 그녀의 남자친구 역시 영화 산업에서 일했던 사람이었고, 지금은 프리랜서 아티스트라고 했다.

나는 비전을 따라 그녀에게 전화를 걸었다. 그녀는 내 연락을 받고 기뻐했고, 그날 오후에 보자는 말을 했다. 그녀의 넓은 집이 있는 언덕 주변에는 마구간들이 즐비해 있었고, 그녀의 집은 샤스타산에 있는 내 아파트보다도 더 시골풍이었다. 토마스와 레베카는 나와 함께 동네를 한 바퀴 돌다가 산타수잔나Santa Susanna 산맥으로 이어지는 길로 나를 안내했다. 우리는 산 페르난도밸리 전체를 내려다볼 수 있는 곳까지 오르막길을 따라 걸어갔다.

---

* a consciousness without reference points, I AM That I AM을 의미한다. ─ 역주

이후에 우리는 저녁을 먹으면서 인류의 의식을 확장할 수 있는 영화의 힘과 영화 산업에 관한 이야기를 나누기 시작했다. 〈스타워즈〉가 요다, 오비완 케노비 같은 캐릭터를 통해 보편적인 진실들을 드러냄으로써 기대치를 높여두었기 때문에 신개념들을 오락물로 제시하면 차차 그 어떤 것도 가능할 것 같았다.

나는 저녁 식사를 하는 중간에 뮤어 숲에서 세인트 저메인과 만났던 일과 다른 상승 대사들과의 경험담을 이야기했다. 그러자 토마스는 흥분하며 이렇게 말했다. "우리는 이걸 영화로 만들어야 해요!" 그는 즉시 시나리오를 쓰고 싶어했고, 우리가 함께 작업할 수 있도록 내게 자신의 집으로 이사 오지 않겠냐는 제안을 했다. 그는 항상 자신만의 영화사 설립을 꿈꿔왔고, 우리의 협업이 그 길이라고 보았다. 나는 이 일이 내가 생계를 유지할 새로운 직업이 될 수 있을지 궁금한 마음이 들어 마음속으로 신성 현존에게 다음과 같은 요청을 했다.

나는 밝혀주고 드러내주는 신성 현존으로서 내게 신성한 계획을 보여줍니다. 신성 현존이시여, 여기 있는 모두를 완벽하게 지휘하시고 각자가 할 일을 드러내주세요.

점차 환한 광휘가 방 안을 가득 채우기 시작했고 나는 나의 진동수가 높아지는 것을 느낄 수 있었다. 마침내 나와 마찬가지로 펄과 공부를 했던 레베카가 불쑥 이런 말을 했다. "하나님 맙소사, 다들 안 느껴지나요? 토마스와 당신이 함께 일하는 것이 바로 대사들의 계획이라는 데에 의심의 여지가 있나요?" 나는 그녀가 이 에너지를 알아보고, 그것을 일종의 부름으로 이해할 수 있는 사람인 것이 기뻤다. 그녀의 말은 확실히 내 요청에 대한 응답처럼 들렸다.

나는 이제 이 상승 대사의 친구들과 함께 일하는 것이 내 우회적인 길의 다음 단계라는 것을 알게 되었다. 내가 에테르적인 은둔처들을 자주 방문하면서, 특히 버뱅크의 은둔처에서 함께 영화 계약을 맺는 것을 본 바로는 이 일을 해야 하는 것이 분명했다. 대사들은 어떤 특정한 진실들, 특히 개별화된 신적 현존의 진실들이 영화라는 통로를 통해 알려지기를 원했다. 신이 난 나는 토마스와 내가 대사들을 위해 제작하게 될 영화를 구상하기 시작했다.

나는 그들의 이층집에 있는 사용하지 않는 방을 배정받았다. 레베카는 내게 필요한 모든 것을 제공해줄 테니 돈 걱정은 하지 말라고 했다. 그녀가 부탁한 것은 아침마다 마을에 있는 몬테소리 학교에 자신의 아들을 데려다주고, 오후에 다시 데려와달라는 것뿐이었다. 말하자면 운전기사 겸 시나리오 작가로 고용된 셈이었다.

나는 자기 자신을 홍보하기 위해 할리우드에 온 다른 사람들보다 형편이 더 나은 편이었다. 그런 사람들은 자신이 홍보하고자 하는 것이 무엇이든 간에 누군가에게 관심을 받기 전에는 식당 종업원, 주차요원으로 일하거나 다른 방식으로 그들의 훌륭한 재능을 팔아야만 했다. 그곳에 머무는 동안, 나는 운전기사 일과 함께 그녀를 위한 개인 메신저 일도 하게 되었다. 나는 영향력이 큰 여러 영화사 운영진들에게 배달을 하러 다녔다. 비서나 부하 직원이 아닌, 반드시 특정 수취인에게 서류가 송달되어야 한다는 당부를 들었기 때문에 유명한 할리우드 제작자들과 대면하는 일도 종종 생겼다. 놀랍게도 그들은 내가 누구인지에 대해 흥미를 보였다. 내가 그들에게 샤스타산에서 왔다는 이야기를 해주면 그들은 대사들에 대한 얘기나 UFO가 그 산을 기지로 사용한다는 소문에 대해서 자세히 듣고 싶어하곤 했다.

나는 그들의 집을 방문한 그다음 날 아침에 바로 이사를 들어갔고, 몇 가지 짐들을 풀자마자 토마스와 함께 밖으로 나갔다. 우리는 수영장 옆에 앉아 우리가 만들 첫 영화에 대한 이야기를 나누었다. 한없이 푸르른 남부 캘리포니아의 하늘 아래서 우리는 산 페르난도 밸리를 내려다봤다. 마을의 광경은 스티븐 스필버그의 영화 〈E.T.〉를 연상케 했다. ET가 지구에 착륙한 후 이런 교외의 주택들을 향해 비틀거리며 언덕을 걸어 내려가는 장면이었다.

나는 진짜 외계인이 곧 내게 찾아올 것이며, 지구를 지배하려 하는 특정 외계 종족과 대사들이 실제로 벌이고 있는 전쟁 속에서는 이 외계인 친구의 보호가 필요할 것이라는 사실을 아직 알지 못했다. 나는 흠 잡을 데 없이 잘 정돈된 푸른 잔디밭에 앉아 미풍이 불어오는 것을 느꼈다. 온 세상이 이 남부 캘리포니아의 낙원처럼 평온하지 않다는 것은 상상하기가 힘들었다. 하지만 일단 인류의 의식을 깨우고 더 높이기 위한 우리 프로젝트가 지구의 인류를 노예화하려는 강력한 외계인들의 주목을 받게 되면서, 이곳의 평화도 그리 오래가지 않을 것이었다. 모든 존재들은 기본적으로 선하다는 내 믿음은 얼마 가지 않아 도전받게 되었다.

우리의 시나리오는 처음에는 훌륭하게 진행되었다. 나는 이 이야기가 영화화될 거라는 생각에 신이 났고, 특히 영화를 본 모든 사람들을 더 높은 의식으로 고양시켜줄 이야기를 쓰고 있다는 사실에 들떠 있었다. 글을 쓰다 하루가 저물 때면 나는 곧 개봉될 우리의 영화를 생각했고, 그렇게 시나리오 작가라는 새로운 직업에 신이 난 채로 나의 새로운 집에서 꾸벅꾸벅 졸곤 했다. 대사들이 내려준 이 새로운 임무, 즉 대사들의 가르침을 쉽게 받아들일 수 있게 만드는 이 임무는 갑자기 찾아와 스스로 완벽하게 펼쳐지는 듯 보였다. 하지만 내 자신감은 오래가지 못했다. 며칠 후 나는 혼자가 아니라는 느낌에 갑자기 잠에서 깼다. 방 안에서는 악의에 찬 존재가 느껴졌다. '획' 하는 채찍 소리에 나는 침대에서 벌떡 일어나 어둠 속을 바라보았다. 눈이 어둠에 적응되자 문 옆에 검은 갑옷과 투구를 쓴 사람이 채찍을 들고 서 있는 것이 보였다. 그는 거만한 웃음소리를 내며 내 머리 위로 다시 한번 채찍을 갈겼다.

오싹한 목소리로 그가 말했다. "나는 네 계획을 알고 있고 너를 저지하러 왔다…. 너와 토마스가 하는 그 어떤 일도 성공하지 못할 거야."

"그건 당신 생각이지." 내가 대답했다. 그리고 순전히 악한 기운만을 발산하는 이 존재에게 소리쳤다. "하나님의 빛은 결코 실패하지 않아!"

하지만 그는 오만하게 웃기만 할 뿐이었다. "네 말은 전혀 무섭지 않다. 너의 시나리오는 성공하지 못할 것이다. 그럴 수 없도록 내가 막을 거니까 말이야."

"그리스도의 이름으로 네게 명하노니, 사라져라!" 나는 반격했지만 그는 다시 웃으며 어둠 속으로 사라져버렸다. 나는 불안해하며 다시 잠 속으로 빠져들었다.

잠에서 깬 아침에도 한밤중에 찾아온 그 존재가 내 머릿속을 복잡하게 만들었다. 하지만 토마스와 레베카에게는 그 일을 말하지 않왔다. '그는 아마 단순히 아스트랄계의 존재, 즉 나를 겁주려는 육체를 떠난 어떤 영혼일 거야. 그리고 결국 아무 일도 없을 거야.' 나는 그것이 어떤 것이든 간에 빛이 밤의 망령을 이겨낼 것이라고 확신했고, 동료들의 마음에 어떤 의심도 들이고 싶지 않았다. 나는 두려움을 녹여버리기 위해 보라색 불꽃을 활용하며 그 사건의 기억을 떨쳐버렸다.

아침 식사 도중, 레베카는 그날 저녁에 토마스와 함께 그레이^{Grey}라는 이름의 유명한 영매를 만나러 가기로 했다며 나에게 같이 가자는 제안을 했다. 그녀는 그레이가 다른 세계에서 온 애쉬바^{Ashbar}라는 이름의 존재를 채널링한다고 말했다. 나는 대사들이 채널링과 심령현상을 멀리하라고 경고했기 때문에 그곳에 가고 싶지 않았다. 그리고 이 느낌은 그 존재의 이름을 들을 때마다 더욱 강해졌다. 나는 그에 대해 좋지 않은 감정을 가지고 있었지만 레베카와 토마스는 몇 달 동안 이러한 채널링들을 들으러 다녔었고, 그에게 빠져 있었다. 따라서 나는 이를 거절하는 것이 우리의 조화로운 협력을 망칠 것 같다고 느꼈다.

그들은 많은 영매들을 찾아다녔다. 내가 곧 알게 된 사실이지만, 그들은 예산의 상당 부분을 여러 가지 프로젝트가 언제 성공할 것인지 알아내는 데 쓰고 있었다. 이 영매들에 의해 채널된 존재들 중 상당수가 자신들을 '세인트 저메인'이라고 불렀음에도 불구하고 그들의 말은 각기 달랐다. 그리고 그들이 제공한 정보도 거의 맞지 않았다. 하지만 새로운 영매를 향한 레베카와 토마스의 열정은 끝이 없어 보였다.

로스앤젤레스에 오래 머물수록 나는 이 영매들이 어떻게 인간의 허영심을 살찌우는지를 더 많이 목격하게 되었다. 영매들은 사람들에게 그들이 얼마나 특별한 존재인지, 전생에 어떤 유명한 인물이었는지, 그들이 얼마나 유명해지고 행복해지며 부자가 될 것인지 말해주었다. 그리고 자신이 약속했던 대로 일이 잘 풀리지 않으면 상황이 변했다고 채널링하며 정보를 업데이트하기 위해 자신을 자주 찾아와야 한다고 말했다. 사람들은 이런 식으로 자기 자신의 내적인 가이드를 계발하거나 자신의 결정에 책임을 지지 않았다. 이런 식으로는 어떤 성장도 이룰 수 없었다. 심령 분야가 영적 세계를 반영해주기는 하지만, 여기에는 그저 우리의 의식을 유혹하는 반영만이 있을 뿐이다. 그리고 심령 영역은 인간적 상념과 감정들, 그리고 물질계를 떠난 존재들로 가득 찬 영역으로서, 진실로 살아 있는 신성의 빛이 거의 없는 영역이었다.[*]

우리가 심령적 에너지의 웅덩이에서 살고 있다는 사실을 아는 사람은 거의 없다. 이곳에서는 인류에 의해 창조된 사념체들뿐만 아니라 죽은 사람, 즉 물질계를 떠난 영혼들이 우리의 생명력을 빨아먹으며 살아가려 한다. 그들은 심령적 채널링과 채널된 심령 에너지에 마음을 여는 사람들에게 달라붙음으로써 우리의 에너지를 빨아먹는다. 어떤 경우에는 우리가 두려움, 분노, 정욕과 같은 강한 감정들을 느끼도록 유발해서 자신의 존재를 유지해주는 심령적 힘인 루쉬를 만들어내기도 한다.[**]

다행스럽게도 나는 곧 내게 다가올 어두운 경험 전에 언제든 순

---

[*] "말해보게 친구여, 두 사람(영매)의 말이 일치하는 경우를 본 적이 있는가? 진실은 하나일세. 세부적인 면에서의 불일치는 완전히 제쳐놓는다고 해도, 그들은 가장 필수적인 문제에서조차 말이 다르다네." — 대사 쿠투미 랄 싱, 《A. P. 시넷에게 보내는 마하트마 편지》, 두 번째 판 마흔여덟 번째 편지.

[**] 로버트 먼로, 《몸 밖으로의 여행》.

간적으로 불러올 수 있는 변형의 보라색 불꽃으로 이 루쉬를 녹여 해체해버릴 수 있는 능력을 계발해두었었다. 하지만 곧 마주치게 될 에너지는 아스트랄계의 것이 아니라 다른 세계로부터 온 것이었다. 나는 언제나 지구가 가장 덜 진보한 행성이며 다른 세계의 거주자들은 고도로 진화했을 거라고 생각했다. 하지만 그 당시 내가 알지 못했던 것은, 과학 문명은 대단히 진보했지만 자신들의 목적을 위해 인류를 노예로 만들고 지구를 식민지화하려는 다른 세계의 존재들이 지구를 찾아온다는 것이었다.

나는 불길한 예감이 들었지만 그날 저녁에 있을 채널링에 함께 가자는 레베카와 토마스의 초대를 받아들였다. 우리는 로스앤젤레스 서쪽에 있는 그레이의 집에 들어갔다. 바로 그때, 내 태양신경총이 긴장되어 뻣뻣해지는 느낌이 들었고 메스꺼운 느낌이 밀려왔다. 나는 변명거리를 생각해내려 애쓰면서 하염없이 문 쪽만 바라보고 있었다. 하지만 왠지 그곳에 남아 이 채널링이 내 친구들에게 어떤 영향을 미쳤는지 알아내야 할 것만 같은 기분이 들었다.

나는 그곳에 머무는 시간이 길어질수록 어떤 심령적인 힘이 그곳 사람들을 뒤덮기 시작함을 느꼈고, 그 힘이 사람들을 통제하려 한다는 느낌을 받았다. 나는 스스로 자문해보았다. '나는 왜 토마스와 레베카가 나를 여기로 데려오도록 했을까?' 알렉산더 포프 Alexander Pope 의 시 한 구절이 내 머릿속을 스쳐 지나갔다. "천사들도 가기 두려워하는 곳에 바보들이 달려든다." 확실히 나는 이 어둠의 소굴로 달려들었고, 이제 옴짝달싹 못 하는 신세가 되었다. 나는 보호를 요청하고 빛의 구체에 둘러싸인 나 자신을 심상화했다.

채널링이 시작되기 전, 우리는 바닥에 있는 방석에 앉아 그레이를 지켜보았다. 그레이는 방 앞쪽에 있는 의자에 꼼짝하지 않고 앉아 있었다. 그러다 갑자기 그의 몸이 굳어졌다. 애쉬바가 그의 몸에 들어가자 의식을 잃은 것 같았다.

"존재하는 모든 것의 이름으로, 여러분 모두 안녕하세요…." 애쉬바는 굵은 목소리로 말을 하기 시작했고 나는 그의 목소리에 몸서리를 쳤다. 놀랍게도 방 안에는 사악한 에너지가 가득했지만 그의 담론에는 엄청난 지성과 재치가 있었다. 인간 본성에 대한 그 존재의 뛰어난 통찰력이 없었다면 내 태양신경총에서 느껴지는 혐오감은 단 한 가지 메시지, "도망쳐!"를 외치고 있었을 것이다. 하지만 친구들이나 다른 사람들을 화나게 하지 않고는 떠날 수 없었기 때문에 나는 어쩔 수 없이 자리를 지켜야만 했다.

애쉬바는 자신이 우리와는 다른 시공 연속체에 있는 항성계에서 왔다고 말했다. 그리고 자신은 궤도를 선회하는 방송국이라고 볼 수 있는 어떤 거대 항성 순양함에 살고 있으며 그것을 타고 지구를 방문했다고 한다. 나는 그의 어떤 점이 그토록 매혹적인지 지켜보았는데, 그것은 그가 참석자들의 삶과 마음의 사적인 부분까지도 깊이 알고 있다는 점이었다. 그는 사람들에게 그들 삶에 대한 세부사항, 심지어 친구들도 알지 못하는 사적인 것들에 대해 말할 수 있는 능력을 가지고 있었다. 이런 능력은 사람들에게 "만약 누군가가 이처럼 나를 잘 알고 있다면 그는 깨달은 자일뿐만 아니라 인자한 존재일 것"이라는 잘못된 믿음을 심어주었다.

그가 했던 말들 중 대부분은 상식적인 것들이었지만 일부는 현혹적이었다. 나는 '식초보다는 꿀로 파리를 더 많이 잡고 있군' 하고 생각했다. 엄청난 지적 능력을 가졌음에도 불구하고 나무로 인해 숲을 보지 못하고 있는 그 우수한 사람들은 애쉬바가 늘어놓는 지혜의 말에 걸려들었다. 가슴과의 연결이 끊어졌기 때문에 명백하게 보이는 부분을 놓치는 것이다. 나는 내가 대사급 사기꾼과 함께 있다는 것을 알고 있었다. 그는 추종자들의 마음에 신뢰의 씨앗을 뿌려 이후에 그들의 영혼을 수확할 것이었다.

애쉬바는 초자연적인 짐 존스 Jim Jones였다. 음료수 가루에 청산가리를 섞어 순종적인 추종자들에게 나눠준 사이비 교주 짐 존스 말이다. '정말 슬프군. 사람들은 스스로를 믿지 않기 때문에 다른 누군가를 너무나도 믿고 싶어하지. 그들은 아직 자기 자신의 개별화된 신성 현존을 알지 못하고 있어. 가슴에 내재하신 신성 현존은 언제나 그들과 함께 있고, 그들이 필요로 하는 것은 무엇이든 쏟아부어 줄 준비가 되어 있는데.' 나는 생각했다.

채널링에 이은 질의응답 시간에 누군가가 그레이에게 물었다. "당신이 그처럼 깨달음을 얻은 존재라면 왜 당신의 에너지가 다스 베이더(《스타워즈》의 악당)처럼 느껴지는 거죠?" 그러나 이 사기꾼 대사는 교묘한 답변을 내놓았다. "모든 것은 보는 사람의 마음속에 있는 것입니다. 당신은 내게서 오로지 당신 자신의 모습만을 인식할 수 있습니다." 그의 답변을 들은 나는 이렇게 생각했다. '저 말 자체는 진실이지. 하지만 그는 저 말을 자신을 숨기기 위해 쓰고 있어.' 그는 질문자가 느낀 명백한 사실로부터 주의를 돌려버렸다.

집에 돌아온 후에 레베카와 토마스는 나의 소감을 듣고 싶어했다. 나는 머뭇거리면서 그가 걸출한 존재이긴 하지만 그를 신뢰할 수는 없으며 그의 에너지가 마음에 들지 않는다고 말했다. 그를 다스 베이더처럼 느꼈던 사람에 대해 내가 언급하자 레베카는 악마 같이 들리는 그의 목소리는 상위 존재로 인해 인간의 성대가 긴장돼서 그런 거라며 곧 거기에 익숙해질 거라고 말했다.

나는 "그게 바로 '빙의'야" 하고 말하고 싶었지만 침묵을 지켰다. 펄이나 고드프리를 통해 일하는 우주적인 존재들은 말을 할 때 그들의 목소리를 왜곡시킨 적이 한 번도 없었다. 또한 그들은 신성한 자아 이외에는 어느 누구에게도 빙의당한 적이 없었다. 대사들이 내게 나타나 《"나는" 열린 문이다》의 담론을 받아쓰게 했을 때의 에너지 역시 기쁨에 찬 자애로운 에너지였으며, 방 안을 가득 채운 그 강렬한 광휘는 누구라도 느낄 수 있을 정도였다.

얼마 후 토마스와 나는 대본 작업에 깊이 몰두하게 되었고, 나는 더 이상 애쉬바에 대한 생각을 하지 않았다. 우리는 상승 대사의 가르침을 영화화하려는 계획을 세웠으며 세인트 저메인의 가장 최근의 화신들에 관한 매혹적인 3부작 영화를 제작하기로 했다.

이 시리즈의 첫 번째 영화는 세인트 저메인의 화신이었던 프랜시스 베이컨 경의 연대기였다. 그는 엘리자베스 1세 여왕과 레스터 백작이 탑에서 비밀 결혼식을 올린 후 낳은 아들이었으며 정당한 영국 왕위계승자였다. 하지만 그는 더 이상 영국에서 빛의 대의를 위한 일을 할 수 없게 되었고, 죽음을 위장하여 자신의 가짜 장례식을 치르는 데 참여했다. 그 후 유럽으로 사라진 그는 그곳에서 여러 오컬트 그룹을 이끌었다. 결국 그는 히말라야 산맥으로 사라졌으며 그곳에서 상승을 마쳤다.

나는 캘리포니아 대학에서 역사적인 것들을 연구하면서 '처녀 여왕' 엘리자베스가 프랜시스 베이컨을 낳았다는 비밀뿐만 아니라 셰익스피어 희곡의 진정한 저자를 드러내는 숨겨진 코드가 있다는 것을 확실히 알 수 있었다. 나는 셰익스피어^{Shakespeare}가 그리스 여신 아테나와 관련이 있다는 것을 발견했다. 그녀는 무지를 향해 지혜의 창(spear)을 휘두르는(shake) 진리의 여신이다. 그것은 글로브^{Globe} 극장에서 일하던 마구간지기의 이름이기도 했는데 그는 자신의 이름을 빌려준 대가로 돈을 받았다.[*]

이 시리즈의 다음 두 영화는 그 후에 있었던 세인트 저메인의 출현에 초점을 맞출 예정이었다. 두 번째 영화의 배경은 프랑스 혁명 이전으로, 유럽 출신의 상승한 존재인 세인트 저메인은 사건의 필요에 따라 서로 다른 여러 명의 인물로 등장했다. 그는 곧 들이닥칠 무정부 상태와 공포정치를 경고하면서 귀족들이 개혁될 수 있도록 노력했고, 그들이 국민들의 요구를 깨닫게끔 했다.

마지막 영화는 미국의 건국을 도왔던 대사의 비밀스러운 작업에 대한 것이었는데, 세인트 저메인은 미국의 인류사적 사명에 대한 섭리와도 관련이 있었다.^{**} 그는 미국이 배후에서 구세계를 지배하던 다국적 은행가들의 통제로부터 자유로운 땅이 되리라는 이상을 가지고 있었다.^{***} 그 시리즈는 국제 문제들 속에서의 그의 현재 역할을 보여주면서, 그리고 많은 개인들이 자신의 신성 주권을 깨닫게 될 뉴에이지 시대의 멘토로서의 그의 역할을 보여주면서 막을 내릴

---

* "스트랫퍼드-어폰-에이번^{Stratford-upon-Avon} 사람인 윌리엄 셰익스피어는 절대로 그것(희곡)들을 쓸 수 없었을 것이다. 그가 글을 읽거나 쓸 수 없다는 사실이 의심의 여지 없이 몇 번이고 증명되었기 때문이다." — 마리 바우어 홀, 《파헤쳐진 근원들》(Foundations Unearthed), 3쪽.

** 맨리 P. 홀^{Manly P. Hall}, 《미국의 비밀스러운 운명》(The Secret Destiny of America).

*** G. 에드워드 그리핀^{Edward Griffin}, 《지킬 섬의 창조물》(The Creature from Jekyll Island). G. 에드워드 그리핀은 2006년 10월 28일 제임스 J. 퍼플라바^{James J. Puplava}의 인터뷰에서 이렇게 말했다. "연방준비법 초안은 의회 홀에서가 아니라 그 당시 조지아주 앞바다의 한 개인 소유의 섬에서 비밀리에 작성되었다. 그것은 지킬 아일랜드 클럽^{Jekyll Island club}이라 불리는 비공개 클럽인데, 뉴욕의 갑부들이 모인 작은 그룹이다."

예정이었다.

토마스는 영화 산업에 몸담았던 예전 경력 덕분에 할리우드와 접촉할 수 있었고, 곧 우리 작품에 관심을 보이는 몇몇 프로듀서들이 나타났다. 프랜시스 베이컨의 미스터리를 파헤치고 있는 한 오컬트 그룹도 적극적으로 도움을 주겠다는 의사를 표명했다. 그들 역시 인류를 위한 대사들의 계획이 알려지길 원하고 있었다. 영화 시리즈 내내 우리는 대사들의 계획이 인류를 지배하려는 배후의 국제 금융가들****에 의해 어떻게 전복됐는지를 폭로했다.***** 우리는 이 진실들을 알림으로써 세상을 지배하려는 이러한 비밀 세력들이 타도되고 인류 개인의 자유가 다시 번성하기를 바랐다. 하지만 오컬트 그룹의 멤버들은 대중매체 기관을 소유한, 미국을 지배하려는 금융가들이 우리의 영화 제작을 막기 위해서라면 어떤 짓이든 할 것이며 어쩌면 자신들의 그룹도 해체될지 모른다며 두려워했다.

얼마 지나지 않아 우리는 첫 번째 영화의 시놉시스를 썼는데, 영화계 내에서는 이를 '트리트먼트treatment'라고 불렀다. 나는 우리 영화 타이틀로 '윌리엄 셰익스피어 음모론'이라는 이름을 지었다. 우리는 여기서 셰익스피어 희곡의 원고들뿐 아니라 프랜시스 베이컨의 새로운 세계에 대한 비밀 계획, 그의 회고록, 킹 제임스 성경의 원본

**** 존 퍼킨스John Perkins, 《이코노믹 히트맨의 고백》(Confessions of an Economic Hitman). 국제통화기금과 세계은행은 구제금융을 통해 제3세계 국가를 착취한다. 그들은 제3세계가 그 돈을 결코 갚을 수 없다는 것을 알고 있다.

***** 웹스터 G. 타플리Webster G. Tarpley, 〈시티 오브 런던은 어떻게 세계대공황을 만들어냈나〉(How the City of London Created the Great Depression).

맷 타이비Matt Taibbi, 〈긴급구제 골드만 삭스가 워싱턴을 굴리는 법〉(The Bailout How Goldman Sachs Runs Washington), 롤링 스톤Rolling Stone지, 2009년 7월. 같은 세력들이 오늘날 통화공급량과 정부를 지배하기 위해 어떻게 적극적으로 활동하는지를 설명하고 있다.

— 그가 편집한 것이지만 지금까지도 발견되지 않고 있다 — 이 어떻게 모두 식민지인 윌리엄즈버그에 옮겨져 브루턴^{Bruton} 교회 아래에 매장된 지하 묘지에 감춰져 있었는지를 이야기했다.

이 지하 묘지는 1938년 마리 바우어 홀에 의해 발견되었는데, 그녀는 희곡의 코드를 해독하는 오컬티스트였다. 그녀는 복원된 브루턴 교회가 보물이 묻힌 원래 교회가 아니라는 것을 깨달았다.[*] 그러나 그곳을 발굴하는 그녀의 작업은 중단되었고 밤중에 이 원고들이 들어 있던 구리 보관함이 사라졌을 거라는 추측이 있었다. 이 지하 묘지에는 영국의 진정한 역사와 왕권 뒤에 가려진 금융 세력들을 상세히 묘사한 원고가 들어 있었는데, 이 비밀이 밝혀지면 현재의 역사는 물론이고 세계적 권력을 지닌 특정 가문 및 비밀 집단들이 수백 년간 거머쥐고 있던 지배권에 위협이 될 수 있었다.

곧 내가 알게 되었던 것은 인류를 지배하려는 그러한 활동들은 지구에서 시작된 것이 아니라 다른 행성계에서 온 존재들이 벌인 일이라는 것이었다. 그들은 자신들의 목적을 위해 인류를 노예로 만들고자 했다. 그들은 이런 목적을 이루기 위해 인간으로 태어났고, 나중에 그들의 목적에 눈뜰 때까지는 대부분 자신의 기원을 의식하지 못했다.

그들은 보이지 않는 차원에서도 일종의 어둠의 형제단으로 일하면서 자신들의 목적을 위해 권력층에 있는 다양한 사람들에게 영향을 미쳤다. 이 세력들은 그들의 계획이 밝혀지거나 방해받는 것을 막기 위해 가능한 모든 수단을 동원했다. 이 어둠의 집단들은 영화 사업에

---

* 마리 바우어 홀, 《파헤쳐진 근원들》, 3쪽.

더 높은 의식을 가져오려는 우리의 활동을 이미 알고 있었고, 우리가 주요 영화사와 연줄이 있었던 에이전트에게 '윌리엄 셰익스피어 음모론'의 홍보를 준비하듯 그들도 공격을 준비하고 있었다.

공격을 받다

그날은 핼러윈이었다. 마케팅과 미디어에서 만들어낸 악마적 사념체들에 사람들의 관심이 쏠리면서 인간의 공포와 분노를 먹고 살아가는 아스트랄 존재들이 힘을 얻게 되는 날이었다. 온 동네가 마치 돌아다니는 악마들로 가득 찬 지옥계로 변한 것 같았다. 하지만 우리가 살던 동네는 골짜기에 있는 외진 곳이라 이를 어느 정도 모면할 수 있었다. 우리는 "과자를 안 주면 장난칠 거예요"^(trick or treat)라고 외치며 우리 집 문을 두드리는 엽기적인 사람들을 만날 일도 없었기에 일찍 잠자리에 들었다.

나는 방 안에 있는 사악한 존재로 인해 한밤중에 깨어났다. 잠이 확 깨서 자리에서 일어나 앉은 나는 내 작업을 중단시키겠다고 협박했던 검은 갑옷을 입은 남자를 보자 겁이 났다. 그는 한 손에 긴 창을 들고 있었고, 그의 뒤에는 전사들의 군단이 서 있었다. 그의 양옆에는 빨간 눈을 가진 거대한 개들이 앉아 송곳니에서 침을 뚝뚝 흘렸다. 개들은 나에게 달려들고 싶은 마음을 간신히 억누르고 있었다.

불을 켜려고 달려가는 동안, 나는 타는 듯한 고통을 느꼈다. 그가 내 왼쪽 엉덩이를 창으로 찌른 것이었다. 불이 켜진 후 뒤를 돌아보자 그는 창을 빼내더니 뒤로 몇 걸음 물러섰다.

"강대하신 I AM 현존이시여, 위대하신 상승 영단이시여, 나타나세요!" 나는 큰 소리로 외쳤다. "예수님, 세인트 저메인님, 대천사 미카엘님, 나타나셔서 이곳을 지휘해주세요!" 나는 간절히 도움을 청했지만 충격적이게도, 그리고 실망스럽게도 아무런 응답이 없었다. 나는 이 악마들을 상대로 혼자 있었다. 그리고 곧 깨달았다. '아무도 나를 구하러 오지 않아. 스스로 나 자신을 구해야 해.'

머리에 검은 덮개를 쓴 그 존재가 고개를 뒤로 젖히고는 이전처럼 나를 비웃었다. "말… 내가 말을 무서워할 거라 생각하나?"

그의 목소리는 왠지 익숙했다. '내가 어디서 이 낮고 지배적인 목소리를 들었더라?' 갑자기 그 진실이 태양신경총에서 떠올랐다. '내 파트너들의 심령적인 멘토 애쉬바였어! 그들의 교사는 대사들을 향한 우리의 활동과 내 파트너들에 반하는 일을 하고 있군.'

"내가 말했지. 네 대본은 수포로 돌아갈 거라고. 토마스와 함께하는 네 일은 내가 막을 거고, 너는 나를 막을 방법이 없어!" 몇 걸음 더 다가와 나를 위협하던 그는 긴 창을 들고 다시 나를 찌를 준비를 했다. 시트 위에 피가 묻지 않긴 했지만, 그가 처음 창을 찔렀을 때는 틀림없이 뼈까지 관통했기 때문에 나는 내가 많은 피를 흘리고 있다는 확신이 들었다. 통증은 너무 심해서 서 있을 수도 없을 정도였고 나는 더 중요한 장기를 공격당할까 봐 두려웠다. '어떻게 해야 나 자신을 지킬 수 있지?'

어떤 대사도 내 도움의 요청에 응답하지 않았다는 사실에 실망한 나는 내가 섬기기로 맹세했었고, 항상 나를 보호해주었던 그들에게 버림받은 기분이었다. 두려움 속에 홀로 남겨진 나는 의식을 내면으로 돌렸고 가슴이 쿵쾅거리는 것을 느꼈다. '내 운명은 내 손에 달렸어!' 하지만 싸움은 불가능해 보였다. 나는 일어설 수가 없었다. 빨간 눈을 가진 거대한 개들은 나를 노려보며 으르렁대고 있었고 내게 조금씩 다가오고 있었다. 그들이 곧 나를 덮칠 게 분명했다. 애쉬바의 군단은 긴 창을 치켜든 채 앞으로 전진해오고 있었다.

이제 나는 어떤 대사도 나를 도와주러 오지 않을 것이며 내게는 스스로를 지키기 위해 서 있을 힘조차 없다는 것을 완전히 깨달았다. 그래서 존재의 중심에 의식을 집중했고, 신성의 원천에 몰두했다. 갑자기 에너지로 충만해진 나는 나 자신의 신성한 본성으로 인해 대담해졌고, 어떠한 악도 그 앞에서 견딜 수 없는 무한한 권능을 불러냈다.

하나님의 신성한 사랑이시여, 나타나세요!

그러자 나 자신의 중심 태양에서 나온 이글거리는 빛의 광선이 애쉬바의 심장을 꿰뚫었고, 모든 것을 포용하는 신적 현존으로 그를 감쌌다. 내 뜻밖의 대응에 망연자실한 그는 한 발짝 뒤로 물러섰다. 계속해서 내 가슴 속으로 깊숙이 들어가면서, 나는 내게 있는 줄도 몰랐던 사랑의 보고를 열어 내 현재의식에 연결했다. 나는 그 빛이 방 안에 있는 모든 존재들을 에워싸는 것을 지켜보면서 애쉬바와 그의 무리들을 신적 사랑으로 축복하기 위해 그 사랑의 정수를 불러냈다.

이 신적 사랑이 적들의 심장을 관통하자 그들은 계속 후퇴했다. 새롭게 발견한 궁극의 무기인 이 사랑의 힘을 보면서 나는 더 깊은 의식으로 들어갔다. 그리고 이 기적적인 신성으로 만들어진 또 다른 황금 구체를 그들에게 보냈다. ― 이 에너지의 파동은 악마를 움츠러들게 했고, 그의 군사들 전체가 퇴각하게 했다. 심지어 빨간 눈의 개들도 낑낑거리며 뒷걸음질 쳤다. 나는 창조 속의 모든 원자를 결속하는 힘인 사랑의 에너지와 의식을 계속 더 많이 방출하면서, 이 악마 같은 존재들이 동트기 전의 그림자처럼 후퇴하는 것을 지켜보았다.*

나는 지쳐서 몸을 떨며 침대에 누웠다. 대사들이 내 요청에 응답하지 않았을 뿐만 아니라, 내가 나 자신을 보호할 수 있었다는 사실이 놀랍기만 했다. '사랑이 가장 강력한 무기일 거라고 누가 생각이나 했겠어?' 나는 대사들이 항상 나를 지켜보고 있으며, 그들의 인식 없이 일어나는 일은 없다는 것을 알고 있었다. 그들은 내가 다음과 같은 사실을 배우길 바라는 것 같았다. "내가 필요로 하는 모든 것은 내 내면에 있으며, 그들이 사용하는 것과 똑같은 힘을 나도 사용할 수 있다." 내가 그 힘을 불러올 필요가 없었다면 그 힘은 잠자고 있었을 것이다. 자기완성, 즉 마스터리는 대사들에게 의존함으로써 성취되는 것이 아니라 마스터리의 실천을 통해 성취된다.**

애쉬바와 그의 무리들이 물러난 지금, 남은 밤 동안은 나를 좀 내버려두길 바라면서 상처를 살피기 위해 시트를 젖혔다. 나는 깜짝 놀랐다. 피바다를 예상하고 있었지만 땀으로 흠뻑 젖은 내 몸에는 상처 하나 없었다. 싸움으로 지친 나는 다시 잠에 빠져들었다.

아침에 나는 애쉬바의 창이 찔렀던 부위인 왼쪽 엉덩이에서 극심한 고통을 느끼고 잠에서 깨어났다. 그 고통은 밤에 있었던 공격이

---

* 인도에서 티베트로 불교를 들여온 파드마삼바바Padmasambhava가 처음 티베트에 와서 그곳의 악령들을 쫓아낸 일화나 티베트의 요기 밀라레파Milarepa가 악령들을 굴복시킨 이야기도 이와 유사하다. ─ 역주
** 이것이 아마도 크리슈나무르티가 신지론자들과의 관계를 극적으로 단절함으로써 전하려 했던 깨달음일 것이다. 진정한 자아를 발견하는 것의 필요성에 대한 그의 후기 가르침에서 그는 오로지 자기관찰을 통해서만 진정한 자아를 찾을 수 있다고 말했다.

꿈이 아니라 실제로 일어난 일이었음을 상기시켜주었다. 아래층에서 토마스, 레베카와 함께 아침을 먹으려고 절뚝거리며 계단을 내려가자 그들은 내게 왜 그렇게 이상하게 걷는지 물었다. 나는 그들에게 내가 밤 동안 공격을 받았으며, 나를 공격한 존재가 다름 아닌 그들의 구루 애쉬바였다고 말해주었다.

"말도 안 돼요!" 레베카가 폭발했다. "애쉬바는 당신이 이해할 수 있는 것보다 더 많은 사랑과 지혜를 가진 존재예요. 그는 누구에게도 해를 끼치지 않아요. 당신은 악몽을 꾼 게 틀림없어요." 그녀는 흥분해서 얼굴이 붉어진 채 방을 뛰쳐나갔다. 하지만 좀더 열린 마음을 가진 토마스는 자신에게 왜 도움을 청하지 않았느냐고 물으며 다시 내 이야기를 듣고 싶어했다. 나는 토마스에게 내가 도움을 요청했다면 두려움을 불러왔을 것이고 그렇게 되면 적들은 나의 그 약점을 활용하여 공격했을 거라고 말해주었다. 또 사랑이 그들을 완전히 무방비 상태로 만들어버렸다는 이야기도 해주었다.

토마스는 내게 더 많은 것들을 물어보았고, 나는 토마스에게 내가 이사 온 날 밤에 처음 애쉬바가 나를 찾아왔었다고 털어놓았다. 우리 작업을 중단시키겠다는 애쉬바의 협박에 대해 내가 말하고 있을 때, 전화벨이 울렸다. 전화를 건 것은 윌리엄 셰익스피어 음모에 관심을 보였던 에이전트였는데, 그는 그날 있을 우리와의 오후 약속을 취소하겠다고 말했다. 그는 여러 영화사 사람들에게 우리의 아이디어를 말해보았지만 우리 사회의 지배층이 지지하는 일반적인 역사관에 도전함으로써 주주들의 분노를 사고 싶어하는 사람은 아무도 없었다고 말했다.

거대자본을 가진 가문들은 자신들의 목적, 즉 인류를 지배하기 위해 왜곡된 역사를 썼기 때문에 그들 모두 그런 폭로의 결과를 두려워했다. 그들은 학교 교과서 출판사들을 소유하고 있었는데, 이 출판사들은 자신들이 지배하는 하나의 세계정부를 건설하려는 그들 가문의 비밀스러운 역할을 숨기고 있었다.

토마스는 이러한 동시성에 충격을 받아 나를 쳐다봤다. 그가 받은 전화는 애쉬바가 사실은 우리와 반대되는 일을 하고 있다는 나의 말에 어느 정도 신뢰도를 더해주었다.

"제발 아무에게도 말하지 말아요." 내가 토마스에게 간청했다. 밤에 있었던 일로 인해 정신적 충격을 받은 나는 애쉬바의 이름을 언급하기만 해도 그의 주의를 끌어 그가 또 공격하러 올까 봐 두려웠다. 공포에 떠는 내 목소리를 들은 토마스는 내 경험이 진실이라고 확신했다. 그러나 이를 비밀로 해달라는 나의 간청에도 불구하고, 그는 애쉬바가 고결하고 인류애적인 존재가 아니며 그저 그런 척했던 것일 뿐이라고 경고해주는 것이 자신의 의무라고 느꼈는지 그룹 사람들에게 전화를 돌리기 시작했다.

토마스가 전화를 걸었던 대부분의 사람들은 믿을 수가 없다는 듯 그에게 내가 나쁜 꿈을 꾼 게 틀림없다고 말했다. 하지만 그중 애쉬바가 지시한 임무에 보내졌던 두 사람은 자신들이 거의 죽을 뻔했다고 말했다. 또 다른 사람은 자신 역시 애쉬바를 의심해왔으며 다음 모임에서 그룹 사람들에게 이를 말할 생각이었다고 했다. 그러나 저번 채널링이 끝나고 집으로 운전해 오는 길에 트랜스 상태에 빠진 사람이 운전하는 차 때문에 자신의 차가 도로 바깥으로 이탈했다고 말했다.

토마스가 내 이야기를 더 많은 학생들에게 알리면서 나는 이 상황에 대한 애쉬바의 관심이 더 높아지는 것을 느낄 수 있었다. 태양 신경총이 뻣뻣해지면서 통증이 느껴졌고, 속이 메스꺼워졌다. 확실히 그는 불쾌해하고 있었다.

오직 내 가슴의 신성함으로 돌아가야만, 그리고 그곳의 사랑에 잠겨 들어가야만 그의 적개심으로부터 스스로를 보호할 수 있었다. 대사들은 마치 "네가 알아서 할 수 있는 일이다"라고 말하기라도 하는 듯 여전히 묵묵부답이었다. 따라서 나는 다시 내 주위를 둘러싸고 있는 황금빛 태양을 심상화했다. 이 태양의 중심은 내 가슴이었다. 나는 내 앞에 검은 갑옷을 입은 애쉬바가 있다고 상상하며 가슴에서 나오는 빛의 광선을 그에게로 쏘아 보냈다. 그리고 내 빛이 그의 가슴 속에서 황금빛 태양으로 변해가는 것을 심상화했다. 나는 가능한 한 오랫동안 그 심상을 유지하고 점점 그 정도를 심화시켰다. 그리고 나를 파괴하려 하는 존재, 대사들이 나를 할리우드로 보내 완수시키려 하는 그 일에 간섭하고 있는 이 존재를 대사들이 완전히 지휘해달라고 요청했다. 주변에서 그들이 느껴지지 않았지만 나는 그들이 내 모든 생각을 듣는다는 것을 알고 있었다. 따라서 대사들에게 다음과 같은 요청을 했다.

> 이 존재를 빛의 길로 인도해주세요. 그리고 그가 신적 사랑
> 에 눈을 떠 영적 진화의 길로 돌아갈 수 있도록 최고의 신성
> 한 계획을 가져다주세요!

이후로 며칠 동안은 이 사랑으로 나 자신을 보호할 수 있었다. 나는 그의 사악한 에너지가 내 오라에 침투하는 것을 느낄 때마다 하

던 일을 멈추고 의식적으로 그 느낌을 불러오곤 했다. 그리고 그 사랑을 느낄 수 없을 때는 최소한 이런 말을 하곤 했다.

나는 그대를 하나님의 신성한 사랑으로 감싸 안는다.

그리고 나는 대사들에게 그를 축복해달라고, 그가 자신 안에 내재한 그리스도의 빛에 눈을 뜨게 해달라고 요청하곤 했다. 나는 "완벽한 사랑은 두려움을 몰아낸다"고 했던 사도 바울의 말을 떠올렸고, 그 사랑에 집중할수록 두려움은 점차 사라졌다. 토마스와 다시 작업에 들어간 나는 그룹 사람들이 점점 더 토마스를 믿기 시작했으며 그의 말을 타당한 경고로 받아들이고 있음을 알게 되었다. 그리고 나는 이 일로 인해 확실히 애쉬바가 화가 났으며, 그가 나를 없애버리고 싶어한다는 느낌을 받았다.

다음 날 나는 일곱 번째 광선의 사원이 있는 토팡가캐니언Topanga Canyon의 한 식당에서 식사를 한 다음 구불구불한 길을 천천히 달리고 있었다. 그때, 세인트 저메인이라 자칭하는 어떤 목소리가 앞에 있는 거대한 트럭을 추월하라고 말했다. 나는 가속페달을 밟아 트럭 옆으로 갔고, 옆 차선으로 차선을 변경하려 했다. 바로 그때 협곡을 질주하던 스포츠카 한 대가 나를 피하기 위해 급히 방향을 틀었다. 운전자는 분노하며 요란하게 경적을 울렸다. 너무 늦게 깨달은 사실이지만 내가 들었던 그 목소리는 대사를 가장한 애쉬바의 목소리였다.

우주 여행자의 경고

그날 밤은 잠들기 전에 I AM 현존에게 보호를 요청했다. 나는 얼마 전의 공격 때문에 잠을 설치고 있었기에 부족한 잠을 보충하고 싶었다. 하지만 베개에 머리를 대고 눕자 한쪽 귀에서 아주 높은 음의 윙윙거리는 소리가 들렸다. 나는 그것이 UFO가 자신들과 함께 일하는 사람들을 관찰할 때 나는 소리라는 것을 알았다. 그래서 루이스 호수에서 세인트 저메인, 셈야제 그리고 다른 우주 여행자 친구들과 만났던 일을 떠올리다 곧 잠이 들었다.

나는 아래층에서 간간이 들려오는 소음 때문에 얕은 잠을 자고 있었다. 그것은 문이 쾅 닫히는 소리, 그리고 거실에서 가구들이 움직이는 소리 같았다. 결국 잠에서 깬 나는 점프슈트를 입은 낯익은 남자가 침대 옆에 서서 침착하게 나를 지켜보고 있는 것을 발견했다. 그의 형체는 부드럽고 푸르스름한 빛으로 윤곽을 드러내고 있었다. 나는 내 오랜 지인인 이 우주 여행자를 알아보았다. 그는 예전에 루이스 호수의 호텔에서 나를 데리고 나와 은빛 우주선에 태운 뒤, 지구 내부 여행을 시켜준 존재였다. 그는 말하지 말라는 신호를 보냈고 텔레파시로 말하기 시작했다.

"나는 애쉬바를 향한 당신의 노력이 간과되지 않았다는 것을 알려주기 위해 왔습니다. 그와 그의 항성계에 사는 거주자들은 여러 시대 동안 우리에게 문제를 일으켜 왔습니다.

당신도 알다시피 내 종족과 지구의 인류는 같은 조상을 가진 친척이라고 할 수 있습니다. 애쉬바와 그의 추종자들도 우리와 먼 친척 사이입니다. 우리가 그들을 물리쳤던 은하계 전쟁 이후 그들은 이곳으로 이주해 왔습니다. 우리가 오래전에 이기심과 공격적인 성향을 극복한 반면, 애쉬바의 종족은 평화를 나약함으로 간주하며 마인드 컨트롤과 속임수, 필요하다면 전면전까지 벌이면서 지배에 대한 욕망을 추구하고 있습니다.*

당신이 심리전이라고 부르는 것에 있어서 애쉬바는 선발대에 불과합니다. 그들은 인류를 파괴하려는 것이 아니라 심리적 조작을 통해 인류를 노예로 만들고자 합니다. 이는 그들의 이기적인 목적을 이루기 위해서입니다. 이러한 이유로 그들은 영화 산업과 연예 산업에 강렬한 관심을 보이고 있는데, 이 두 산업은 두려움, 분노, 탐욕, 허영심 그리고 욕정을 부추기는 데 가장 효과적인 단일 매체입니다. 이런 방식으로 그들은 인류의 잠재의식을 지배하려고 합니다. 그들은 당신들이 알지 못하는 사이에 당신들의 잠재의식에 암시와 연상을 주입하는데, 이러한 암시와 연상은 당신들이 마인드 컨트롤 메커니즘대로 행동하게끔 만듭니다.

우리는 소수의 사람만 보호할 수 있습니다. 우리가 보호할 수 있는 사람은 당신처럼 자신 안에 내재한 근원으로 돌아감으로써, 그리고 빛을 불러옴으로써 스스로를 보호하려 하는 사람들이며 앞서 말한 존재들이 인류를 지배하는 수단인 미디어의 부정적 조건화에 노출되는 것을 피하는 사람들입니다.

미디어로부터 오는 파괴적인 정보에 기꺼이 자신을 노출시키는 대중을 보호하기 위해 우리가 할 수 있는 것은 거의 없습니다. 그것은 우리가 인류의 자유의지를 존중하기 때문이며, 그들이 배우기로 선택한 교훈에 간섭할 수 없기 때문입니다. 그리고 우리는 그러한 선택들의 결과를 막을 수 없습니다. 그것 역시 교훈의 일부이기 때

---

* 이러한 외계 에너지들은 소위 렙틸리언reptilian 에너지로 불리는 것으로 이미 인류의식 안에 깊숙이 들어와 있는 의식 에너지이다. '평화를 나약함의 상징으로 간주하는' 이러한 렙틸리언 에너지는 비록 부정적 에너지의 일부분이기는 하지만, 이원성의 교실에서 이것은 우리의 용기와 힘, 그리고 더 높은 지혜와 자비의 빛을 발달시키는 데 큰 역할을 한다. — 역주

문입니다.

이 행성을 지배하기 위한 전쟁이 벌어지고 있습니다. 이것은 지배 억압의 세력과 자기권능 해방의 세력 간에 벌어진 전쟁입니다. 당신은 지금 그 전쟁의 한가운데에 있습니다. 나는 우리가 할 수 있는 모든 방법을 동원해 당신을 보호해주겠다는 말을 하러 왔습니다. 그렇다고 해서 경계를 늦춰도 된다는 말은 아닙니다. 이것은 자기보호를 위한 당신의 본능과 직관에 달려 있는 것이기 때문입니다. 우리와 위대한 대사들은 당신이 올바른 시간, 올바른 장소에 있도록 영감을 줄 것이며 당신이 그것에 따른다면 어떤 해도 입지 않을 것입니다.

주의하세요. 애쉬바는 인간의 마음에 영향을 끼치거나 암시를 주입할 수 있는 능력뿐만 아니라 텔레파시로 아스트랄 존재들을 조종할 수 있는 능력도 있습니다. 이러한 아스트랄 존재들은 무의식적으로 그의 명령을 따릅니다. 우리는 당신의 욕망과 충동적 결정으로부터 당신을 보호할 수 없습니다. 당신 존재의 중심에 항상 머물러 있으세요. 그리고 경계를 늦추지 마세요!"

침묵의 경고를 보낸 우주 여행자는 아무 감정도 보이지 않은 채로 그저 고개를 끄덕였다. 그는 몸을 돌려 방을 걸어 나가면서 문을 쾅 닫았다. '이곳까지 먼 거리의 우주를 비행해 온 존재치고는 이런 것에 몹시 서투르구나.' 나는 생각했다. '그가 어떻게 집에 들어올 수 있었을까? 우리는 잠자리에 들기 전에 모든 문을 잠그는데 말이지. 아마 그는 그가 원하는 곳이면 어디든지 자유롭게 갈 수 있는 것 같군.' 나는 아침에 토마스에게 열린 문이 있었는지, 그리고 아래층 거실의 가구들을 다시 배치했는지 물어봐야겠다고 생각하면서 다시 잠에 들었다.

잠에서 깨어났을 때, 우주 여행자와 그의 경고에 대한 기억이 아직도 생생했다. 나는 항상 벽면에 붙여두었던 테이블이 45도 회전되어 있는 것을 보았고 이로써 그의 방문이 꿈이었다는 의심이 말끔히 사라졌다. 아래층으로 내려가자 무거운 거실 소파와 2인용 소파 모두 원래의 위치에서 벗어난 채 삐딱하게 놓여 있었다. 문과 창문들은 평소대로 모두 잠겨 있었다.

내가 아래층으로 내려가고 있을 때, 토마스와 레베카가 내게 제일 먼저 물어본 것은 왜 가구를 옮겼냐는 것이었다. 토마스가 문을 쾅 닫는 소리를 들었던 것 외에 그들은 밤 동안 특이한 일을 경험하지 못했다. 나는 밤중에 열쇠도 없이 집을 드나들 수 있었던 방문객에 관한 이야기나 그가 전한 경고에 대해 아무 말도 하지 않았다. 나는 서툴러 보였던 그의 행동이 그 방문이 실제로 일어났음을 알려주려는 목적이었음을 깨달았고, 그것을 그저 꿈으로만 생각하지 않기로 했다.

그날 아침, 몇 시간 동안 대본 작업을 한 후에 토마스와 나는 샌드위치를 만들었다. 우리는 햇볕이 내리쬐는 언덕 위에서 계곡을 내려다보며 식사를 하고 싶어 뒷마당으로 향했다. 샌드위치를 먹고 있던 나는 아래의 계단식 언덕에 있는 키가 크고 건조한 풀에 이상한 무늬가 있는 것을 발견했다.

먹던 샌드위치를 내려놓고 그것을 자세히 살펴봤다. 그 갈색 풀은 몇 피트나 될 정도로 키가 컸고, 시계방향의 소용돌이 모양으로 눌려 있었다. 그 모양은 직경 1미터 정도의 원을 형성하고 있었는데 마치 큰 개가 드러눕기 전에 그곳을 여러 번 빙빙 돈 것 같은 모양이었다. 토마스는 4~5미터 떨어진 곳에서 또 다른 원 모양 두 개를 발견했다. 원들은 삼각형을 이루고 있었으며 세 원 모두 정확히 같은 거리만큼 떨어져 있었다.

우리는 같은 생각을 하며 서로를 쳐다보았다. 우리 둘은 UFO가 착륙했을 때 나타난 똑같은 패턴을 사진으로 본 적이 있었다. 소형 우주선에는 하단에 세 개의 금속구가 달려 있어 이런 흔적이 남는다. 외계인의 방문을 나타내주는 패턴들을 관찰하던 나는 그제야 밤에 있었던 우주 여행자와의 경험을 토마스에게 이야기해야 한다고 느꼈다. 토마스는 누군가 집을 돌아다니는 소리를 듣긴 했지만 아무도 보지 못했고, 그것이 내가 돌아다니는 소리인 줄 알았다고 말했다. 나는 토마스에게 어젯밤 우주 여행자가 나타나 우리가 조심할 필요가 있다는 말을 남겼다고 이야기해주었다. 그리고 이 경고는 곧 현실로 다가왔다.

다음 날 우리는 식료품을 산 후 토마스의 낡은 닷선Datsun 자동차를 타고 돌아오고 있었다. 내가 집으로 향하는 마지막 커브를 돌고 있던 바로 그때, 차 한 대가 비틀거리며 도로를 가로질러 나에게 돌진했다. 나는 경적을 울렸고 갓길로 방향을 틀어 간신히 충돌을 피했다. 차가 내게 돌진하던 순간 운전석에 있던 여자의 표정은 마치 넋이 나간 사람 같았고, 나는 이로써 그녀가 심령적 지배를 받고 있는 사람임을 깨달았다.

내가 경고받은 대로 애쉬바는 이 마음 약한 사람을 지배했으며 그녀의 차를 마치 무기처럼 사용했다! 나는 그녀의 차를 피할 수 있을 만큼 경계를 풀지 않고 있었던 것에 감사해하며 다시 갓길을 빠져나와 집까지 운전해 갔다.

처음에는 애쉬바의 협박 때문에 두려웠지만 그 두려움에 굴복하고 싶지는 않았다. 그래서 나는 그에 대한 보답으로 그에게 사랑을 보내려는 노력을 계속했다. 내 가슴에서 그의 가슴으로 빛의 광선이 뻗어 나간다고 심상화하면서 말이다. 대사들과 플레이아데스의 친구들*이 나를 최대한 보호해준다고 해도, 나 자신의 감정을 다루고 두려움을 떨쳐버리는 일은 여전히 내 몫이었다.

나는 하나님과 분리된 에고로 살아가면서 생겨난 그 두려움에서 자유로워지기 위해 보라색 불꽃을 불러왔다. 그리고 계속해서 대사들에게 이 존재가 무지에서 벗어나 성장하게 해달라고 요청했다. 그가 다른 사람들에게 가한 모든 고통이 이번 생 혹은 미래의 생에 그에게 똑같이 돌아갈 것이기 때문이었다. 나는 보디사트바로서 이번 생에서 적으로 만난 존재들까지도 포함한 모든 지각 있는 존재들의 깨달음을 위해 일하기로 맹세했었다.**

나는 교전 중인 외계인들과 심령 세력들 사이의 싸움에 내가 어떻게 끼어들게 됐는지 곰곰이 생각하다가 너무 오랫동안 할리우드에 빠져 있었던 것은 아닐까 하는 생각이 들었다. 내가 판타지와 특

---

* 이러한 외계의 존재들은 불경에서 천인들로 묘사되기도 한다. ─ 역주

** 우리가 좋아하는 사람들을 찾고 싫어하는 사람들을 피하는 것이 당연하긴 하지만 배울 점이 가장 많은 사람은 우리의 적이나 우리를 반대하는 사람이다. 따라서 우리는 이런 사람들을 찾아냄으로써 더 빠른 진보를 이룰 수 있다. 우리가 그들을 평화를 이룰 필요가 있는 우리 자신들의 한 일부로서 느끼면, 겉으로는 그들과 친구가 되지 않더라도 마음속으로는 그들의 친구가 되어줄 수 있다.

우리는 그들의 행복과 깨달음을 기도할 수 있는데, 이러한 기도는 우리 자신뿐만 아니라 그들의 성장을 앞당길 것이다. 만약 이생에서 이렇게 하지 않는다면 그들은 언젠가 다시 나타날 것이므로, 즉 이번 생이 아니면 후생에라도 다시 나타날 것이므로 지금 그들을 상대하는 것이 더 낫다. 사무량심四無量心은 마음을 해방시키는 불교도들의 기본적인 기도다.

"모든 존재가 행복하기를. 더하여 행복의 인연을 짓게 하기. 모든 존재가 괴로움에서 벗어나기를. 더하여 괴로움의 인연을 짓지 않기를. 모든 존재가 고통에서 해방된 행복으로 가게 하기를. 더하여 다시는 그 행복에서 멀어지지 않기를. 모든 존재가 자신이 사랑하는 존재에 대한 집착과 타인에 대한 분노와 증오에서 자유로워지고, 우주 만물을 향한 평정심 안에서 살게 되기를."

수효과에 푹 빠지는 바람에 혹시 내 상상력이 과대망상으로 발전하고 있는 것이 아닐까 궁금했던 것이다. 그러나 그때 애쉬바가 창으로 찌른 엉덩이에서 통증이 느껴졌고, 그의 공격이 매우 현실적이라는 것을 깨달았다.

애쉬바의 보답

토마스와 나는 애쉬바의 이러한 방해를 신경 쓰지 않으려고 노력하면서 대본 작업을 해나갔다. 나는 시나리오 작업이 육아만큼이나 흥미로운 경험이라는 것을 알게 되었다. 시나리오 작업은 마치 엄마, 아빠가 각각 도움을 주면서도 아이가 자기 자신만의 개성을 발현하는 과정과 비슷했다. 아무리 작가가 자기 혼자서 영감을 받아 시나리오를 썼다 하더라도 결과적으로 영화는 모든 사람들, 즉 프로듀서, 감독, 배우, 사진작가, 에이전트, 편집자, 기술자들이 참여해야 만들어질 수 있다. 이 모든 사람들이 자신의 관점에 대한 집착을 버리고 최종 비전을 위해 함께 일하는 법을 배워야만 하는 것이다.

우리는 깨어 있는 거의 모든 순간 동안 작업에 열중했고, 고속도로에서 무언가를 먹거나 운전할 때도 일을 했다. 전개되는 시나리오에 넣고 싶었던 새로운 아이디어가 언제 떠오를지 몰랐기 때문에 공책도 항상 가지고 다녔다. 적어도 그런 시간 동안에는 애쉬바에 대한 생각이나 언제든 공격이 닥쳐올 수 있다는 생각은 떨쳐버릴 수 있었다. '그가 고속도로에서 공격을 하지 않을까?' 그는 내가 운전하는 중에 두 차례나 공격한 적이 있었고 나를 공격할 다른 기회도 얼마든지 있었지만 이상할 정도로 조용했다. 나는 내 기도가 그에게 어떤 영향이라도 미치기 시작한 건지 궁금했다.

애쉬바의 공격으로부터 열흘이 지난 후, 나는 아침 11시쯤 사무실 프린터에 쓸 잉크 카트리지를 사기 위해 산 페르난도밸리를 지나 노스리지Northridge에 있는 사무용품점으로 차를 몰고 가고 있었다. 그때 애쉬바의 접근이 느껴졌다. '또 시작이군!' 나는 두려움과 함께 메스꺼움이 느껴졌다. '설마 이런 대낮에 공격을?' 그가 단순한 아스트랄계 존재였다면 아침은 그가 가장 취약한 시간이었을 것이다. 하지만 그는 자신이 육신을 떠난 존재가 아닌 다른 행성계의 방문자라고 주장했었다.

나는 가게 뒤편에 있는 주차장에 차를 세운 뒤 갑자기 돌진하는 차가 있지는 않을지 경계했고 애쉬바가 시도할 수 있는 그 어떤 속임수라도 대처할 준비를 하고 있었다. 하지만 속이 메스꺼움에도 불구하고 당장 위험이 닥칠 거라는 느낌은 없었다. 나는 두 손으로 핸들을 잡은 채 앉아서 기다리고 있었다. 그때, 마치 헤드폰으로 듣는 것처럼 그의 말이 또렷하게 들려왔다.

그는 이전에 들어보지 못했던 부드러운 어조로 "내가 네게 저지른 일에 대해 용서를 구하고 싶군" 하고 말했다. "그리고 네가 나를 위해 해준 일에 대해서 감사하고 싶어. 감사의 표시로 보답을 해주고 싶은데, 원하는 게 있으면 무엇이든 말해보라고…."

'지금 나를 방심하게 하려고 주의를 딴 데로 돌리는 건가?' 나는 이런 생각을 할 만큼 애쉬바를 의심하고 있었지만 무언가가 변해 있었다. 그의 에너지는 여전히 나를 불안하게 만들었지만 그의 태도가 변한 것 같았고, 지금 그는 나를 안심시키려 하고 있었다.

'사랑을 보내려고 했던 내 노력과 대사들을 향한 요청이 도움이 된 거겠지? 하지만 그를 믿을 수 있을까? 내가 그에게 도대체 어떤 부탁을 할 수 있을까? 보답이라니? 무슨 병 속에 갇혀 있던 정령들이 자기를 해방시켜준 사람에게 은혜를 갚을 때 쓰는 말 같은데. 아니면 고대 베다 시대에 신들을 위해 금욕생활을 한 인간들에게 선물을 내려줄 때 쓰는 말 같기도 하고.'

나는 골똘히 생각하기 시작했다. '내 불구대천의 적이자 세 번이나 나를 죽이려 했던 이 적대적인 외계인에게 내가 뭘 부탁할 수 있을까? 그에게서 뭔가를 받는 게 안전한 일일까?'

애쉬바는 그동안 나를 지구 내부로 데려갔던 플레이아데스인 셈야제를 알고 있다고 주장해왔다. 나는 그녀를 본 지 오래되었고, 우리가 미래에 함께할 작업에 대해 많은 의문이 남아 있었기 때문에 그에게 그녀를 만나게 해달라고 부탁해도 무방할 것 같았다. 나는 세인트 저메인과 그랬던 것처럼 그녀와도 물질적인 차원에서 만나고 싶었고, 출판되어서 기록으로도 잘 남아 있는 스위스 농부 빌리 마이어가 경험했던 것처럼 그녀와 함께 여행하고 싶었다.[*] 이 요청으로 나에게 어떤 피해가 올 것 같지는 않았다.

나는 그의 에너지가 사라지는 것을 느꼈고, 우리의 소통은 잠시

---

[*] 웬델 C. 스티븐스, 《플레이아데스에서 온 메시지》(Message From the Pleiades) Vol. 1. 나는 에드워드 '빌리' 마이어를 만나기 위해 스위스로 갔던 전직 미 공군 중령 웬델과 많은 시간 이야기를 나누었다. 나는 그 초기 접촉의 실상에 관한 그의 기록이 정확하다는 것을 안다. 몇 달 동안 빌리에게는 수많은 물리적 접촉이 있었고, 어떤 경우에는 그에게 빔이 내려와서 그가 셈야제의 우주선에 탑승한 적도 있었다. 그때 빌리는 지구인들을 돕고자 하는 플레이아데스인들의 임무에 대한 정보를 얻었다.
셈야제가 떠나고 물리적 접촉이 중단된 후, 빌리는 텔레파시 접촉을 통한 채널링을 시작한 것으로 추정된다. 하지만 거기에는 많은 거짓 정보가 포함되어 있었고, 이 채널링의 진실성은 단순한 역사적 조사(특히 세인트 저메인과 관련된 사실들)를 통해 확인할 수 있었다. 이런 이유로 초기 자료 출처에 대한 정확성과는 상관없이 모든 정보에 의문을 제기할 필요가 있다. 리 엘더스가 쓴 《UFO: 플레이아데스와의 접촉》(UFO: Contact From the Pleiades)에 실려 있는 놀라운 UFO 사진들을 보라. (이러한 물질적 UFO들이 플레이아데스가 물질적 차원에 존재한다는 것을 의미하지는 않는다. 플레이아데스는 실제로 높은 영적 파동으로 상승한 문명권이고, 단순히 어떤 높은 목적을 위해 그들이 원한다면 이러한 물질화를 통해 지구의 인류와 소통할수 있다. — 역주)

중단되었다. 그러다 다시 그의 존재가 느껴졌는데 그의 출현은 여전히 내 신경을 곤두세웠다. "그 일이 내 능력 밖이라는 사실이 유감스럽군. 다른 부탁을 해봐."

나는 내 부탁이 에고에서 기인한 이기적인 것이었음을 깨닫고는 다른 사람들에게 확실히 유익할 만한 부탁을 했다.

"그레이 그룹에 당신의 정체를 공개하면 좋겠어!"*

"그게 네가 정말로 원하는 거라고?" 그는 생각에 잠겨 대답했다.

"그래, 이게 내 부탁이야. 이건 당신이 들어줄 수 있는 부탁이니까 꼭 지키도록 해."

나는 프로테우스Proteus가 원하는 것을 해주기 전까지는 그가 어떤 끔찍한 모습으로 변하더라도 그를 붙잡고서 놓아주지 않았던 전설적인 고대 그리스인이 된 느낌이었다.

"알겠다." 애쉬바가 대답했다. "네가 원하는 보답을 해주지. 다음 채널링 때 참석하도록 해. 네가 요청한 대로 나의 정체를 밝히겠다." 그런 다음 그는 사라져버렸다.

나는 적대적인 외계인과의 이 놀라운 만남과 그가 장담한 호의에 흥분해 급히 집으로 돌아왔다. 그리고 토마스에게 애쉬바가 나를 찾아왔었으며 그가 자신의 정체를 스스로 밝히기로 약속했다고 이야기해주었다. 하지만 토마스는 이를 믿기 힘들어했다. 아마도 매달

---

* 애쉬바는 자신이 삼각형 모양의 우주선을 타고 지구를 방문한 미래의 외계인이라고 주장했지만 그레이는 애쉬바를 실제로 본 적은 없다고 말했다. 애쉬바는 그레이가 젊었던 시절 채널링을 배우려 자신의 오라를 처음으로 열었을 때 붙은, 지구 토착의 아스트랄계 존재일 가능성이 크다. 인간이 그처럼 자신을 열었을 때는 어떤 존재가 머무를지 결코 알 수 없다. (애쉬바와 같은 존재들은 지구의 아스트랄계에 존재하는 어둠의 형제단의 일부로서, 이들 중 많은 이들은 실제로 외계에서 지구의 환생 사이클로 들어온 이들이다. 이들 중 강력한 이들은 지상으로의 환생을 통한 카르마의 정화를 거부하고, 자신의 내재한 신성의 빛과 연결이 완전히 끊어진 상태에서 지상의 인간들의 의식 에너지를 흡수해 자신의 존재를 유지하고자 한다. — 역주)

레베카와 방문했던 영매들에게 들은 거짓 예언과 실현되지 않은 약속들에 질린 모양이었다.

그러나 그리 오래 기다리지 않아도 애쉬바가 했던 약속이 진실인지 아닌지는 금방 확인될 것이었다. 그레이와의 다음 미팅이 내일 밤이었기 때문이다. 우리는 애쉬바와의 지난번 만남 이후로 채널링 모임에 가지 않았지만, 무슨 일이 일어날지 확실히 알아보기 위해 미팅에 참석할 계획이었다.

기다리던 밤이 찾아왔다. 레베카는 평소처럼 그레이의 발치에 앉았고, 토마스와 나는 사람들로 가득 찬 방 뒤편에 앉았다. 그날 밤 의식은 여느 때와 다름없이 진행되었다. 잠시 침묵이 흐른 뒤 애쉬바가 의식을 잃은 그레이의 몸에 들어갔고, 담론이 이어졌다. 우리는 그의 말을 지겹도록 들으며 기다렸지만 끝내 애쉬바는 자신의 정체를 밝히지 않았다. 토마스는 의심의 눈초리로 나를 쳐다봤다.

마침내 채널링을 마무리하는 질의응답 시간이 다가왔다. 애쉬바는 질의응답 시간에 자신의 추종자들에게 영적인 것들뿐만 아니라 관계, 재정, 건강 등 그들이 묻는 것이면 무엇이든 거기에 대한 개인적인 지침을 내려주었다. 그리고 그곳에 있는 모든 사람들은 그의 통찰력 있는 답변을 듣고서 다시 한번 그가 얼마나 분명하게 자기 삶의 세부사항을 알고 있는지에 대해 감명을 받았다. 하지만 그들은 그의 가르침으로도 숨길 수 없는, 방 안을 가득 채우고 있는 그 사악한 에너지는 의식하지 못하는 것 같았다.

'내가 속아 넘어갔구나. 애쉬바는 약속을 어긴 거야.' 내가 막 이런 생각을 하고 있을 때, 날개가 달린 위대한 우주적 존재가 방으로 내려오고 있었다. 예전에 나는 명상을 하다 그를 부른 적이 있었는데, 그때 그와 멀리 떨어져 있었어도 그가 지닌 막대한 힘을 느낄 수 있었다. 하지만 지금까지 그의 이런 어마어마한 모습을 본 적은 한 번도 없었다. 그는 대천사 미카엘의 살아 있는 현현이었다. 나는 그것이 투사된 상념체라는 것을 알고 있었다. 그가 자신의 진짜 에너지 몸으로 다가온다면 그 누구도 그의 에너지를 견뎌낼 수 없기 때문이다. 그의 현현은 숨이 막힐 정도로 경이로웠고, 나는 놀란 채로 그가 그레이의 머리에 푸른 불꽃의 검을 겨누고 있는 것을 지켜보았다.

"이제 약속을 지켜라!" 대천사가 명령했다.

이 장대한 존재의 불타는 검이 고압 변압기처럼 윙윙거리자 그 강력한 현현에 굴복한 애쉬바의 말이 느려졌다. 그는 신중하게 선택한 구절들로 온순하게 말하기 시작했다. 우렁찬 목소리에 익숙해져 있던 그의 추종자들은 이제 그의 조용한 말소리를 듣기 위해 몸을 앞으로 기울여야만 했다.

"그리고 이제 나는 이 방에 있는 한 사람이 내게 베풀어준 도움에 대해 인정하고자 합니다. 그것은 내 가슴을 감동시켰고 내 영적인 성장의 진전을 도와주었습니다…. 그 도움에 대한 감사의 의미로 여러분에게 짧은 이야기를 들려드림으로써 내가 그 사람에게 했던 약속을 지키고 싶습니다. 이 이야기는 내가 누구이고 무엇인지, 그리고 여러분의 행성에 와 있는 내 세계의 존재들은 누구이며 무엇을 하고 있는지에 관한 이야기입니다.

모든 국가들은 국가를 대표하는 상징을 가지고 있습니다. 미국 국기의 독수리도 그런 것이죠. 마찬가지로 우리 행성 또한 우리가 누구인지를 나타내주는 상징을 가지고 있습니다. 내 행성에는 당신들의 양과 매우 비슷한 동물이 있습니다. 그들은 권위를 의심하지 않고, 다른 사람들에 의해 보살핌을 받기를 기대하는 매우 온순한 생명체들입니다. 또 당신들의 늑대와 닮은 생명체들도 있습니다. 그들은 양 같은 그 생명체와 닮아 보이도록 변장을 하고 양들 사이를 지나다닙니다. 늑대 같은 그 생명체가 선택을 하면 그들은 간사한 속임수로 유순한 생명체들을 거둬갑니다. 양들은 무리 중의 한 마리가 사라졌음을 알지 못하며 무슨 일이 일어났는지조차 깨닫지 못합니다. 그래서 우리의 상징은 '양의 탈을 쓴 늑대'와 닮아 있습니다."

그가 말을 끝내자 그레이의 머리가 가슴 쪽으로 푹 숙여졌다. 그리고 그가 다시 얼굴을 들자 눈물이 볼을 타고 흘러내렸다. 지금껏 그 누구도 보지 못한 광경이었다. 애쉬바가 몸을 떠나자 그레이는 몸을 부르르 떨었다. 그는 눈을 뜨고 양손을 얼굴에 가져다 댔다. 그는 자신의 얼굴이 눈물로 젖어 있음을 느끼면서 말했다. "울고 있었던 것 같은 기분이 들어요."

"당신은 울고 있었어요." 앞에 앉은 몇몇 사람들이 깜짝 놀란 채로 말했다. 그들은 지금까지 그레이가 채널링 중 어떤 감정을 표현했던 것을 본 적이 없었다.

토마스는 벌떡 일어서서 자신이 전화로 경고했던 사람들 쪽으로 걸어갔다. "그의 말을 들었죠! 그가 양의 탈을 쓴 늑대라고 말한 것보다 더 확실한 게 있을까요? 그는 사악한 존재라고 제가 말했잖아요."

"아, 그는 분명 다른 뜻으로 말했을 거예요." 그들이 대답했다. "그의 말을 곧이곧대로 받아들이면 안 돼요. 언젠가는 우리가 그의 진의를 알게 되겠죠…."

우리는 믿을 수 없다는 듯 서로를 쳐다봤고, 사람들은 자신이 원하는 것을 믿는다는 결론을 내렸다. 자신의 믿음과 반대되는 증거가 나오더라도 말이다. 레베카가 운전대를 잡았고, 우리는 집으로 향했다. 그녀는 애쉬바의 말에 어리둥절한 눈치였다. 하지만 자신에게 각별한 관심을 기울여주었던 사랑하는 스승에 대한 존경심을 포기하지는 않았다.

스승에 대한 토마스와 레베카의 이런 의견 차이는 곧 두 사람 사이에 불화를 일으켰고, 몇 달 후 그들은 헤어졌다. 그리고 이 일로 인해 레베카는 내게도 등을 돌렸는데, 그녀는 내게 보수 없이 더 많은 일을 해달라고 요구함으로써 이런 마음을 표현했다.

더 이상 로스앤젤레스에 있을 필요가 없다고 느낀 나는 그 집을 나와 샤스타산으로 돌아왔다. 애쉬바가 협박했던 대로 우리의 대본은 영화로 제작되지 않았다. 하지만 적어도 나는 이 사악한 실체와의 대결에서 승리했으며, 인류의 적을 빛의 존재로 변화시키는 데 성공했다고 느꼈다.

이 경험은 내 자립심을 더욱 발전시켜주었을 뿐만 아니라 사랑의 보호력을 알게 해준 강력한 교훈이 되었다. 나는 대사들로부터 버림받은 것 같았던 경험, 다시 한번 내면의 대사에게 돌아설 수밖에 없었던 경험을 하며 입문을 통과했다. 이 과정은 무지를 끊임없이 지혜로 바꾸는 과정이었다.*

---

* 어떤 사람들은 영적으로 진보할수록 그 길이 더 쉬워지고 삶이 더 편안해져야 한다고 생각한다. 하지만 보통 그렇지 않다. 성장에는 끝이 없고, 성장이 일어나기 위해서는 도전이 있어야 하기 때문이다. 하지만 일단 집착과 혐오가 녹아들고, 참된 자아의 평정에 뿌리를 내리게 되면 그런 도전은 불행이 아니라 더 위대한 자기완성을 실현할 수 있는 기회이자 모험으로 여겨진다.

다시 샤스타산으로 돌아왔을 때 나는 빈털터리였다. 어떤 영화사도 우리의 시나리오를 받아주지 않았다. 나는 그동안 숙식만 제공받고 일했으며 레베카는 토마스가 자신의 구루에게 등을 돌렸다며 내게 화가 나 있는 상태였다. 따라서 나는 거의 무일푼으로 로스앤젤레스를 떠났다. 산 페르난도의 그레이하운드Greyhound 버스터미널에서 토마스는 레베카가 잠시 다른 곳을 보고 있을 때 내게 집으로 가는 표를 사라며 슬쩍 돈을 건네주었다. 내가 돌아가서 할 수 있는 일은 치유하는 일과 점성학뿐이었다. 내가 마을을 떠날 당시에는 이에 대한 수요가 많았다. 하지만 나는 거의 1년 동안 자리를 비운 상황이었다.

나는 옆 사무실에서 함께 일했던 의사로부터 다시 사무실을 돌려받았다. 그는 친절하게도 내가 여유가 생길 때까지는 임대료를 내지 않아도 된다고 말했다. 하지만 다시 일을 시작하는 데는 오랜 시간이 걸렸다. 나는 사무실 책상에 앉아 명상에 잠겼다. 그리고 이전에 항상 마법처럼 효과가 있었던 선언을 반복했다.

나는 지휘하고 통치하는 현존으로서 내가 도울 수 있는 사람들을 이곳으로 데려옵니다. 하나님의 신성한 풍요가 지금 내 소유와 쓰임을 위해 나타납니다.

하지만 나를 찾아오는 사람은 아무도 없었다. 돈의 흐름을 일으키는 모든 심상화와 선언을 매일 반복했지만 아무 일도 일어나지 않았다.*

'미치겠네. 나는 선언의 활용과 마음으로 현실을 바꾸는 방법에 관한 책을 냈어. 사람들이 나한테 이걸 배우러 오는 건데 지금 나조차도 이걸 제대로 못 하고 있잖아?' 나는 더욱더 노력해서 심상을 강화했고, 그 심상에 권능을 부여해달라고 대사들에게 요청했다. 하지만 여전히 아무 일도 일어나지 않았다.

그러던 어느 날, 내가 명상에 잠겨 있을 때였다. 나는 육체에서 빠져나와 대사들 사이에 서 있었다. 백색 로브를 입은 장엄한 모습의 대사들이 나를 둘러싸고 서 있었다. 내 의식이 그들의 차원에 집중되면서, 나는 세인트 저메인뿐만 아니라 이스라엘행 비행기에서 만

---

* 《시크릿》같이 사람들이 믿는 긍정적 생각의 힘에 관한 책이나 영화와는 반대로, 우리는 태어나기 전에 특정한 카르마적 교훈을 얻기로 동의한다. 이는 종종 우리의 의지에 따라 즉시 상황이 재조정되는 것을 막는다. 하지만 일단 교훈을 배우고 나면 우리는 다시 자유의지의 존재가 된다.
예수는 이렇게 말했다. "너희에게 믿음이 있다면 이 산더러 '여기서 저기로 옮겨가라' 해도 그대로 될 것이다. 너희가 못할 일은 하나도 없을 것이다." 그러나 당신이 이 정도의 믿음을 갖고 있다면 이미 그 산이 있어야 할 곳에 있다는 것을 깨달을 정도의 지적인 이해를 가지고 있을 것이며, 그 산이 이미 있는 그곳보다 더 나은 장소를 찾기는 어려울 것이다. 또한 당신이 이전에 원했던 많은 것들이 자신의 성장에 가장 유익한 것이 아니었다는 사실을 깨닫게 될 것이다.

났던 대사들인 엘 모리야와 쿠투미 랄 싱을 알아보았다.

"우리는 자네를 시험해보고 싶네." 세인트 저메인이 말했다.

"무슨 시험인가요?"

"그걸 말해줄 수는 없지. 그렇지 않으면 시험이 아닐 테니까."

"당신들이 주시는 어떤 시험이라도 나는 통과할 수 있어요." 나는 용맹한 척하며 대답했다. 그러자 세 명의 대사들은 터무니없는 농담이라도 들은 듯 크게 웃었고 그들의 웃음은 나까지 웃게 만들었다. 나는 그 위엄 있는 자리에 유머를 가져왔다는 사실에 마냥 신이 났는데, 특히 항상 유머와는 거리가 먼 근엄한 얼굴로 묘사되는 엘 모리야를 웃게 한 것이 기뻤다.** 하지만 이 농담은 곧 나에게 현실로 닥쳐올 예정이었다. 나는 책상에 혼자 앉아 있는 내 육체 속으로 되돌아왔다. 귓가에 그들의 웃음소리가 여전히 맴돌았다. '잠깐, 내가 왜 그런 말을 했지? 내가 방금 동의한 게 뭐였지?'

며칠이 지나도 여전히 손님이 오지 않았다. 나는 이런 말이 떠올랐다. '현명한 사람은 먹을 것이 다 떨어졌을 때 단식을 할 것이다.' 나는 단식을 하며 몸 내부를 깨끗이 하기로 마음먹었다. 그래서 물과 레몬주스를 마시는 식이요법을 시작했다. 장을 깨끗이 하고 허기를 줄이기 위해 아마와 질경이씨도 먹었다.

만약 친구들에게 돈이 다 떨어졌다고 말하면 분명 그들은 내게 돈을 빌려줬을 것이고, 내가 배가 고프다고 하면 틀림없이 나를 배불리 먹여주었을 것이다. 하지만 나는 대사들의 시험에 동의했기 때

** 어떤 이유에선지 깨달음은 거의 항상 유머가 없는 것으로 묘사된다. 하지만 위대한 대사들도 가끔은 재미있는 농담을 즐기는 것 같다. 확실히 대사들의 관점에서 인간적 조건의 약함을 본다면 인류의 끝없는 고통을 관찰하는 데에 대한 어느 정도의 유머와 가벼움이 가끔 필요할 것 같기도 하다.

문에 내 상황을 누구에게도 알리지 못했다. 이제 나는 어머니께 전화해서 "돈이 다 떨어졌어요"라고 가련하게 말하곤 했던 것처럼 동정을 이용해 누군가를 조종하고 싶지 않았다.

몇 주 후, 내 육체는 텅 비어서 마치 빛으로 변해가는 것 같았다. 의식이 조금씩 희미해져 가고 있었다. '사무실에서 빈둥거리고 있을 필요는 없지. 어차피 아무도 나를 찾아오지 않아.' 나는 근처의 넓은 들판을 돌아다녔다. 그러다 아무도 나를 볼 수 없는, 키가 큰 풀밭에 드러누웠다. 나는 옷을 벗고 햇볕 아래에 누워 있었다. 나는 빛에 나 자신을 바치며 창조주를 향해 말했다. "당신이 처음 주셨을 때처럼 벌거벗고 있는 이 육체를 다시 당신께 돌려드릴게요. 이 육체는 당신 겁니다. 저는 이제 이 육체를 돌보고, 먹이고, 옷을 입히고, 건강하게 유지하기 위해 돈을 버는 것에 지쳤어요. 당신께서 원하시는 대로 하세요. 저는 자유로워지고 싶고, 근원으로 돌아가고 싶어요."

그러자 갑자기 내 위에서 목소리가 들려왔다. "I AM 야외극이 끝나면 너의 운이 바뀔 것이다." 눈을 뜨고 주위를 둘러봤지만 아무도 보이지 않았다. 나는 그 목소리가 말한 것이 세인트 저메인 재단이 주관하는, 매년 8월 첫 번째 주 일요일에 열리는 야외극이라는 것을 알고 있었다. 그것은 예수의 삶과 가르침을 연대순으로 나타낸 야외극이었다. 나는 공연을 통해 들어오는 그리스도 에너지를 체험하러 매년 거기에 갔었다. 많은 사람들이 그리스도에 의식을 집중했고, 마을 전체가 그 의식으로 가득 차 있었다.

'내 운이 어떻게 바뀔까?' 나는 그 목소리가 이전에 내 농담에 웃었던 대사들 중 한 명일 거라고 생각했다. 하지만 그의 목소리는 유쾌했던 그 순간에 들었던 것보다 사뭇 심각해져 있었다.

야외극은 여느 때처럼 고무적이었다. 그리고 야외극이 끝난 다음 날 아침, 나는 책상에 앉아 두 여성이 사무실 계단을 올라오고 있는 것을 보았다. 그들은 모녀 관계였는데 어머니인 여성은 전날 무대에서 봤던 성모 마리아를 닮았고, 상당히 젊어 보였다. 아름다운 그녀의 딸과 자매처럼 보일 정도였다.

"우리는 건강해지고 싶어서 당신을 찾아왔어요." 어머니인 여성이 말했다. "딸과 나는 당신의 능력에 대해 익히 들었고, 당신이 영과 함께 일한다는 걸 알고 있어요. 우리는 몇 가지 사소한 건강상의 문제들만 갖고 있을 뿐이지만 하나님을 더 가까이 느끼고 싶습니다. 우리의 여러 차원의 몸들이 완벽해지도록 하기 위해서라면, 그리고 우리의 영적 빛을 활성화하면서 이 빛을 여러 에너지체들에 소통시키기 위해서라면 무엇이든 하고 싶어요. 돈 걱정은 하지 마세요. 당신이 얼마를 요구하든 낼 수 있으니까요. 만약 치유를 위한 돈을 받지 않으시겠다면 기꺼이 기부하겠어요."

그 순간 나는 내가 동시에 두 곳에 존재하고 있음을 인식했다. 나는 책상에 앉아 아름다운 여성들과 이야기를 하고 있는 동시에 건물 위 에테르적인 영역에도 존재하고 있었다. 에테르 영역에 있는 나의 곁에는 6주 전에 만났던 그 대사들이 있었다.

"애야, 너는 아주 멋지게 시험을 통과했단다." 한 대사가 미소를 지으며 말했다. 그 차원을 더 선명하게 자각하게 되자 내가 그의 밑에서 많은 시간 동안 수련 생활을 거쳤었고, 그의 지도하에 수많은 도전적인 모험들을 겪었다는 것이 기억났다. 그는 내 오랜 친구이자 멘토인 세인트 저메인이었다.

할리우드에서의 내 모험은 아직 끝난 것이 아니었다. 어느 날 나는 셜리 맥클레인^{Shirley MacLaine}이 〈용기 내어 말하다〉(Out on a Limb)라는 TV 특별 프로그램을 할 것이라는 소식을 듣게 되었다. 이 프로그램은 그녀의 UFO 경험과 그녀의 의식적 경험을 통한 모험에 관한 것이었다.

그 당시의 나는 아직 TV를 살 여유가 없어서 나와 같은 처지에 있는, 이 유명한 쇼를 보고 싶어하는 몇몇 친구들과 함께 이야기를 나누었다. 이 쇼를 보고 싶었던 나의 소망은 영적 순례차 마을에 들렀다가 트리 하우스^{Tree House} 모텔에 묵고 있던 한 친구에 의해 곧 이루어졌다. 그는 친절하게도 자기 방에 있는 TV로 함께 쇼를 보자며 우리를 초대했다.

셜리는 자신이 겪은 경험을 밝힌다면 많은 이들에게 '미친 사람'이라는 비난을 받을 거란 사실을 잘 알고 있었다. 하지만 나는 그녀가 나와 비슷한 영혼임을 깨달았다. 그녀는 대부분의 인간이 정상적인 현실이라고 여기는 그 광대한 부분의 끝자락에서 겪은 자신의 경험을 당당히 밝힐 용기를 지닌 사람이었다.

나는 쇼를 보다가 그녀가 길버트 윌리엄스^{Gilbert Williams}의 그림 '달 사원'(Moon Temple)을 구입했다는 것을 알게 되어 기뻤다. 길버트는 샤스타산에 살았던 내 친구인데, 그 당시 우리 중 많은 이들이 그러했듯 입에 풀칠하기도 힘들어했던 친구였다. 나는 그가 집세를 마련하느라 자기 집 마당에서 벼룩시장을 열었을 때 그의 작은 그림 중 하나를 15달러에 산 적이 있었다. 아마 셜리는 '달 사원'을 살 때 그보다 훨씬 더 많은 액수를 지불했을 것이다. 나는 마침내 길버트가 신비주의(visionary) 아티스트로서 인정받게 되어 기뻤다.

나는 셜리의 쇼를 더 오래 시청할수록 내가 그녀와 밀접한 관계가 있다는 것이 느껴졌다. 그것은 그저 그녀가 나와 비슷한 구도자이며, 진리를 추구하는 일에 자신을 헌신할 준비가 되어 있는 사람이라서가 아니었다. 내가 느낀 것은 그보다 더 깊은 느낌이었다. 나는 쇼를 보며 그녀의 참신한 영성에 매료되었다. 우리의 비전祕傳 중심 공동체에서 평범하게 여겨졌던 그것은 이제 대중에게 광범위하게 방송되고 있었다. 그때, 갑자기 내면의 목소리가 들려왔다. '곧 그녀를 만나게 될 거야.'

하지만 내 이성적인 마음은 '그럴 가능성은 거의 없어' 하고 반박했다. 내 주변에는 그녀를 아는 사람도 없었고, 내가 사는 곳은 그녀가 사는 곳과는 1,200킬로미터나 떨어져 있었다. 그러니 내가 이 유명인사를 만날 가능성은 거의 없었다.

그런데 몇 주 후, 놀랍게도 내가 캐런 카티^{Karen Carty}(신성 기하학 그림

전문 화가)와 사무실에 있을 때 전화가 한 통 걸려왔다. 전화를 건 사람은 내 오랜 친구 샌디^{Sandy}였다. 그녀는 영화 예술 과학 아카데미 (Academy of Motion Picture Arts and Sciences)의 회원이었으며 내가 시나리오 작업에 열중하고 있었을 때 친해진 친구였다. 나는 말리부^{Malibu} 해변에 있는 그녀의 콘도를 관리해준 적이 있었는데, 그때 영화 〈애니^{Annie}〉에서 샌디라는 이름으로 나왔던 그녀의 개도 돌봐준 적이 있었다.

"피터, 카드 잘 받았어."

"무슨 카드?"

"네가 얼마 전에 보낸 엽서 말이야."

"난 너한테 엽서 보낸 적이 없는데?"

"아냐, 보냈어." 그녀가 확고하게 말했다. "내가 지금 가지고 있다니까."

"뭐라고 쓰여 있는데?"

"네가 뉴에이지 예술가들을 몇 명 알고 있다고 쓰여 있어. 그래서 내가 전화한 거야."

"내가 보낸 카드인지는 어떻게 알았어?"

"하단에 네 이름이 쓰여 있더라고."

어안이 벙벙했다. 나는 보통 누구에게 편지를 쓰지도 않고, 몇 달 전 샌디에게 점성학 풀이를 해준 후로는 샌디와 연락한 적도 없었다. 만약 내가 그녀에게 카드를 보냈더라면 나는 확실히 그것을 기억했을 것이다.

"있잖아, 이번에 내가 벨라 앱저그^{Bella Abzug}의 선거자금 부채[*]를 갚으려고 베벌리힐스^{Beverly Hills}에서 셜리 맥클레인 씨랑 뉴에이지 미술 전시회를 열거든. 네 도움이 필요해. 네가 뉴에이지 예술가들을 많이 안다고 했으니까 물어보면 되겠다 싶었어."

'이건 틀림없이 세인트 저메인이 한 일이야. 내 이름이 서명된 엽서를 누가 샌디의 우편함에 넣었겠어?' 결국 내가 〈용기 내어 말하다〉를 보다가 들었던 내면의 목소리는 정확했다.

"맞아, 난 뉴에이지 예술가를 몇 명 알고 있어." 내가 침을 꿀꺽 삼키며 대답했다. "사실 그중 한 명이 지금 여기 내 사무실에 앉아 있어. 그리고 내 주변에 길버트 윌리엄스의 그림을 팔고 싶어하는 친구들도 많아." 나는 자신의 작품을 로데오 거리의 호화로운 다이안센^{Dyansen} 갤러리에 전시하고 싶어할 다른 예술가들도 많이 알고 있었다.

"잘됐다." 샌디가 안심하며 대답했다. "셜리에게 네가 도와줄 거라고 전해야겠다. 네가 예술가 이름이랑 그림 제목, 가격을 목록으로 작성해서 보내주면 내가 그걸 갤러리에 전달할게. 그리고 물론 넌 중개인으로서 30퍼센트의 수수료를 받게 될 거야."

나는 전화를 끊고 나서 캐런에게 이 좋은 소식을 전해주었고 그녀는 열광하며 자신의 그림들을 그 전시회에 넣어달라고 부탁했다. 갑자기 나는 미술 중개인이 되어 있었다. 내 직업 목록에 하나가 더 추가된 것이다. 나는 갤러리와 에이전트에 전화를 걸기 시작했고 셜리가 TV에서 '달 사원'을 보여준 이후 길버트의 그림이 무려 2만 달

---

[*] 벨라 앱저그는 반전주의자이자 페미니스트인 뉴욕 하원의원이다. 미국 상원의원에 출마했지만 1퍼센트 미만의 득표율로 패했다.

러에 팔리고 있다는 것을 알게 되었다. 나는 그 정도 가격이라면 몇 년 전만 해도 300달러가 채 안 되는 가격에 그의 그림을 샀던 내 친구들이 기꺼이 그림을 팔 것이라고 확신했다. 나는 내가 샀던 그의 그림을 다른 사람에게 생일 선물로 내준 것이 못내 아쉬웠다.

얼마 지나지 않아 나는 캐런과 길버트의 그림들을 가지고 로데오 거리의 티파니와 크리스찬 디올을 지나 다이안센 갤러리에 도착했다. 샌디는 나를 반갑게 맞아주며 작품 전시장소를 보여줄 갤러리 매니저를 내게 소개해주었다. 그녀는 이미 그림의 제목과 가격을 깔끔하고 하얀 명판에 인쇄해두었다. 나는 명판에 적힌 가격이 내가 목록에 써서 보냈던 가격의 두 배인 것을 보고 깜짝 놀랐다.

놀란 내가 가격을 지적하자 매니저는 "이곳에선 간접비용이 꽤 들어간답니다" 하고 대답했다.

나는 매니저의 보조들 중 한 명을 구석으로 데려가 물었다. "그건 그렇고… 오늘 밤에 뭘 입어야 할까요?"

"그건 중요하지 않아요. 그냥 설명만 해요." 하지만 대답과는 달리 그녀는 내 옷차림을 이상하게 여기는 것 같았다. "당신은 지난 20년 간 산속에 있었던 것 같군요."

"맞아요."

"음, 그럼 말이 되네요." 그녀가 어깨를 으쓱했다.

로데오 거리에 있는 남성복 매장들을 둘러본 나는 내가 이곳에서 셔츠를 살 여유조차 없다는 것을 깨달았다. 나는 당황해서 나와 비슷한 옷 사이즈를 입는 친구에게 전화를 걸었고 친구는 내게 실크 셔츠와 블레이저를 가져다주겠다고 했다. 하지만 불행하게도 내 발이 너무 커서 그의 신발은 빌릴 수 없었다. 나는 발목 위까지 올라오는 내 검정 컨버스 운동화를 내려다보는 사람이 없기를 기도했다.

나는 내가 이 행사에서 뭘 하고 있어야 하는 건지 아는 바가 없었다. 틀림없이 세인트 저메인이 이 행사를 주선했다는 것만 알고 있었을 뿐이었다. 그래서 나는 대사들에게 가이드를 요청했다. 나는 대백색 형제단에게 그들의 의식과 축복을 보내달라고, 그리하여 오늘 행사에 참석하는 모든 사람들을 그 의식과 축복으로 감싸달라고 청했다.

> 세인트 저메인, 부디 나타나셔서 이곳을 완전히 지휘하세요. 참석자 모두를 위한 신성한 계획을 가지고 와주세요. 그리고 제가 뭘 해야 할지 알려주세요.

> 나는 지휘하고 통솔하는, 상승한 빛의 영단의 현존으로서 이곳을 빛의 중심지로 세웁니다.

> 나는 이곳과 베벌리힐스, 로스앤젤레스의 안과 밖 그리고 전체를 둘러싸고 영원히 불타오르는 보라색 정화의 불꽃입니다.

곧 갤러리 문이 열리고 초대받은 유명인사들이 하나둘 도착하기 시작했다. 은색 반짝이 드레스를 입은 자자 가보^{Zsa Zsa Gabor}는 사진기자들에게 다이아몬드를 반짝거리면서 화려하게 등장했다. 누군가가 그녀에게 어떻게 지내고 있는지를 묻자, 그녀는 자신의 유명한 헝가리 억양으로 이렇게 대답했다. "아주 멋지게 지내고 있어요(I'm just divine), 달-링."

'그녀가 정말로 자신이 신성(divine)임을 알게 되면 좋겠네. 그녀는 스스로 생각하는 것보다 훨씬 더 신성한 존재인데 말이야. 내재하신 하나님의 현존이 실재한다는 믿음이 더욱 강해지면 자신의 독특함을 강조하기 위해 저렇게 열심히 애쓸 필요도 없어질 거야.' 하지만 내가 그녀에게 뭐라 말을 붙일 시간도 없이 그녀는 사진기자들을 위해 다시 한번 빙글 돌았고, 폭발적인 플래시 세례를 받으며 대기 중인 리무진을 타고 떠나버렸다.

다음에 도착한 사람은 기계화된 몸의 초인적인 힘으로 선을 위해 싸우는 한 여성의 이야기를 다룬 TV 시리즈 〈더 바이오닉 우먼The Bionic Woman〉에 나오는 린제이 와그너Lindsay Wagner였다. 그녀 역시 나타나자마자 많은 팬들에게 둘러싸였고, 몇 번 손을 흔든 다음 떠났다. 이곳에서는 여덟 개의 세속적인 다르마들이 성행하고 있는 듯했다.

사회자인 셜리가 어디 있는지 궁금하던 찰나, 그녀는 딸 사치Sachi 그리고 벨라 앱저그 하원의원과 함께 또 한 번 번쩍이는 플래시 세례를 받으며 나타났다. '드디어 내가 만나야 할 사람이 왔네. 하지만 뭘 어떻게 해야 하지?'

셜리는 갤러리 뒤쪽에 있는 작은 강단으로 걸어가 손님 모두를 맞이했다. 그리고 그녀가 말을 시작했을 때, 나는 상승 대사들의 광휘가 전시장 안을 빛으로 가득 채우는 것이 느껴져 깜짝 놀랐다. '이상하네. 대사들이 전시회에 관심을 가지다니. 그것도 에고의 강한 지배를 받고 있는 사람들이 모인 이 전시회에 말이야. 하지만 그게 바로 내가 여기에 온 이유인 것 같군.' 나는 대사들에게 그들의 아름다운 광휘를 느끼게 해주어 감사하다는 기도를 보냈다.

나는 이 행사장 위로 I AM 현존을 심상화했다. 무지개색 빛의 고리로 감싸인 빛나는 태양이 휘황찬란한 빛의 광선을 보내는 이미지였다. 그러자 대사들이 그 심상을 증폭시켜주고 있으며, 그들이 자신들의 에너지로 그 심상에 더 큰 권능을 실어주고 있음이 느껴졌다. 나는 그 광선들이 뻗어나가 로스앤젤레스의 밤하늘을 관통하는 것을 느낄 수 있었다.

셜리가 벨라를 소개하자 벨라는 자선행사를 주선해준 것에 대한 몇 마디 감사의 말을 했다. 그 순간, 내 오른발에 찌르는 듯한 통증이 느껴지면서 나는 다시 물질적인 차원으로 돌아오게 되었다. 손에 칵테일 잔을 들고 있는 한 여자가 술에 취한 채 내 오른발을 밟고 있었는데, 내 얇은 캔버스 운동화에는 그녀의 스파이크 힐이 박혀 있었다.

내가 발을 빼내려고 하자 그녀는 다시 근처 받침대 위에 있는 수제 유리꽃병 쪽으로 몸을 비틀거렸다. 나는 앞으로 뛰어올라 왼손으로 꽃병을 잡았고 오른손으로는 여자가 넘어지지 않도록 붙잡았다. 그 여자는 어디선가 어렴풋이 본 듯한 얼굴이었다. 나는 이렇게 말하고 싶었다. "부인, 계속 그렇게 술을 드시면 스스로를 죽이는 것과 다름없어요."

그녀는 미안한 듯 나를 쳐다보더니 평정을 되찾고 다른 곳으로 걸어가버렸다. 나는 사람들이 "제럴딘 페이지Geraldine Page"라고 속삭이는 것을 들었다. 그녀는 최근에 아카데미 상을 받았던 메릴 스트립Meryl Streep이 "영어권에서 가장 위대한 여배우"라고 말한 바로 그 사람이었다. 몇 달 후, 그녀는 뉴욕에서 심장마비로 사망했다. 그녀를 향한 온갖 칭송에도 불구하고 그녀는 행복을 찾지 못한 듯 보였고, 그녀의 명성은 그녀의 생명을 단 하루도 연장시키지 못했다.

곧 나는 벨라 앱저그가 그녀의 상징인 챙이 넓은 모자를 쓰고서 나를 내려다보고 있음을 알아차렸다. 그녀는 내 손을 꼭 쥐며 "고마워요. 정말 고마워요"라고 말했다. '내가 그림을 구입하러 온 유명인사들 중 한 명이라고 생각하는 걸까? 아니면 샌디가 그녀에게 내가 전시회에 도움을 준 사람이라고 말해준 걸까?'

이내 매니저가 손짓으로 나를 부르고 있었다. 한 부유한 사업가가 캐런의 그림 하나를 사고 싶어했다. 나는 그와 악수를 하고 그의 탁월한 선택을 축하해준 다음, 그가 수표 쓰는 모습을 지켜보고 있었다.

나는 뒤로 물러나다가 붉은 머리를 한 어떤 사람과 등이 맞닿았다. 분명 내가 여기서 만나야 할 바로 그 사람, 셜리 맥클레인이었다. 그녀 역시 나를 만나기를 기다렸다는 듯이 몸을 돌렸다. 나는 가장 매력적이고 활력이 넘치는 여자와 얼굴을 마주 보고 있었고, 그녀의 에너지에는 끝이 없는 것 같았다.

말문이 막혔다. '그녀를 셜리라고 불러야 할까? 아니면 맥클레인 씨라고 불러야 할까?' 하지만 그녀가 악수를 청하며 내 손가락을 꼭 쥐자 이런 고민은 사라졌다. 나는 나를 소개하며 그녀가 산 그림의 화가인 길버트가 내 친구라고 말했다. 그러자 그녀는 내가 어떻게 그를 알게 되었는지 물었다. 내가 샤스타산에 관해 언급하자 그녀의 눈은 휘둥그레졌다. 그녀는 가까이 다가와 내 눈을 똑바로 바라보며 말했다 "나는 샤스타산의 모든 것을 알고 있어요."

"정말요?"

그녀는 말보다 더 많은 것을 이야기하는 듯한 표정을 지어 보였다. 나는 잠시 동안 펄과 비슷한 현존을 느꼈다. 그것은 영원한 인식의 감각이자 우리 사이에서 내뿜어져 나오는 빛이었다. 그 빛은 갤러리 전체로 퍼져나갔다. 나는 아직 궁극적인 목적이 드러나지 않은 어떤 연결을 느꼈다. 그녀의 차가 도로변에 정차하자, 그녀는 내게 작별인사와 함께 윙크를 날리며 문 쪽으로 걸어갔다.

갤러리 전체에 쏟아져 들어오던 대사들의 광휘가 이제 희미해졌고, 내 임무가 끝났다는 생각이 들었다. 불과 몇 주 전까지만 해도 대사들이 할리우드에서 열리는 이 행사에 참석하게 해주리란 걸 알지 못한 채 고요하고 작은 가이드의 목소리와 함께 샤스타산의 모텔 방에서 TV를 보고 있던 나였다.

이 임무의 궁극적인 목적은 여태까지 미스터리로 남아 있다. 나의 이 경험은 대사들에게 헌신할 때 삶이 얼마나 빨리 변할 수 있는지를 보여주는 극적인 증거였다. 인간이 자아의 환상을 내려놓고 영의 비개인적인 삶을 향해 가는 이런 헌신 속에서는 모든 것이 가능하다. '전지전능하신 하나님'의 의식에는 공간, 시간, 운 같은 물질적 한계가 존재하지 않는다. 이것들은 편재하는 현존의 도구에 불과하다.

45장　🔥　샴발라로 돌아가다

　　1987년 8월, 서양 점성술사들이 활용하는 열 개의 행성 중 일곱 개가 하늘에서 정삼각형 모양을 이루었다. 점성술에서는 이를 그랜드 트라인$^{\text{grand trine}}$이라고 부른다. — 게다가 모두 불의 사인에 들어가 있었다. 호세 아구레스$^{\text{Jose Arguelles}}$는 자신의 조상인 마야족의 달력에서 오래전부터 이 특이한 사건을 의식의 전환점으로 예언해왔다고 말했다. 그는 이를 하모닉 컨버전스$^{\text{Harmonic Convergence}}$라고 이름 붙였다.*

　　비록 점성학이 사람들을 무력하게 만드는 데 남용되기도 했지만 이를 적절히 사용하면 우리의 신적 자아를 자각하고 자기 자신에 대한 앎을 얻는 데 도움이 될 수 있다. 나는 점성학에서 열세 번째 하우스의 개념을 발전시켰는데, 열세 번째 하우스는 천궁도^{天宮圖}** 중심에 있는 원을 말한다. 자기 존재의 중심을 의식하면 행성의 영향력이 인간의 중심에 있는 마음의 평정과 행복에 불가피한 영향

590

력을 끼치지 않으면서 다른 열두 개의 하우스를 지나 이동하는 것을 관찰할 수 있다. 여기서 열두 개의 하우스는 각각 한 인간의 주변 환경을 나타낸다.

우리는 우리의 환경에 작용하는 이런 영향력들을 보면서 자기 자신을 알아갈 수 있고, 옳은 행위가 무엇인지 직감할 수 있다. 다가오는 먹구름을 관찰하면 산책을 할지 말지 결정할 수 있듯이 말이다. 비가 온다고 해서 꼭 비에 젖을 필요는 없다. 우리는 실내에 있을 수도 있고, 우산을 가지고 외출할 수도 있고, 아니면 그냥 비를 맞을 수도 있다. 선택은 우리의 것이다.***

나는 처음에는 하모닉 컨버전스에 별로 관심을 두지 않았었다. 그저 누군가의 명성이나 재산을 더 늘리기 위해 대대적으로 선전하는 또 다른 뉴에이지 사건들 중 하나라고 생각했기 때문이었다. 하지만 천궁도를 작성해보니 오래된 감정적 조건화에 대한 애착에서 자신

---

* 호세 아구레스의 《마야의 예언》(The Mayan Factor)과 알루나 조이 약킨Aluna Joy Yaxkin의 《마야 점성학》(Mayan Astrology)을 참고하라. 알루나의 사이트 www.alunajoy.com도 매우 유익하다. 알루나는 그녀와 함께 일하는 마야 원로들과 조화를 이루는 균형 잡힌 시각을 가지고 있다. 따라서 그녀는 달력이 끝나는 특정 날짜를 지명하거나 있지도 않은 예언들을 전한다는 이지적인 논박을 당할 일도 없다.
그녀가 최근 대화에서 강조한 것은 다음과 같다. "마야인들은 의식의 사이클들이 특정한 날에 갑자기 바뀌지 않는다고 줄곧 말해왔다. 그들은 의식의 사이클이란 우리가 거기에 우리 스스로를 맞춰나가는 계속적인 과정이라고 말한다. 마야인들은 천문학적 사이클뿐만 아니라 우주의 시간에 기초한 달력을 사용하는데, 여기서는 2012년에 5,125년간의 대사이클이 끝난다고 예측한다. 인류의 전환기인 것이다. 이것은 은하적도와 동지점이 정렬되는 사건과 동시에 일어나며 이때 태양 흑점 사이클들이 정점을 찍을 것으로 예상되었다. 이는 일각에서 말하는 것처럼 세상의 종말이 아니라 중요한 전환의 시기가 분명하다. 더 이상 작동하지 않는 삶의 방식이 좀더 조화로운 방식으로 대체되는 시기인 것이다. 또한 이는 우리가 4차원에서 5차원의 세계로 진입한다는 호피Hopi 원주민들의 예언들과 일맥상통한다."
** 한 사람의 출생 순간과 같은 특정 시간의 태양, 달, 행성 그리고 기준선을 표현하는 점성술의 도표. —역주
*** 인간은 때때로 운명의 주인이 된다네.
브루투스, 잘못은 별들이 아니라
운명에 스스로 복종하는 우리에게 있다니까.
— 윌리엄 셰익스피어, 〈줄리어스 시저Julius Caesar〉, 1막 2장.

을 해방시킨 사람들에게는 지금이 영적인 입문의 시간이 될 것이며, 이들이 큰 영적 성장을 이룩하게 될 것이란 걸 알게 되었다.

8월 17일, 행성들이 모여들기 시작하자 나는 변화를 위한 이 에너지를 극대화하기 위해 방 안에 틀어박혀 명상에 몰두했다. 침대 위에 책상다리를 하고 앉아 눈을 반만 뜬 채로 바닥을 응시했다. 척추는 곧게 폈고, 고요한 의식의 상태에 자리를 잡는 동안 호흡이 드나드는 것을 지켜보았다.

그때 갑자기 흰 점프수트를 입은 한 남자가 내 앞에 나타났다. 비록 완전히 물리적인 상태로 나타난 건 아니었지만, 그의 형체는 비교적 뚜렷했다. 나는 트룽파 린포체로부터 모든 현상을 사실상 의식의 확장을 방해하는 것으로 여기고, 그것을 무시하도록 훈련받아왔기에 그 유령을 무시했다. 그리고 호흡이 들어오고 나가는 것만 계속 관찰했다.

"나와 함께 가시죠." 남자가 말했다. 나는 그를 무시하려고 애썼다. 하지만 평온하고 위엄 있는 모습을 한 그에게서 뿜어져 나오는 청백색 빛을 보자, 그가 내 마음의 투영이 아닌 나에게 보내진 메신저라는 생각이 들었다. 고개를 끄덕여 동의하자 나는 갑자기 내 물질적인 육체 바깥에 있었다. 뒤를 돌아보니 침대 위에 앉아 계속 명상에 잠겨 있는 지상의 내 모습이 보였다.*

"육체는 걱정하지 마세요." 메신저가 말했다. "우리가 없는 동안

---

* 어떤 의미에서는 모든 현상이 우리 마음의 투영이다. 하지만 창조자로서의 우리의 본성을 깨닫기 위해서는 이런 다양한 수준의 이원성 안에서 기능하는 법을 배워야 한다. 다양한 수준에 적용되는 가르침들을 섞어 "어떤 것도 실재하지 않는다"라고 결론짓는 것은 실수다. 그렇게 되면 우리 환생의 목적을 놓칠 수 있기 때문이다. 사티야 사이 바바는 다음과 같이 말했다. "당신은 이 우주의 신입니다. 당신이 온 우주를 창조하고 있으며 그것을 끌어들이고 있습니다."

아무도 방해하지 못하도록 주위에 보호막을 쳐놓을 겁니다." 그가 손을 흔들자 내 육체는 일렁이는 청백색 빛으로 둘러싸였다.

그는 자신의 팔로 나를 감쌌다. 그러자 내 가벼운 몸체가 방에서 샤스타산의 어느 곳으로 순간 이동되는 것이 느껴졌다. 주변 산들과 아래로 보이는 계곡의 경치는 이전에도 여러 번 본 적이 있었지만 볼 때마다 항상 나를 고양시켜주었다. 이유는 알 수 없지만, 주위를 돌아보니 우리는 지난 몇 년 동안 내 의식이 이끌렸던 장소에 와 있었다. 그곳은 인적이 드문 곳이라 실제로 방문한 적은 없었다. 하지만 그곳에 내가 알지 못하는 어떤 내밀한 의미가 있다는 사실은 항상 감지하고 있었다.

이제 우리는 높은 절벽 앞에 서 있었는데, 남자는 그곳에 자신의 손바닥을 올려놓았다. 그러자 즉시 절벽의 표면이 용해되었다. 마치 안에 있는 것을 감추기 위한 홀로그램 투사 같았다. 절벽 안에는 동굴이 있었고, 거기에는 여느 현대 도시와 똑같은 지하철도가 놓여 있었다. 하지만 이 지하철은 티 하나 없이 깨끗했으며 우리는 종착역에 있는 유일한 사람들이었다.

엔진이 작동되는 소리가 들렸다. 우리는 우리를 기다리고 있던 지하철에 탑승했다. 지하철은 지구의 내부, 즉 아래를 향해 속력을 내면서 나아갔다. 지하철이 어떻게 이렇게 조용하고 부드럽게 움직일 수 있는지 생각하자 그가 "자기 펄스(magnetic pulses)로 달리기 때문이죠"라고 대답했다. "금속과 금속의 접촉 없이 지하철 전체가 공중에 떠 있어요."

그는 내게 지하철 앞쪽으로 함께 가자는 손짓을 보였다. 지하철 앞쪽에는 거대한 핸들이 바닥과 수평으로 장착되어 있었다.

"더 빨리 가도록 핸들을 돌려보세요." 그가 말했다. 그가 시키는 대로 핸들을 몇 번 돌리자 즉시 속력이 높아졌다.

"그 정도면 충분해요." 그가 말했다. "중심에 도착하는데 20분 정도 걸릴 거예요."

머지않아 우리가 탄 전철이 멈춰 섰고, 빛에 휩싸인 초원이 눈앞에 펼쳐졌다. "지상과 똑같죠." 내 안내자가 호기심 어린 내 시선을 주목하며 말했다. "사람들이 완전한 조화를 이루며 살고 있다는 점과 오염되지 않았다는 점만 제외하면요."

멀리에는 산들이 보였다. 그곳에서부터 크리스털처럼 맑은 시냇물이 풀이 무성하게 자란 언덕들을 지나 푸른 호수로 흘러 내려오고 있었다. 나는 꽃이 만발한 초원의 길을 직관적으로 따라 걸으면서 각기 다른 색깔의 로브를 입고 있는 사람들과 마주쳤다. 그의 말에 따르면 로브 색깔은 그들의 공부 분야와 성취 수준을 나타낸다고 했다.

몇몇은 무리를 짓고 서서 이야기를 나누고 있었는데 내가 지나가자 그들 모두가 나를 아는 것처럼 다정하게 고개를 끄덕였다. 하지만 나는 내가 이곳에 오게 된 이유가 있으며 중요한 약속이 있다는 것을 감지하고 있었기 때문에 멈춰서 그들과 말을 섞지는 않았다.

잠시 후, 내가 걷던 길은 작은 설화석고 사원에서 끊겼다. 사원에는 돔형 지붕이 얹어져 있었다. 장엄하면서도 순박한 그 모습은 숨이 막힐 정도로 아름다웠다. 나를 안내해주던 남자는 물러나며 나머지 길은 나 혼자 걸어가야 한다고 일러주었다. 사원에 가까이 다가갈수록 심장이 빠르게 뛰었다. 나는 내가 곧 어떤 위대한 존재를 만나게 될 것을 알고 있었고, 그것이 바로 내가 지구의 중심으로 호출

된 이유였다. 계단을 오르자 방금까지만 해도 보이지 않았던 백색 로브를 입은 그리스도 같은 인물이 앞으로 나와 나를 맞이해주었다. 사원의 중심부에 다다르자, 나는 그가 방사하는 사랑에 압도되었다.

"환영하네." 그 장엄한 존재가 빛나는 눈으로 내 눈을 들여다보면서 말했다. "나는 지구 내부세계의 주님(Lord)인 펠로어Pellour라네. 많은 전설들에서는 이곳이 샴발라로 불리기도 하지. 아틀란티스가 파괴되기 전, 그러니까 아주 오래전에 나는 우리 백성들을 이끌고 이곳으로 왔네. 우리들 중 몇몇은 곧 대재앙이 다가와 대륙이 가라앉게 될 것을 알고 있었고, 그리하여 낙원과도 같은 이곳으로 철수했었지. 우리는 단지 일시적으로만 지구 위의 파멸을 미룰 수 있었다네. 사람들이 자신의 쓰라린 경험으로부터 이기적이고 물질적인 추구들을 포기해야 한다는 것을 배울 때까지는 그 어디에도 안전함이나 영구적인 평화가 있을 수 없기 때문이었다네.

우리가 데리고 올 수 있는 사람은 부정적인 감정에서 충분히 해방된 사람들이었지. 이제 지구는 스스로 만들어낸 운명의 전환점에 다시 도달하고 있네. 다시금 많은 사람들이 그들의 낮은 자아에 대한 무의식적인 집착으로 인해 스스로 고통을 창조하기를 선택하고 있지만, 감정이 안정되고 이기심을 극복한 이들 또한 있을 것이네. 그런 사람들은 지상에서 일어나는 혼란을 면할 것이며 이곳으로 이송될 것이야.

자네는 상위 몸체로 이곳을 여러 번 방문했었지만 그것을 기억하는 것은 허락되지 않았었지. 만약 그것을 기억할 수 있었다면 자네는 지상에 만연해 있는 야만적인 환경 속에서 계속 살아가기가 힘들었을 것이네. 언젠가는 자네도 많은 동료들과 함께 이곳에서 살게 될 테지만 지금으로서는 가끔 방문하는 것에 만족해야 한다네. 우리는 앞으로 이에 대해 더 많은 이야기를 나누게 될 것이네. 이제 자네는 지상으로 돌아가야 한다네. 자네의 안내자가 자네를 기다리고 있어.”

이 장엄한 존재는 아버지와 같은 사랑과 존중을 내게 아낌없이 보내주었다. 그가 가볍게 고개를 끄덕이자 황홀한 사랑의 물결이 나를 스쳐 지나갔다. 나는 보답으로 그에게 머리를 숙였다. 내가 고개를 들자 그는 이미 가고 없었다. 흔적도 없이 사라져버린 것이다. 나는 사원의 계단을 내려왔고, 안내자는 나를 집에 바래다주기 위해 기다리고 있었다.

곧 우리는 다시 지구 내부세계의 지하철을 타고 지상을 향해 질주했다. 나는 어느새 다시 방 안에 있는 내 육체로 되돌아와 있었다. 나는 이 예기치 못한 여정을 홀로 숙고해보았다. 여전히 펠로어의 사랑이 느껴졌고, 그의 예언적인 말들이 떠올랐다.

나는 루이스 호수에서 세인트 저메인과 셈야제가 나를 데리고 갔던 장소가 바로 그 샴발라였음을 이제 깨달았다. 세인트 저메인이 “인류의 미래에 큰 의미를 지니고 있다”고 말했던 곳이 바로 이 지구 내부의 지상낙원이었다. 나는 이제 그 이유를 알았다. 인류 전환의 시기가 빠르게 다가오고 있었다.

대사들이 나를 비롯한 많은 사람들을 샤스타산으로 데려와 훈련시킨 것은 이 과정에서 도움을 주기 위함이었다. 오랜 세월 동안 선인들이 예견했던 그 위대한 변화가 지금 눈앞에 다가왔다. 과거의 조건화로부터 스스로를 정화하고 다른 사람들과 조화롭게 사는 법을 배운 사람들은 ― 집착과 혐오라는 이원성으로부터 자유로워진 평정의 상태를 이룬 사람들 — 그들의 의식적인 자각 없이도 그들이 상상할 수 있는 것보다 훨씬 더 아름다운 곳으로 갈 준비가 되어 있다.

46장 🔥 결혼과 자기완성

 곧 내 세속적인 교훈들은 다른 형태를 취하게 되었다. 우리가 학습했던 모든 기준들이 결국에는 반드시 무너지듯, 내가 샤스타산에 왔을 때부터 가져왔던 핵심 신념과 기준도 결국 무너져야만 했다. 의식은 그 어떤 기준도 없이 독립적으로 존재하기 때문이다. 믿음, 생각, 수행은 영적 여정의 한 단계일 뿐이다. 일단 그것들의 유용성이 사라지면 우리는 그것들을 버릴 필요가 있다.*

 많은 비이원론 교사들은 명상이 깨달음의 성취에 불필요한 것이라고 말하곤 한다. 이것은 아마도 그들에게 그러한 깨달음을 얻게 해준 명상이라는 방편이 이미 오래전 필요 없게 되었기 때문일 것이다. 하지만 부처님조차도 깨달음을 얻기 위한 엄격한 자기수행과 준비과정에는 보통 수년, 심지어 평생이 걸리기도 한다고 인정한 바 있다.

---

* 다르마를 얼마나 오랫동안 수행해야 하는지에 대한 것으로 추정되는 질문을 받은 부처님은 이렇게 대답했다. "일단 배로 강을 건넜으면 더 이상 배를 끌고 다닐 필요가 없다."

지난 7년 동안 내가 주요하게 지키려고 했던 것 중 하나는 금욕이었다. 그것은 멜기세덱의 반차를 따르겠다는 나의 맹세이기도 했다. 나는 생명력을 어떻게 다뤄야 할지 알고 싶다고 요청한 적이 있었고, 그때 내게 나타났던 것이 바로 멜기세덱의 반차였다. 나는 생명력의 보존과 그로 인한 I AM 현존에 대한 집중을 통해 대사들로부터 직접 가르침을 받을 수 있었다. 또 생명력을 보존하지 않았다면 불가능했을 의식의 성취도 이룰 수 있었다. 하지만 나의 이 핵심적인 믿음은 이제 바로 그 대사에 의해 도전을 받게 되었다.

한 해의 마지막 날에는 매년 열리는 비밀회의가 있는데, 일명 '로열 티톤에서의 새해 전야'다. 여기서 빛의 학생들은 대사들과 만나 다가올 한 해 동안의 활동과 성장을 위한 지도를 받는다. 이 비밀회의가 끝난 다음 날, 그러니까 새해 첫날 아침에 나는 차 한 잔을 타서 거실 소파에 앉았다. 그리고 대사들에게 전날 밤 동안 내가 어떤 지도를 받았는지 기억할 수 있게 해달라고 요청하며 장엄한 산을 올려다보았다. 차가 좀 식기를 기다리며 마음을 고요히 가라앉히던 중, 세인트 저메인의 충격적인 답변이 들려왔다. "너는 결혼을 하게 될 거란다."

"뭐야! 말도 안 돼!" 나는 너무 놀라서 뜨거운 차를 흘렸다. '멜기세덱의 반차에 대한 내 약속은… 그러니까 금욕에 대한 내 맹세는 어떻게 하지? 언제부터 그게 가장 높은 길이 아니게 되었지?'

내 마음은 엘리자베스에 대한 생각으로 바쁘게 돌아갔다. 내가 봤던 비전에 따르면 우리가 함께하는 삶의 끝에는 고통스러운 이혼만이 남았었다. '운명을 바꿀 방도 없이 결국에는 그 결혼이 이루어진단 말인가?' 나는 그 비전이 피할 수 없는 운명을 예언하려던 게 아니라 우리가 결혼하는 것을 막기 위해 보여진 것이 아니었을까 생각했었다. 나는 그 결합을 간절하게 열망하면서도 그런 내적 열망을 억눌렀다. 그리고 그렇게 함으로써 나는 펄에게 가르침을 받을 수 있었고, 세인트 저메인의 제자로서 그에게 헌신할 수 있었다. '예전에 허락하지 않았던 그 관계를 이제 나에게 허락해주시려는 걸까? 그게 당신의 바람이라면 세인트 저메인, 저는 엘리자베스와 결혼할게요.'

"내가 엘리자베스라는 말을 했던가?" 그가 대답했다. "우리는 네가 다른 사람과 결혼하기를 바란단다."

"다른 사람이요?"

"그래, 네가 이미 알고 있는 사람이야."

"누군가요?" 나는 그 당시 끌리는 사람도 없었고, 엘리자베스에 대한 마음이 사라지지도 않았었기 때문에 그게 누구인지 궁금했다.

이에 대한 대답으로 몇 달 전 펄의 집에서 만났던 여성인 도나_{Dona}의 에테르체가 나타나 거실로 걸어 들어오는 것이 보였다. 내가 그녀에게 어떤 매력을 느낀 것은 사실이지만, 그녀는 샤스타산에서 차로 다섯 시간 떨어진 버클리에 살고 있었다. 게다가 우리는 삶의 의미에 대해 몇 통의 편지를 주고받은 적이 있었는데, 서로의 의견이 너무나 달라서 내가 그녀에게 편지 쓰기를 멈출 정도였다. 그녀는 내가 가장 좋아하는 책인 《마법사 자노니》를 읽어보았다고 했다. 그것은 신참 대사가 자신의 제자와 결혼하면서 어떻게 그의 힘을 잃게 되는지 묘사한 책이었다. 하지만 나와 달리 그녀는 그들이 나눈 사랑에 비해 그 정도 영적 손실은 작은 대가였을 뿐이라고 말했다. 그녀는 나의 금욕적인 식이요법을 따르지 않았을 뿐 아니라 가끔 고기와 레드와인도 마시는 사람이었다. 게다가 가이드를 받기 위해 타로카드를 보고, 디스코 춤도 추러 다녔다. 내가 대사를 올바르게 이해하고 있는 게 맞다면 그런 그녀가 지금 나를 향해, 그리고 내 삶을 향해 걸어오고 있었다.

"도나군요!" 내가 소리쳤다.

"그렇단다." 그가 고개를 끄덕였다.

"네? 저희는 맞는 게 하나도 없어요. 심지어 그녀는 영적인 길을 걷는 사람도 아니라고요." 나는 항의했다. "그리고 제 금욕 맹세는요? 저는 그 반차에서 쫓겨나고 싶지 않아요!" 하지만 그는 나의 이런 항의에 아무런 대꾸도 하지 않았다. 그가 연민 어린 표정을 지으며 말했다. "얘야, 그렇지만 네가 도나와 결혼하는 것이 내 바람이란다. 네가 따라주면 좋겠구나." 그러면서 그는 도나의 에테르체가 그랬던 것처럼 시야에서 희미해져 갔다. 나는 내 인생을 바꿀 만한, 그럼에도 불구하고 너무도 짧았던 세인트 저메인과의 면담이 끝났다는 것을 깨달았다.

나는 '내 마음이 농간을 부린 건 아닐까?' 하는 생각이 들었다. 우리 자신의 투사에 의해, 혹은 대사를 가장한 아스트랄계 존재들에 의해 오도당하는 일은 우리가 상승하기 전까지는 언제든 일어날 수 있는 일이다. 그래서 그 가이드를 시험해보기로 했다. 나는 방금 받았던 명확한 지시에도 불구하고 도나에게 전화를 걸거나 그녀와 관련된 어떤 일도 하지 않기로 했다. 이것이 정말 운명이라면 내가 아무 노력을 하지 않아도 저절로 일어나게 될 것이다. 나는 도나에게 전화를 걸지 않았을 뿐만 아니라 적극적으로 피해 다니기로 했다.

하지만 이러한 내 노력에도 불구하고 도나는 얼마 지나지 않아

601

샤스타산으로 왔고, 나는 마을 부근에서 그녀를 보게 되었다. 나는 그녀가 여름 동안 이곳에서 지낼 것이라는 말을 들었으므로 그녀와 떨어지기 위해 오리건주의 애슐랜드로 가서 친구들과 함께 지내기로 했다. 그러나 경악스럽게도, 그녀는 나보다 한 시간 먼저 그곳에 도착해 있었다. 우리는 그 집의 주인인 친구가 우리 둘 다를 알고 있는 친구라는 사실을 모르고 있었다. 그녀 역시도 우리가 결혼하는 비전을 봤었고, 내게서 벗어나기 위해 애슐랜드에 있는 내 친구들과 함께 지내러 온 것이었다.

서로를 피하려는 우리의 노력에도 불구하고, 우리는 결국 얼굴을 마주하게 되었다. 내가 "우리 서로 얘기를 좀 해야 할 것 같아"라고 하니 그녀 역시 동의했다. 우리의 의견이 맞았던 때는 그게 처음이자 마지막이었다. 우리는 리티아^{Lithia} 공원의 장미 정원을 거닐면서 어떻게 우리가 함께해야 할 운명이라고 믿게 되었는지, 그리고 도대체 무슨 일이 일어났었기에 우리 삶을 뒤바꿀 만한 이 결합을 숙고하는 지경에까지 이르게 되었는지 이야기를 나누었다.

우리가 받은 계시는 기묘하리만치 비슷했다. 우리 둘 다 고속도로를 운전 중이던 제리에게 세인트 저메인이 나타나 펄과 결혼하라고 말했던 그 이야기를 들은 적이 있었다. 따라서 우리는 대사들의 학생들 사이에서 그런 중매결혼이 유별난 일이 아니라는 것을 잘 알고 있었다. 확실히, 세계의 다른 많은 지역에서는 대부분의 결혼이 구루 또는 가족들에 의한 중매결혼으로 이루어진다. 젊은이들에게 스스로 배우자를 선택하도록 내버려두면 종종 영속적인 적임자에 대한 장기적인 숙고보다는 순간적 끌림에 의한 판단으로 관계를 맺는 것이 예로부터 여러 시대에 걸쳐 널리 관찰되어왔기 때문이다.

우리는 서로를 피할 수 없을 것 같았고, 또 우리의 가이드가 진실하다는 생각이 들었다. 그래서 우리는 산 저편에 있는 마을인 샤스티나Shastina 호수 부근에 위치한, 내가 빌려 쓰고 있던 작은 방갈로에서 함께 살아보기로 했다. 우리는 대사들의 바람에 응하여 함께 살게 되었고, 성적인 관계 없이 친구로서 함께 살기로 했다. 멜기세덱의 반차에 대한 나의 맹세를 깨도 된다는 말은 들은 적이 없었기 때문이었다.

내가 어떤 여자와 갑자기 동거를 한다는 소식은 펄과의 관계에 한 방 더 먹이는 꼴이 됐다. 예전에 펄은 내 책이 표절이라면서 내 친구들에게 나를 책망하는 말을 했었다. 그리고 이제 펄은 내가 금욕 서약을 깨뜨림으로써 대사들을 향한 헌신의 길에서 더욱 멀어졌다고 느꼈다. 그 당시에 그것은 사실이 아니었지만 말이다. 그녀가 믿기로는, 나는 이 일을 통해 그녀와 대사들에 대한 완전한 반항을 완수한 셈이었다. 내 행동이 내 바람에 따른 것이 아니라 대사들의 지시였다는 것을 그녀가 알았었더라면 좋았을 텐데 말이다.

그러던 어느 날, 충격적인 일이 일어났다. 대사가 내적으로 나타나 다음과 같은 말을 했기 때문이었다. "피터, 도나와의 결혼은 모든 의미에서 하나로 결합하라는 뜻이란다." 그리고 세인트 저메인은 곧 내게 동양의 탄트라 수련법을 알려주었다. 그것은 무의식적인 성행위로 인해 잃어버릴 수 있는 생명력을 지키는 방법이자 영적 진화, 장수, 건강을 위해 에너지를 상위 센터들을 통해 위로 향하게 하는 방법이었다.*

---

* 스티븐 토머스 창Stephen Thomas Chang, 《성과학의 도》(The Tao of Sexology).

나는 이 수련이 펄 그리고 대사들과 했던 나의 초기 훈련에서는 왜 가능하지 않았었는지를 그제야 알게 되었다. 초기 훈련에서는 가장 높은 세 개의 차크라에만 생명력을 온전히 집중시켜야 했기 때문이었다. 초기 훈련을 마친 지금에야 나는 신성한 사랑에 대한 다른 표현 방법들을 적용할 수 있었다. 사실, 신뢰와 사랑의 관계 속에서 모든 감정 차크라들을 의식적으로 작동시켜야만 해결되지 않은 감정적인 문제들의 치유와 변형이 일어날 수 있다. 이렇게 오랫동안 묵혀둔 에너지를 처리함으로써 내 의식 안에는 깨달음의 다른 영역들이 열리기 시작했는데, 우리의 관계는 그 촉매가 되어주었다.

　나는 다년간 해왔던 엄격하고 절제된 정신적 수련 때문에 삶의 여성적인 면이 오랫동안 억압되어왔음을 알게 되었으며, 이 여성적인 면이 내 영혼이 갈망했던 자양분을 제공해주었다는 것도 알게 되었다. — 또, 내 삶의 여성적인 면은 내 가슴을 활짝 핀 장미꽃처럼 열어주었다.

　이 변화는 어느 날 밤의 꿈으로 나타났다. 내가 강에 있는 어느 섬의 높은 탑에 살고 있는 꿈이었다. 나는 좁은 창문을 통해 멀리까지 내다볼 수 있었다. 비록 한 방향밖에 보지 못했지만 말이다. 그런데 갑자기 탑에 벼락이 떨어졌고, 나는 창문에서 강으로 떨어졌다. 강가로 올라온 나는 일어서서 주위를 둘러보았고, 이전에는 작은 부분으로만 보아왔던 거대한 세상을 보게 되었다. 다시 말해 나는 높은 의식에 도달해 있었지만 세상에 대한 좁은 시야를 가지고 있던 것이다.

　내가 깨닫기에 이 꿈은 나의 결혼이 곧 내 지혜와 이해를 확장시켜줄 삶의 강(River of Life)에 몸을 담그는 일임을 보여주고 있었다.*
내가 접했던 대부분의 영적 가르침들은 남성적 관점을 가지고 있었
고, 높은 차원에서의 지복의 성취와 무집착을 가르치고 있었다. 하
지만 이제 나는 궁극적인 해방은 이원성을 회피함으로써 성취할 수
있는 것이 아니라 오직 이원성 안에서만 성취할 수 있음을, 그리고
관계가 이러한 입문 그 자체임을 깨닫기 시작했다.**

펄과 함께했던 초기 수련 시절은 그리움으로 기억될 것이다. 대사
들에 의해 펄의 아늑한 거실에 함께 모였던 우리 그룹은 펄의 발치
에 앉아 그들의 가르침을 듣곤 했었다. 그럴 때마다 우리는 우리를
고양시켜주는 대사들의 순수한 파동을 느낄 수 있었다. 하지만 나는
그동안 내 성장이 대부분 한 방향으로만, 그러니까 지구 차원의 환
상을 초월하는 데에만 치우쳐져 있었음을 알게 되었다. 그 의식을
내 인격에 통합하려면 여전히 할 일이 많았다. ― 아마도 이것이 가
장 어려운 마스터리일 것이다.

나는 1년 넘게 펄에게서 아무 소식도 듣지 못했다. 그러던 어느
날, 내 사무실 문이 열렸고 그녀가 내 앞에 서 있었다. 그녀는 대사
들의 학생인 빌Bill과 함께 동행했는데, 빌은 펄과 함께 살면서 남은
세월 동안 그녀를 돕겠다고 자청한 사람이었다. 그들은 의자를 끌어
당겨 내 앞에 앉았다. 좋은 일이 일어날 것 같은 예감이 들었다.

"펄이 당신에게 할 말이 있으시대요." 빌이 화해를 암시하며 말했다.

"내가 당신을 잘못 생각한 것 같아 보상을 해주고 싶어요. 당신

---

* 이 꿈은 열여섯 번째 타로카드, 즉 탑을 내리치는 벼락이 표현된 것이며 이성의 작용만 가지고는 천국
에 다다르지 못한다는 지성의 실패를 의미하고 있다. 그다음 단계의 고차적 입문은 오로지 영이 물질로 하
강함으로써만 성취될 수 있기 때문이다.

** 티베트 불교에서 자주 언급되는 말인데 "삼사라(환상)와 열반(깨달음)은 하나이다."

책이 재출간되었으면 해요." 펄은 자신의 책을 출판하려 했던 내 노력을 방해했던 것과 지난 몇 년 동안 나에 대해 했던 비판적인 발언에 대한 언급을 삼가며 말했다.

"내가 느끼기에 당신의 책은 대사들의 가르침을 훌륭하게 소개한 책이에요. 따라서 모든 사람이 부담을 느끼지 않는 가격인 페이퍼백 paperback 판으로 제공되어야 한다고 생각해요. 비용이 얼마나 들어가는지 알려주면 내가 수표를 써줄게요."

그녀는 화해의 뜻으로 수줍게 손을 내밀었고, 나는 그녀의 진심을 느끼며 친절하게 그 손을 잡았다. 그러고 나서 그들 두 사람은 자리에서 일어섰다. 펄은 빌의 팔에 기대어 계단을 내려간 후 밖으로 나갔다. 몇 주 후에 나는 시내에서 빌과 마주쳤고, 빌은 내게 어떤 일이 있었던 건지 말해주었다.

어느 늦은 밤, 그는 펄의 학생들 사이에서는 금지된 내 책《"나는" 열린 문이다》를 읽었다. 그때 그는 오직 상승 대사들로부터만 나올 수 있는 영적인 광휘를 그 책에서 느꼈다고 한다. 그리고 다음 날 아침, 그는 읽어보지도 않은 채로 내 책을 비난했던 펄에게 그 책을 선물하면서 몇 페이지만이라도 읽어보라고 제안했다. 그러자 놀랍게도, 그리고 면목 없게도 그녀 역시 대사들의 광휘를 느낄 수 있었다.

뭔가 잘못됐다고 느낀 그녀는 빌에게 말했다. "피터에게 보상할 방법을 찾아야 해요. 내가 그에게 큰 잘못을 저질렀네요." 그들은 그녀가 믿지 않았던 그 책이 재출간되도록 돕는 것이 내게 가장 좋은 보상이 될 것이라 생각했고, 그렇게 그 책은 빠르게 형이상학 분야에서 베스트셀러가 되었다.

차츰 시간이 흐르면서 펄과 나는 교사와 학생으로서가 아니라 친구로서 그리고 동료로서 다시 만나기 시작했다. 다른 많은 사람들도 계속 그녀의 발치에 앉아 있기보다는 그녀가 가르쳤던 것을 자신의 삶에 적용할 때가 되었다는 것을 깨닫고 그들만의 길을 걷기 시작했다. 다시 찾아온 자유시간 동안 그녀는 자기 자신의 상승을 준비할 수 있었고, 나는 매번 그녀를 볼 때마다 그녀가 점점 에테르체로 변해가는 모습을 볼 수 있었다. 얼마 후 그녀는 더 이상 음식을 먹지 않았고, 그녀 생애의 마지막 5년 동안은 거의 전적으로 근원으로부터 생명을 공급받았다. 마침내 그녀는 1990년에 육체를 떠나 상승 대사들의 영역으로 들어갔다.

　나는 메루^{Meru}라고 알려져 있는 광대한 존재의 현존을 느끼기 시작했다. 메루는 남아메리카의 티티카카^{Titicaca} 호수에서 지구를 위해 높은 차원의 빛을 지구에 고정하고 유지하는 존재다. 우리는 종종 내적 차원의 존재들과 함께 일하는 것에 끌리곤 한다. 실제로 그 일이 어떤 일인지에 대해 우리의 외적 마음이 인식하지 못한 채로 말이다. 가끔이긴 하지만, 우리는 이러한 에너지를 우리가 부여받은 신적 권한인 확언의 사용과 의식적인 주의의 집중을 통해 끌어올 수 있다.

　마치 철이 자석의 끌어당김을 느끼듯이, 나는 한때 위대한 문명의 중심지였지만 후에 대륙 전체를 뒤흔든 거대한 대재앙으로 인해 파괴된 그 빛의 초점을 찾아가고 싶은 마음이 들었다. 나는 가능한 한 오랫동안 이런 마음에 저항했다. 명확한 가이드도 없이 비이성적으로 보이는 이러한 욕구에 굴복하고 싶지 않아서였다. 하지만 마침내는 이 충동이 너무 강해져서, 최근에 모아두었던 돈으로 볼리비아의 라파스La Paz로 가는 비행기 표를 샀다. 라파스는 안데스산맥의 서쪽 비탈에 자리 잡고 있는, 티티카카 호수 근처의 도시였다. 그곳의 주요 공항은 세상에서 가장 높은 곳에 있는 공항이었다.

나는 이 지역에 관한 고고학적 연구 자료들을 읽은 적이 있었다. 라파스에 있는 건축물들이 어느 문명 시대에 만들어졌는지는 학자마다 의견이 분분했다. 하지만 그곳의 고고학적이고 지질학적인 이상 현상은 약 1만 5천 년 전에 갑작스러운 대격변이 일어나 대륙 전체를 이동시켜 동해안이 침강하고 서쪽이 융기한 것으로밖에 설명될 수 없었다. 석조 사원과 기둥들의 복합 건물인 티아우아나코Tiahuanaco는 현재 해발 3천미터가 넘는 고지대에 위치해 있는데, 원래 그곳은 대홍수 이전에 해수면과 비슷한 고도에 위치해 있었던 항구였다.

고드프리 레이 킹은 《베일을 벗은 미스터리》의 '묻혀버린 아마존의 도시들'(Buried Cities of the Amazon) 장에서 대단히 중대한 이 사건을 언급한 적이 있다. 책에서는 위대한 성취를 이룬 많은 문명들이 파멸의 길을 걷게 된 과정을 묘사하고 있는데, 그것은 그 문명의 사람들이 그들의 근원인 내면의 빛을 잊어버린 채 물질주의적인 것만을 추구하는 사람들로 변해버렸기 때문이었다.

비행기는 니카라과Nicaragua 공화국의 마나과Managua를 경유했다. 다음 비행편까지는 거의 세 시간의 여유가 있었기 때문에 나는 그 나라의 어떤 특별한 것을 볼 수 있으리라 생각했다. 따라서 공항이 자리 잡고 있는 공터를 지나 근처를 한 바퀴 돌아보기로 했다. 나는 습한 정글 공기를 들이마시면서 녹림이 우거진 쪽으로 성큼성큼 걸어갔다. 하지만 감시당하고 있다는 불편한 느낌에 압도되어 공항을 떠나지는 못하고 있었다. ― 그것은 벌판의 쥐가 위에서 조용히 미끄러지듯 내려온 매에게 낚아채이기 직전의 느낌이었다.

어깨 너머로 힐끗 보니 정말로 내 뒤에 세 명의 군인들을 태운 지프 차 한 대가 서서히 올라오고 있었는데, 그들 중 한 명이 기관총 위에 웅크리고 앉아 있었다. 그들의 차가운 시선은 계속 걸어서 터미널로 돌아가라고 말하고 있었다. 나는 마음속으로 세인트 저메인에게 나를 보호해달라고 요청했고, 산책이라도 하는 것처럼 뒤도 돌아보지 않고 무심코 걸어서 나가려고 했다. 하지만 그들의 시선이 내 등 가운데를 뚫어지게 쳐다보는 것이 느껴졌다. 나는 방아쇠를 당기는 것이 ― 그들이 훈련받은 대로 ― 그들에게 가장 나은 선택임을 느낄 수 있었다. 마침내 나는 다시 터미널에 도착해서 건물 안으로 들어가 안도의 한숨을 내쉬었다.

그날 밤, 비행기는 베네수엘라 카라카스^{Caracas}에서 도중하차를 했다. 나는 택시를 타고 셰러턴으로 갔다. 비행 일정표에는 다음 날 오전 10시까지 다음 비행편이 없다고 나와 있었으므로 알람을 맞추지 않고 잠이 들었다. 하지만 새벽 3시, 머리맡에 있는 전화기가 울리는 바람에 깜짝 놀라 일어났다. '누가 전화를 걸었지? 내가 여기 있는 걸 아무도 모르는데. 전화를 잘못 건 게 틀림없어.' 나는 잠결에 수화기를 들었다. 수화기 건너편에서는 흠잡을 데 없는 영어를 구사하며 명령하는 투로 말하는 목소리가 들려왔다.

"피터, 당신 비행기는 아침 6시 20분에 출발할 겁니다. 입국 심사를 받으려면 새벽 4시에는 공항에 있어야 해요. 한 시간밖에 남지 않았어요. 제시간에 도착하도록 하세요."

"뭐라고요! 비행기는 10시나 돼야 출발하는 줄 알았는데요?"

"아니, 6시 20분이에요."

"그런데 누구시죠?" 내가 물었다. 나를 그곳으로 태워준 택시기사 외에는 아무도 내가 호텔에 있다는 사실을 몰랐다. 하지만 수화기 너머로는 전화를 끊는 '찰칵' 소리만 날 뿐이었다.

'누구지? 그리고 이 사람은 내가 여기에 있다는 걸 어떻게 알고 있지?' 잠에서 완전히 깬 나는 세인트 저메인만이 내 행방을 알 수 있다는 사실을 깨달았다. 나는 침대에서 겨우 몸을 끌고 나와 찬물 샤워를 한 뒤 택시를 타고 공항으로 돌아왔다.

전화를 건 사람이 말했듯이 출국 항공편 현황판을 보자 실제로 출발시간은 6시 20분이었으며 이후 항공편은 없었다. 나는 공항직원을 한 명씩 차례로 지나쳐 여권에 필요한 도장을 모두 받고 비행기에 올랐다. 워낙 이른 아침 비행기여서 나는 호텔에서 아침 식사를 먹지 못했는데, 공항에는 음식을 파는 매점도 없었다. 그래서 기내 식사를 기대했지만 그들이 차와 함께 내놓은 것은 마른 빵과 잼이라는 형편없는 식사뿐이었다. 나는 새벽 일찍 일어난 탓에 피곤해서 깜빡 잠이 들었다.

몇 시간 후, 내가 잠에서 깼을 때 비행기는 정글 쪽으로 하강하고 있었다. 아직 안데스산맥을 넘지 않았기 때문에 라파스에 다 왔을 리는 없었다. 여행 일정표에는 다른 곳에 착륙한다고 적혀 있지 않아서 나는 '비행기에 무슨 문제라도 있나?'하고 궁금해졌다. 하지만 아무도 비행기의 급작스러운 하강에 놀라지 않는 듯했다. 아래에는 마을 하나 보이지 않았고, 아마존에 빽빽이 들어찬 나무들과 하늘로 솟아오르는 증기만이 보였다.

비행기가 작은 공터에 하강하자 날개 밑으로 붉은 흙이 깔린 비포장 활주로가 나타났다. 비행기는 위아래로 튀어 오르길 반복하다가 멈춰 섰다. '비행기가 납치당한 건가?' 나는 어릴 적 남아메리카를 마지막으로 방문했을 때 인간 사냥꾼들에 의해 정글 속으로 끌려가는 비전을 본 적이 있었다. 그 운명은 나를 가까스로 빗겨나간 운명이었다. 그때 우리 차는 밤중의 정글에서 고장이 났었는데, 그곳은 얼마 전 선교사들이 살해당한 사건이 일어난 곳이었다. 인간 사냥꾼들이 그들을 돌보기 위해 보냈던 여성들을 거부했다는 이유에서였다.

"비행기에서 내리셔서 세관과 출입국 관리소를 통과해주시기 바랍니다." 나는 스피커를 통해 안내방송을 들었다. "여러분의 모든 짐을 챙겨 내리시기 바랍니다." 나는 겨우 잠에서 깨어 '말도 안 되는 소리군' 하고 생각했다. '우리는 정글 한가운데에 있어. 곧 비행기에 다시 탈 건데 왜 여행 가방을 가져가야 하지?' 그래서 나는 작은 가방을 좌석 밑에 두고 잠이 덜 깬 채 나머지 승객들과 함께 비틀거리며 계단을 내려갔다.

우리는 서류에 도장을 찍기 위해 불모지의 방 한 칸짜리 판잣집 같은 터미널에서 이 줄에서 저 줄로 옮겨 다녔다. 그런 다음 다시 비행기에 타기 위해 또 비틀거리며 줄을 섰다. ― 내 생각엔 그랬다.

나는 배가 너무 고팠기 때문에 그곳의 한 소년에게 바나나를 몇 개 샀다. 내가 두 번째 바나나를 반쯤 먹었을 때 아름다운 스리피스 정장에 보라색 줄무늬가 있는 은색 넥타이를 맨 남자가 걸어와 내 옆으로 줄을 비집고 들어왔다.

나는 피곤한 얼굴에 구겨진 옷을 입고 줄을 서 있는 다른 승객들에 비해 그에게서는 전혀 피로가 느껴지지 않아 이상하다고 생각했다. 그의 기민하고 위엄 있는 현존은 그 어떤 맨해튼 회사의 이사회실에서도 존경받을 만했다. 그는 나를 마치 알고 있는 사람처럼 행동했다. 나는 몸을 숙여 그가 새치기하는 것이 마음에 들지 않는다고 속삭였고 우리 뒤에 서 있는 사람들이 투덜거리기 시작했다. 그러자 그는 흠잡을 데 없는 영어로 말했다.

"아마 당신은 우리가 여기서 비행기를 갈아타게 될 줄 몰랐을 거예요."

"뭐라고요? 가방을 비행기에 두고 왔는데!" 내가 당황해서 말했다.

"걱정하지 마세요. 내가 알아서 할게요." 줄을 서 있는 사람들이 더욱 짜증을 냈지만, 그는 줄을 빙 돌아 카운터로 갔다. 그는 내 쪽을 흘끗 쳐다보는 관계자에게 유창한 포르투갈어를 구사했다. 그 당당한 낯선 이는 내게 줄 앞쪽으로 오라는 손짓을 보였다. 그는 그곳에서 내가 보안문을 통과할 수 있도록 안내해주었다. 자동소총을 든 두 남자가 내게 앞으로 오라는 손짓을 했고, 나는 대기하고 있는 지프 차로 안내되었다.

"저들과 함께 가면 다 잘될 거예요." 내 가방이 있는 비행기 쪽으로 낯선 사람이 고개를 끄덕이며 말했다. 그러더니 그는 알아들을 수 없을 정도로 작게 속삭였다. "바야 콘 디오스 Vaya con dios." (스페인어로 "안녕히 가세요"인데, '신과 함께 가세요'라는 뜻도 있다.) 아마 나는 그 확신에 찬 얼굴에 힌트를 주는 미소가 스치는 것을 본 것 같다.

차는 곧 내가 타고 왔던 비행기를 향해 속력을 냈고, 병사들은 다른 일에 몰두해 있는 것처럼 보였다. 그들은 내가 비행기에 다시 탑승해서 여행 가방을 움켜쥐고 통로를 허둥지둥 내려와 지프 차로 돌아올 때까지 기다려주었다. 그들은 내 가방을 조사하는 것에 대해서는 아무 말도 꺼내지 않았고, 공터를 가로질러 내가 전에 보지 못했던 다른 비행기 쪽으로 차를 몰았다. 다른 승객들은 비행기에 올라타고 있었다.

나는 새 좌석을 찾아 앉았고, 바나나를 먹으면서 양복을 입은 그 낯선 사람이 비행기에 오르기를 기다리고 있었다. 나는 '그의 도움이 없었더라면 내가 어떤 곤경에 처했을지 누가 알았겠어?' 하는 생각이 들어 그에게 감사를 표하고 싶었다. 그가 누구인지는 모르겠지만 터미널 직원들은 시간이 촉박했을 텐데도 그의 선의에 최선의 배려를 해주었다. 하지만 비행기 문은 그런 그가 없이도 닫혀버렸다.

나는 비행기가 비포장 활주로를 질주해서 공중으로 뜨고 나서야 그가 왜 그렇게 친숙해 보였는지 깨달았다. 그는 다름 아닌 내 멘토, 세인트 저메인이었다. 그는 이전 비행에서도 여행 중인 부동산 중개업자 닉 애덤스라는 인물로 나타났었다. '새벽 3시에 전화해서 예정보다 일찍 공항에 가라고 한 사람도 틀림없이 그였어.' 나는 항상 존재하는 그의 보호에 감사를 느꼈다. 그러나 그는 내 머릿속을 가득 채운 '티티카카 호수를 향한 이 여행의 목적은 무엇일까?'라는 질문에는 여전히 대답해주지 않았다. '분명 더 많은 대사들로부터 가르침을 받아 기록하기 위해서일 거야.' 나는 추측했다. '그 대사들은 남아메리카 지부의 대백색 형제단일 수도 있어. 어쩌면 메루 그 자신일 수도 있지 않을까?'

우리는 마침내 해발 4천 미터에 있는 라파스 공항에 착륙했다. 부족했던 수면만큼이나 산소도 부족해 비행기에서 내리자 머리가 어지러웠다. 그래서 시내까지 택시를 타고 가서 셰러턴에 체크인했다.

힘들게 벌어서 저축한 돈을 낭비하는 듯 보일지라도, 대사들을 위한 임무에 있어 돈을 아껴 쓰는 것이 얼마나 헛된 일인지를 나는 배웠었다. 그들은 내게 필요한 것을 내가 가지고 있다고 항상 확신하는 듯했다. 비록 필요에 대한 그들의 개념이 나와는 달랐지만 말이다.

높은 고도로 인해 머리가 깨질 듯이 아파서 잠을 잘 수가 없었다. 나는 침대에 누워 두 손으로 머리를 감싸 쥐며 나 자신을 동정하는 대신 아래층으로 내려가 작은 야채수프 한 그릇을 먹었다. 그렇게 한결 기분이 나아진 나는 티티카카 호수 가장자리에 있는 티아우아나코 유적지에 가기 위해 택시를 불렀다.

그곳에는 400톤도 훌쩍 넘는 안산암 판들이 마치 어린아이의 블록 장난감처럼 흩어져 있었다. 그것들이 어떻게 채석되고 운반되었는지, 그리고 어떻게 그것들 각각이 행성들의 성위와 정렬된 구조로 쌓여 있는지는 전혀 알 수 없었다. 벽 일부를 복원하려는 현대 엔지니어링 회사의 활동은 원래의 만듦새에 비해 최악 수준이었다. '현대 기술이 이 건물들을 건축할 수 없다면 이 고대 민족들은 누구였고, 그들의 기술은 어디서 유래했을까?' 황도면(태양의 궤도로 보이는 것)과 지구 적도면 사이의 최근 각도 변화를 측정한 결과, 그 건축물이 세워진 시기는 기원전 15,000년경[*]으로 추정된다. 이는 전 세계 고대인들이 인류 대부분을 말살한 대홍수가 있었다고 기록한 시점과 가깝다.

나는 울고 있는 신의 얼굴이 있는 유명한 아치형 돌 입구 앞에 서

---

[*] "따라서 나는 기원전 15,000년경, 티아우아나코가 원래 아틀란티스의 항구 도시로서 해수면 가까이에 지어졌을 가능성이 크다고 생각한다." — R. 세드릭 레너드Cedric Leonard 《불가사의의 도시 티아우아나코》(Tiahuanaco, the Mysterious City). 또, 나는 아서 포스넌스키Arthur Posnansky 교수의 연구를 인용했다.

서 나 자신에게 여기에 서 있었던 다른 사람들과 똑같은 질문을 던져보았다. '왜 하나님은 울고 계실까? 하나님은 그들의 문명을 파괴할 재앙이 다가오고 있다는 걸 알고 계셨던 걸까?'

《베일을 벗은 미스터리》를 떠올리던 나는 이것이 '묻혀버린 아마존의 도시들' 장에서 우주적 존재가 경고한 재앙과 같은 것임을 깨달았다. 이 재앙은 제국 전체를 흔적도 없이 휩쓸어버렸다. 과거에도 지구를 휩쓸었던 그런 대재앙이 많이 일어났고, 나는 지금 우리가 또 다른 전환점에 와 있을지도 모른다는 생각에 충격을 받았다.*

나는 적어도 건축 능력 면에서는 우리보다 훨씬 앞서 있었던 이 고대 제국의 폐허에 서 있다는 사실에 경외감이 들었다. 그리고 비포장도로를 따라 라파스로 다시 돌아가면서 이 사건을 기록할 충분한 시간도 없이 이 문명 전체가 한 번에 붕괴됐다는 것을 떠올리자 삶이 얼마나 무상한 것인지 또다시 절감하게 되었다.

호텔로 돌아온 나는 침대 위로 쓰러진 다음 미뤄왔던 휴식을 취해야겠다고 생각했다. 하지만 호텔 복도를 걷던 중, 나는 내 객실 문 앞쪽에 에테르체로 나타난 상승 대사 세인트 저메인의 현존을 보게 되어 깜짝 놀랐다.

내가 그에게 다가가자 그는 나 먼저 들어가라는 의미로 팔을 내밀며 인사했다. 나는 그를 지나가면서 그의 가슴 위에 있는, 보석이 박힌 몰타 십자가에 눈길이 갔다. 그에게서 뿜어져 나오는 에너지가

---

* "과학자들이 큰 지진 발생 확률을 결정하는 데 쓰이는 새로운 모델에 따르면 캘리포니아에서 향후 30년 이내에 진도 6.7 이상의 지진이 발생할 확률은 99퍼센트 이상이다." — 2008년 4월 15일, 〈사이언스 데일리Science Daily〉.

나를 깨끗이 정화해주는 느낌이었다. 그가 나를 따라 들어왔고, 나는 문을 닫아 잠갔다.

허리에 보석으로 치장된 검을 차고 있는 그는 지난 수 세기 동안 유럽의 궁정을 압도했던, 위엄 있으면서도 화려한 그 모습 그대로였다. 그는 내 빤한 감탄에 미소로 답하며 의자에 앉으라고 손짓했다. 나는 그가 방문한 이유를 듣기 위해 기다렸다. '이 잃어버린 문명에 닥쳤던 일을 알려주는 기록들을 내게 주시려는 걸까? 아니면 다른 대사들과 그가 작년에 뉴욕에서 그랬던 것처럼 더 많은 담론을 말씀해주시려는 걸까?'

그러나 그의 대답은 놀라웠다. "피터, 채널링의 시대는 이제 끝났단다. 작년에 우리가 너를 방문했던 일은 예외였지. 우리가 너를 이곳으로 오게 한 것은 네게 우리의 담론을 말해주기 위해서가 아니야. 이번에는 너의 담론, 즉 너 자신의 메시지를 말하게 하기 위해서였단다."

"무슨 메시지요?" 나는 놀라서 물었다. "저는 할 말이 없는데요."

"그래, 그렇겠지. 네 가슴속을 들여다보면 너의 내면에 있는 메시지를 찾을 수 있을 거야. 네가 아까 티아우아나코에서 목격했던 것, 그리고 그것이 네 기분을 어떻게 만들었는지를 표현해보렴. 그러면 메시지가 따라올 거란다. I AM 현존에게 요청하면 무슨 말을 해야 할지 알 수 있을 거야." 그런 다음 그는 뒤로 물러났다. 몇 년 전에 나를 제자로 받아주었던, 나를 그토록 참을성 있게 지켜봐주었던 이 위대한 친구는 이제 떠날 시간이었다.

"그리고 말이야." 그가 눈을 반짝이며 말했다. "다음에 비행기를 갈아타라는 말을 들을 때는 지름길을 택하지 말렴. 완성으로 가는 길에는 지름길이 없단다." 말을 마친 그의 형체는 보라색 빛의 기둥 속으로 녹아내려 사라져버렸다.

나는 내가 느낀 극도의 행복감이 사라지지 않도록 무진 애를 썼다. 그리고 더 이상 피로가 느껴지지 않아서 항상 가방에 넣고 다니던 노란 필기 패드를 들고 책상 앞으로 갔다. 호흡, 이 영원한 만트라의 자연스러운 오르내림을 관찰하자 곧 고요함이 다가오는 것을 느낄 수 있었다. 나는 주의를 내면으로 돌리고 나서 내 요청을 기다리고 있는 I AM 현존을 향해 다음과 같이 선언했다.

> 내 안에 내재한 신성은 내 인간적 마음과 존재 안에서, 그리고 내 인간적 마음과 존재를 관통해 나타나 내재한 신성이 쓰려 하는 메시지, 즉 나의 인간적 말이 아니라 신적 자아의 말을 쓰십니다. 지금 당장 나타나주세요!

내면으로 더 깊이 들어가 내 존재의 근원과 가까워지자 그 현존이 내 요청에 응답하는 것이 느껴졌다. 그리고 내 의식 안에 새로운 통찰력이 들어오기 시작했다. 점차 나는 이 마법과 같은 신성한 내적 현존을 의식하기 시작했다. 그것은 무지개 링에 둘러싸인 태양이었다. 그리고 바로 그것이 내 존재의 기원이자 내 존재를 유지시키는 힘이었다. 내 의식이 이 신적 광휘에 녹아들자 나의 하위 자아가 상위 자아와 통합되었고, 대사가 내게 쓰라고 했던 메시지가 내 의식을 통해 흘러나오기 시작했다.

나는 이것을 나 자신의 말로 쓰고 있습니다. 이것은 '채널링'이 아닙니다. 다른 사람들의 메시지를 채널링하는 시대는 종말을 고하고 있습니다. 그것이 설령 대사들의 메시지라 할지라도 말입니다. 우리 자신이 메시지가 되어야 합니다. 우리가 대사가 되어야 합니다. 진리는 있는 그대로 알려져야만 합니다. 그것이 누구에게서 나온 진리인지가 중요한 것이 아닙니다.

나는 나 자신(what I am)이 될 수 있도록 도와주신 대사들께 나의 깊은 감사를 표하고 싶습니다. 나와 대사들의 도움을 받고 있는 여러분들은 자기수양, 명상, 헌신적인 봉사를 통해 이 새로운 시대(new age)에 지상에 내려온 대사들로 거듭나려 분투하고 있습니다.

"나는 어떻게 되는 겁니까?" 사람들은 주변 세상을 둘러보면서 고대의 예언들이 실현되는 것을 보고 묻습니다.[*] 절망하지 마세요. 그러한 말들은 두려움을 심어주려는 것이 아니라 **희망**을 심어주기 위한 것입니다. 비록 지구 인류의 대부분이 파괴적인 길을 선택하더라도 개인적 단계에서는 여전히 많은 이들이 자신의 구원을 추구할지도 모릅니다. 그리고 그가 구원을 찾아 헤맬 때, 그는 진실로 혼자가 아닙니다. 한 사람의 개인적인 간절한 요청이 있는 곳에는 항상 **하나님의 살아계신 현존**이 있습니다. 인류 대부분이 그 **하나님의 살아계신 현존**을 찾지 않기로 선택한다고 해도 그것이 진실한 구도자

---

* 인터넷 검색에서 알 수 있듯이 2012년에 대한 예언은 아주 많다.

인 당신과 무슨 상관입니까? 실제로 고대 예언들은 실현되고 있습니다. 하지만 다음의 예언도 기억하세요.

"예언은 폐하게 될지니….".[*]

예언은 하나의 추세, 즉 개인이 헤엄쳐나가는 하나의 흐름(강)이라 할 수 있습니다. 만약 강가에서 들려오는 부름, 즉 대사들이 끊임없이 보내고 있는 부름에 귀 기울이는 자가 있다면 그는 폭포에 떨어지는 것을 피할 수 있는 타이밍에 맞추어 일어나 강에서 빠져나올 수 있습니다.

나는 내가 본 것을 말해야만 하며 사람들이 깨어나기만을 바라고 있습니다. 일어서세요! 언제나 당신이 가지고 있었던 **자유의지**를 발휘하세요. 지금 일어서세요! 그리고 한때 당신이 알고 있었던 그리고 아주 오래전에 당신이 스스로의 자유의지로 떨어져나왔던 그 **고향 집**으로 당신을 부르고 계시는 **아버지 하나님과 어머니 성령의 현존**을 향해 나아가세요.

당신의 **자유의지**를 발휘하세요! 이것이 존재의 비밀을 푸는 열쇠입니다. 우리가 인간으로서의 삶을 경험하기 위해 이 세계로 들어온 것은 우리 자신의 선택에 의한 것입니다. 이제 우리가 이 인간적인 경험의 세계를 떠나는 것 역시 바로 그 **자유의지**의 발휘에 의한 것이 되어야만 합니다. 이 세계를 떠나고 싶지 않은 이들이 많을지도 모르지만 결국 선택은 각자의 몫입니다.

더 높은 세상을 구하는 이들에게 던져진 질문은 "나는 준비

---

* 고린도전서 13:8.

되었는가?"입니다. 인간적 오감으로 알 수 있는 것보다 더 큰 **평화**, **사랑**, **행복**, **빛**이 있는 세계에서의 **더 풍요로운 삶**이 있습니다. 누군가는 지금 바로 이 순간에도 자아의식(self-conscious)의 **신성한 법칙**을 사용하여 그 세계로 들어가고 있습니다. 하지만 자신이 왜 이 물질적 세계에 있는 건지 배우고 이해하지 못했다면 아직은 이 세계를 떠날 준비가 되어 있지 않은 겁니다. 이곳에서 경험하고 싶은 것이 더 이상 없을 때까지는, 자신이 한때 비뚤어지게 했던 것을 바로잡기 전까지는, 한때 자신이 어둠과 혼돈 속에 빠져 있었던 그곳에 신성한 이해의 빛을 가져오기 전까지는, 더 나아가 모든 인간적 약함을 극복하여 모든 형제자매들에게 **신적 자아의 빛**, **사랑**, **지혜**를 방사하는 조화로운 **완성된 태양**이 되기 전까지는 **하늘나라의 왕국**인 다음 세계에서 살 준비가 되지 않은 것입니다.

"아직 내가 의식 안에서 정화하고 깨달아야 할 뭔가가 있을까?" 모든 사람들이 매일, 매 순간 자기 자신에게 물어봐야 할 질문입니다. "어떻게 하면 내가 더 나아질 수 있을까? 어떻게 하면 하나님과 더 가까워질 수 있을까?" 하나님은 당신이 하나님께 신실한 만큼 당신에게 신실하십니다. 하나님께서 당신의 이 질문에 대답해주신다면 하나님께서는 또한 여러분이 정말로 바라는 것을 얻는 데 도움을 주지 않으시겠습니까? 적어도 어떤 것을 요청해야 하는지 알게 해달라고 요청하세요. 그리고 그것을 성취하는 데 필요한 용기와 힘, 이해를 갖게 해달라고 요청하세요. 당신이 되고 싶어하는, 이 세계에 내려온 신성한 대사의 현존이 되게 해달라고 요청하세요. 과거의 잘못과 실수에 대해 자기 스스로를 벌하지 마세요. 거기서 필요한 교훈을 배웠다면 당신은 이미 용서받은 것이며, 언제라도 일어나 **아버지-어머니 하나님**께 지금 즉시 다가갈 수 있습니다. 예수께서 "내가 이겨냈듯이 너도 이겨낼 수 있으리라 … 내가 한 일들은 너희도 할 수 있으며 이보다 더 큰 일도 할 수 있으리라"고 하시지 않으셨습니까? 그리고 이런 더 큰 일을 시작하기에 지금 이 순간만큼 좋은 때는 없습니다.

진리는 단순합니다. 하지만 진리를 따르고 싶어하지 않는 사람들은 그것을 복잡하게 만들죠. 그래서 그들은 영원히 제자리를 맴돌게 하는 거짓된 길을 따릅니다. 그들이 그들 자신의 길을 따르도록 놓아두세요. 단지 그것이 당신의 길이 되지 않도록 하세요. 오늘날 많은 거짓 선지자들이 있습니다. 그 파멸의 예언자들은 우리가 이걸 가지고 뭘 해야 할지 알 수 없는 수많은 정보를 제공합니다. 그런 이해할 수 없는 말들이 무슨 유익이 있겠습니까? 확실히, 이 세계에 떠도는 영적 정보와 이론들은 이미 충분히 많습니다. 우리는 더 많은 이론이나 정보들이 필요하지 않습니다. 우리에게 필요한 것은 더 많은 자기사랑, 자기수양, 그리고 진리에 대한 복종입니다. 우리는 이미 진리에 복종하고 있습니다. 우리는 이 진리를 언제나 지니고 있었습니다. 이 진리란 바로 **유일자의 진리**(the Truth of the One)입니다.

유일하신 이(The One)가 모든 진리의 열쇠입니다. 당신이 어떤 것의 진실을 알고자 한다면 이렇게 물어보십시오. "이것이 **유일하신 이의 진리**와 부합하는가? 이것은 우주 전체에 나타나는 **영원하고 유일하신 이의 의식**을 반영하고 있는가? 아니면 이것은 인간적 지성의 한계와 두려움에서 나온 산물인가?"

에너지는 원을 그리며 움직입니다. 당신이 창조한 것은 당신에게 돌아가게 되어 있습니다. 상념이 곧 창조입니다. 그러니 우리의 상념에 주의를 기울이는 것이 좋지 않겠습니까? 감정은 우리의 생각 배후에 있는 에너지이며, 상념이 현현되도록 만드는 힘이기 때문에 당연히 우리는 우리가 창조하는 감정들도 매 순간 조절해야만 합니다. 그렇게 되면 당신은 항상 좋은 기분 속에 존재할 수 있고, 당신이 왜 특정한 패턴의 감정들을 느끼는지 더 이상 궁금해하지 않을 것입니다. 당신 자신의 창조물이 당신에게로 다시 돌아가기 때문입니다. 당신은 당신이 창조하는 세계의 진정한 대사가 될 것이며 좋은 것, 즉 당신 자신이 경험하고 싶은 것만을 창조할 수 있는 신성한 이해와 지혜를 갖게 될 것입니다. 그리하여 당신은 여럿이 아닌 오직 **하나의 의식**만이 있다는 것을 알게 됩니다. 우리 안에 나타나는 **존재의 자각**이 바로 그 하나입니다. 그것은 **우주의 보편적 의식**의 빛입니다. 그것은 신성의 구슬들인 각 개체적 존재들을 하나의 목걸이로 꿰어주는 실입니다. 오직 **유일한 하나**의 에너지, **유일한 하나**의 힘, **유일한 하나**의 의식만이 있을 뿐입니다. 인류 각자가 이것의 의미를 올바로 깨닫고 이 **신적 의식**을 더 빨리 성취하기 시작할 수록, 또 동시에 이 **신성한 힘**의 사용에 대한 각자의 책임을 더 빨리 받아들이기 시작할수록 자기완성을 향한 인류의 길은 더 수월해질 것이고, 인류는 우리를 기다리고 있는 **신세계**로 더 빠르게 들어갈 수 있을 것입니다.

이 의식을 성취하는 데 도움이 필요하면 대사들에게 도움을 요청하십시오. 하지만 기억하세요. 자기완성은 당신 스스로 성취하는 것입니다. 누군가가 당신을 대신해 무언가를 성취해주었다면 그것은 자기완성이 아닐 것입니다. 그렇지 않습니까? 자기완성(Mastery)으로 가는 유일한 길은 당신 자신을 마스터하는 것입니다.

당신이 내면에서 뭔가 바꿔야 할 것을 관찰했다면 바꿔야 할 것이 없다며 당신 스스로를 속이지 마세요. 나는 이 나쁜 습관들과는 상관없이 결국 구원받을 것이라며 별것 아닌 것처럼 넘어가지도 마세요. 대신 그것을 인식하고 발견했다는 사실을 기뻐하세요. 그것은 하나님께서 당신을 돕도록, 행위하시도록 요청할 기회이자 당신 자신을 반복되는 실수에서 해방시킬 기회입니다. 정직하게 자기 자신을 직면한 것을 기뻐하세요. 그리고 이렇게 선언하세요. "이제 나는 하나님이 어떻게 일하시는지 지켜보며, 하나님의 사랑이 내 안에서 나를 돕기 위해 행위하시는 것을 느끼며 즐거워하겠습니다."

그러면 당신은 당신의 신적 현존 — **나는 원인 없이 존재한다** (I AM THAT I AM) — 에게서 나오는 도움을 받게 될 것입니다. 이러한 당신의 신적 현존은 실재하며 명백한 존재입니다. 어쩌면 당신은 지구에서의 수많은 생애들 동안 이러한 신적 현존을 완전히 무시했을지도 모릅니다. 하지만 당신의 신적 현존은 당신을 무시하지 않았습니다. 그것은 온전히 당신만을 위해 살아가기 때문입니다. 당신의 신적 현존은 곧 당신 자신입니다.

당신은 세상 속으로 보내진 그 현존에서 나온 하나의 불꽃이자 **광선**(Ray)입니다. 당신이 그 광선의 일부(layship)임을 인식하고 자각할수록 당신은 그 현존으로 옮겨가 신적 의식으로 다시 돌아가게 됩니다. 바로 이때가 당신이 높은 차원에 있게 되는 때이며 더 높은 수준의 진화를 성취하는 때입니다. 성장에는 진화와 퇴화가 있습니다. 빛은 어둠 속으로 하강합니다. 그러면 빛은 질서를 가져옵니다. 이러한 경험으로부터 배움을 얻어 확장된 빛은 어둠을 녹여 더 큰 빛이 됩니다. 저항은 성장을 위한 음식입니다. 어둠을 극복하기 위한 투쟁으로부터 이해가 나오고, 이 이해로부터 우주 만물 안에 편재하시는 하나님에 대한 자각인 **사랑**이 나옵니다. 그리고 그 **사랑**으로부터 모든 것을 넘어선, 심지어 죽음의 환영까지도 넘어선 **승리**가 나옵니다. 바로 이것이 상승한 모든 이들이 극복해야만 했던 그 저항입니다. 예수께서는 "너희는 세상에서 고난을 당하겠지만 용기를 내어라. 내가 세상을 이겼다"* 고 말씀하셨습니다.

"**나는**(I AM) 아브라함이 태어나기 전부터 있었다."**

---

* 요한복음 16:33.

** 요한복음 8:58.

물질적 우주들의 창조가 있기 전에 항상 I AM이라는 근원이 있었고, 항상 있으며, 또 있을 것입니다.

오로지 이 I AM을 올바로 이해하고, 적용하고, 그것과 하나가 되어야만, 그리고 이 I AM을 자신의 세상과 삶의 행위들 속으로 불러와야만 그는 의식적인 창조자가 될 수 있습니다.

하나님은 **지성**이십니다. 즉, 하나님은 **우주를 만들고 우주 전체에 스며들어 있는, 살아 있는 실재**이십니다. 하나님은 우리가 경험할 수 있는, 우리가 될 수 있는 존재입니다. 그리고 이 모든 **무한한 지혜와 사랑** 속에서 그 지성은 인류에게 자신의 근원과 지속적으로 접촉할 수 있는 속성을 주었습니다. 그것이 바로 느낄 수 있는 속성(faculty of feeling)입니다. 이 능력은 사람들이 가슴이라고 부르는 곳 근처인 당신 존재의 중심에 있습니다. 그곳에 **신성한 불꽃**(Sacred Flame)이 있습니다. 그곳에 당신이 느낄 수 있고, 소통할 수 있는 신성한 실재인 I AM 의식이 육체 안에 고정되는 중심점이 있습니다. 이것은 마음이 아니라 그 인간적 지성과 마음을 만들어낸 실재입니다.

하나님의 씨앗은 당신의 가슴 중심에 있습니다. 나머지는 당신 자신에게 달려 있습니다. 그 씨앗에 물을 주시겠습니까? 싹을 틔워 자라나는 그 묘목을 가꾸시겠습니까? 묘목이 자라나는 동안 그것을 보호하시겠습니까? 신성한 창조자가 되기 위한 책임을 온전히 받아들이겠습니까? **하나님의 아들딸**이 되시겠습니까? 아니면 그 **씨앗**을 무시하고 탄생에서 죽음으로 가는 길을 걷겠습니까? 한 살 한 살 나이를 먹고, 필연적으로 큰 아픔과 슬픔을 동반하게 되는 인간적 쾌락의 열매만을 쫓아다니는 그 길 말입니다. 선택은 삶의 매 순간 당신 자신에게 달려 있습니다.

겁내지 마세요. 나는 인간적 한계를 극복할 수 있을 만큼 강하지 않다며 두려워하지 마세요. 하나님은 강하시며, 그 하나님은 당신 존재의 중심에 계십니다. 자신의 약함과 결점들 속에 의식을 머물게 하는 것은 그것들을 강화하는 것과 같습니다. 그보다는 당신이 되고자 하는 존재의 모습에 집중하고 내재하신 하나님께 요청하세요. 당신이 이 세계에서 나타내고 싶은 것을 내적으로 확언하세요. 그러면 당신은 그렇게 될 것입니다. 모든 것은 이미 당신 안에 씨앗으로 존재하고 있습니다. 그 씨앗에 의식을 집중하는 것은 그 씨앗에 당신 존재에서 나온 창조적 빛, 즉 **생명의 물**을 공급하는 것과 같습니다. 당신은 당신의 안에서 그 씨앗이 자라 꽃을 피우고 열매 맺는 것을 느끼게 될 것입니다. "가슴 속에 품고 있는 생각대로 되리라."[*] "**하나님의 나라**는 너희 안에 있다."[**] 이렇게 하기는 정말 쉽습니다. 왜 이것을 더 많은 사람들이 더 많이 실천하지 않고 있을까요? 모든 **하나님의 자녀들**이 그들 안에 있는, 그리고 동시에 그들 자신인 하나님의 실재로 깨어날 수 있게 해달라고 내재하신 신적 현존에게 요청하면 모든 것이 얼마나 아름다워질까요.

---

[*] As a man thinketh in his heart so is he. — 잠언 23:7.

[**] 누가복음 17:21.

모든 이들이 오직 **하나의 의식**만 있다는 것을, 그리고 자신이 그 **하나**라는 것을 깨닫게 되면 개인들은 서로를 짓밟고 넘어서 빼앗으려 애쓰는 것을 그만두게 될 것입니다. 한 사람이 궁핍한 것은 모든 이가 궁핍한 것과 같으며, 한 사람이 고통받는 것은 모든 이가 고통받는 것과 같습니다. 인류가 이를 배우게 되면 받기보다는 주기를, 축복받기보다는 축복해주기를, 사랑받기보다는 사랑해주기를 더 열망하게 될 것입니다. 그리고 그 사랑이 세상을 다스릴 때 **새로운 시대**가 시작될 것입니다.

하지만 우리는 다른 사람들이 **사랑**을 배우기를 기다릴 필요가 없습니다. 우리는 지금 **사랑**할 수 있습니다. 오직 **사랑**에만 인류의 구원이 있습니다. 담장 위에 앉아 아직 결정하지 못하고 있는 이들도 움직여야 할 때가 왔습니다. 개인들은 더 이상 "내가 원하는 게 바로 저거야. 하지만 지금은 사는 게 너무 바빠"라고 말할 수 없을 것입니다. 한 시대가 저물고 또 다른 시대가 열리고 있습니다. 여전히 인간적 욕망에 매달리며 지상에서의 교훈을 얻지 못한 사람들, 마지막 천사가 트럼펫을 불 때도 여전히 담장에 앉아 있는 자들은 인류가 스스로 만들어낸 엄청난 시련을 겪게 될 것입니다.

곧 그 담장도 흔들리고 무너져내릴 것입니다. 그러면 아직 서 있을 용기를 찾지 못한 사람들은 어디에 앉아야 하겠습니까?

하나님의 우주에는 많은 교실들이 있습니다. 모든 **하나님의 자녀들**은 자신들이 그만두었던 수업을 지속해나갈 수 있는 그 교실을 많은 맨션(차원 ─ 역주)들에서 찾을 수 있습니다. 하지만 지구는 이제 **새로운 천국**과 **새로운 지구**로 거듭날 것이기 때문에 더 이상 이전과 같은 교실로서 남아 있지 않게 될 것입니다. 지구는 하나의 **태양**, 즉 **하나님의 빛**의 창조적 중심이 되고 있습니다. 이것은 **하나님의 신성하신 계획**의 실현이며 더 이상 지체될 수 없습니다. 날이 갈수록 이 **빛**이 커지고 있습니다. **빛**으로 돌아선 사람들, **빛**을 구했던 사람들, 자신의 **삶**에 **빛**을 요청했던 사람들의 **가슴** 속에서 날이 갈수록 **내면의 빛**이 자라나고 있습니다.

시간이 갈수록 지구의 중심은 스스로 자라고 있고, 하나님이 호흡하시는 리듬에 맞춰 더욱 강력하게 호흡하고 있습니다. 그리고 그 **빛의 광휘**는 많은 변화를 가져오고 있으며 앞으로도 그럴 것입니다. 변화는 이제 막 시작되었고, 모든 인간적인 사건들과 지구 그 자체에서 그 변화가 느껴질 것입니다. 이것들은 성장을 위한 고통입니다.

빛과 조화를 이룬 사람들, 내면에서 빛을 찾아낸 사람들은 빛과의 조화 속에서 성장할 것이며 그들이 상상할 수 있는 것보다 더 큰 **이해와 깨달음**, 그리고 더 큰 **사랑**을 경험하게 될 것입니다. 반면에 그 빛을 발견하지 못하거나 이런저런 이유로 그것을 외면하는 사람들은 이 에너지를 불화, 고통, 절망으로서 경험하게 될 것입니다.

여러분, 오 여러분! 나는 당신들 각자에 내재해 있는 **빛**으로 향하라고, 그 **빛** 속에서 살라고, 당신에게 필요한 모든 것을 그 **빛**에서만 찾으라고 간청합니다. 당신이 그 **빛**의 충만함으로 나아갈 수 없게끔 저지하는 당신의 인간적인 욕망과 습관들을 극복하세요. 바로 이 **빛**의 충만함이 당신이 진실로 원하는 것이며, 당신을 진정으로 행복하게 만들어줄 유일한 것입니다.

구하세요. 그러면 찾을 것입니다. 두드리세요. 그러면 당신을 향해 열릴 것입니다. 분투하세요. 그러면 극복할 것입니다. 하지만 당신은 노력해야만 합니다. 구해야 하고, 두드려야 하고, 요청해야 하고, 극복해야만 합니다. 이것들이 저절로 이루어지지는 않을 것입니다. 위대한 대사들(the Great Ones)이 당신을 위해 이것들을 해주길 원하더라도 여전히 그것은 당신이 스스로 얻고, 스스로 통과해야 하는 교훈입니다. 성장하고 강해져야 하는 건 대사들이 아니라 바로 당신입니다. 그들이 준비한 단계를 따르세요. 그것은 실로, 파멸로 이끄는 많고 넓은 길들 옆에 있는 좁은 길입니다.

각자는 "내가 진정으로 원하는 것은 무엇인가?"라고 자문해봐야 합니다. 당신이 요청하기만 하면 우주에 있는 모든 원조를 받을 수 있습니다.

이와 같은 메시지는 시대를 불문하고 계속 존재했습니다. 몇몇은 귀를 기울였지만 대부분은 그러지 않았습니다. 그리고 여러 시대의 그 문명들은 폐허가 되었습니다. 지금 이 시대, 그러니까 우리의 현재 문명에서 우리 역시 그런 시기에와 있습니다. 그럼에도 불구하고 인류를 잘못된 길로 이끌려는, 보이지 않는 영향력들을 바꾸고 피하기 위해, 그리고 이로 인해 길을 잃을지도 모르는 많은 영혼들을 구하기 위해

할 수 있는 것들이 아직도 많이 있습니다. 더 많은 빛을 표현할 기회는 언제나 존재합니다. 상황이 어두워지는 것처럼 보일수록 기회는 더욱 명확하게 나타나는 법입니다. 지구의 아이들이 빛 속에 확고하게 발을 딛고 설 기회, "**나는 빛이다** (I AM the Light, 내 안의 신성의 빛이여 나타나소서 — 역주)!"를 깨달을 수 있는 큰 기회는 바로 지금입니다.

48장 🔥 나는 항상 너와 함께 있다

　나는 자기완성을 증명하는 최후의 실험장이 곧 결혼임을 알게 되었다. 결혼은 자기정화를 위한 혹독한 시련이었으며 영성과 지혜가 시험받고 제련되는 용광로이기도 했다. 어쩌면 당신은 자신이 이 모든 것을 초월했다고 느낄 수도 있다. 하지만 당신은 당신의 부족한 점을 끊임없이 의식의 거울로 반영해주는 누군가와 하루 24시간 동안 삶을 함께할 수 있는가? 그런 상황에서도 감정적 상처들을 치유할 수 있는 무조건적인 사랑과 이해가 있기를 나는 바란다. ― 이런 치유 과정은 서로가 자신의 감정에 대해 100퍼센트 책임을 질 때만 일어날 수 있다.

　나는 도나와 내가 서로의 일부분만을 보고 있음을 깨달았다. 우리는 서로가 어떤 생각과 느낌을 갖고 있는지를 거의 이해하지 못했다. 그리고 이것이 우리의 갈등을 부추기는 잘못된 의사소통의 원인이었다. 심지어 보라색 불꽃조차도 이 문제를 해결하지 못했고, 오히려 이런 모든 것들을 표면화시켰다. ─ 그것이 진정한 치유의 첫 단계였다.

하지만 가장 큰 고통은 대사들의 부재, 그리고 I AM 현존과의 연결이 약해졌다는 사실이었다. 마치 어둠 속에 버려진 듯한 기분이었다. 이런 감정적인 혼란 속에서는 그들이 내게 접근할 수 없었다. 그들의 에너지는 이런 나의 고통을 증폭시키기만 하기 때문이다. 수년간 세인트 저메인의 제자로서 수련 기간을 거쳤고, 대사들과 모험도 겪은 나였다. 그런데 그런 내가 지금 관계의 기초를 배우기 위한 것처럼 보이는 이 결혼생활을 하고 있다는 사실이 믿기지가 않았다. ─ 관계의 기초를 배우는 것은 지금까지 내게 주어졌던 과제 중 가장 어려운 과제였으며, 도나와의 관계에서 그 전체를 배울 수도 없었다.

나는 우리의 결합이 세인트 저메인의 지시로 이루어진 것이므로 이 결혼이 평생 갈 것이라고 생각했다. 하지만 우리는 2년 만에 헤어졌고[*], 오랜 독거 끝에 나는 다시 대사로부터 다른 사람과의 관계를 지시받았다. 이번에는 내게 부족한 또 다른 측면을 성숙시키기 위해 그것을 표면화시켜줄 사람이었다.

어느 날 밤, 나는 방 안의 불빛에 잠이 깼다. 내 몸은 불타는 것 같았고, 온몸의 땀구멍에서 땀이 흘러내렸다. 고개를 들어보니 태양보다 더 밝은 빛의 구체가 어두운 방으로 내려오는 것이 보였다. 나

---

[*] 도나는 버클리로 돌아가 '도나 스프링Dona Spring'이라는 이름으로 정치계에 입문했고 버클리 시의회 위원으로 선출되었다. 그녀는 동물의 권리, 신체적 장애인, 노숙인, 깨끗한 음식, 환경을 위한 확고한 운동가였고 '버클리의 양심'으로 알려지게 되었다. 그녀의 자리를 노렸지만 당선되지 못한 한 야당 후보는 "도나 스프링과 맞붙는 것은 테레사 수녀와 맞붙는 것과 같았다"고 회고했다. 그녀는 류머티즘 관절염 때문에 30년 동안 휠체어 생활을 해야 했으며 그것과의 투병 끝에 2008년 7월 13일 세상을 떠났다.

는 '유성이 집으로 떨어지고 있어!' 하고 생각했다. 그러자 머리 위에서 두 대의 여객기가 충돌하며 폭발했다. 밤하늘이 환해졌고 지붕을 뚫고 빛이 떨어졌다. 타는 듯한 열기가 내 몸을 파고들었다. 나는 내가 죽을 것이라고 확신하며 공황 상태로 일어나 앉았다.

"안 돼, 안 돼!" 몸 안의 열기가 견딜 수 없을 정도가 되자 나는 큰 소리로 외쳤다.

갑자기 빛이 사라져버렸다. 나는 어둠 속에서 정신을 바짝 차리고 앉아 건너편 방에서 자고 있던 여자친구가 왜 내 비명을 듣지 못했는지 의아해하고 있었다. 기진맥진해진 나는 다시 누워서 이 무서운 환상이 돌아올지도 모른다는 두려움을 떨쳐내려고 했다. 어둠 속에 누워 있으니 경계를 늦출 엄두가 나질 않았다.

우려했던 대로 빛이 돌아오기 시작했다. 나는 이 빛이 나를 죽일 수도 있다는 것을 깨달았다. 모든 세포가 마치 내면의 태양으로 인해 불타오르는 것처럼 땀이 흥건했다. 이번에는 그 빛이 무지개 링들로 둘러싸여 있는 것이 보였다. 그 불청객은 다름 아닌 생명의 근원, 나의 I AM 현존이었다.

"안 돼요, 안 돼! 저는 아직 갈 준비가 안 됐어요!" 나는 소리쳤다. 모든 세포가 그것의 구성 원소들로 녹아들고 있는 것이 느껴졌다. '몇 년 전에 원자 가속기에서 시작된 상승이 이제 완성되고 있는 건가?' 이제 곧 자연발화로 인한 섬광이 일게 될 것이고, 내 물리적 육체는 더 이상 존재하지 않게 될 것이었다. 그러나 어쩐 이유에서인지 내 에고는 여전히 그 소중한 육체에 매달리며 인간으로서의 존재가 지속되기를 원하고 있었다. 내가 느끼기에 나는 아직 내게 주어진 사명을 완수하지 못한 것 같았다.

"멈춰요!" 나는 소리쳤다. "뭘 원하시는 거죠?"

"**나는 실재**(Real)**다.** 네가 이것을 확실히 알기를 바란다." 믿기 힘든 대답이 들려왔다. "**나는 알파**와 **오메가**이고 네 존재의 시작과 끝이다. 내가 없으면 너 또한 존재할 수 없다. 너의 심장을 뛰게 하고, 너를 숨 쉬게 하며, 네가 모든 생각을 할 수 있음은 나의 **은총**에 의한 것이라."

"'**나는 누구**이며 **무엇**인가'에 대한 모든 의심을 없애기 위해 지금 내가 왔다. 그러니 너는 '**나는 하나님**'(I AM GOD)임을 알게 될 것이다. 이 말인즉 그대는 오직 **나**로 인해 존재하며, **나의 의지**를 통하지 않고서는 그대 삶에서 어떤 일도 일어날 수 없음이라. 나는 지금 네가 앞날에 필요로 하게 될 의식과 에너지를 주기 위해 찾아왔다. 그리하여 앞으로의 네 삶이 아무리 어둡고 힘겨워질지라도 **나는 실재**하며 **내가 너와 항상 함께 있음**을 네가 알게 하기 위해서이다."

내 마음과 육체로 빛의 광선이 쏟아지면서 그 말들이 이해가 되었다. 내가 '나 자신'이라고 부르는 이 육체적 현현은 아침 해가 뜨기 전에 베인 풀잎 한 장만큼이나 짧게 이 지상에 머무르다 갈 것이었지만 그럼에도 얼마간은 여기에 더 머무를 수 있도록 허락받았다. 나는 무릎을 꿇은 채 떨고 있었다. 빛이 희미해지고 열기가 사라지면서 지금 이 순간 받은 깨달음의 충격과 함께 나는 다시 혼자 남아 있었다. 그것은 대사들이 내내 전하려 했던 그 깨달음, 즉 '**나는 하나님이다**'라는 깨달음이었다.

많은 이들이 이 자서전에 쓰인 모험의 즐거움을 열망한다. 하지만 물질적인 보장과 안락함을 희생하면서까지 자신에게 요구되는 엄격한 훈련을 받겠다고 동의하는 사람이 얼마나 있겠는가? 절대적인 믿음으로 대사들의 가이드를 따를 만큼 순수한 사람은 또 몇이나 되겠는가?

피터는 "하늘나라에 들어가기 위해서는 어린아이와 같이 되어야 한다"고 했던 대사의 가르침을 실천하며 살아온 한 인간으로서의 본보기이다.

나는 그를 20년 넘게 알고 지냈으며 그의 자전적 이야기가 진실하다고 느낀다. 그는 이 진리 그대로 사는 사람이기 때문이다.

— 다이앤 에반스 Diane Evans

감사의 말

다른 사람들이 유익을 얻을 수 있도록 이러한 경험을 글로 적어 달라며 수년 동안 나를 격려해준 이들에게 감사 인사를 드린다. 모든 사람을 언급할 수는 없지만 특히 낸시 메리엇Nancy Marriott에게 감사를 드린다. 그녀는 이 책을 내도록 처음 격려해준 사람이었고 그녀의 편집 능력 덕분에 몇 년 동안 되는 대로 적어두었던 이 경험들을 시간순으로 정리할 수 있었다. 또한 칼 마삭Carl Marsak의 상세한 편집, 그리고 서양의 영적 성장에 대한 깊은 이해를 바탕으로 한 그의 수많은 제언에 감사드린다. 그것은 열린 가슴을 가진 사람들만이 가지고 있는 비전이다. 또 그의 우정에도 감사를 드린다. 그는 그 모든 난관들을 인내할 수 있도록 나를 끊임없이 격려해주었다. 상세한 편집과 함께 귀중한 제언을 해준 베벌리 할란Beverly Harlan과 로버트 매니스Robert Manis 교수에게도 감사드린다. 〈헤일로 매거진Halo Magazine〉의 전 발행인인 로버트 로즈Robert Rose와 빅토리아 발디니Victoria Baldini 그리고 조너선 리버 울프Jonathan River Wolfe에게도 감사를 드린다. 빅토리아와 조너선 모두 펄을 아는 사람들이었으며 그들의 격려와 지지는 말 그대로 내게 축복이었다. 티베트어와 산스크리트어의 다양한 용어로 묘사된 의식의 세부 요소들을 명확히 하는 데 도움을 준 라마 토니 더프Tony Duff에게는 특별한 감사를 표한다. 진심 어린 후기를 써준 나의 전처 다이앤 에반스에게도 감사드린다. 그녀는 내 개인적인 삶의 혼란에도 불구하고 내 경험에 대한 이 이야기를 계속 써나가도록 오랜 시간 격려해주었다.

특히 아론 로즈Aaron Rose에게 감사를 드린다. 그가 지닌 편집 능력과 그래픽 디자인 능력은 이 최신판을 크게 향상시켜주었다. 그가 지닌 변함없는 우정에 깊은 감사를 느끼는 바이다.

부록

대사들은 누구인가?

상승 대사는 자신의 진동수를 더 높은 파동으로 높인, 깨달음을 얻은 존재다. 그들은 높은 차원에서 보디사트바로서 인류의 진화를 돕는 데 헌신한다. 티베트에서는 이 과정을 무지개 몸의 성취, 즉 '쟈루'라고 일컫고 서양에서는 '상승(Ascension)'이라고 일컫는다.

이 책은 내가 대사들 밑에서 훈련받았던 이야기를 담고 있다. 대사들은 때에 따라 가시적인 형태로 물질화되어 나타나기도, 육체로 나타나기도 했다. 그들은 내게 임무를 내렸는데 대부분의 사람들에게는 그 임무가 환상적인 모험처럼 보일 것이다. 하지만 대사들의 첫 번째 규칙은 의식에 나타나는 모든 신비 현상에 대한 집착을 피하라는 것이다.

인간의 완성을 이루는 방법을 알려주는 이러한 비밀스러운 가르침들, 즉 동양에서 오랫동안 지켜지고 전수되어왔던 이러한 가르침들은 오늘날 대사들의 지시하에 널리 알려지고 있다. 인류가 물질주의의 잠에서 깨어나, 과거에 은둔하며 살아가던 신비주의자들만이 경험할 수 있었던 그 내적 빛을 인식하게 되면서 이러한 지식이 그 어떤 때보다도 공공연히 알려지고 있다.

이전에 인도에 나타났던 가장 최근의 부처님, 그리고 다른 위대한 아뎁트들에 의해 주어진 이러한 가르침들은 위대한 대사 파드마삼바바에 의해 티베트로 전해졌다. 그리고 그곳에서 입문을 거친 소수의 사람들만이 이러한 가르침을 전수받았다. 그들은 이 가르침을 공공연하게 가르칠 수 없었는데, 이는 그들이 결실을 보려면 다년간 은둔하며 금욕 수행을 해야 했기 때문이었다. 또 이러한 가르침에 대해 말하는 것에는 왜곡, 남용의 위험과 가르침의 진의가 흐려질 위험이 있었다. 공산주의 체제 이전의 중국에서도 이와 비슷한 가르침이 알려졌었다.

이제 대사들은 이러한 가르침을 오늘날의 사회에서 좀더 쉽게 수행할 수 있도록 새로운 형식으로 전수하고자 하는 희망을 갖고 있다. 그리고 그들은 다양한 방법을 활용해 이러한 핵심적인 진리와 수행들을 우리에게 알려주고 있다.

가르침들을 공부하는 것이 엄청나게 유익한 것이긴 하지만, 가르침의 정수는 학생이 자신의 마음을 스승의 마음과 통합(merge)했을 때만 전수될 수 있다. 이것은 스승이 육체적인 몸으로 있지 않은 이상 내적 차원에서만 일어날 수 있는 일이다. 이 내적 차원은 대사들이 머무는 곳이자 대사들의 마음과 학생의 마음이 절대 분리되지 않는 곳이다. 이 입문의 길을 추구하겠다고 선택한 이들, 그리고 그것을 의식하고 있는 사람들에게 지금 이 가르침의 전수가 거대한 규모로 일어나고 있다.

이러한 전수에 장애가 되는 것 중 하나는 많은 용어들이 산스크리트어 혹은 그들이 사용했던 언어에서 우리가 사용하고 있는 언어들로 번역될 수 없다는 사실이다. 예를 들어 티베트에는 '의식(consciousness)'을 표현하기 위한 수많은 단어가 있다. 그 단어들은 엄청난 정밀성을 지니고 있으며, 다양하고 미묘한 것들을 정의하고 있다.

전수의 또 다른 장애로는 이런 가르침들을 전수해줄 만큼 깨달은 교사가 외적 세계에 거의 없다는 점, 그리고 학생은 그 스승과 밀접한 관계를 맺을 필요가 있지만 그럴 방도가 없다는 점이다. 이는 스승이 끊임없이 여기저기로 이동해 다니고 있거나 학생 자신이 대부분의 시간을 생계유지를 위해 써야 하기 때문이다.

이러한 어려움에도 불구하고 인류의 운명을 지켜보고 인도해주는 위대한 존재들은 1800년대 말 서양에 이러한 가르침들을 간소화된 형식으로 전수하기 시작했다. 그들은 H.P. 블라바츠키 여사를 자신들의 메신저로 이용했으며 이러한 목적을 이루기 위해 1875년에 신지학회를 설립하도록 그녀를 이끌었다.[*]

그녀가 가장 먼저 시작한 일은 물리적 차원 이외의 다른 차원들, 그리고 대사들과 같은 존재들이 실제로 있음을 증명하는 것이었다. 물질주의가 만연했던 그 당시 문화에서는 이것 자체로도 상당한 업적이었지만 실제 영적 가르침을 받을 준비가 된 이들은 거의 없었다. 그리고 이 소수의 사람들에게 가르침이 주어졌을 때, 그들이 가르침의 의미와 가르침의 적용 방법을 이해하는 데에만 수십 년이 걸렸다. 그 정도로 이 가르침들은 너무나 정신적인 측면에 집중된 것이었다.

이 가르침의 내적 입문을 받았던 영국인, 앨리스 A. 베일리 역시 내적 가르침들을 외적 세계에 알리는 이러한 작업에서 중요한 역

---

[*] 다니엘 H. 콜드웰Daniel H. Caldwell 《블라바츠키 여사의 비전적 세계》(The Esoteric World of Madame Blavatsky).

할을 했다. 그녀는 지구상에 '세계를 위한 봉사자들의 새 그룹'(New Group of World Servers)이라고 알려져 있는, 그리스도 의식을 가진 존재들의 그룹이 인류를 위한 봉사에 적극적으로 개입하고 있다는 물병자리의 개념을 소개했다.

자기완성을 향한 좀더 실제적이고 경험적인 가르침이 처음 서양에 주어진 것은 1889년, 시카고에서 열린 세계종교회의(World Congress of Religions)에서였다. 그때 스와미 비베카난다Swami Vivekananda는 미국에서 처음 명상과 요가의 가르침을 소개했다. 파라마한사 요가난다는 그의 뒤를 이어 《어느 요기의 자서전》을 씀으로써 인도의 위대한 요기들 및 그들의 기적적인 위업들을 밝혔고, 자아실현(self-realization)이라는 개념을 대중화시켰다. 명상은 그것을 종교적인 함축 없이 과학으로서 가르쳤던 마하리시 마헤쉬 요기Maharishi Mahesh Yogi에 의해 서양에 더 널리 알려지게 되었고, 이로써 고차적인 의식으로 가는 문이 열리게 되었다. 이러한 그의 방식은 비틀즈와 같은 6~70년대의 많은 유명인사들을 끌어들였고 '명상'과 '만트라'* 같은 용어를 일상적 용어로 만들어주었다.

이후에 따라온 뉴에이지 운동의 초석이 되는 자기 자신에 대한 작업의 개념은 아르메니아Armenia의 신비주의자 G.I. 구르지예프Gurdjieff에 의해 20세기 전반에 소개되었다. 그는 제설혼합론자**이자

---

* 만트라는 보통 산스크리트어로 표현되는 단어와 구절이다. 산스크리트어는 대단한 진동적 순도를 지니고 있는 언어라 몸의 여러 장기와 영적 센터(차크라 — 역주)들을 활성화시켜주며 의식의 다른 측면들을 불러와준다. 자신의 모국어로 단어나 확언을 반복하는 것 역시 자신이 초점을 맞춘 의식의 측면을 불러오기 때문에 효과가 있다. 하지만 후자의 경우에는 — 오늘날에도 동서양의 가르침을 통합시키려는 이들에 의해 종종 행해지는 것처럼 — 빠르게 말하기보다는 완전한 인식으로 천천히 반복해서 말해야 할 필요가 있다.

** syncretic, 철학이나 종교에서 각기 다른 내용이나 전통을 지닌 여러 학파나 종파가 혼합되어야 한다고 주장하는 사람. — 역주

촉매 역할을 했던 사람이었으며 자기완성을 다루는 고대의 가르침을 통합했다.

그는 조화를 이루지 못하는 성격을 지닌 사람들을 나란히 배치하는 대립적인 전략을 사용했는데 이는 그들의 감정적인 '특질'들을 불러일으키기 위함이었다. 이로써 그들은 자신의 노이로제나 정신적 어려움들을 영성의 베일 혹은 심리학적 탈출 기제의 베일 아래로 숨기기보다는 똑바로 직면할 수밖에 없었으며, 그것들을 풀어내고 넘어서야만 했다.

마침내 이는 오스카 이차조^{Oscar Ichazo}와 클라우디오 나란조^{Claudio Naranjo} 및 다른 이들의 작업을 통해 에니어그램의 개발로 이어졌다. 에니어그램은 사람들이 자신의 인격 유형을 이해하도록 도와주는 방법으로, 이를 통해 자신의 독특한 진화 경로에 대한 통찰을 얻고 영적 성장을 이루는 데 방해가 되는 행동적·심리적 장애물들을 제거할 수 있다.

약물 복용이 대안 현실의 가능성에 대한 대중의 인식을 열어주었던 6~70년대에는 사람들이 경험한 것이 무엇이었는지에 대한 설명을 듣고자 동양으로 관심이 집중되었다. 이런 구도자들 중 가장 유명했던 사람이 바로 하버드 대학교 교수였던 리처드 앨퍼트였다. 그는 인도를 여행하며 나 또한 제자로 있었던 그의 구루, 님 카롤리 바바의 발치에서 많은 해답을 얻었다.

님 카롤리 바바는 앨퍼트의 마음속 가장 깊은 일을 알고 있음을 입증했다. 그리고 이 요기와 함께한 경험으로 인해 완전히 변하게 된 앨퍼트는 바바 람 다스라는 새로운 이름과 함께 미국으로 돌아갔다. 그런 뒤 고대 힌두교 경전인 베다의 정수를 담고 있는 그의 주요작이자 히피들의 바이블로 알려지게 된 《지금 여기 있으라》를 출간했다. 비밀 가르침들이 갑자기 대중 의식 속으로 스며들기 시작했다. 많은 이들은 약물이 (더 고차적인 것만은 아닌) 대안 현실을 일별하게 만들어주긴 하지만 사실은 그것이 진정한 영적 성장을 이루려는 의지를 가라앉힌다는, 혹은 막는다는 사실을 깨달았다.

하지만 비밀스런 가르침들의 핵심 ─ I AM 현존에 대한 인식과 하나님의 현존을 창조계에서의 행위 속으로 불러오는 I AM 확언의 창조적인 사용 ─ 은 1930년대 상승 대사들이 고드프리 레이 킹을 통해 인류에게 전수해준 바 있다.* 대사들의 지도하에, 그리고 대사의 명백한 광휘하에** 고드프리 레이 킹은 우리 각자가 존재의 근원인 상위 자아를 가지고 있다고 가르쳤다.

상위 자아는 의식의 진원지이자 무지개 오라로 둘러싸인 태양이며 우리의 많은 생애들의 공덕과 지혜가 누적된 것이다. 이 빛나는 자아로부터 육체로 빛의 도관(tube)이 내려와 가슴 쪽에 하나님의 불꽃이 고정된다. 우리는 이 빛을 명상함으로써 의식 안에서 상승하고, 우리의 근원, 즉 우리의 무지개 몸과의 합일로 되돌아간다. 우리가 "나는"(I AM)이라는 말을 할 때 우리는 신적 자아의 빛을 불러오게 되며

---

* 어떤 비전秘傳의 글들에서는 우리 존재의 근원이 되는 이 개별화된 하나님의 중심을 모나드라고 부르고 이 책에서는 I AM 현존이라 일컫는다. 이 차원에서 I AM 현존은 무지개색 빛의 오라에 둘러싸인 태양이며, 이 태양이 우리 존재의 일곱 단계를 통해 광선을 내려 보내준다. 그리고 이 광선은 마침내 흉선 근처의 가슴에 고정되는데, 이것이 때때로 가슴 중심(the heart center)으로 불리기도 한다.
상위 정신체 혹은 원인체(Causal Body)는 I AM 현존과 인간적인 자아 사이에 존재하는 매개적인 존재다. 이 몸체는 두 세계를 모두 인식하는데, 흔히 혼(Soul)이라고도 불린다. 가끔 아이들은 자기 위에 있는 그 현존을 보고 수호천사라고 생각하기도 한다. 하지만 사실 그것은 하나님의 현존이며, 항상 우리 위에 그리고 우리 내면에 있다. 하지만 하나님의 현존은 우리에게 자유의지를 부여해주었기 때문에 보통 우리가 그의 지시에 기꺼이 따를 때만 그 자신의 존재를 알려준다.
** 일곱 광선과 그 광선의 초한으로서 봉사하는 대사들에 대해 알고 싶다면 뒤에 나올 '일곱 광선과 초한들'을 보라.

그 말과 결부시킨 그 어떤 특성도 창조계에 현현시키게 된다.

나는 인생을 뒤바꿀 만한 경험, 즉 나 자신의 신적 현존을 본 경험이 몇 번 있으며 이 책을 통해 I AM 현존의 간단한 열쇠를 공유할 수 있기를 희망한다. 그 열쇠는 가장 비전秘傳적인 동양의 수행들을 열어주는 열쇠이자, 기적적인 영역들로의 접근을 가능케 하는 열쇠다.

일곱 광선과 초한들

"도를 도라고 말할 수 있으면 이미 도가 아니다"라고 했던 노자의 말처럼, 아래의 설명을 그저 전반적인 방향을 가리키는 길가의 표지판처럼 받아들이라. 비전秘傳 철학을 공부하는 것이 당신의 길이 아니라면 필수적으로 하지 않아도 된다. 당신이 천국의 문 앞에서 이 지식들에 대해 시험받는 일은 없을 것이다.

하지만 우리의 존재가 여러 다른 에너지들로 구성되어 있음을 이해하는 것은 중요하다. 각각의 에너지는 존중되어야 하며, 더 높이 계발되어야 마땅하다. 비유하자면 그저 좋은 감자들을 가지고 있는 것만으로는 훌륭한 감자 수프 요리를 하는 데 충분치 않다. 양파, 셀러리, 당근, 다양한 향신료 같은 다른 재료들도 있어야 한다는 말이다. 이렇듯 이 광선들의 활동도 통합되어야 하며, 우리는 각 광선의 초한(수장)들인 대사들의 일곱 가지 화현인 이 에너지들의 특질을 올바로 발달시키고 성숙시켜야 한다.

대사들과 광선들을 주제로 한 책들이 많이 있음에도 불구하고, 이 주제에 대해서는 많은 혼란이 있다. 이러한 혼란이 일어나는 가장 큰 이유는 다차원적 현실을 2차원적 인쇄물로 전달하는 것이 불가능하기 때문이다. 이는 바다를 한 번도 본 적 없는 이에게 "바다는 물 한 컵과 같지만 그 크기가 훨씬 더 크다"고 말하며 바다를 설명해야 하는 것과 같은 수준의 어려움이다. 따라서 나는 여기서 말하는 것을 최종적인 설명으로 여기지 말고, 그저 탐구를 시작하기 위한 명상의 한 지침으로서만 여기라고 제안하고 싶다.

일곱 개의 광선들은 스포트라이트 같은 그런 국부적인 근원에서 나오는 빛줄기가 아니라 창조물에 스며든 창조의식의 측면들이다. 광선들을 이해하고, 이 광선들이 어떻게 함께 작동하는지를 이해하는 것은 자기 자신을 이해하는 것과 같다. 이 일곱 측면들은 실질적인 의미에서 모든 살아 있는 세포와 연결되어 있으며, 이들 세포들은 일곱 가지 기본적인 요소들로 이루어져 있다. 일곱 개의 내분비선은 우리 몸의 정신적·영적 센터의 중심 역할을 한다. 이것들은 '차크라'로도 알려져 있는데, 요한 계시록에 나오는 '일곱 교회'가 바로 이 차크라를 말하는 것이다. 이 모든 교회들은 그리스도의 완전한 육체를 만들기 위해 조화와 협력 속에서 기능해야 한다. 대사로서 기능하기 위해서는 우리 몸의 모든 감정적·영적 센터들이 조화롭게 기능해야 하는 것과 같다. 이러한 광선들과 그 광선들에 연계되어 있는 대사들은 대략 다음과 같은 특성을 지니고 있다.

첫 번째 광선: 엘 모리야^{El Morya}. 의지와 힘. '나'라는 한 사람의 기본적인 정체성에 대한 자기 인식의 의식.

두 번째 광선: 쿠투미^{Kuthumi}. 첫 번째 광선이 낮은 차원인 경험의 세계로 나아가면서 다시 그 자신에게 반영된 사랑과 지혜. 전기적인(electronic) 첫 번째 광선에 둘러싸여 있는 여성적·자기적(magnetic)

인식.

세 번째 광선: 베네시안(The Venetian). 예술가들과 작가들의 후원자. 생각하는 의식 안에서 발휘되는, 앞의 두 광선의 능동적 지성의 활동.

네 번째 광선: 엘 세라피스[El Serapis]. 앞의 세 광선이 몸으로 현현된 것. 형태, 공간, 에테르적 본질의 의식. 요가와 같은 육체적이고 에너지적인 발달. 조화와 엄격한 자기 수행으로 이어지는 투쟁과 갈등.

다섯 번째 광선: '과학과 기술의 대사'(Master Mechanic)인 힐라리온[Hilarion]. 과학, 물질의 현현과 조작, 앞의 네 광선이 어떻게 함께 작용하는지에 대한 연구와 이해.

여섯 번째 광선: 예수. 헌신. 생기를 부여하는 신성한 불꽃에 대한 순종과 인정. 모든 생명의 가슴에 있다. 앞서 나온 광선들의 중심이 되는, 화합하게 하는 힘이자 생기를 주는 힘.

일곱 번째 광선: 이 책의 주요 주제. 세인트 저메인[Saint Germain]. 용서를 통한 자유. 앞서 나온 여섯 광선의 창조계에서의 마스터리와 의식적 이해가 행위로 나타남. 값어치 없는 금속(dross)이 금으로 변하는 의식 연금술(Ritual alchemy)과 의식 마법(ceremonial magic). 오컬트적 변성. 새 인류.

우리 모두는 하루 종일 의식적이든 무의식적이든 이 모든 일곱 광선들의 활동을 연습하고 있다. 예를 들어, 우리는 아침에 깨어나 우리가 존재한다는 것을 인식하기 시작하며 우리 스스로의 의지로 그날의 활동을 시작한다(첫 번째 광선).

그런 다음 우리는 우리의 인식에 영향을 미치는 파트너, 반려동물, 직업과 같은 우리 삶에 중요한 '다른 것'들을 인식한다. 그리고 우리는 그 다른 것들에 관련하여 우리 자신을 보기 시작한다(두 번째 광선).

그러고 나서 우리는 우리가 누구인지, 어제 무엇을 했는지, 오늘은 무엇을 할 건지 생각하기 시작한다(세 번째 광선).

그다음 우리는 일어나서 몸을 인식하기 시작하고, 스트레칭이나 요가 혹은 기공 수련을 하는 식으로 우리의 몸을 보살피며 스스로를 가꾼다. 그리고 우리의 에너지와 활동들을 조화시키기 위해 노력한다(네 번째 광선).

이제 우리는 무엇을 하고 싶은지, 그리고 어떻게 이런 목표들을 최선의 방식으로 이룰 수 있을지 검토할 준비가 되었다(다섯 번째 광선).

다음으로 우리는 스스로 할 수 있는 것이 아무것도 없다는 것을, 우리를 살아 있게 하는 불꽃이 우리를 진실로 행동하게 했다는 것을 알게 된다. 그리고 우리는 모든 이들 안에 이 불꽃이 똑같이 존재함을 인정한다. 또 다른 이들에게 유익을 주기 위해 더 높은 동기에서 나온 행위를 함으로써 헌신할 수 있기를 희망한다(여섯 번째 광선).

마지막으로 우리는 우리의 행동이 다른 사람들에게 어떤 영향을 미치는지 알게 되고, 높아진 인식을 통해 어떻게 우리 자신을 개선할 수 있는지 알게 된다. 우리는 잠들기 전에 그날 하루를 되살펴보고, 하루 동안 배운 지혜를 조금씩 쌓아간다. 그리고 고통을 야기했을지도 모르는 우리의 모든 생각과 행위에 대해 용서를 구하고, 모든 현상이 본질적으로 덧없다는 것을 깨닫는다. 우리는 우리 자신을 변화시킴으로써 세상을 바꾼다(일곱 번째 광선).